가톨릭 예비신자 교리서에 따른
그리스도인의 신앙생활

KB191387

가톨릭 예비신자 교리서에 따른

그리스도인의 신앙생활

초판 1쇄 | 펴낸날 2011년 5월 9일

편저 | 안충석
펴낸곳 | 해누리
발행인 | 이동진
편집주간 | 조종순
마케팅 | 김진용 · 김승욱

등록 | 1998년 9월 9일(제16-1732호)

주소 | 121-251 서울시 마포구 성산 1동 239-1번지 성진빌딩 B1
전화 | 02) 335-0414 · 0415
팩스 | 02) 335-0416
e-mail | sunnyworld@henuri.com

ⓒ 안충석, 2011

2011년 4월 26일 교회 인가
성경 ⓒ 한국천주교중앙협의회 2005
가톨릭교회 교리서 ⓒ 한국천주교중앙협의회 2008

ISBN 978-89-6226-023-6 03230

* 저자와의 협의에 따라 인지를 붙이지 않습니다.
  무단복제와 무단전재를 금합니다.
* 잘못된 책은 구입하신 서점에서 바꾸어 드립니다.

가톨릭 예비신자 교리서에 따른
그리스도인의 신앙생활

이 책은 1996년 부활절에 출판되었던 가톨릭교회 교리서(한국 천주교 중앙
협의회)에 따른 가톨릭교회 예비신자 교리서(가톨릭 대학교 교리사목 연구
소 엮음 2004년)에 대한 해설서로서 출간 된 것이다. 교리 교사들이 참고서가
많이 있지만 정리되어 신앙생활에 길잡이 안내서로서 충실히 동행자가 되기
위한 해설서인 것이다.

"교리교육의 궁극 목적은 사람들이 예수 그리스도와 만나는 데서 그치지
않고 그분과 친교와 친밀을 나누도록 인도하는 데 있다."(교황 요한 바오로 2
세의 사도적 권고,「현대의 복음선교」5항) 그러므로 이 책의 일차적 목적은
예비신자들에게 그리스도교 신앙과 그리스도인의 삶을 전수하는 데 그 목적
이 있지만, 세례성사 이후의 후속 교육과정이 확립되지 않은 한국교회의 현
실상황을 감안하여 세례를 받았지만 교리교육을 충분히 받지 못했거나 그리
스도교 입문 과정을 완전히 끝내지 못한 신자들의 재교육 자료로도 활용할
수 있을 것이다.

성숙한 신앙생활을 위한 지속적인 신앙 재교육과 견진 교리서용으로도 활
용할 수 있을 것이다. 종교가 전해주는 진리를 신앙 없이 머리로만 알아들으
려고 하는 가운데 사람들은 종교를 철학으로 만들고, 하느님과 예수와 교회
를 교의화하고 이론만을 만든다. 신앙은 철학이 아니다. 이 교리서는 이런 면
에서 우리 인생을 예수의 삶에 초대하는 삶을 익히게 하는 "그리스도교 신앙

생활 안내서"라고 할 수 있겠다. '그리스도가 우리 삶으로 들어오시면 우리
는 삶을 훌륭하게 만드는 그 어느 것도 잃지 않는다.' (현 교황 베네딕도 16세)

하느님은 전능하시나, 그 전능은 사랑의 전능이다. 하느님은 사랑이 할 수
있는 것만을 하실 수 있다. 하느님은 무엇이든지 하실 수 있다고 말해서는 안
된다. 하느님은 파괴하실 수 없다. 바로 이 때문에 나는 영원한 생명을 믿는
다. 나를 창조하신 분은 나를 영원히 파괴하지 않으실 것이다.

만일 사랑이 받아들임이며, 동시에 베풂이라면 우리는 오직 "주는 자" 이
기만 해서는 안 되고 똑같이 그리고 우선적으로 받아들이는 자여야만 한다.
아마도 이 점이 그리스도교의 특징일 것이다. 많이 주는 비 그리스도인들도
많다. 다만 그리스도인은 자신이 사람들에게 줄 것을 하느님께로부터 받는
다.(프랑수아 바리용 신부)

시쳇말로 해서, 믿는 이들과 믿지 않는 이들의 큰 차이는 이것이라고 생각
한다. 즉 믿지 않는 이들은 자기 양심을 따르고, 믿는 이들은 자기 양심을 따
르면서 누군가를 사랑한다는 것이다. 나는 왜 그리스도교인인가? 그것은 내
가 진리, 아름다움, 정의 그리고 자유라는 가치들을 존중하고 증진시키라고
내게 명하는 내 양심을 따르면서, 동시에 나를 사랑하시는 어떤 분을 사랑하
기 때문이다.(프랑수아 바리용 신부)

그리스도교의 핵심은 무엇보다도 그리스도교를 가능하게 한 예수의 복음

에 뿌리를 두고 있다. 삶의 교리는 예수의 복음을 내용으로 한다. 복음이 신앙의 기초이다.(1고린 15, 1) 복음은 삶이며 복음화(복음선포)는 신앙을 가능하게 하는 복음을 따라 사는 운동이다. "신이 인간이 되신 것은 인간으로 하여금 신이 되게 하기 위해서다."

따라서 이 해설서는 복음말씀에 충실하도록 인도하려고 한 것이다. 똑같은 복음 말씀을 들어도 언제나 나는 길이요, 진리요, 생명으로 솟구치듯이 그리스도인의 삶을 전하려고 한 것이다.

아울러 그리스도교를 통해 얻은 신앙이 일상의 삶에 방해가 된다면 이는 잘못된 것이다. 신앙생활과 일상생활은 결코 분리될 수 없는 하나의 삶이다. 바빠서 신앙생활을 할 수 없다거나 신앙생활로 인해 일상생활을 소홀히 하는 것은 신앙에 대한 오해이며 신앙인의 바른 자세가 아니다.

"나는 마음이 온유하고 겸손하니 내 멍에를 메고 나에게 배워라.

그러면 너희의 영혼이 안식을 얻을 것이다. 내 멍에는 편하고

내 짐은 가볍다."(마태오 11, 28)

따라서 편하고 가벼운 사랑의 멍에로 받아들이도록 힘써서 主안에 항상 기뻐하며 감사하는 삶을 봉헌하자는 것이다. 현대 가톨릭 수첩 제4편 제2차 바티칸공의회 정신으로 신앙을 살기를 제34과로 옮겨 엮은 것과 또한 요한 네스 그륀텔 십계명 어제와 오늘(분도 출판사 1978, 11, 30 발행)을 그대로 제25

과~제27과 십계명에 옮겨 엮은 것도 이런 의미에서 양지하여 주시기를 바란다. 기쁨과 희망, 슬픔과 번뇌 특히 현대의 가난한 사람과 고통에 신음하는 모든 사람들의 그것은 바로 그리스도를 따르는 신도들의 기쁨이며 슬픔과 번뇌인 것이다. 진실로 인간적인 것이라면 신도들의 심금을 울리지 않는 것은 있을 수 없다(사목헌장 1항).

이 해설서를 출판과 공동 편집하여 주신 해누리 출판사 이동진 사장님과 출판사 관계자들에게 심심한 감사를 드린다.

진실로 인간적인 것이 가장 그리스도적인 것으로 신도들의 심금을 울려 메아리치기를 기도 바친다.

편저자 **안충석 루까** 신부

제 1단계 | 전前 예비기

가톨릭 예비신자 교리서에 따른

그리스도인의 신앙생활

안충석 신부 편저

((해누리

차례

단원 I

하느님을 찾아서

제 1 과

"나"는 누구인가?

어느 화창한 봄날 일요일 아침이었다. 근로자 한 청년이 주말등산에 가서 신록이 우거진 숲 밑으로 흐르는 산골짜기 냇물을 바라보며 이런 명상에 잠 기었다. 저 산골짜기 냇물은 높은 곳에서 낮은 곳으로, 나는 바다로 흘러들어 갈 테야 하는 소리를 내는 양 흘러가지만 나의 인생은 어디로 갑니까? 또한 나 자신의 인생이 어디로 흘러간다고 고백하고 산단말인가? - 오는 날도 또 오는 날도 매일매일 동분서주하며 도대체 나는 어디로 갑니까?

그 누구엔가 묻지 않을 수 없었다. 예사로 넘겨 버리지 못하는 인생의 의문 들을 인간은 찾고 묻는다.

한반도에 자리 잡은 우리 조상들도 이러한 인생의 근본 문제를 한적한 절 간에 모여 풀어보려는 권철신權哲身, 정약전丁若銓, 이 벽李檗 같은 **실학파實學** 派에 속하는 몇몇 학자들이 있었다. 그들은 중국을 통해 들어온 서양 선교사 들의 서적을 처음 알게 되었고 한문으로 된 철학, 수학, 종교서적 등을 연구 하고 토의했다. 마침내 그들은 찾고 있던 가장 중대한 인생 문제에 해결을 주 는 실마리를 얻었다. 영원히 변치 않은 진리를 발견하였으니 그것은 유교도 불교도 아닌 전혀 새로운 종교였다.

나날이 발전해 가는 오늘의 세계에서도 슬픔과 불안, 고통과 죽음 등 인생의 여러 가지 문제가 점차로 심각해져 가고 있어 이를 날카롭게 관찰하는 사람들이 날로 늘어나고 있다.

과연 인생이란 무엇인가? 인생은 살만한 가치가 있는가?

▍인간의 미와 비참

우리는 고립되어 살고 있는 것이 아니라, 사회라는 **공동체** 안에 살고 있다. 즉 나는 이웃과 함께 살고 있으며, 나의 삶은 곧 이웃의 삶에 연결되어 있다. 우리가 서로 돕고 사랑하는 가운데 자연히 인간의 미美가 나타난다. 뿐만 아니라 우리나라, 우리겨레가 있는 동시에 이웃나라, 이웃겨레가 있어서 서로 돕고 사랑한다.

우리는 또한 큰 우주 안에 살고 있다. 하늘의 수많은 별들, 우리 둘레에 있는 돌 하나, 풀 한 포기, 짐승 한 마리에 이르기까지 모두가 나와 관련을 맺고 있다. 이처럼 우리가 우주 안에 살며 모든 것과 관련되어 있다는데서 인간의 미가 나타난다.

우리는 육체적으로도 우주와 관련을 맺고 있지만, 육체 이상의 것을 갖고 있기 때문에 인간을 '만물의 영장'이라고 한다. 인간은 생각하고 판단하며 자유를 누리고 책임을 지며 행동한다. 이처럼 제 분수를 알고 자유를 누리는 가운데 나와 이웃과의 조화를 이루는 것이 또한 인간의 미인 것이다.

그러나 인간에게는 미가 있는 반면 비참한 면이 있다는 것도 부정할 수 없는 사실이다. 이웃과 함께 지내다 보면 여러 가지 어려운 문제가 뒤따르게 된다.

우리는 이 세상에서 쉴 사이 없이 부지런히 일해야 하는데 여기에 많은 고통과 불안이 따르고 여러 가지 비참한 일이 생긴다.

또한 인간은 보다 큰 행복과 자유를 갈망하고 있지 않은가? 그러나 한도가 없는 자유에의 갈망이 더욱 인간을 비참하게 한다. 그러므로 이 자유는 제한 되어야 할 운명에 놓여 있는 것이다.

모든 것이 다 제 때가 있음을 옛 사람은 다음과 같이 외쳤다.

"하늘 아래 모든 것에는 시기가 있고

모든 일에는 때가 있다.

태어날 때가 있고 죽을 때가 있으며

심을 때가 있고 심은 것을 뽑을 때가 있다.

죽일 때가 있고 고칠 때가 있으며

부술 때가 있고 지을 때가 있다.

울 때가 있고 웃을 때가 있으며

슬퍼할 때가 있고 기뻐 뛸 때가 있다.

돌을 던질 때가 있고 돌을 모을 때가 있으며

껴안을 때가 있고 떨어질 때가 있다.

찾을 때가 있고 잃을 때가 있으며

간직할 때가 있고 던져 버릴 때가 있다.

찢을 때가 있고 꿰맬 때가 있으며

침묵할 때가 있고 말할 때가 있다.

사랑할 때가 있고 미워할 때가 있으며

전쟁의 때가 있고 평화의 때가 있다." (코헬 3, 1-8)

이와 같이 만사에 때가 있지만 그중에도 비참한 것은 인간에게 죽음의 때가 있다는 사실이다.

"사람의 운명은 짐승의 운명과 다를 바 없어 사람도 짐승도 같은 숨을 쉬다 가 같은 죽음을 당하는 것을! 이렇게 모든 것은 헛되기만 한데 사람이 짐승보 다 나을 것이 무엇인가! 다 같은 데로 가는 것을! 다 티끌에서 왔다가 티끌로 돌아가는 것을! 사람의 숨은 위로 올라가고 짐승의 숨은 땅 속으로 내려간다고 누가 장담하랴!" (전도 3, 19-21)

그냥 예사로 넘겨 버리지 못할 의문들을 인간은 묻고 찾으며, 조물주인 신은 대답하고 자기 자신을 발견하게 하신다.

인생의 여러 가지 의문은 또한 동시에 해답을 포함하고 있는 하나의 과제이다. 인간의 삶 속에 문제와 해답이 동시에 있으니 삶으로 해답을 찾고 답해야만 한다.

독일의 시인 괴테는 「아! 아름다운 꿈이로다. 꿈은 사라지고 마는 도다.」라고 읊었다. 안타까이 사라져버리는 것들만이 우리 인생의 전부란 말인가? 누가 이 썩어 없어질 육체에서 나를 구해줄 수 있단 말인가? 부활하신 예수 그리스도만이 우리 인생의 모든 문제 그 유일하고도 완전한 대답인 것이다. 이 대답은 인간이 생각해낼 수 있는 것보다 훨씬 엄청난 것이다.

▌한없는 갈망

인간의 욕망은 끝이 없다. 예나 지금이나 인간은 보다 큰 것을 갈망하고 있다. 바라던 한 가지가 이루어지면 또 다른 것이 꼬리를 물고 일어난다. '남녀 칠세 부동석' 이라 하던 옛날에 비해 지금은 얼마나 사회가 크게 개방 되었는 가? 그러나 우리는 이로써 모두들 만족하고 있는가? 초가집에 전기가 들어오고 라디오 소리가 울려 퍼진다고 해서 농촌 사람들이 과연 이로써 만족하는 가? 의식주 이 모든 것이 개선된다 해도 인간은 항상 보다 큰 행복을 갈망하게 되고 보다 큰 욕망을 품게 되는 것이다.

사람은 누구나 다 착한 사람이 되겠다는 마음을 먹고 착하게 살고자 한다. 그러므로 나쁜 것을 볼 때는 얼굴을 찡그리고 피하며 미워한다. 스스로 나쁜 일을 했을 때, 인간은 양심의 가책을 느끼지 않는가? 참으로 인간의 양심은 기쁨의 원천이 되며 악한 것을 싫어하고 선한 것을 항상 갈망하고 있다.

▌주님을 향하는 마음

우리가 행하는 착한 일은 부분적인 것에 지나지 않으나 우리가 갈망하는 것은 완전한 것이다. 우리의 마음은 언제나 어디서나 보다 나은 삶과 한없는 선과 보다 완전한 진리로 향하고 있다. 그러므로 "님 위해 우리를 내시었기 님 안에 쉬기까지는 우리 마음이 참참하지 않습나이다"(성 아우구스띠노 「고백록」1장)라고 한 말은 주님의 품안에 들지 않고서는 불안함을 면치 못하는 우리의 심정을 가장 적절하게 표현한 것이다.

그러나 이 마음을 만족시킬 수 있는 분을 어떻게 알 것인가? 우리가 대자연을 살펴 볼 때 주님이 계심을 알게 된다.

"하느님께서는 세상을 창조하신 때부터 창조물을 통하여 당신의 영원하신 능력과 신성과 같은 보이지 않는 특성을 나타내 보이셔서 인간이 보고 깨달을 수 있게 하셨습니다. 그러니 사람들이 무슨 핑계를 대겠습니까?"(로마1, 20)

이와 같이 인간은 이성의 힘으로 주님을 인식할 수 있다. 그러나 인간의 이성은 생활에서 오는 많은 장애틀에 얽매여 있기 때문에 신앙에 의해서 주님을 알고 차지하게 된다.

▌풀리지 않는 수수께끼

신앙을 통해서 이성을 맑게 하고 주님을 알고 우러러 보는 길이 마련되어 있음에도 불구하고 우리에게는 슬픔과 불안, 고통과 죽음이 그림자같이 따라다니고 있으니 이 수수께끼를 어떻게 풀 것인가?

욥이라고 하는 옛 사람은 고통과 질병 앞에 다음과 같이 부르짖었다.

"밤이면 도려내듯이 내 뼈를 쑤셔대는데

그 쓰라림이 잠시도 멎지를 않네.

누군가 나의 옷을 세차게 잡는구나.

나의 옷깃을 휘어잡아

수렁에 내던져서

마침내 이 몸은 티끌과 재가 되고 말았네.

내가 당신께 부르짖사오나

당신께서는 대답도 없으시고

당신 앞에 섰사오나

보고만 계십니다.

당신은 이다지도 모진 분이십니까?

손을 들어 힘껏 나를 치시다니.

나를 번쩍 들어 바람에 실어 보내시고

폭풍에 휘말려 사라지게 하시다니.

아, 어찌 모르겠습니까?

당신께서 나를 죽음으로 이끌어 가시리라는 것을.

모든 산 자가 모여 갈 곳으로 데려 가시리라는 것을.

이렇게 빠져 들어 가면서

그 누가 살려 달라고 손을 내뻗지 않으며

절망에 빠져서 도움을 청하지 않으랴!

고생하는 자들을 위하여 내가 울지 않았던가?

가난한 자들을 위하여 내가 괴로워하지 않았던가?

좋은 날을 기다렸더니 재난이 닥치고

빛을 바랐더니 어둠이 덮쳤네.

속은 쉬지 않고 부글부글 끓고

괴로운 나날이 앞길에 도사리고 있구나.

햇빛에 타지도 않은 몸이 이렇게 새까맣게 되어

사람들 모인 가운데 일어나서

도움을 청하는 신세가 되다니……

나는 승냥이의 형제요

타조의 벗이 되고 말았는가!

살갗은 까맣게 벗겨지고

뼈는 지글지글 타오르는데,

나의 수금은 장송곡이나 울리고

나의 피리는 통곡소리나 반주하게 되었구나" (욥 30, 17-30). 하는 이 처절한
인간의 부르짖음을 어떻게 설명해야 되는가?

"산이 무너져 내리고

큰 바위가 제 자리에서 밀려 나듯이,

반석이 물결에 닳고

땅의 티끌이 폭우에 씻기듯이,

그렇게 당신은 사람의 희망을 끊으십니다.

끝없이 억누르시는 당신의 힘,

벗어날 길이 없어 사람은 갑니다.

얼굴이 파랗게 질려 쫓겨 갑니다" (욥 14, 18-20). 하는 욥의 거듭되는 절규!

하느님이 무한히 착하신 분이시라면 어찌하여 이처럼 어두운 면을 보여 주
시는가? 이 같은 고통과 쓰라림만 남고, 선善은 어디로 갔는가? 더욱이 죽음이
다가올 때 인간은 육체의 고통과 쇠약으로 인하여 신음할 뿐 아니라, 그 결정
적인 소멸에 대한 공포에 떨게 된다.

죽음이 임박했을 때 인생의 수수께끼는 그 절정에 달하는 것이다.

이에 대하여 주님이 직접 말씀해 주신다면, 당신 자신을 드러내 보이신다

면, 욥의 처절한 부르짖음과 우리의 풀 수 없는 수수께끼를 풀어 주신다면, 이 얼마나 다행한 일이겠는가!

▮ 기쁜 소식

이러한 생존의 신비에 대하여 하느님은 나자렛의 예수를 통해서 당신의 뜻을 알리셨다.

"우리는 생명의 말씀에 관해서 말하려고 합니다. 그 말씀은 천지가 창조되기 전부터 계셨습니다. 우리는 그 말씀을 듣고 눈으로 보고 실제로 목격하고 손으로 만져 보았습니다. 그 생명이 나타났을 때에 우리는 그 생명을 보았기 때문에 그것을 증언합니다. 우리가 여러분에게 선포하는 이 영원한 생명은 아버지와 함께 있다가 우리에게 분명히 나타난 것입니다. 우리가 보고 들은 그것을 여러분에게 선포하는 목적은 우리가 아버지와 그리고 그분의 아들 예수 그리스도와 사귀는 친교를 여러분도 함께 나눌 수 있게 하려는 것입니다. 우리는 충만한 기쁨을 맛보기 위해서 이 글을 써 보냅니다. 우리가 그분에게서 듣고 그대들에게 전하는 말씀은 이것입니다. 곧 하느님은 빛이시고 하느님께서는 어둠이 전혀 없다는 것입니다."(1요한 1, 1-5)

그러므로 하느님의 아들 예수님 안에서 인생의 문제가 풀리는 것이다.

인간의 죽음이란 우리의 생각을 초월하는 신비이지만 하느님의 '계시진리 啓示眞理'를 받은 교회는, 하느님이 영원한 행복을 위해서 인간을 창조하였으며 인간이 죄로 벌로 받게 되는 죽음도 결국 극복될 것임을 가르친다.

즉 예수 그리스도께서 인간을 죽음에서 해방시키고 영원한 생명을 찾아 주셨다. 따라서 그리스도께 대한 믿음이 인간의 불안과 고통과 죽음에 대한 올바른 해답을 준다.

예수 그리스도께서는 인간 역사의 목적이며, 역사와 문명은 그분께로 향하고 있다. 그리스도는 인류의 중심이며 모든 사람의 마음의 기쁨이요 그들이 영원히 누릴 수 있는 행복의 근원이시다. 예수 그리스도는 "알파와 오메가, 곧 처음과 마지막이며 시작과 끝" 이시다(묵시 22, 13).

토마가 "주님 저희는 주님이 어디로 가시는지 모르는데 어떻게 그 길을 알겠습니까?" 하고 말하였다. 예수께서는 "나는 길이요, 진리요, 생명이다. 나를 거치지 않고서는 아무도 아버지께 갈 수 없다." 고 하신 것입니다. (요한 14, 6)

인간은 그 본성으로나 소명으로나 종교적 존재이다. 하느님께로부터 와서 하느님께로 돌아가는 인간은 오직 하느님과 맺는 관계 안에 자유로이 살아갈 때에만 온전히 인간적인 삶을 살 수 있다. 피조물들의 전갈과 자신의 양심의 소리를 들을 때, 인간은 만물의 원인이며 목적이신 하느님 존재의 확실성에 도달 할 수 있다.

제 2 과

종교란 무엇인가?

1. 근본에 대한 가르침

'종교宗教'라는 낱말을 문자 그대로 풀이하면, '근본宗에 대한 가르침教'이라는 뜻이다. 『우리말 대사전』에서는 "초자연적인 절대자에 대한 믿음을 통해 인간 생활의 고뇌를 해결하고 삶의 궁극적 의미를 추구하는 일, 또는 그러한 믿음의 체계나 가르침"이라고 정의한다. 한마디로 종교는 인간의 '궁극적 관심'을 다루는 것이라고 넓게 정의할 수 있다.

인간은 절대자를 통해 삶의 근본적인 문제를 해결하고자 하는 종교적 존재이다. 오랜 옛날부터 하늘 사상이 우리 민족의 종교심성의 바탕을 이루었고, 여기에 무교巫敎와 외래 종교인 유·불·도교가 우리 민족의 정신세계를 지배해 왔다. 조선 후기에 그리스도교가 전파되어 새로운 차원의 종교 생활이 가능하게 되었다. 이와 같이 우리 민족 또한 종교 생활을 통해서 초월적인 세계를 희구하며 구원을 받으려고 하였다.

인간은 오직 하느님과 맺는 관계 안에서 자유로이 살아갈 때만 온전히 인간적인 삶을 살 수 있기 때문에 인간을 종교적인 존재라고 일컫는 것이다. 따라서 종교란 영어로는 religion이란 단어로 표현한다. 이는 라틴어 ligatio 붙들어 맴, 잇는다는 말로서 접두어 re는 다시란 말로 종교적 인간을 하느님과 다시 관계를 맺는 것을 종교라고 말할 수 있다.

2. 우리 민족의 종교 심성의 발자취

1) 우리 민족의 '하늘' 天 사상

오랜 옛날부터 하늘은 초월적인 실재로 우리 민족에게 외경의 대상이었다. 그래서 언제부터인지 알 수 없으나 삼라만상을 주재하는 신을 '하느님'으로 부르며 만물을 주재하는 초월적인 존재로 받들어 제사를 바쳐 왔다.

2) 무교(巫敎, 샤머니즘)

무교는 우리나라에서 가장 오랜 원시 종교의 하나이다. 이 세상에는 무수히 많은 신령神靈들이 있어 인간의 길흉화복吉凶禍福을 좌우한다고 믿는다. 점복占卜과 주술呪術 등으로 소원 성취를 빌며 불안과 갈등을 해소하고자 한다.

3) 유교(儒敎)

고대 중국에서 발생한 윤리관을 공자가 사상 체계로 정립하여 세운 유교는 개인의 인격적 성숙修己과 사회적 질서의 실현治人을 기본 과제로 한다. 유교의 중심 사상은 천天, 인仁, 예禮이다. 천은 모든 원리의 근원이며 모든 생명의 원천으로 절대적인 것이다. 천은 인간의 본질인 인仁을 통해서만 이해할 수 있는 것으로 인간성의 실현을 중시한다. 인은 사람다움人格을 원만하게 이루게 하는 것이다. 누구에게나 주어진 것이지만 성장과 더불어 완성된다. 예의 기원은 신에게 제사하던 의식에서 비롯된다. 예에 사랑과 의로움이 내포되어 있지 않으면 진정한 예가 아니다.

4) 불교(佛教)

불교의 근본 가르침은 사성제四聖諦, 삼법인三法印, 연기緣起이다. 사성제는 인간 존재는 다 고통이라고 보는 고제苦諦, 고통의 근원인 집제集諦, 고통의 원인을 멸하는 멸제滅諦, 고통을 없애는 방법인 도제道諦를 말한다. 삼법인은 세계에서 일어나는 모든 현상은 인연因緣에 의한 것이라는 제행무상諸行無常, 모든 것은 흘러가는 것이므로 '나' 와 '나의 것' 은 상주常住하는 존재가 아니라는 제법무아諸法無我, 제행무상과 제법무아의 이법理法을 깨달았을 때 불타는 번뇌의 불길을 소멸하고 이상적 경지에 이르는 열반적정涅槃寂靜을 말한다. 연기의 근본정신은 나와 너의 평등과 인간적 불가불리不可不離의 유대를 강조한다.

5) 도교(道教)

도교는 신선설神仙說을 바탕으로 도가道家·복서卜筮 등의 사상과 무巫의 신앙을 첨가하여 성립된 불로장생을 추구하는 현세 이익적인 자연 종교이다. 도교에서 도道는 우주 만물을 생성하는 근원이고 가치 실현의 기준으로 궁극적 존재이다.

제3과

그리스도교에서 가르치는 인간의 길

　인간은 하느님에 의하여, 하느님을 위하여 창조되었으므로 하느님께 대한 갈망은 인간의 마음속 깊이 새겨져 있다. 하느님은 늘 인간을 당신께 이끌고 계시며, 인간이 끊임없이 추구하고 있는 진리와 행복은 오직 하느님 안에서만 찾을 수 있다.

　그리스도교는 창조주 하느님을 유일한 절대자로 믿고 그분의 가르침에 자신의 전 존재를 투신하는 계시 종교이다. 그리스도교에서는 하느님의 아들이신 예수 그리스도가 걸었던 대로 온 마음과 온 몸으로 하느님을 사랑하고 이웃을 사랑할 때 구원된다고 가르친다. 하느님께서 인간을 당신 사랑으로 완성시키기 위해 인간에게 말씀을 건네 오신다. 인간은 이에 응답하여 그분의 말씀을 믿으며 그분의 가르침을 실천하면서 살아야 한다. 하느님께서는 사랑으로 당신을 계시하시고 당신 자신을 인간에게 내어 주셨다. 이처럼 하느님께서는 자신의 삶의 의미와 목적을 묻는 인간의 질문에 결정적이고 풍부한 답을 주신다.

　그리스도교 신앙은 하느님의 자기 계시와 그 역사를 믿는 신앙이다. 그것은 하느님께서 당신 자신에 관한 것과 당신의 계획 그리고 그 계획의 실현, 즉 '신비'를 스스로 드러내셨다는 것에 대한 믿음이다.

신비의 내용은 하느님 자신이 사랑의 하느님이시며, 그분의 계획은 당신 사랑으로 인한 인간의 구원 곧 하느님 나라의 건설이며, 당신의 신비, 즉 사랑의 행위를 당신이 시작하신 인간 역사 안에서 드러내셨을 뿐 아니라 스스로 그 역사를 이끄시면서 완성하신다는 것, 이 세 측면을 포함한다('계시헌장' 1-3항).

하느님께서 당신을 계시하신 이 신비를 체험한 사람들은 그 신비를 믿고 그 믿음을 그분이 인도하시는 거룩한 역사 안에서 삶을 통하여 증거 하고자 한다('교회헌장' 8, 17항).

하느님께서 당신 스스로 계시하실 때는 언제나 말씀과 행적이라는 중재 방식을 통해서 하셨다. 그분의 말씀은 애초 세상을 창조하시는 말씀이기도 하지만 세상을 완성하시는 말씀이기도 하다. 그분의 말씀이야말로 신비를 계시하는 중재의 말씀이자 역사를 주도하는 말씀인 것이다(창세 1, 1-2. 4; 묵시 22, 20).

그런데 하느님은 종종 당신 자신의 말씀을 또 다른 중재자를 통해서 하시기도 했는데, 그들이 곧 예언자들이다. 오로지 하느님의 주도권에 의해 완전한 지배를 받는 그들 예언자들은 그분이 하신 말씀을 전하지 않을 수 없었던 것이다(아모 3, 8; 예레 1, 9; 15, 19; 이사 6, 6-7; 에제 3, 13; 출애 7, 1; 민수 11, 17-25; 2열왕 4, 9 참조).

예언자들이 입을 통해서 드러나는 하느님의 자기 계시의 역사는 계시의 정점인 예수 그리스도를 향하는 것이었고, 실제로 그 지향은 실현되었다. "모세와 모든 예언자들", "모세의 율법과 예언자들의 책과 시편들" 그리고 "예언자들의 말씀"이 사람이 되신 예수 그리스도 안에서 이루어진 것이다(루가 24, 27; 2베드 1, 16-21; 요한 1장). 하느님께서는 점진적으로 업적과 말씀을 통해서 당신 신비를 알리심으로써 인간에게 당신을 드러내 보이셨다. 하느님께서는 피조물을 통해 당신 자신에 대한 증거를 주셨으며, 더 나아가서 우리 원조들에게 당신 자신을 보여주셨다. 하느님께서는 그들에게 말씀을 건네셨고, 그들이 죄를 지은 후에는 구원을 약속하셨으며 그들과 계약을 맺어 주셨다.

하느님께서는 당신과 살아 있는 존재 사이의 영원한 계약을 노아와 맺으셨다. 이 계약은 세상 끝 날까지 지속될 것이다. 하느님께서는 아브라함을 선택하시어 그와 그 후손들과 계약을 맺으셨다. 하느님께서는 그들을 당신의 백성으로 형성하시고 모세를 통하여 그들에게 당신의 율법을 계시하셨다. 그리고 모든 인류를 위한 구원을 받아들이도록 예언자들을 통해서 그들을 준비시키셨다. 하느님께서는 당신의 친아들을 보내주심으로써 당신 자신을 완전히 계시하셨고, 그분 안에 당신의 영원한 계약을 세우셨다. 이분이 바로 성부의 궁극적 말씀이므로 그분 이후에 더 이상 다른 계시는 없다.

▌하느님 계시의 전달

하느님께서는 "모든 사람이 구원을 받고 진리의 깨달음에 도달하기를 원하십니다"(1디모 2, 4). 즉 예수 그리스도를 알게 되시기를 바라신다. 그러므로 그리스도께서는 모든 민족, 모든 사람들에게 알려지셔야 하며, 계시는 세상에 극변까지 전해져야 한다.

사도들은 그리스도께서 자신들에게 맡겨주신 것을, 성령의 감도를 받아, 설교와 글로써, 그리스도의 영광스러운 재림 때까지 모든 세대에 전달하였다.

"성전과 성서는 교회에 위탁된 하느님 말씀의 거룩한 단일 위탁물이다." 순례자인 교회는 이를 통해서, 마치 거울을 보듯이, 자신의 모든 풍요로움의 근원이신 하느님을 명상한다.

"교회는 자신의 모든 것과 또한 자신이 믿는 모든 것을 교리와 생활과 전례 안에 영구히 보존하며 각 세대 사람들에게 전한다."

하느님 백성 전체는 신앙의 초자연적 감성에 힘입어 하느님 계시의 선물을 끊임없이 받아들이고, 더욱 깊이 이해하며, 더욱 철저히 생활하게 된다.

하느님의 말씀을 권위 있게 해석하는 책무는 오직 교회의 교도권, 즉 교황과 그와 일치하는 주교들에게만 주어졌다.

"참으로 하느님의 백성은 진리의 성령께서 일으켜주시고 지탱해 주시는 이 신앙 감성으로, 성스러운 교도권의 지도를 받아 (…) 성도들에게 한번 결정적으로 전해진 신앙에 충실히 머물러, 올바른 판단으로 그 신앙을 더 깊이 이해하며 그 신앙을 더 완전하게 삶으로 실현하는 것이다."

모든 신자는 계시된 진리의 이해와 전달에 참여한다. 그들은 그들을 가르치고 온전한 진리로 이끄시는 성령의 기름부음을 받았다.

"그러므로 성전과 성서와 교회의 교도권은 하느님의 가장 현명하신 계획에 의하여, 어느 하나가 없으면 다른 것이 성립될 수 없고, 이 세 가지가 동시에 또한 각각 고유한 방법으로 한 성령의 작용 아래 영혼들의 구원을 위하여 효과적으로 기여하도록 상호간에 연관되어 있고 결합되어 있음은 명백한 일이다."

1. 그리스도교란 어떤 종교인가?

성서는 우리에게 역사적 인물 예수 그리스도의 길은 "생명으로 인도하고 그 반대의 길은 멸망에로 인도한다."고 (마태 7, 1-3) 가르친다. 여기서 말하는 생명의 길이란 곧 예수 그리스도께서 우리에게 가르치신 길 곧 예수 그리스도를 아는 것이다. 구약성서 시대에서부터 하느님의 백성을 모으시는 하느님께서는 아브라함을 부르시고 이스라엘 백성과 인류 만민에 대한 하느님 사랑의 실현인 하느님 나라로 나타난 것이다. 바로 역사적 인물 나자렛 예수 그리스도께서 "때가 차서 하느님 나라가 다가왔다고 하시며 회개 생활로 그 하느님 나라를 이 세상에서 당신이 세우신 교회 공동체로서 살아 나아가라고 하신 것이다. 그리스도교는 인간이 완전히 풀지 못하는 인생의 근본문제 우주와 세상의 근본 문제를 하느님께서 직접 가르쳐 주신다는 계시 종교다. 즉 인간은 찾고 묻는데 하느님께서는 역사적 인물 예수 그리스도로써 이 모든 것에 대하여 대답하신다는 것을 믿는 종교이다.

그리스도교의 가르침에 따르면, 하느님께서는 인간을 당신 사랑으로 완성시키기 위해서 당신 편에서 먼저 말씀을 건네셨다. 하느님과 친교를 맺음으로써 당신과의 사랑의 관계를 깊이 다지도록 인간을 부르신 것이다. 그러므로 "인간은 하느님의 부르심에 응답하여 그분의 말씀을 받아들이고, 그분께 마땅한 예배와 감사와 찬미를 드리며, 그분의 가르침을 실천하면서 살아야 한다"는 것이 그리스도교의 핵심적인 가르침이다.

영원한 삶, 참된 행복에 대한 이 가르침은 인간에게 희망을 주는 기쁜 소식이다. 가난한 이들에게는 없어지지 않을 재산을, 옳은 일에 주리고 목마른 사람들에게는 정의에 따를 힘을 주며, 죽음을 맞이하는 이들을 영원히 사는 길로 이끌어 준다. 이처럼 그리스도교는 자연 종교에서처럼 자신의 힘으로 구원될 수 있다고 믿지 않고, 하느님께서 손수 인간을 이끄시며, 인간은 그 사랑에 응답함으로써 구원을 받는다고 가르친다.

그리스도교는 우주 만물과 이 세상, 그리고 인간을 포함하여 이 세상에 있는 모든 것을 창조하신 하느님을 유일한 절대자로 믿고, 그분께 자기의 모든 것을 의탁하며, 그분의 가르침을 따라 살도록 가르치는 종교이다. 그리스도교에서는 하느님의 아들이신 예수 그리스도가 걸었던 대로 온 마음과 온몸으로 하느님을 사랑하고 이웃을 사랑할 때 구원받을 수 있다고 가르친다.

예수께서는 "나는 길이요, 진리요, 생명이다. 나를 거치지 않고서는 아무도 아버지께 갈 수 없다."고 하신 것이다.(요한 14, 6)

2. 그리스도교에서 가르치는 "사랑의 길"

다가오는 하느님 나라를 준비하기 위해서 인간은 하느님의 뜻에 철저히 복종하는 자세를 취해야 하는데, 그 하느님의 뜻은 율법과 성전에 대한 예수의 태도에서 드러나듯이 인간에 대한 봉사에 있다. 그래서 예수는 하느님의 모든 계명을 하느님과 인간을 사랑하라는 이중 계명(마태 22, 37 - 40)으로 요약한다. 구약성서에서도 단편적으로나마 사랑을 이중 의미로 이야기하였다. 그러나 예수에 이르러서는 "전례 없이 모든 계명들이 이 이중 계명으로 귀착되고 집중되면서 동시에 하느님 사랑과 인간 사랑이 불가분의 관계로 결합되어 하나가 된다." 그러나 하느님 사랑과 인간 사랑이 불가분의 관계 속에 있지만, 똑같다고 할 수는 없다. "바로 인간에 대한 관심 속에서 예수는 하느님의 절대 우위권을 견지" 하고 있기 때문이다. 이는 예수가 인간에게 하느님께 대한 나뉨 없는 사랑을 요구한 것에서 잘 드러난다. " '네 온 마음으로, 네 온 영혼으로, 네 온 정신으로 너의 하느님이신 주님을 사랑하라.' 이것이 (가장) 크고 첫째가는 계명입니다" (마태 22, 38). 이런 맥락에서 큉은 하느님 사랑이 인간 사랑으로 대치될 수 없음을, 전자가 후자의 기반이 된다는 것을 강조한다. "예수는 하느님을 동료애(Mitmenschlichkeit)로 해석하거나 동료애에 귀착시키지는 않는다. 인간의 우상화도 인간의 노예화만큼이나 인간을 비인간화한다. 그러나 인간의 인간애(Menschenfreundlichkeit)는 하느님의 인간애에 기반을 두고 있다." 예수에게서 "인간의 인본성(人本性, Humanität)은 하느님 자신의 인본성에 의하여 요청된다." 다시 말해서, 예수는 하느님 사랑과 인간 사랑을 갈라놓을 수 없는 연관 관계로 규정하는데, 여기에서 하느님은 무조건적인 우선권을 보유하면서 인간 사랑을 근거지우고 요구하는 분으로 나타난다. "모든 것을 포용하는 하느님의 무조건적인 사랑에 근거해서 타인을 온갖 한계와 결함이 있는 그대로 온전히 그리고 철저히 사랑할 수 있다." 이러한 것은 이웃 사랑과 원수 사랑의 요구에서 구체적으로 드러난다.

예수는 하느님 사랑과 인간 사랑을 밀접한 연결 속에서 보았다. 그런데 큉은 예수가 단순히 인간에 대한 사랑이 아니라 이웃 사랑을 요구하였다는 점을 강조한다. 이는 예수에게 인간 사랑이란 추상적이나 감상적인 사랑이 아니라 "실천적이고 구체적인 사랑" 이고, "인간 일반이나 멀리 떨어진 사람에 대한 사랑이 아니라 아주 구체적으로 가까이 있는 사람과 이웃에 대한 사랑이다. 이웃 사랑 안에서 하느님에 대한 사랑이 참되다는 것이 드러난다. 아니 이웃 사랑이 하느님 사랑의 정확한 척도이다." 그런데 예수에게서 이러한 이웃 사랑은 모든 경계를 넘어서 무한히 열린 형태로 나타난다. 예수가 레위 19, 18에 의거해서 이웃을 네 몸과 같이 사랑하라(마태 22, 39)고 말함으로써 인간이 자신에 대한 당연한 사랑의 태도를 이웃 사랑의 척도로 삼는다. 이는 실제로 이웃에 대한 무한한 사랑을 의미한다. 그리고 이웃 사랑에 대한 정도에서만이 아니라 이웃에 대한 규정에 관해서도 예수는 한계를 두지 않는다. 누가 이웃이냐는 물음에 예수는 착한 사마리아인의 비유(루가 10, 29 - 37)를 통해서 대답하는데, 이 비유에 따르면 이웃이란 바로 강도를 만나서 다친 사람을 가리킨다. 즉 이웃이란 "당장에 나를 필요로 하는 사람" 이다. 그러므로 예수의 가르침에 의하면 이웃은 단순히 자신에게 가까운 사람, 즉 자신의 가족, 친구, 동료, 당파, 민족만이 아니라 얼마든지 낯선 사람일 수도 있다.

예수에게서 인간 사랑은 이웃 사랑 안에서 구체화되는 동시에 온갖 가능한 경계를 넘어서는 하느님께로 개방성으로 향한다. 즉 "하느님에 대한 나뉨 없는 사랑과 한계 없는 이웃 사랑이 불가분의 관계로 동일 연장선상에서 하나"를 이룬다. 이렇게 한계를 넘어서는 이웃 사랑은 원수에 대한 사랑에서 정점을 이룬다. "그러나 나는 여러분에게 말합니다. 여러분의 원수들을 사랑하고, 여러분을 박해하는 사람들을 위해서 기도하시오"(마태 5, 10-12).

" '네 원수를 사랑하라' 는 의도적 요청이야말로 예수 자신에게 속하는 것으로 어떤 한계도 인정하지 않는 예수의 이웃 사랑을 특징 지운다." 예수는 원수 사랑에 대한 동기를 다른 어떤 것이 아니라 완전하신 하느님을 닮자는 데에서 찾고 있다. 마태 5, 45에 따르면 하느님은 선인이나 악인에게나 해를 비추고 비를 내리며 적과 친구를 구분하지 않고 보잘것없는 사람에게도 사랑을 베푸는 아버지이다. 그러므로 "하느님의 원수에 대한 사랑이 인간에게 요구된 원수 사랑의 근거를 이룬다."

이렇게 예수가 하느님의 인간에 대한 사랑에 근거해서 내세운 인간 사랑은 모든 경계를 넘어서 개방되어 있다는 특징을 지니고 있다. 이러한 사랑의 철저성(Radikalität)은 용서, 봉사, 포기를 포함하는 데에서도 잘 드러난다. 첫째, 일곱 번이 아니라 일흔 번씩 일곱 번이라도, 즉 끝없이 용서하고(마태 18, 22; 참조 : 루가 17,4), 심판하지 말라(마태 7, 1)는 예수의 요구는 "한계 없는 용서의 자세"를 나타낸다. 둘째, 예수는 거듭해서(제자들의 다툼에서, 최후만찬에서, 발을 씻길 때에도) "서열 없는 봉사"를 요구한다. 셋째, 예수는 "대가 없는 포기"를 주장하였는데, 구체적으로는 다른 사람을 위해서 자신의 권리를 포기하고(마태 5, 41), 자신을 희생하며 권력을 포기하며(마태 5, 40), 맞대응의 폭력을 포기하는 것(마태 5, 39)으로 나타난다.

예수는 다가오는 하느님 나라를 선포하면서 그 준비로 회개를 요구 하는데, 회개는 내용적으로 인간의 궁극적인 행복을 목표로 하는 하느님의 뜻에 복종하는 것을 의미한다. 이는 경건한 이들에게 신성시 되어 왔던 율법과 성전이라는 척도를 상대화하는 것이고, 무시당하고 소외된 이들까지도 포함한 모든 인간을 위한 헌신을 의미한다. 하느님의 뜻을 실현하는 것은 한마디로 온갖 경계, 도덕적인 사람과 비도덕적인 사람의 경계를 넘어서는 사랑이다. 예수는 이런 무한한 사랑을 선포하고 요구하는 데에 그치지 않고 스스로 실천에 옮긴다. 이는 예수가 당시 사회에서 여러 가지 형태로 소외되었던 이들, 특히 죄인들에게 향하는 것에서 분명해진다. 그리스도교는 사랑을 가르치고 실천하며 증거 하는 예수 그리스도의 삶을 사는 종교이다.

3. 예수 그리스도께서 들려주신 생명의 말씀

예수님은 당신의 삶을 이렇게 요약하셨다. "나는 양들이 생명을 얻고 더 얻어 풍성하게 하려고 왔다"(요한 10, 10). 즉 예수께서는 사람들을 풍요로운 삶, 영원한 생명을 얻는 삶으로 인도하려고 이 세상에 오셨음을 밝히셨다. 그래서 그분은 "나는 길이요, 진리요, 생명이다"(요한 14, 6)라고 말씀하실 수 있으셨다.

예수님은 말보다는 행동으로 메시지를 전하셨다. 그분은 사람들을 있는 그대로 받아들여 주셨다. 예수께서는 어떤 사람의 요청에도 거절하지 않고 손을 내밀어 그들을 붙잡아 주셨다. 그러면서 다음과 같이 말씀하셨다. "당신을 아무런 조건 없이 받아들입니다. 당신은 사랑을 받고 용서를 받았습니다."(참조 : 루가 19, 5. 10). 그분은 또 "고생하며 무거운 짐을 지고 허덕이는 사람은 다 나에게로 오너라. 내가 편히 쉬게 하리라. 나는 마음이 온유하고 겸손하니 내 멍에를 메고 나에게 배워라. 그러면 너희의 영혼이 안식을 얻을 것이다. 내 멍에는 편하고 내 짐은 가볍다"(마태 11, 28~30)라고 말씀하셨다.

예수께서 적대 세력의 앞잡이들에게 붙잡히시던 날 밤 예루살렘의 한 아낙네가 그분을 따르던 제자들 중 하나인 베드로에게 한 말이 있다. "당신도 나자렛 사람 예수와 함께 다니던 사람이군요?" 그렇다. 우리는 "나자렛 사람 예수"와 동행하는 사람이 되려고 한다. 우리는 누구도 아닌 바로 예수 그리스도와 동행하려는 것이다. 오늘 이 시간부터 이 점을 더욱 깊이 마음에 새긴다면, 우리의 삶은 더욱 풍요로워지고 우리의 행로는 더욱 분명해질 것이다.

예수님께서 가르치시는 말씀을 듣고 군중들 가운데서 모질다 이 말씀이여! 하면서 떠나가는 사람들도 있었다. 그때에 예수님께서 너희들도 내 곁을 떠나가겠느냐? 고 당신 제자들에게 반문 하셨던 것입니다. 사도 베드로는 대표로서 주님께서 영원한 생명의 말씀을 가지셨는데 우리가 주님을 떠나 또 누구를 찾아가겠습니까? 하고 대답을 하신 것이다.

우리가 믿는 것은 존재의 의미에 대한 피할 수 없는 질문에 하느님이 주시는 답이다! 이 대답은 초기 그리스도교 시대부터 교회의 전통이 된 한 격언 속에 온전히 들어 있다. 이 말을 처음으로 사용한 이는 200년경에 죽은 리옹의 주교 성 이레네오일 것이다. 그의 말은 서방 교회에서나 동방 교회에서 교부들에 의하여 끊임없이 반복되고 해석되어 왔다.

진정성의 인증을 받고 있는 문장이므로 라틴어로 인용하겠다. "Deus homo

factus est ut homo fieret Deus." 이를 번역하면 "신이 인간이 되신 것은 인간으로 하여금 신이 되게 하기 위해서다."이다.

이것이 당신 신앙의 핵심이 되는가? 이 짧은 문장을 보고 거기에 과장이 있다고 생각한다면, 그것은 당신이 아직 신앙의 핵심에 도달하지 못했음을 의미하는 것이다. 흔히 이런 질문이 제기되기도 한다. "신이 되려 하는 것에 바로 원죄가 있는 것이 아닌가?" 이 질문에는 치명적인 모호함이 있다. 그렇다. 원죄는 자기 스스로의 힘으로 신적 존재가 되려는 것이다. 그러나 원죄가 아닐 뿐 아니라, 신앙의 핵심이기조차 한 것은, '우리의 신화神化'라는, 진정 놀라운 그 선물을 받아들여야만 한다는 것이다.

만일 그게 아니라면, 신들이 변장을 하고 지상을 '유람'하는 모든 이교 신화에서처럼, 강생은 하느님의 지상 방문에 지나지 않을 것이라는 점을 충분히 숙고해 보았는가? 만일 그게 아니라면, 하느님이 다른 어떤 도덕보다 우월하다고 말할 수 있는 도덕을 설교하시기 위하여 얼마 동안 우리의 인간적 거죽을 빌려 입으시고 우리 중에 나타나셨던 것이라고 말해야만 하리라. 그런 다음 다시 하늘로 올라가서서, 우리가 그리스도교적 덕성을 실천하면 상을 주시고, 죄 속에서 살기를 더 좋아하면 벌을 주시기 위해서 이승에서 우리가 하는 행동들을 굽어보고 계신다고 말해야 하리라. 하지만 이것은 완전한 신화神話다!

우리 시대 사람들, 특히 젊은이들이 바로 이런 생각에 빠지기를 단호히 거부한다는 것에 놀랄 것 없다. 만일 그런 것이 신앙이라면, 거기서 가능한 한 빨리 빠져 나오는 것이 지성을 지닌 인간의 의무이다. 나는 농담을 하고 있는 것이 아니다. 나는 아주 괴로운 심정으로 이 말을 하고 있다. 왜냐하면 아직도 스스로 의식하지 못한 채 완벽한 신화 속에서 살아가고 있는 수많은 남자와 여자, 심지어 가톨릭 활동가, 성직자, 수도자들조차 존재하고 있지는 않은지 두렵기 때문이다. 신앙의 핵심을 표현하고 있는 것으로 제시한 위의 격언은 교회의 가장 전통적인 믿음의 전부이다.

제 2단계 | 예비기

단원 II

하느님께서 인간에게
말씀을 건네시다

인간에게 말씀을 건네시는 하느님

▌그리스도 – 성서의 유일한 말씀

하느님께서 인간에게 당신을 계시하실 때 선하신 자비로 인간의 언어로써 말씀하신다. "영원하신 아버지의 '말씀'이 연약한 인간의 육체를 취하시어 인간이 되셨음같이 인간의 육체를 취하시어 인간이 되셨음같이 인간의 언어로 표현된 하느님의 말씀은 인간의 말이 되었다."

성서의 모든 말씀을 통하여 하느님께서 유일한 '말씀'을 하신다. 이는 당신의 유일한 '말씀'이시며 이 '말씀' 안에서 당신에 대한 모든 것을 말씀하신다.

성서는 '하느님의 계시가 담긴 책'이다. 하느님께서 인간에게 당신 자신에 관해 밝히 드러내시는 계시는 아브라함이 부르심을 받던 시대로부터 시작하여 그리스도께서 이 세상에 오심에 이르기까지 그리고 그리스도의 직접 증인들인 사도들이 세상을 떠난 서기 100년경까지 장장 2000여년에 걸쳐 일어났다.

하느님께서 당신을 드러내시는 방법으로 선택하신 것은 인간의 언어로 울리는 말씀, 인간의 역사 속에 개입하시는 행적을 통해서였다. 말씀은 행적이 담고 있는 뜻을 밝혀주며 행적은 말씀에 구체적 내용을 채워준다. 성서 전체가 하느님의 계시라고 하는 것은 성서에 실려 있는 내용 전부가 하느님께서 인간에게 알려주고 싶어 하신 것들이며 인간을 상대로 건네시는 하느님의 말씀이기 때문이다. 하느님께서 당신 행적과 말씀을 통해 인간 역사에 개입하시고 거기에 인간이 응답함으로써 이루어지는 결정적 사건들 전체를 구세사, 즉 인류 구원의 역사라고 말한다.

하느님께서 인간에게 가까이 다가가시고 역사에 개입하시는 것은 생명과 행복의 근원이신 당신에게서 멀어져 간 인간들을 구원하시기 위함이다. 신약 성서 저자 가운데 루가 복음사가는 구원의 역사를 이스라엘의 시대와 구원의 시대로 양분하면서 구원의 시대를 예수 시대와 교회시대로 다시 세분하고 있다.

▌계시의 충만이신 예수 그리스도

하느님께서는 계획하신 때가 되자 당신의 아들을 세상에 보내셨다. 사람이 되신 하느님의 외아들 예수 그리스도께서는 말씀과 행적을 통해 하느님이 어떤 분이신가 직접 드러내 보이셨다. 그러므로 하느님이 어떤 분이신가 살피려면 예수님을 바라보면 된다. 따라서 예수 그리스도 이후로 하느님의 직접적인 다른 말씀은 없다. 예수께서도 당신 자신을 두고 이렇게 말씀하셨다. "나는 길이요 진리요 생명이다. 나를 거치지 않고서는 아무도 아버지께 갈수 없다"(요한 14, 6). 그래서 교회는 예수 그리스도 안에서 완성된 계시를 "공적公的 계시"라고 하면서 그 계시 이외의 새로운 공적 계시를 기대하지 말아야 한다고 못 박는다('교회헌장' 25항; '계시헌장' 4항). 그것은 완성된 계시가 전세계에 보편적으로 전해져야 한다는 것, 즉 "가톨릭"이라는 언어가 지닌 의미이기도 하다('계시헌장' 7항; '교회헌장' 9, 13항 참조).

이렇게 예수 그리스도의 인격 안에서 완수된 하느님의 자기 계시는 성서와 성전이라는 두 가지 양상으로 보존되고 전해진다. 예수 그리스도의 강생 이전의 말씀과 업적이 이스라엘 역사 안에서 삶을 통해서 전해 오다가 그중 어떤 부분은 신약 성서로 정리 되었고, 어떤 부분은 그렇지 않은 채 여전히 삶을 통해서 실현되어 왔는데 그것이 이른바 '성전聖傳'이다.

사도 바오로가 종종 했던 "넘겨 전해 받은 복음을 전한다."는 말과 사도들이 주 예수 그리스도의 이름으로 준 교훈과 가르침을 "전통"으로 굳게 지켜 나가라고 권고할 때의 그것은 바로 삶 안에서 실천해 온 계시의 내용에 관한 것이다.

예수 그리스도에 의해서 설정된 교회는, 그리스도를 정점으로 한 거룩한 역사를 체험하고 그리스도 안에서 완전히 드러난 하느님의 신비를 믿는 이들의 무리다. 교회는 그 신비를 "신앙의 신비"(1디모 3, 9)라고 일컫는다.

▌하느님의 초대에 응답하는 인간

그리스도인은 하느님께서 우리 인간에게 말씀을 건네시고, 당신 자신을 드러내 보여주심을 기뻐하며 감사드린다. 그러므로 우리 신앙의 객관적인 여건인 하느님의 부르심은 하늘에 계신 너희 아버지 완전하심 같이 너희도 완전한 인간이 되라는 것이다. 이는 마치 부모들이 자기 자녀들이 인간 완성되기를 바라시는 것과도 같은 것이다.

그러므로 '신앙'이란 인간을 받아들여 주시는 하느님께 대한 믿음의 표현이요, 하느님의 초대에 대한 응답이다. 한마디로, '신앙'이란 하느님께서 순수한 사랑으로 인간에게 들려주신 초대의 말씀을 굳게 믿고, 하느님께 찬미와 감사를 드리며, 하느님의 그 큰 사랑에 주관적으로 응답하려는 일체의 노력이다. 한마디로 신앙은 인간을 하느님 앞에 인간답게 존재케 하고 행위 하게하는 실존적 지혜의 삶이다.

제5과

그리스도교의 경전(經典)인 성서

그리스도인의 신앙생활 삶과 성령의 원천인 성서

인류의 정신사에 그 생명을 이루어 온 성서의 기원은, 고래古來의 수많은 구두 전승들을 기록해 두어 천여 년에 걸쳐 쓰여 진 여러 책들의 수집서이다. 기원 전 천여 년 야훼파와 엘로힘파라 하는 왕정시대의 초기 저자들과 예언 자들의 동향, 기원 전 750-500년 신명기 시대, 유배 시대 이후의 종교적 문헌, 제관파와 기원 전 200년경 희랍어 번역판 성경이 정통 유대 신앙 공동체 내에 서 이루어졌다. 이것이 이른바 70인 역譯이다. 사도들도 이 성서를 사용하였 다.

그릇된 극단의 이기주의에서 타인 중심으로 옮겨 사는 이타적 사랑, 인간 사랑의 생활을 가능케 한 성서에 대한 신앙은 우리 인류 정신사의 모든 생명 의 뿌리를 박게 하였다.

성서에 대한 이 같은 신앙은 역사적 사건을 통해 당신 자신을 계시하시는 하느님께 대한 신앙이다. 하느님께서 당신 계시의 비밀을 열어 보이시는 것 은 역사의 한가운데서 당신의 현존과 당신을 뵙는 우리의 만남이 인류를 이끌어 가는 것이다. 바로 역사 안에서 구원하시는 하느님께 대한 신앙이다. 하느님께서 우리 인간을 구원하시는 경륜이고 교육 원리이며 진리의 원천이다 (《신학총서》 p.18).

"성서 전체는 단지 하나의 책이며, 그 하나의 책은 바로 그리스도이십니다. 왜냐하면 성서 전체는 그리스도께 대하여 말하고 있으며, 성서 전체가 그리스도 안에서 완성되기 때문입니다."

"성서는 하느님의 '말씀'을 간직하고 있으며, 영감을 받아 쓰여진 책이므로 참으로 하느님의 '말씀'이시다."

하느님께서는 성서의 인간 저자들에게 영감을 주신 성서의 저자이시다. 하느님께서는 그들 안에서, 그들을 통해서 활동하신다. 그리고 그들의 기록이 구원의 진리를 오류 없이 가르친다는 사실을 보증하신다.

영감을 받은 성서를 해석하는 데에서 무엇보다도 먼저 하느님께서 우리의 구원을 위해서 당신의 거룩한 성서 저자들을 통해 계시하시고자 하신 것에 주의를 기울여야 한다. "성령께로부터 오는 것은 성령의 작용에 의하지 않고는 완전히 이해할 수 없습니다."

교회는 구약성서의 46권과 신약성서의 27권을 하느님의 영감을 받은 책으로 받아들이고 존중한다. 바오로에게서는 복음이라는 말이 복음 선포를 담고 있는 하나의 문학 작품을 가리키는 것이 아니라 예수 그리스도로 말미암은 구원을 선포하는 사도의 선포 활동 자체를 의미한다.(로마1, 1~3)

구약성서와 신약성서의 단일성은, 하느님 계획의 단일성과 그분 계시의 단일성에서 비롯된다. 구약성서는 신약성서를 준비하며 신약성서는 구약성서를 완성한다. 둘은 서로를 밝혀주며 모두 다 참된 하느님의 말씀이다.

"교회는 주님의 성체를 숭상하듯이 성서도 항상 존중해 왔다." 이 둘은 그리스도인 삶 전체를 양육하고 인도한다. "당신의 말씀은 내 발에 등불, 나의 길을 비추는 빛이오이다." (시편 118, 105)

인간의 삶의 자리 안에 담기신 성령께서 저자로 하여금 하느님의 뜻을 그대로 받아쓰게 하였다는 의미가 아니다. 각자 자기의 개성에 따라 그 시대의 징표와 사조와 자료로써 자기가 속한 공동체의 삶의 형태로 표시했다. 따라서 마태오, 마르코, 루가, 요한 등 4복음사가들이 각자 속하였던 초기 그리스도교 공동체의 신앙 고백서가 바로 성서라고 말할 수 있다.

성서를 보면 하느님께서 백성 가운데에 현존하신다는 진리가 역사적 단계와 과정을 거쳐서 계시된다.

하느님께서 인간의 여정인 인류 역사 안에서 어떻게 인류 만민을 사랑하시고, 하느님 나라 건설해 가시는가 하는 구세사적 관점에서 역사와 사건을 볼 때, 구원의 차원을 이루게 될 것이다. 성서야말로 다시는 목마르지 않는 구원의 성령이 강물처럼 흘러나오는 진리의 원천이다. '나는 길이요 진리요 생명이며 빛이다' 하신 바로 그것이 성서다. 말씀이 살이 되시어 우리 가운데 천막을 치시고 함께 머물러 사셨다. 따라서 우리 인간들이 성서의 말씀대로 살아 갈 때 그 말씀은 길이요 진리요 생명이며 빛이 된다. 우리는 성서를 기도 생활 중에 묵상해야 한다.

역사적 인물 나자렛 예수 그리스도께서 태어나시기 전에 쓰여 진 것을 구약성서라고 하며, 예수 그리스도 탄생이후 쓰여 진 것을 신약성서라고 일컬어지고 있는 것이다. 구약성서가 전하고 있는 전체적 내용은 하느님께서 이스라엘 백성에게 건네신 말씀과 그들을 구원의 길로 인도하신 일들을 기록하며 그리스도의 대림待臨 메시아 구세주를 준비함으로써 하느님께 대한 가르침 인간 삶에 대한 지혜 그리고 하느님께 올리는 기도, 율법서 예언서 성서문집 등 모두 46권이다.

이스라엘 역사의 각 시대 선에는 독특한 방법이 있다. 세 가지 단계로 말할 수 있으니, 첫째 판관기 시대는 일반의 충성과 국가의 복리에 주된 관심이 있던 단계요, 둘째 예언자 시대는 개인의 생활과 양심이 뚜렷하게 대두된 단계이며, 셋째 유배 시대는 모든 사람들과의 연대 의식과 하느님께서 보내실 구원자에 대한 기대가 있었던 단계이다.

어느 단계에서나 사람들은 하느님을 잘 섬길 수 있었다. 성서는 전체적으로 두 가지의 주요 관심사를 다루고 있다. 첫째는 유일한 하느님께 대한 신앙 고백이며, 둘째는 구세주에 대한 기대와 희망이다. 우리들이 신앙과 대인 관계에서 마지막으로 봉착하는 모든 문제가 결국에는 바른 하느님 관에 달려 있는 계시 신앙이다.

하느님 말씀의 본질은 하느님께서 인간과 상통하는 메시지를 인간적으로 표현한 것이다. 신앙만이 성서 말씀을 하느님의 말씀으로 알아들을 수 있는 이유가 이 때문이다. 즉 성서 말씀에서 하느님의 부르심 - 이스라엘의 역사와 예수 그리스도 안에서 자신이 구원자이심을 알려 주신 하느님의 부르심을 받아들인다는 바로 거기에 신앙의 근거가 있기 때문이다.

성서는 하느님과 인간의 역사 또는 교섭사라고 말할 수 있다. 그러므로 성서의 중심 과제는 하느님께서 누구이신가가 아니고 하느님께서 인간에게 무엇을 하시는가이다. 이것을 전문가들은 구세사라 표현한다. 하느님께서 인간의 구원을 위하여 어떤 계획을 가지셨고, 그 계획을 어떻게 인간의 역사 안에서 전개해 나가시는가를 보여 주는 것이다. 그러므로 우리는 성서 전체의 중심 사상인 구세사의 관점에서, 성서 각 권의 부분적 사건이나 교훈을 이해할 때 성서를 이해하게 된다.

성서는 우리에게 인류 역사와 인간 개개인의 역사 안에서 인간이 어떻게 하느님을 만나게 되는가를 보여 준다.

하느님께서는 성조 아브라함, 이사악, 야곱 조상들이 하느님만이 아니다. 누구든 하느님과 만날 준비만 되어 있으면 구세사 안에서 하느님을 만나 체험할 수 있다. 따라서 성서 말씀 안에서 예수 그리스도의 인격人格을 만나 성서의 말씀을 사시는 인간 예수 그리스도의 길을 따라 사는 것이야말로 신앙인의 신원(身元 : Identity)을 형성한다.

　일상생활 가치관과 인생관과 우주관이 모두 성서 진리 말씀에서 찾고 성서 말씀대로 살아 우리 인간 구원을 이루자는 것이다.

　서양 유럽의 그리스도교 신앙인이건 아시아 극동 한 귀퉁이에서 살고 있는 한국의 그리스도교 신앙인이건 간에 고대 중동 이스라엘의 팔레스티나에서 발생한 고대 이스라엘의 종교, 유대교, 우리 기독교 가톨릭교의에 그 뿌리에 생명을 두고 있는 것이다.

단원 Ⅲ

천주 성부를 믿나이다

하느님 아버지는 어떤 분이신가?

▌인간의 언어에 한계로서

'존재하는 신, 그런 신은 없다' 는 개신교 신학자 본회퍼의 이 말은 참으로 옳다. 그러나 '증명된 신은 없다' 고도 말할 수 있어야 할 것이다. 왜냐하면 하느님은 당신의 존재를 증명하려 드는 인간의 사고나 언어를 초월하기 때문이다. 하느님은 단순한 객체나 대상 이상이다. "만일 하느님이 그것(das)라면, 그것은 하느님일 수 없다. 그런 하느님은 인간이 만들어낸 우상일 따름이다. 그것은 인간이 마음대로 처리할 수 있는, 존재하는 하고많은 것들 중의 하나일 것이며, 오직 인간의 인식 안에서만 그 존재를 부지할 수 있을 뿐이다."(큉)

"하느님을 정의하자면 정의할 수 없는 존재, 한정지을 수 없는 존재다. 말 그대로 볼 수 없고 잴 수 없고 붙잡을 수 없는 실재다. 과연 하느님은 우리가 생활하는 여러 차원의 현실 이상의 또 다른 어떤 차원이 아니다. 오히려 그분은 비록 우리가 인지하지 못한다 할지라도, 우리의 모든 일상적 삶 안에 감춰진 채 현존하시는 무한이라는 차원이다."(큉)

그러나 하느님을 증명할 수 없다고 하느님께 대한 이야기를 원천적으로 부정할 수는 없다. 사랑의 존재를 증명할 수 없다고 해서 사랑에 대한 이성적 신뢰 행위마저 부정할 수 없는 것과 같다. 눈먼 신앙은 눈먼 사랑만큼 무서운 결과를 초래할 수 있으며, 그 역도 마찬가지다.

하느님께 대한 인간의 신앙은 이성적 증명도 비이성적 감정도 의지의 결정론적 행위도 아니며, 하나의 근거 있는 그리고 이런 의미에서 바로 이성적 신뢰다. 이러한 이성적 신뢰는 사색과 의문과 회의를 끌어안으며 또한 동시에 오성과 의지, 정서에 밀접히 관계되는 일이다. 그러므로 우리가 하느님에 대해 질문하면서 우선적으로 해야 할 일은 하느님은 과연 내가 철학적으로, 또는 사색하여 얻은 식으로 존재하는가를 묻는 일이다.

구약성서 이스라엘의 하느님, 신약성서 예수 그리스도의 하느님을 우리는 말할 수 있다.

▌하느님은 오직 '한 분'이시다

일찍이 하느님의 백성으로 불리고, 그 하느님의 사랑을 깊이 체험했던 이스라엘 민족의 종교적 전통은 "하느님은 오직 한 분뿐이시다"라는 신앙고백에 뿌리를 두고 있다. 그러므로 이스라엘 백성이 무엇보다도 먼저 해야 할 일은 하느님께 마땅한 찬미와 예배를 드리는 일이었다. 그리고 세상 만물의 원천으로 그 모든 것들을 보살펴 주시는 분은 단 한 분이신 하느님이시라는 것을 증거 하는 일이었다. "너, 이스라엘아 들어라. 우리의 하느님은 야훼시다. 야훼 한 분뿐이시다. 마음을 다 기울이고 정성을 다 바치고 힘을 쏟아 너의 하느님 야훼를 사랑하여라." (신명 6, 4~5)

그리스도의 신앙의 뿌리 역시 여기에 있다. 그리스도인의 모든 예배와 기도와 신앙고백은 '하느님'으로부터 시작된다. 하느님께서는 첫째이시며 마지막이시고, 모든 것의 시작이시며 마침이시기 때문이다. 그러므로 하느님 아닌 것들을 믿고 자신을 맡기는 짓은 모두 허깨비 같은 거짓 신들을 섬기는 우상숭배이다. 오로지 하느님만이 진실하고 유일무이하고 살아 계시는 신神이시다.

불타는 가시덤불에서부터 하느님께서 "모세야, 모세야" 하고 부르셨다. 그리고 하느님께서는 모세에게 이스라엘 백성을 모으고 파라오를 설득하여 노예살이 하던 저 백성을 이집트 밖으로 인도하라고 말씀하셨다. 이러한 하느님의 계획을 들은 모세는 그 말씀의 뜻을 알아들었다(교리서 204, 210-211).

그 대화는 다음과 같이 전개된다.

그러나 모세가 하느님께 말했다.

"만일 내가 이스라엘에게 가서 '너희 조상들의 하느님께서 나를 너희에게 보냈다.' 라고 말했을 때, 그들이 '그분의 이름이 무엇이냐? 고 묻는다면 나는 그들에게 어떻게 대답해야 하겠습니까?'

하느님께서 모세에게 말씀하셨다.

"나는 존재하는 자이다.""나는 있는 자 그로다" 곧 하느님께서 인간과 함께 계시는 임마누엘의 하느님이시다는 의미다. 사랑과 함께 있는 것이다. 그리고 이어서 "너는 이스라엘 사람들에게 '나다' 라고 나에게 말씀하시는 분이 너희에게 나를 보내셨다고 말해야 한다." (교리서 446, 2575)

또 하느님은 모세에게 말씀하셨다. "따라서 너는 이스라엘 사람들에게 '주님이시고 너희 조상들의 하느님, 아브라함의 하느님, 이사악의 하느님, 야곱의 하느님께서 나를 너희에게 보내셨다.' 고 말하여라." (출애 3, 13-15 참조)

그러나 모세에게 " '나다' 라고 말씀하신 분이 나를 너희에게 보내셨다."고 말하도록 하심으로써 하느님께서는 동시에 매우 구체적인 어떤 것을 드러내신다. 부침浮沈을 거듭하는 모든 것들 저 너머에 '계신' 하느님께서는 우리 및 우리의 세상과 아무런 상관도 없는 분이 아니시다. 오히려 '존재하시는'

이 하느님께서는 그분이 당신과 함께 계신다는 것을 계시하신다. 그분은 자기 자신이 그 자체로 어떠한 분이신지를 말씀하시지 않는다. 그러나 그분은 그분이 당신에게 누구인지를 계시하신다. 출애굽기에 기록되어 있는(그리고 이사야서 40-45장에서 더욱 발전되는) 이 결정적인 순간에 하느님께서는 그분이 당신의 하느님이시고, '너희 조상들의 하느님' 이심을 드러내셨다. 즉 깊이를 알 수 없는 신비이신 분이 모든 시간을 통해서 당신과 함께 계시고, 죽음과 악의 모든 권세를 뛰어넘어 당신과 함께 계신 것이다(교리서 214-221, 2810).

구약성서에서 자기 자신을 계시하시는 하느님께서는 두 가지 중요한 특징을 드러내신다. 대단히 중요한 첫째 특성은, 그분이 인격적으로 당신에게 가까이 계시며 그분은 당신의 하느님이시라는 것이다. 두 번째 특성은 당신과 인격적인 관계를 맺으시기로 자유로이 결정하시는 이 하느님이 모든 시간과 공간을 뛰어넘어 계신다는 사실이다. '존재하시는 분'은 그 어느 것에도 매여 있지 않으면서, 모든 것을 다 자기 자신에게 연결시키신다. 그분 자신의 말씀 그대로 표현하자면, "나는 처음이자 마지막이다. 나 이외에는 그 어떤 신도 없다."(이사 44, 6; 교리서 198, 212)

하느님이 아브라함의 하느님, 야곱의 하느님, 이사악의 하느님, 곧 "조상들의 하느님"(탈출 3, 13)으로 언급된다는 점이며, 이스라엘 백성이 자연적 혈통에 의해서가 아니라 역사적 선택과 부르심(탈출 4, 22 : 호세 11, 1; 예레 31, 9)에 의거하여 하느님의 아들로 언급된다는 점이다. 하느님이 아버지가 되고 이스라엘이 아들이 되는 것은 신화에 근거하지 않고 이스라엘이 역사 안에서 구체적으로 체험했던 하느님의 구원 행동에 근거한다. 이스라엘이 그렇게 하느님의 자녀가 되었다는 사실을 바오로는 이스라엘의 큰 특전으로 여긴다(로마 9, 4).

하느님은 우리의 아버지, 인류는 형제

「부부애」에 비유한 하느님의 이스라엘에 대한 사랑을 상징하는 것은 또한 「아버지의 사랑」이다.

이스라엘이 「야훼의 아들」이라는 표현은, 구약성서 중에 헤아릴 수 없을 만큼 나오고 있다.

「이스라엘은 나의 맏아들이다.」(출애굽기 4, 22)

「내 아들 이스라엘이 어렸을 때, 너무 사랑스러워 나는 이집트에서 불러내었다.」(호세아 11:1)

우리는 기도할 때, 하느님에게 대하여 곧잘 「아버지」라고 부르고 있다.

하느님을 아버지라 하는 것은, 구약에 있어서의 하느님께 대한 관념을 요약한 것이라고 할 수 있다.

하느님은 우선 초월자(엘로힘)였다. 존재하며 살아 있는 분 「나는 곧 나」인 야훼이다. 하느님은 유일하며, 인간과 계약을 맺어, 그런 의미에서는 준엄하지만, 그 이상으로 사랑과 용서의 하느님이다. 하느님은 진정 아버지인 것이다.

이러한 관념은 신약성서에서 다시 발전하여 완성되고 있다. 신약은 아버지 하느님의 사랑의 메시지로 가득 차 있다.

예수 그리스도는 하느님을 「하늘에 계신 우리 아버지」라고 불렀다. 악한 사람에게나 선한 사람에게나 똑같이 햇빛을 주고, 옳은 사람에게나 옳지 못한 사람에게나 똑같이 비를 내려 주는 하늘의 아버지(마태오 5:45), 돌아 온 탕자의 목을 끌어안고 입을 맞추는 그 아버지(루가 15:11~32)와 똑같은 이가 하늘의 아버지인 것이다.

위에서도 말했듯이 예수는 제자들에게 친히 가르친 「천주경」에서 「하늘에 계신 우리 아버지」라는 말로써 이 기도를 시작하고 있다.

하느님이 인간들이 아버지라면, 그 자녀인 우리 인간은 서로 형제자매인 것이다. 예수도 「형제」라는 말을 즐겨 사용했다. 예컨대 「자기 형제에게 성을 내는 사람은 누구나 재판을 받아야 하며 자기 형제를 가리켜 바보라고 욕하는 사람은 중앙법정에 넘겨질 것」(마태오 5:22)이라고 했듯이――.

전 인류가 동포이며 형제라는 것은 하느님이 전 인류의 아버지라는 전제하에 처음으로 그 현실성을 갖는다.

우리는 유일한 하느님인 아버지의 아들이며, 서로는 형제인 것이다. 그럼에도 불구하고 종교라는 이름으로 전쟁까지 벌어졌던 것이 역사상에 있는 사실이다. 이것처럼 더한 비극은 없다.

하느님을 전능하신 천지의 창조주 하느님으로 고백하는 것은 무엇보다도 야훼 하느님 외에는 그 어떤 신도 있을 수 없다는 것을 암시한다. 하느님은 우주의 한 부분이 아니다. 때문에 성서는 그 어떤 상으로도 하느님을 그려서는 안 된다고 강조한다. 하느님은 세상의 어떤 것과도 비교할 수 없는, 세상을 능가하는 전능하신 분이기 때문이다.

"너희 하느님은 나 야훼다. ……너희는 내 앞에서 다른 신을 모시지 못한다. 너희는 위로 하늘에 있는 것이나 아래로 땅위에 있는 것이나, 땅 아래 물속에 있는 어떤 것이든지 그 모양을 본따 새긴 우상을 섬기지 못한다. 그 앞에 절하며 섬기지 못한다." (출애 20, 2-5)

신약성서는 구약의 이 신관을 받아들였다. 그러나 신약의 복음 선포에 나타난 신관의 핵심은 힘의 전능이 아니라 사랑의 전능이다. 신약성서에 따르면 하느님의 권능과 힘은 예수의 권위 있는 선포, 병자와 마귀 들린 사람에게 보이신 힘, 성령을 통해 예수 그리스도 안에 작용하는 구원을 가져다주는 전권에서 드러난다. 예수의 이 전권은 당신 자신을 낮추시는 하느님 사랑의 표현이다. 하느님이 전능하신 것은 사랑 외에는 그 무엇도 하실 수 없기 때문이다. 그리고 그 사랑은 이루지 못하는 것이 없기 때문이다. 하느님은 사랑 때문에 오히려 무능한 존재로 보이기도 한다. 더없이 무능하고 무력한 모습으로 세상의 죄를 짊어지고 매달리신 십자가에 세상을 능가하는 하느님 사랑의 전능이 드러난 것이다. 이런 이유로 신약성서에서는 '전능하신 하느님' 이라는 단어 대신에 '사랑의 하느님' 이 더 강조되어 나타난다. "하느님은 사랑이시다." (1요한 4, 8.16) 사랑이 모든 것을 능가하게 한다. 사랑 안에는 모든 것이 가능하다. 하느님의 전능은 사랑에 그 근원을 두고 있다. 사랑 안에서는 모든 것이 가능하다. 사랑에는 불가능이 없다.

자식에 대한 부모의 사랑을 생각해 보라. 자식에 대한 사랑 때문에 부모는 다른 사람이 감히 이루어 낼 수 없는 것을 이루어 낸다. 자식에 대한 사랑 때문에 부모는 온갖 고통과 십자가와 죽음까지 마다하지 않는다. 사랑의 힘은 연약하지만 강하다. 부드럽고 연약한 사랑이 모든 것을 가능하게 한다. 전능하신 하느님은 성서에서 이스라엘을 자상하게 돌보시는 사랑의 하느님, 선하신 하느님으로 표현된다. 하느님의 전능은 모든 것을 위해 자기를 꺾는 연약한 사랑의 힘에서 나온다. 그러므로 전능하신 사랑의 하느님은 부드럽고 연약하시다. 전능하신 하느님은 강하면서도 연약하시다.

하느님은 능하시어 인간이 함부로 접근할 수 없는 분이시지만, 동시에 인간과 계약을 맺으면서 인간을 찾고 사랑하는 존재이시다.

하느님 사랑의 전능을 성서는 배우자와의 일체감, 온유함, 인격적 결합, 약혼자—"너와 나는 약혼한 사이, 우리 사이는 영원히 변할 수 없다." (호세 12, 21)—, 연대성, 자비 등으로 표현한다. 야훼의 마음은 힘과 권위의 묘사인 아버지와 같으며, 동시에 사랑과 자비의 묘사인 어머니와 같으시다.

구약에 나타난 하느님의 전능이 세상을 능가하는 힘으로만 강조되어 오늘날까지 이르게 된 데에는 그리스 철학의 영향이 컸다. 플라톤(기원전 428-348년)과 아리스토텔레스(기원전 384-325년) 등 그리스 철학자들은 하느님이 당신 자신과만 관계를 맺는다고 가르쳤다. 하느님이 변화하는 세상과 관계를 맺는다면 이는 스스로 변화하는 존재임을 암시하는 것으로 모순이라는 것이다. 그래서 예수도 하느님의 아들이기에 십자가에 못 박혔어도 고통은 몰랐을 거라는 견해가 있었다.

그러나 성서가 하느님의 불변성을 이야기한다면 이는 사랑의 불변성, 인간과 맺은 계약에 변함없이 충실하다는 것을 말해 주기 위함이다. 예레미야는 다음과 같이 표현한다.

"나는 그들(유다 사람들)을 이 좋은 무화과처럼 잘 돌보아 주리라. 잘 보살펴 이 지방으로 돌아오게 하리라. 헐지 않고 세우며, 뽑지 않고 심으리라. 나를 알아보는 마음을 주어 이런 일을 하는 것이 나 야훼인 줄 알게 하겠다. 그리하면 이 백성이 진심으로 나에게 돌아와 내 백성이 되고 나도 그들의 하느님이 되리라."(24, 5-7)

하느님은 마음을 가지고 계시다. 하느님은 사랑이시다.

하느님의 전능은 사랑의 전능이다. 사랑하는 자만이 무엇이든지 다 할 있다. 사랑은 전능하다. 하느님은 그런 사랑으로 세상을 창조하셨다. 폭군의 힘은 세상을 파괴할 수도 있고 인간을 죽일 수도 있다. 그 힘 앞에서 사람들은 공포를 느낀다. 그러나 사랑의 힘은 세상을 창조한다. 세상을 위하여 자기를 내어놓는다. 사랑하지 않는 사람에게 남을 위해 자기가 죽는다는 것은 상상도 할 수 없다. 아무나 남(세상)을 위해 목숨을 내어놓지 못한다. 사랑하는 사람만이 목숨을 내어 놓을 수 있다. 예수께서는 이를 이렇게 표현하신다. "벗을 위하여 제 목숨을 바치는 것보다 더 큰 사랑은 없다."(요한 15, 13) 전능하신 하느님은 인류를 위해 당신 자신을 남김없이 내어놓는 사랑 자체이시다. 사랑한다는 것은 상대방을 위해 사는 것이다. 내 안에서 나를 위해 사는 것을 포기하는 것이다. 하느님은 그런 사랑이시다.

역사적 인물 예수의 하느님은 잃은 자들의 하느님이시다. 이스라엘의 하느님은 "따로 떨어져 혼자 계신 분이 아니라, 상대와 함께 하는 대화의 하느님,

계약의 하느님 중보仲保의 하느님 전능하신 야훼 하느님이시다.

큉에 의하면 욥에게서 "하느님께 대한 구약 성서적 인간의 기본자세"가 나타났지만, 그러나 이스라엘에서 이를 추종하는 이는 거의 없었다. 바로 이렇게 추종하는 이가 없던 무조건적 신앙의 자세의 예수가 받아들인다. 예수는 "인간의 고통을 설명하기보다는 하느님 앞에서 죄 없는 자로서 이를 참아 받았는데, 물론 욥과는 달리 혹독하게 마지막까지 다 참아 받았다." 그러나 큉은 예수의 고통과 죽음을 통해서 욥의 이야기에서 제시된 해답과는 다른 해답이 주었다고 주장한다. 즉 욥기에서는 이유를 알 수 없는 고통에 대해서 하느님께 오로지 무조건적 신앙을 드려야 한다고 대답하지만, 예수의 죽음과 부활을 통해서는 인간의 온갖 고통에 초연하거나 무관심하게 머물지 않고 인간에게 다가오는 하느님에 대한 신앙이 가능하게 되었다는 것이다. 하느님은 십자가에 못박힌 예수를 그대로 두지 않고 부활시켰는데, 여기에서 분명해지는 것은 "하느님은 예수를 공개적으로 파멸하도록 내버려둔 것처럼 보이지만 사실은 그를 죽음 속에서 지탱해 주었다는 것이다. 예수는 세상의 누구보다도 하느님께 버림을 받은 듯 보였지만 하느님은 그를 버리지 않았다. 공개적인 하느님의 부재不在 속에서도 하느님은 가려진 채 현존하였다." 큉은 예수의 십자가를 부활의 빛 속에서 이렇게 해석하면서, 하느님은 예수의 죽음을 통해서 "고통 속에서도, 바로 고통 속에서 숨겨진 채로 현존하는 분, 극도의 위협, 무의미, 허무함, 버림받음, 외로움과 공허 속에서도 인간을 지탱하고 붙잡아 주는 분, 즉 인간의 곁에서 함께 - 아파하는 분, 인간과 연대를 취하는 분"으로 자신을 드러냈다고 주장한다. 이렇게 예수의 고통 속에서 하느님은 "함께 - 고통당하는 신"으로 나타났는데, 이는 바로 예수가 선포한 하느님, 즉 잃어버린 자들의 아버지이다: 하느님은 "다른 어느 곳보다도 바로 십자가에서" 약하고 병들고 가난하고 억눌리고 죄지은 자들 편에 계신 분으로 드러난다.

예수의 전체 활동의 결과로 나타난 십자가는 그 자체로서는 분명히 하나의 실패의 표시이고, 인간에게서만이 아니라 하느님께로 부터도 버림을 받은 비참한 죽음을 의미한다. 그러나 예수 부활은 실패와 비참한 죽음의 표시인 십자가를 전혀 새롭게 보도록 이끄는데, 십자가에서 나타난 하느님의 공개적인 부재 속에서 하느님의 숨겨진 현존을 신앙으로 받아들이도록 한다는 것이다. 즉 큉에 의하면 부활의 빛 속에서 십자가는 무자비한 하느님이 인간의 죄과로 요구하는 희생제물이 아니라 하느님 사랑의 최고의 표현이다. 십자가에 못박힌 예수의 부활 사건을 통해서 하느님은 "자신의 외아들이〔…〕극도의 고통 속에서 버림받아 죽어갈 때 가까이에서 연대 속에 있던 분, 이와 함께 우리의 아픔과 결합하고 (우리의 책임이 있든 없든) 우리의 고통에 참여하며 우리의 비참함과 온갖 불의를 같이 당하는 분으로서 보이지 않게 함께 - 고통 받는 분으로, 그러나 이런 방식으로 궁극적으로는 무한히 선하고(gütig) 전능한(mächtig) 신"으로 나타난다.

큉에 의하면 예수의 십자가와 부활을 통해서 드러난 "함께 - 고통 받는 하느님"에 대한 신앙을 근거로 인간은 고통에서 자유롭게 될 수 있다. 물론 큉은 십자가의 이름으로 모든 고통을 무조건 감수해야한다고 주장하지 않는다. 그는 오히려 어떤 방식으로든 십자가가 고통을 미화하는 데에 남용되는 것을 비난하면서 인간의 힘으로 극복 가능한 고통은 극복할 수 있도록 싸워야 한다고 역설한다. 왜냐하면 예수 또한 고통을 무조건 참아 받은 것이 아니라 병자의 치유나 이웃에 사랑에 대한 가르침에서 나타나듯이 고통을 거슬러 투쟁했기 때문이다. 그러나 인간은 모든 고통을 궁극적으로 다 이겨낼 수는 없는데, 어쩔 수 없이 감수해야만 하는 고통에 대해서 십자가의 신앙은 고통에서 자유롭게 되는 길을 선사한다는 것이 큉의 확신이다. 그래서 그는 그리스도 신앙인은 비록 "고통을 비켜가는 길을 알지 못하지만 고통을 거쳐 가는 길"을 갈 수 있다고 주장 한다: 신앙인은 고통이나 역경 앞에 결코 좌절하지 않는데, 왜냐하면 십자가를 바라보면서 고통 속에서도 하느님께서 자신을 감싸고 계시다는 것을 알기 때문이다. 이런 견해를 바탕으로 큉은 예수의 십자가가 의미 없는 고통을 비록 이론적으로 이해할 수 있는 길을 마련해 주지는 못해도 이를 "실천적으로 극복하는" 길을 열어준다고 주장하며, 바울로 사도가 이에 대한 산 증인이라고 내세운다.(참조: 2고린 4, 8f; 6, 9f)

요약하면, 큉은 예수의 십자가가 지니는 보편적 의미를 밝히기 위해서 인간의 보편적 문제라고 할 수 있는 고통의 문제에서 출발한다. 인간이 아무리 노력해도 고통은 완전히 제거 되지 않으며 결국 고통은 삶과 불가분의 관계에 있다. 예수의 십자가는 비록 물리적으로 고통을 피하는 길을 제시해 주지는 않지만 고통을 극복하는 길을 열어 준다. 예수는 자신의 말씀과 행적을 통해서 잃은 자들의 하느님을 선포하였는데, 이 하느님은 실패의 상징으로 보이는 예수의 십자가를 통해서 함께 - 고통 받는 하느님으로 자신을 드러내셨다. 그래서 십자가에서 죽었다가 부활한 예수를 믿는 신앙인은 어떤 고통 속에서도 하느님이 보이지 않게 함께하시고 그분께 자신이 지탱되어 있음을 알기 때문에 고통과 역경 앞에서 좌절하지 않을 수 있다. 이렇게 십자가는 인간이 고통 앞에서 좌절하지 않는 길, 고통에서 자유와 구원을 선사한다.

신약성경이 하느님을 그 어떤 구체적이고 규정적 의미에서 '호 테오스'(ὁ θεός)라고 부른다면, 몇몇 구절을 제외(로마 9,5 이하 등)하고는 항상 아버지를 의미한다. 그러니까 신약성경은 그 자체로 하느님에 관한 다양한 진술을 아버지의 진술을 통하여 해석하고 있다. 이로써 하느님은 존재하는 모든 실재를 존재하게 하는 원천, 원천 없는 원천으로 규정된다. 따라서 신약성경은 고대철학의 근본 물음, 곧 존재하는 모든 실재의 일치와 의미를 제공하는 최종적 근거에 대한 물음과, 동시에 인간 행동의 마지막 목적인 그 근거에 대한 물음을 성경의 방식으로 대답하고 있는 셈이다. 아버지에 대한 성경의 진술은 추상적 내용으로 되어 있는 철학적인 하느님의 표상을 넘어선다. 신약성경은 아버지라는 개념을 통하여 하느님을 인격적 존재로 제시한다. 곧 하느님은 역사 안에서 자유롭게 행동하고 말씀하고, 인간과 계약을 맺는 인격적 존재이다. 아버지인 하느님은 인격의 구체적 모습을 지닌 하느님이며, 구체적 이름이 있고 그 이름으로 불러질 수 있는 하느님이다. 하느님의 인격적 자유는 하느님께서 존재하는 모든 실재를 자유롭게 만드시는 원천이며, 자신에 의해 이루어진 일을 자유로이 받아들이시는 분이며, 곧 하느님께서 사랑의 자유 자체라고 말할 수 있는 근거이다. 사랑의 자유 자체이신 하느님은 역사의 원천일 뿐만 아니라 또한 역사의 미래이기도 하다. 그분은 희망의 하느님(로마 15, 13)이다. 신약성경이 선포하는 하느님의 모습을 요약한다면, 하느님은 온전한 자유로 사랑하는 분이며 또 온전한 사랑으로 자유로운 분이라고 요약할 수 있다. 하느님은 이러한 자신의 모습을 예수 그리스도 안에서 알려준다.

제7과

삼위(三位)로서 한 분이신 하느님의 신비

▌성부와 성자와 성령의 이름으로
하느님에는 아버지와 아들과 성령이 있다

인간과 하느님의 관계를 말할 때 주의해야 될 것은 예수의 말씀 중에 「너희들의 아버지」와 「나의 아버지」를 항시 구별하고 있다는 사실이다.

예수가 「나의 아버지」라고 할 경우, 당신은 「하느님의 아들」일 뿐 아니라, 자신이 「아들인 하느님」임을 나타내고 있는 것이다.

그렇다면 「아들인 하느님」이란 무엇인가.

구약성서가 하느님의 유일성을 강조하고 있는 것은 우리가 이미 보아온 대로다 그런데 신약에 와서는 그 뉘앙스가 제법 달라지게 된다.

복음서는 물론 사도 바오로의 편지에서도 분명한 것은 여기서 일컬어지는 하느님이란 「아버지인 하느님」과 「아들」과 「성령」이라는 사실이다.

복음서를 보기로 한다. 예수가 요르단 강에서 세례를 받을 때, 하느님의 「성령」이 비둘기 모양으로 나타나서, 「이는 내 사랑하는 아들, 내 마음에 드는 아들」이라는 하느님(아버지)의 소리가 들려왔다고 한다. (마태오 3:16~17)

또 예수가 부활한 후, 그 자리에 모인 사도들에게 준 명령은 다음과 같은 말씀이었다.

「너희는 가서 이 세상 모든 사람들을 내 제자로 삼아 아버지와 아들과 성령의 이름으로 그들에게 세례를 베풀라.」(마태오 28:19)

「아버지와 아들과 성령」이라는 표현은 전혀 새로운 신약의 독자적인 것이다. 하느님에 대한 독특한 표현이다. 요컨대, 하느님에는 아버지와 아들(그리스도 자신)과 성령(그리스도의 부활 후 보내지는)이 있다는 것이다.

그렇다면, 하느님은 셋이란 말인가. 그럴진대 하느님의 유일성과 모순되는 것이 아닌가.

신약이 세 가지 하느님을 말하는 것은 아니다. 어디까지나 하느님은 유일하다. 그런데 다만, 그 유일한 하느님 중에, 아버지와 아들과 성령의 세 뻬르소나(뻬르손 Persona)가 있다는 것이다. 이것이 그리스도교에서 말하는 삼위일체이다.

하느님은 오직 하나인데, 뻬르소나가 셋이라면 도대체 어찌된 것일까. 여기서 잠시 뻬르소나의 의미를 생각해 보기로 한다. 가령, 우리들의 뻬르소나를 예로 들어 보자. 우리는 그것으로 말미암아 생각하고, 판단하며, 선택하고, 사랑하는 주체를 이룬다. 이것이 뻬르소나이다.

하느님 그 자체는 유일하지만 그 안에 이러한 주체(뻬르소나)가 셋이 있다는 것이다. 이에 관해서는 신학자 간에 갖가지 해석과 설명을 시도하고 있는 것도 사실이다. 그러나 만족하게 납득할 만한 것은 아직 하나도 없다.

말하자면 삼위일체란 「신비」인 것이다. 하느님의 본질에 속하는 신비라고밖에 할 수 없다. 그러므로 인간이 완전하게 이해할 수 없는 것은 당연한 일이다. 다만 우리들이 하느님을 믿고 살아가는 생활 가운데서, 이 신비를 조금씩 체득할 수는 있다.

우리들을 창조한 아버지로서의 하느님, 사람이 되어 세상에 오고, 구원의 길을 열어 준 아들로서의 하느님, 그리고 그 아버지와 아들이 보내어, 우리들 가운데 함께 있어 주는 성령으로서의 하느님, 또한 이 세 위位의 하느님이 오직 일체라는 신비, 그것을 체험해 가는 길은 신앙생활뿐이라고 할 수밖에 없다.

삼위일체 신앙의 신비는 바로 하느님 사랑의 신비인 것이다. 성령이신 하느님 그렇다면 《영》은 누구인가? 상술한 바와 같이 많은 성서 대목에서는 하느님으로부터 발생된 능력이라고 하고 어떤 부분에서는 분명히 위격으로 말하고 있다. 우리는 신약성서가 이상의 명확성을 제시하지 않는다고 해서 걱정할 필요는 없다. 이 문제가 자세히 밝혀지기까지는 수세기가 경과했고, 처음에는 이 문제를 자세히 논하지도 않았었다. 다만 중요한 것은 지나치게 단순화하지 않으면서 영에 대한 진술의 세 가지 노선을 모두 안중에 두어야 한다는 것이다: 첫째, 영의 위격적 실재에 관해서는 그것이 동시에 구원의 선물이라고 말하고, 구원의 선물인 영에 관해서는 그것이 사물이 아니라 위격적 실재라고 말해야 한다. 둘째, 영의 위격과 아버지와 아들의 위격 사이의 구별에 관해서는 영이란 사람과 세상 안에 아버지와 아들이 현존하는 현실성 그것이라고 말해야 한다. 셋째, 사람에게 아버지와 아들이 현존하신다는 데 관해서는 이 현존이란 인간의 정신적 노력 - 예컨대 기억 - 의 결과가 아니라 명백히 현세의 현실체험을 초월하는 한 사실이라고 말해야 한다.

이 모든 것은 결국 이론적 사변의 대상은 아니다. 신약성서에서도 이 모든 관계를 이론의 형식으로 제시하지 않고 교회의 신앙고백으로, 찬가의 형식으로, 예배의 형식으로 나타내고 있다. 3세기 중엽 카르타고의 주교 치프리아누스Cyprianus는 신약성서에 나타난 교회가 영의 작용에 비추어 자신을 어떻게 생각하였는지를 표현하여, "성부와 성자와 성령의 일치에 의하여 하나가 되어 있는 백성" (주의 기도에 대하여, 23)이라고 했다. 제2차 바티칸 공의회는 이 구절을 《교회헌장》(4의 마지막)에 인용하고 있다.

삼위일체 하느님에 대한 우리의 신앙고백은 성서에서 하느님 아버지 외에 예수와 성령을 체험하면서부터 발단이 되었던 것이다.

아버지와 아들과 성령의 삼위일체 관계는 논리로서 설명되거나 이해 할 수는 없지만 다만 하느님 사랑에 대한 체험만으로 접근하는 실재인 것이다.

성령 안에서 예수께서는 하느님을 아버지라 부를 수 있었고 또한 당신이 하느님 아버지와 완전히 하나라는 일치를 체험하신 것이다. 그러므로 신약성서에 비추어 볼 때 어떻게 하느님 아버지께서 예수 그리스도를 통하여 이 세상에서 당신을 계시하시고 구원하시었느냐는 그리스도론적 문제가 삼위일체론의 핵심 문제인 것이다. 또한 성령을 통하여 계시되시는 하느님 아버지와 예수 그리스도론이란 말이다.

하느님 아버지를 믿는다는 것은 한 분이신 하느님, 인간과 세상의 창조자 · 보존자 · 완성자를 믿음을 의미한다. 하느님은 볼 수 없는 아버지로 우리 위에 초월하여 계심을 믿는다는 것이다.

성령을 믿는다는 것은 인간과 세상 안에서 역사 하시는 하느님의 힘과 권능과 믿음을 뜻한다. 성령은 하느님의 권능과 사랑에서 나오며 우리 안에 내재하신다는 것이다.

하느님의 아들을 믿는다는 것은 나자렛 예수라는 인간 안에 드러난 한 분, 하느님의 계시를 믿음을 의미한다. 예수는 그로 말미암아 하느님의 말씀이요, 모상이며 아들이다.

예수는 '사람의 아들로서 우리와 함께 계시는 임마누엘 하느님이시다' 는 것을 믿는다는 것이다. 결론적으로 말씀드리자면 삼위일체 신앙의 신비는 하느님 아버지의 내리사랑의 신비를 우리 인간이 체험하면서부터 다양한 사랑의 관계 체험을 한 분이신 하느님으로서 고백한 것이다.

초기 교회 신자들은 예수와 함께 한 분이신 하느님을 무한히 자신을 선사하는 사랑(아버지), 무한히 수용하는 사랑(아들), 무한히 연결하면서 자신을 남에게 전달하는 사랑(성령)에 대한 한 사랑의 사건으로 체험하였다.

이 사랑의 '하느님'을 아우구스티노는 이렇게 표현하였습니다.

"그대가 사랑을 본다면 사실은 하나의 삼위일체성을 보는 것이다.……

보라, 여기 셋이 있다. 사랑하는 자, 사랑 받는 자, 그리고 사랑" 말이다.

마틴 부버 신학자는 하느님의 창조 행위를 관계의 행위로 보고 창조물이 나와 너의 인격적 관계와 나와 그것과의 비인격적 관계로 양극화하였던 것이다. 심리 신학자 융도 하느님은 대체로 존재의 양극성을 통합한다고 지적하며 나와 그것과의 비인격적이며 관계도 하느님 세계에서는 나 - 너와의 관계로 인격화되는 것이며, 영원한 너인 삼위일체 하느님과의 관계에서 일치가 이루어진다는 것이다.

삼위일체는 하느님을 신앙하는 그리스도인들의 생활방식이다. 삼위일체 이신 하느님께 가까워지면 가까워질수록 그만큼 인간은 더욱 진실하게 사랑할 수 있다. 삼위일체적 사랑은 너와 나의 일치만을 강조하지 않고 그 차이를 인정하고 존중하는 가운데서 가능하다.

'사랑하는 사람들이 일치할수록 그만큼 그들의 차이도 크다.' 예컨대 완전한 일치를 보이는 결혼에서 육체의 결합을 이루는 사랑은 파트너의 타자적 존재를 부정하지 않는다. 사랑하는 상대의 인격적 윤곽을 지워 없애지 않는다. 오히려 사랑하는 가운데 상대를 그 자체로 나와는 다른 '너'의 존재로 인정한다. 나와는 다른 남인 그에게 나는 나를 선사하고, 나는 그를 받아들이고 또 그와 하나가 되어 결합한다. 서로의 다름과 차이를 인정하고 서로가 서로 안에서 자기를 발견하고 충만하게 된다. 만일 일치가 다양성을 인정하지 않는다면 그것은 사랑이 아니라 서로를 옥죄는 올가미요, 서로를 이용하는 향락에 지나지 않을 것이다. 내 안에서 나를 너라고 부르며, 또 너 안에서 나를 발견할 때 참다운 '나'를 발견하게 됩니다. 이 '나'의 발견은 곧 사랑의 발견이다. 사랑의 일치와 사랑의 다름은 '하나의 자기 사랑'의 표현이다. 더 큰 자기의 완성이란 말이다.

삼위 일체 사랑은 성부, 성자, 성령으로서 $1 \times 1 \times 1 = 1$ 같이 산수 곱셈 같이 다만 곱하기만 하는 보다 더 큰 하느님의 사랑이란 것이다.

1곱하기 1곱하기 1은 1이 되듯이 사랑 곱하기 사랑 곱하기 사랑은 하느님 시다는 생각이 떠올랐다.

하느님의 사랑은 폭탄과 같은 위대한 힘이 있는 것으로서 더하는 것이 아니라 곱하는 것이다. 성부도 사랑이시고 성자도 사랑이시며 성령도 사랑이시다. 이 세 위격의 사랑은 서로 다른 역할의 사랑이시면서 한 하느님이시다. 사랑만이 하나가 되는 힘을 가진다.

갈라진 부부, 흩어진 민족, 상처받은 인간관계는 사랑으로서만 하나가 되고 치유될 수 있다. $1 \times 1 \times 1$은 하나이듯이 그리고 사랑×사랑×사랑은 하느님이듯이, 또 성부 · 성자 · 성령도 한 하느님이듯이 나와 너 그리고 우리는 모두 사랑으로 하나가 되어야 할 것이다.

이 같은 삼위일체이신 하느님의 사랑에 응답으로 하느님께나 인간들에 대한 사랑의 열망하는 적나라한 의지적 사랑의 관계를 일궈 나아가지 않으면 그 어떤 삼위일체三位一體 하느님의 사랑이나 인간 사랑의 체험과 신앙고백을 할 수 없다는 것이다. 문제는 우리는 대부분이 그런 삼위일체 하느님 사랑의 열망을 진정으로 믿지 않고 있다는데 있어 삼위일체 하느님 사랑에 응답하는 우리의 사랑도 믿음도 없다는 것이다.

즉 부부애로 일치한 자기 사랑이란 말이다. 부모 자식 간에 부성애, 모성애, 성령으로 성부와 성자와의 일치 같은 부모 자녀 간에 사랑 말이다. 네 이웃을 자기 몸 같이 사랑할 수 있는 것도 성령으로 자기 사랑을 이룰 수 있다는 것이다. 한 남자가 자기 아내에게 남편이고 자녀에게 아버지의 위격으로서 실체이듯이 한 아버지 하느님께서 우리와 함께 계시는 아들 예수 그리스도의 실체이시고 사랑자체이신 하느님의 성령으로서 실체이시며 아버지 실체와 삼위일체의 사랑의 신비에 회로에 들어가게 하셨다는 것이다. 서로 서로를 향한 서로서로 안에 있는 관계는 오직 예수 그리스도 안에서 가능하게 된 것이다. "내 아버지 안에 있고 여러분은 내 안에 있으며 나도 여러분 안에 있다는 것을 알게 될 것입니다.(요한 14, 20)

그분을 통하여 성부와 성자가 서로의 안에 있는 현실이 사랑 안에서 이루어지기 때문이다. 따라서 삼위일체 하느님은 이 같은 하느님의 사랑의 신비이며 우리 대인 관계 사랑의 신비인 것이다. 그러므로 하느님 아버지의 내리 사랑의 신비는 우리 모습대로 사람을 만들고자 하시며 먼저 절대자이신 하느님께서 인간성으로 아래로 내려오시어 사랑의 대상인 인간과 비슷하게 되시어 여느 보통 사람같이 아니 종의 모습으로 낮은 자로 아래로 내려오신 데서 그 극진한 사랑은 드러내신 것이다.(필립 2,16- 19) 절대 우상화된 하느님, 하느님의 절대 우상된 권력 금전만능 우상화를 하느님과 같음을 노획물로 여기시지 않으시고 도리어 자신을 비우시고 사랑하는 자들과 공통분모를 이루어 나아가신 것이다. 사랑하는 자의 아픔과 고통, 삶의 짐, 죄와 벌, 고통을 함께 하시는 하느님으로서 사랑으로 변화시켜 나아가신 것입니다.

가장 아래로 낮은 자 종과 동일시하는 것 사랑하는 사람 종의 모습과 닮고 그들과 한편이 되신 것이다. 인간의 실의와 절망 희망이 전혀 없는 인간의 죽음에까지 십자가의 죽기까지 순종하시는 성령의 사랑으로 낮은 아래로 내려오신 성령의 사랑은 다시 하느님 아버지께로 올라가는 예수 그리스도의 구원의 사랑으로 초대 그리스도인들은 체험하였다는 것이다.

하느님의 본질은 우리 인간적 언어를 사용할 수 있다며, 사랑함과 내어 줌, 그리고 받을 줄 아는 것, 안에 실현된다는 것이다. 하느님은 사랑이신 까닭인 것이다. 하느님은 아버지이시다.

하느님은 당신 자신을 전달해 주시고 내어 주시기 때문인 것이다.

이와 같은 사랑의 통교 전달이 아들 예수 그리스도라고 일컬어지는 것이다. 또한 다시 아들은 자기 자신을 내어 주시고 자기 자신으로부터 완전히 밖으로 나아가서 자신을 온전히 받으시는 아버지께 건네 드린다는 것이다. 이같은 상호간에 사랑과 아들에 대한 아버지 사랑의 선물이 성령이라고 일컬어진다는 것이다. 그러므로 우리의 인간성으로 내려오는 것과 하늘로 올라가는 것 안에서 초대 그리스도인들은 인간 구원의 본질로 보았던 것이다. 따라서 우리 그리스도인들의 실존적 구조는 모든 대인관계가 나와 너와의 관계뿐만 아니라 삼위일체 하느님과의 삼위일체 사랑의 대인관계로 일치되어 완성되어야만 한다는 것이다.

사랑의 사건 가운데 제일가는 것이 성자가 세상에 오시고 죽으시고 부활하신 것이다. 이 사건으로 성부와 성령도 인간에게 가까이 오시고 드러나셨다. 하나이신 하느님(신명 6,4)의 속내를 다 보여주신 것이다. 쉽게 말해서 사람들이 흔히 "아이구 하느님, 부처님, 공자님" 하며 어려움을 호소할 때의 그 하느님이 예수 그리스도를 통하여 세상에 참모습을 드러내신 것이다. 그 모습이 바로 삼위일체이다. 어렵게 보일지라도 하느님의 속은 삼위일체이고 또 그분을 이해하는 길도 삼위일체이다.

실례로 나와 너의 남남으로 만나 둘만의 제2위 부부관계가 부부애로 자기라는 제3위 관계로 삼위 일체 사랑의 관계로 부부애 완성으로 일치되어 하나의 사랑이 되지 않으면 등 돌리면 남남이 되는 것이다.

부모 자녀 관계도 성부와 성자의 관계로서 부성애나 모성애 부모 사랑이신 성령과의 삼위일체 사랑이 아니면 무자식이 상팔자가 아니라 생지옥 세상 팔자가 되어 버린다는 것이다.

삼위일체 하느님의 사랑이신 성령으로가 아니면 요즈음 세상에 우리에게 가까운 이웃을 어떻게 자기 몸 같이 사랑 할 수 있단 말입니까?

공자께서도 윗사람을 대할 때 내 부모같이 대하고 남들 대할 때 내 형제 자매 같이 대하는 것이 대인관계에 근본이 된다고 지적하신 것이다. 우리가 윗

사람, 아랫사람을 대할 때 성부와 성자와 같이 또한 형제자매 이웃들을 대할 때 성령과의 관계 같이 삼위일체 관계 사랑의 하느님과의 관계까지 거룩한 사람의 대인관계로 성화시켜 나아갑시다.

삼위일체 사랑을 가장 이상적으로 대인관계를 이루신 성 마리아께서는 하느님 아버지의 지극히 거룩한 자녀인 딸이다. 또한 구세주 예수 그리스도 어머니이시다. 지극히 거룩하신 성령의 정배되심으로써 성 마리아 어머니께서는 삼위일체 사랑의 대인 관계를 완성하신 사랑의 완성자이시자 은총론이시다. 무슨 일을 하든지 어떤 인간과 만날 때마다 시작이요, 마침이신 예수 그리스도 이름으로 함께 시작하고 마치시면 하느님 아버지께 찬미와 감사와 영광을 올려 드리십시다. 하느님 아버지께서는 예수 그리스도를 통하여 당신 인류 구원의 사랑과 은총을 당신 자신을 내어 주신 것이다. 예수 그리스도께서 이 세상을 떠나시면서 너희에게 성령을 주니 성령의 이름으로 회개하면 용서한다는 하느님 나라를 다시 찾아 이 세상을 살아 나아가라고 하느님 나라 사는 통장을 맡겨 주신 것이다. 따라서 우리 그리스도인은 성호경 기도로 이 같은 하느님의 삼위 일체 사랑의 신비의 묘약으로 치유되지 않을 병이나 해결되지 않을 이 세상사가 없다는 것이다. 하느님 나라 사는 생활능력의 열쇠가 바로 성호경 기도를 우리들이 바칠 때마다 삼위일체 하느님 사랑의 신비로 대인관계를 이루어 나아가겠다. 하는 사랑의 약속 우리 기도로 바치자. 매 주일 미사 마침 예식 때 삼위일체 하느님과 함께 가서 삼위일체 사랑을 전하고 실천합시다는 강복으로 우리는 파견된다.

내가 세상 끝날때까지 항상 너희와 함께 있겠다고 예수님께서 성부와 성령과 함께 계시겠다는 삼위일체의 사랑의 약속을 믿읍시다.

▎하느님은 우리 안에도 사신다

아버지와 아들과 성령은 서로 완전한 모양으로 사랑의 일치를 이루고 있다. 하느님이 바로 사랑이라는 가장 본질적인 의미도 여기에 있다. 우리네 인간의 사랑은 하느님의 사랑에서 비롯된 것이다. 그러므로 삼위일체인 하느님에의 신앙은 그로 말미암아 생을 누리는 사람의 사랑을 심화한다. 하느님이 삼위일체임으로써 비로소 하느님의 사랑이 더욱 이해되는 것이다.

아버지와 아들과 성령 가운데서 가장 알기 어려운 것이 성령이라고 한다.

아들인 하느님은 우리들과 똑같은 인간으로 태어나, 하느님과의 사이에 새로운 계약(즉, 신약)을 맺어 주셨다. 그것은 복음, 즉 예수 그리스도의 정신으로 살면, 부활한 그리스도와 같이 우리도 영복을 누리게 된다는 계약이다. 그리스도는 죽은 지 사흘 만에 부활하시고 승천함에 따라 우리들의 곁을 떠나게 될 때, 우리를 도와 구원하게 할 성령을 보내줄 것을 약속했다. 그 말씀대로 승천 십 일 후, 펜테코스테 날에 약속한 성령이 내려왔다. 그 결과 사도들은 전혀 새로운 사람으로 다시 태어났던 것이다.

성령을 받은 그들은 지금까지의 주저와 나약함을 극복하고는 온 세상에 당당하게 복음을 선포하는 자가 되었다. 성령이 그들을 인도한 것은 물론이다.

지금까지 하느님은 우리들의 「밖에 있음」을 강조해 왔다. 그런데 사실 하느님은 우리 「안」에도 계신다.

우리들 안에 내재하는 하느님이 바로 성령인 것이다. 성령은 우리 안에 살면서, 우리들을 굳세게 하고, 밝게 하며, 깨끗하게 한다. 그것이 믿음에 의한 성화聖化라는 것이다.

우리는 가끔 자신 안에서 하느님을 발견하게 된다. 그런데 그것이 범신론과 다른 점은 우리가 바로 하느님은 아니며, 우리는 하느님에 의하여 생명을 누리고 있다는 사실이다. 우리는 대인관계를 통해서 삼위일체 하느님 사랑을 체험하면 우리 인간 완성에로 부르심에 응답하는 신앙생활을 하여 나아가야만 사랑이신 하느님을 체험할 수 있다.

세상과 종교 안에서 추구되고 요청되는 영성이 그리스도교 영성 생활의 관점에서 어떻게 이해되어야 하는가? 그리스도교 영성 생활은 무엇인가? 그리스도교 영성 생활은 믿는 바를 진실로 살아가는 것이다. 그리스도교 영성은 믿는 내용을 성실히 살아가는 것이기에 "그리스도교란 어떤 종교인가"라는 정체성에 대한 물음 속에 이미 영성적 실천의 가치가 내포되어 있다. 여기에 그리스도교 신앙과 영성 생활의 근본이 있다.

과연 그리스도교는 어떤 종교인가? 한 사제가 신자들에게 그리스도교는 무슨 종교인가를 물었다. 사람들은 이구동성으로 우주 만물을 만드시고 사람을 당신 모습으로 만드신 하느님 아버지와 믿음으로 하나가 되는 종교라고 말했다. 그러나 그 사제는 이 질문에 대한 답으로 점수 33.3점을 주면서 이런 식의 종교는 이 세상에 많이 존재한다고 설명한다.

그리스도교는 과연 어떤 종교인가? 그리스도교는 세상 우주 만물을 만드시고 인간을 극진히 사랑하시는 하느님께서 사람이 된 종교이다. 이 답의 점수는 66.6이다. 그러면 100점짜리 답은 무엇인가? 그 답은 다음과 같다. 그리스도교는 하느님이 성령 안에서 사람이 되신 종교이다. 영 안에서 하느님이 사람이 된 종교는 그리스도교뿐이다. 삼위일체의 영성이야말로 새로운 세계의 패러다임을 분리적으로 보는 서구적 영성과는 달리 통합적 영성 모델의 중심이다. 이는 동아시아와 한국 심성의 밑바닥에서 우러나오는 정신과 영성의 맥을 같이하고 있음이 분명하다.

그리스도인들은 어떻게 신앙, 영성 생활을 하여야 하는가? 그리스도교 정체성에서 이미 드러났듯이 신앙인들은 내 뜻을 찾을 것이 아니라 하느님의 뜻을 찾고 성령에 인도되어 그리스도 안에서 살아가야 한다. 따라서 그리스도교 영성 생활은 바로 하느님의 뜻과 길을 찾아 영에 이끌려 그리스도 안에서 사는 것이다.

　그리스도교 동방 영성은 이렇듯 삼위일체 영성이다. 그리스도교 영성에서 중요하고 신성한 세 단어는 하느님(Theos), 말씀(Logos), 영(Spiritus)이다. 그리스도교 동방 영성은 삼위일체 하느님의 영성 곧, 삼위일체 하느님의 삶을 닮아 사는 것이다.

단원 IV

하느님의 외아들
예수 그리스도를 믿나이다

제 8 과

예수 그리스도는 누구이신가?

최근에 그리스도론들 가운데, "역사적 人物 예수"에게서 시작되는 그리스도론들은 "아래로부터" 진행되는 그리스도론들로 나타난다. 이와 반대로, 하느님 아버지와 예수님의 부자관계에 초점을 맞추고 있는 그리스도론들은 "위로부터의 그리스도론"이라 지칭된다. 최근의 많은 저자들은 두 가지 관점들을 일치시키려 노력하고 있다. 이들은 본문에 대한 비판적 연구에서 출발하여, 예수님의 말씀과 그분의 인간 체험 안에 함축적으로 내포되어 있는 그리스도론은 신약성서 안에서 명시적으로 찾아볼 수 있는 그리스도론과 지속성을 가지고 있으며 긴밀하게 일치되어 있다는 것을 입증하고 있다. 이러한 일치의 관계는 아주 다양한 방법으로 연구되고 있다(예를 들면, L. Bouyer, R. Fuller, C. F. D. Moule, I. H. Marshall, B. Rey, Chr. Duquoc, W. Kasper, M. Hengel, J. D. G. Dunn 등).

1.1.11.2. 비록 이러한 저자들의 접근들과 결론들이 완전히 일치되고 있는 것은 아니지만, 그들은 다음의 두 가지 주요 요점들을 공통적으로 받아들이고 있다.

가) 한편으로, 예수께서 당신 자신을 당시의 사람들에게 제시하셨고, 따라

서 그들이(그분의 가족, 반대자들, 제자들) 예수님을 이해하였던 방법과, 다른 한편으로 부활하신 예수님의 발현 이후 그분을 믿게 된 사람들이 그분의 삶과 그분의 인격을 이해한 방법은 구별되어야만 한다. 이러한 두 시기 사이에는 단절이 존재하지 않는다. 여기에서 먼저 있었던 견해와 일관성을 지닌 아주 중요한 발전이 주시되고 있으며, 이것은 그리스도론 자체의 구성적 요소로 고려되어야 한다. 그리스도론은 "나자렛 예수"의 인간성의 한계를 고려해야 하며, 동시에 성령의 빛 아래 부활을 통하여 충만하게 계시된 "신앙의 그리스도"를 예수님 안에서 인식해야만 한다.

나) 또한 신약성서 자체 안에 이미 나타나 있는 그리스도의 신비를 이해하는 다양한 방법들이 주시되어야 한다. 이러한 이해는 구세주 예수님 안에서 구약성서가 성취되었다고 말하는 성서의 언어 사용법에 연결되어 있다. 성서의 성취는, 성서 본문들이 근원적으로 지니고 있는 의미이든 아니면 유다인들이 본문들을 읽으면서 예수 시대에 부여하였던 의미이든 간에, "의미의 확대"를 전제하고 있기 때문이다. 이러한 의미의 확대는 부수적인 신학적 사변에 따른 결실이 아니라, 예수님 자신의 인격에서 기인하며, 예수님의 고유한 특성을 밝혀주고 있다.

▎하느님의 아들 : 하느님의 계시자(Offenbarer Gottes)

위에서 고찰한 바와 같이 큉은 여러 가지로 해석이 가능한 '사람의 아들' 칭호를 제외하고는 모든 지존칭호가 예수 스스로에게서 유래된 것이 아니라 부활 이후에 교회가 예수에게 부여한 것이라는 것을 전제한다. 이는 '하느님의 아들' 칭호에도 해당된다. 여기서 큉은 하느님의 아들이라는 칭호가 신약성서에서 "일차적으로 구약성서를 배경"으로 이해되고, 구약성서는 이 칭호를 "철저히 유일신론의 입장에서 비신화화한다"는 사실을 역설한다. 즉 구약성서는 이스라엘 백성을 "하느님의 아들"이라고 일컫는 동시에 이스라엘의 왕이 즉위식 때 "야훼의 아들"로 책봉되고, 아들로 입양된다(시편 2, 7; 89, 27f.)고 표현 한다; 시간이 지나면서 다윗의 왕좌를 이어받아 다윗 시대의 지배권을 영원히 확립할 다윗의 후손을 기다리게 되었는데, 이를 하느님의 "아들"이라고 지칭했다(2사무 7, 12-16). 그리고 이 칭호가 이제 예수에게 적용 된다: 그는 로마서의 서두에 나오는 바울로 이전의 신앙고백에서처럼 부활과 현양을 통해서 "권능을 지닌 하느님의 아들로 책봉된 분"(로마 1, 4)으로, 혹은 시편의 말씀을 인용하여서 표현된 것처럼 부활의 날에 하느님의 아들로 "태어난" 분(사도 13, 33)으로 일컬어졌다. 이렇게 신약성서의 가장 오래된 대목에서 예수에게 붙인 하느님의 아들이란 칭호는 구약성서의 의미로 이해되었다. 이스라엘의 왕에게서처럼 초인간적이고 신격적 존재가 아니라 현양에 의해서 하느님의 오른편에 책봉된 지배자라는 뜻인 것이다. 그래서 큉은 이런 배경에서 다음과 같이 주장한다. 하느님의 아들 칭호의 "원래 관심사는 예수의 유래由來가 아니라 권리와 권한에 있다. 본질 문제라기보다는 기능의 문제이다. 본래 이 칭호가 뜻한 것은 육친적肉親的 아들의 신분이 아니라 하느님에 의한 간택과 전권 위임이다: 이 예수가 이제 하느님 대신 하느님 백성을 다스리신다." 큉은 이런 이해를 바탕으로 신약성서에 나타난 하느님의 아들이란 고백은 구약성서를 배경으로 "자연적 - 실체적(naturhaft-substantiell)으로가 아니라 기능적 - 인격적(funktional-personal)"으로 이해되어야 한다고 주장한다. 그리고 이렇게 이해된 하느님의 아들 칭호에서는 두 가지를 한꺼번에 표현하는데, "아버지 하느님과의 구분(복종, 종속), 그리고 하느님 아버지와의 동일화(하느님과의 일치, 신성)"가 그것이다.

그런데 하느님의 아들 칭호가 부활 이후에야 비로소 예수에게 적용 되었다고 하지만, 실상 이 칭호는 부활 이전 예수의 선포와 행동에 기반을 두고 있다. 부활 이전의 예수는 "압바"라는 신칭神稱에서 드러나듯이 유일무이하게 독특한 하느님과의 일치에서 하느님을 새로운 방식으로 선포하였다. "독특하고 새롭게 하느님을 선포하고, 하느님을 아버지로 부르는 것은 독특하고 새롭게 하느님을 선포하고 부르던 바로 그 사람에게 새로운 빛을 되비치고 있었다." 이렇게 부활 이전에 드러났던 예수와 하느님과의 독특한 관계가 부활을 통해서 더욱 분명하게 되었고, 이를 표현하기 위해서 부활 이후에 예수에게 하느님의 아들 칭호가 적용되었던 것이다. 예수는 "이미 생존 당시에도 궁극적으로 설명할 수 없는 하느님 체험, 하느님의 현존, 하느님에 대한 확신, 아니, 하느님 아버지와의 일치를 기반으로 말하고 행동하였고, 이제는 하느님께 '현양' 되었다. 죽음에 이르기까지 하느님과 자신을 일치시켰던 예수를 이제 하느님 스스로 새로운 삶을 통해서 자신과 일치시켰다." 큉의 견해에 의하면 하느님 아들 칭호는 "그 당시의 사람들에게는 다른 어느 칭호보다 인간 나자렛 예수가 얼마나 밀접하게 하느님께 속하고 하느님 편이며, 공동체와 세계 앞에서 아버지 외에는 누구에게도 종속되지 않는 분임을 뚜렷이 드러냈다. 하느님으로부터 궁극적으로 현양된 예수는 이 결정적이고 포괄적인 의미로 - '영원히' - 인간에 대해 '하느님의 대리자' 이다." 이렇게 하느님의 아들이란 칭호는 예수가 하느님과 유일무이하게 고유한 방식으로 일치해 있으면서 하느님의 진정한 모습을 드러냈다는 것을 뜻한다.

큉은 이런 이해를 바탕으로 하느님 아버지와 예수 그리스도의 고유한 관계를 "계시의 일치"(Offenbarungdeinheit) 혹은 "행동의 일치"(Aktionseinheit)로 해석한다. "하느님은 유일무이한 방식으로 예수 그리스도 안에서 자신을 참되고 실제적으로 드러내며, 예수를 참되고 실제적으로 당신의 아들로 규정한다." 큉은 주로 공관복음서의 시각을 반영한 자신의 해석이 요한복음에 비추어서도 관철될 수 있다고 주장한다. "아버지가 아들 안에 있고 아들이 아버지 안에 있기에(요한 10, 15.38), 아버지가 아들 안에 있고 아들이 아버지 안에 있기에(요한 10, 39; 14, 10f.20; 17, 21 - 23), 즉 아버지와 아들이 하나이기에(요한 10,

30), 아들을 보는 이는 아버지도 보는 것이다(요한 14, 9; 12, 45; 5, 19)!

그런데 예수를 통해서 하느님이 계시된 것은 예수의 잉태나 탄생이라는 한 시점에 이루어진 것이 아니라, 그의 죽음을 포함한 그의 삶 전체와 관련된다. 큉은 바로 이런 관점에서 "육화"(Inkarnation)를 설명한다. "예수의 삶 전체, 그의 선포, 행동 운명 전체를 통해서 [···] 하느님의 말씀과 뜻이 육신, 즉 인간의 모습을 취하였다: 예수는 그가 말하고 행동하고 고난을 당하는 전체 과정을 통해서, 그의 인격 전체를 통해서 하느님의 말씀과 뜻을 선포하고 명시하고 계시하였다. 아니, 다음과 같이 말할 수 있다: 말씀과 행적, 가르침과 삶, 존재와 행동이 완전히 일치하는 그는 육신적으로, 인간의 모습으로 나타난 하느님의 말씀과 뜻이다." 큉은 이런 이해를 바탕으로 다음과 같이 이야기한다. "예수 그리스도에게 관련된 것은 표면적 - 법적인 입양(Adoption) 이상의 것이다: 예수 안에서 하느님의 말씀이 참으로 그리고 실제로 육신이 되고 인간의 모습을 취하였다."

이상에서 나타난 바와 같이 큉은 예수와 하느님 아버지의 일치를 "인격적(personal), 관계적(relational), 기능적(functional)"으로 표현하고자 한다. 즉 예수가 하느님의 아들이라는 것을 하느님이 예수를 통해서 "자신을 드러낸다"(Sich-Manifestieren), "자신을 계시한다"(Sich-Offenbaren)는 말로 표현한다. 그런데 큉은 기능적 진술이 동시에 예수의 본질에 대한 진술이라고 주장한다.

"신약성서 그리스론의 중심적인 문제는 [···] 그리스도 안에 신성과 인성의 일치에 관한 '전통적 질문'이 아니라 인간 예수와 하느님, 예수의 아버지와의 일치에 관한 문제이다"; 예수 그리스도 안의 신성과 인성이라는 두 본성의 관계에 대해 묻는 성서시대 이후의 질문은 "성서적 시각을 아주 걱정스럽게 변이시킨 것"이다. 그래서 큉은 예수 그리스도가 "vere homo온전한 참 인

간" 일뿐만 아니라 "vere Deus온전한 참 하느님"라는 칼체돈 공의회의 교의
적 정의를 견지하지만, 내용적으로는 신약성서적 질문의 형태인 예수와 하느
님과의 일치에 초점을 맞추어 해석한다. "참 인간 나자렛 예수는 신앙인에게
유일하며 참된 하느님의 실제적 계시이며 이런 의미에서 하느님의 말씀, 하
느님의 아들이다."

▌ '예수' 라는 이름의 의미

유다인들에게 '예수' 는 매우 평범한 이름이었다. 그리고 이 이름의 의미는
"하느님께서 구원 하신다" 는 뜻이다.

마태오 복음을 보면, 하느님의 천사가 요셉에게 "마리아가 아들을 낳을 터
이니 그 이름을 예수라고 하여라"(1, 21)고 일러 준다. 그러므로 "하느님께서
구원 하신다" 또는 "하느님의 구원" 을 뜻하는 예수라는 이름은 의미 없이 지
어진 이름이 아니다. 예수님은 인류를 구원하기 위해서 그 당시 사회에서 흔
히 불렀지만, 그러나 깊은 뜻이 담기 이름을 가지고 이 세상에 태어나신 것이
다. 그리고 그분의 이름은 본래의 신분에 맞게 태중에서부터 하느님의 계시
로 지어진 것이다.

사도 바오로는 초대 교회의 찬미가를 이용하여 예수님의 이름을 이렇게 찬
양한다. "그러므로 하느님께서도 그분을 높이 올리시고 모든 이름 위에 뛰어
난 이름을 주셨습니다. 그래서 하늘과 땅위와 땅 아래에 있는 모든 것이 예수
의 이름을 받들어 무릎을 꿇고 모두가 입을 모아 예수 그리스도가 주님이시
라 찬미하며 하느님 아버지를 찬양하게 되었습니다"(필립 2, 9~11).

예수를 체험한 이들이 예수께 부여한 이름들 그리스도

'그리스도'라는 이름은 히브리어 masiah, 아람어 mesiha에 해당하는 희랍어이다. 이 말들은 모두가 '기름 발리운 자'라는 뜻을 가지고 있다. 그러므로 그리스도라는 이름은 결국 '메시아'라는 이름과 같다는 것을 주지할 필요가 있다.

맨 먼저 주목해야 할 것은 제 I부에서 살펴보았듯이 예수께서 비록 베드로로부터 '메시아 신성고백'을 들었고 악마들로부터 '메시아임'을 암시하는 선언(마르 1, 24 참조)을 들었으며 심지어 스스로 '메시아임'을 시인 한 적도 있었지만(마르 14, 61-63) 당신 입으로 자신이 메시아라고 하신 적은 한 번도 없었고 오히려 악마들을 향해서는 물론 베드로에게까지도 입을 다물라고(마르 8, 30) 단단히 당부하셨다는 점을 통해서 밝힐 수 있는 것이라면, 예수께서는 당신의 지상생애 중 스스로 '그리스도'라는 이름을 자신에게 부여하지는 않으셨다는 사실이다. 말하자면 그 이름은 예수의 정체가 무엇인지, 그분의 삶이 어떤 것이었는지 확실하게 체험한 사람들이 그분께 주저 없이 부여해 드린 칭호 가운데 하나라고 말할 수 있다. 그렇다면 이 이름은 체험자들의 예수께 대한 이해, 확신, 신앙 그리고 증거의 표현이자 그 상징인 셈이다. 그러므로 예수의 정체를 좀 더 깊이 있게 파악하고자 하는 우리 입장에서 살펴볼 수밖에 없는 것은 '그리스도'라는 이름의 상징을 통해서 체험자들이 표현하고자 했던 내용에 관해서이다.

체험자들의 '예수관'을 가장 적나라하게 드러내는 성서 본문들은 다음과 같다: 1데살 1, 10; 로마 8, 11; 로마 10, 9; 사도 4, 10; 갈라 1, 1; 1베드 1, 21. 이 본문들은 하나같이 '하느님께서 예수를 죽은 자들 가운데서 살리셨다'는 내용으로 되어 있다. 세속적인 것이든 참된 것이든 메시아에 대한 기대로 가득 차 있던 유다인들에게 바로 그 메시아다운 인물의 십자가에서의 죽음은 비위에 거슬리고 이방인들에게는 어리석게 보이는 사건(1고린 1, 32)이 되고만 형편에서, 체험자들은 '이분이야말로 그리스도가 되신 분'(사도 2, 36 참조)이라는 극히 바보스런 주장을 할 수밖에 없을 때 상기의 내용으로 그 주장을 뒷받침하고자 했던 것으로 보인다. 요컨대 그들은 예수를 그리스도라고 부름으로써 그 무엇인가를 말하고 싶었던 것 같다. 그 무엇이란 바로 그리스도라는 이름의 상징을 통해서 드러나는 면이었으리라.

죽음과 부활이라는 유일회적인 '예수사건'을 대하는 그들의 시각은 이중적인 것으로서, 한 가지는 '들어 높임'에, 다른 한 가지는 그 부활을 통해서 조명된 '죽음의 의미'에 초점을 맞춘 것이었다. 그 사건의 체험자들은 이스라엘의 전통적 신학에서 사용되던 부활에 대한 언어를 그대로 받아들여 '천상 영예와 위엄의 자리로 고양됨', '왕좌에 오르는 등극'으로 알아듣는 한편 구약성서를 통한 '예수의 죽음이 갖는 구속능력'을 확인한 것이다. 다시 말해서 그들은, 그분이야말로 구약에서 예고된 '종'(사도 3, 26; 4, 25-30)으로서 당신의 죽음과 부활로 '들어 높임'을 받아 '영광'을 입으신(사도 2, 33; 3, 13; 5, 31; 8, 30-35; 1베드 2, 21-25) 한편 그 죽음으로 인해서 죄인인 우리 모두를(로마 5, 6-8) 아버지 하느님과 화해시키고(로마 5, 10) 우리로 하여금 약속된 상속인이 되게 하신 분(히브 9, 15-16)으로 본 것이다. 어떻든 이 이중적인 시각으로 본 지극히 함축적인 내용이 담겨져 있는 본문들이 있는데, 그것이 곧 1고린토 15장 3-5절과 2고린토 5장 14절, 19절이다. 그 안에 '그리스도'가 되신 분으로 인해서 발생한 일들이 소개되어 있다.

나는 내가 전해 받은 가장 중요한 것을 여러분에게 전해 드렸습니다. 그것은 그리스도께서 성서에 기록된 대로 우리의 죄 때문에 죽으셨다는 것과 무덤에 묻히셨다는 것과 사흘 만에 다시 살아나셨다는 것과 그 후 여러 사람에게 나타나셨다는 사실입니다(1고린 15, 3-5).

우리가 잘 아는 대로 그리스도 한 분이 모든 사람을 대신해서 죽으셨으니 결국 모든 사람이 죽은 것입니다…하느님께서는 인간의 죄를 묻지 않으시고 그리스도를 내세워 인간과 화해하셨습니다(2고린 5, 14. 19).

한마디로 이 본문들은 '그리스도' 라는 이름이 예수의 죽음과 부활에 깊이 관련되어 있는 것임을 보여주고 있다. 따라서 결론은 분명하다. 체험자들은 그리스도라는 이름의 상징을 예수께 부여해 드림으로써 그 예수야말로 죽음과 부활로서 '들어 높임' 을 받아 '영광' 을 누리시면서 동시에 인간을 위한 대속물이 되신 분이라는 것, 즉 '…위한' 분(희랍어 hyper, 대표적으로 1고린 15, 3)이라는 것을 강조하고자 한 것으로 보인다. 달리 말하자면 그리스도라는 이름이야말로 우리 구원을 위한 분에 합당한 이름인 것이지 더 이상 '세속적 메시아관' 에 의해서 이해될 이름이 아니라는 것을 주장하고 있다고 볼 수 있다(2고린 5, 16). 한마디로 그 이름은 이제 죄의 용서를 근간으로 한 사랑의 상징으로 나타나는 것이다(1고린 15, 17-18 참조).

▌주님

예수사건을 체험한 사람들은 자신들이 체험한 내용을 증언하기 위해서 아주 일찍부터 '주님' 칭호를 예수께 부여해 드렸다. 확인된 바로는 히브리서를 제외한 신약성서에서, 그것도 바울로의 서간 안에서만 무려 247회나 사용되고 있다. 그들은 '그리스도' 라는 이름을 통해서 자신들의 체험을 표현한 것과 같은 작업을 완수했다고 말할 수 있다. 그러므로 여기에서 살펴봐야할 것 역시 그들이 여타의 칭호와는 비할 바 없이 많게 '주님' 칭호를 예수께 부여해 드림으로써 밝히고자 했던 내용에 관해서이다.

'주님' 이라는 말은 희랍어 'Kyrios' 의 번역어이다. 그리고 희랍어 'Kyrios' 가 성서에 등장하게 된 것은 히브리어 구약성서를 희랍어로 번역할 때부터이다(70인역). 따라서 일단 그 칭호가 뜻하는 바를 이해하기 위해서는

Kyrios로 번역된 구약성서의 표현을 보아야 한다.

고래로 히브리인들은 하느님께서 당신 자신의 이름으로 알려주신 지음 4개(YHWH, 출애 3, 14)를 알고 있었지만 그 이름이 너무 거룩해서 입술로 부를 수 없었다. 그래서 그들은 그 이름을 기록할 때는 글자 그대로 했으나 부를 때는 '나의 주님'이라는 뜻을 가진 모음자 중심의 Adonai로 했다. 희랍어 Kyrios는 바로 이 Adonai 혹은 그 단수 형태인 Adon의 번역어이다. 그렇다면 Adonai가 Kyrios로 번역될만한 타당한 이유가 있었던가? 먼저 Adonai를 보고 다음에 Kyrios를 보겠다.

본래 Adonai는 크게 두 가지의 의미를 지니고 있었다. 하나는 '지배자'라는 것이고, 다른 하나는 '소유자'라는 것이 그것이다. 지배자라는 의미로 사용이 될 때 그것이 단수이면 인간에게도 부여할 수 있었던 칭호였다. 예를 들면 사람들을 지배하거나(시편 12, 4; 예레 14, 5; 22, 18) 사물을 지배하는 힘을 가진 자(창세 45, 8)를 Adon으로 불렀던 것이다. 한편 Adon은 '소유주'를 뜻하는 Baal과 가깝게 연결되어 있는 말이기도 했다. 예로써 종은 자신의 주인에게(창세 24, 12; 출애 21, 5), 아내는 남편에게(창세 18, 12) 이 Baal 칭호를 사용했던 경우를 들 수 있다. 그래서 어떤 경우 하느님을 Baal이라고 부르기도 했지만(이사 54, 5) 사실상 그 의미는 이교 백성이 토지의 '지배자' 혹은 '소유주'라는 뜻을 가진 그러한 이름으로서 Baal이 아니라 하느님이야말로 인간의 남편이시라는 것을 나타내기 위해서였다. 이 사실을 뒷받침해 주는 본문이 바로 호세아서 2장 16 - 18절이다. 어떻든 하느님의 절대 '지배권'과 '소유권'을 강하게 나타내고 그로써 하느님의 속성을 표현하고자 했던 이름은 더 이상 Baal과 관계가 있는 Adon이 아니고 왕을 뜻하는 Melek과 연결되는 Adon이었다. 이스라엘의 하느님은 천지의 주인으로서 어디서나 당신 백성의 유익을 위한 지배권을 행사하시는 분으로 여겨졌기에(신명 10, 14) 그분 하느님의 나라는 모든 피조물은 물론(시편 97, 5) 이방인까지도 망라한다(시편 96, 10). 요컨대 Adon은 전 세계의 주인이신 것이다(여호 3, 11; 미가 4, 13). 그리고 바로 그러한 하느님께 더 깊은 존경을 표하기 위해 복수형 Adonai를 사용하게 된 것이다. 그리하여 Adonai는 하느님의 절대주권과 아무도 쉽게 부를 수 없는 유일하고 참된 이름이라는 것을 한 몫에 의미하는 이름이 된 것이다. 이 이름이 이후 전례기도문에서 하느님을 부르는 이름으로 통용이 되었다.

그렇다면 Kyrios라는 말은 어떤 의미를 가졌던가? 그 이름의 의미를 파악하기 위해서는 70인 역이 이루어질 당시, 즉 헬레니즘의 영향을 받았던 그 당시를 전후로 사람들이 알고 있었던 Kyrios라는 이름의 용도를 살펴봐야 한다.

Kyrios라는 명사가 등장한 시기는 대개 기원전 4세기 전반으로 본다. 이 용어는 주로 시민들의 일상생활에서 쓰인 듯하다. 고전희랍어 문헌에 소개되어 있는 바를 살펴보면 첫째, 노예의 법적 소유자 혹은 재산의 소유주를, 둘째, 남편이나 딸의 법적 보호자를 일컬을 때 이 말을 쓴 것으로 나타난다. 따라서 이 말은 주로 합법적으로 충분한 권위를 가진 주인 혹은 소유자를 표시하는 말이었다고 할 수 있다. 그런데 이 말이 '지배자' 라든지 '신들' 에게 사용이 된 것은 후기 헬레니즘시대였던 것으로 추정된다. 왜냐하면 지배자인 마케도니아의 필립이나, 알렉산더대왕을 일상적으로 Kyrios라고 부른 흔적은 없었는데 후대의 지배자인 필립 4세와 한니발의 협정문헌에 그 둘을 일컫는 칭호로 등장하고 있고, '신' 을 Kyrios라고 호칭하기 시작했다는 사실도 거의가 기원전 1세기 이후의 문헌에서나 발견되고 있기 때문이다. 그러므로 기원전 3세기경부터 번역이 시작된 70인 역에 Adonai의 번역어로 Kyrios를 택한 이유를 바로 여기에서 파악할 수 있다.

적어도 희랍어를 사용하던 지역에서는 언어 관습상 Kyrios를 신의 통칭으로 사용하지 않았다는 것, 그리고 일상생활의 영역에서 쓰였던 이 말의 의미가 합법적인 처분권을 나타내는 것이었음을 알고 있었던 70인 역의 저자들은 4개의 자음자 YHWH로 표기할 수밖에 없었고 발음상 Adonai로 대신했던 그 하느님의 위치가 이스라엘과의 관계에서 단 한분이신 창조주로서 그리고 해방자로서 적법한 권한을 가지신 분임을 확실히 알고 있었기에 Adonai를 Kyrios로 대체하는데 무리를 느끼지 않았으리라는 것이 그것이다. 말하자면 하느님을 Kyrios로 번역함으로써 희랍어를 사용하던 당시의 종교 문화적 배경에서 하느님의 절대주권과 영광을 표현할 수 있었다고 여긴 것 같다. 그러므로 70인 역의 Kyrios는 헬레니즘에 그 뿌리를 두고 있는 것이 아니라는 것을 분명히 알 수 있다. 이 점을 근거로 신약성서 안에서 그렇게도 많이 사용이 되고 있는 Kyrios 칭호의 의미를 밝힐 수 있게 된다. 요컨대 초대교회시절 예수의 체험자들이 자신들의 신앙을 증거 하는 내용을 그들이 예수께 부여한 Kyrios라는 이름을 통해서 밝힐 수 있는 것이다.

초대교회의 체험자들도 Kyrios 칭호를 익숙하게 알고 있었다. 후기 헬레니즘 시대에는 그 칭호가 신들에게는 물론 왕들에게까지 사용되고 있었기 때문이다. 그런데도 그들은 오해의 여지가 있을 법한 이 칭호를 주저 없이 예수께 부여해 드린 것이다. 그 이유는 무엇이었던가?

사도 바오로의 경우를 예로 들면 '주님' 그리스도론이 헬레니즘의 산물이 아니라 구약성서를 묵상한 결과라는 것을 밝힐 수 있다. "남들은 하느님도 많고 주님도 많아서 수위 신이라는 것들이 하늘에도 있고 땅에도 있다고들 하지만 우리에게는 아버지가 되시는 하느님 한 분이 계실 뿐입니다" 하면서 '만물을 창조하신' 그 하느님의 위치를 그대로 지니신 예수야말로 단 한분 '주님' 으로서 만물이 그분을 통해서 창조되었다(1고린 8, 5-6)고 말하기 때문이다. 체험자들은 구약성서의 내용들을 근거로 예수를 Kyrios라고 부름으로써 그분의 위치와 주권(필립 2, 11; 1고린 15, 25; 에페 1, 20; 갈라 3, 1)을 드러내고 그로써 그분의 영광(1고린 10, 19-22). 결국 그들은 후기 헬레니즘시대에 사이비 신들에게, 그리고 왕들에게 사용되던 Kyrios와는 도대체 본질적으로 다른 면

즉 하느님이시자 왕이신 예수의 정체를 드러내고자 했던 것이다. 이 사실을 특히 그 출처를 팔레스티나에 두고 있고 그 쓰임새가 존경과 신앙의 대상에게 한정되어 있었던 아람어 'Mar'(주님)라는 칭호를 예수께 부여하고 있는 점을 통해서, 더구나 전례행사에서 사용하고 있는 점(1고린 16, 22; 묵시 22, 20; 디다케 10, 6 참조)을 통해서 확인할 수 있다. 다른 한편 바울로는 주님칭호와 연계되는 부분에서 종종 그분의' 자비의 평결과 심판'을 다룬다. 그 예를 데살로니카 전서 1장 10절과 4장 15-17절에서 볼 수 있다. 그러므로 체험자들이 사용하는 주님이라는 호칭 역시 영광을 누리시는 부활하신 분의 구원적인 사랑과 자비의 상징으로 나타난다고 할 수 있다.

학자들은 일반적으로 사람의 아들이라는 말이 나오는 구절들을 세 집단으로 나눈다. 우선 앞으로 올 사람의 아들에 대해 이야기하는 구절들이 있는데 여기서는 예수가 자신을 사람의 아들이라고 일컫지 않고 오히려 이 앞으로 올 자와 자신을 구별한다. 둘째로는 사람의 아들이 땅에서 행하는 복음선포에 대해 이야기하는 구절이 있다. 그리고 마지막으로 사람의 아들이 겪는 수난과 그의 부활에 대해 이야기하는 구절들이 있다. 해석학자들은 대체로 진짜 예수의 말이 있다면 그것은 오로지 첫 번째 집단의 것들만 그러하다고 보는 경향이 있다. 그것은 예수의 복음을 임박한 종말론의 관점에서 해석하는 일반적인 흐름과 일치하는 것이다. 두 번째 집단에는 사람의 아들이 죄를 용서하는 권한을 가지고 있다는 이야기, 안식일의 주인이라는 이야기, 집도 재산도 없다는 이야기 등이 포함되는데 이것들은 (몇몇 주요 이론들에 따르면) 팔레스타인 전통 속에서 형성된 것들로 비록 매우 오래되긴 했어도 예수가 한 말로 보기는 어렵다고 한다. 그리고 사람의 아들이 겪는 수난과 그의 부활에 대한 이야기들은 가장 늦게 생긴 것들인데 〈마르코 복음서〉에서 예수가 예루살렘으로 올라가는 도정을 운율에 맞춰 이야기한 이것들은 당연히 이 일들이 일어난 뒤에야 비로소 (어쩌면 복음서 저자 마르코 자신에 의해) 만들어졌을 것이라고 한다.

'사람의 아들'이라는 말은 예수만 사용했다. 그러나 이 말에 담긴 하느님과 인간이 하나 된다는 새로운 이상은 《신약성경》 전체를 관통하면서 그것의 특정을 규정짓고 있다. 하느님에게서 오는 이 새 인간이 되기 위해 우리는 예수 그리스도를 따른다.

▍그리스도 – 인성에 대한 기억이요, 이에 대한 비판적 의식

그리스도론은 언제나 "예수가 누구인가?"라는 물음에 대하여 답하기 위해서 진력해 왔다. "당신이 누구인가?"라고 묻는 것은 어떠한 신비와 관련한 질문을 던지는 것이다. 사람들은 그 어떤 상황에 갇힌 채 규정될 수도, 그 상황에 짜 맞추어질 수도 없다. "오늘 우리에게 있어서 당신, 예수 그리스도가 누구인가?"를 묻는 것은 우리의 실존을 그분의 그것과 대면시키는 것을 뜻하고, 그분의 인격과 메시지, 그리고 우리가 그분의 처신 속에서 발견하게 되는 그 의미에 대해 도전받도록 하는 것을 뜻한다. 자신이 오늘 그리스도에 의해 접촉되었다고, 대하였다고 느끼는 것은 스스로를 신앙의 길에 자리 잡게 하는 것을 말한다. 바로 이것이 그분께 새로운 칭호들이나 다른 어떤 이름들을 붙여드림으로써가 아니라 그분이 사셨던 그것을 살고자 진력함으로써 예수가 누구이신지를 이해하는 것이다. 그것은 언제나 우리 자신들의 밖으로 나가고자 진력하는 것을 뜻한다. 자아에서가 아니라 타자 안에서, 그리고 하느님 안에서 인간 존재의 중심을 찾고, 다른 사람 대신 불법이 자행되는 현장으로 뛰어들 용기를 가지는 가운데 말이다. 그것은 광대 - 그리스도, 혹은 도스토예프스키의 백치-그리스도가 되는 것을 뜻한다. 도스토예프스키의 백치-그리스도는 인간 존재들을 결코 내버리지 않는다. 그는 변두리로 밀려난 사람들을 선호하고, 다른 사람들을 참아낼 줄 알고, 용서하는 법을 익혔다. 또한 그는 혁명가이면서도 결코 카테고리화하지 않고, 인간 존재들의 모습을 보이는 곳에는 어디든지 어울리고, 조롱당하면서도 사랑받고, 미쳤다고 생각되지만 모든 사람들을 깜짝 놀라게 하는 지혜를 현시해 준다.

그리스도는 "그리고"를 어떻게 활용할지와 우리가 통상적으로 "혹은"을 어디에 배치시키는지를 알고 계셨다. 그리하여 그분은 적대자들을 화해시키고 인간 존재들과 모든 것들의 중재자가 되시는 데 성공하였다. 그분은 우리가 되어야 할 것과 되어서는 안 될 것이 기록되어 있는 항구하고도 껄끄러운 기억이시다. 뿐만 아니라 그분은 인성이 현재 드러나는 그것에 전혀 만족할 수 없는 혹은 성취했어야 했을 그 인성에 대한 비판적 의식이시다. 우리는 지속적으로 여행을 해서, 저 화해를 실현하고, 모든 것이시고 모든 것 안에 존재하시는(1고린 15, 28 참조) 하느님의 저 헤아릴 수 없는 깊이를 현시하는 정도의 인성에 도달해야 한다. 이와 동시에, 실정이 그렇지 못한 한, 파스칼이 말하곤 했던 것처럼, 그리스도께서는 계속해서 우리의 죄로 인하여 상처를 입으시고 통고를 겪으시며, 우리 각 사람을 위하여 죽으시게 될 것이다(팡세, 553 항 참조).

안셀름 그륀은 예수님에 대한 나의 고백을 간추리면 이렇다 : 예수님은 하느님께 인간의 얼굴을 부여하신 분이다. 내가 관념적 · 이론적으로 말할 때 내 눈에서 사라지셨던 하느님께서 예수님의 모습을 하시고 인간적인 하느님으로 내게 다가오셨다. 나의 '그대'로서 내 앞에 다가오시는 하느님, 위로하고 해방시키고 구원하고 용서하시는 하느님, 넓은 시야를 갖게 하고 자유와 사랑을 주시는 하느님으로 내 앞에 다시 나타나셨다. 예수님은 내가 영적 수련을 쌓아야겠다는 압박감에서 벗어나게 하셨다. 십자가를 통해 영적인 길에 대한 모든 인간적인 생각을 거부하셨다. 내가 삶의 신비에 눈뜨도록 십자가를 통해 하느님과 나 자신에 대한 내 생각들을 '지워 버리셨다'.

나에게 예수님은 하느님께서 조건 없이 나를 받아들이신다는 메시지며 모든 두려움을 몰아내는 사랑의 '보증수표' 다. 예수께서 세상에서 보여주신 하느님 사랑이 얼마나 좋았던지, 나는 죄 지을까, 좌절할까, 실패할까, 단죄받을까 하는 두려움을 모두 털어 버릴 수 있었다. 예수님은 눈에 보이는 '메시지' 다. "하느님은 사랑이십니다. 사랑 안에 머무는 사람은 하느님 안에 머물고 하느님도 그 사람 안에 머무십니다. … 사랑에는 두려움이 없으며, 완전한 사랑은 두려움을 내어 쫓습니다"(1요한 4, 16.18). 예수님은 사람이 되신 '하느님 사랑' 이다. 하느님 사랑이 나를 가득 채우면 나는 치유되어 온전해지고 구원되고 해방된다. 그 사랑은 나에게 생명을 불어넣는 희망이며, 내가 집 짓는 토대며, 살 힘을 주는 믿음이다. 오직 사랑으로 영원한 생명과 사랑이십니다. 나는 그리스도를 자유의 교사로 선택하는 것이다.

제9과

하느님의 나라가 가까이 왔다.
회개하고 이 복음을 믿어라.

I. 예수의 복음 선포

1. 예수께서 세례를 받으심으로써 구원사의 새 단락, 곧 새 약속(신약)의 시대가 시작되었다. 이제 예수께서 복음을 선포하신다. 그분의 첫 복음은 이렇다. "때가 다 되어 하느님의 나라가 다가왔다. 회개하고 이 복음을 믿어라." (마르 1, 15) 부활로 세상의 어두움을 이긴 빛의 승리인 하느님 나라를 산다는 것.

이 복음의 자세한 의미에 대해서는 '하느님 나라가 다가왔다' 는 항목을 참조하기 바란다. 예수께서는 하느님 나라가 다가왔다고 선포하면서 세상을 피하지 않고 세상과 가난한 사람들을 향해 사셨다. 예수께 있어 세상은 도피해야 할 무엇이 아니라 하느님의 좋은 창조물이었다. 하느님을 만나기 위해서는 세상을 피해 자기내면으로 숨어드는 것이 아니라 세상 안으로 나아가야 한다. 예수께서는 하나의 진리를 추구하고자 세상을 등지고 홀로 관상에 젖어든 수도자가 아니었다.

예수께서 선포하신 첫 복음에 이어지는 '회개하라' 는 말씀은 오늘날 우리 모두에게도 유효하다. 예수의 이 말씀은 세례 받지 않은 사람만이 아니라 이미 세례를 받은 그리스도인에게도 적용된다. 우리 모두는 회개해야 한다. "삶의 전환은 감추어져 있던 것이 뚜렷이 드러남을 뜻한다. 이스라엘의 한 분 하느님을 깊이 체험함으로써 자기 내면으로 들어가지 않고 세상으로 나아가는 것이다. 이 하느님을 예수는 더없는 친밀감을 지니고 '아빠'라고 불렀는데, 그것은 멂과 가까움, (아빠의) 힘과 (부르는 사람의) 안전감을 동시에 표현한다. 아무튼 스스로의 노력을 통해 생멸生滅의 순환에서 내려버리는 것이 목표가 아니라, 궁극적인 하느님 나라의 완성을 위해 헌신하는 것이 목표다"(큉)

2. 그리스도는 하느님이 누구인지를 드러낸다. 예수 자신이 복음 자체이시다. 기쁜 소식은 강생하시고 십자가에서 죽고 부활하신 예수 자체이시다. 그분의 삶이 기쁜 소식 자체이다.

2. 하느님의 나라는 어떤 나라인가?

'하느님 나라'란? ▶ 4복음서 저자들 중 세 사람이 기록한 바와 같이, 예수께서 실제로 쓰신 말씀은 '하느님 나라'였다. 그러나 마테오만은 항상 '하늘 나라'라고 썼다. 이것은 '하느님' 대신에 '하늘'이라고 부르는, 경외심에서 나온 랍비들의 관습에 따른 것이다. 따라서 하느님 나라와 같은 말이다.

그러나 여기서 이해하고 있는 '나라'王國라는 말은 하느님을 왕으로 모시는 어떤 영토가 아니라 하느님의 왕권이라는 뜻이다. 따라서 '하느님 왕권', '하느님 통치', '하느님 지배' 다스림 혹은 '하느님 주권'이라고 해도 훌륭한 번역이 될 수 있을 것이다. 이 말은 청중들에게 풍부한 의미가 있었다. 병자에게 '건강'과 같이, 전재민戰災民에게 '평화'와 같이, 설명할 필요도 없는 말이었다. 누구나 그 성취를 갈망하고 있었다. 하느님 나라라는 개념은 구약 시대에 형성되었다. 구약 시대의 순수한 핵심을 이루는 사람들은, 하느님이 이 세상의 주님이시며 따라서 언젠가 괴로운 의문에 찬 이 세상에 나타나서 불의와 불행을 없애주시리라는 것을 굳게 믿고 있었다.

그러나 시간이 흐르면서 이 기다림은 여러 형태로 나타났다. 불순하고 저속한 것도 많았다. 하늘나라는 말을 듣고 칼을 뽑을 용의가 있는 사람들도 있었다. 이들은 하느님의 통치를 이방인의 제압이나 민족 부흥이나 하느님이 다스리는 국가로 생각하고 있었다. 또 한편 하늘나라가 임하는 것을 하느님이 개입하여 하늘의 기둥들을 무너뜨리고 새로운 세상을 재건하는 것으로 보는 사람들도 있었다. 흔히 이들은 세상이 끝날 정확한 날짜를 골똘히 생각하고 있었다. 또 종종 매우 환상적으로 그 날을 묘사하고 있었다. 이 부류에 속하는 문헌이나 전통을 묵시문학 또는 묵시적 전통이라 한다.

흔히 위의 두 견해는 예언자들의 표상을 극히 현세적·자의적字義的으로 해석한 데서 연유한다. 이런 견해가 일반화된 결과 거기에 하나의 결정적인 ――민족주의적 또는 묵시적――형태가 이루어졌고, 이리하여 하느님 나라를 기다리는 순수한 핵심을 이루고 있던 사람들 주위에는 저속한 감정과 심지어 원한이 풍미하고 있었다.

예수와 더불어 나타난 하느님 나라 ▶ "회개하십시오. 하느님 나라가 가까이 왔습니다." ――예수께서 처음으로 세상을 향하여 외친 말씀이다. 이것은 사람들이 못 알아들을 새로운 말이 아니었다. 그러나 예수께서 이해하신 하느님 나라는 어떤 것이었던가? 칼을 뽑지도 아니했고 별들이 떨어지지도 아니했다. 예수의 설교에 있어서 첫째로 이상한 점이 바로 이런 일이 전혀 일어나지 아니했다는 사실이다.

또한 예수께서는 어떤 날짜를 암시하는 것도 거절하셨다. "조심하고 깨어 있으십시오. 여러분은 그 때가 언제 이를지 모릅니다"(마르 14, 33). 이와 같이 예수께서는 어느 날, 세상이 끝날지를 알아내려는 인간의 욕망을 책망하셨다 (이런 욕망은 지금도 존재한다). 물론 정확한 날짜를 안다면 세말의 시기에 집착해서 더 한층 신앙생활을——이것이 참다운 신앙생활인지 의문의 여지가 있으나——할 수도 있게다. 그러나 예수께서 전해 주시려는 것은 더욱 깊은 진리였다.

또한 예수께서는 당시에 일반적이던 상상적인 묘사도 피했다. 물론 하느님이 온 세상에 개입하심을 알리고자 했지만, '세상의 종말'이 하느님 나라가 처음으로 나타나는 것과 일치한다고 생각하시지는 않았다. 더욱이 종말에 대한 예수의 묘사는 당시의 묵시적 전통과 비교해볼 때 냉철하고 신중했다. 예수의 메시지는 어떤 외적인 사건이 아닌, 하느님의 지배라는 사실에 힘 있게 집중되어 있다.

이것은 예수의 메시지의 가장 두드러진 요소이다. 예수의 메시지는 하느님의 지배가 이미 시작했음을 알려주고 있다. 하느님 나라는 이미 예수의 업적과 설교 안에 있다. :

> 예수께서 제자들을 향하여 조용히 말씀하셨다 : "여러분이 보고 있는 것을 보는 눈은 복 됩니다. 내가 여러분에게 말하거니와, 많은 예언자와 왕들이 여러분이 지금 보고 있는 것을 보려 했으나 보지 못했고 여러분이 듣고 있는 것을 보려 했으나 보지 못했고 여러분이 듣고 있는 것을 들으려 했으나 듣지 못했습니다"(루까 10, 23-24).

물론 처음에는 자신에 관한 신비는 뒤에 감추어두고 오직 하느님의 주권을 말씀하실 뿐이었다. 그러나 이 주권이 자신의 존재를 통하여 나타나 있다는 사실이 감추어진 것은 아니다.

묵시적 환상가들은 외적인 사건과 사물을 운운하는 반면, 예수께서는 무슨 먼 환시를 보는 것이 아니라 친히 하느님 나라를 갖고 오신다. 그리고 그 나라 한 가운데 서서 악의 세력이라는 또 하나의 나라와 싸우고 계신다. "내가 하느님의 손을 힘입어 귀신들을 쫓아낸다면 하느님 나라는 이미 여러분에게 임한 것입니다"(루까 11, 20). 국가의 부흥도, 하늘의 표징도 없다. 오직 인간 세계의 평범한 일상생활 안에 하느님과 하늘의 그 무엇이 감추어져 있을 따름 이다.

"예수는 나라를 선포하였는데 도래한 것은 교회였다고 르와시(A Loisy)는 지적했다. 예수는 구원을 선포하지 않았다. 그는 하느님 나라를 선포하였다. 그런데도 그분은 자신의 기적 행위를 통해서 사람들을 고쳐 주고 살려 주었 다. 한마디로 그는 사람들을 구원하였다. 마르코 복음서에서는 우리가 지금 도 마르 5, 23. 28. 34 ; 6, 56 ; 10, 52의 기적사화에서 읽어 볼 수 있듯이 구원한 다는 것은 구체적으로 병자를 고쳐 준다는 뜻이다.

- 예루살렘 성직자들이 이해하던, 단순히 창세 때부터 이미 주어져 있는 하 느님의 영속 주권이 아니다. 앞으로 올, 하느님의 종말 통치다.
- 열혈당 혁명가들이 폭력으로 달성하려던, 제정일치 신정국가 또는 민주 정치가 아니다. 폭력 없이 기다려야 할, 하느님 자신의 제약 없는 직접적 세계 지배다.
- 엣세느파와 꿈란 승려들이 생각하던, 소수 정예 완덕자들을 위한 복수의 심판이 아니다. 누구보다도 잃은 자들을 위한, 하느님의 무한한 호의와 조건 없는 은총의 기쁜 소식이다.
- 바리사이파 정신에 따른, 인간의 율법 엄수와 도덕 개선에 의하여 건설 되 는 나라가 아니다. 하느님의 자유행위에 의하여 창조되는 나라다. 그래서 이 나라는 무슨 나라가 될 것인가?
- 이 나라에서는 예수의 기도대로(마태 6, 9-13병) 하느님의 이름이 참으로 거

룩하게 드러나고 하느님의 뜻이 땅에서 이루어지며 사람들이 모든 것을 넉넉히 누리고 모든 죄가 용서되며 모든 악이 극복되리라.

• 이 나라에서는 예수의 약속대로(루가 6, 20-22; 마태 5, 3-10) 마침내 가난하고 굶주리고 울고 짓밟히는 이들이 이 나라로 들어오고 고통과 수고와 죽음이 끝나리라.

이 나라는 묘사될 수는 없으나 여러 표상으로 ― 새로운 계약, 뿌려진 씨앗, 익은 곡식의 추수, 큰 잔치, 왕의 축제로 ― 예고될 수 있는 나라요;

따라서 예언자들을 통한 약속대로 모든 것이 ― 충만한 정의, 드높은 자유, 단절 없는 사랑, 보편적 화해, 영원한 평화가 ― 온전히 이루어질 나라며 ; 이런 의미에서 ― 구원의, 성취의 완성의, 하느님 현존의 때인 ― 절대적 미래다.

이 미래는 하느님의 미래다. 예수는 예언자를 통한 하느님의 약속에 대한 신앙을 결정적으로 구체화·집중화했다. 하느님의 일이 세상에서 실현되리라고! 이 희망에 하느님 나라 소식의 바탕이 있다. 하느님이란 어디까지나 피안의 존재이며 세계사의 흐름이란 바꿀 수 없다고 체념하기는커녕 현재의 역경과 좌절에 한이 맺혀 사뭇 엉뚱한 세계상을 장미 빛 미래에 투사하는 심리와도 아무 상관없는 이 희망은 하느님이 이미 이 세상의 창조자요 이 세상 모순 뒤에 숨은 주님이기에 또한 미래에 이 세상에 대한 약속을 이행하시리라는 확신에서 나온다. 인류 만민에 대한 하느님 아버지의 사랑의 실현이 바로 하느님 나라다.

3. "회개하고 이 복음을 믿어라."

예수께서 하늘나라가 가까이 왔다고 선포하면서 회개하라고 말씀하시는 것은 '이미'와 '아직 아니'의 상황에서다. 예수께서는 이 상황에서 우리에게 '이미' 온 하느님 나라를 보여 주고자 하셨던 것이다. 사람들은 현실 밖에서 하느님을 찾기 때문에 이미 와 계신 하느님을 알아 뵙지 못하고 마음을 밖으로 향한다. 이에 예수께서는 밖을 향하는 이 마음을 '안'으로 돌리라고 강조하신다. 이미 와 있는 하느님 나라를 깨치라는 것이다.

'이미'와 '아직 아니'의 현실 속에 사는 한 인간은 회개를 해야 한다. 이미 와 있는 하느님 나라를 온 몸으로 체험하지 못하는 한 인간은 회개해야 한다. 하느님 나라는 '이미'의 상황에 도달하지 못한 인생에게 있어 하나의 목표이며, 회개는 이를 깨닫게 해준다. 회개는 이미 와 있는 하느님 나라를 체험하게 해준다.

하늘나라는 이미 가까이 와 있다. 그러나 회개해야만 가까이 온 하늘나라를 체험할 수 있다. 생각과 삶을 바꾸어야만 천국을 체험할 수 있다. 주어진 삶 안에서 예수의 시선으로 세상을 바라보는 것, 어려운 삶이지만 예수처럼 살아야겠다고 생각을 전환하는 것, 그것이 회개이다. 보증인을 바꾸는 것이 회개다.

이런 면에서 천국은 죽어야 들어갈 수 있는 나라라는 말은 맞다. 잘못된 생각과 잘못된 삶을 '죽여야' 하늘나라에 들어갈 수 있다. 사람은 다른 동물들과 달리 살아 있는 동안 죽을 수 있다. 바오로 사도도 로마인들에게 보낸 편지에서 분명히 말한다. "세례를 받고 그리스도 예수와 하나가 된 우리는 이미 예수와 함께 죽었다는 것을 모르십니까?"(6, 3) 그리스도인은 이미 죽었기에 하늘나라에서 누리는 부활의 기쁨을 누리며 이 세상을 살아가고 있는 것이다.

성서가 뜻하는 '회개' 悔改라는 말은 '사고방식을 바꾸다'라는 뜻이며, 여기에는 "새로운 생각으로 변화되기를 망설이지 말라"는 요구가 담겨 있다. 회개는 또한 '마음을 바꾸다' '일하는 방법을 바꾸다'라는 의미이다. 왜 하느님 나라에서는 마음을 바꾸어야 하는가? 그 대답은 간단하다. 하느님이신 예수께서 지금 여기에 계신다. 따라서 새로운 시대가 열렸으므로 지금까지 살아 왔던 생활 태도를 이제는 근본적으로 바꾸어야 한다. 지금까지는 이기적이었고, 이웃에게 고통과 수모를 주었으며, 하느님과 다른 사람들을 무시하는 생활을 했다. 그러나 주님의 시대에는 그렇게 살아갈 수 없다. 지금까지 생활의 전향된 삶을 살아 나아가는 것이다.

그리스도께서 원하시는 '회개'의 개념에는 중요한 요소가 또 하나 있으니, 그것은 곧 결단력이다. 세례자 요한이 결단을 촉구하며 선포한 메시지는 2천 년이 지난 오늘날에도 여전히 살아 있다. "도끼가 이미 나무뿌리에 닿았으니 좋은 열매를 맺지 않는 나무는 다 찍혀 불 속에 던져질 것이다"(루가 3, 9).

영국의 문호 세익스피어는 '우리 인생에는 희극으로 시작해서 비극으로 끝나는 인생 1막과 비극으로 시작해서 희극으로 끝나는 인생 1막 이렇게 단 2막 인생뿐이다' 한 것이다.

예수 그리스도께서는 희극으로 끝나던 비극으로 끝나던 회개하고 이 복음을 믿는 회개생활로 우리 인생의 제3막인 '하느님나라를 사는 이 복음을 믿어라'고 기쁜 소식을 선포하신 것이다. 하느님께서 내게 원하시는 대로 앞으로 살아 나아가는 미래 생활이 회개생활이다.

▮ 충만 영성, 하느님 나라

충만 영성은 역사의 예수 그리스도께서 살아가신 자기 비움을 통해 부활로 드러나고 있다. 비움이 역사의 예수의 삶이라면 충만은 신앙의 그리스도의 삶이 드러나는 부활 영성이다. 충만 영성은 하느님 나라로 드러나고 있다. 하느님 나라는 한편 복음서에서 이적(치유, 기적), 거룩한 변모, 잔치로 드러나는 하느님의 구원이 이루어지고 있는 나라이다. 하느님 나라는 개념과 이론으로 드러난 나라가 아니라 그 시대 환경과 하느님 말씀이 비유로 드러난 나라이다. 말씀, 모든 이적 행위(기적, 치유), 식사와 잔치는 부활과 신화로 드러나는 하느님 나라의 모습니다. 하느님 나라로서 충만의 영성은 그리스도의 부드러움의 영성, 친교 영성으로 전개된다. 겸손 안에서 회개와 복음적 온유함, 내적 고요함(헤시카즘), 신화, 신적 충만함이 하느님 나라 안에서 드러난다.

역사의 예수께서 설교의 중심에 자리하고 있는 하느님 나라의 복음을 선포하셨다. 유대교 당시에 이스라엘의 중심 사상은 내세에 이루어질 해방이었으나 예수께서는 지금 선포된 하느님 나라를 이론화하지 않고 하느님이 최종적으로 구원을 이루고자 하시는 충만의 나라로 선포한다. 그것은 인간의 겸허와 허물을 통한 충만한 재탄생을 보여준다. 이 새로운 태어남(regenera - tion)은 가나 혼인 잔치에서 물이 포도주로 변하고, 라자로의 기적적인 소생과 같은 기쁨의 사건이다. 모든 것이 아버지의 뜻대로 이루어지는 나라다.

제 **10** 과

돌아가시고 묻히신 예수님

우리의 구원은 우리를 먼저 사랑하시는 하느님의 사랑에서 나온다. 왜냐하면 우리를 사랑하시는 "하느님께서는 우리를 사랑하셔서 당신의 아들을 우리 죄 때문에 속죄의 제물로 보내셨기" 때문이다.(1요한 4, 10) "하느님께서는 그리스도 안에서 세상을 당신과 화해하게 하셨다"(2고린 5, 19)

예수께서는 우리를 구원하시기 위해 자유로이 당신을 바치셨다. 예수께서는 최후 만찬 중에 이러한 선물을 미리 알리시고 실현하신다. "이는 여러분을 위하여 내어주는 내 몸입니다"(루가 22, 19).

그리스도의 구속은 다음과 같은 것이다. 그분은 "많은 사람들을 대신해서 속전으로 자기 목숨을 내주러 오셨다"(마태 20, 28). 즉, "사랑하시던 제자들을 끝까지 사랑하셔서"(요한 13, 1) 그들이 "조상들로부터 물려받은 그 헛된 소행에서 속량되게"(1베드 1, 18) 하려고 오신 것이다. "십자가의 죽음에 이르기까지"(필립 2, 8) 아버지께 사랑으로 순종하심으로써 예수께서는 "많은 사람의 죄악을 스스로 짊어짐으로써 그들을 의롭게 하는"(이사 53, 11) 고통 받는 주님 종의 속죄 사명을 완수하신다.

"자신의 말과 행동을 통하여서 여러 차례 자신의 목숨을 위험에 빠지게 했던 예수는 폭력에 의한 죽음을 예상해야만 했다. 그는 죽음과 마주하며 살았다고 한스 큉 신부는 지적한다. 예수는 자신이 살해될 가능성을 예상했을 뿐만 아니라 자신의 죽음을 자신의 사명 안에 포함시켰다. 큉은 이것이 최후만찬에서 드러난다고 본다. 신약성서에 네 가지 방식으로 전승되듯이 예수가 체포되기 전에 제자들과 이별의 만찬을 행한 것은 역사적으로 의심의 여지가 거의 없다. 식사 중에 예수는 가까이 다가온 자신의 죽음을 언급한다. 그는 "빵과 포도주를 자신의 죽음, 즉 자기 존재의 모든 것, 자기가 행하고 뜻한 모든 것, 자기 생명의 희생, 헌신을 가리키는 예언적 표징으로 해석한다. 이 빵처럼 자기 몸도 쪼개질 것이고 이 붉은 포도주처럼 자기 피도 쏟아지리라고: 내 몸, 내 피라고!" 예수는 자신의 "죽음을 자발적으로 - 자기 자신과 자신의 사명에 대한 충실, 스스로에 대한 책임과 순명에 대한 충실을 결합하는 크나큰 자유에서 - 받아들였는데, 왜냐하면 그는 그 안에서 하느님의 뜻을 알아보았기 때문이다: 그 죽음은 단지 감수하는 것만이 아니라 생명을 양도하고 바치는 것이다." 또한 큉은 예수가 자신의 죽음을 시나이 계약 체결에서 예표되었고(출애 24, 8-11), 예레미아가 구원의 때에 이루어질 것으로 예고한 새로운 계약과 연계 지었다는 것을 받아들인다: 바울로가 "이 잔은 내 피의 새로운 계약"이라고 표현한 것처럼(1고린토 11, 25) 예수는 자신이 쏟은 피와 바친 몸을 하느님과 하느님 백성 사이에 체결되는 새 계약의 표징으로 이해하였다. 그러나 큉은 예수의 죽음을 최후만찬의 기사에 나타나는 바와 같이 이사야 53장의 야훼의 종의 의미로, 많은 이를 위한 대속代贖으로 이해한 것은 예수 스스로에게서 나온 것이 아니라 부활 이후 교회의 해석이라고 간주한다.

▌예수의 죽음은 예수의 삶의 귀결인 것이다.

최고회의에서의 심문 과정에 관한 기사에서 예수에 반대하는 "많은" 고발에 대해서 언급하지만 성전에 관한 고발(마르 14,58) 외에는 다른 것이 나타나지 않는다. 큉은 이 "많은" 고발의 내용이 바로 예수의 활동 전체와 연결된다고 주장한다: 그 많은 고발 배경에는 "예수가 율법과 성전에 대하여 최고의 자유를 행사하였고, 전래된 종교 질서를 문제 삼고 아버지 하느님의 은총을 선포하며 스스로 죄 사함을 선언함으로써 참으로 전대미문의 권한을 자처했다는 것"이 자리한다. 그래서 유대교 책임자들은 그들의 전통적 율법, 성전 중심의 종교의 관점에서 예수가 모세를 거스르는 이단 설교자, 모세의 전통에서 벗어난 거짓 예언자, 죄에 관련하여서 하느님의 자리를 자임하는 신성모독자, 기존의 질서를 위협하여 불안을 조성하는 혹세 무민자惑世誣民者라고 단죄할 수밖에 없었다.

큉은 예수에 관한 고발이 율법과 성전, 그리고 그 대표자들에 대한 비판적 자세와 관련된 종교적 성격의 고발이라고 규정한다. 그러나 종교적 도전자로서의 예수는 역사적으로 의심의 여지가 없는 "유대인의 왕"이라는 죄명이 얘기하듯이 정치적인 혁명가로서 단죄되어 처형 되었다. 예수가 정치적인 혐의가 없음에도 불구하고 정치적인 범죄자로 처형됐다는 사실에서 큉은 예수의 죽음이 "종교적인 권력과 정치적인 권력의 합작合作"에서 이루어진 것을 본다. 큉은 그 이유로써 당시의 정치 · 경제 · 사회 · 종교적 여건을 든다. 즉 당시의 여건에서 종교와 정치의 단순한 분리가 용납되지 않았고, 그래서 종교 분야에서 불안을 조성하는 것은 정치적 분야에서 불안을 조성하는 것을 의미했다. 즉 누가 자신이 메시아라고 주장하는 것은 유대의 율법에 의하면 범죄를 범하는 것은 아니지만, 로마인들의 관례를 이용하면 쉽사리 정치적인 범죄자로 왜곡될 수 있었다. 유대 민족의 지도자들은 - 대사제들과 원로들은 - 복음서가 일치하여서 전하듯이(루가 23, 2; 요한 19, 12. 15; 마르 15, 9f. 병행) 예수를 로마인들에게 정치적인 혐의를 두어서 넘겨주었다. 그래서 큉은 쓔트로벨(A.Strobel)의 견해에 동의해서 예수에 대한 재판에서 "유대의 종교적 범행을 내용으로 하는 고발이 국사범이라는 정치적 고발로 변형" 되었다고 주장한다. 그러나 큉의 견해에 의하면 예수가 정치적인 권력을 추구했다거나 로마에 반대한 군사적 적대자라는 정치적인 고발은 "매우 깊은 편견일 뿐 아니라 근본적으로 잘못된" 것이었다. 예수의 말씀과 행동에서 드러나듯이 그의 "사신과 사명은 결코 직접적으로 정치적이 아니라 철저히 '종교적'이었지만, 나중에 분명하게 '정치적' 함축성과 결과"를 드러냈는데, 그런 의미에서 "간접적으로 정치적"이다. 그 배경에는 신학적 내용이 자리 잡고 있다.

즉 예수의 죽음에 대한 최종적인 책임은 율법에 있었다. 당시의 형세에서 "로마 총독은 유대교 성직계급의 도구였다. 유대교 성직계급은 다시금 […] 율법의 도구였다. 단순히 개개의 사제나 대사제, 원로 혹은 율법학자가 아니라 율법이 그의 죽음을 원했다." 이런 의미에서 큉은 요한복음 19장 7절의 내용이 비록 역사적으로는 사실이 아니라 해도 내용상으로는 정확하다고 얘기한다. "우리에게는 율법이 있습니다. 그 율법에 의하면 그 자는 죽어 마땅합니다." 그러므로 큉에 의하면 예수의 십자가 죽음은 갈라 3, 13에서 바울로 사도가 신명 21, 23을 인용하여 얘기하듯이 율법의 승리, "율법의 저주의 성취"를 의미하였고, 이는 동시에 율법을 어긴 모든 이들에 대한 단죄를 뜻하였다. 예수는 "자기가 옹호해 왔고 그래서 근본적으로 자기와 같은 운명을 겪어 마땅한 범법자와 무법자들을 글자 그대로 대표하고 있었다. 즉 최악의 의미에서 죄인들의 대표자" "죄의 화신"이 되었다.

율법의 저주를 의미하는 예수의 십자가 죽음은 예수의 반대자나 추종자들 모두에게 그가 참된 하느님과 관련이 없었고 그의 길이 잘못되었다는 것을 명백하게 드러내는 표징이 되었다. 큉에 의하면 이렇게 예수가 그의 사신, 전권 요구와 함께 하느님으로부터 공개적으로 배척받았다는 것은 그가 인간의 버림만이 아니라 "하느님의 무제한적 버림 속에서" 죽었다는 데에서 더 한층 심화된다. "예수는 자신이 백성으로부터 만이 아니라 그가 그 이전의 누구와도 비교할 수 없이 항상 의존하였던 분으로부터도 버림받아서 혼자 남겨졌다고 보았다." 큉은 이런 추론의 근거로 예수가 숨지면서 남긴 커다란 외침(마르 15, 37; 마태 27, 50)을 든다 : 이 커다란 소리는 공관복음에서 공통적으로 전하는 게세마니 동산에서 예수가 보인 두려움과 망설임(마르 14, 34 병행)과 상응하며, 마르꼬와 마태오가 인용한 시편 22, 2의 말씀은 이를 가장 사실에 가깝게 해석한 것이다: "나의 하느님, 나의 하느님, 어찌하여 나를 버리셨습니까?(마르 15, 34; 마태 27, 46)." 큉은 이렇게 예수가 하느님의 버림 속에서 죽었다고 말하지만, 그러나 불트만처럼 "예수가 완전히 무너져버렸을 가능성"을 인정하지는 않는다. 큉은 복음저자가 시편 22, 2의 인용을 통해서 예수가 "나의 하느님"이라고 외쳤다고 표현한 것을 고려한다면 예수가 죽으면서 남긴 큰 소리는 "절망의 외침"으로 해석할 수는 없다고 본다; 그러나 그렇다고 그 부름을 과대 해석해서 "신뢰의 노래"로 볼 수도 없다고 주장하면서 다음과 같이 중도적 입장을 취한다. 즉 예수의 죽음은 "단순히 인내 속에 참아 받은 죽음이 아니라, 죽음 속에서 남아 있는 마지막 근거, 무론 고통에 근거 없이 넘겨진 이에게는 파악될 수 없는 근거인 하느님께로 향한 외침 속에서의 죽음"이다. 결론적으로 "온 세상 앞에서 공공연히 자신의 아버지 하느님의 현존과 도래를 공포한 예수는 이처럼 하느님께 완전히 버림받은 채 죽었고 그래서 온 세상 앞에서 공공연히 죄인과 악인으로, 즉 하느님 스스로에게 심판을 받아 결정적으로 제거된 자로 공시公示되었다. 그리고 예수가 삶의 과제로 삼아 투쟁해온 그의 일은 예수 자신과 아주 밀접히 결부되어 있었기에 그의 몰락과 함께 그의 일도 몰락하고 말았다." 이렇게 예수의 죽음과 함께 모든 것은 없었던 것처럼 되어버렸다. 그러나 신약 성서는 예수의 죽음으로 모든 것이 끝나지 않았다고 증언한다.

예수의 죽음의 의미는 즉, 그리스도의 전 생애는 내어줌이자, 다른 사람들을 위해 존재하는 것이었고, 자기 자신의 실존을 통하여 일체의 갈등을 극복하기 위한 시도이자 이 목표실현이었던 것이다. 예수는 하느님께서 당신 자신의 모상에 따라 당신 자신과 닮은꼴로 인간을 지어내셨을 때 바라셨던 그대로의 인간의 원형(原形, archetype)을 사셨다. 예수는 언제나 자신의 준거準據요 출발점으로서의 하느님과 더불어 판단하고 말씀하셨다. 이렇게 하여 예수는 비상하게 진정하고 독창적인 삶을 계시하셨다. 그분은 하느님 나라에 대한 설교를 통하여 십자가 위에서 하느님의 죽음(부재)으로부터 오는 절망의 구렁을 체험하는 가운데 마지막까지 다른 이들을 위한 존재로서의 삶을 사셨다. 전적인 파국과 붕괴를 겪으면서도 그분은 절망하지를 않으셨다. 그분은 그 마지막에 이르러서조차도 하느님이 자신을 자신이 존재했던 그대로 받아들여 주시리라는 확신에 차 있었고, 또 그렇게 믿으셨다. 그분에게 있어서는 무의미가 여전히 비밀스럽고도 궁극적인 의미를 가지고 있었던 것이다.

그러므로 그리스도의 삶과 죽음의 보편적 의미는 그분이 마지막까지 인간 실존에 있어서의 근본적인 갈등을 걸머진 채 지탱하셨다는 점이다. 즉, 그분은 증오와 몰이해(incomprehension), 배반 그리고 죽음에 이르도록 하는 단죄에도 불구하고 하느님 앞에서 이 세계의 절대적 의미를 실현하고자 원하셨던 것이다. 예수에게 있어서 악은 파악되기 위해서 있는 것이 아니라 사랑에 내맡겨지고 그 사랑에 의해 정복되기 위해서 있을 따름이다. 예수의 이 같은 처신은 인간 실존을 위해 새로운 가능성을, 다시 말해서 절대 의미와 더불은 믿음의 실존 가능성을 열어 놓으셨다. 오로지 사람들을 사랑했고 그들 가운데서 선을 행하고자 애썼을 따름인 사람에게 증오로 말미암아 유발된, 자기 자신의 죽음과 같은 그런 부조리에 직면해서조차도 그 같은 믿음의 실존을 성취할 수 있는 새로운 가능성을, 이에 본회퍼는 오늘 이 시대의 그리스도인은 이 세계 속에서 하느님의 이 같은 약함을 살도록 불렸다고 말할 수 있다. 그는 이렇게 갈파한다. "예수는 우리를 새로운 종교에로 부르지 않으신다. 예수는 우리를 삶에로 부르신다. 어떤 류의 삶인가? 그것은 이 세계 속에서 하느님의 약함에 참여하는 것이다." 이런 류의 삶은 모든 이데올로기와 인간의 사변이 빛을 잃어버리는, 이를테면 절망과 부당한 고난, 불의, 폭력에 의한 변사 속에서 솟아나는 새로운 삶이요 승리이다.

이 모든 것 속에 의미가 있는가? 그렇다, 있다. 그러나 하느님 앞에서 죽음을 넘어가는 사랑과 희망 속에 이 모든 것이 받아들여질 때만이 그러할 따름이다. 이러한 삶의 양식을 믿는 것은 곧 이미 그렇게 믿었던 예수와 더불어 그분과 함께 믿는 것이다. 그분을 따르는 것은 이제는 더 이상 그분의 그것이 아닌 우리 자신의 이 삶의 조건 속에서 그분이 행한 것과 똑같은 처신을 실현하는 것을 말한다. 부활은 모든 것 속에서 부조리와 무의미한 가운데서도 믿고 견뎌내는 것이 의미 없는 것이 아니라는 그 심오함을 계시해 주는 것이다.

함께 고통을 받는 우리와 함께 계시는 하느님은 벗을 위하여 자기 생명을 바치는 것보다 더 큰 사랑이 이 세상에서 없다 하신 가장 큰 사랑으로 인간의 죽음의 고통과 사랑의 배신의 고통도 함께 하신 것이다. 우리 인류의 죄악의 결과가 예수님의 죽음의 대리 보속하는 사랑으로 나타난 것이다.

그래서 초대교회는 구원의 복음을 선포할 때마다 예수 그리스도의 십자가에서 빛나는 무한한 사랑을 설교했다. 그리고 예수님의 수난과 죽음은 "이방인들에게는 어리석게 보이는 일이지만"(1고린 1, 23) 그리스도인들에게는 영광이었다. 그래서 사도 바오로는 "그러나 나에게는 우리 주 예수 그리스도의 십자가밖에는 아무것도 자랑할 것이 없습니다."(갈라 6, 14) 하고 말하였다.

▌사랑은 자기에게서 죽는 것, 자기를 내어 주는 것이다

사실 모든 것의 근본 원리는, 하느님 안에서는 죽음이 삶의 한복판에 영원히 있다는 것이다. 하느님은 사랑이시다. 그런데 사랑한다는 것은 자기에게서 죽는 것이다. 단지 자기보다 남들을 좋아하는 것만이 아니라, 남을 위해 그리고 남에 의해서만 살기 위해, 자기를 위해 자기에 의해 사는 것을 포기하는 것이다. 이는 우리가 하느님이라면, 곧 충만되게 사랑하고, 완전한 사랑을 영원히 실현시키고 있다면 가능한 일이다.

하느님은 삼위이시다. 아버지는 오직 아들과 성령을 향한 움직임이실 뿐이다. 아들은 아버지와 성령을 향한 움직임이실 뿐이고, 성령은 아버지와 아들을 향한 움직임이실 뿐이다. 나는 '…일 뿐이다.' 를 강조하고자 한다. 이 '…일 뿐이다.' 가 하느님의 신비를 설명하는 것인데, 바로 하느님의 본질이 삶과 죽음이 동일한 것임을 말해 주고 있기 때문이다. 자기로부터 나오는 것은 바로 자기에게서 죽는 것이다. 산다는 것은 사랑한다는 것인데, 사랑한다는 것은 죽는 것이다. 왜냐하면 사랑한다는 것은 남에 의해서 남을 위해서만 존재하는 것이기 때문이다.

바로 이것이 예수님이 십자가 위에서 돌아가심으로써 드러내신 것이다. 바오로 사도는 우리에게 하느님이 "종의 신분을 취하셔서 우리와 똑같은 인간이 되셨습니다. 이렇게 인간의 모습으로 나타나 당신 자신을 낮추셔서 죽기까지, 아니, 십자가에 달려서 죽기까지 순종하셨습니다." (필립 2, 7-8)라고 말한다. 하느님은 영원토록 타인들에게 자신을 내어 주는 행위로 존재하신다는 말이다. 물론 우리는 이것이 의미하는 바를 정확하게 이해할 수 없다. 하느님의 영원한 존재는 우리의 어떤 표현도 초월하는 것이기 때문이다. 그러나 우리는 하느님이라는 존재의 '신비' 가 대체 무엇인지를 이해해 보려고 노력할 수는 있다. 어쨌든 우리가 어떤 하느님을 믿고 있는지는 알아야 하지 않는가!

유다인들은 하느님이 당당한 승리자로 나타나시길 기대하였다. 그런데 갈바리아에서 하느님은 개입하지 않으신다. 그분은 당신을 숨기시고 침묵하신다. 아주 고전적인 말장난을 빌리자면, 그분은 만군萬軍의 하느님, 즉 군대들을 이끄시는 하느님이 아니라, '무장 해제된' 하느님이시다. 사람들은 그분을 부자요 힘센 존재로 상상하였다. 물론 그분은 무한이시므로 그 말은 옳다.

그런데 이제 그분의 부유함이 소유하는 것이 아니라, 주는 것임을 보게 된다. 즉 주저함도 속셈도 없이 자기를 완전히 내어 주는 부유함이다. 하느님에게 저의나 속셈이 있으시려거니 생각하는 것은 사랑을 오해하는 일일 것이다. 사랑은 자신을 내어 줄 때 바닥을 남겨 두고 주지 않는다. 사랑이 내어 주는 것이 바로 그 바닥이다. 자기 안에 어떤 생각이나 의도를 간직하고 있다면, 그것은 그가 자신의 소유자라는 뜻이 될 것이다. 그런데 하느님에게는 어떤 소유의 흔적도 없다.

하느님은 당신의 정의가 바로 세워지도록 아들의 희생을 요구하시는 것이 아니다. 하느님은 당신의 아들을 희생하심으로써 자신의 가장 귀한 것을 희생하신다. 즉 자기 자신을 희생으로 바치고 계시다는 말이다. 아버지는 자기 몫을 남겨 두지 않으신다. 아버지의 존재는 아들을 통해, 아들에 의해 있을 뿐이므로(여기서도, '…일 뿐이다.'), 우리에게 당신 아들을 내어 주신다는 것은 그분 자신을 내어 주신다는 뜻이다. 그분의 존재, 그분의 '본질'은 '자기를 내어 주는' 데 있다. '내어 준다', '자기를 내어 준다'라는 말은 복음서에서 가장 많이 나오는 말 중의 하나다.

그리스도의 죽음은 우리로 하여금, 하느님의 본질은 우리가 생각하는 것과는 완전히 다르며, 하느님의 완전함은 우리가 완전할 수 있는 바를 무한히 넘어설 뿐 아니라, 우리의 완전함과는 무한히 다른 방식의 완전함이라고 생각지 않을 수 없게 한다. 하느님은 완전히 다르시다. 우리는 소유함으로써 부유해진다. 하지만 하느님은 당신을 내어 주심으로써 부유해지신다. 우리는 지배함으로써 강해진다. 하지만 하느님은 섬기심으로써 강해지신다.

그리스도는, 스스로 종이 되시고 결박되어 수난을 당하시고 당신의 생명까지 내어 주심으로써, 하느님을 인간적 몸짓과 행위로 드러내신다. 누군가 말했듯이, 그분은 우리의 육안을 위하여 신성의 눈부신 흰 빛을 분해해 보여 주는 하느님의 '프리즘'이시다. 그분은 생애의 처음부터 끝까지 그런 프리즘

이셨지만, 특히 당신의 죽음에 의해서 그러하시다. 마지막 숨을 거두실 때, 그분은 바로 자신의 생명 자체를, 곧 모든 것을 내어 주신 것이요, 바로 그 순간에 그분은 하느님이 영원히 신적으로 그러하신 바를 인간적으로 이루신다. 바로 그 순간에 그분은 하느님의 전능, 다시 말해 지배나 자기 과시의 힘이 아니라 자기를 지우는 힘인 전능에 참여하시는 것이다.

하느님의 전능이 자기를 지우는 전능임을 깊이 이해하지 못하는 한, 또한 자기를 과시하는 것보다 자기를 지우는 데 훨씬 더 많은 사랑의 힘이 필요하다는 것을 자신의 인생에서 체험하지 못하는 한, 내가 지금 말한 것은 그야말로 이해 불가능하다. 타인을 사랑한다는 것은 그가 존재하기를 원하는 것이요, 그를 앞질러 그로 하여금 작아지게 하기를 원치 않는 것이다. 이것이 사랑의 힘이다!

사랑의 전능은 용서다

그리스도가 자기를 지우는 힘인 하느님의 전능에 참여하실 때, 자기를 지움으로써, 다시 어린양이 되어 죽으심으로써 하느님의 전능에 참여하신다. 그분은 하느님의 본성인 용서의 힘에 참여하시는 것이다. 문자 그대로 그분은 우리 인간들을 위해 죽으시어, 우리를 '구하신다.' 여기엔 한마디 설명을 덧붙여야 한다. 왜냐하면 용서에 대해 말하기란 무척 어렵고, 그럼에도 불구하고 모리악이 말한 것처럼 우리는 빵보다도 용서에 더 굶주려 있기 때문이다.

용서는 관용이 아니라 재창조다. 그것은 죄로 인해 자기 자유를 시들어 버리게 만든 사람의 자유를 재창조하는 것이다. 하느님에게는 창조보다 용서하시는데 더 많은 힘이 필요하시다. 재창조란 창조 이상이기 때문이다. 재창조의 능력은 초능력으로서 창조적 힘의 핵심에 있다. 하느님은 자유들을 창조하시면서, 그것들 스스로가 스스로를 창조하는 힘을 재건하도록 하시기 위해

곡절의 사랑을 기울이신다. 그런데 창조의 행위가 하느님에게는 겸손과 포기의 행위다. 전부이시면서, 전부이기를 포기하시는 분이 하느님이시다. 왜냐하면 사랑이면서 전부일 수는 없기 때문이다. 그분은 자유에 공간을 열어 놓으신다. 이를 독일 시인 휠덜린은 다음과 같이 말했다. "하느님은 바다가 육지를 만들듯이 인간을 만드신다. 즉 스스로 물러서시면서 말이다."

하느님에게 창조가 스스로 물러서시는 것이라면, 재창조하시는 것, 또는 용서하시는 것, 자유를 복원하시는 행위는 곱으로 물러서시는 행위가 아니겠는가? 용서하는 것은 곱으로 후퇴하는 것이다. 그것은 전능중의 전능이다. 연중 제26주일 미사의 본기도에 보면 이것이 분명하게 표현되어 있다. "용서와 자비로 전능을 크게 드러내시는 하느님, 당신의 은총을 우리에게 끊임없이 내리시어, 언약하신 목적지를 향해 달리고 있는 우리로 하여금 마침내 천상 행복을 누리게 하소서."

그러므로 그리스도는 돌아가심으로써 하느님의 지고한, 재창조하는, 용서하는 힘에 참여하신다. 성모 마리아에게서 나신, 그러므로 우리와 똑같은 인간이 되신 한 인간이, 자신의 죽음으로 용서하는 신적 힘을 소유한다. 우리에게 용서를 내리는 신이라면 의심스럽지 않을 수 없다. 온정주의자의 어투 같은 "용서하노라." 하는 말처럼 의심스러운 것은 없다. 그러나 사람이 되신 하느님이 죽으심으로써 우리를 용서하시고, 그 죽음이 용서, 그것도 전면적인 용서와 동일하다면, 어떻게 우리가 그것을 의심할 수 있겠는가?

그러므로 그리스도가 흘리신 피로 우리가 구원되었다고 하는 것은 정말 옳은 말이다. 성혈 축성 때 바치는 기도문이 표현하고 있는 바가 바로 이것이다. "이는 내 피의 잔이니 죄를 사하여 주려고 너희와 모든 이를 위하여 흘릴 피다.' 그 피가, 하느님이 당신의 정의를 보상받기 위해 그리스도에게 흘리라고 요구하신 피라는 말이 아니다. 그 피는 끝까지 사랑하는 사랑의 표정인 것이다(참조: 요한 13, 1). 이 사랑은 끝까지 주는 것, 다시 말해 다 주는 것, 완전히 주는 것이다.

나는, 만일 우리가 하느님의 권능에 대해 자연스레 지니고 있는 생각을 완전히 바꾸지 않으면, 그리스도의 십자가 신비가 아무 의미도 없는 수수께끼에 지나지 않을 것이라는 점을 강조하고 있다. 누구나 처음에는 힘의 계열에서 하느님을 찾는다. 하느님을 '대후견인'으로 생각하는 것은 피할 수 없는 일이다. 이 방향으로 시작하지 않을 수 없지만, 이것은 이교적인 것이다.

우리는 본능적으로 하느님이 끊임없이 우리 일에 개입해 주시기를, 우리 대신 우리의 역사를 써 주시기를, 우리가 우리 운명의 주인이기 때문에 져야만 하는 이 무거운 책임으로부터 우리를 해방시켜 주시기를 바란다. 그리스도교인이 되어 가고 - 우리는 그리스도교인이 아니라, 매일의 회심을 통해 그리스도교인이 되어 간다. - 십자가 위에 못 박힌 인간 - 신의 완전한 무력함을 묵상하면서도, 우리에게 깊이 각인되어 있는 이 이교적인 첫걸음을 잊어버리기란 매우 어렵다. 우리는 언제나 잘 회심하지 못한다.

우리는 하나로 만들 수 없기 때문에 그럭저럭 타협시킨 하느님에 대한 두 이미지, 즉 이교적이고 지배적인 전능의 이미지와 고난당하시고 죽으시는 그리스도의 전적인 무능의 이미지 사이에서 흔들리고 있다. 이교적인 전능의 이미지가 밑에 변함없이 버티고 있고, 못 박히신 그리스도의 전적인 무능이 그 위에 일종의 이중 인쇄처럼 겹쳐져 있다. 이 두 이미지의 공존은 영혼에나 정신에나 하나의 재앙이다. 그러므로 골고타의 전적인 무능이야말로 하느님, 곧 영원 무한하신 존재의 전능의 진정한 본질임을 깊이 깨닫기 위해서는, 참된 그리스도교적인 묵상을 며칠이고 몇 년이고 해야 한다. 그리스도의 죽음이야말로 하느님의 영광을 완전히 계시한다. 이 영광은 자기를 지우는 힘으로서의 사랑과 동일한 것이다. 십자가에 못 박히신 예수님에게서 삼위, 곧 살아 있는 절대의 순수한 '너를 위함', '당신을 위함'이 드러난다. 일그러지고 피 흘리며, 침과 땀과 피로 범벅이 된 인간, 이사야가 도살장에 끌려가는 어린

양에 비유했던 그 인간이 형체 없는 영원한 존재의 베일을 벗겨 낸다. 인간의 삶은 그분 안에서가 아니고서는, 그분에 의해서가 아니고서는 아무 의미도 없다. 이것이 우리 신앙의 중심이 되는 확신이다.

'그리스도 십자가의 원수로 살아가는 사람들을 생각하며 운다.'(필립 3, 18) 고 한 바오로 사도의 마음이 얼마나 잘 이해되는지! 그처럼 계속 울거나, 울 수 있어야만 하리라.

뒤코크(Duquoc) 신부가 아주 잘 말하였듯, "하느님은 예수님을 통해 한을 푸셨다."라고 보쉐가 외치는 것을 들으면, 우리는 각자 기질에 따라 분개도 하고 우스꽝스러워하기도 한다. 분개하는 까닭은 무슨 권리로 하느님에게 그분을 모욕하는 감정들을 갖다 붙이는가 해서이고, 그것이 우리의 구원에 꼭 필요하다고 생각할 수 없기 때문이다. 우스꽝스럽다는 것은 자기 죄과를 치르는 데 무력하고 가련한 인간들을 예수님으로 대치했다는 것이 그만큼 공소하고 추상적으로 여겨지기 때문이다.

사실은 이렇다. 예수님의 십자가가 처음에는 사도들에게 믿어지지 않는 실패처럼 보였다. 그들은 그 누구도 대적할 수 없는 왕을 만났다고 생각하며 예수님을 따랐다. 그런데 모든 기대에도 불구하고, 자기들이 유죄 선고를 받고 사형을 당한 한 남자의 패거리가 되어 버린 상황에 이른 것이다.

당신은 이렇게 말할 것이다. "그러나 부활이 모든 것을 밝혀 주지 않았는가!" 즉 예수님이 나타나신 뒤에는 그들이 옛 믿음을 회복하지 않았느냐, 그들은 이제 예수님이 자신들이 믿었던 왕이심을 확신하게 되지 않았느냐고 말이다. 그렇다. 그러나 사람들이 보려고 하지 않는 것은, 십자가가 왜 필요했는가를 사도들이 이해하기 위해서는 긴 시간이 필요했다는 사실이다.

십자가는 왜 필요했는가? 부활하신 이는 엠마오로 가던 제자들에게 이렇게 말씀하신다. "그리스도는 영광을 차지하기 전에 그런 고난을 겪어야 하는 것이 아니냐?"(루가 24, 26) 왜 그랬어야만 했는가? 그들은 서서히 조금씩 밖에는 그것을 이해할 수 없었다.

이 사건을 설명하기 위해 그들은 우선 구약, 정확히 말하여 유다인들의 사고방식에 속하는 범주들에 도움을 청하였다. 그런데 그것은 의식儀式적이고 종교적인 범주들이다. 유다인의 종교적 삶의 중심은 바로 제사였다. 즉 예배의 의식儀式이었다. 사실 의식이 없는 제사란 없다. 사도들은 예수님의 부활 이후에, 구약에서 말하여진 모든 것이 그분에게서 완성 되었다는 것을 믿게 되었고, 나아가 예수님을 출발점으로 해서만 그분이 오시기 전에 있었던 일의 참뜻이 무엇이었나를 진정으로 이해할 수 있다고 확신하게 되었다. 그래서 바오로 사도와 복음사가 등은 구약의 제의적이고 신학적인 개념들을 가지고 십자가를 '설명하게' 되었고, '예수님이 서른 살쯤에 십자가 위에서 돌아가신' 사건에 의미를 부여하였던 것이다.

예를 들어 '희생' 이라는 단어는 이 신학에 속하는 어휘다. 우리는 이스라엘인들이 동물을 제의적 희생 제물로 바쳤다는 것을 알고 있다. 우리는 신약에서 같은 단어를 보게 된다. 그러나 신약에서 이 단어는 비유의 어휘로 등장한다. 예수님 자신도 당신의 죽음을 고대의 희생 제의를 빌려 생각하셨다. 그분은 당신의 피를 새로운 계약을 위한 희생물의 피로 주시며, 그 피는 많은 사람들을 위해 흘릴 피라고 말씀하신다. 바로 이것이 성찬례의 경문이다. 그리고 그분이 과월절에 세우신 이 '성체성사' 는 어린 양의 파스카 제물에서 영감을 받은 것이다. 그러나 여기서 예수님에게 중요한 것은 이미지들뿐이다. 그분은 당신의 복음이 하나의 의식儀式과는 전혀 다른 무엇임을 잘 알고 계셨다! 그분이 말씀하신 바는 이것이다. '지난날의 희생 제사는 효력이 없었다. 오로지 나의 죽음만이 그 희생 제의들이 원하고 의미하려 했던 것을 완성할 수 있다.' 이 점에서 우리는 예수님의 죽음이 '제의적 희생' 이라고 말할 수 있다. 그리고 복음서는 바로 이 점을 말하고자 한 것이다.

사람들은 오랫동안 히브리서를 구약의 카테고리들로 해석하려 함으로써 결정적으로 왜곡해 왔다. 이 서간의 저자는 처음부터 끝까지 옛 성전聖殿, 유다인 율법의 희생 제의들, 레위지파의 사제권 등을 참조한다. 히브리서의 저자가 그리스도의 죽음을 위와 같은 카테고리에 따라 이해하고 있다고 생각하고 싶을 것이다. 그러나 그의 생각은 전혀 다르다. 즉 그는 그리스도의 죽음과 옛 희생 제의에 근본적인 차이가 있음을 지적하고자 이 둘을 비교하고 있는 것이다. 히브리서는 히브리인들, 즉 유다인들에게 쓴 편지다. 그는 자기 글을 읽을 유다인들이 잘 알고 있는 카테고리들을 이용한다. 그들로 하여금 어떻게 그들의 기다림이 그들이 예견해 왔던 바를 초월하여 채워졌는가를 이해할 수 있도록 말이다.

히브리서 저자의 생각은 다음의 글로 잘 요약 정리된다. '제사나 의식들을 통해 하느님과 화해하기 위하여 인류가 생각해 낸 모든 희생적 장치들, 세상에 가득 찬 모든 노력들은 효력 없고 헛된 인간적 고안품으로 남아 있을 수밖에 없었다. 하느님이 바라시는 것은 염소도, 황소도, 그 어떤 의식儀式적 봉헌물도 아니기 때문이다. 수백 수천의 짐승을 하느님을 위해 희생시켜 지구를 다 덮는다 해도, 하느님에게는 소용이 없다. 어쨌든 그것들은 모두 그분 것이니까. 그분의 영광을 위해 그것들을 모두 불사른다고 하더라도 우리는 하느님에게 아무것도 드린 게 아니다. … 하느님이 관심을 기울이시는 것은 인간, 오직 인간이다. 유일하고 진정한 예배는 인간이 하느님에게 드리는 조건 없는 '예.'인 것이다. 모든 것이 그분의 것이지만, 그분은 인간에게 '예.' 또는 '아니오.'를 말할 자유, 곧 사랑하거나 사랑을 거절할 자유를 양도하셨다. 사랑에 대한 자유로운 동의만이 하느님이 원하시는 유일한 것이다." 그것 이외에는 그 무엇도 의미가 없다. 그것만이 다른 것으로 대치할 수 없는 유일한 것이다. 그런데 고대의 모든 종교적 예배는 대치할 수 없는 것을 대치하려고, 곧 인간의 사랑의 봉헌을 동물 봉헌으로 대신하려고 애써 왔다. 그러한 대치는 헛된 것이다. 예수님은 당신 자신을 바치셨다. 그분은 하느님에게 아들로서의 순종을 바치는 일에 "예.'라고 말씀하신다. 내가 히브리서를 요약하고 있음에 주의하기 바란다. 나는 아직은 그리스도의 죽음이 왜 하느님에게 순종하는 아들로서의 '예' 인지를 설명하고 싶지 않다. 하느님이 당신 정의의 이름으로 아들의 피를 요구하신다는 것이 받아들일 수 없는 언어도단이라고 분명하게 생각하기 때문이다.

히브리서의 저자가 생각하기에, 그리스도는 헛되고 효력 없는 봉헌을 당신 자신으로 대치하신다. 분명, 히브리서는 예수님이 당신의 피로 하느님과의 화해를 완수하셨다고 확언하고 있다(9, 12). 그러나 이것이 예수님이 흘리신 피가 물질적인 바침, 양적으로 측량 가능한 속죄의 방법이라는 뜻은 아니다. 그분이 흘리신 피는 그분 자신의 끝이 없는 사랑의 구체적 표현이다. 히브리서의 저자에게 있어 그리스도는 전부를, 절대적으로 전부를 주신 분이다. 이 점에서 그분은 인간, 곧 완전함으로 충만 된 상태의 인간이다. 그분은 하느님의 사랑 자체가 인간적 사랑으로 변화하여 깃들어 있는 이만이 줄 수 있는 절대적 사랑이시다.

그러므로 너무도 오랫동안 그래 왔던 것처럼, 우리가 아버지가 인간들의 죄로 침해된 정의를 보상받기 위해 그리스도의 피를 요구하셨으리라고 설파하는 이론에 갇혀 있게 되는 것은, 복음서들과 바오로 서간 및 히브리서가 그리스도의 죽음을 보상의 언어로 표현하고 있기 때문이 아니다. 바꿔 말하자면, 그런 이론 - 그것은 하나의 이론에 불과하다. 그리고 그것이, 이론가들이 신앙의 핵심을 설명적 이론에 부당하게 연결시킨 유일한 경우도 아니다. - 으로부터 벗어난다 해서 성서에 불충실하게 되는 것이 아니라는 말이다.

그리스도 죽음의 의미에 관해, 수세기에 걸쳐 신학 논문이나 교리에서 우세했던 이 이론은 단순히 이의를 제기해 볼 만한 것이 아니다. 그것은 심각한 왜곡이다! 우리는 벽 앞에 서 있다. 그리스도가 우리를 위해 돌아가셨다는 '신경' 의 고백은 대체 무슨 뜻이란 말인가?

제11과

부활하신 예수님

"나는 내가 전해 받은 가장 중요한 것을 여러분에게 전해드렸습니다. 그것은 그리스도께서 성서에 기록된 대로 우리의 죄 때문에 죽으셨다는 것과 무덤에 묻히셨다는 것과 성서에 기록된 대로 사흘 만에 다시 살아나셨다는 것과 그 후 여러 사람에게 나타나셨다는 사실입니다." (1 고린 15, 3-5)

그리스도의 부활은 예수님이 참 하느님이시고 우리의 구세주이심을 드러내시고 우리도 부활할 것을 가르칩니다.

예수님의 부활이 우리 신앙생활의 중심이 된다는 말은 다음과 같은 의미입니다. 우리는 예수님의 부활을 믿을 뿐만 아니라, 생활로써 증거해야 함을 뜻합니다.

예수 부활에 대한 신앙은 부활하신 예수님을 실제로 만난 제자들의 증언에 의해 역사적으로 증명된 사건, 그리스도의 인성이 하느님의 영광 안에 들어간다는 신비적이고 초월적인 사건을 그 대상으로 한다.

빈 무덤과 흩어진 수의는 그리스도의 육신이 하느님의 권능에 의해 죽음과 부패의 사슬을 벗어났음을 의미한다. 이것들은 제자들을 부활하신 분과 만나도록 준비시킨다.

"죽은 자들 가운데서 맏이"(골로 1, 18)이신 그리스도께서는 지금 우리 영혼을 의화 시키심으로써, 장차에는 우리 육신을 다시 살리심으로써 우리 자신의 부활의 근원이 되신다.

예수님의 부활 사건은 그리스에게 유토피아 이상향이란 없고 인간적인 토피아(이것은 어디엔가 있다) 실현만이 있음을 인간의 죽음 속에 부활이 있음을 드러낸 사건으로서 예수의 부활 사건은 이 세계의 마지막이 예수 그리스도에 의해 이미 시작 되었다는 것입니다. 예수의 부활 사건은 이 세상 완세론 종말 사건의 사전 사건화事前事件化인 것입니다. 예수님의 이 지상 삶이 옳았다는 것을 하느님께서 인정하신 사건으로서 우리가 예수님처럼 하느님과 이웃을 사랑할 때, 하느님께서 우리도 예수와 같이 부활시키실 것이라는 신앙을 내포하고 있다는 것입니다.

▌예수 부활과 역사적 비판(G 로핀크)

예수 부활이 "종말론적 의미를 가진 사건"이라고 하면, 부활과정은 시 · 공時空의 세계에 속하는 것이 아니고 따라서 그것은 절대로 공간과 시간 안에 국한 시킬 수 없다는 의미가 된다. 어느 신학자가 만일 부활은 "종말론적 초월적 사건"으로서 도대체 역사학의 직접 대상이 될 수 없다고 말한다면 그는 옳은 것이다. 역사 학도가 할 수 있는 것은 다만 빈 무덤 사건과 발현 현상에 국한되는 고로 여기서는 이 사실을 역사학적 문제만으로 취급하기로 한다.

신학성서에 나타난 부활 증언을 역사적으로 어떻게 판단할 수 있는가?

오늘날 누구나가 성서의 어떤 구절이든지 올바로 해석하려면, 우선 그 '문학유형'을 터득해야 한다. 예수부활에 간한 신약성서 텍스트에 상기上記한 방법론을 적용한다면, 신약성서 안에는 부활을 기술한 서로 근본적으로 상이

한 두 가지 유형이 있음을 즉시 알게 된다. 그 하나는 신약성서의 여러 군데에, 무엇보다도 서가에 나오는 '짧은 신앙고백'이고, 또 하나는 복음서에만 나타나는 '이야기 형식'이 그것이다.

1. 신앙고백의 형식

예수의 부활 내지 승천을 취급하는 신앙고백 식式의 텍스트의 예例를 들어본다 : 로마 1, 3이하 : 고린 전I5, 3-7이하 : 마르 8, 31병행 : 필립 2, 6-11 : 디모 전 3, 16. 이것은 복음서의 부활 '이야기 형식'보다도 훨씬 오래된 것이다. 바오로의 서간이 공관복음서보다 15년 내지 20년 전에 서술되었을 뿐 아니라, 성서에 '신앙고백 형식'은 성서 안에 문자화되기 이전부터 교회 내에 유포되고 있으니 말이다. 이와 같은 '신앙고백 형식'은 혹은 전례에 있어서 성가(Kultlieder)에 사용되거나(디모 전 3, 16 : 필립2, 6-11), 혹은 교리교수에서 한 역할을 했다(고린 전15, 3-7).

위에서 말한 내용에서부터 나오는 결론은 대단히 중요한 의미를 갖는다. 즉 예수부활의 최고最古증언은 오늘날의 역사기술歷史記述과 같은 객관적 보고가 아니고, 그것은 실로 '신앙고백(Glaubensbekenntnisse)'이었다는 것이다.

2. 이야기의 형식

여기서 우리는 '빈 무덤'을 취급하는 이야기와 부활한 예수의 발현을 내용으로 하는 다른 이야기들을 구별해야 한다. 본래부터 무덤의 이야기와 발현의 이야기는 서로 상이한 일이다. 이 점은 마르코와 루가에 있어서 똑똑히 알아볼 수 있다. 이 두 복음사가에 따르면, 그리스도의 발현이 무덤에서 일어났다고 말하지 않는다. 그러나 이 두 가지의 이야기 형식은 얼마 안 가서 서로 융합되고 만다. 마태오의 복음에서는 빈 무덤을 떠나서 제자들에게로 급히 달려가는 여인들에게 그리스도가 발현한다(마태28, 9이하). 마태오의 이 대목을 좀 더 음미해 보면, 그것은 부수적附隨的 인 것임을 알 수 있다. 왜냐하면, 부인들에게 발현한 그리스도는 천사가 이미 말 한 내용 -"제자들은 갈릴래아로 가라" 는 것 - 외에는 더 다른 것을 덧붙이지 않았다. 요한복음에서 그 발전은 완성 된다. 여기서는 직접 무덤에서 막달라 여자 마리아에게 발현이 이루어진다(요한 20, 19-17). 무덤 이야기와 같은 이야기의 상호결합은 우리들에게 다음과 같은 사실을 말해준다. 복음서들의 부활기사에서 우리들은 사건의 외적 경과에 대한 세밀한 역사적 묘사를 기대할 수 없다는 것이다. 계속 나오는 복음서들 상호간에 많은 차이점들은 이것을 아주 똑똑히 제시한다.

무덤에 나타난 천사가, 마르코(16, 5)와 마태오(28, 2-5)에서보다 루가(24, 4)와 요한(20, 12)에는 몇 갑절로 그 수가 붙어져서 기록되었다. 그런데, 이런 현상은 공관복음서의 전승에서 흔히 볼 수 있는 것이다. '게네사렛' 지방의 악령에 게 사로잡힌 사람에 대해서도 마르코(5, 3)에는 하나로 되어 있지만, 마태오에 와서는 둘이 된다. 마르코(10, 46)에 나타나는 '바르티매오' 라는 한 사람의 맹인으로(20, 30)에서는 두 사람의 맹인으로 기록되었다. 이와 같이 숫자를 갑절로 늘리는 것은 아마도 이야기를 한층 더 인상적으로 하기 위해서일 것이다. 어쨌든 그런 일은 다채롭고도 서민적인 이야기의 화법話法에 지나지 않는 것이다. 세기世紀의 처음 그때의 사람들이 역사상 조그만 일에 대해서는 얼마나 무관심했었는가? 하는 예例를 특히 루가복음에 있는 변형된 '갈릴래아' 전승에서 찾아볼 수 있다. 마르코에 있어서는, 부인들이 제자들에게 가서 그들이 부활한 주主를 만나기 위해서는 '갈릴래아' 로 가라고 전할 부탁을 천사로부터 받는다(16, 7). 루가는 - 비록 마르코복음서에서 그와 같은 것을 보았을지라도 - 이 형식으로 전할 수는 없었다. 왜냐하면 모든 발현은 예루살렘에서 이루어진다는 것이 그의 신학적 개념으로 굳어 있었기 때문이었다. 따라서 루가도 '갈릴래아' 로 가라는 부탁을 삭제하고, 그 대신 천사들로 하여금 수난과 부활의 예언을 상기시키게 한다. 그런데 루가는 아마도 그렇게 하기에는 마음에 언짢은 느낌이 들었던 모양으로 잠깐 '갈릴래아'의 여운을 남기면서, 그 고난과 부활의 예언이 이미 '갈릴래아'에서 발표된 것으로 말한다(루가24, 6이하). 마지막으로 또 하나의 예를 든다, 루가는 부활한 예수의 마지막 발현을 예루살렘교회에 있는 '올리브' 동산에서 이루어진 것으로 보고하고 있다(루가 24, 50이하). 그런데 마태오는 부활한 주主의 마지막 발현을 '갈릴래아'에 있는 어떤 산에서 일어난 것으로 알린다(마태 28, 16 - 20). 이 두 가지 장면들은 그 지리적 위치 뿐 아니라, 신학적 의미에 있어서도 서로 근본적으로 다르게 나타난다. 그러나 그 두 복음사가들은 이야기로써 예수의 마지막 발현을 말한다고 생각하고 있다.

3. 전승(傳承)의 역사

각 복음서들 사이에 스며든 이 같은 이론異論들을 어떻게 해명 할 수 있겠는가? 무엇보다도 먼저 우리가 오늘날 가지고 있는 부활 이야기는 이미 오래 전승의 역사를 지니고 있었다는 사실을 간과해서는 안 될 것이다. 애초에 구전으로 내려오던 동안에 어떤 특성이 가해지기도 했고, 또 어떤 특성은 생략되기도 했으며, 처음에는 서로 관련이 없었던 이야기가 한데 합해지기도 했다. 한편으로는, 이야기의 동기가 그만 서로들 사이에 바꾸어지기도 했다. 그런가 하면, 또한 복음사가들이 그때까지 전해 내려 온 이야기들을 그들의 복음에 한 몫으로 넣으면서 다시금 손질을 했을 수도 있다. 복음사가들을 통해서 나타난 구두口頭 전승과정과 편집과정상의 이 같은 경향은 소재素材로 본 합성成의 경향(Kornpositorische) 및 호교적(apologetische) · 신학적(theologische) 경향으로 구별할 수 있을 것이다.

사도행전에 보면, 예수의 마지막 발현이 부활 후 40일에 있는 것으로 되어 있다(사도1, 3). 이와는 반대로 루가복음에선, 선입견이 없이 읽을라치면, 마지막 발현이 부활 바로 그날에 완결된 것으로 알려진다. 루가복음사가에게

는 예수의 마지막 발현이 서로 다른 두 시기時期에 걸쳐서 이루어졌다는 것일
까? 그러나 이것은 개연성이蓋然性 매우 희박한 이야기일 뿐이다. 예수가 부
활한 후 상당히 긴 기간 동안에 제자들에게 발현했다는 것이 루가의 확실한
의견이다. 그런데도 루가복음서의 끝에서는 그 기간이(사도행전과는 달리)
압축되어 있는 듯하다. 이것은 아마도 루가가 그의 복음서를 끝맺음에 있어
서 이 부활의 사정事情도 시간적으로 축소해 버렸다고 그냥 보아 넘길 수도
있다. 이것이 '전승의 합성경향'의 한 예가 될 것이다.

　부활의 이야기를 형성하고 그것에 손질을 덧보탤 때에 눈에 띌 정도의 역
할을 한 것이 '호교적' 배려였다. 이미 애초부터도 그리스도 신자들이 처형
된 예수의 시체를 훔쳐내고서 부활이란 이야기를 꾸며내서 세상에 퍼뜨렸다
는 소문이 예루살렘에 자자했었다(마태 28, 15). 유대인들이 맘대로 꾸며낸 이
중상中傷에 대한 조처로 그리스도 신자들도 무덤의 경비병들이 졸았다는둥,
매수당했다는 둥, 이런 저런 이야기를 생각해 낸 것이다. 그리고 이 이야기
(무덤을 경비한 이야기)는, 유대인들은 성·금요일 날에 미리 예수가 사흘만
에 부활하리라는 것을 알고 있었다는 필연적 전제前提가 된다(마태 27, 62-66).
그러나 진작 제자들은 사전事前에도 예수의 부활 같은 것은 염두에도 두지 않
았었다. '엠마오' 제자들은 이렇게 말한다. "대제관들과 지도자들이 그분을
십자가형을 당하게 하였습니다. 그분이야말로 이스라엘을 구해주실 분이라
고 우리는 희망을 걸고 있었습니다"(루가 24, 20이하). 이 구절이야말로 예수가
처형된 후 그의 제자들이 가졌던 마음의 상태를 사실 그대로 표현하고 있다.

　유대인들에게는 초대교회의 부활선언을 받아들이는 것이 그리 쉬운 일만
은 절대로 아니었다고 보여진다. 유대인들은 또 하나 다른 이야기를 전해준
다. 사실인즉 동산지기는 예수의 시체를 옮겨서 매장했었다. 그렇게 한 이유
는, 많은 방문객으로 말미암아 그의 야채밭이 쉬이 망쳐지지 않도록 하기 위
함이었다고 한다(비교 : Tertullian, De spectaculis 30). 그리스도 신자들 측에

서는, 또한 틀림없이 짐작컨대, 그런 것과는 반대되는 이야기로써 맞섰으리라. 그런 노력의 흔적을 우리는 요한(20, 13-15)에서 엿볼 수 있다. 막달라여자 마리아는 천사들에게 누군가가 예수를 꺼내 갔다고, 그런데 어디에 갖다 두었는지 모르겠노라고 말한다. 그리고 바로 같은 때에 그 여자는 옆에 있는 예수를 동산지기인 줄로 잘못 안다.

예수부활에 대한 전혀 다른 종류의 이의異議가 '헬리니즘' 편에서 제기되었다. 제자들이 발현에서 본 것은 처형당한 자의 혼魂, 즉 일종의 유령을 본 것이라는 것이다. 초대교회는 이와 같은 부활의 사실을 오해하려는 생각에서 멀리하기로 노력했어야 했다. 특히 루가의 한 장면(24. 36, 43)을 여기서 참조해 볼 필요가 있으리라. 〈그들이 아직 그런 이야기를 하고 있을 때에 예수께서 나타나서서 그들 사이에 서시고, …그들은 몹시 놀라고 두려워한 나머지 유령을 보는 줄로 생각하였다. 예수께서는 그들에게 "내 손과 발을 보시오. … 나를 직접 만져보시오. 유령이 어디 뼈와 살이 있오?" 하고 말씀하셨다.〉부활한 예수는 믿음의 보증保證을 주기 위해서 구운 물고기 한 토막을 먹어 보이기까지 했다.

위에서 '신학적' 경향이라고 한 데에 대해, 그것을 밝히는 예例 하나를 든다. 마태오(28, 19이하)에서, 부활한 주主는 제자들에게 세계의 어디까지나 선교한 사명을 꼭 맡긴다. 그리고 모든 사람들에게 삼위일체인 하느님의 이름으로 세洗를 줄 것을 일러준다. 하지만 실제에 있어서는, 초대교회가 그 세계로의 선교사명을 깨닫기까지는 시간이 걸렸던 것이다. 이방인들에게 발걸음을 옮기기까지는 난관 또한 산더미처럼 쌓여 있었던 셈이다. 또한 애초에는 '삼위일체' 의 이름으로 세례를 주었었다.(고린전 1, 13) 이제야 마태오복음서의 웅대한 종결부분에는 후대에 와서 발전한 신학적 고찰이 얼마나 반영되고 있는지 뚜렷이 드러난다.

우리는 위에서 든 예로써 만족하기로 하자. 이만큼한 정도로도 이미 다음과 같은 사실이 상당히 밝혀졌다. 즉 신약성서의 부활 이야기들은 현대의 역사서술과 같이 역사적 사실을 취급하여 알려주는 것이 아니라는 것이다. 구태여 이야기의 문학유형을 묻는다면, 우선 '선교 이야기형(Velkündigungserzä-hlungen)'이라고 말할 수 있을 것이다. 이 이야기는 예수가 참으로 죽은 이들 가운데서부터 부활했다는 선포에 기여 하고 있다. 그것은 순전히 문학적 재료 수집을 위한 것도 아니고, 다만 그 시대의 사람들에게 예수의 부활을 증거 하고자 한 것이다. 이러한 증거가 객관적으로 올바른 것이지만, 최초의 일을 그대로 선포할 수는 없었다(부활 후 이미30~40년이란 세월이 지났음을 기억하라). 이때쯤은 오히려 부활이 탐구되었고, 일어난 사건들은 후기의 더 깊이 연구된 신학적 이해에 영향을 받게 되었다. 또한 부활이란 사실을 온갖 반론과 곡해曲解로부터 보호하기 위하여 손을 써야 했었는데, 그 방법이란 주로 그 시대에 통용되고 있던 이야기의 형식을 빌어 올 수밖에 없었던 것이다. 그러한 결과로, 부활의 심오한 성장과 일어났던 사건들을 곡해에서 보호하고자하는 마음은 결국 우리가 오늘날 가지고 있는 '부활 이야기'라고 하는 형식을 남긴 것이다.

다음 두 가지의 경우를 피하여야 할 것이다. 하나는, 마치 역사적 기록이나 사적인 자료를 대하듯이 성서의 이야기의 글자 하나를 문자대로 해석하려는 고집이다. 또 하나는, 성서의 이야기를, 현대인에게는 아무런 의미도 없는 전설이라고 하여 그 전부를 배제하는 설說이다. 이 두 가지 극단론은 다 틀린 것이고, 사실과도 거리가 멀 뿐이다.

4. 빈 무덤의 발견

이에 대한 최고最古의 이야기는 마르코(16, 1-8)에 기록되어 있다. 여기 에도 이미 소재의 합성경향과 호교적 배려와 신학적 고찰이 작용되고 있음을 인정하지 않을 수 없다. 하지만 그렇다고 해서, 이 귀절들을 전적으로 전설로 취급하지는 못한다.

그 이유는 다음과 같다.

1) 마르코(15, 42-47)에 따르면, 안식일 전날 저녁때에 '명망 있는 의회 의원'인 '아리마태아' 사람 요셉이 예수의 장례를 치렀다. '아리마태아' 사람 요셉의 모습을 초대교회에서 맘대로 상상해 낸 것임을 인정하든 말든, 예수의 무덤은 그 때에 이미 예루살렘에 널리 알려져 있을 것이다. 예수가 처형되고 매장을 받은 바로 그 예루살렘에서, 그의 제자들은 얼마 후에는 곧장 예수는 죽은 이들 가운데서 부활했다고 공개적으로 외쳤던 것이다. 그런데 유대인들에게 있어서는, 죽은이들 가운데서 부활했다고 하는 것은 필연적으로 '육신의 부활'을 의미했었다. 그러니까 초대교회의 신자들은 예수의 무덤이 사실상 비어있었음을 전제前提로 내세우지 않고서는 예수의 부활을 선전할 수가 없었던 것이다. 유대인 관리들이 비어있지 않았던 무덤을 열어 제치면서 제자들의 예수 부활의 강론을 전복顚覆시킬 수 있었다면, 그 얼마나 우스꽝스러운 일이었겠는가? 따라서 부활선포(Kerygma)를 했었다는 사실 자체가 이미 빈 무덤을 인정하게 하는 근본 이유가 된다.

2) 빈 무덤의 발견에 대한 이야기가, 초대그리스도교의 신자들이 예수의 부활을 누구나 알아듣고 반박할 수 없는 증거로 삼기 위해서 꾸며낸 전설일 뿐이라고 한다면, 왜 하필이면 부인들로 하여금 예例의 빈 무덤을 발견하게 했었겠는가? 이는 잘 납득이 미칠 수 없는 일이다. 빈 무덤을 발견한 사람들이 다만 부인들뿐이라면, 그들은 가장 불리한 증거를 내세우느라고 애 썼을 지도 모를 일이다. 왜냐 하면, 그 때 유대사회에서는 도대체 여자들이 그 무엇을 증언할 수 있는 법적인 능력이 주어지지 않았었다. 복음에 나오는 무덤 이야기도 바로 그와 같은 사실을 염두에 두고 전개되어 간다. 부인들 다음에 사도들이 곧장 무덤으로 뛰어가서 부인들이 발견한 그것을 보는 것, 말하자면 빈 무덤을 공식적으로 확인하는 것으로 되어있다(루가 24, 24; 요한 20, 3-10).

복음에 나타난 이와 같은 귀절들로써 우리들은 다음과 같은 사실을 알 수 있다. 즉 부인들만이 증인이 된 무덤 이야기만을 갖고서는 유대인들의 반론에 대항할 수 없다는 것이다. 그 다음으로 지적할만한 것은, 그러나 부인들이 정말로 무덤에 갔었다는 사실이다.

3) 빈 무덤이야기가 허무한 전설이 아니라는 근거가 또 하나 있다. 가장 오래된 부활복음의 형식을 다룬 글에, 예수가 사흘 만에 부활했다고 표현되어 있다. 어떻게 '사흘 만' 이란 날짜가 나왔을까? 이에 대해선 가끔 이런 말이 들려온다. 그리고 '사흘' 이란 뜻은 옛날 관습에 따라서 '짧은 기간' 을 가리키는 것이다. 따라서 '사흘 만' 에 부활했다는 것은 예수가 죽음으로부터 '즉시' 부활했다는 것을 뜻한다는 것이다. 이것이 만일 본래의 뜻이라면, 이 '사흘' 이란 날짜가 왜 처음부터 부활복음에 확고히 못 박혀 내려오는 것인지를 이해할 수가 없다. 이 '사흘' 이란 날짜에 대해서는 구약성경에서도 만족할만한 해답을 얻지 못한다. 이 날짜를 가장 무리 없이 설명해주는 것이 있다. 바로 사흘째에 빈 무덤이 발견되었기 때문에, 이 '사흘' 이란 날짜를 가리키는 말이 전승에 따라 애초로부터 중대한 자리를 차지하고 있다는 것이다.

위에서 살펴본 대로 이 같은 중대한 이유에서 양심적이고도 비판적인 역사가라면, 빈 무덤 이야기를 덮어놓고 전설의 영역으로 몰아넣는 어리석음에 빠지진 않을 것이다. 물론 이와 같은 고찰로써 부활 그 자체의 사학적 근거를 제시했다고는 보지 않는다. 빈 무덤의 사실과 부활과는 다르다. 다만 그 빈 무덤의 사유事由가 우선 해결되어야 하겠다.

일세기에서부터 오늘날에 이르기까지, 예수부활을 반대하는 주장을 떠들고 나오는 사람들은 이 빈 무덤에 대한 그들 나름대로의 설명을 하기 위한 많은 고안과 상상력을 동원했었다. 그래서 제자들이 시체를 훔쳐갔다느니, 동산지기가 치워버렸다느니, 하다못해 지진地震까지라도 들먹여가면서 예수의 시체는 지진으로 갈라진 땅 속으로 들어갔다는 따위의 이야기도 꺼냈지만,

이 모든 말들은 다 어리석은 잠꼬대들이다. 이러한 해설 뒤에는 "있어서는 안 될 일이 있을 수는 없다"는 통념通念이 도사리고 있다. 그런데 좀 더 진지하게 다루어야 할 견해가 있다. 그것은 예수의 무덤이 첫날부터 아무에게도 알려지지 않았으며, 예수의 장례에 대한 이야기도 빈 무덤 발견 이후에 비로소 생긴 하나의 전설일 뿐이라는 것이다. 우리는 이와 반대로 예수의 무덤에 관한 기사를 마구잡이로 전설이라는 낙인烙印을 찍을 수 없다는 것을 관찰했다. 무엇이나 전설이라고 밀어붙이면 수월하긴 하겠지만, 그런 태도가 곧 해결은 아니다. 그런데 대단히 시사적示唆的인 것은, 유대인들의 빈 무덤에 관한 논란에선 한 번도 빈 무덤 자체의 존재 사실에 대해서는 문제가 없었고 다만 그 해석만을 달리했다는 점이다. 따라서 이로서 무덤의 존재가 알려지지 않았다는 설은 결정적으로 배격된다. 만일 그 설이 옳다면, 유대인들의 논쟁은 아주 다른 방향으로 전개되었을 것이다. 그러므로 빈 무덤에 대한 설說을 거둬 치울만한 학적으로 만족한 가능성은 없다. 그럴지라도 빈 무덤의 발견 사실이 곧 부활이 아니라는 것을 확실히 해 둘 필요가 있다. 이런 생각은 역시 초대교회에도 있었다. 루가(24, 11)에 보면 제자들이 빈 무덤에 대한 소식을 듣고서도 부활신앙을 갖지 못했던 것이다. 그렇다면 4복음서의 어디서나 천사가 빈 무덤의 의미와 부활과의 관련성을 설명해 두었어야 했다. 결국 빈 무덤이란 현상은 다의적多義的이고 서로 상이한 해석을 용인容認할 수 있는 성질의 것이라 하겠다.

5. 역사적 관점에서 본 발현

빈 무덤에 대한 연구에서와 마찬가지로 여기서도 순전히 역사적인 각도로 관찰해보자. 출발점은 복음서가 아니고, 우리가 가지고 있는 것 중에 가장 오래된 부활증언이라고 할 수 있는 고린토 전서(15, 3-8)이다.

"나는 내가 받은 가장 중요한 것을 여러분에게 전해드렸습니다. 그것은 그리스도께서 성서에 기록된 대로 우리의 죄 때문에 죽으셨다는 것과 무덤에 묻히셨다는 것과 성서에 있는 대로 사흘 만에 다시 살아나셨다는 것과 여러 사람에게 나타나셨다는 것입니다. 그리스도께서 먼저 베드로에게 나타나시고 그 후에 열 두 사도에게 나타나셨으며 또 한 번에 오백 명이 넘는 교우들에게 나타나셨는데 그 중에 더러는 세상을 떠났지만 대다수는 아직도 살아 있습니다. 그 다음에 야고보에게 나타나시고 모든 사도들에게 나타나셨습니다. 그리고 마지막으로 팔삭동이 같은 나에게도 나타나셨습니다."

이 고린토 전서는 바오로가 55~56년에 에페소에서 기록했다. 그러나 위에 인용한 신앙고백의 형식은 훨씬 더 오래 되었다. 그러기에 바오로는 "나는 내가 받은 가장 중요한 것을 여러분에게 전해드렸습니다"(15,3)라는 말을 덧붙였다. 다시 말해서, 바오로가 인용한 신앙고백 형식은 바오로 자신이 이미 이전에 다른 선교사나 신앙증인들로부터 전해 받은 것이고, 그것을 그 후에 고린토인들에게 전한 것이다. 이에 따라서 우리는 고린토 전서(15, 3-8)에 있는 부활증언으로 말미암아 부활사건에 상당히 가까이 가게 되었다. 그뿐 아니라, 사실에 있어서는 역사적 문제의 출발점이 더 좋은 방향으로 이끌리게 되었다. 왜냐 하면, 바오로는 그 신앙고백 형식의 끝에 가서 부활한 주主는 다른 사도들에게와 마찬가지로 자기에게도 발현했음을 증언하고 있으니 말이다. "마지막으로 팔삭동이 같은 나에게도 나타나셨습니다"(15, 8). 이것은 당사자當事者의 산 증인으로서 역사가에게는 가장 중요한 자료가 된다. 이것 외에도 특히 다음과 같은 구절들은 참고의 가치로서 매우 빛나는 것이다.

"내가 우리 주 예수를 뵙지 못했단 말입니까?(고린 전 9, 1)."

하느님께서는 내가 나기 전에 이미 당신의 은총으로 기꺼이 나를 택하셔서 불러주셨고 또 나로 하여금 당신의 아들을 이방인들에게 전파하게 하시려고 그 아들을 내게 나타내 주셨습니다"(갈라 1, 15이하).

이제 고린토 전서(15, 3-8)에 있는 부활증언의 내용을 관찰해보자. 바오로는 많은 발현사실을 차례로 헤아린다. 그리스도는 베드로에게 나타났고, 그 다음엔 열두 사도에게 나타났고, 그리고 한 번에 오백 명이 넘는 교우들에게 발현하셨다. 여기서 바오로는 "그중에 더러는 세상을 떠났지만 대다수는 아직도 살아 있다."고 덧붙인다. 바오로가 여기서 밝히고자한 것은 사람들은 그 증인들이 경험한 사실에 대해서 직접 확인할 수 있다는 것이다. 이 구절을 사이에 두고 다음으로는 야고보에게, 그리고 사도들 모두에게 나타났다는 구전口傳이 계속된다. 바오로가 전하는 이 소식을 부활 이야기와 한데 모아서 조화시킬 수는 없다. 왜냐 하면, 복음서에는 야고보나 오백 명 형제들에게의 발현이 도무지 언급되어 있지 않았고, 다만 베드로에게 발현한 것만 암시되어 있다(루가 24, 34). 그리고 무엇보다도 열두 사도들에게 발현이 이루어졌을 때에 무엇이 교환되었는지 전혀 알 길이 없다. 아무튼 고린토 전서(15, 3-8)에 있는 부활증언에서 우리는 다음과 같은 사실을 간추릴 수 있겠다. 즉 부활한 예수가 베드로에게 발현했다는 것과, 그리고 열두 사도들에게도 발현이 있었으며, 다음으로는 계속해서 좀 더 많은 제자들에게도 여러 번 발현이 이루어졌다는 것이다.

첫 발현이 갈릴래아에서 이루어졌느냐, 혹은 예루살렘에서 일어났느냐 하는 것은 풀이하기 어려운 문제이기도 하거니와 계속 논쟁점이 되고 있는 문제이다. 바오로는 이에 대해서 아무런 정보도 제공하지 않는다. 마르코복음서의 증언에 따르면, 그리스도가 갈릴래아에서 베드로와 다른 제자들에게 발현한 것으로 되어 있다. 그러나 마르코는 간단하게 언급했으므로 갈릴래아에서의 발현에 대해서는 이것 이상以上의 다른 소식을 전해주지 않고 있음은 애석한 노릇이다. 마르코와는 바대로, 루가복음에 따르면 모든 부활의 발현은 예루살렘이나 그 근방에서 이루어진 것으로 되어 있다. 마르코 복음이 가장 오랜 것이고, 루가는 발현을 예루살렘에 국한시킨 것으로 보아 자기의 신학적 견해를 따라간 것이 분명하다고 한다면, "첫 번의 발현은 갈릴래아에서 이루어졌다는 근거가 더 유력하다."고 말할 수 있겠다. 순전히 역사적으로만 보아서, 다음과 같은 사실을 확인할 수 있으리라. 아마도 갈릴래아에서 첫째로 베드로에게 발현했고, 그 다음엔 예수가 다시 세상에 나오신 뒤 자기 주변에 모였던 열두 사도에게 발현했으므로 그들이 부활한 예수를 뵈었다고 믿어 마지 않았던 것이다. 그 후에도 계속해서 발현이 있었으나 그 때마다 발현의 순서, 장소, 발현을 본 사람들에 대해서는 엄밀히 규정하기는 곤란하다. 가장 마지막으로는 바오로가 다마스코 부근에서 그리스도의 발현을 보았으며 이 귀중한 증언을 그는 그의 서간에 실어 전달하고 있다.

6. 발현의 해석과 그 배경

여기서 역사학적으로 가장 어려운 문체에 들어가게 된다. 즉 처음부터 언급되어왔던 '환시현상'과 '발현현상'은 본래 어떤 의미를 갖는 것인가? 이러한 발현의 현상이 있었다는데 대해서는 오늘날에 와서도 거의 의심하지 않고 있다. 다만 문제는 그것을 어떻게 해석하느냐 하는 것뿐이다. 사도들은 이와 같은 체험으로 부활한 예수를 보았다는 확신을 얻었지만, 그것은 단순히 잠재의식의 한 사영射影이 아니었던가? 제자들은 예수의 언행과 생애가 그 죽음으로써 종결되었다고 믿을 수는 없었다. 그래서 그들의 마음 속 깊이엔 죽지 않고 아직 살아 있는 주의 모습이 남아 있었고, 이것이 발현 환시로 나타난 것인가? 이런 경우에는 결국 제자들이 갖고 있었을 원의願意가 그 발현의 원인이 된다. 그러나 이 견해에는 치명적인 난관이 솟아나 있다. 왜냐 하면, '순전한 주관적 환시'의 가능성을 물리칠만한 사실이 있기 때문이다.

첫째로 다음과 같은 상황을 말할 수 있겠다. 즉 그 출발점에서 밝힌대로, 발현이 하루 만에 끝난 것이 아니라, 오랜 기간을 거쳐 가면서 이루어졌다는 사실은 '순전한 주관적 환시'의 가능성을 뒤엎고 만다. 이것보다 더 강력한 반증反證은 발현이 여러 사람들에게, 그리고 여러 집단의 사람들에게도 이루어졌다는 것이다. 예컨대, '한 번에 오백 명이 넘는 형제들에게' 발현한 사실을 바오로의 고린토 전서에서 볼 수 있지 않는가? 그런데도 이것을 다분히 심리 현상에 지나지 않는다고 해석하려면, 반대의 주장을 미리부터 인정하든가, 아니면 '집단적 이상심리異常心理' 같은 것을 인정하든가 하지 않고서는 도저히 그 이론이 성립되지 못할 것이다. 이것을 양보한다 할지라도 바오로의 경험은 어떻게 설명할 것인가? 바오로가 그리스도 신자들로부터 교사敎唆된 것도 아니고, 그리스도의 언행을 마음속에 가직하고서 생활한 것은 더구나 아니다. 오히려 그와는 정반대로 그리스도 신자들을 박해했었다.

부활한 예수가 얼마나 여러 종류의 사람들에게 발현했는지는 주의 형제인 야고보가 그 가운데 한 사람임을 보아서도 알 수 있다. 야고보는 예수의 제자라기보다는 그와 친척인 관계에 있었다. 그렇지만, 복음에서 보이는 대로 예수와 그의 친척들 사이에는 긴장상태가 계속되었다(마르 3, 21; 요한 7, 5). 그런데 부활 후 야고보는 느닷없이 예루살렘교회의 지도자의 자리에 앉아 일하게 된다. 이런 기이한 사태가 어찌 가능하게 되었을까? 우리는 그 해답을 고린토 전서(15, 7)에서 찾아볼 수 있다. 말하자면 부활한 주는 야고보에게 발현해서 그를 인정해 주었던 것이다. 베드로, 야고보, 바오로, 이들은 서로의 관심사도 목표도, 출생 및 성장도 턱없이 다르다. 이와 같이 서로 이질적異質的인 사람들이, 예수가 비극적으로 멸망한 다음에 똑 같은 '주관적 환시'에 빠졌다고 주장한다면, 심리학적 구상構想도 이만저만한 정도에 이르지 않고서는 생각해내기 어려울 것이다. 그건 그렇다 치고, 이러한 심리학적 구상도 없는 것이 아님을 볼 때, 이 문제에 대해서 사람들이 얼마나 망상적인지 놀라지 않을 수 없다. 아무튼 오늘까지 나온 이 모든 구상에 있어서 공통되는 결론은, 제자들의 마음에 신앙이 생겼고, 그 신앙이 환시들을 이끌어냈다는 것이다. 그런데 신약성서는 이와 정반대의 결론을 낸다. 무엇이냐? 하면, 부활한 주의 발현이 부활한 그에 대한 신앙심을 불러일으켰다는 것이다. "평론가는 모름지기 역사적 평론가가 되어야 한다."라고 한 카알 · 바르트의 말을 이에 덧붙여 둔다(Der Römerbrief. München 1922. p 10).

그 다음으로 또 생각할 것은 '순전한 심리학적 사영射影'이라고 하더라도, 거기엔 일정한 전제와 이해를 헤쳐 나갈만한 조건이 필요할 것이 아니냐는 것이다. 예수가 부활했다는 확신을 가질 수 있는 사람은 그 무슨 형식으로라도 부활을 예기豫期했어야 한다. 과연 제자들은 그리했었는가? 여기서 우선 유대계의 사상에 있어서 죽은 사람의 부활이란 사상이 차지한 위치를 분명히 밝혀 둘 필요가 있다. 오늘날 우리말로 표현하면, 이것은 '종말론終末論'에 속한다. 예수시대의 대개의 유대인들은 신이, 역사가 끝나는 그때에는 죽은 사람을 부활시킬 것이라고 꼭 믿고 있었다. 그러기에 부활에 관한 말은 '세상의 종말'에 관한 것, 이를테면 상상의 영역에 속하는 것이다. 따라서 신학자들은 이것을 '종말론적 진술'이라고들 일컫는다. 그러므로 그때에 예수의 제자들이 신은 예수를 죽은 이들 가운데서 부활시켰노라고 감히 외쳐댔다는 그 사실은, 곧 나자렛 사람인 예수의 부활로 말미암아 죽은 사람들이 종말때의 부활, 세상의 종말, 나아가 새로운 천지를 이미 맞이했다고 확신한 것을 의미한다. 그런데, 그때의 평범하고도 변화를 깨닫지 못한 세상에 살면서도 그 제자들은 어떻게 이러한 상상을 할 수 있게 되었을까?

종교사를 보아도, 그들의 확신과 맞먹을만한 내용이나 표본적인 꼬투머리가 보이질 않았다. 물론 죽은 사람이 되살아난 이야기들은 있었으나, 그것은 죽었던 이가 다시 이 세상의 생명체로 되돌아온 이야기로서 제자들이 알아들은 예수의 부활과는 다르다. 그리고 헬레니즘에서나 유다이즘에 있어서, 신은 사람을 그대로 옮겨가게移動, 附帶 할 수 있다는 신앙이 있었다. 유대인이라면 누구나 헤녹, 엘리아, 에스델, 바룩이 산채로 옮겨졌다는 이야기를 알고 있다. 이것이 '순 · 심리적 사영설射影說'의 이해를 곤란하게 만든다. 초대교회는 예수가 산채로 이동되었다(육신적으로만 되살아났다)고 하지 않았을 뿐더러, 예수로 말미암아 죽은 이들의 종말적 부활이 '지금 이미' (Jetzt Schon) 시작되었다고 주장했다. 종교사학적으로 보아서 이와 같은 사상이 일어나게 되었다는 것은 천만 뜻밖의 일이다. 유대전통에 젖어있던 사람들이 꼭 예수만을 '종말적사건'을 비롯하게 한 주인공으로 내세웠던 사실은 무엇을 뜻하는가? 이는 부활한 그리스도와 함께 그들이 현실적·종말적 체험의 접촉을 같이했다는 전제가 없이는 달리 설명해낼 도리가 없다.

그럴지라도 역사가에게서 한계는 있다. 역사가가 만일 신의 존재와 또한 창조설과 인류역사가 신으로부터 시작되었다는 것을 믿는 다고 하자. 그러면 그는 신이 그리스도를 부활하게 하고, 그 부활과 더불어 이미 역사의 종말과 신의 새 창조가 시작되었다는 사실을 받아들일 것이다. 그리고 신神이 그리스도에게 베푼 종말론적 업적을 예수가 죽은 뒤 실의에 빠져있던 사람들에게도 보여줄 수 있었음을 가상假想해 낼 수 있을 것이다. 그러나 신의 존재를 믿지 않고 또한 역사를 단순한 현세 안에서만 해석 하려는 역사가는 부활에 잇따라 온 사건을 경멸하고 만다. 그래서 그만 온전한 사건까지도 '순·주관적 심리의 환시'라고만 손쉽게 판단해버릴 것이다. 이는 마치 오늘날 교회의 모든 기적에 대한 태도나 해명이 그러하듯이 역사가들의 위생심리학적인 실험을 충족시켜주기 위해서는 부활의 첫(초대교회의)중인들도 필요한 자료로서는 여러모로 부족하다는, 그런 결론을 더욱 부채질하는 것과도 같다.

요컨대 예수부활은 발현의 현상을 순전히 역사적으로 검토해서는 증명되지 않는다. 논리적이고도 정황情況을 따져서 내린 증거를 앞세웠다고 해서, "그러니까 그리스도는 부활했다"느니 하는 투의 결론은 너무나 섣부른 수작이다. 아마 그런 데에서 결론을 내린다는 것조차 불가능한 일이다. 그렇다면 순전히 역사적인 방법을 이용해서도 예수부활을 반대하는 증거로 아무것도 내놓을 수가 없다. 공정하고도 비판적 역사가라면, '빈 무덤과 발현'이란 불가해설不可解說을 앞에 놓고, 이는 역사학적 고찰로서는 도저히 설명할 도리가 없는 현상이라고 솔직히 토로할 수밖에 없으리라.

◆ 신약성서의 증언들은 부활신앙의 기초가 되는가?

우리는 예수부활이 다만 역사학적 방법으로서는 증명되지 않는다는 것을 알았다. 그렇다고 해서 이것이 반드시 위 항목의 물음에 대한 부정적 대답이라고는 할 수 없다. 이미 이 글의 처음에 강조한대로 예수의 부활은 역사가들의 연구 대상인 시간과 공간 안에서의 일이 아니고, 우리의 시時·공계空界로서는 측량하지 못할 초월적 사건이며 새로운 창조, 새로운 세상의 출발점이 된다. 이와 같은 차원의 사건이 어떻게 간단히 역사 비판적 방법의 사건이 될 수 있겠는가? 그러나 예수부활이 역사학적으로 증명이 안 된다는 것은, 그만큼 근거 자료가 부족한 데에서 오는 애석한 일이 아니라, 실은 사건 자체의 성질상 그러한 것이다.

• 인격적 교제의 현실

예수부활에 관한 서술은 결국 부활한 예수 자신에 관한 말이다. 그런데 부활한 그리스도는 다만 '초월적' 실제일 뿐만 아니라 한 '인격적' 실제다. 순전한 인격적 차원에는 이른바 '증명' 같은 것이란 있을 수 없다. 우리가 오늘날 '증명' 이란 말을 사용할 땐, 거기에는 수학적·자연과학적 요소가 포함된다. 자연과학의 경우, 그 인식대상을 순수한 객관적 대상으로 취급하는 것이 그것의 특색이다. 이와 같이 대상을 멀리 두고 분석해 가면서 인식하는 방법은, 그것이 만일 한 인격적인 실재를 다루게 될 때에는 불충분한 것이 되고만다. 물론 한 사람을 대상으로 놓고서 그에 대해 온갖 것을 분석하고, 순수과학적 관찰로 다룰 수도 있겠다. 그러나 그런 방법으로서는 그 사람의 독자성獨自性이나 인격적 실존은 도저히 파악할 수가 없게 된다. 다른 사람의 속속들이를 알려면, 나의 속엣 것도 마음껏 그에게 다 보여주기 전에는 불가능하다. 내가 나를 열어 보이기를 주저하지 않을 때에야 비로소 상대방도 자기를 나에게 열어 보인다. 상대방을 멀리 두거나 중립적인 위치에다 두고, 그 사람을 분석하려고 덤비는 한限, 참으로 인격적인 통찰까지 가기란 불가능한 일이다. 다시 말해서, 인격적 통찰은 어디까지나 서로 자기를 열어 보이는 모험(Wagnis)을 마다하지 않을 때에 비로소 가능하다.

• 부활로 가는 길 − 신앙

인격적 통찰이 이러한대, 그리고 부활한 그리스도가 인격적 실재이기에 부활복음에 마음의 문을 열고, 이 복음에 따라서 자기 일생이 결정된다는 과단성果斷性을 굳힐 각오가 서 있지 않은 한限, 부활한 그리스도를 참으로 통찰할 수 없다. 서로 마음을 열고, 서로가 서로를 받아들일 각오, 그리고 나를 상대방에게 바치는 과단성을 적절히 표현하는 말이 있다. 그것은 곧 '신앙'이란 한 마디다. 예수부활을 참으로 통찰하고자 하면, 모름지기 신앙 안에서 할 것이다. 신앙을 떠나서는 부활에 이르는 길이 없다. 그러므로 부활복음을 다른 이들에게 전한다는 것은 증명한다든가 검증을 하는 일들이 아니고, '증거'와 '선교'를 들어서 말하는 것이다. 우리가 사도들을 검토대상으로 짐짓 삼고서 현대의 과학적 방법을 총동원하여 발현전후前後의 진행관계를 분석, 탐구했다고 하자 그리하여 의학적 · 정신 병리학적 근거를 충분히 얻어서 역사학적 판단을 내릴 수 있게 되었다고 할지라도, 마지막에 가서는 역시 부활한 그리스도를 보았다고 하는 그 사도들의 증언을 "믿느냐, 안 믿느냐" 하는 경우에 부닥치게 될 것이다. 말하자면, 부활복음을 받아들이는 과단성과 증언에 마음으로 가득 찬 신의를 준다는 것이 필요하게 되는 것이다. 제 아무리 의학적 · 정신 병리학적으로 유력한 근거라 할지라도 "내가 우리 주 예수를 뵙지 못했단 말입니까?"(1고린 9, 1)라고 반문하는 증언을 뛰어넘을 수는 없다.

마지막으로 또 한 번 다음과 같은 사실을 분명히 해 두고자 한다. 즉 예수

부활은 증명하거나 검증할 수 없는 일이고, 다만 증언을 듣고 믿는 것뿐이다. 그 증명의 불가능성은 신이 저지른 애석한 과오도 아니고, 신학자들이 불안해하면서 감추어 둘 문제도 아니다. 오히려 그와는 반대로 인격적 실존이 통찰의 대상이 되는 곳에서는 언제나 드러나는 적극적 실재相實在相이라 하겠다. 엄밀한 의미의 자연 과학적 방법은 우리 인간 생명의 극히 적은 일부분만을 파악할 뿐이라는 것을 또한 알아야 한다. 예컨대, 성실성이나 사랑을 내 앞에 증명해 달라고 누가 상대방에게 요구한다면, 그 상대방은 이로써 모든 것을 파괴하고 말 것이다 그와 마찬가지로, '예수의 부활을 나에게 우선 증명하라. 그러면 믿겠노라' 고 하는 사람은 똑같은 비극적 결과에 빠지고 말 것이다.

그렇다고 해서, 그와 반대되는 극단으로 나아가서 예수부활 신앙에 대한 역사학적 질문은 전혀 할 수도 없는 것 인양 알아도 곤란한 일이다. 신학자들 가운데서 어떤 사람들은 부활복음을 전부 문자 그대로 해석하려고 하고, 또 다른 사람들은 극단의 '역사적 회의주의' 에 빠져있다. "그리스도 신자의 부활 신앙과 역사적 문제와는 아무런 관련이 없다."고 한 Bultmann의 말은 유명하다(Kerygma und Mythos 1. 1960. 4f). 그러나 이제까지 본대로 역사적 사실들은 부활에 대해서 그 문호門戶를 열고 있으며, 더욱 앞으로 새로운 해석을 요구하고도 있다. 결국 부활의 복음을 신앙으로 받아들이는 사람이라야 예수가 죽은 뒤에 일어난 사건들을 참되게 해석할 수 있는 것이다. 이와 같은 '모험' 을 실천하는 사람만이 "그리스도는 참으로 부활했다"라고 깨닫고, 또한 선언할 수 있다.

희망이 전혀 없는 절망 속에 하느님과 함께 하는 희망이 다시 시작하여 되살아난 것이다. 신앙은 지능과 의지가 함께 작용하는 특수 인식인 것으로 사랑하지 않으면 믿을 수가 없다는 것이다.

우리가 부활사건을 믿고 증명할 수 있는 것은 빈 무덤이라든지 그 밖의 어떤 물적 증거에 의한 것이 아니라, 십자가에 처형된 예수의 최후로 인해 희망의 좌절을 느끼고 도망쳤던 사람들이 부활을 목격하고 그것을 목숨을 걸고 증거 했다는 것, 즉 부활의 증인들이 자기들의 신앙을 위하여 생활과 죽음을 통해서 제시한 실존적인 신빙성을 증명에 의한 것이다. 신약성서는 예수의 제자들이 부활하신 예수님의 발현을 근거로 부활 신앙에 이르렀다고 증언한다.

예수의 부활 발현은 객관적인 물증을 찾아 추적, 증명할 수 있는 것이 아니다. 제자들이 예수의 부활 발현을 체험하는 것을 묘사하는 성서의 진술들은 계시라는 특징을 띄고 나타난다. 즉 제자들이 보는 현실성은 우리가 보는 육체성과는 구분된 것으로 나타난다. 그리고 제자들은 이렇게 계시로 나타난 예수에게 완전히 압도당했음이 나타난다. 이런 것은 바울로의 계시체험에서 잘 드러나고 있다. 제자들이 당한 압도는 제자들의 신앙을 무위無爲로 만든 것이 아니라, 오히려 신앙으로 일깨워져 부활한 예수께 대한 믿음이 각 개인에게만 구원적인 것이어서는 안 되고 이 기쁜 소식을 만방에 전해야 한다는 사명감에 사로잡힌 열렬한 신앙을 던져주게 되는 것이다.

그러나 제자들이 발현한 예수께 압도되었기 때문에 그들의 신앙이 완전히 용이하게 되었다는 것은 아니다. 그들이 참 신앙의 눈을 뜨게 된 것은 예수의 부활 발현과 더불어 체험한 계시체험이다. 즉 제자들이 예수의 발현의 목격을 묘사하는 성서의 진술을 보면 항상 하느님과의 만남 즉 신 체험이라는 특징을 띠고 나타난다. 이 체험에서 제자들은 예수 그리스도 안에서 죽음을 거쳐 궁극적으로 도래한 하느님 나라의 현실을 깨닫는 것이다 즉 십자가에 처형된 분의 얼굴에 하느님의 다스림이 비쳤다는 것, 하느님은 이 발현을 통해 당신 자신을 궁극적으로 계시하였다는 것을 깨닫게 된 것이다 따라서 그들은 신앙에 감싸여져 그 소식을 만방에 전하게 된 것이다.

하느님에 의한 예수 부활의 사신은 바빌론 유배 이후 형성된 죽은 모든 이들의 부활이라는 유대교 신앙을 전제로 한다: 기원전 2세기 동안 야훼 신앙 때문에 목숨을 잃은 순교자들의 운명에 대해서 숙고하게 되면서 지상 생애 동안에 선행과 악행의 갚음을 받는다는 원칙에 근거한 전통적인 대답에 점점 더 만족하지 못하게 되었다. 그러면서 다니엘(12, 1이하)와 묵시문학의 문헌, 특히 헤녹서에 나타나는 것처럼 하느님의 정의가 마지막 심판 때에 부조리한 모든 것을 균형 잡아주시리라는 기대가 관철되면서 그 마지막 심판을 실현하기 위해서 죽은 모든 이의 부활, 혹은 적어도 이들의 부활에 대한 신앙에 이르게 되었다. 죽은 모든 이의 부활에 대한 유대 신앙의 지평에서 초대 그리스도교인들은 예수 부활을 파악했고, 동시에 이간에 대한 예수의 유일회적인 특별한 의미를 깨닫게 되었다. 즉 그들은 예수 부활을 "죽은 모든 이의 부활의 시작이고, 새로운 시대의 시작이며, 현세가 끝나가는 시작, 종말임박 기대의 성취"로 이해하였다. 바울로 사도가 예수를 "잠든 이들의 맏물"(1고린 15, 20), "죽은 자들 가운데서 맏이"(골로 1, 18)라고 표현한 것에서 드러나듯이 초대 그리스도교인들은 유대인들이 미래에 이루어지리라 기대한 것이 예수 한 사람에게서 이미 시작되었다고 보았던 것이다.

이렇게 신약성서는 부활 사건을 예수라는 인물에 집약된 하느님의 종말론적 행동으로 파악한다. 그래서 신약성서에서는 능동형보다는 일반적으로 수동형으로 예수 부활을 표현하고, 이는 예수에 대해 하느님의 행동이 중심이 된다는 것을 의미한다. 또한 예수의 행위로서 "일어남"(Auferstehung)도 아버지의 업적으로서의 "일으킴"(Auferweckung)으로 이해된다. 그런데 이렇게 하느님의 종말론적 행동인 부활 사건은 허구나 상상에 그치지 않는다. 예수 부활은 "가장 깊은 의미에서 실제적(wirklich) 사건이다: 아무 일도 안 일어난 것이 아니다. 그러나 일어난 일은 역사의 한계를 무너뜨리고 뛰어넘는다."

큉은 이렇게 예수부활이 하나의 초월적 사건으로서 역사적 인식의 대상이 될 수 없고 처음부터 신앙과 관련된다고 지적한다. 역사적으로 확인할 수 있는 것은 예수의 죽음과 그리고 부활한 예수를 선포하는 제자들뿐이고 부활이라는 실재는 하느님 실재와 마찬가지로 오직 신앙만으로 다가갈 수 있다. 큉은 인간 이성에 대해 책임 있는 대답을 할 수 있는 신앙의 필요성을 역설하고 그래서 역사적 고찰을 중요시하지만, 예수부활은 인간의 마지막 한계인 죽음을 넘어서는 사건이며, 시간과 공간을 넘어서는 사건이기에 궁극적으로 신앙을 통해서만 받아들일 수 있다고 주장한다.

그러면 초월적인 사건인 예수부활을 내용적으로 어떻게 이해할 수 있는가? 큉은 하느님 아버지의 종말론적 행동인 부활이 현세 생명에로의 귀환이나 현세 생명의 무한한 연장이 아니라 하느님 안으로 결정적으로 받아들여지는 사건을 의미한다고 주장한다. 예수는 허무 속으로 사라진 것이 아니라, "죽음 속에서, 죽음으로부터 우리가 하느님이라고 일컫는 저 불가사이한 포괄적인 궁극 실재 속으로 죽어 들어가고, 그 실재로부터 받아들여졌다." 이렇게 죽음에서 하느님에게로 옮겨가는 부활은 "전혀 다른 하느님의 존재양식 안에서의 완전히 새로운 존재양식"을 의미한다. 전혀 다르고 새로운 존재양식인 부활은 근본적으로 우리의 모든 상상을 뛰어넘는다. 무상한 육신에서 근본적 "변화"(1고린 15, 32)를 통해서 나타난 불멸의 "영의 몸"(1고린 15, 44), "영광의 몸"(1고린 15, 43)이라는 바울로의 표현처럼 부활에 대해서 기껏해야 역설적으로 얘기할 수 있을 뿐이다.

▌부활 신앙의 형성에 대한 문제

초월적 사건인 예수부활에 대한 이해를 돕는다는 의도에서 부활을 단순히 예수의 일(Sache Jesu)이 그의 죽음을 넘어서 계속된다는 식의해석, 혹은 부활은 십자가의 중요성을 나타내는 표현이라고 보는 견해에 큉은 찬동하지 않는다. 그는 예수부활이 성서에 나타난 대로 십자가에 못박혀 죽은 예수 자신에게 일어난 실제적 사건이고, 모든 것이 끝난 듯 보이는 곳에 자리한 하느님의 행동이며, 창조주 하느님에 대한 신앙의 철저화를 의미한다는 것을 고수한다. 큉은 이와 같은 전제하에 부활 신앙이 어떻게 형성되었는가에 대한 질문, 즉 부활한 예수가 실제로 자신을 드러내 보였는가에 대한 질문을 다룬다.

신약성서는 예수의 제자들이 부활한 예수의 발현(發現, Erscheinung)을 근거로 부활 신앙에 이르렀다고 증언한다. 그러나 계몽주의 이래로 초자연적인 사건으로 간주되는 예수의 발현을 배제하고, '자연적으로' 즉 심리학적으로 혹은 역사적으로 부활 신앙의 형성에 대해서 설명하려는 시도가 여러 가지 변형된 형태로 나타났다. 큉은 이런, 시도에 대해서, 직접적으로는 페쉬(R.Pesch)의 시도에 대해서 반대 견해를 표명한다. 페쉬는 부활 신앙이 제자들의 반성(Reflexion)을 중개로 형성되었다고 전제하면서, 이 반성은 그 당시의 종교역사학적인 자료들을 근거로, 그러나 결정적으로는 예수의 사신과 그 운명에 바탕을 두고 이루어졌고, 그래서 결국 예수가 부활하였다는 것은 예수의 죽음에도 불구하고 그 제자들이 끝까지 견지한 신앙과 예수의 결정적인 의미, 사명, 권위에 대한 신앙적인 고백에 대한 표현이라고 주장한다. 그러나 큉은 이런 견해를 따르지 않는데, 왜냐하면 부활 신앙을 제자들의 예수의 운명에 대한 반성에서 직접 도출할 경우 "신약성서의 모든 대목에 증언된 새로움의 요인"을 소홀히 하기 때문이다. 예수부활에 대한 원전原典인 신약성서는 예수가 체포될 당시 그를 배반하고 도주하였던 제자들이 부활 이후에 열성적으로 예수를 그리스도로 선포하는 극적인 반전反轉을 부인할 수 없을 정도로 분명하게 증언하고 있는데, 이는 예수의 죽음에도 불구하고 제자들의 신앙이 쩍이지 않고 계속되었다는 주장을 불가능하게 만든다. 예수부활과 관련해서 신약성서가 가리키는 것은 "발전(Entwicklung)이 아니라 놀라움(Überra sckhung), 즉 반성에 의한 결론이 아니라 깨달음을 주는 놀라움,

다른 이와의 만남을 통해서 패쇄 되었던 것이 깨어지는 놀라움"이다. 신약성
서의 어떤 대목에서 출발하든 항상 예수의 죽음 이후에 예수와 갖는 전혀 새
로운 체험을 대하게 되는데, 이 체험을 통해서 흩어지고 실망했던 제자들이
예수를 증거하고 그의 파견자로 변한다. 그래서 신약성서의 증언에 합당하게
되려면 부활 신앙은 계속 견지된 제자들의 신앙이 아니라 "새로운 체험, 십
자가에 죽었다가 부활하신 분과의 진정한 만남에 근거하는" "새로운 출발"
로 이해되어야 한다. 그래서 큉은 부활 신앙이 궁극적으로 "십자가에 못 박
혔으나 살아계신 분과의 다시 만남인 동시에 새로운 만남"이란 체험을 통해
서 형성되었고, "이 체험의 주도권은 제자들이 아니라 하느님께로부터 오고,
그 체험은 바울로에게서 끝을 맺는다"고 주장한다.

　큉은 부활하신 예수와의 만남이 성서가 표현한 대로 실제로 시각적인 사건
임을 고수하면서, 부활한 예수의 발현을 해석하는 데에서 시각적인 요소를
제거하거나 무시하는 것을 거부한다. 즉 그는 가장 오래된 부활 증언인 1고
린 15의 발현정식 "ὤφθη"는 단순히 특정한 권위를 인정하기 위한 수단이
아니라 역사적인 사실을 내용으로 한다고 강조한다. 그러나 큉은 부활한 예
수의 발현을 초자연주의적으로 하느님이 외부로부터 자연법칙을 침해하면
서 역사에 개입한다는 의미로 받아들일 필요가 없다고 주장한다. 그는 제자
들이 체험한 예수의 발현을 구약성서의 예언자들의 시각적인 소명체험의 형
태에 의거해서 해석함으로써 의식적으로 성서적인 길을 택한다. 즉 제자들
의 부활 체험에서는 단순히 부활한 예수를 드러내는 것만이 아니라 제자들의
"개인적인 소명, 선포를 위한 파견"이 이루어진다. ; 예수의 발현은 바울로
의 경우에서 분명히 드러나는 것처럼 한 사람을 복음 선포의 사명에로 부르
는 것을 목표로 한다. 이런 관점에서 신약성서에 증언된 부활한 예수의 발현
은 일상에서 벗어나는 예외적인 사건이지만, 간단히 환각으로 무시해버릴 수
없는 구약성서의 예언자 소명의 현상과 비교할 수 있는 사건이다. 즉 구약성

서의 소명기사는 비록 그것이 어느 정도 각색되었다고 해도 무엇인가를 보고 듣는다는 현상에 대한 언급이 나오는데, 이는 해당되는 사람을 아주 새로운 상태로 변화시켜서 특별한 사명을 수행하도록 한다. 큉은 이런 청각적이고 시각적인 소명사건이 과연 가능하느냐는 문제는 궁극적으로 실재 이해와 관련이 된다고 본다. 그는 통일적인 실재 이해를 전제하는데, 이 이해에 근거해서 하느님을 "글자 그대로 공간적 의미에서 세계 '위'에 사는 '최고 존재'"나 "유심론적 또는 형이상학적 의미에서 세계 '밖'(피안)의 객체화된 대상"이 아니라 "유한자 안의 무한자, 상대자 안의 절대자"로 표현한다. "하느님이 무한히 포괄적인 궁극 실재라고, 인간이 하느님 안에 하느님이 인간 안에 있다고, 인간의 역사가 하느님의 역사 안에 지양(aufheben)되고 하느님의 역사가 인간의 역사 안에서 전개된다고 전제하면, 자연법칙을 침해하거나 실재를 넘어서지 않고서도 편견 혹은 소명이라는 말을 통해서 행동과 상호행동의 가능성, 하느님과 인간의 지속적인 연관·선사하는 자유와 선사된 자유의 지속적인 연관이 가능하다." 이렇게 큉은 부활한 예수의 발현을 구약성서의 예언자의 소명사건과 비교함으로써 예수의 죽음 이후에 그의 제자들이 가진 새롭고 독특한 체험을 인정하고, 동시에 이 체험을 자연법칙을 침해하는 초자연주의적인 의미로 받아들이지 않는 길을 제시한다.

하지만 어떤 과정을 받았든지 4월 봄, 골고다 언덕에서 처형된 사나이는 10년 후에는 이미 신격화되기 시작했다. 더욱이 놀라운 것은 그는 이들 제자나 이들 신도들로부터 이상적인 인간(가령 석가모니처럼), 이상적인 신앙자(가령 다른 종교의 교조처럼)가 아니라 신앙의 대상 그 자체가 되어 버린 것이다. 이것은 세계의 종교 속에서 달리 예를 찾아볼 수 없는 것이다.

그리스도교의 문제의 핵심은 여기에 있다. 그리스도교의 문제의 하나는 예수가 신도들에게 신격화되었기 때문에 그리스도가 된 것인가, 아니면 바오로가 생각한 것처럼 인간이 그를 신격화한 것이 아니라 그 자신이 이 세상에 예수라는 가명으로 태어나기 전부터 드높은 존재였는지 그 어느 쪽인지를 묻는 일이다.

그런데 이것의 핵심에 닿기 전에 우리들이 알아 두어야 할 것이 있다. 예수는 틀림없이 로마 점령 하의 유대의 한 예언자, 한 랍비에 지나지 않았다. 그러나 이 시대, 아니 이게 앞선 오랜 시대, 이러한 랍비는 유대 속에 적지 않게 존재하고 있었던 것이다.

그렇지만 예수의 경우는 달랐다. 그는 단순한 추억만이 아닌 결정적인 무엇인가를 제자나 그와 접촉한 갈릴리의 민중의 마음속에 남겨 놓고 있다. 이 결정적인 X는 불행하게도 글자로 씌어 진 복음서만으로는 우리들은 알 수가 없다. 그것은 하나의 강렬한 인격이 타인에게 끼친 충격으로서 말로는 도저히 표현할 수 없는 것이리라. 그렇지 않다면 그는 한 예언자, 한 랍비로서밖에는 살아남은 자의 기억에 남아 있지 않았을 것이다. 훌륭한 예언자, 훌륭한 랍비와는 다른 X가 예수에게 있으며 이 X가 그의 사후, 제자나 민중의 마음에 그를 인간을 초월한 존재로서 생각게 만들었으며 그렇지 않았다.

동시에 또한 우리들은 다음의 사실을 알아 두지 않으면 안 된다. 예수에 관한 여러 가지 전설이나 신화 ─ 그 많은 것을 우리들은 복음서 속에서 읽을 수가 있지만 ─ 는 그의 사후, 고작 10년도 채 안 되어 이룩된 것이다. 어떠한 무신론자, 반反 그리스도교도라도 예수의 부활문제, 예수의 기적 담이 오랜 세월을 거치면서 만들어진 것이 아니고 그의 사후 곧장 사람들 사이에서 이야기된 사실을 부정할 수 없을 것이다. 이러한 사실은 사도행전이나 바오로의 서간을 조사해 보면 뚜렷해진다. 즉 예수를 현실에서 알고 있었던 사람들이 아직 많이 남아 있었을 때 이미 예수를 신앙의 대상으로 한 이들 신화가 믿어지고 있었던 것이다.

신화의 성립 과정을 생각할 때, 우리들은 이 사실을 참으로 이상한 것으로 생각하지 않을 수 없다. 왜냐하면 신화란 보통 이처럼 짧은 기간에 이룩되지 않기 때문이다. 그것은 세월을 두고 발효되는 술처럼 기나긴 세월을 겪고 나서야 이루어지기 때문이다.

어째서 예수의 경우만 이렇게 되었을까. 어째서 예수의 경우만 이 신화는 다른 교조에 얽힌 신화나 전설과는 달리 그의 사 후 곧장 유포되었는가. 물론 나로서는 이에 적합한 해답을 찾지 못한다. 그러나 생전의 예수에게 만약 그와 같은 신화를 낳게 할 만한 X가 없었다면 이러한 일은 일어나지 않았을 것이다. 그리고 이 X는 복음서만으로는 모든 것을 알 수가 없을 것이다. 왜냐하면 언어는 성스러운 것을 완전히 표현할 수 없기 때문이다.

그러므로 인간이 계속되는 한 영원한 동반자가 요구된다. 인간의 역사가 계속되는 한, 사람은 필히 그와 같은 존재를 찾게 된다. 그러한 절실한 바람에 예수는 생전이나 사후나 응해 온 것이다. 그리스도교는 그의 역사 속에서 숱한 죄를 범해 왔으며 그리스도교회도 때로는 과오를 저질렀으나 예수가 이들 그리스도교도나 그리스도교회를 초월해서 인간에게 요구되어 온 것은 그 때문이다.

초대 그리스도교단의 짧은 역사를 조사할 때 내가 부딪치는 것은 아무리 그것을 부정하려 시도해도 부정할 수 없는 예수의 불가사의와 불가사의한 예수의 존재이다. 어째서 이런 무력했던 사람이 모두에게서 잊혀지지 않았을까. 어째서 이런 개처럼 죽임을 당한 사람이 사람들의 신앙의 대상이 되고 사람들의 사는 방식을 바꿔 놓을 수 있었을까. 이 예수의 불가사의는 아무리 우리가 합리적으로 해결하려고 해도 해결할 수 없는 신비를 지니고 있다. 예수 부활 사건이 불합리하기 때문에 그것을 믿어야 한다는 의미가 아닌 것이다 오히려 예수부활 사건에서 하느님의 자취를 느낄 수 있기 때문에 그것이 우리 부활 대상된다는 의미와 내용인 것이다.

그리스도의 죽음, 묻힘, 부활, 출현을 선포한 초기 그리스도교의 케리그마는 팔레스틴 유다인 그리스도교적 배경에서 나왔다. 사후에 대한 생각은 그리스 철학의 육체와 대립된 영혼이라는 이원론적인 것도 영혼불멸론의 그것도 아니었다. 그것은 "부활", 즉 "육신의 부활"이라고 생각하는 전통(다니 122참조)에서 생겨났다. 그러한 사후 생명에 관한 견해에서 어떠한 결론이 도출되는가를 분명히 말하기는 어렵다. 어쨌든 초기의 케리그마는 예수가 살아 있었다든가, 제자들의 삶 안에 살아서 현실로 영향을 주었다고 주장하는 것만으로 만족하지 않고 아버지 하느님 앞에서 영광 상태로 들어 높여진 것을 염두에 두었던 것이다.

일부 성서 해석자는 예수의 "육신의 부활"이라는 생각을 부정하고, 빈 무덤의 전승에 대하여 회의적이지만, 예수가 육신적으로 부활해서 영광의 상태에 들어갔다고 하는 것은 신약성서 안의 케리그마적 선포의 근본적 요소이고 그리스도교 신앙의 근본적 주장임을 우리는 강조해야 한다.

이제 부활의 신비가 지닌 의미에 대해 알아보자. 나는 핵심을 말하기 위해선 한 문장이면 충분하다고 생각한다. "사랑은 죽음보다 강하다. 그것이 우선 삶보다 강하기만 하다면." 삶보다 강한 사랑, 그것이 희생이요 죽음이다. 죽음보다 강한 사랑, 그것이 부활이다. 다른 말로 하자면, 부분적 죽음인 희생과 전적인 희생인 죽음이 살과 피에 의한 삶을 영靈에 의한 삶으로 변화시킨다. 파스카의 신비 - 죽음과 부활이 함께하는 - 는 변화의 신비다. 그것은 육적 인간이 영적인 인간으로뿐만 아니라 참여에 의해 본질적으로 신적인 인간으로 변화하는 것이다.

사랑은 불멸에 대한 욕망이다

이것을 이해하기 위해서는, 늘 그랬듯이 경험에서 출발하여, 신앙의 빛으로 조명된 그것을 숙고해 보아야 한다. 우리가 하는 사랑의 경험은 인간에게 불멸에 대한 억제할 수 없는 욕망이 있음을 인정하지 않을 수 없게 한다.

영혼의 불멸성이 철학적 논증에 의해 입증될 수 있을지 나는 모른다. 좀 의심스럽다. 전에는 그리스도교적 철학자들, 아니 차라리 그리스도교인인 철학 교사들(적어도 중등학교의 교사들)은 그것을 의심하지 않았다. 그들은 이렇게 가르쳤다. '영적인 것은 부패할 수 없다. 그런데 영혼은 영적이다. 그러므로 영혼은 부패하지 않는 것이고, 다시 말해 불멸한다.'

이 설명은 너무 단순하였다. 오늘날 우리는 이렇게 손쉽게 처리해 버리지는 않는다. 그리고 우리는 너무도 단순한 영육 이원론은 받아들이지 않는다. 우리는 가브리엘 마르셀(Gabriel Marcel)이 " '나는 몸을 갖고 있다.' 라는 말을 조심해야 하며, 차라리 '나는 내 몸이다.' 라고 말해야 한다."라고 했던 말은 옳다고 생각한다. 이 말은 육신과 영혼은 나누어질 수 있는 별개의 것이 아니라는 뜻이다. 육신 없는 영혼은 아무것도 아니다. 무신론이 모든 불멸성을 부정하는 것이 이 때문이다.

그러나 그리스도교인이며 희망에 대해 훌륭한 글을 쓴 가브리엘 마르셀은 불멸의 문제를 다르게 제기한다. 이미 성 아우구스티노가 〈고백록〉에서 그랬듯이, 그는 사랑하는 사람의 죽음의 체험에서 불멸을 확인한다. 그는 말한다. "우리는 우리에게 소중한 사람들 남편이나 아내, 아이 또는 형제나 친구 등의 죽음을 받아들이지 않을 수 없다. 그러나 마음 깊은 곳에서는 이 죽음을 받아들일 수가 없다."

그는 자세히 설명한다. 마음의 요구나 고통 때문이 아니라 정신의 저항 때문에 받아들일 수 없다고 말이다. "마음은 괴로워하면서도 '그렇다.' 라고 말한다. 만일 '아니다.' 라고 말한다면, 그것은 마음이 반란을 일으키고 있기 때문이다. 그러나 그 반란은 무모하다. 반면 정신은 '아니다.' 라고 말하지 않을 수 없다. 왜냐하면 누군가에게 '너를 사랑한다.' 라고 말하는 것은 '너는 죽지 않을 거야' 라고 말하는 것과 같기 때문이다. '너를 사랑한다.' 라는 진실한 말 - '진실한'에 밑줄을 그어야 한다. 왜냐하면 '너를 사랑해.'라는 말이 가볍게, 곧 존재의 가장 표피적 감정의 차원에서 발설되는 일이 아주 흔하다는 것을 우리는 잘 알고 있기 때문이다. - 속에는 절망스러운 상실에도, 죽음의 감각적 명백성에도 신비롭게 저항하는, '너는 죽지 않으리라.'는 수수께끼 같은 문장이 새겨져 있기 때문이다."

자기 힘으로 죽음을 이기는가, 아니면 타인의 힘에 의해 이기는가

우리 모두가 다소간 살아 내고 있는 이 역설을 출발점으로 삼아 부활이라는 그리스도교의 신비를 이해할 수 있다. 부활은 죽음에 대한 사랑의 승리다. 부활이란 죽음보다 강한 사랑이라는 말이다. 그러나 어떻게 사랑이 죽음보다 강할 수 있단 말인가? 무엇이 나를 불멸로 만든단 말인가? 결국 내가 먼지가 되리라는 것이 확실하지 않은가. 그 어느 것도 내가 죽음의 제물이 되지 않게 할 수는 없다. 나는 타인에게서 밖엔 살아남을 수 없다. 즉 내가 죽은 뒤에도 살아 있을 타인 안에서만 나는 살아 있을 수 있다.

왜 성서가 죄와 죽음을 가깝게 연결시키고 있는지, 예를 들어 왜 바오로 사도가 "죽음은 죄의 삯"이라고 확언하였는지 잘 알아들어야 한다. 죄는 그 본질에 있어서, 자족성의 확신이다. 죄인이란 '하느님처럼' 존재하고자 하는 자, 다시 말하여 자기 스스로, 자기 자신에 의해서 영원히 살아남고자 하는 자다. 그런데 인간은 자기 스스로 자신에 의해 존속할 수 없다. 그것을 원하고, 그것을 갈망하는 것이 사실 죽음에 자기를 내어 주는 일이다.

그렇다면 어떻게 타인에게서 또는 타인들에게서 살아남을 수 있는가? 가능한 여러 가지 길이 있다. 인간은 그것들을 모두 시험해 보았다. 특히 두 가지 길에서 말이다.

우선, 우리는 자식들에게서 살아남으려 한다. 흔히 말하듯이 자식을 통해, 손자를 통해서 자신의 삶을 연장한다는 말이다. 이것이 원시 부족들이 독신

상태나 무자식을 항상 저주로 여겼던 이유다. 아이가 없다는 것은 살아남지 못한다는 것이요, 자식이 많다는 것은 그만큼 살아남을 기회가 많다는 뜻이므로 하나의 축복이라는 것이다.

다음으로, 사람들은 다른 사람들의 기억을 통해 살아남으려 한다. 그래서 명예를 추구한다. 우리는 모차르트의 음악을 듣거나, 렘브란트의 그림을 보면서 그들이 우리 사이에 영원히 살아 있다고 말한다. 물론 말이 그렇다는 것이다! 아무도 그 말에 속지 않는다. 렘브란트나 모차르트는 살아 있지 않다. 그들의 작품을 보고 듣는 나로 말하자면, 그것들을 항상 보고 듣진 않을 것이다. 나는 온 땅에 널려 있는 셀 수 없이 많은 관櫃들 중의 하나로 그들을 돌려보낼 것이다.

사실을 말하자면, 스스로 영원한 존재이면서 나를 자기 안에 받아들여 줄 만큼 나를 사랑하는 타인이 존재하지 않는다면, 나는 타인에게서 영원히 존속할 순 없다. 즉 사랑이신 하느님 안에서가 아니면 우리는 불멸할 수 없다. 나를 사랑하시는 하느님만이, 나를 죽지 않게 할 능력이 아니라, 나를 다시 살리실 힘을 갖고 계신다. 사랑만이 죽음보다 강하다.

나아가 내게서도 사랑이 삶보다 강했어야만 한다. 이 말은 다음과 같은 표현으로 복음서 속에 들어 있다. "벗을 위하여 제 목숨을 바치는 것보다 더 큰 사랑은 없다"(요한 15, 13). 이것은 자유의 정의 자체이다. 자유롭다는 것은 노예가 아니라는 것이다. 이는 라 팔리스(La Palice)의 진리다! 살과 피로 된 인간이 무엇에 가장 예속되어 있겠는가? 바로 살과 피에 따라 살고자 하는 욕망이 아니겠는가. 우리는 사소한 경우에나 중대한 경우에나, 우리를 비겁하게 만드는 것이 우리의 안락, 재산, 특권, 지위, 건강 등 한마디로 말하여 우리가 말하여 우리가 삶이라고 부르는 것에 대한 염려라는 것을 잘 알고 있다. 자기의 현 상태, 곧 자기가 누리는 것에 고착되어 있을 때 인간은 노예인 것이다.

오직 예수님에게서만, 사랑은 죽음보다 강하다

플라톤은 다음과 같이 말하곤 했다. "사랑받을 가치가 있는 것만이 존재할 가치가 있다." 플라톤이 알지 못했던 것, 그러나 우리 그리스도교인들이 온 영혼을 다하여 믿는 것은, 사랑하는 자만이 사랑받을 가치가 있다는 것이다. 그러므로 사랑하는 자만이 존재할 가치가 있다. 왜냐하면 사랑하는 사람만이 자유롭고, 사랑하는 사람만이 인간이기 때문이다.

그러나 인류의 역사에선, 오직 한 사람만이 절대적으로 자유롭다. 그분만이 완전히 사랑했기 때문이다. 그분만이 완전한 인간이시다. 우리로 말하자면, 우리는 사랑하려고 애를 쓴다. 우리는 수많은 날들과 해들을 통해 고통스럽게 우리의 자유를 만들어 간다. 그러면서도 우리는 여전히 많은 일에서, 여러 가지 방식으로 노예인 채 남아 있다. 우리는 우리의 소유, 즉 소멸할 것을 잘 알고 있는 모든 것에 매달린다. 우리는 노예적인, 따라서 필멸必滅할 삶에 들러붙어 있다. 벗어난 것보다 집착하고 있는 것이 더 많다. 우리에게 있어서는 삶, 다시 말해 현재의 삶, 생물학적 삶, 죽게끔 되어 있는 삶이 사랑보다 강하다.

오직 예수님에게서만 사랑이 삶보다 강했다. 그분의 죽음은 절대적으로 자유롭고 자기와 모든 것을 절대적으로 초탈한 사람 곧 완전히 사랑하는 사람의 죽음이다. 이러니 하느님이 어찌 그분을 당신 안에 받아들여 당신 안에서 영원히 살게 하지 않으시겠는가! 그리스도는 아버지에 의해서, 아버지를 위해서밖에는 살지 않으셨고, 따라서 자기가 아닌 타자 안에서 사셨다. 타인 안에서 사는 것, 바로 이것이 사랑이다.

그러나 타인 안에서 사는 것은 자기에게서 죽는 것이다. 그러므로 예수님이 부활하셨다고 또는 아버지가 예수님을 부활시키셨다고 말하는 것은, 사랑이 삶보다 강하였던 완전한 인간인 이 사람에게 있어서는 사랑이 언제나 죽음보다 훨씬 강하다고 말하는 것과 같다. 그분은 부활하셨고, 살아 계신다.

이렇게 하여 우리는 조금 전에는 수수께끼 같았던 명제를 이해할 수 있게 된다. 사랑은 우선 그것이 삶보다 강한 것이었을 때 죽음보다 강하다는 것을 말이다.

부활하신 그리스도는 우리 불멸의 기초가 되신다

죄인인 우리들, 즉 살과 피에 너무도 강하게 집착하기에 잘 사랑하지 못하며, 아주 부분적으로밖에는 우리보다 타인을 더 좋아할 수 없으며, 우리 자신에 대해서는 크나큰 환상을 지닌 우리를 우리 자신에게 맡겨 두어서는 부활할 수 없다는 것은 명백하다. 그렇게 되면 결국에는 인간의 삶이 아주 부조리해질 것이다. 왜냐하면 우리가 암암리에 사랑하는 사람에게 하는, "너는 죽지 않을 거야." 라는 말은 결코 이루어질 수 없는 맹세가 될 테니 말이다. 그러나 부활하신 그리스도가 우리에게 "너희는 죽지 않으리라." 라고 말씀하신다. 왜냐하면 그분은 바로 우리에게 "너희를 사랑한다." 라고 말씀하셨기 때문이다.

우리가 우리의 이기심에 완전히 갇혀 있지만 않다면 - 이것이 어쩌면 저주받은 자들의 경우일 것인데 - 우리에겐 사랑받을 수 있는 무엇, 따라서 영원히 존재할 가치가 있는 무엇인가가 있다. 그것은 우리 존재의 가장 밑바닥에 묻혀 있는 까닭인지, 그분의 눈에만 보이고 다른 모두의 눈엔 숨겨져 있는 것이다. 이것이 우리 자신의 신비로운 점이요, 유다에게도, 히틀러에게도, 스탈린에게도 있었기를 바랄 수 있는 점이며, 그리스도가 당신 용서의 전능함 안에서 우리를 다시 받아 주시는 점이다.

용서한다는 것은 지우고 잊어버리는 것이 아니다. 용서는 다시 창조하는 것, 다시 만드는 것, 부활시키는 것이다. 그리스도는 우리를 용서하심으로써 우리를 부활시키시고, 우리의 추함과 비천함에도 불구하고 영원히 신적인 삶을 살 수 있게 하신다. 기도와 묵상 속에서, 믿음의 깊은 침묵 속에서, 그리스도가 우리에게 "너는 죽지 않으리라." 하고 말씀하시는 것을 들으려 노력해야 한다. 그분이, 더 정확히 말해 그분만이 우리를 불멸케 하신다.

부활한 삶은 변화한, 또는 이렇게 말하는 것이 더 좋다면, 전혀 다른 모습의 삶이다. 바오로 사도는 "이 세상의 모습은 사라져 간다." 라고 말하였다(1코린 7,31). 모습만 사라지는 것이다. 테야르 드 샤르댕은 "변화라는 말의 뜻을 아는 사람이 거의 없다는 것은 놀라운 일이다. 변화한 사물에서 때로는 옛 모습만 보고, 때로는 완전히 새로운 점만 본다." 라고 썼다.

하늘에서 우리는 우리 자신으로 있게 될 것이다. 영광 속의 하느님을 뵈옵고, 그분이 사랑하시듯 사랑하며 그분의 삶을 살게 될 나는 바로 나, 다른 누구도 아닌 나다. 우리는 사라지거나 무無가 되는 것이 아니라, 새로 주조되어, 변모하여, 변화하여 전혀 다른 상태가 되어 있을 것이다. 나는 다른 사람이 아니라 바로 나일 것이지만, 완전히 다른 상태가 되어 있을 것이다.

뤼박(Lubac) 신부는 다음과 같이 말한다. "우리에게 약속된 부활로 말미암아 우리의 육신이 기적적인 특성을 부여받아 다소간 숭고해졌지만 여전히 지상적이고 육체적인 삶을 끝도 없이 되풀이한다고 생각하면 안 된다. 우리의 육신은 그 어떤 재활성화가 아니라 완전히 변화되어, 바오로 사도가 말하듯이 '영적 육신'이 될 것이다. 그런데 우리의 개인적 육신에 대해 참인 것은, 인류가 세대를 거듭하며 만들어 갈 원대한 집단적 육신에 대해서도 참이다. 현재의 모습은 잠정적이다. … 우주 역시, 성령 안에서 위대한 변화를 하게 될 것이다"(테야르 드 샤르댕은 '변화' 라는 단어를 대문자로 썼다. 그만큼 이 단어가 그에게 중요하였던 것이다.).

하늘은 하느님과 인간의 친밀한 만남을 의미한다

그러므로 예수님이 올라가신 하늘이란 바로 하느님의 본성이다. 그리스도교인들이 '하늘' 이라고 부르는 것은 영원하고 초지상적인 장소, 형이상학적 영역이 아니다. 또 그것은 하느님 한 분만을 의미하는 것도 아니다. 하늘은 인간 존재와 하느님의 현존 간의 접촉점이요, 하느님과 인간의 내밀한 만남을 의미한다.

"그리스도교만이 감히 인간의 육신을 하느님의 가장 깊은 곳에 위치시킬 수 있었다."라는 과르디니(Guardini)의 말은 음미해 보아야만 할 말이다. 분명 하늘은 상상될 성격의 것이 아니다. 그 어느 경우보다도, 이 점에 대해서는 상상력을 가혹하게 죽여야만 한다.

한 인간이 삼위의 중심에 있다. 한 인간이 성부 및 성령과 동등하다. 그리고 성목요일 밤에 예수님이 "나는 너희가 있을 곳을 마련하러 간다."(요한 14, 2)라고 하신 것, 또는 "너희를 데려다가 내가 있는 곳에 같이 있게 하겠다."(요한 14, 3)라고 하신 말씀을 기억한다면, 우리는 이렇게 결론지어야 한다. '하늘은 인간의, 인류의 미래다!'

삼위의 중심에서 영광을 누리는 한 사람이 있다면, 그것은 그 사람, 곧 예수 그리스도를 통해서 인류 전체가 삼위 안에 영원토록 있게 하기 위함인 것이다. 승천은 하늘을 세우는, 엄격히 말하자면, 그것을 존재하게 하는 징표다.

또한 승천에 대해 꼭 이해해야만 하는 한 가지 의미가 있는데, 바로 승천은 그리스도의 떠나심이기도 하다는 점이다. 그 떠나심은 없어서는 안 되었다. 그리고 그 떠나심은 새로운 현존의 방식이다. 외적이고 공간적인 것이 아닌, 내적이고 보편적인, 부재의 방식을 취하는 현존이다. 만일 예수님이 하늘로 '올라가시지' 않았다면, 그분은 아직도 우리 안에, 우리 가운데 계실 것이지만, 마치 내가 여러분의 외부에, 여러분이 나의 외부에 있는 것처럼 우리 곁에, 우리 밖에 계실 것이다. 진정, 그분은 "모든 것을 완성하시려고 하늘 위로 올라가셨다"(에페 4, 10).

그리스도의 승천은 우리의 자유에 대한 존중을 의미한다

그렇다고는 해도, 승천은 그리스도의 떠나심이다. 우리가 어떤 결단을 내려야만 할 때, 어떻게 해야 하는지 그분에게 여쭈어 볼 수 없게 되었다는 의미에서 그러하다. 물론 우리는 기도를 통해 우리 안에, 우리 자신보다 더 우리로서 존재하시는 그분에게 여쭈어 볼 수 있고, 여쭈어 보아야만 한다. 그러나 그분은 우리 결단과 우리 행위의 책임을 거둬 가심으로써 응답 하시지는 않는다. 최후 만찬 후 예수님이 하신 말씀 중의 한마디가 이 점을 명백하게 밝혀 준다. "내가 떠나가는 것이 너희에게는 더 유익하다. 내가 떠나가지 않으면 그 협조자(성령)가 너희에게 오시지 않을 것이다"(요한 16, 7).

성령은 내려야 할 결단을 내려 주어 우리로 하여금 그것을 받아 쓰게 하시는 분이 아니라, 우리에게 결단에 대한 영감을 불어넣어 주시는 분이다. 하느님은 결코 우리 역사를 대신 써 주려 하지 않으실 것이다. 만일 그렇게 하신다면, 그분이 우리를 사랑하신다고 말할 수 없을 것이다. 그분이 우리가 어린 애로, 미성년자로, 심하게 말하자면 코흘리개로 남아 있는 것에 동의하신 것이 될 테니 말이다.

하느님이 우리에 대한 계획을 가지고 계시다는 표현은 썩 좋은 표현이 아니다. 어쨌든, 인간으로서 내가 지닌 존엄성이 나로 하여금 누군가가 나에 대한 계획을 가졌다는 것을 인정할 수 없게 만든다. 그 누군가가 하느님이라 하더라도 말이다. 많은 사람들이 무신론에 빠지는 깊은 동기가 여기에 있다. 사실은 하느님이 인간에 대해 계획을 가지고 계신 것이 아니라, 인간이 하느님의 계획인 것이다. 이 둘은 아주 다르다.

하느님은 우리가 인간이길 바라신다. 다시 말해, 책임 있고, 스스로의 자유를 지어 가며, 스스로의 역사를 써 가는 성인成人이길 바라시는 것이다. 그러므로 그리스도의 떠남, 곧 승천은 근본적으로 우리의 자유에 대한 그분의 존중이다. 그때부터 우리는 그분에게 무슨 행동을 해야 하며 무슨 결정을 내려야 하는지 가르쳐 달라고 의지할 수 없다.

클로델은 자기 식으로, "내가 떠나가는 것이 너희에게는 더 유익하다. 내가 떠나가지 않으면 그 협조자(성령)가 너희에게 오시지 않을 것이다." 라는 예수님의 말씀을 아주 잘 번역하였다. "그대가 나의 영혼을 지니기 위해서는 내 얼굴이 그대 앞에서 사라져야 한다."

그리스도가 구름 속으로 사라지셨을 때, 사도들은 계속해서 눈을 들어 하늘을 보았다고 루가는 전하고 있다. 그러나 이제 더 이상 보아야 할 아무것도 없다.

이제 어떤 얼굴도 없다. 그때 천사가 그들에게 말한다. "갈릴래아 사람들아, 왜 너희는 여기에 서서 하늘만 쳐다보고 있느냐?(사도 1, 11) 시간 낭비하지 말라는 뜻이다. 그대들에겐 수행해야 할 사명이 있다. 그리고 그 사명을 완수하기 위한 지력과 용기가 있음을 증명해야 한다. 그대들은 인간이다. 그대들에겐 이성과 가슴이 있다. 그 지력과 그 가슴으로 세상 속으로 깊숙이 나아가라.

그런데 세상은 아주 복잡하고, 심술궂기도 하다. 거기엔 늑대들이 있다. 여러분의 스승은 늑대들 가운데에 양들을 보내듯이 그대들을 보내신다. 또한 예수님은 또 다른 이미지로 말씀하셨다. "뱀같이 슬기롭고 비둘기같이 양순해야 한다"(마태 10, 16). 달리 말하자면, 그대들은 가능한 한 정확하게 상황(도덕적·문화적·경제적·정치적 상황)을 분석해야만 하고, 그 상황에서 해야 할 일들을 결정해야 한다. 그대들은 성인이다. 양 또는 비둘기 같은 영혼을 지키기 위해 그대들 안에 계시는 성령에게 의지하라. 그러나 성령이 미리 만들어진 해결책을 그대들에게 제시하시리라고 기대하지 마라.

그리스도교인들은 인간이 되지 않을 수 없다. 명령 받은 일을 수행하기만 하는데 머무르는 한 우리는 인간일 수 없다. 하느님은 인간을 사랑하시기에, 명령을 내리지 않으신다. 예수님이 말씀하신다. "내가 떠나가는 것이 너희에게는 더 유익하다." 그리고 그분은 떠나신다.

이렇게 하여 그분은 우리 안 가장 깊은 곳에 현존하시게 된 것이다. 부활하신 그리스도가 '전능하신 아버지 하느님 오른편에 앉아 계시다'면, 다시 말해 하늘에 계시다면 지상에는 계시지 않으리라, 즉 저위에 계시다면 여기에는 계시지 않으리라고 생각하는 것은 상상에 빠져 길을 잃는 것이다. 물론 우리는 그분이 제대에 내려오셔서, 축성된 성체 속에 현존하신다고 믿는다. 예전에는 이 '내려오다'라는 동사를 의도적으로 사용했는데, 이는 환상을 강화시키기만 하였다.

우리는, 하늘이란 인간의 존재가 하느님의 존재와 갖게 되는 접촉점이라고, 인간과 하느님의 친밀한 만남이라고 말하였다. 그러므로 하느님이 계신 곳, 거기에 그리스도가 계신다. 그리스도는 사람으로서의 육신·영혼을 지니신 채, 하느님처럼 어디에나 현존하신다. 그런데 바로 이 점에서 우리의 상상이 우리를 그릇되게 인도할 위험이 있다. 지상적이고 생물학적인 우리 몸과 같은 그런 육신이 세상의 크기만큼 커진 것으로 상상하게 되어 버리는 것이다. 반대의 경우이지만 결국, 축성된 성체 조각에 예수님의 육신이 '미니어처'(아주 작게 만든 모형물)로 들어 있다고 상상하는 것과 같은 일이다. 이것은 터무니없다. 그리고 그것이 터무니없다고 느끼기 때문에, 우리는 그리스도가 더 이상 육신을 지니지 않으신다고, 더 나쁜 상상을 하게 된다.

레-메르메 신부가 익살스럽게 말한 것처럼, "그분은 쓸모없게 된 칙칙한 거죽을 벗어 버리듯 당신 몸을 버려 버리신 것이 아니다! 그것은 루빈스타인이 자기 피아노를 폐기 처분하려 한다고 상상하는 것과 같다."

이런 종류의 유머에 대한 반응과 평가는 다양할 수 있고, 화가 날 수조차 있다. 그것은 아무래도 좋지만, 레-메르메 신부가 훌륭하게 표현한 다음과 같은 사실에 대해서는 흔들림이 없어야 한다. "하느님이 인간이 되셨다면, 그것은 자신을 '인간 되게 한 것', 곧 자신의 인간으로서의 '인격'을 만들어 낸 구성 요소들을 던져 버리기 위해서가 아니다. 인간이라면 반드시 지녀야 할 것들을 말이다. ··· 그러므로 부활하신 주님은 질료로부터 해방되신 것이 아니라, 질료의 지상적 제한들로부터 벗어나신 것이다. 그분의 육신은 모든 만남의 통로였으나, 이승에선 족쇄요 장애물이기도 하였다. 부활하신 그 육신은 인류의 모든 형제자매들과 더불어 소통하는 놀라운 수단일 뿐이다. 즉 모두와, 동시에 각자와, 마치 그가 유일한 존재인 듯이, 완전히 밀착된 친교의 수단인 것이다."

반복하건대, 보다 더 인간적인 세상이 도래하는 데 적합한 결정들은 완전히 내 책임 하에 내려져야 한다. 즉 그것은 우리에게 달려 있다. 그러나 그리스도가 이 인간화하는 결정들 하나하나에 현존하신다. 그것들에 신적 차원을 부여하시기 위해서 말이다. 다시 말해, 그리스도는 우리가 인간화하는 것을 신화神化하시기 위해 현존하시고 활동하신다. 내일이 아니라 오늘, 매일매일, 한 결정 한 결정 안에서 우리가, 지상으로부터 하느님과의 친교인 '하늘' 로 건너가도록 - 내가 이 단어를 쓰는 것은 '파스카' 라는 단어가 '건너감' 을 의미하기 때문이다. - 하기 위해서 말이다. 여기에 신앙의 핵심이 있다.

◆ 우리 육신의 부활을 어떻게 이해할 것인가?

부활은 하느님에 의한 죽음의 실제적 극복을 의미한다. 십자가에 달려 죽은 그분이 하느님과 함께 영원히 살아계신다. 우리의 의무와 희망으로서 말입니다. 바오로 사도는 고린토 1서에서 육신의 부활에 대해서 언급한다. 우리의 현재의 몸이 씨앗처럼 묻히고 이것이 썩어서 열매를 맺는데, 그 열매는 씨앗에서 나오는 것이긴 하지만 씨앗과는 다른 그 어떤 것이라고 말한다. 이어서 바오로 사도는 이렇게 설명한다. "석을 몸으로 묻히지만 썩지 않는 몸으로 다시 살아납니다. 천한 것으로 묻히지만 영광스러운 것으로 다시 살아납니다. 약한 자로 묻히지만 강한 자로 다시 살아납니다. 육체적인 몸으로 영적인 몸으로 다시 살아납니다." (1고린 15, 42-44)

바오로 사도의 말씀에 따르면 육신의 부활이란 지금의 몸 그대로 다시 살아난다는 의미는 결코 아니다. 현재의 육신이 달라지고 완성된 모습으로 살아난다는 것이다. 제자들이 부활하신 예수님을 처음에는 알아보지 못하고 나중에야 알아보았다는 사실이 이런 점을 뒷받침해 준다.

세상 마지막 날에 부활할 우리 육신이 어떤 모습일지, 지금 나의 육신과 어떤 관계에 있게 될지 정확히 알지는 못한다. 하지만 세상 이치를 살펴보면 어느 정도 짐작은 할 수 있다. 씨앗은 땅에 묻혀서 썩지만 거기서 싹이 트고 자라나 큰 나무가 된다. 또한 과실수의 경우, 꽃이 지면서 작은 열매가 맺히고 그것이 자라나 탐스러운 과일이 된다. 그리고 애벌레는 죽은 듯이 고치에 갇혀 있다가 때가 되면 아름다운 나비로 변한다. 씨앗과 큰 나무, 꽃과 열매, 애벌레와 나비는 하나이면서도 서로 다르다.

이와 비슷하게 우리의 썩을 육신과 마지막 날에 부활 육신은 하나이면서도 서로 다를 것이다. 부활한 육신은 변화되고 완성된 육신으로서, 우리의 상상을 뛰어넘어 아름답고 좋은 모습을 지닐 것이다. 왜냐하면 태초에 세상을 좋고 아름답게 창조하신 하느님이 세상의 마지막도 좋고 아름답게 꾸미실 것이기 때문이다.

하느님은 예수 부활로 인하여 사람에게 자신이 결정적 사랑이심을 알게 하셨고, 동신에 이 사랑은 하느님의 사랑이기에 생명을 넘어서까지 영향을 미친다는 것이 밝혀졌다. 환언하면 예수 부활의 신앙은 동시에 자기 부활에 대한 희망이며 다시는 죽음이 위협할 수 없는 생명에 대한 희망이 된다. 신앙이 예수의 부활을 고백한다면, 그것은 보통의 사정과는 달리 특별히 이해할 수 없는 예외적인 것을 고백하는 것이 아니며, 죽음이 마지막 말씀이 아니라 생명이 마지막 말씀이라는 궁극의 희망을 준다는 것을 고백하는 것이다. 이와 같이 매우 근본적인 의미에서 예수의 부활은 우리의 부활이다. 여기서 부수적인 문제, 즉 예수의 부활과 일반적인 부활과의 차이 또는 죽음과 부활 사이의 〈기간〉 등을 들먹일 수도 있을 것이다. 그러나 중요한 것은 예수의 부활로 인하여 우리의 생명이 〈영원한 것〉이 되었고 죽음을 극복하는 생명의 특징을 갖게 되었다는 것이다. 우리가 꼭 알아야 할 것으로 그 보다 더 중요한 것이 무엇이겠는가. 그렇다면 예수의 부활이 진정으로 육체적 현실이었다는 것이 오늘을 사는 우리에게 어떤 의미를 갖게 되는 것일까? 육신부활은 물론 여러 의미를 그 갖겠으나, 그중에 중요한 것이 있다면 그것은 그 예수 부활의 육신성이 - 즉 그 실재성이 -, 부활사건이 결코 우리가' 두 발을 내딛고 사는 이 세상과 무관 하지 않다는 점을 지적하고 있다는 사실입니다. 우리의 신앙의 중심은 "하느님이 인간이 되셨음"을 고백하는 것으로 출발하며, 이 신앙고백의 핵심은 "부활한 주님도 온전한 인간이셨다"라는 사실 앞에서 그 절정을 이룹니다. 그럼에도 불구하고 우리의 신앙은 자주 우리가 사는 땅(현장)을 딛지 않고, 하늘만 쳐다보게 하는 현실 도피, 현실을 외면하는 내세적 방향에 정향되어 있습니다. 그것을 통해 ,우리는 "인간이 되신 하느님"을 고백하는 것이 아니라, "하느님이 된 인간"만을 찾고 있는 것은 아닐까요? 하느님 나라가 흙 냄새나는 것이 아니라면, 언젠가 제자들이 느꼈던 그의 손과 발의 따뜻한 체온이 제자들이 주님과 함께 나눈 비릿한 생선 맛이 오늘을 사는 우리에게 어떤 의미가 있을까요?

그리스도인에게 있어서 부활 순간으로부터 더 이상 "유토피아"(이 말은 어디에도 존재하지 않는다는 그리스도 말이다)만이 있을 따름입니다. 인간의 희망은 부활한 예수 안에서 실현되었고, 또 이미 각 사람 안에서 실현되어 가고 있습니다. 여기에 한 물음이 있습니다. 인류는 어떻게 될 것인가? 이에 대해서 그리스도 신앙은 기쁘게 답합니다. 신체적인 동시에 영적이기도 한 인간 실재의 총체적인 변혁으로서의 부활에 관해서 말입니다.

우리가 예수의 부활을 믿는다면, 그것은 예수께서 "죽어서 잠들었다가 부활한 첫 사람"(1고린 15, 20)임을, 그러니까 하느님의 인간에 대한 태도를 밝혀

준 첫 사례임을 믿는다는 것을 뜻한다. 신앙의 성패는 예수의 부활에 달려 있다(참조 : 1고린 15, 12-19). 이 복음을 예수께서 하느님의 현실에 관하여 선포하시고 세상에 알려주신 것의 귀결이며 확증이라고 이해할 때, 우리는 전장(§7)의 마지막 문장을 반복할 수가 있는 것이다:

예수께서 부활하시지 않았던들, 세상은 이미 사라졌을 것이다.

단원 V

성령을 믿나이다

제 12 과

이 세상에 오신 약속된 성령

　성령을 믿는 다는 것은 인간과 세상 안에서 역사하시는 하느님의 힘과 권능을 믿는다는 것을 의미합니다.

　오순절에 성령강림사건은 예수부활 사건의 확증 사건이었던 것입니다. 루가복음사가는 성령강림 사건은 하느님께서 약속하신 영靈이 12사도가 모여 기도하고 있는 다락방에서 인간 위에 내리신 날이었던 것입니다. 이리하여 성령강림 사건은 예루살렘 교회 공동체의 탄생 순간이며 우리 가톨릭교회의 창립일인 것입니다. 따라서 성령강림 사건은 또한 세계교회 - 사실 그 공동체 다양한 국적과 언어와 안에 잠재적으로 현존해 있었던 - 의 창설 사건으로 이해될 수 있었던 것입니다.

　성서에 기록을 보면 그리스도는 고난을 받고 죽었다가 사흘 만에 다시 살아난다고 했다. 그리고 그리스도의 이름으로 회개하면 죄를 용서받는다는 기쁜 소식이 예루살렘에서 비롯하여 모든 민족에게 전파된다고 하였다. 너희는 이 모든 일의 증인이다. 너희는 세상 만방에 가서 복음을 전하라. 파견하시어 파견된 교회가 창설된 것입니다. 교회야말로 부활하신 그리스도를 믿는 신앙인들의 공동체로서 교회 사명은 하느님 나라의 전령으로 인류구원 소식을 전하는 파견 공동체인 것입니다. 종말의 하느님 참된 인격人格 공동체 하느님의 다스림은 교회가 바라고 증언하며 선포하는 그 자체인 것입니다. 다가오는 동시에 이미 현존하는 하느님의 다스림을 가져다주고 보존하는 것은 아니지만 그것을 외치고 알리는 전령인 것입니다.

성령이신 하느님 그렇다면 〈영〉은 누구인가? 상술한 바와 같이 많은 성서 대목에서는 하느님으로부터 발행된 능력이라고 하고 어떤 부분에서는 분명히 위격으로 말하고 있다. 우리는 신약성서가 이 이상의 명확성을 제시하지 않는다고 해서 걱정할 필요는 없다. 이 문제가 자세히 밝혀지기까지는 수세기가 경과했고, 처음에는 이 문제를 자세히 논하지도 않았었다. 다만 중요한 것은 지나치게 단순화하지 않으면서 영에 대한 진술의 세 가지 노선을 모두 안중에 두어야 한다는 것이다 : 첫째, 영의 위격적 실재에 관해서는 그것이 동시에 구원의 선물이라고 말하고, 구원의 선물인 영에 관해서는 그것이 사물이 아니라 위격적 실재라고 말해야 한다. 둘째, 영의 위격과 아버지와 아들의 위격 사이의 구별에 관해서는 영이란 사람과 세상 안에 아버지와 아들이 현존하는 현실성 그것이라고 말해야 한다. 셋째, 사람에게 아버지와 아들이 현존하신다는 데 관해서는 이 현존이란 인간의 정신적 노력 - 예컨대 기억 - 의 결과가 아니라 명백히 현세의 현실 체험을 초월하는 한 사실이라고 말해야 한다.

이 모든 것은 결국 이론적 사변의 대상은 아니다. 신약성서에서도 이 모든 관계를 이론의 형식으로 제시하지 않고 교회의 신앙고백으로, 찬가의 형식으로, 예배의 형식으로 나타내고 있다. 3세기 중엽 카르타고의 주교 치프리아누스Cyprianus는 신약성서에 나타난 교회가 영의 작용에 비추어 자신을 어떻게 생각하였는지를 표현하여, "성부와 성자와 성령의 일치에 의하여 하나가 되어 있는 백성" (주의 기도에 대하여, 23)이라고 했다. 제 2차 바티칸 공의회는 이 구절을《교회헌장》에 인용하고 있다.

▌예수 그리스도와 성령

그리스도교가 세상 안에 탄생되고 복음 사명을 수행할 수 있었던 것은 예수 그리스도의 부활을 체험했기 때문이다. 이 부활 체험과 직결된 것은 성령 체험이었다. 이 두 체험은 서로 동떨어진 별개의 것이 아니라, 한 실재의 두 가지 측면이다. 부활하신 주님은 하느님의 영 안에서 현존하고 활동하며 하느님의 영은 부활하신 예수님의 가장 큰 선물로 체험되고 인식되었기 때문이다. 따라서 예수님이 주님이고 그리스도라는 고백은 초대 그리스도교에 있어서 그분이 제자들에게 성령을 보낼 수 있는 분이시라는 것과 그들이 성령을 받기 위하여 예수 그리스도의 이름으로 아버지께 간청할 수도 있다는 것이다. 성령은 하느님 아버지와 하느님의 아들 그리스도에 의해 세상에 파견되기 이전부터 예수님 안에서 충만하게 작용하셨다.

예수님은 언제나 성령과 함께하셨다. 성령은 예수님의 탄생에서부터 죽음, 부활에 이르기까지 그분과 항상 함께 있으면서 활동한 하느님의 능력이었다.

예수님 안에서 성령은 새로운 인격을 형성하는 것이 아니라 처음부터 그분 안에 계셨다. 예수께서는 오로지 성령의 힘으로 마리아에게 잉태되셨다.(마태 1, 20 ; 루가 1, 35) 그리하여 그분은 하느님께 봉헌되었고 그분의 존재 자체가 거룩하게 되었다.

예수께서 요르단 강에서 세례자 요한에게 세례를 받을 때 성령이 그분 위에 가시적 방식으로, 즉 비둘기 형상으로 내려와 머무르셨다. (마태 3, 17 ; 마르 1, 10) 우주 창조 때에 하느님의 영이 혼돈의 물 위를 감돌았듯이(창세 1.2) 예수님의 세례 때에 성령이 요르단 강물 위를 휘돌았다. 예수님의 세례는 새로운 세상의 개막, 즉 새 창조이다. 이때 하느님은 세례 받는 예수님이 당신의 아드님임을 세상에 선포하고 세상의 죄악을 짊어진 '종'으로서의 사명을 인식시키신다. (마르 1.11 ; 이사 42.1)

하늘로부터 들려온 하느님 아버지의 말씀은 예수님의 신원과 사명을 확인하고 선포하는 말씀이다. 예수님은 하느님의 사랑받는 이들이지만 야훼의 종으로서 사명을 완수할 메시아이시다 하느님은 아들에게 성령을 보냄으로써 아들을 거룩하게 하여 세상 한가운데로 파견하신다. "아버지께서는 나에게 거룩한 일을 맡겨 세상에 보내주셨다."(요한 10, 36)

성령은 세례 받는 아들에 대한 아버지의 사랑을 확인해 준다. 성서에서 비둘기는 사랑의 상징이다. 아가서(1. 15 ; 2, 14)는 사랑하는 임을 비둘기라고 부른다. 하느님께서 예수님에게 성령을 보내는 것은 아들에 대한 아버지의 구체적이고 생생한 사랑을 드러내는 것이다.

예수님은 요한에게서 세례를 받은 후 즉시 성령의 인도로 광야에 나가 단식하며 악마의 유혹을 물리치셨다.(루가 4, 1- 13) 첫째 아담과 출애굽의 이스라엘 백성이 악마의 유혹을 받은 것처럼 예수님도 돈·명예·권력의 기초 위에 메시아 왕국을 건설하라는 악마의 유혹을 받았지만 성령의 힘으로 이겨 내셨다.

악마의 유혹을 이겨낸 바로 그곳에서 예수님은 천사의 시중을 받고 "들짐승들과 함께 지내셨다."(마르 1, 13) 이것은 마지막 시대의 낙원(이사 11, 6-8; 65, 25). 즉 인간과 짐승과 천사 사이에 평화와 화해가 이루어지는 종말의 시대가 개막되었음을 가리킨다.

예수께서는 고향 나자렛의 회당에서 하느님 나라의 기쁜 소식을 선포하면서 "주님의 성령이 나에게 내리셨다. 주께서 나에게 기름을 부으시어 가난한 이들에게 복음을 전하게 하셨다. 주께서 나를 보내시어 묶인 사람들에게는 해방을 알려주고 눈먼 사람들은 보게 하고 억눌린 사람들에게는 자유를 주게 하셨다"라고 한 이사야 예언서의 말씀이 "오늘 너희가 들은 이 자리에서 이루어졌다"고 함으로써 당신과 성령과의 관계를 명확하게 선언하셨다.(루가 4, 16- 21)

예수님은 자신의 전 생애를 통하여 성령과 함께 활동한다는 것을 보여주셨다. 예수께서는 악령에 묶인 사람을 고쳐주기 위하여 그 악령을 쫓아낸 일이 있는데 그때에도 "나는 하느님께서 보내신 성령의 힘으로 마귀를 쫓아내고 있다. 그러니 하느님의 나라는 이미 너희에게 와 있는 것이다." (마태 12.28) 하고 말씀하셨다.

예수께서 행하신 모든 기적은 성령의 활동을 드러내는 표지들이다. 예수님은 성령의 힘 안에서 악마를 추방하고(루가 4, 36 ; 마태 12, 28) 병자들을 고쳐주고 죽은 자들을 소생시키신다. (루가 5, 17 ; 6, 19 ; 8, 54 이하 ; 마태 12, 18) 예수님은 성령을 통해 아버지께 나아가며(루가 10, 21), 성령 안에서 기도하고(5. 16), '성령을 받아 기쁨에 넘쳐서" 기도하신다. (루가 10, 21 ; 마태 11, 25 - 27)

예수님의 세례 때에 성령은 아버지와 아들의 만남을 이루게 하고 아들에게 아버지의 사랑과 기쁨을 전달하며 아들로 하여금 아버지의 뜻에 따라 종으로서의 사명을 완수할 태세를 갖추게 해주신다. 예수님의 전 생애에 걸쳐 성령은 그분 안에 항구하게 머물고 활동하신다. 성령 안에서 예수님은 하느님 아버지와의 일치를 체험하신다. 성령은 예수님에게 있어서 활동과 기쁨, 아버지와의 일치의 근원이시다.

▌ 사랑이신 성령

1. 하느님의 창조적 힘은 성령 안에서 세상 안으로 넘쳐 흘러들어온다. 성령은 '인간의 형상으로 나타난 자비' 이다. 이 사랑이 하느님의 모습이다. 하느님의 전능을 사랑과 자비로 느끼는 것은 이 성령 때문이다. 성령의 위격 안에서 비로소 하느님의 전능이 마음에서 일어나는 사랑의 표현이라는 것이 드러난다.

하느님의 전능하신 힘은 폭군의 힘이 아니라 사랑의 힘이다. 사랑에는 불가능이 없다. 사랑하는 사람은 못할 일이 없다. "사랑하라. 그리고 무엇이든지 다 하라"고 아우구스티노는 말했다. 옳은 말이다.

사랑은 육안으로 볼 수 없으며 손으로 만질 수도 없다. 그렇지만 사랑은 사람들을 하나로 묶어주는 가장 원초적 힘이다. 사랑하는 사람은 서로를 생각하거나 서로 사랑한다는 말만 하는 것이 아니라, 서로의 사랑을 받아들인다. 마음으로 서로 만나고 통교한다. 그리고 그 건드림을 마음으로 느낀다. 사랑하는 사람들이 서로 보고 듣고 애무할 때 육적인 지각을 넘어 내면적 만남을 경험하게 된다. 그들은 마음으로 서로를 받아들이게 된다. 마음의 일치를 체험한다. 곧 사랑의 체험이다.

제자들은 성령의 작용으로 예수의 사랑을 체험할 수 있었다. 요한 1서는 이렇게 표현한다. "우리는 생명의 말씀에 관해서 말하려고 합니다. 그 말씀은 천지가 창조되기 전부터 계셨습니다. 우리는 그 말씀을 듣고 눈으로 보고 실제로 목격하고 손으로 만져보았습니다. 그 생명이 나타났을 때에 우리는 그 생명을 보았기 때문에 그것을 증언합니다. 우리가 여러분에게 선포하는 이 영원한 생명은 아버지와 함께 있다가 우리에게 분명히 나타난 것입니다. 우리가 보고 들은 그것을 여러분에게 선포하는 목적은 우리가 아버지와 그분의 아들 예수 그리스도와 사귀는 친교를 여러분도 함께 나눌 수 있게 하려는 것입니다."(1, 1-3)

2. 제자들은 예수를 보고 듣고 만졌다. 그리고 마음으로 그분의 현존을 체험하였다. 이 내면적 접촉을 제자들은 성령을 통해 체험한 것이다. 이 성령을 그들은 위격으로 체험하였다. 우리도 성령의 작용으로 예수 안에서 하느님을 만날 수 있다. 하느님의 성령이 우리 마음 안에 주어졌기에 우리는 하느님을 안다.(로마 5, 5) 자신을 이 사랑에 맡기는 자만이 하느님을 만나게 된다.

삼위일체 가운데 성령의 역할

그렇다면 성령은 삼위일체 하느님 가운데 어떤 역할을 하고 계실까? 이 물음은 우리의 신앙생활과 동떨어진 물음이 아닙니다. 이 물음에 올바른 답을 얻으려면 삼위일체교리의 역사를 잠깐 훑어볼 필요가 있습니다. 초기 교회 300여 년간 삼위일체나 '성령 하느님'에 대한 언급이 없이 성령은 하느님의 영 또는 예수님의 영 정도로 취급되었습니다. 그러다가 358년 소아시아 칼체돈 공의회에서 '성령'은 비로소 하느님의 한 '위격(person)', 그러니까 성부 및 성자와 구별되는 분으로 고백되기 시작하였습니다. 그리고 381년 니체아 콘스탄티노플 신경에서 삼위일체라는 표현이 비로소 명시적으로 등장하게 되었습니다.

이후 성령과 삼위일체 논의는 불행하게도 '사변적思辨的'으로 흘렀습니다. "어디에 성령이 작용하고 나는 어떻게 성령을 경험할 수 있는가?"의 문제가 아니고 "성령은 어떤 분이고 성령과 성부 성령과 성자의 관계는 어떻게 설명할 수 있을까?" 하는 문제에 골몰하였습니다. 이를 소위 내재적內在的 삼위일체론이라 합니다.

그런데 이 내재적 삼위일체를 설명하려면 의당 '사랑'이라는 말이 나오게 되어 있습니다. 성부와 성자와 성령의 관계는 '사랑' 이외의 것으로 설명할 수가 없는 것입니다. 자, 한번 봅시다. 누구든지 "하느님은 사랑이시다"(1요한 4,8)라는 성경 말씀을 즐겨 인용합니다. 사랑이란 한 인격체가 다른 인격체에게 품는 것입니다. 그러므로 "하느님은 사랑이시다"라는 말이 가능하려면 하느님 안에 최소한 두 인격이 공존해야 합니다. 만일 하느님 안에, 세 위격이 공존하지 않았다면, 홀로는 그 누구도 사랑을 할 수 없기 때문입니다. 세상이 창조되기 전까지는 사랑이셨을 수가 없습니다.

그분들 사이의 문제는 이쯤에서 접어두고 우리는 물음을 다시 물어야 합니다. 좀 이기적이고 실용적으로 물을 필요가 있습니다. "대관절 이 삼위일체가 나의 삶, 나의 구원과 무슨 상관인가?" 이렇게 물으면 우리는 삼위일체 하느님이 얼마나 좋으신 분이신지를 알게 됩니다. 이 물음에 우리는 간단하게 다음과 같이 대답할 수 있습니다.

- 성부는 '우리 앞에 계시는 하느님' 이십니다 : 성부 하느님은 근원이시고 목표, 시작이요 마침이십니다. 생명을 주시고, 생명의 근거 되시고, 생명의 마감을 정하시는 분이십니다.

- 성자는 '우리와 함께 우리를 위해 계시는 하느님' 이십니다 : 성자는 임마누엘(이사7, 14참조), 곧 우리와 함께 하신 하느님이십니다. 죄인의 대변자, 억압받고 소외받는 자의 변호인, 찾는 이와 묻는 이의 스승(요한 14, 26 참조), 고통받고 절망한 자의 목소리(루가 12, 12 참조)이십니다.

- 성령은 '우리 안에 계시는 하느님' 이십니다 : 우리 안에서 능력을 주시고 우리를 대신해서 탄식해 주시는 분이십니다. 새로움, 평화, 쇄신을 가져다주시는 분이십니다.

구약성서의 하느님은 '위에 계시는', 지극히 작은 우리 인간들의 어려움을 주의 깊게 살피시는 성부 하느님이십니다. 반면에 복음서의 하느님은 '바로 우리 곁에서' 우리처럼 되는 분이십니다. 귀로 듣고, 눈으로 보며, 고통을 함께 느끼셨습니다. 그리고 서간에서는 '우리 안에 계신' 하느님을 보여줍니다. 눈에 보이지 않는 성령님께서는 우리가 간구하지 못하는 것까지 친히 간구하십니다.

이를 C. S. 루이스는 다음과 같이 풀어 말합니다.

"한 평범하고 순진한 그리스도인이 무릎을 꿇고 기도하고 있습니다. 그는 하느님을 만나고 싶습니다. 그러나 그리스도인인 그는 지금 이런 기도를 하게 하신 분 또한 하느님이심을, 즉 자기 속에 계신 하느님임을 알고 있습니다. 또한 하느님에 대한 모든 참된 지식은 하느님이셨다가 인간이 되신 그리스도를 통해 온다는 것, 바로 그 그리스도께서 지금 자기 옆에서 기도를 돕고 계시며 자기를 위해 기도하고 계시다는 사실도 알고 있습니다.

하느님은 지금 이 사람이 기도하고 있는 대상(그가 도달하고자 하는 목표)입니다. 또한 그가 기도하도록 밀어 주고 있는 주체(원동력)이기도 합니다. 동시에 이 사람이 그 목표를 향해 나아가는 길 내지는 다리이기도 합니다. 이처럼 한 평범한 사람이 기도하고 있는 평범한 작은 침실 안에서도 삼위일체 하느님의 삼중적인 생명 전체가 실제로 움직이고 있습니다. 지금 이 사람은 좀더 높은 종류의 생명, 즉 영적인 생명 속으로 들어 올려지고 있습니다. 그는 하느님에 의해 하느님 안에 이끌려 들어가고 있는 동시에, 여전히 자기 자신으로 남아 있습니다"(C. S. 루이스, 「순전한 기독교」).

루이스는 우리가 드리는 기도 행위 안에서 삼위일체 하느님이 살아 움직이신다는 사실을 통찰했습니다. 성삼위聖三位는 우리가 기도하도록 이끌어 주시는 분(성령)으로서, 기도를 도우시며 중재해 주시는 분(성자)으로서, 기도를 들으시며 응답해 주시는 분(성부)으로서 우리의 영적 생명 안에 활동하십니다. 우리가 기도를 시작할 때 긋는 '성호경'은 이런 성삼위聖三位의 역할을 인식하고 초대하는 기도입니다. 또한 영광송은 성부, 성자, 성령의 삼위께 드리는 감사 기도입니다. 우리가 인식하지 못했지만 성삼위는 기도 안에서 우리와 함께 계셨던 것입니다. 우리는 기도를 드릴 때마다 성삼위의 역할을 깨닫고 감사드리며 도움을 청해야 합니다.

제 **13** 과

믿는 이들을 인도하시는 성령

▍성령 안에서 사는 삶

신앙과 세례로써 우리는 성령 안에서의 삶, 성령을 통한 삶을 시작한다. 성령의 인도하심에 따라 사는 삶은 하느님의 자녀로서 살아가는 삶이다. "누구든지 하느님의 성령의 인도를 따라 사는 사람은 하느님의 자녀입니다.……우리는 그 성령에 힘입어 하느님을 '아빠, 아버지'라고 부릅니다.……또 우리의 마음속에도 그러한 확신이 있습니다. 자녀가 되면 또한 상속자도 되는 것입니다."(로마 8, 14-17 ; 갈라 4, 5-7)

교회 안에서 체험되는 성령은 장차 상속받을 영광의 '첫 열매'(로마 8, 23)이며 '보증'(2고린 1, 22 ; 5, 5)이다. 성령은 "우리가 받을 상속을 보증해 주시는 분"(에페 1, 14)으로서 현세에서 우리에게 주어졌다. "이런 일을 우리에게 마련해 주신 분은 바로 하느님이시며 그 보증으로 우리에게 성령을 주셨습니다."(2고린 5, 5) 그러므로 우리는 "성령께서 우리에게 생명을 주셨으니 우리는 성령의 지도를 따라서 살아가야"(갈라 5, 25) 한다. 우리는 그리스도인으로서 이 세상의 온갖 유혹에 저항하며 그리스도를 따르고 세상 사람들에게 그리스도를 알리기 위하여 성령의 도움을 받아야 한다.

사도 바오로는 "주님의 성령이 계신 곳에는 자유가 있습니다."(2고린 3, 17)라고 말했다. 세상을 살아가는 사람들을 보면 겉으로는 무척 자유로운 삶을 살아가는 것처럼 보인다. 그러나 그 내면을 들여다보면 결코 자유롭지 못하다는 것을 알 수 있다. 대부분의 사람들이 재물과 명예와 권력에서 자유롭지 못하다. 어리석은 욕망과 부질없는 욕심에서 자유롭지 못하다. 시기와 질투, 열등감과 죄의식에서 자유롭지 못하다. 이로 인한 불안과 두려움에서 또한 자유롭지 못하다. 그러나 참된 그리스도인은 자유와 해방을 누리는 사람이다. 성령의 인도하심에 따라 사는 그리스도인에게는 물욕이나 명예욕이나 권력욕이 앞길을 가로막지 못한다. 그리스도인은 못나서 이런 것들을 누리지 못하는 것이 아니라, 어쩔 수 없어 포기하는 것이 아니라, 보다 가치 있는 것을 추구하기에 자발적으로 이런 것들을 물리칠 수 있다. 이것이 그리스도인이 누리는 참 자유이다.

그리스도인이 누리는 이 모든 자유는 바로 성령께서 주시는 선물이다. 성령은 어떤 것이 참으로 추구할 만한 것인가 하는, 가치의 우선순위를 그리스도인들의 마음에 심어주시기 때문이다. 하느님과 이웃에 대한 봉사는 그리스소인이 성령 안에서 누리는 참 자유이다.(갈라 5, 13) 왜냐하면 자유인은 자기가 원하는 대로 행동하는 사람이 아니라 자신으로부터도 해방되어 하느님과 이웃을 위해 행동하는 사람이기 때문이다.

물론 그리스도인이라고 해서 완전한 인간일 수 없다. 우리의 마음 한구석에는 의식적이든 무의식적이든 시련에 대한 두려움과 현세적 안락에 빠져들고자 하는 욕망이 잠재해 있다.

그러나 사도 베드로의 말에서 희망과 용기를 얻을 수 있다. "여러분이 지금 얼마 동안은 갖가지 시련을 겪으면서 슬퍼할 수밖에 없겠지만 그것은 여러분의 믿음을 순수하게 만들기 위한 것입니다. 결국 없어지고 말 황금도 불로 단련을 받습니다. 그러므로 황금보다 훨씬 더 귀한 여러분의 믿음은 많은 단련을 받아 순수한 것이 되어 예수 그리스도께서 나타나시는 날에 칭찬과 영광과 영예를 차지하게 될 것입니다."(1베드 1, 6 - 7)

베드로 사도의 말처럼 우리가 현세에서 부딪치는 시련을 견뎌내고 참다운 그리스도인이 되는 것은 우리가 얼마만큼 성령의 인도하심에 자신을 내맡기느냐에 달려 있다. 성령께서는 하느님과 이루는 친교를 회복시켜 주고 하느님의 진리와 사랑을 그리스도인들의 마음에 심어주어 참 삶의 길을 열어주신다. 우리는 성령의 도우심으로 사랑을 실천할 수 있고 충만한 기쁨을 누릴 수 있다.

성령은 그리스도인들에게 덕행의 삶을 가능하게 할 뿐 아니라 은총을 베풀어 주신다. 은총은 하느님께서 우리에게 무상으로 주시는 선물 은혜의 선사를 뜻한다. 은총의 선물은 특별한 사람들만 받을 수 있는 어떤 신기하고 특수한 선물이 아니라 모든 그리스도인에게 하느님께서 성령을 통해 무상으로 주시는 선물을 총칭한다.

우리가 성령을 통해 받게 되는 은총의 선물은 각 개인에게 내리는 것이지만 결코 한 개인만을 위해서 내리는 것은 아니다. "은총의 선물은 여러 가지이지만 그것을 주시는 분은 같은 성령이십니다. 주님을 섬기는 직책은 여러 가지이지만 우리가 섬기는 분은 같은 주님이십니다.……성령께서는 각 사람에게 각각 다른 은총의 선물을 주셨는데 그것은 공동이익을 위한 것입니다."(1고린 12, 4 - 5.7)

성령께서 주시는 은총의 선물들을 보면 지혜의 말씀, 지식의 말씀, 믿음, 병고치는 능력, 기적을 행하는 능력, 하느님의 말씀을 받아서 전하는 능력, 성령의 활동을 분별하는 능력, 이상한 언어를 말하는 능력, 이상한 언어를 해석하는 능력 등이다. 그리고 이 모든 것은 같은 성령께서 하시는 일이며 성령께서는 당신이 원하는 대로 각 사람에게 다른 은총의 선물을 나누어주신다.(12,

7-11)

하느님 아버지와 예수 그리스도에게서 파견 받은 성령께서는 모든 그리스
도인이 교회와 더불어 또한 교회에 봉사함으로써 자신의 신앙을 견고하게 하
도록 은총의 선물을 주신다. 그러므로 모든 그리스도인은 자기가 받은 은총
의 선물을 이웃과 교회 공동체에 봉사하기 위한 은혜로 여겨야 한다.

은총의 선물은 희생·봉사 사랑의 길을 호소한다. 이렇게 하여 친교의 성
령(에페 4, 32; 필립 2, 1)께서는 사람들의 마음속에 최고 은총의 선물인 사랑을
불어넣어 주심으로써(2고린 6, 6) 모든 사람을 하나로 모으신다.(에페 4,4) 성령
께서는 사도로부터 이어오는 신앙, 전례 거행, 상호 봉사 안에서 친교를 이루
어 감으로써 교회 안에서 계속 활동하신다.

흐르지 않는 물은 썩어버리듯이 성령의 비추심을 받지 못하고 살아가는 그
리스도인의 생활은 정체된 생활이며 결국 활력을 잃고 말 것이다. 이냐시오
드 라타쿠이에 대주교는 이렇게 말했다. "성령이 아니 계시면 하느님은 멀
리계시고 그리스도는 과거의 인물에 불과하고 복음은 죽은 문자에 불과하
고……전례는 한낱 과거의 회상일 뿐이고 그리스도인의 행위는 노예의 윤리
에 불과하다."

성령께서는 이 지상에서, 교회 안에서, 우리의 일상생활 속에서 계속해서
자극을 주시며 힘차게 활동함으로써 인류의 역사를 새롭게 창조해 나가신다.
우리가 계속해서 성령께 마음을 활짝 열기만 한다면 인생이라는 항해를 하고
있는 우리를 목적지까지 무사히 이끌어 주실 것이다.

a) 사랑의 불

최근 서방 그리스도교는 성령에 대해 흥미로워졌다. 은총과 카리스마에 대
해 말하고 있다. 카리스마적 운동과 성령 쇄신 운동이 부흥한다. 그것은 역시
우리가 최초의 회심으로부터 아직 더 완성할 과정에 처해 있다는 것을 제시
한다. 혀로 말하고 카리스마 안에서 그리고 내적 치유를 통해 주어지는 충만

한 은총을 구하기 위해 세례 행위를 재현하고 있다. 러시아 동방 그리스도교의 전승들은 성령이 우리 안에서 활동하시는 것으로부터 출발하지 않고 성령은 하느님 안에서 그분의 모상인 우리의 참모습이 발견되고 실현되도록 우리를 도우신다.

성령과 성삼위와의 '관계'에서 성령은 사랑으로 활동하신다. 그분의 탁월한 겸손과 신적 생명으로 충만한 성령은 자신을 비우시고 사라지시며, 모든 이를 하느님의 신적 충만에로 인도하시고 결합하도록 돕는다.(67) 그분은 인간을 억압하거나 요구하지 않고 사랑으로 우리에게 오신다. 그리고 자기 자신에게는 투명함 자체로 계신다. 성령 안에서 하느님은 모든 인간의 자유로운 동의 없이도 무조건 인간을 위해서, 당신 자신이 굳이 떠맡지 않아도 될 보증이 되시고 자신을 비우시며 봉헌하신다.(68) 성령의 내적인 빛은 우리에게 밝고 신선함을 줄 수 있는 '불'이 된다.(69) 성령은 활동하시며 자신을 비우심으로 인간을 위해 봉헌(이것이 하느님에 의한 아가페적인 사랑)하고 수락하며 인간이 원하는 요구에 응하기 위해 내적인 불로 드러난다.(70)

b) 비움의 협조자

영靈 첨가하지 않고, 대체하지 않으며, 교정하지 않고, 수리하지도 않는다. 영靈은 드러내지 않고, 억압하지 않는다. 성령 안에서 하느님은 인간의 자유를 부수지 않으신다. 인간의 자유 역시 하느님을 질식시킬 수 없다. 그분은 먼저 오시고 인간을 위해 가능하게 해주신다. 은총 역시 동방에서는 고무자이며 총체적 영감의 성령 차원으로 생각한다. 신적 에너지인 은총은 신인적 상호 협동(synergy)을 허락할 것이다. 그분은 우리 안에 하느님의 충만한 닮음을 실현하는 잠재력을 다시 일으키면서 우리의 망각 저편에서 하느님의 모상을 다시 창조한다. 영靈은 모든 이에게 충만한 가능성과 하느님과 함께 협동하는 능력을 주기 위해 흙과 피의 한계를 극복하면서 자기 자신 스스로 침묵하고 모두 비우신다.

▌믿음의 공동체를 인도하시는 성령

성령과 교회

그리스도와 성령의 사명은 그리스도의 몸이며 성령의 궁전인 교회 안에서 성취된다. 이 공동 사명은 이제 그리스도를 믿는 이들을 성령 안에서 성부와 이루는 그리스도의 친교에 참여케 한다. 성령께서는 사람들을 준비시키고 당신의 은총으로 사람들을 부추겨 그리스도께로 이끌어주신다. 성령께서는 그들에게 부활하신 주님을 보여주시고 그분의 말씀을 상기시켜 주시며, 그리스도의 죽음과 부활을 이해하도록 정신을 열어주신다. 성령께서는 사람들을 하느님과 화해시키고, 하느님과 친교를 이루게 하며 그들이 "많은 열매"(요한 15, 5. 8.16)를 맺게 하기 위해 그리스도의 신비를 그들 안에, 특히 성체 안에 탁월하게 현존하게 하신다.

이처럼 교회의 사명은 그리스도의 사명과 성령의 사명에 무엇인가를 첨가하는 것이 아니라 그 사명의 성사聖事이다. 교회는 그 전존재를 통해서 모든 지체들 안에서 거룩한 삼위일체의 친교의 신비(이것이 다음 절의 주제이다)를 선포하고 증거하며 실현하고 펼치기 위해 파견되었다.

동일하고 유일한 영, 즉 성령을 받은 우리 모두는 우리들 서로 간에, 또 하느님과 융합되었습니다. 그것은 비록 우리가 서로 분리된 많은 존재들이고, 그리스도께서 성부의 성령이시며 당신의 성령이신 분을 우리들 각자 안에 계시게 하시지만, 이 유일하고 나뉠 수 없는 성령께서 개별적인 사람들을 당신 자신을 통해서 일치시키시고 (…) 당신 안에 모두가 하나의 모습으로 드러나게 하시기 때문입니다. 그리고 그리스도께서 당신의 거룩한 인성의 능력으로, 그것이 깃들어 있는 사람들 모두를 한 몸이 되게 하듯이, 우리 안에 계시는 유일하고 나뉘지 않는 하느님의 성령께서도 마찬가지로 그들 모두를 영적인 일치로 이끄신다고 나는 생각합니다.(알렉산드레아의 성

치릴로. 요한복음 해설서)

성령은 그리스도의 기름부음이시므로, 머리이신 그리스도께서는 당신의 지체들을 양육하고, 치유하며, 그들의 상호 기능을 유기적으로 조직하고, 그들에게 생명을 주며, 증언하도록 그들을 파견하시고, 성부께 대한 당신의 봉헌과 온 세상을 위한 당신의 전구에 그들을 참여케 하기 위해 그들에게 이 성령을 부어주신다. 그리스도께서는 교회의 성사들을 통해서 당신 몸의 지체들에게 거룩하고 성화하는 영을 주신다(이것이 이 교리서 제2편의 주제이다).

교회의 성사들 안에서 신자들에게 주어지는 이러한 "하느님의 놀라운 일들"은 그리스도 안에서 성령을 따르는 새로운 삶에서 열매를 맺는다(이것이 이 교리서 제3편의 주제이다).

"영께서도 우리의 연약함을 떠받쳐 주십니다. 사실 우리는 무어라 기도해야 마땅할지 모르고 있으나 영께서는 말로 다 할 수 없는 탄식으로 몸소 대신 빌어주십니다"(로마 8, 26). 하느님의 업적의 일꾼인 성령께서는 기도의 스승이시다(이것이 이 교리서 제4편의 주제이다).

예수께서는 당신의 죽음과 부활을 통해 영광중에 "주님이 되시며 그리스도로" 세워지셨다(사도 2, 36). 예수께서는 당신의 충만한 성령을 사도들과 교회에 부어 주신다.

머리이신 그리스도께서 지체들에게 부어주시는 성령은 교회를 세우고 생기를 주며 거룩하게 하신다. 교회는 거룩하신 삼위일체와 인간의 일치의 성사이다.

단원 VI

교회를 믿나이다,
영원한 생명을 믿나이다

제14과

교회란 무엇인가?

▎교회는 신앙인들의 공동체

신앙인 공동체

　교회찬양자나 교회비판자나 다 같이 알아야 할 것은 교회를 이루고 있는, 참으로 교회를 이루고 있는 사람들이 다른 사람들과는 달리 신앙이 있다는 사실이다. 그들은 스스로가 신앙인공동체이기를 원한다. 그들은 자신이 믿고, 바라는 것을 다른 사람들도 믿고 바라기를 원한다. 그들이 신앙인공동체라는 사실을 무시하는 사람들은 ─ 칭찬하든 불평하든 ─ 그들을 오해하고 있다는 것이 그들의 확신이다. 그렇다. 심지어 그들은 남들도 자기들과 같이 믿지 않으면 신앙인공동체인 교회를 잘못 이해하거나 적어도 교회의 진정한 본질을 이해하지 못한다는 것이 그들의 확신이다. 외부로부터의 관찰자가 아니라 교회 내부에 교회와 함께 사는, 바로 교회 자체만이 교회를 바르게 판단할 수가 있다는 것이다. 신앙의 교회인 신앙인들은 교회의 신앙을 호소하고 있다.

　그러므로 교회(ekklesia)가 신앙고백문(Credo)에 포함되어 있다는 것은 역사상의 우연이 아니다 그것은 바로 교회가 무엇인가를 이해하는 기초가 된다. 그러면 우리들 그리스도신자는 교회를 믿는가? 아니다. 만일 그렇다면 지나치게 교회를 중대시하는 셈이다. 그런 말을 할 수는 있다 하더라도, 그것은 매우 부정확한 말이 될 뿐이다. 신앙고백문에서도 교회에 대한 표현("Credo Ecclesiam")은 하느님이나 성령에 대한 신앙고백("Credo in Deum, in Spiritum Sanctum")과는 다른 것이 일반적인 특징이다. 으레 교회는 신앙고백문의 셋째 조항에서 성령에 대한 신앙과 관련하여 지적되고 있다. 특히 우리가 보유하고 있는 최고最古의 교회예식서(215 년경 로마의 Hippolytus의 Traditio apostolica —소위 "사도신경" 보다도 더 오래된 것이다)에 나오는 세례 질문의 셋째 조항은 시사하는 바 크다. 그 문장은 매우 엄밀하다. 즉, "당신은 또한 성령을 성교회 안에서 육신부활을 위하여 믿습니까?" 라고 되어 있다. 그리스도신자가 믿는 것은 하느님이요 성령이다. 교회는 성령이 활동하는 장소다. 그리고 육신부활은 성령의 마지막 활동이다.

완전히 궁극적 · 근본적인 의미의 신앙은 이미 사랑과 적절히는 구별될 수 없는 것이며, 하나의 위격位格적인 상대자와 관계하는 위격적인 행위다. 궁극적으로 신앙은 어떤 대상 · 명제 · 교조에의 헌신이 아니라, 위격의 위격에 대한 헌신이요 위탁이다. "모든 신앙행위에 있어서 결정적인 것으로 나타나는 것은 그의 말에 동의할 때의 그 위격이다"(Thomas Aquinas). 그러나 근본적인, 언제나 무조건적 · 결정적인 위격적 헌신은 하느님을 향해서만 가능하다. 하느님에 대해서만 완전한 본래 의미의 신앙이 가능하다.

그리스도신자는 하느님을 믿고 또 따라서 하느님만을 믿는다. 그러면 "거룩한 가톨릭교회를 믿는다." 고도 말할 수 있는가? 할 수는 있다고 하더라도 그것은 "교회를 거룩하게 하는 성령을 믿는다." 는 뜻으로 이해되어야 한다.

교회는 예수께서 설립하셨다

물론 예수께서 오늘날 우리가 볼 수 있는 이런 형태의 조직된 교회를 설립하신 것은 아니다. 예수께서 세우신 교회는 역사적으로 많은 발전을 하여 오늘에 이르렀다. 그리고 앞으로도 계속 발전하여 나갈 것이다. 예컨대 당시에는 사목협의회도 사목회장도 없었고 또 여러 신심단체도 없었다. 이런 모든 것은 역사 과정에서 생겨났다. 이런 면에서 오늘날 교회 현상을 단순하게 비교하면서 예수께서 이런 교회를 설립하지 않으셨다고 주장하는 것은 역사의 무시하는 처사로서 옳은 일이라 할 수 없다. 마찬가지 이유로 예수께서는 하느님 나라만을 선포하셨을 뿐이고, 교회는 예수께서 돌아가신 후(부활하고 나서 비로소) 제자들이 성령을 체험하면서 생겨난 것이라고 주장하는 것도 설득력이 없다.(대표적 인물로 르와지가 있다.) 이렇게 주장하는 사람은 교회라고 부르는 에클레시아는 부활 후의 실재이며, 부활하신 주님의 영의 작용으로 생겨난 것이라고 내세운다. 그러나 이 주장 또한 똑같은 이유로 받아들일 수 없는데, 그것은 오늘날 우리가 '교회'라 부르는 이 거대한 종교조직이 예수께 생소한 것처럼 그의 제자들에게도 생소하기는 마찬가지이기 때문이다. 예수께서 오늘날과 같은 이런 형태의 거대한 종교조직인 교회를 세우지 않으셨다는 것은 분명하지만, 그렇다고 해서 예수께서 교회를 설립하셨다는 사실을 부정하기에는 설득력이 부족하다.

교회가 성령강림으로 생겨났다는 것은 교회가 어떤 제헌적 창설 행위를 통해 생겨난 것이 아님을 시사한다. 교회는 부활 후에 비로소 설립된 것이다.

교회는 하느님의 백성이다

1. 예수께서 교회를 세우셨다는 것은 그분이 하느님나라를 선포하면서 하느님 백성을 불러 모으신 데서 찾아볼 수 있다. 예수님께서는 공동체를 원하셨다. 예수께서는 하느님 나라를 선포하기만 한 것이 아니라 하느님 나라를 선

포하면서 하느님 백성을 불러 모으셨다. 하느님 백성을 불러 모으기 위해 하느님 나라를 선포하셨다고도 할 수 있다. 이렇게 불러 모은 하느님 백성이 교회의 원형이다.

하느님 백성은 교회의 원형으로서 신앙과 신앙인의 공동체다. 하느님 백성이 교회의 원초적 모습이라는 것은 예수께서 설립하신 교회는 건물이나 조직 이상으로 인격체임을 말해 준다. 이 인격체인 공동체 안에서는 소외 된 사람이 있을 수 없다. 그 안에는 신분의 귀천을 떠나 모두가 한 형제요 자매다. 예수께서는 하느님 백성을 불러 모으시면서 세리·창녀·죄인 등 당시 사회에서 소외되고 버림받은 사람들의 벗이 되셨다. 그리하여 '우리' 같은 죄인도 교회의 일원이 될 수 있게 하셨다. 이 백성에는 신앙하는 모든 인간이 포함되어 있다.

2. 교회는 역사 과정을 거치면서 교계제도적인 면이 많이 강조되었다. 교회를 하느님 백성으로 이해하는 데서 후퇴하여 점점 교계제도의 틀 안에서 이해하게 되고 그런 과정에서 성직자 계급이 강조되었다. 하느님 백성은 교회가 아니라 성직계급을 제외한 평신도를 이해하는 개념으로 이해되었고, 성직자는 하느님 백성 위에서 하느님 백성을 다스리는 조직적·제도적 인물로 간주되었다. 제2차 바티칸 공의회와 함께 '교회가 하느님 백성' 임이 재강조되었다. 공의회는 예수께서 설립하신 당시의 교회 모습, 교회의 인격성을 되찾아 주었다. 참으로 다행한 일이라 하지 않을 수 없다. 하지만 아직도 대부분의 사람들은 교회를 하느님 백성으로 이해하지 못하고 있다. 교회를 성직자와 동일시한다. 교회가 하느님 백성임을 인식하는 것은 교회의 과제다.

"하느님께서는 각 개인을 아무런 연결도 없이 개별적으로 거룩하게 하시거나 구원하시려 하지 않으시고 오직 사람들을 한 백성으로 모아서 당신을 알아 모시며 충실히 섬기도록 하시었다.(교회헌장 9항)

예수께서 제자들을 불러 모으셨다

1. 예수께서 교회를 세우셨다는 것은 제자단을 형성한 데서 찾아볼 수 있다. 예수께서는 사람들을 공동체로 불러 모으면서 제자들을 부르셨다. 제자들을 뽑으신 것은 흔히 통속적으로 이야기하듯 교회를 제도적으로 관리하기 위한 것이 아니었다. 곧 하느님 백성을 다스리게 하기 위해 제자들을 뽑으신 것도, 더군다나 그런 이유로 제자들을 하느님 백성 우이에 세우신 것도 아니었다. 아마도 예수께서는 그런 제도적 장치나 성직자의 위치 강화 따위는 생각지도 못하셨을 것이다. 만일 예수께서 당신이 세우신 교회를 제도적으로 관리하기 위한 장치로 제자를 뽑으셨다면 똑똑하고 빈틈없는 사람들을 선택하셨을 것이다. 그러나 제자들을 보면 어부漁夫인 베드로를 비롯하여 세리 마태오에 이르기까지 그런 똑똑함과는 거리가 먼 존재들이다. 교회를 제도적으로 관리하기 위해 제자들을 뽑으셨다는 논리는 제자들을 인격체로 대한 예수의 의도와도 다르다. 예수께서는 당신의 제자를 결코 제도적 장치로 뽑지 않으셨다. 다시 말해 사랑으로 제자들을 뽑으셨다. 때문에 성서는 제자들의 못남을 그대로 보존한다. 제자들을 제도적 인물로 이해하려는 논리는 교회를 제도적으로 이해하려는 과정에서 생겨났다. 제자단은 예수를 따르는 무리로서 "자기를 버리고 제 십자가를 지고"(마르 8, 34) 예수를 따르는 공동체다.

2. 예수의 말씀을 듣고 그분을 따르는 제자는 두 부류가 있었는데, 첫째는 자기네가 살던 곳에 머물러 살면서 예수의 복음을 실천하는 사람들(베다니아의 마리아와 마르타 자매, 자캐오 등)이고, 둘째는 예수를 직접 따라 나선 제자들이다. 예수께서는 둘째 부류의 제자들을 불러 모으실 때 종래에 그들이 가졌던 직업이나 가정은 물론 소유한 모든 것을 버리고 당신을 따르라고 강력히 요구하셨다.(마르 1, 16 - 20) 심지어는 "자기 부모나 처자나 형제자매나 심지어 자기 자신마저 미워하지 않으면 내 제자가 될 수 없다."(루가 14, 26)라고까지 하셨다.

3. 예수께서는 제자들 중에서 특별히 열둘을 따로 뽑아 사도로 삼으셨다.(마르 3, 13 - 19 ;마태 10, 1 - 4 ;루가 6, 12 - 16) 열둘이라는 숫자는 이스라엘의 열두 지파와 관계가 있다. 예수 시대에는 열두 지파 체계가 무너진 지 이미 오래였지만, 사람들은 세말 구원의 때에 다시 열두 지파를 세워 완전한 민족 부흥이 이루어질 것을 고대하고 있었다.

예수께서 돌아가신 뒤 그리스도인을 박해하는 일에 앞장섰던 바오로는 나중에 개종하여 그리스도를 증거 하는 삶을 살았다. 하지만 그는 생전에 한 번도 예수를 뵌 적이 없었다. 그러면서도 바오로는 자신을 그리스도의 사도라고 칭하기를 주저하지 않았다. 뿐만 아니라 디모테오와 실바노, 그리고 때로는 바르나바를 사도라 칭하였다.(1데살 2, 7)

교계제도

교계제도란 하느님의 백성을 가르치고 이끌고 성화하기 위한 제도를 말한다. 하느님의 백성은 모두 믿음과 사랑 그리고 영원한 생명에 부르심을 받은, 본질적으로 똑같은 소명을 받고 있다. 그런데 예수께서는 하느님의 백성을 돌보고 세상에 복음을 전파하기 위해 교회 안에 다양한 직무를 마련하였고, 당신의 몸을 이루는 각 지체들에게 고유한 직무를 수행하도록 하셨다.

교회의 직무는 '봉사의 직무' 이다. "사실 신품권神品權을 받은 성직자들이 형제들에게 봉사함으로써, 하느님 백성에 속하여 그리스도신도의 품위를 갖춘 모든 사람으로 하여금 자유로이 질서 있게 동일한 목적을 지향하여 마침내 구원을 받게 하는 것이다." (교회헌장 18항)

예수께서는 당신의 교회에서 권위를 행사하는 이들은 당신이 하셨듯이, 겸손한 정신으로 행사해야 한다고 가르치셨다.(마태 20, 28) 그분은 최후의 만찬 때 권위는 봉사하는 정신으로 행사되어야 함을 분명히 하셨다. "스승이며 주主인 내가 너희의 발을 씻어주었으니, 너희도 서로 발을 씻어주어야 한다."

북아프리카 히포의 주교를 지낸 성 아우구스티노는 신자들에게 이런 말을 했다. "여러분을 위해서 내가 있다는 것은 나에게 공포를 일으켜 주지만, 여러분과 함께 있다는 사실은 나를 위로해 줍니다. 나는 여러분을 위한 주교이지만 여러분과 함께 그리스도인입니다. 전자는 직명職名이요 후자는 은총의 이름이며, 전자는 위험한 이름이지만 후자는 구원받을 이름입니다."

교회의 신분에는 그리스도께서 당신의 이름과 권한으로 가르치고 거룩하게 하며 다스리는 임무를 맡기신 성직자와 교회와 세상에서 하느님 백성 전체의 사명을 수행하는 평신도가 있다. 수도자는 성직자와 평신도 가운데 복음의 권고(청빈 · 정결 · 순명)를 서원함으로써 하느님께 봉헌되어 교회의 구원 사명에 이바지하는 사람들이다.

교계제도는 신분상 이원 구조나 질서를 나타내기 위한 제도가 아니라 그리스도교회의 일치와 복음의 정통성을 수행하는 기구이다. 평신도들도 예수 그리스도의 사명에 능동적으로 참여하고 각자가 받은 성령의 은혜로운 선물을 통해 교회의 성장과 일치에 참여한다. 그러므로 교계제도 안에서 성직자와 수도자 및 평신도들은 서로 대립관계에 있는 것이 아니라 오히려 상호 보완과 협력하는 가운데 하느님 백성을 이루고 하느님 나라의 성장과 발전을 위해 함께 노력하는 것이다.

성직자

성직자는 베드로 사도의 후계자인 교황, 사도들의 후계자인 주교. 주교의 협조자인 신부와 부제이다.

예수께서는 베드로를 교회의 반석으로 삼았고 그에게 교회의 열쇠를 맡겼으며 그를 양 무리 전체의 목자로 세우셨다. 로마 주교이며 베드로 사도의 후계자인 교황은 그리스도의 볼 수 있는 대리자요. 사도들의 후계자인 주교들과 더불어 하느님의 교회를 다스린다. 교황은 주교들의 일치와 신자들의 일치를 유지시키는 항구하고 볼 수 있는 원천이며 기초이다.

주교단은 그 단장인 로마 교황과 더불어 보편교회에 대한 완전한 최고권한의 주체이다. 주교들은 사도들의 후계자로서 위임된 지역교회의 완전한 사목자이다. 주교들은 각 지역교회에서 일치에 대해 볼 수 있는 원천이며 기초 이다.

사도들의 직무를 이어받은 주교들은 교회 안에서 그리스도로부터 받은 사도직 사명을 수행하기 위해 협력자들을 뽑아 직무를 전해 준다. 사제와 부제들은 거룩한 서품과 주교로부터의 파견으로 그리스도의 직무에 참여한다.

평신도

평신도는 사제품과 교회에서 인정된 수도 신분에 속하는 이들 이외의 모든 그리스도인을 말한다. 즉 세례성사로써 그리스도와 한 몸이 되고 하느님 백성으로서 그들 나름대로 그리스도의 사제직과 예언직과 왕직에 참여하여 그리스도의 사명을 수행하는 신자들을 말한다. 평신도들의 고유한 사명은 현세적 일을 하느님의 뜻에 맞게 관리함으로써 하느님 나라를 건설하는 데 이바지 하는 것이다

"모든 신자들과 마찬가지로 평신도들은 세례와 견진을 통해서 하느님께로부터 사도직의 임무를 받았기 때문에 그들은 개인적으로나 단체적으로 하느님의 구원의 소식을 사람들과 온 세상에 알리고 받아들이게 하기 위한 일을 수행할 의무와 권리를 가지고 있다. 오직 평신도를 통해서만 사람들이 복음을 듣고 그리스도를 알 수 있는 경우에 이러한 의무는 더욱 절실한 것이다. 교회 공동체 안에서 평신도들의 활동은 매우 필요하며 이것 없이는 사목자 들의 사도직은 대부분의 경우 완전한 효과를 거둘 수 없다." (교회헌장 33항 참조)

수도자

수도자들은 복음적 권고인 청빈·정결·순명의 서원을 통하여 자신을 오로지 하느님께 봉헌한 사람들로서 교회의 거룩함의 표지가 되고, 종말에 완성 될 교회의 모습을 현세의 인간들에게 미리 보여주며 증거 하는 사람들이다. 수도자들이 교회에 봉사하는 범위는 각 수도회의 특별한 은사에 따라 매우 다양하지만 근본적으로 교구장 주교들의 사목 직무에 대한 협조자들이다. (주교교령 33-35항 참조)

▌모든 성인의 통공

하느님의 백성이요 그리스도의 몸인 교회는 우리가 나날이 살아가고 있는 이 세상과 항상 밀접한 관계를 맺고 있다. 세상이 역사를 통해 발전해 나가듯이 교회도 자기를 완성해 가는 역사를 가지고 있다. 모든 하느님 백성의 거룩함을 지향하고 있는 교회는 역사의 종말(하느님 나라의 완성)에 가서야 완전하고 거룩한 백성이 된다.

교회의 완성을 기다리는 동안 현세의 우리는 그리스도의 몸을 성장시켜야 할 사명을 안고 살아가는 지상의 순례자들이며, 이러한 우리들로 구성된 이 지상의 교회는 순례하는 하느님의 백성이다. 지상의 교회는 아직 신앙과 은총의 교회일 뿐 영광과 승리의 교회는 아니다. 따라서 교회는 그 지체들의 허물과 인간적 나약함도 함께 껴안고 있으며, 인류 역사의 기복에 따라 때로는 영광의, 때로는 시련의 교회이기도 하다. 그러므로 하느님의 자녀가 된 그리스도인들, 하느님의 백성인 교회는 끊임없이 회개함으로써 정화되고 쇄신되어야 한다.

우리는 사도신경에서 '모든 성인의 통공을 믿는다'고 고백한다. '통공通功' 이란 '공功, 공로功勞를 서로 나눈다', '통교通交, 교류交流한다'는 뜻이다. 즉 그리스도 안에서 한 몸을 이루는 신자들 간에 선행의 공로를 서로 나누고 교환하며 친교를 이룬다는 말이다. 사도행전은 베드로 사도가 감옥에 갇히게 되자 "교회는 그를 위하여 하느님께 줄곧 기도를 드렸다."(사도 12, 5)고 기록하고 있다. 또한 사도 바오로는 "여러분도 나를 위하여 하느님께 간곡히 기도하여 주십시오."(로마 15, 30)하고 기도를 부탁하였다.

한 집안 식구들이 서로 어려움을 도와주고 기쁜 일이 있으면 같이 즐거워하듯, 한 세례로 하느님의 자녀가 된 그리스도인들은 산이나 죽은 이나 그리스도 안에 한 형제이므로 서로 기도로, 선행으로, 희생으로 도와주고 도움을 받는다. 특히 우리는 미사성제를 통하여 서로 일치하고 도와준다. "빵은 하나이고 우리 모두가 그 한 덩어리의 빵을 나누어 먹는 사람들이니 비록 우리가 여럿이지만 모두 한 몸인 것입니다."(1고린 10, 17)

모든 성인의 통공은 지상에서 순례하는 우리와 이미 하느님의 품에서 영광을 누리는 성인들 사이에 존재하는 유대관계를 드러내 보이는 한 표현방식이다. 천상에 계신 성인들은 우리가 본받아야 할 모범을 자신들이 몸소 살았던 생활로써 보여주고 우리가 걸어가야 할 길을 가르쳐 주기 때문에 우리의 훌륭한 벗들이다. 그뿐 아니라 그들이 하느님의 영원한 나라에서 그 나라를 향해 순례하고 있는 지상 교회인 우리를 위하여 하느님께 기도해 주기 때문이다. 교회는 천국의 성인들과 일치하고 그들을 기억하고 축일을 지내며 그들의 모범을 따른다. 또한 우리와 천국의 성인들은 천국에 들지 못하고 정화중인 죽은 이들을 위해서도 기도한다.

이처럼 우리는 모든 그리스도교 신자, 곧 지상에서 순례자로 있는 사람들, 정화 과정을 거치고 있는 죽은 이들, 천국에 있는 성인들이 모두 일치하여 오직 하나의 교회를 이룬다고 믿는다.

▌교회는 그리스도의 몸이다

성찬공동체로서의 교회

주의 만찬은 교회와 교회의 여러 가지 예배행위의 중심이다. 여기서 교회는 온전히 주님과 함께 있고 따라서 온전히 자기 본연의 존재가 된다. 여기서 그리스도의 교회는 모여서 함께 식사를 한다는 가장 깊은 친교親交에 이른다. 그리고 이 친교로 세상에서 봉사할 힘을 얻는다. 이 식사는 기념과 감사의 식사이므로, 교회는 본질적으로 감사하며 기념하는 공동체다. 이 식사는 계약과 친교의 식사이므로, 교회는 본질적으로 줄기차게 사랑하는 공동체다. 이 식사는 종말의 잔치를 미리 맛보는 것이므로, 교회는 본질적으로 자신 있게 기다리는 공동체다. 교회는 그러므로 본질적으로 식사의 친교다. 본질적으로 친교요 일치요 상통이다(*koinonia*, communio). 본질적으로 그리스도와의 친교요 그리스도신자 상호간의 친교다. 그렇지 못하다면 그리스도의 교회가 아니다. 주의 만찬에서 교회는 하느님의 에클레시아요 집회요 공동체임이 비할 데 없이 분명히 드러난다. 주의 만찬에서 교회는 그야말로 거듭 새로이 구체화된다. 교회가 교회임이 세례 덕분이지 그 자신의 경건한 행업 때문이 아니라면 교회가 온갖 과오와 실수를 범하면서도 계속 교회임은 주의 만찬 덕분이다. 바꾸어 말해서 하느님 편에서 볼 때, 세례가 교회를 위하여 특별히 선택하고 의화 하는 은총의 표징이라면, 주의 만찬은 보존하고 완성하는 은총의 표징이다. 그리고 인간 편에서 볼 때, 세례가 교회를 위하여 특별히 응답하는 신앙과 순종의 표징이라면, 주의 만찬은 응답하는 사랑과 희망의 표징이다.

그러나 바울로는 "빵이 하나이니, 우리 많은 사람들이 한 몸입니다."(1고린 10, 17)라는 말로 더 많은 것을 말해주고 있다. 주의 만찬에 참여하는 사람들은 영성체(communio)를 통하여 한 몸으로 결합된다. 그 빵은 그리스도의 몸이기 때문이다. 주의 몸을 먹는 사람들은 그들 스스로가 한 몸이 된다. 주의 몸을 받음으로써 공동체 자신이 한 몸으로 나타난다. 그리스도의 몸에 참여함으로써 믿으면서 먹는 사람들은 그리스도의 몸이 된다. 주의 만찬에서 몸으로서의 공동체가 구체화된다. 물론 성찬식을 거행할 때에만 공동체가 그리스도의 몸인 양해서는 안 된다! 그러나 모두가 한 빵을, 한 주님의 몸을 먹는 성찬식에서야말로 다른 어디서보다도 구체적으로 공동체가 그리스도의 몸이라는 것이 드러난다.

바울로가 주의 만찬이 참으로 식사라는 것을 그처럼 중요시하는 것은 이 때문이다. 참으로 함께 음식을 나누어 먹지 않는 곳, 분열이 있는 곳, 저마다 자기 음식을 먼저 먹는 곳, 어떤 사람은 주리고 어떤 사람은 취해 있으며 아무도 남을 기다리지 않는 곳(11, 17-34), 그런 곳에서는 진정한 식사의 친교가 이루어질 수 없고, 진정한 주의 만찬도 있을 수 없으며, 다같이 "심판"을 받게 된다(11, 34). 주의 만찬에서도 물론 말씀의 설교가, 하나의 "선포"(11, 26)가 이루어진다. 그러나 말씀의 선포 이상으로 중요한 사실로서 이 공동식사에서 뚜렷이 드러나는 것은 신앙인들이 서로 결합된다는 것이요, 참으로 친교를 나눈다는 것이며, - 바야흐로 바울로 자신의 독특한 관점에서 - 한 몸을 이룬다는 것이다.

서방 그리스도교에서 교회는 확실한 조건과 구조 위에서 있다. 러시아 그리스도교 동방은 이러한 분명함을 거부하지는 않으나 그것에 머물지도 않는다. 구조는 공동체적인 '함께(친교)'에 봉사한다. 그러나 구조를 위한 봉사에 서 있는 '함께'가 아니다. 이러한 시각에서 교회는, 하느님 안에서 이미 서로 함께 알고 들으며 살아가는 인간의 공동체이다. 즉 소우주인 인간들에 의해 교회는 삼위일체와 함께 일치로부터 떠오르는 거대한 인류이다. 교회는 기본적으로 성체성사적이다. 유일한 생명의 나눔을 체험하는 성체성사와 함께 살고, 그리스도처럼 구체적으로 비우고 변화하면서 빵 조각을 나누는 모

임은 그리스도의 인격이 된다. 부수어진 빵과 함께 새 인격의 재구성이 이루
어진다. 만약 깨어진 도자기를 가지고 다시 뚫기 위해 조각을 재구성하는 과
정에서, 처음에 부서진 도자기를 재결합하려는 것은 불가능하지만, 성체성사
는 나누는 빵과 함께 참여하는 성작 안에서 새로운 빵을 구성한다. 이것이 바
로 하느님 안에서 교회적 함께함이다.

교회에 현존하는 그리스도

누가 "그리스도의 몸"인가? 일반적으로 인정되는 바울로의 가장 오래된
편지들에 의하면 그리스도의 몸은 지방공동체임이 분명하다. 고린토 전서와
로마서의 그리스도의 몸은 개별공동체다. 그런데 골로사이서와 에페소서에
서는 이것이 전체교회를 가리킨다. 이 - 확실히 매우 이상화된 - 온 세계의 교
회가 에페소서와 골로사이서에서는 그리스도의 몸이다. 그리고 여기서는 각
지체 상호간의 관계보다는 몸과 머리의 관계가 중요한 관점으로 등장한다.
그리스도는 이제 뚜렷이 교회의 "머리"로서 나타난다.

십자가에서 죽은 예수는 부활한 주님으로서 교회에 현존한다. 교회 없이
그리스도 없고 그리스도 없이 교회 없다. 그리스도는 단순히 교회에 대하여
멀어져만 가는 과거의 일도, 멀거나 가까운 마지의 미래의 일도 아니다. 그는
만인의 주님으로서 알건 모르건 온 인류를 지탱하고 있으며, 교회 안에 현존
하고 있다. 교회의 생명은 그리스도가 과거에 행한 업적의 결과나 미래에 완
성될 그의 업적의 기대만이 아니라 현재에 활동하고 있는 그리스도의 생생한
현존에서 나온다. 복음의 선포는 그리스도 안에서 이루어진 한때의 하느님의
구원행위를 보고하는 것에 그치는 것이 아니라, 그 말씀 안에서 그리스도 자
신이 일하고 있다. 둘이냐 셋이냐 그분이름으로 모여 있는 곳에는 그 가운데
그분이 있다(마태 18, 2). 세상 끝 날까지 우리와 함께 있다(28, 20). 교회 안에서
활동하고 있는 것은 그분의 활동 결과나 그분의 역사상의 의의만이 아니다.

바로 그리스도 자신이다. 그리스도를 통하여, 그리스도 안에서, 그리스도를 향해서 교회는 존재한다.

그리스도는 교회의 생활 전체에 현존한다. 그러나 특별히 두드러지게 예배의 모임에 현존한다. 여기로 우리는 그리스도의 복음에 의하여 부름을 받았고, 여기에 세례를 통하여 받아들여졌으며, 여기서 주의 만찬을 거행하고, 여기서부터 다시 세상에 봉사하기 위하여 파견된다. 이 예배의 모임에서 하느님이 교회를 돌보고 교회가 하느님을 섬기는 것이 특별한 모양으로 이루어진다. 여기서 하느님은 당신 말씀을 통하여 교회와 이야기하고 교회는 기도와 찬미가의 응답에 의하여 하느님과 이야기한다. 여기서 십자가에서 죽고 영광 중에 부활한 주님이 당신 말씀과 성사를 통하여 현존하게 된다. 그리고 여기서 우리는 우리를 주님께 바친다. 주님의 복음을 믿으면서 듣고, 우리의 죄를 고백하고, 하느님의 은총을 찬양하고, 예수의 이름으로 아버지께 청하고, 우리 가운데 현존하는 주님과 함께 먹으며, 서로 신앙을 증거하고 서로 기도함으로써 서로 섬길 기틀을 마련한다. 여기서 완전히 근원적으로 하느님의 에클레시아 · 집회 · 공동체 · 교회가 존재하고 발생한다.

그리스도는 이와 같이 모든 예배의 모임에 온전히 현존하므로, 지방교회의 모든 예배집회는 완전한 의미에서 하느님의 교회요 그리스도의 몸이다. 물론 다른 - 역시 교회요 그리스도의 몸인 - 지방공동체도 존재하는 한, 개별 지방공동체가 그대로 교회 자체요 그리스도의 몸 자체인 것은 아니다. 그러나 개별공동체 안에도 주님이 참으로 온전히 나누임이 없이 현존하고 있으므로, 이 역시 교회요 그리스도의 몸이다. 그리고 이 개별공동체와 다른 모든 공동체 안에 참으로 온전히 나누임이 없이 주어지는 것은 동일한 주님이므로, 이들 공동체는 서로 아무 관계가 없거나 완만한 관계만이 있는 것이 아니라, 모두가 함께 한 성령 안에서 한 하느님의 교회이며, 한 그리스도의 몸으로서 한 주님과의 친교 · 일치(*koinonia* · communio)를 통하여 서로의 친교 · 일치를 이룬다.

교회는 하나이다. 오직 한 분이신 주님을 모시고 있고, 하나의 신앙을 고백하며, 하나의 세례로 태어나며, 오직 하나의 몸을 이루고, 하나의 성령에 의해 생명을 얻는다. 이는 오직 하나의 희망을 위한 것인데, 이 희망이 이루어질 때 모든 분열은 극복될 것이다.

교회는 거룩하다. 지극히 거룩하신 하느님께서 그 창시자이시며, 그 신랑이신 그리스도께서 교회를 거룩하게 하기 위해 당신 자신을 바치셨으며, 거룩하신 성령께서 생명을 주신다. 비록 죄인들을 품고 있지만, "죄인들로 이루어진 죄 없는 교회"다. 교회는 성인들을 통해서 그 거룩함이 빛나고, 마리아 안에서 교회는 이미 온전히 거룩하다.

교회는 공번되다. 교회는 신앙 전체를 선포하며, 모든 구원의 방법들을 자신 안에 충만히 지니고 있으며 이를 전한다. 교회는 모든 민족들에게 파견되었고, 모든 사람들에게 말을 건네며, 모든 시대를 포용한다. "교회는 그 본성상 선교적이다."

교회는 사도적이다. 교회는 든든한 기초, 즉 "어린양의 열두 사도"(묵시 21,14) 위에 세워졌으며, 무너질 수 없다. 교회는 진리 안에 확고하게 서 있다. 그리스도께서는 그들의 후계자인 교황과 주교단 안에 현존하는 베드로와 다른 사도들을 통해 교회를 다스리신다.

"우리는 신경에서 그리스도의 유일한 교회를 하나이요 거룩하고 공번되고 사도로부터 이어오는 교회라고 고백한다. (…) 비록 이 조직 밖에도 성화와 진리의 요소들이 많기는 하지만, 그 교회는 베드로의 후계자와 그와 일치하는 주교들이 다스리고 있는 가톨릭교회이다."

교회의 분열

1. 근세에 들어서면서부터 제국과 동일시되었던 교회 상의 붕괴를 의미하는 현상들이 나타나고 교회는 분열로 얼룩지게 된다. 그 이전에 이미 그리스도교는 동방과 서방의 교회로 분열되는 아픔을 겪었다(1054년).

근세에는 민족들의 지방 분권주의가 활발하게 전개되었다. 교황제도에 대한 비판세력은 이 시대의 표징이었다. 여기에는 주체의 해방, 개인의 자유, 자유로운 사고 등의 사조가 영향을 미쳤다. 예술·문학·철학 등 전반적 분야에서 일기 시작한 르네상스와 함께 고대로 돌아가자는 운동이 펼쳐졌고, 교회 안에서도 교회의 원초적인 것으로 돌아가 교회의 고유한 권한에 표현된 바를 강조하고자 하는 움직임이 일어났다. 흥미로운 것은 역설적이게도 이런 새로운 정신을 옹호한 사람이 또한 교황이었다는 점이다. 교황들은 예술품 수집이나 교회 건축에 열성을 쏟았다. 소위 르네상스 교황이라 일컬어지는 그들은 갖가지 예술품 수집을 도맡았으며 베드로 성전도 그때에 지어졌다. 교황의 그런 관심은 교황 자신의 세속화를 더욱 부추겼고 부도덕한 권력 남용을 부채질했다. 온갖 술책을 휘두르며 친족정치 등 세속적 권력에 얽혀 들어갔다.

2. 종교개혁은 이러한 시대적 배경을 안고 일어났다. 이런 시대에 등장한 마르틴 루터(1483-1546년)의 출발점은 '어떻게 죄 많은 인간이 자비로운(은총) 하느님을 만날 수 있는가?' 하는 신학적 물음이었다. 그리고 율법에 따른 행업(선행)에 따라서가 아니라 오직 신앙으로만 의화義化된다는 답변을 얻어내었다. 그러다가 차츰 교회의 현실 문제들을 접하게 되면서 마침내 교황의 풀고 맺는 권한을 문제 삼게 되었다. 교황권의 사용과 효과에 대한 물음, '대사'(大赦= indulgentia : 개신교에서는 면죄부로 번역했음.)에 대한 물음에서 논쟁이 벌어졌다. 교황도 공의회도 오류를 범할 수 있다는 것과, 미사가 희생제사라는 견해를 부정하면서 사제직의 특수성은 성품성사에 있지 않고 특수

기능에 있다는 것, 그리고 모든 인간이 사제직분 위에 세워진 신앙인 공동체에 의해 사제직에 임명된다고 주장하였다.

'세례로 새로 태어난 사람은 이미 사제로, 주교로. 교황으로 축성되었음을 자랑할지어다.' '복음을 가르치는 사람은 교황이고 베드로의 후계자이다. 이를 가르치지 않는 사람은 그리스도를 배반하는 사람 유다스이다.'

루터에 의한 종교개혁의 결과는 교회의 심각한 분열이었다. 개혁운동이 정치적으로 전개되면서 돌이키지 못할 분열을 가져왔다. 그리고 끝내 화해하지 못한 채 갈라서서 오늘날에 이르렀다. 한 종파는 다른 종파와의 차이에서 싹의 정체성을 찾으려 하였고, 다른 종파의 다른 점을 부정하는 가운데 자기 정체성을 주장하려 하였다. 이른바 가톨릭이란 개신교적이지 않은 것이었고, 개신교는 가톨릭적이지 않은 것이었다.

트리엔트 공의회(1545-1563년)는 교회의 분열을 막기에는 이미 늦은 때에 개최되었다. 공의회는 성서聖書와 성전聖傳의 물음, 선행. 공로를 포함한 의화에 대한 가르침, 성사에 관한 물음, 성변화(transubstantiation), 미사의 희생제, 서품과 사제직 등을 다루었다.

3. '대사' (大赦=indulgentia)에 대한 오해가 많기 때문에 그 본래 취지를 언급하고자 한다. 개신교에서는 이 단어를 면죄부免罪符 번역하였는데, 이는 본래의 뜻과는 다르다. 루터 당시 교회가 대사를 남용한 것은 사실이지만 그렇다고 해서 대사 자체를 부정할 수는 없다. 대사는 고해성사로 죄의 용서를 받는다고 하지만 그 죄에 따른 잠벌(暫罰 = poena temporalis)은 남아 있다고 본 데서 비롯된 것이다. 고해성사를 통해 신지들은 고해신부가 지시한 보속을 하여 그 벌을 씻지만, 고해할 때 잊고 죄를 고하지 않거나 또는 보속이 죄에 비례하지 못하여 죄에 대한 벌이 남아 있을 수도 있는데, 이 남아 있는 벌을 잠벌이라고 한다. 대사는 이 잠벌을 면해 주는 은사이다. 잠벌을 사해 주는 사면의 관습은 대략 9세기에 생겼다. 14세기 초, 죄의 뉘우침과 신앙심으

로 로마의 베드로와 바오로의 무덤을 참배하는 경우 '성년聖年의 전대사'를 부여하였고, 그 후로 성년 동안 부여하는 전대사의 전통이 생겨났다. 그런데 14, 15세기경에 대사가 남용되기 시작하였다. 대사가 곧 구원인 것처럼 오해하는가 하면, 다양한 대사가 생겨났고, 기부금을 통해서 얻는 대사가 연옥영혼의 구원을 보장한다고 오인하는 일도 생기면서 모금의 수단이 되기도 하였다. 이 때문에 면죄부라는 오해를 받았고, 이를 빌미로 개신교는 대사에 관한 교리를 부정하기에 이르렀다. 오늘날에 와서 대사가 예전처럼 널리 쓰이지 않는 것은 교회 일치를 위한 서로간의 이해뿐 아니라 가톨릭의 영적 성숙을 위해서도 바람직하다 하겠다.

제 2차 바티칸 공의회

1. 트리엔트 공의회나 제1차 바티칸 공의회가 지극히 교의적이고 논쟁적이고, 또 대단히 호교론적이고 방어적이었던 데 반해, 제2차 바티칸공의회(1962-1965년)는 세계와 인간, 특히 오늘을 사는 인간을 위한 교회의 복음과 임무와 사명이 무엇인지를 자기의 신앙과 신앙 이해에서 밝히고자 하였다.

제2차 바티칸 공의회는 남에게 호소하기보다 먼저 자기 자신을 향해 외치는 교회의 모습을 제시하고 있다. 이런 바탕에서 개방과 대화와 자기 쇄신을 강조하면서 교회의 일치 문제, 다른 종교와의 대화, 다른 민족들과의 관계를 적극 장려하였다.

2. 제2차 바티칸공의회의 정신은 교회와 신앙의 쇄신이다 쇄신은 성서와 교부의 전통을 진지하게 대하면서 신앙의 현재 상황을 직시하고, 전통을 단순히 뒤엎는 것이 아니라 변화하는 시대 상황에 비추어 다시 해석하게 한다. 쇄신은 보수와 진보의 긴장 가운데 어느 한쪽의 강조로 다른 쪽을 희생시키지 않는다. 쇄신은 전통을 존중하며 시대의 징표를 읽는다.

교회 전통과 현대 상황의 긴장에서 고민한 제2차 바티칸 공의회는 지나간

교회 역사를 새롭게 볼 수 있는 눈을 열어주었다. 콘스탄티누스 전환 이후 일방적으로 이해되어 온 제국교회 및 제도교회의 이미지에 대하여 하느님 백성으로서의 교회를 다시 발견하고 이를 각성하도록 한 것은 공의회의 큰 공적이라고 할 수 있다. 그리고 종교 간의 대화, 교회 일치운동 등도 공의회를 이해하는 데 근본적인 것이다.

3. 공의회의 이런 정신은 종교 때문에 불화를 겪는 가정이 의외로 많은 우리 한국 사회에서 실현되어야 할 과제다. 언젠가 한 가정을 방문한 적이 있는데 참 좋은 인상을 받았다. 남편은 불교 신자이고 부인은 가톨릭 신자인 가정이었다. 부인은 남편이 직장에서 돌아올 때쯤이면 장롱에서 불상을 꺼내어 책상 위에 얹어놓고, 남편이 직장에 나가고 없으면 그 자리에 불상 대신 탁상용 십자고상을 갖다 놓곤 하였다. 남편도 이 사실을 알고 있었는데 그 역시 어쩌다 부인이 없는 사이에 퇴근하는 날이면 십자고상을 장롱 속에 집어넣고 불상을 밖으로 꺼내어 임무 교대를 시켰다. 이 부부에 의해 이루어지는 불상과 십자고상의 임무 교대는 이렇게 아주 평화스러운 가운데 진행되었다 숨바꼭질한 부처님과 예수님이 불편해하기보다 오히려 흐뭇해하며 서로 인정을 나누실 것 같은 분위기였다. 뿐만 아니라 부부가 서로 신뢰하는 가운데 인격적으로 존경하고 사랑하고 있음도 느낄 수 있었다. 내가 그 가정을 방문했을 때는 물론 불상은 장롱 안에 숨고 십자고상이 책상 위에 놓여 있었다. 부인에게 장롱 속에 감추어진 불상을 꺼내오게 하여 십자고상 앞에 마주 놓게 하였다. 석가모니의 웃음과 예수의 십자고상이 조화를 이루는 것 같았다. 마주보고 있는 불상과 십자고상, 그 모양과 분위기가 색다르고 아름답게 보였다. 예수와 석가모니가 마주보면서 무언가 서로 할 말이 있을 거 같다는 느낌을 받았다. 남편이 돌아와도 그대로 놔두라 하였다. 그 집에 그리스도의 평화와 부처님의 자비를 빌었다.

4. 공의회는 인간의 양심을 존중한다. 그리스도를 믿는 것은 그 자체로 선

한 일이지만 이성이 그 행위가 옳지 않다고 여기면 그리스도를 믿는 것은 윤리적으로 잘못일 수 있다고까지 말한다. 그것은 하느님이 주신 양심을 거스르는 행위이기 때문이다. 인간은 양심을 따라야 한다. 인간은 양심에 따라 정직하게 살 의무가 있다.

성모 마리아와 성인들

▌ 믿으셨으니 정녕 복 되십니다

마리아는 시력視力이 아니라 당신의 믿음으로 일생을 걸어가셨다.

예수님의 생애는 두 가지 원칙에 의해 규정되었다.

—성부께 대한 온전한 봉헌.

—당신의 사명에 대한 전적인 봉헌.

마리아의 생애를 지배했던 원칙 또한 같다.

성부께 대한 전적인 봉헌: "지금 말씀대로 저에게 이루어지기를 바랍니다."(루가 1, 38)

당신 아들의 사명에 대한 전적인 봉헌: "무엇이든지 그가 시키는 대로 하여라."(요한 2, 5)

마리아는 메시아께서 이 세상에 오셨을 때뿐만이 아니라 성령강림 때와 교회가 태어날 때에도 함께 계셨다. 항상 교회와 관련지어 마리아를 이해하였던 요한은 예수님 공생활의 시작인 가나의 혼인 잔치(요한 2, 1-11)와 공생활의 마감인 십자가 아래에 서 계신 마리아를 묘사했다. 즉 마리아께서는 예수님을 따르는 것을 당신 필생의 과업으로 삼고 있는 교회공동체의 어머니라는 의미에서 교회의 어머니라는 새로운 명칭을 부여하였다.

사실 동정 마리아는 "하느님이신 구세주의 참 모친으로 인정받고 공경 받는다. (…) 그이는 참으로 그리스도 지체들의 어머니이다. (…) 왜냐하면 마리아는 교회의 머리이신 그리스도의 지체들인 신자들이 교회 안에 태어나도록 사랑으로써 협력하였기 때문이다." "마리아는 그리스도의 어머니요 교회의 어머니이다." 아드님과 완전한 일치와 분리될 수 없으며 그 일치의 결과가 교회에 대한 마리아의 역할인 것이다. 주님의 탄생 예고 때에 "그대로 이루어지이다"고 하여, 강생의 신비에 동의함으로써, 마리아는 벌써 당신 아드님이 완수하실 모든 사업에 협력한다. 마리아는 당신 아드님께서 구세주이며 신비체의 머리이신 모든 곳에서 어머니이다.

교부들은 언제나 마리아에게서 교회의 모습을, 다시 말해 신학에서 은총이라고 부르는 사랑의 선물 없이는 스스로 자기를 완전히 실현할 수 없는 신앙인의 형상을 보아 왔다. 그리스도는 주어진 선물(베풂)이요, 마리아는 받아들여진 선물이다.

1. 성모님은 은총의 세계에서 우리의 어머니다.

동정 마리아는 성부의 뜻과 성자의 구속 사업과 성령의 모든 활동에 전적으로 따르고 참여함으로써 교회를 위하여 신앙과 사랑의 모범이 된다. 이로써 마리아는 "교회의 가장 뛰어나고 가장 독특한 지체"가 되고, 교회의 전형(typus)이 된다.

그런데 교회와 온 인류에 대한 동정 마리아의 역할은 이에 그치지 않는다. 마리아는 "순명과 믿음과 희망과 불타는 사랑으로써 영혼들의 초자연적인 생명을 회복시키기 위하여 구세주의 구세 사업에 비길 데 없는 협력을 해드렸다. 이 때문에 은총의 세계에서 우리의 어머니가 되었다."

"은총의 계획안에서 마리아의 모성은 천사의 아룀을 듣고 충실히 동의하였던 그 순간부터 - 이 동의는 십자가 밑에서도 망설임 없이 지속되었다 - 뽑힌 이들의 수가 찰 때까지 끊임없이 계속된다. 하늘에 올림을 받은 후에도 이 구원의 역할을 그치지 않고 계속하여 여러 가지 전구로써 영원한 구원을 위한 은혜를 우리에게 얻어준다. (…) 그 때문에 교회에서는 복된 동정녀를 변호자, 보조자, 협조자, 중재자라는 명칭으로 부른다."

2. 성모 마리아 공경

"만세가 나를 복되다 하리라"(루가 1, 4). "복된 동정 마리아에 대한 교회의 신심은 그리스도교 예배의 본질적 요소다." 마리아가 "교회의 특별한 예식으로 공경 받는 것은 당연한 일이다. 사실 복된 동정녀는 오랜 옛적부터 "천주의 모친"이란 칭호로 공경 받고 신자들은 온갖 위험과 아쉬움 중에 그의 보호와 도움을 청한다. (…) 교회 안에 언제나 있었던 이 같은 마리아 공경이 비록 온전히 독특한 것이기는 하나, 혈육을 취하신 말씀인 성자께서 성부와 성령과 함께 받으시는 흠숭과는 본질적으로 다른 것이며 그 흠숭에 오히려 큰 도움이 되는 것이다." 이러한 마리아 공경은 천주의 모친에게 바쳐진 전례 축일들과 "전체 복음의 요약"인 로사리오 기도와 같은 마리아에게 드리는 기도에 나타난다.

3. 마리아 - 교회의 종말론적 성화聖畵

우리는 앞에서 교회와 그 기원, 사명, 목적에 대해 이야기 했다 이제 마리아에게 눈을 돌려, 그이 안에서 교회의 신비와 "신앙의 나그네길"은 어떠하며, 이 나그네길이 끝나고, 교회가 그리스도와 자신의 어머니로 공경하는 마리아가 "모든 성인들의 통공 중에서 불가분의 삼위일체이신 성삼위의 영광" 안에서 기다리고 있는 그 본향에서 교회의 모습은 어떠할 것인지를 숙고하는 것이 가장 좋은 끝맺음이 될 것이다.

신학자 베르나르도 해링(Bemard Haering) 신부는 자신의 책「마리아와 당신의 일상생활」(Mary and Your Everyday Life)에서 다음과 같이 말하고 있다.

"제2차 바티칸 공의회는「교회헌장」을 교회의 전형이자 모델인 마리아에 관한 아름다운 장幕으로 장식했다. 교회는 우리 주님의 어머니이자 우리의 어머니이신 마리아에 관한 깊은 사랑과 지식이 없이는 그리스도와의 일치와 그분의 복음에 관한 충만한 이해에 이를 수 없다."

구원의 깊은 인격적 본성에 대한 날카로운 통찰과 더불어 제2차 바티칸 공의회는 우리의 생활에 대한 마리아의 영향력에 초점을 맞춘다(교리서 972).

그녀가 예수님의 어머니이기 때문에, 마리아는 하느님의 어머니이다. 제2차 바티칸 공의회는 이렇게 표현하고 있다. "동정 마리아는 천사의 아룀을 들으시고 하느님의 말씀(성자)을 마음과 몸에 받아들이시어 생명의 생명을 세상에 낳아 주셨으므로 하느님이신 구세주의 참 모친으로 인정받으시고 공경 받으시는 것이다."(「교회헌장」 53항; 교리서 484 - 507, 966)

주님의 어머니로서 마리아는 완전히 특별한 인물이다. 그녀의 아드님처럼 그녀는 (어떠한 원죄의 흔적도 없었던 것만을 예외로 하고는) 한 인간 존재로서 임신하고 그녀의 생애 전체를 살았다. 이것을 '원죄 없으신 잉태라고 부른다(교리서 490 - 493, 508).

당신의 아드님을 출산하기 전, 출산하는 동안, 그리고 출산 이후에, 마리아는 물리적으로 동정녀로 남아 있었다(교리서 510 - 511).

그녀의 생애가 끝나면서 마리아는 몸과 영혼이 천국으로 (불러) 올림을 받았다. 이것을 그녀의 '승천'이라고 부른다. 지극히 거룩한 동정 마리아는 지상 생활을 마치고 영혼과 육체가 천상영광으로 들어 올려졌으며, 그곳에서 이미 당신 아드님 부활의 영광에 참여하며, 아드님 신비체의 모든 지체들의 부활을 선취하였다(교리서 966).

그리스도의 어머니로서 마리아는 또한 교회 전체의 어머니이다. 그녀는 교회의 한 구성원이지만, 온전히 독특한 구성원이다. 제2차 바티칸 공의회는 마리아와 우리의 관계를 다음과 같이 표현하고 있다. 그녀는 "교회의 가장 뛰어나고 가장 독특한 지체이시며 신앙과 사랑의 명백한 전형과 모범으로서 찬사를 받으시는 것이다. 따라서 가톨릭교회는 성령의 가르치심을 받아 마리아를 가장 사랑하는 어머니로 받들며 그녀에게 자녀다운 효성을 바치는 것이다."(「교회헌장」 53항; 교리서 971)

제법 자라난 어린이가 집으로 돌아오기를 기다리고 있는 한 어머니처럼, 마리아는 우리의 생활이 펼쳐지는 경과들에 영향을 미치기를 결코 중단하지 않는다. 제2차 바티칸 공의회는 이렇게 말하고 있다. 마리아는 그리스도를 잉태하시고 낳으시고 성전에서 성부께 바치시고 십자가에서 운명하시는 그 아드님과 함께 수난 하셨다. (…) 이 때문에 은총의 세계에서 우리의 모친이 되셨다.(…) 그녀는 당신 모성애로써 당신 아드님의 형제들이 지상 여정에서 위험과 고통 중에 있는 것을 돌보시어 행복 된 고향으로 인도해 주신다."(「교회헌장」 61-62항)

자신의 뼈와 살로 낳으신 아드님께서 그녀의 나머지 아들들인 우리를 위해서 돌아가시는 것을 지켜 본 이 어머니는 당신을 기다리며 당신을 위해 당신의 거처를 마련하고 계신다. 그녀는 제2차 바티칸 공의회의 표현대로 당신의 "확실한 희망과 위로의 표지" 이다(「교회헌장」 68항).

교회는 또한 이미 천국에 주님과 함께 있는 다른 성인들도 공경한다. 이 성인들은 하느님과 이웃에 탁월한 방식으로 헌신적으로 봉사했기 때문에 시성諡聖된 사람들이다. 즉 교회는 그들이 천국에 있다고 선언하고, 그들을 모범적 귀감으로 간주하며, 우리에게 우리 모두를 위해 하느님께 전구轉求해 달라고 그들에게 청하는 기도를 올리도록 권장하고 있다.

"우리는 새 하와이시고 교회의 어머니이신 지극히 거룩하신 천주의 모친께서 천상에서도 그리스도의 지체들에게 어머니로서 당신의 역할을 계속하고 계심을 믿습니다."

믿는 이들의 도움이신 어머니

초기 교회 때부터 신자(믿는 이)들은 이단, 고난, 박해 또는 전쟁으로 인해 어려운 시기가 오면 마리아에게 도움을 청하고 의지하였습니다. 이미 3세기에 다음과 같은 기도문이 나돌았습니다.

"천주의 성모여, 당신의 보호에 우리를 맡기오니, 어려울 때에 우리의 간절한 기도를 외면하지 마시고, 모든 위험에서 항상 우리를 구하소서. 영화롭고 복되신 동정녀시여."

이런 배경에서 교황 비오5세는 레판토 전투에서 터키인들을 물리치고 그리스도인들이 승리를 거둔 것에 감사하는 뜻으로 마리아에게 '믿는 이들의 도움'이라는 공식 호칭을 부여하였습니다. 이어 교황 비오 7세는 1815년 자신이 사보나에서 5년 동안 감금되었다가 로마로 돌아오게 되자 이를 감사하는 뜻으로 5월 24일을 '믿는 이들의 도움이신 성모' 축일로 제정하였습니다. 오늘날에도 마리아 영성을 추구하는 수도회들은 이 축일을 매우 성대하게 지내고 있습니다.

그렇다면 마리아는 어떤 의미에서 '믿는 이들의 도움'이신가? 크게 보아 마리아는 모범, 발현, 전구로써 '믿는 이들의 도움'이십니다.

첫째, 마리아는 '모범'이 되심으로 '믿는 이들의 도움'이십니다. 제2차 바티칸 공의회는 마리아가 "신앙과 사랑과 그리스도와의 완전한 일치에 있어서" 교회의 뛰어난 모범(Exemplar)이라고 천명하였습니다(교회헌장 63항).

우선 성모 마리아는 믿음의 모범이십니다. "그대로 제게 이루어지소서"에서 나타난 마리아의 '피앗'(Fiat: 이루어지소서)은 교회와 신앙인이 매순간 두고두고 본받아야 할 믿음의 정수입니다.

다음으로 성모 마리아는 기도의 모범이십니다. 마리아는 엘리사벳을 방문했을 때(루가 1, 46 - 55 참조)에도 기도하셨지만, 잔칫집에 포도주가 떨어졌다고 당신 아들에게 알려드린 가나에서(요한 2, 1 - 3), 그리고 사도들과 함께 성령이 강림하시기를 기다리는 동안에도(사도 1, 14) 기도하셨습니다. 지금도 스스로 끊임없이 전구해 주시며 우리의 기도를 촉구하시는 '행동하는' 기도의 모범이십니다.

마지막으로 성모 마리아는 봉헌의 모범이십니다. 마리아는 하느님께서 정해주신 위대한 소명을 받아들이시고 자신의 삶을 남김없이 하느님께 봉헌하였습니다. 마리아는 자신뿐 아니라 아드님을 하느님께 봉헌하셨습니다. 성전에서 그리고 갈바리아에서(요한 19, 25 참조) 예수님을 봉헌하셨습니다(루가 2, 22 - 35 참조). 하느님의 뜻이 이루어지는 일이라면 모든 것을 바치신 마리아에게 사사로운 욕망이나 목표는 전혀 의미가 없는 것이었습니다.

둘째, 성모 마리아는 '발현' 하심으로 '믿는 이들의 도움'이 되십니다. 발현이란 감각을 초월하여 어떤 형태로 나타나는 하느님의 현현(顯現, Manifesta- tion) 또는 천사나 죽은 성인들의 출현을 말합니다.

성모님은 과달루페(멕시코), 로레또(이태리), 루르드(프랑스), 파티마(포르투갈), 바뇌 보랭(벨기에), 가라반달(스페인) 등 세계 여러 곳에서 발현하셨습니다. 최근에는 메주고리(유고)에 발현하여 평화의 메시지를 전하였습니다.

마리아는 발현할 때마다 위로와 촉구의 메시지를 남기셨습니다. 마리아 발현의 목적은 새로운 계시를 주시기보다는 복음서의 가르침을 상기 시키고, 어떤 교리를 특별히 강조하는 데 있습니다. 마리아는 당신 자신의 말을 하시지 않고, 마치 가나 혼인 잔치에서 아들 예수의 명을 따르라고 지시한 것처럼, '아드님의 메시지'를 반복하십니다.

- "깨어 기도하여라"(마태 26, 41; 루가 21, 36 참조).
- "회개하라. 하늘나라가 다가왔다"(마태 4, 17).
- "내가 이 반석 위에 내 교회를 세울 것이다"(마태 16, 18).
- "내가 세상 끝 날까지 항상 너희와 함께 있겠다"(마태 28, 20).

「주홍글씨」의 작가 나타니엘 호오돈은 마리아 발현의 의의를 잘 설명 해 주고 있습니다.

"가톨릭 신자에게 저 감미롭고 거룩한 동정 마리아는 언제나 하느님과 인간 사이에서, 하느님의 두려우리만치 위대한 힘을 부드럽게 전달해 주고, 하느님의 사랑을 여성의 부드러운 손길을 통해 보다 알아보기 쉬운 모습으로 우리에게 전달해 준다."

셋째, 성모 마리아는 전구로써 믿는 이들의 도움이 되십니다. 여기서 '전구'라는 말은 단지 그냥 사무적으로 전해 주는 것만을 뜻하지 않습니다. 마리아의 전구는 우리가 우리의 사정과 필요를 아뢸 때, 그것을 자비심과 연민으로 깊이 공감하시고 아드님이신 예수님께 '우리의 기도'에 '자신의 기도'를 보태서 전해 주시는 것을 말합니다. 그러니까 우리가 전구를 청할 때 우리보다 더 간절한 마음으로 '우리와 함께', '우리를 위해' 기도해 주신다는 것을 뜻합니다.

그러니 전구를 청하는 기도는 성모님을 통한 '전달'의 효과뿐만이 아니라 우리를 위한 '변호'와 '중재' 나아가 '연대'의 효과를 가져다주는 기도인 것입니다.

우리를 위해 전구해 주시는 마리아께 함께 기도해 줄 것을 청하는 것은 결코 하느님께 '손실'을 끼쳐 드리는 일이 아닙니다. 우리들이 마리아에게 드리는 것은 조금도 줄지 않고 틀림없이 모두 하느님께 바쳐질 뿐만 아니라, 오히려 더욱 많이 불어나서 하느님께 바쳐집니다. 성모 마리아는 충실한 전달자 이상의 역할을 하는 분이십니다.

예수 그리스도가 구원의 유일한 중재자 되시는 것은 누구도 부인할 수 없습니다. 예수님만이 길이요 진리요 생명이십니다. 성모님이 구원에 이르는 길이 될 수는 없습니다. 성모님을 거치지 않고도 예수님을 만날 수 있습니다. 그러나 성모 마리아는 우리가 예수님께 나아가도록 도와주십니다. 성모님은 예수님께 우리가 나아가는 데 장애가 아니라 모범이요 안내자요 동반자입니다. 굳이 성모님을 통하지 않아도 되지만, 통하지 않으면 그만큼 전구의 은혜를 못 누릴 따름입니다.

▌ 가톨릭교회의 성인 공경

교회는 "성도들의 친교"이다. 이 말은 "거룩한 것들"(sancta)의 공유, 무엇보다도 성찬을 가리킨다. 이 성찬을 통해 "그리스도 안에서 한 몸을 이루는 신자들의 일치가 표현되고 실현된다."

이 말은 또한 "거룩한 사람들"(sancti)이 "모든 이를 위해 돌아가신" 그리스도 안에서 이루는 친교를 가리킨다. 그리스도 안에서, 그리스도를 위하여 각자가 행하는 선과 각자가 당하는 고통은 모든 이를 위해 좋은 결과를 가져오는 그러한 친교를 가리킨다.

성인들의 전구

"천상에 있는 사람들이 더욱 밀접하게 그리스도와 결합되어 있기 때문에 그들은 전 교회의 성덕을 더욱 견고케 하며(…), 그들은 끊임없이 성부께 전구하며, 하느님과 사람들 사이의 유일한 중재자이신 예수 그리스도를 통하여 지상에서 쌓은 공로를 보여드리고 있다. (…) 따라서 우리의 약함은 그들의 형제적인 배려로 많은 도움을 받는다."

울지들 마시오. 죽은 후에 나는 여러분에게 더 유익이 될 것입니다.

그리고 내가 살아 있을 때보다 더 효과적으로 여러분을 도울 수 있을 것입니다.

저는 하늘로 올라가 땅을 위해 유익한 일을 하겠습니다.

성인들과의 일치

"우리는 그분들이 단지 모범이 되기 때문이 아니라 한걸음 더 나아가서 형제적 사랑을 실천함으로써 전 교회의 일치를 성령을 통해 강화하기 위하여 천상형제들을 기념하는 것이다. 지상 여정에 있는 그리스도인들의 일치가 우리를 그리스도와 결합시켜 주는 것과 마찬가지로 성인들과의 일치가 우리를 그리스도와 결합시켜 주는 것이니, 온갖 은총과 하느님 백성의 생명이 그 원천이며 머리이신 그리스도에게서 흘러내리기 때문이다."

"우리는 모든 그리스도 신자들, 지상에서 순례자로 있는 사람들, 남은 정화과정을 거치고 있는 죽은 이들, 하늘에 있는 복된 분들 모두가 일치하여 오직 하나의 교회를 이룬다고 믿는다. 그리고 이러한 친교 안에서 자비로우시고 사랑이 많으신 하느님과 그분의 성인들이 우리의 기도에 항상 귀를 기울이고 있다는 것을 믿습니다."

제16과

그리스도인의 완성

"그리스도를 죽은 자들 가운데서 다시 살리신 분께서 여러분 안에 살아 계신 당신의 성령을 시켜 여러분의 죽을 몸까지도 살려 주실 것입니다"(로마 8, 11).

그리스도인은 "주 예수 그리스도님〔…〕산 이와 죽은 이를 심판하러 오시리라 믿나이다."라고 고백함으로써 세상의 종말을 위해 재림하실 예수님을 고대하고 있음을 드러낸다. 또한 "영원한 삶을 믿나이다."라고 고백하면서 세상 마칠 때에 죽은 이들이 부활하리라는 믿음과 함께 영원한 삶에 대한 선언으로 우리의 신앙고백을 끝맺는다. 이와 같이 그리스도의 재림과 죽은 자들의 부활에 대한 믿음은 초기부터 그리스도교 신앙의 핵심적 요소였다.

"육체는 구원의 축軸이다." 우리는 육신의 창조주이신 하느님을 믿으며, 육신을 속량하기 위해 육신을 취하신 말씀을 믿으며, 육신의 창조와 구속의 완성인 육신의 부활을 믿는다.

죽음을 통해 영혼은 육신과 분리되지만 부활을 통해서 하느님께서는 변화된 육신을 영혼과 다시 결합시키심으로써 우리 육신에게 영원히 썩지 않는 생명을 돌려주실 것이다. 그리스도께서 부활하셔서 영원히 사시는 것처럼 우리 모두도 마지막 날에 부활할 것이다.

"우리는 우리가 지금 가지고 있는 이 육신이 참으로 부활할 것을 믿는다." 그러나 썩을 몸으로 무덤에 묻히지만 썩지 않을 몸, "영적인 몸"(1고린 15, 44)으로 다시 살아난다. 원죄의 결과로, 인간은 "범죄 치 않았던들 모면할 수 있었을 죽음을" 겪게 되었다.

하느님의 아들이신 예수께서는 우리를 위해 당신의 아버지 하느님의 뜻에 온전히 순명하시어 자유로이 죽음을 받아들이셨다. 예수께서는 당신의 죽음을 통해서 죽음을 이기셨으며, 이로써 모든 인간에게 구원의 가능성을 열어 주셨다. 모든 사람은 죽자마자 그 불멸의 영혼이 산 이와 죽은 이의 심판자이신 그리스도의 사심판으로 영원한 갚음을 받는다.

"우리는 그리스도의 은총 중에 죽는 모든 사람들의 영혼이…죽음 뒤의 저 세상에서 하느님의 백성이 된다고 믿습니다. 이 영혼들이 그들의 육체와 다시 결합되는 부활의 날에 죽음은 결정적으로 정복될 것입니다."

"우리는 천국에서 예수님과 마리아 주위에 모인 영혼들이 천상 교회를 이룬다는 것을 믿습니다. 그 곳에서 그들은 영원한 행복 중에 하느님을 있는 그대로 뵙고 있으며, 정도는 각기 다르지만 그들도 천사들과 함께 영광스럽게 되신 그리스도께서 수행하시는 하느님의 통치에 참여하여 형제다운 염려로 우리를 위해 전구하고 우리의 약함을 도와줍니다."

하느님의 은총과 사랑 속에 죽지만 완전히 정화되지 않은 사람들에게도 영원한 구원이 보장되기는 하지만 죽은 후에 하늘나라의 기쁨으로 들어가기에 필요한 거룩함을 얻기 위해 정화를 거쳐야 한다.

교회는 "성인들의 통공"에 근거하여 죽은 이들을 하느님의 자비에 맡겨드리고, 그들을 위해 기도하며, 특히 미사성제를 드린다.

교회는 그리스도의 모범을 따라, "지옥"이라고도 불리는 영원한 죽음의 슬프고도 비참한 현실"을 신자들에게 알려준다.

지옥의 주된 고통은, 인간이 창조된 목적이며 인간이 갈망하는 생명과 행복을 주시는 유일한 분이신 하느님과의 영원한 단절이다.

교회는 아무도 멸망하지 않도록 기도한다. "주여, 나로 하여금 항상 주를 떠나지 않게 하소서." 아무도 스스로를 구원할 수 없는 것은 사실이지만, "하느님께서는 모든 사람이 구원을 받기를 바라시며"(1디모 2, 4) "무슨 일이나 다 하실 수 있다"(마태 19,26)는 것도 사실이다.

지극히 거룩한 로마 교회는 심판 날에 모든 사람들이 자신들의 폼을 지니고 그리스도의 심판대에 올라 자신들의 행위를 보고하게 된다는 사실을 굳게 믿으며 고백한다.

종말에는 하느님의 나라가 완성될 것이다. 그때에는 육신과 영혼이 영광스럽게 된 의인들이 그리스도와 함께 영원히 다스리게 될 것이며, 물질적인 우주도 변화할 것이다. 그때 하느님께서는 영원토록 "모든 것 안에서 모든 것이"(1고린 15, 28) 되실 것이다.

▌개인의 죽음과 심판

교회는 두 개의 운명을 믿고 있다. 하나는 개개인의 운명이고, 다른 하나는 인류 전체의 운명이다. 당신이 죽음에서 기대할 수 있는 것이 신약성서의 히브리서에 표현되어 있다.

"사람은 단 한 번 죽게 마련이고, 그 뒤에는 심판을 받게 됩니다."(히브 9, 27)

지상의 나그네 길을 걷고 있는 당신의 생애는 죽음의 순간에 종점에 이르게 된다. 시간과 변화의 세상 저 너머로 건너간 다음에는, 당신은 더 이상 당신 생애의 궁극적 사랑과는 다른 어떤 실재를 선택할 수 없다. 만일 죽음의 순간에 당신의 '기본적 사랑-선택'이 우리가 신이라고 부르는 절대적 선이었다면, 하느님은 당신의 영원한 소유로 남아 있을 것이다. 이 영원한 하느님 소유를 '천국' 天國이라고 부른다.

만일 죽음의 순간에 당신의 '사랑-선택'이 하느님보다 못한 어떤 것이었다면, 당신은 그 절대적 선을 소유하지 못하는 근본적인 공허감을 경험하게 될 것이다. 이 영원한 상실을 '지옥' 地獄이라고 부른다. 죽음의 순간에 있을 심판은 당신이 돌이킬 수 없게 자유로이 선택한 조건, 즉 하느님과의 영원한 결합 또는 영원한 소외에 대한 명명백백한 계시로 이루어진다.

▌연옥과 성인들의 통공通共

만일 당신이 하느님 사랑 안에서 죽었지만 '죄의 얼룩들'을 지니고 있다면, 이런 얼룩들은 '연옥煉獄'이라고 불리는 정화과정 안에 있게 된다. 이 죄의 얼룩들은 주로 이미 용서는 받았으나 당신의 생애 동안 충분한 속죄가 이루어지지 않은, 경죄輕罪나 사죄死罪에 아직도 남아 있는 잠벌暫罰이다. 성서를 반영하고 있고 전승 안에서 발전된 연옥에 관한 교리는 제2차 리용 공의회 (기원후 1274)에서 명시적으로 표현되었다.

연옥을 통과하게 되면서 당신은 전혀 이기심이 없고 완전한 사랑을 할 수 있는 사람으로 변화되어 있을 것이다. 당신의 이기적인 자아, 즉 끊임없이 자기만족만을 추구했던 당신의 부분은 영원히 죽어 있을 것이다. '새로운 당신'이 당신을 위한 하느님의 사랑의 강렬함에 의해서 변형되고 순화된 당신의 통일한 내적 자아가 되어 있을 것이다.

연옥의 사실을 선포하는 것 외에도, 제2차 리용 공의회는 또한 "지상의 신자들이 연옥의 고통을 겪고 있는 사람들에게 미사의 희생제사, 기도, 희생, 그리고 다른 종교적 업적들을 그들을 위해 봉헌함으로써 커다란 도움이 될 수 있다."고 확신했다.

이 교리에 함축되어 있는 것은, 지상의 하느님 백성과 우리보다 앞서 간 사람들 사이에 존재하는 일치의 유대이다. 이것을 '성인들의 통공'(Communio sanctorum)이 라고 부른다. 제2차 바티칸공의회는 이 일치의 유대에 대해서 다음과 같이 말하고 있다.

"천상 영광중에 있거나 혹은 죽은 후에 단련 받고 있는 형제들과의 생명적 교류에 관한 선조들의 존귀한 신앙을 이 거룩한 공의회는 충실하게 받아들인다."(「교회헌장」 51항)

성인들의 통공은 쌍방통행로이다. 위에 인용한 구절에서 제2차 바티칸 공의회는 지상에 있는 당신이 연옥의 단련을 겪고 있는 자들을 도울 수 있는 것과 마찬가지로, 천국에 있는 사람들도 하느님께 전구轉求함으로써 나그네 여정 중에 있는 당신을 도와 줄 수 있다.

▌지옥

무한한 사랑과 자비이신 하느님은 또한 무한한 정의이시기도하다 인간의 자유에 대한 하느님의 전폭적인 존중은 물론 그분의 이 정의 때문에도, 지옥은 어떤 사람의 영원한 운명의 한 가능성이 된다. 우리는 하느님의 신비 가운데 이 측면을 완전히 이해하기는 어렵다. 그러나 그리스도께서 친히 그것을 가르치고 교회도 그렇게 가르치고 있다.

성서에는 지옥에 관한 가르침이 명백히 들어 있다. 마태오 복음서에서 그리스도께서는 의인義人들에게 이렇게 말씀하신다.

"너희는 내 아버지의 축복을 받은 사람들이니 와서 세상 창조 때부터 너희를 위하여 준비한 이 나라를 차지하여라."

그러나 불의한 사람들에게는 이렇게 말씀하신다.

"이 저주받은 자들아, 나에게서 떠나 악마와 그의 졸도들을 가두려고 준비한 영원한 불 속에 들어가라."(마태 25, 34. 41)

다른 곳에서는 예수님이 이렇게 말씀하시는 것으로 기록되어 있다.

"두 손을 가지고 꺼지지 않는 지옥의 불 속에 들어가는 것보다는 불구의 몸이 되더라도 영원한 생명에 들어가는 편이 나을 것이다."(마르 9, 34)

이 가르침으로부터 명백히 드러나는 한 가지 요점은 인간 자유의 실재이다. 당신은 하느님을 추구하고 그분을 섬기는 데 자유롭다. 그리고 그 정반대를 선택하는 데에도 역시 자유롭다. 어느 경우든 당신은 그 결과들에 대해 책임을 져야 한다. 생명은 중대한 문제이다. 당신이 생명을 사는 방식은 중대한 차이를 가져 온다. 당신은 하느님을 추구하는 데에 근본적으로 자유롭다. 그리고 그분의 부재不在라는, 말로 다할 수 없는 고통을 선택하는 데에도 근본적으로 자유롭다.

▌천국

당신 안에 하느님께서 현존하시는 은총은 하나의 씨앗과 같다. 생명을 담고 자라나는 이 씨앗은 어느 날 풍성한 결실을 내도록 되어 있다.

하느님께서는 자기 자신을 당신에게 주셨다. 그러나 감추어진 방식으로 주셨다. 시간이 지나면서 당신은 그분을 소유하고 있으면서도 그분을 찾아 나서야 한다. 그러나 그분을 찾는 일을 중단해야 할 때가 올 것이다. 그때 당신은 하느님을 완전히 바라보고 소유할 것이다. 이것은 계시된 사실이다.

사도 요한은 첫째 편지에서 다음과 같이 말한다.

"사랑하는 여러분, 이제 우리는 하느님의 자녀입니다. 우리가 장차 어떻게 될지는 분명하지 않지만, 그리스도께서 나타나시면 우리도 그리스도와 같은 사람이 되리라는 것을 우리는 알고 있습니다. 그때에는 우리가 그리스도의 참 모습을 뵙겠기 때문입니다."(1요한 3, 2)

그리고 바오로 사도는 고린토인들에게 보낸 첫째 편지에서 다 같이 말한다.

"우리가 지금은 거울에 비추어 보듯이 희미하게 보지만 그때에 가서는 얼굴을 맞대고 볼 것입니다. 지금은 내가 불완전하게 알 뿐이지만, 그때에 가서는 하느님께서 나를 아시듯이 나도 완전하게 알게 될 것입니다."(1고린 13, 12)

성부, 성자, 성령이신 하느님을 있는 그대로 얼굴을 맞대고 바라보는 것, 인간의 상상력을 넘어 실현되는 황홀경인 하느님과의 완전한 일치, 모든 것이 당신에게 언제나 새롭고 신선하게 현존하고 있는 영원의 '지금', 예수님과 그분의 어머니와 당신이 일찍이 알고 사랑했던 모든 사람과 함께 어울려 나누는 흘러넘치는 따뜻한 기쁨, 고통이나 후회 또는 나쁜 기억의 완전한 부재 不在, 당신이 지니고 있는 마음과 (심판날 부활한 이후의) 육신의 모든 능력들의 완전한 가동으로 인한 기쁨 등이 바로 천국이다.

말하자면 이런 것들은 하느님께서 그분을 사랑하는 사람들에게 약속하셨고 그리스도께서 죽음과 부활을 통해 우리를 위해 쟁취하신 것에 대한 인간적이고 초라한 지표인 셈이다.

▌새 하늘과 새 땅

마지막 날의 최후심판에 대한 믿음은 교회의 신경信經들 속에 분명하게 표현되어 있다. 그날이 오면 죽었던 사람들은 모두 부활할 것이다. 하느님의 능력에 힘입어 우리는 모두 육체를 지난 인간 존재로서 하느님 앞에 서게 될 것이다. 그때 역사의 절대적 주인이신 하느님은 성령께서 우리를 하나의 백성으로 만들려고 노력한 긴 역사를 통하여 인류가 행하고 겪은 모든 것에 대한 엄정한 심판을 내리실 것이다.

그 날은 언제 올 것인가? 제2차 바티칸 공의회는 모든 인간적인 것들을 위한 희망으로 가득 찬 한 주목할 만한 구절에서 이 문제를 제기하고 그에 대한 교회의 입장을 제시하고 있다. "우리는 땅과 인류의 완성시기를 알지 못한다. 우주 변혁의 방법도 모른다. 죄로 일그러진 현세의 모습은 분명 지나간다. 그러나 하느님께서는 새로운 거처와 새로운 땅을 마련하실 것이다. 거기서 정의가 지배할 것이고 그 행복은 인간들 마음속에서 치솟는 평화의 온갖 소망을 충족시키고 넘치리라는 가르침을 우리는 받고 있다."(「사목헌장」 39항)

우리에게 남아 있는 시간 동안 "이 지상에는 이미 새로운 세대를 어느 정도 암시해 주는 새로운 인류 공동체가 자라나고 있다.(「사목헌장」 39항)

그러므로 우리는 "인간 존엄성과 형제적 친교와 자유와 같은 인간의 본성과 노력으로 얻어진 훌륭한 결실을 전부 다 주님의 성령 안에서 주님의 계명에 따라 널리 지상에 전파한 후에, 모든 때를 씻어 버리고 광채 찬란하게 변모된 그것들을 다시 발견할 수 있을 것이다.(…) 그 나라는 이미 현세에 신비롭게 현존하고 있으나, 주님께서 다시 오실 때에 완성될 것이다."(「사목헌장」 39항)

그 왕국은 이미 신비롭게 현존하고 있다. 하느님께서 '그들의 눈에서 모든 눈물을 다 씻어 주실' 그때는 이미 시작되었다.

"이제는 죽음이 없고 슬픔도 울부짖음도 고통도 없을 것이다."

그분이 살아 있는 모든 것들에게 "이제 다 이루었다. 나는 알파요 오메가, 곧 처음과 마지막이다."라고 말씀하실 때 그날은 이미 시작되었다(묵시록 21, 4.5.6).

그 동안 우리는 다가올 그 왕국이 충만히 꽃피어날 수 있도록 일하고 기도한다. 초기 그리스도인들처럼 우리도 "마라나타!"(Maranatha!), 즉 "오소서, 주 예수님! 우리가 당신을 찾고 있습니다."라고 외치고 있다.

단원 VII

그리스도의 신비 기념

그리스도인의 예배생활

1. '전례'란 무엇인가!

예수께서는 이 세상에 오셔서 우리 인간을 위해 자신을 희생하여 하느님과 인간을 화해시켜 주셨다. 이런 정신으로 하느님의 백성인 교회는 교회의 설립자인 그리스도의 행적을 본받고 계승하여 하느님께 찬미와 감사와 흠숭을 드린다. 개인적으로 하느님께 기도하고 예배를 드리기도 하지만, 함께 모여서 기도하고 예배를 드리기도 한다. 가톨릭교회의 신도들이 한데 모여 "하느님께 드리는 공적 예배"를 '전례' 典禮라고 한다.

전례를 예전禮典, 예절, 의식儀式으로 알아들을 수도 있다. 또한 '예배'라는 말로도 표현할 수 있다 그러나 '전례'라는 말에는 역사적인 뜻이 담겨 있다. '전례'란 본래 '공적인 일' '백성을 위한 봉사'라는 뜻이다. 그리스도교의 전통에서는 하느님의 백성이 '하느님의 일'에 참여하는 것을 전례라고 한다.

신약성서에서 '전례'라는 말은 주님께 드리는 예배의 거행(참조: 사도 13, 2)을 뜻하며, 복음 선포와 사랑의 실천도 가리킨다. 교회는 전례를 거행함으로써 그리스도께서 이 세상에서 하셨던 구원 사업에 참여 한다. 교회는 전례의 중요성에 주목하면서 이렇게 가르친다. "전례는 교회의 활동이 지향하는 정점이며, 동시에 거기에서 교회의 모든 힘이 흘러나오는 원천이다. 왜냐하면 사도직 활동의 목적이 신앙과 세례를 통하여 하느님의 자녀가 된 모든 이가 한데모여 교회 한가운데에서 하느님을 찬미하며 희생 제사에 참여하고 주님의 만찬을 먹도록 하는 것이기 때문이다"(「전례헌장」 10항).

전례는 그리스도 전체, 즉 머리와 몸이 하는 일이다. 우리의 대사제께서는 천상의 전례 중에 하느님의 거룩하신 어머니와 사도들과 모든 성인들과 이미 하늘나라에 들어간 사람들의 무리와 더불어 이 전례를 항상 거행하고 계신다.

전례를 거행하는 모든 회중은 각기 자신의 임무에 따라 "전례 거행자"들이 된다. 세례성사에 의한 사제직은 그리스도 신비체 전체의 사제직이다. 그러나 어떤 신자들은 신비체의 머리이신 그리스도를 대리하기 위하여 신품성사로 서품된다.

전례의 거행에는 창조(빛, 물, 불)와, 인간생활(씻음, 기름 바름, 빵을 나눔)과, 구원의 역사(파스카 예식) 등에 관계되는 표징과 상징들이 포함된다. 신앙의 세계로 들어와 성령의 힘을 받은 이러한 우주의 요소들과 인간적인 예식들과 하느님을 기념하는 이 행위들은 그리스도의 구원과 성화 행위를 우리에게 전해준다.

말씀의 전례는 전례 거행의 필수적 부분이다. 전례 거행의 의미는 선포되는 하느님의 말씀과 그 말씀에 대한 응답인 믿음의 투신으로 표현된다.

노래와 음악은 전례행위와 밀접한 관계를 가지고 있다. 그것들을 선용하는 기준은 기도의 아름다운 표현, 회중의 일치된 참여와 전례 거행의 신성한 특성에 있다.

성당과 집에 있는 성화상은 그리스도의 신비 안에서 우리의 신앙을 일깨우고 기르기 위한 것이다. 그리스도와 그분의 구원사업에 관한 성화 상을 우리가 소중히 하는 것은 바로 그리스도를 흠숭하는 것이다. 우리는 하느님의 거룩하신 어머니와 천사와 성인들의 성화 상을 소중히 하면서 그분들을 공경한다.

"주님의 날"인 주일은 "그리스도께서 부활하신 날이기 때문에 성체성사를 거행하기에 가장 적절한 날이다. 주일은 특히 전례 모임의 날이고, 그리스도인들의 특별한 날이며, 즐거움과 휴식의 날이다. 주일은 전례주년 전체의 기초요 핵심이다.

교회는 "일 년에 걸쳐서, 그리스도의 모든 신비, 즉 강생과 성탄부터 승천, 성령강림일, 그리고 복된 희망에 대한 기대와 주님의 재림에 대한 기대까지를 전개한다."

지상의 교회는 천주의 거룩하신 모친을 비롯하여 사도들과 순교자들과 다른 성인들을 전례력에 정해진 날에 기억함으로써, 천상의 전례와 일치해있음을 드러낸다. 교회는 영광을 입은 당신 지체들의 구원을 완성하신 그리스도께 영광을 드리며, 그 지체들이 보여주는 모범은 하느님 아버지를 향해 나아가는 길에 있는 교회를 격려한다.

성무일도를 거행하는 신자들은 시편기도와 하느님 말씀에 대한 묵상과 찬가와 찬미를 통하여 우리의 대사제이신 그리스도와 일치한다. 그리하여 성부께 영광을 드리며 온 세상에 성령의 선물을 주시도록 간청하시는 그분의 끊임없는 보편적 기도에 합심한다.

그리스도께서는 "하느님의 영광이 머물러있는 곳"인 하느님의 참된 성전이시다. 그리스도인들도 하느님의 은총으로 성령의 성전이 되며, 교회를 이루는 살아있는 돌이 된다.

교회는 지상적 조건 때문에 공동체가 모일 수 있는 장소를 필요로 한다. 우리의 가시적 성당들은 거룩한 장소이며, 나그네인 우리가 향하여 나아가는 거룩한 도성 천상예루살렘의 표상이다.

성당 안에서 교회는 거룩하신 삼위일체께 영광을 드리는 공적인 예배를 거행하며, 하느님의 말씀을 듣고, 하느님을 찬미하는 노래를 부르며, 자신의 기도를 올리고, 회중 가운데 성사로 현존하시는 그리스도의 희생 제사를 드린다. 성당은 또한 묵상과 개인 기도를 위한 장소이기도 하다.

전례 전통과 교회의 보편성

전례의 거행은 교회가 존재하는 그곳의 민족문화 안에서 표현되는 것이 당연하지만, 그 문화에 종속되어서는 안 된다. 한편 전례 자체가 문화를 발생시키고 형성하기도 한다.

합법적으로 인정된 여러 가지 전례 전통이나 예법은 교회의 보편성을 드러낸다. 그 다양한 전례 전통들이 유일한 그리스도의 신비를 표현하고 전달하기 때문이다.

전례 전통의 다양성 안의 일치를 보증하는 기준은 사도전승에 대한 충실성이다. 즉 사도들에게서 물려받은 신앙과 성사들에 대한 일치이다. 이 일치는 사도적 계승으로 표명되고 보장되는 것이다.

전례 중에 행해지는 그리스도의 구원 행위

그리스도께서는 교회의 성사聖事들을 통해 당신의 은총을 나누어 주신다. 성사들은 그리스도와 만남의 통로이며, 우리가 감지 할 수 있고 다가갈 수 있는 그분의 표징(말씀과 행위)이다. 또한 그리스도의 행위와 성령의 능력을 통해서 각 성사들은 그 표징이 가리키는 주님의 은총을 실질적으로 받게 해 준다. 이와 같이 그리스도께서 성사들 안에 그 능력으로서 계시기 때문에, 누가 세례를 줄때에는 그리스도께서 친히 세례를 주시는 것이다. 또한 그분은 당신 말씀 안에도 계시니, 교회에서 성서를 읽을 때 말씀하시는 분은

바로 그리스도 자신이시다.

예수께서는 "단 한번"(로마 6, 10) 돌아가시고 묻히시고 죽은 이들 가운데서 부활하셔서 성부 오른편에 앉아 계시는, 역사에서 일어난 실제적이고 유일한 사건을 겪으셨다. 역사의 모든 사건들은 한번 일어났다가 과거 속에 묻혀 버리지만, 그리스도의 죽음과 부활은 모든 시대를 초월하여 생명이신 하느님께 우리를 인도해 주는 신비이다.

부활하신 그리스도께서는 사도들에게 성령을 주심으로써 거룩하게 하는 직무를 맡기셨다(참조: 요한 20, 21~23). 그리고 사도들은 같은 성령의 능력을 통해서 이 직무를 자기들의 후계자들에게 맡겼다. 이 '사도적 계승'은 교회의 전례 생활의 모든 구조를 이루며, 이 계승 자체가 성품성사로써 전달된다.

제18과

교회의 성사들

▌'성사'란 무엇인가?

신앙은 진공이나 에테르 공기 속에서 저절로 생겨나는 것이 아니라 물질세계 속으로 들어가는 것입니다. 물질세계의 표지와 상징들을 통해 우리는 다시금 하느님과 교류하게 됩니다. 그러니까 이 상징들은 우리 신앙이 구체적으로 육화하여 표현된 것입니다. 육체적 감각과 정신이 서로 관통하여 조화를 이루는 것은 하느님께서 육화하시고 지상의 사물들을 통하여 우리에게 모습을 보이시는 역사가 지속되는 것입니다.

성사들은 그러니까 하느님과 직접 교류하는 하나의 방식인 셈입니다. 성사들에서 드러나는 것은, 그것들이 그저 순전히 정신적이고 영적인 신앙의 표현이 아니라, 공동체를 이루고 그 공동체를 북돋우며 동시에 이 세상에서 하느님의 창초 사업에 참여하는 행위라는 사실입니다. 그런 방식으로써 창조의 요소들이 명료하게 드러나게 됩니다.

근본적으로 중요한 사실은 성사들 속에 신앙의 공동체적 성격과 육체적 성격이 표현되어 있다는 점입니다. 아울러 신앙이 우리 자신에게서 나오는 것이 아니라 한층 더 숭고한 절대 권력으로부터 오는 것이라는 사실이 이 성사들에서 분명하게 드러난다는 점입니다. 물론 이러한 성사들은 하느님의 전체 행위와 마찬가지로 우리의 자유에 맡겨져 있습니다. 성사들은 복음 자체와 마찬가지로 기계적으로 작용하는 것이 아니라 그에 대한 우리의 재량을 함께 포함하는 것이다.

신학자 요셉 라칭거(Joseph Ratzinger)는 그리스도 신앙이란 인간 역사 안에서 체험한 신을 대상으로 한다"고 하였다. 우리의 신앙은 주님이 우리 인간들 가운데 언제나 함께 현존한다고 받아들이며 긍정한다. 그런데, 과연 주님은 그 현존을 알아볼 수 있는 어떤 표지나 상징도 남기시지 않았는가?

사랑은 사랑하는 두 사람 사이의 만남이다. 이와 마찬가지로 은총은 하느님과 인간과의 만남이다.

인간 사랑에 있어서 두 사람이 서로 사랑할 때 두 사람 서로가 변하게 된다. '사랑을 하면 예뻐져요' 하는 유행가 가사처럼 말이다. 사랑이 인간을 미치게도 하고 살리게도 합니다. 사랑이 인간을 크게 변하게 합니다. 하느님은 변하시지 않기 때문에 변화하는 쪽은 인간이다. 이 변화는 지속되는 선물이며, 은총의 상태라고 불리는 하느님의 사랑을 통하여 우리에게 주어진다. 은총은 하느님과의 위격적 만남이기 때문에 은총은 역사를 이룬다. 그리고 바로 그러한 이유 때문에 은총은 또한 성사적이기도 하다. 우리 인간에게 생명의 은총을 주신 하느님께서는 성화은총 즉 은총의 상태를 계속 지속시키기 위하여 도움의 은총을 통해서 우리 인간 역사 안에 생활하시며 함께 현존 하신다. 내적 도움의 은총은 우리가 자유로이 구원의 활동을 이행할 수 있도록, 하느님이 우리 안에서부터 활기를 주시고 도우시는 선물이다. 외적 도움의 은총은 하느님이 우리를 움직이시어 당신을 알고 그의 삶에 참여하게 하는데 사용하는 모든 선물이다.

예수께서는 당신이 지금 사랑 안에서 사람들과 함께 계신다는 것을 어떻게 정확히 보여 주시며 믿는 이들에게 납득 시키시는가? 그들은 자신들이 그분의 사랑을 다른 이들에게 전해줄 수 있다는 것을 어떻게 알 수 있는가? 필자가 발견해 낸 것으로 예수께서 이 일을 어떻게 행하시는지 표현하는 데 도움이 될 만한 말은 바로 "틀 잡힘" 이라는 것이다. 그분은 당신을 믿는 이들에게 당신 사랑을 내 놓으시고 당신 사랑과 부르심을 상징 안에서 "틀 잡으심" 으로써 그들이 당신 사랑을 다른 이들과 함께 나누도록 부르신다. 그분은 믿는 이들과 함께 초월적으로 사시면서 볼 수 있고 의미 깊은 상징들 안에서 당신의 현존과 사랑 그리고 용서와 그 힘을 "틀 잡으신다." 그분은 이 상징들 안에서 당신의 현존과 현존할 수 있는 사랑을 전하신다.

그러나 이 점은 상당히 많은 것을 말해 주고 있다. 그래서 그 점이 그 일들을 지나치게 신비스런 방식으로 해가는 것으로 보일 법하다. 하지만 그렇지 않다. 이것이 바로 현존과 사랑을 통교하는 자연적인 방법이다. 이것이 인간이 행하는 방법인 것이다. 사람들은 상징 - 자신들의 육체의 행위라는 상징 - 을 통해서 서로 앞에 현존하고 사랑을 전한다. 그들은 사랑을 주고받으며, 스스로를 상징 안에서 "틀 잡음" 으로써 서로에게 용서와 그 힘을 옮긴다. 그들은 다른 이들을 향한 사랑과 용서를 얻고 다른 이들에게 그 힘을 부여해 주기 위해서 그들이 사랑하고 용서하며 또 그 힘을 부여해주는 그러한 이들에게 "보내 진" 상징들 안에서 이 초월적인 신비들을 틀림없이 "틀 잡는다."

예로써, 만일 내가 누군가를 사랑하면, 나는 그 사랑을 말이나 몸짓 안에, 하나의 선물 안에 혹은 이바지의 행위 안에 틀 잡을 수 있다. 즉 나는 말로 "사랑합니다" 할 수 있고 혹은 사랑하는 그에게 입맞춤과 악수 혹은 포옹을 할 수 있으며 혹은 "선물을 받아 주세요. 봉사하겠습니다." 하고 말할 수 있다. 달리 말해서 나는 나의 사랑을 하나의 상징 안에서 틀 잡고 그 "사랑을 죽 보내는 것이다." 만일 내가 한 사람에게 그 힘을 부여할 경우 나는 나의 힘을 말로라든지 글로 된 상징 - 진술 안에서 보내는 것이다. 그러면 그 사람은 나의 사랑과 그 힘을 내가 "죽 보낸" 상징 내부로부터 받는다. 눈으로 말한다. 눈빛으로 말한다. 온 몸으로 말한다. 손 움직임 수화로 말하고 소통하듯이 말입니다. 육체 - 영혼으로 된 인간의 인격은 육체 - 영혼으로 된 다른 인격에 대한 직접적인 사랑을 저절로 얻어 낼 수 없다. 사람은 그 사랑을 하나의 상징 안에서 틀 잡아야 한다. 사랑 - 하나의 영적이고 초월적인 신비 - 은 다른 사람 곧 사랑받은 이가 받아들일 수 있는 그 무엇인가로 바뀌어 드러나야 한다. 그래야 다른 이는 어떤 의미에서 열려 있는 내적 심리 구조를 통해서 그 틀 잡힌 사랑을 그 틀로부터 취할 수 있고 상징 안에서 그것을 보낸 사람의 사랑을 알 수 있다. 사랑은 그것이 한 사람의 인격으로부터 다른 이의 인격에로 도달할 수 있게 되기 이전에 언제나 상징화되고, 틀에 잡힌다(하나의 상징에 맞춰진다). 나는 그것을 줄 수 있다. 그러나 그것이 거기에 도달하고 보이며 거기 있다는 것이 알려지기 위해서는 하나의 상징에 맞춰져야 하고 상징 안에서 의식적으로 받아 들여져야 하는 것이다.

성사는 이렇게 정의할 수 있다. 그리스도께서 세우신 은총을 상징하고 또한 은총을 주시는 외적 표지로서, 주님과 위격적 만남의 생활 자체이다. 여기서 상징이니 표지이니 하는 말의 어원은 "함께 던지다"라는 희랍말에서 나왔다. 반지나 거울 같은 것을 두 조각내었다가 함께 맞추어 봄으로써 우정이나 계약을 알아볼 수 있는 징표나 표지인 것이다. 넓은 의미로는 어떤 볼 수 있는 사물이 볼 수 없는 다른 어떤 사물이나 의도를 드러내는 것이다. 본 의미로서, 상징 표정은 어떤 볼 수 있는 사물이 정신적인 것이나 신앙적인 것으로 끊임없는 은총 신비의 삶을 드러내 주는 거룩한 것을 표현한다. 상징의 역할은 인간 삶의 가장 깊은 체험들을 한 데 모아 의식의 수준으로 해석하며 알아듣고 구성하는 것이다. 이는 상징적으로밖에 표시할 길이 없으며, 전달할 수밖에 없다. 그러한 상징을 설정할 수 있게 된 것은 개개의 사물과 이 세상 우주 만물과 동떨어진 어떤 현실성을 먼저 체험하기 때문이라는 것이다. 상징은 그 어떤 체험이 있는 것에 있으며 그 체험의 표현이다. 미소가 굉장한 연설보다도 더 많은 것을 표현한다. 상호 인격적 사랑은 말보다 온 몸으로, 눈으로, 상징적으로 더 잘 표현된다. 때로는 침묵이 수많은 말보다 더 많은 말을 하는 금 이상인 것이다. 신학상으로 성사라는 용어는 두 가지 의미를 담고 있으며 상호 긴밀한 연관을 갖는다. 본래는 mysterion(신비)을 번역한 용어였다. 신비(심오한 진리) 란 "구원 경륜의 계시와 성취" 를 뜻한다.

3세기 초 떼르뚤리아누스는 성세와 성찬의 예식을 가리켜 "성사"(sacramentum)라는 용어를 처음으로 사용하였다. 이는 "신비"(mysterium)와 구별되어, "신비" 는 심오한 교의 상의 진리를, "성사" 는 오늘날 우리가 일반적으로 하는 성사라고 불리게 된 것이다. 성사는 볼 수 있는 표정에 의해서 하느님과 인간의 인격적 만남이 일어나는 것을 뜻한다. 그리고 표징은 표징 배후에 있는 실제에서 친교의 은총이다. 이것이 곧 하느님과 인간의 만남의 이유이자 결과이다. 아우구스띠노 성인에 의하면, 첫째, 성사는 외적 표지로서 눈으로 볼 수 없는 은총과 사랑을 눈으로 보게 하는 표지이다. 둘째, 신적 능력에 기인하는 것이지만 성사는 거룩하게 축성하는 힘을 갖고 있는 것이다. 즉 직접 하느님과 연결된 은총을 나타내는 것이다. 셋째, 성사는 말씀의 요소로 새로운 성질이 부여된다. 끝으로 성사의 원작자, 제 정자는 예수 그리스도이시다. 뜨리덴띠노 공의회는 성사란 보이지 않는 은총의 볼 수 있는 표지라고 정의했다. 토마스 아퀴나스 성인의 고전적 성사 정의에서, 성사란 "인간을 성화하는 거룩한 사건의 표지이다." 한편 이러한 성사관에서는 개인적 차원만 강조되어, "나만 천당 가면 그만이다" 라는 식으로 교회 공동체 차원이 지적되지 않은 채, 제 2차 바티칸 공의회에 이르렀다. 교회를 일컬어 성사의 신비체로서 "구원을 이룩하는 일치의 볼 수 있는 보편적 성사" 라고 한 것은 구원 경륜과 관련시켜 교회를 정의한 것이다. 교회는 이 구원 경륜이 역사 가운데서 성취됨을 인간들에게 계시하고 표상한다. 눈으로 볼 수 있는 표지로써, 하느님과의 깊은 일치와 전 인류의 깊은 일치(교회헌장 1항)를 표시하고 이루어준다.

성사란 외적으로 지각할 수 있는 모든 형태 안에서 주어지는 구원의 은총이요 사랑인 것이다. 따라서 성사는 하나의 표지이다. 새로 태어난 아기는 어머니의 사랑을 통해서 비로소 눈을 뜨게 된다. 아기가 짓는 첫 번째 웃음은 삶을 드러내는 최초의 표시로서 자기 어머니로부터 받는 사랑에 대한 첫 번째 응답인 것이다. "아가야! 웃음지어 엄마를 알아보렴." 고대의 로마 시인 비르질리우스의 詩귀절같이, 이 어머니의 미소와 사랑 없이는 아기의 정상적 성장은 불가능 할 수밖에 없다. 어느 누구도 이 어머니의 인격적 기능을 대치할 수는 없다. 태양이 산천초목을 일깨우듯이 사랑이 사랑을 일깨운다. 어머니가 자기 아이에게 미소를 지을 때, 그와 같은 표지는 어머니의 성사인 것이다. 그 아이는 어머니의 미소를 보고 어머니가 자기를 사랑한다는 것을 깨닫는 것이다. 어머니만이 자기 아이의 울음소리를 깨닫지 않는가! 우리는 어떤 사람에게서 다만 육체적인 것 물질적인 것만을 보지 않고 그 현존 뒤에 숨어 있는 인격을 예견하는 표지를 보게 된다. 따라서 모든 인간은 바로 성사인 것이다.

빵이니 술이니 물이니 기름 이런 것들은 우리 일상생활의 필수품이며 우리 인간 생명을 지탱하는 데에 절대 필요한 것이다. 이런 일상적인 상징과 표정으로써, 그리스도께서는 당신 구원 은총을 절정으로 성사 안에서 우리와 만나 함께 생활하신다. 그 의미하는 바를 실제로 이루어 주시는 약속의 현실성이 바로성사다. 즉 성사는 보이지 않는 실재를 예측케 하는 볼 수 있는 가시적 표지만이 아니라, 성사는 보이지 않는 실재와 우리를 일치시켜 주는 눈으로 볼 수 있는 상징적 표지이다. 신앙인들에게 가장 위대한 성사는 예수 그리스도이시다. 예수 그리스도의 인격을 통하여 신앙인들은 하느님과 일치할 수 있다. 일찍이 하느님 아버지를 본 사람은 없다(요한 1, 28). 그런데 아버지 품안에 계신 외아들로서 하느님과 똑같으신 그분이 하느님을 알려 주셨다. 볼 수 없는 "말씀"이 볼 수 있는 "사람"이 되어서 우리와 함께 사셨다. 그분은 외아들이 아버지에게서 받은 영광이었다(요한 1, 14). 예수 그리스도는 하느님께서 온 인류와 맺으신 사랑의 계약에 있어 상징적 실재적 표지이자 실현인 것이다. 예수님은 하느님과 만나는 성사가 되셨고 그 표지가 되셨으며 또한 우리를 거룩한 표지로 만드신다.

수많은 그리스도인들은 성서와 성사를 예수께서 당신 현존과 사랑 그리고 직무에의 부름을 주로 틀 잡으신 일로 여긴다. 믿는 이들로서 그 안에 예수의 삶과 말씀, 그리고 그분의 의지가 그렇게도 중대하게 틀 잡혀 있는 성서 없이 과연 무엇을 할 수 있을 것인가? 그들은 성서 안에서 예수를 듣고 발견한다. 그리스도인들은 그분이 자신들과 함께 계신다는 것을 알게 해주는 예수의 지상 생애와 그분이 주신 사랑에 관한 성서의 틀 잡음을 필요로 한다. 마찬가지로 그들은 성사를 필요로 한다. 예로써 그들은 당신 자신의 몸과 피를 주신 예수께서 이 사랑을 빵과 포도주 안에 틀 잡으시고 그것을 자신들에게 베풀어 주시면서 자신들과 함께 계신다는 것을 알게 해주는 성체성사를 필요로 한다. 그리고 또 다른 예에서처럼 목자 - 주교와 그의 양떼는 특별한 직무의 성사를 필요로 한다. 주교와 양떼는 만일 예수께서 당신의 부르심과 그 힘을 공동체가 증명하는 현존과 이미 불리움을 받은 목자 - 직무 수행자의 말과 손 안에 틀 잡지 않으신다면 주교가 양떼를 돌보고 예수의 목자 - 교사 - 집전자 직무에 한 몫을 하기 위해 진실로 불리움을 받았음을 어떻게 알게 될 것인가?

만일 인간 예수께서 당신의 아버지가 자신의 사랑과 부르심을 말로 기도에 대한 절실한 응답으로, 그리고 꿈과 환시로, 또 능력의 작용으로, 아울러 이런 저런 인식이 가능한 계시로 틀 잡지 않으셨다면 아버지의 사랑과 의지를 어떻게 알 수 있었을 것인가? 예수께서는 성서를 읽고 묵상하실 때 그리고 설교에 성공하시고 치유와 구마활동을 하실 수 있었을 때 아버지의 현존을 체험하셨다. 그분은 그 때 아버지의 사랑과 부르심을 아신 것이다. 이것이 바로 하느님께서 당신의 사랑과 그 힘을 틀 잡으셨고 또 그것을 이미 자신의 영혼 안에서 영혼을 심리적으로 열어 놓은 채 하느님이야말로 참으로 자신의 압바 - 아버지시요, 자신을 측량할 수 없을 정도로 사랑하신 분이시며, 자신을 메시아 사명을 향해 부르셨고 또 그 임무를 위해 능력을 부여하신 분이시라는 것을 발견한 예수께 "죽 보내셨던" 방법이다.

따라서 성사 안에 계시는 예수께서는 의미가 깊은 상징 안에 자신의 현존과 목적을 틀 잡으심으로써 당신의 현존과 사랑의 실체 그리고 믿는 이들과 함께 하시는 당신 존재의 목적에 초점을 맞추고자 하신다. 이러한 상징들은 그분의 실적인 사랑과 제자들이 직무 안에서 그분과 결합하게 되는 지속적인 부르심을 인간적으로 말하고 있고 또 부여해 준다. 그 상징들은 예수께서 여기에 계신다(어딘가 멀리서 그들에 말하고 부르는 이른바 "저 위에"가 아니라)고 보여준다. 그분은 사랑과 권능으로 당신의 형제자매들 안에 내재하신다. 상징들은 사람들로 하여금 그분이 여기 계시는 분이심을 알게 해주고, 그분께 도달하게 해주며, 그분을 만질 수 있게 해준다. 만일 그 틀 잡힘이 일상 생활과 일상적인 체험이라는 통상적인 것들이 아니었다면 그리스도인들은 과연 어떻게 내재의 신비를 깨닫고 살 수 있었을 것인가? 만일 예수께서 신비를 상징적으로 틀 잡지 않으시고 또 그것을 상징적으로 믿는 이들과 함께 거행하시지 않았다면 그들은 그러한 신비가 있다는 것을 어떻게 알 수 있었을 것인가?

게다가 예수께서는 사랑을 주심에 있어 늘상 사랑의 응답을 요구하신다. 그분은 믿는 이들을 직무에 부르시면서도 그것을 떠맡으려는 그들의 결단을 요구하신다. "예 예수님, 나는 당신을 사랑합니다." "예. 주님, 이바지하겠습니다." 바로 이런 결단을 요구하신다. 예수께서는 당신 백성이 "죽 보내신" 사랑과 권능을 받아들이고 그 제전에 참가할 때 그 백성의 사랑과 봉사하려는 서약을 받아들이신다. 그들은 상징들 안에 감각할 수 있게 틀 잡힌 그분의 사랑을 필요로 하기에 예수께서도 상징들 안에 틀 잡힌 그들의 응답적인 사랑이 필요하다고 결정하신다. 예수 이야기는 진정한 의미에서 하나의 사랑 이야기로 그것은 세상을 위한 예수의 사랑과 예수께 대한 세상의 사랑의 응답행위로 되어 있다. 예수께서는 믿는 이들에게 "말씀하시고" 그들을 "어루만지신다." 그들도 자신들의 신앙과 사랑 그리고 확약으로써 그분에게 "말하고" 그분을 "접해야" 한다. 성사가 이 일을 가능하게 한다. 성사들은 그분의 이야기이자 접촉이기도 하지만 동시에 사람들의 이야기이자 접촉이기도 하다. 두 가지 방식의 틀 잡힘이 모든 성사제전 안에서 발생한다. 예수께서는 이 일을 이런 식으로 원하신 것이다.

1. 하느님의 성사인 예수 그리스도 - 강생하신 하느님의 사랑

하느님과의 위격적 만남에서 성사가 되신 예수 그리스도의 인성은 외적 가시성이며 신성은 비가시적 요소이다.

역사적 인물 예수님의 현존은 아무런 표지도 남기지 않으셨는가? 교부학자 보수에의 말대로 "교회는 전파되고 연장된 지상의 예수 그리스도의 신비스런 몸이다." 죽으시고 묻히셨다가 부활 승천하신 하느님의 성사인 예수 그리스도를 계속 현존케 하는 성사적 신비의 표지와 상징은 바로 교회 안에서 그 예수 그리스도를 연장하는 성사인 것이다. 교회 신비는 지상에 계시는 주님의 몸이다.

부활하신 그리스도의 성사인 교회는, "단 두세 사람이라도 내 이름으로 모인 곳에는 나도 함께 있겠다."고 하신 말씀대로, 보고 만질 수 있는 성사적 공동체인 것이다. 즉 그리스도께서 부활하셔서 당신 제자들 공동체에 나타나신 그 의의와 목적은 당신 예수 그리스도의 지상 생활을 몇 주간 더 계속시켜 연장한다는 것뿐만이 아니고 당신 제자들과 교회가 당신 예수 그리스도의 구원적 현존(교회헌장 1항)의 새로운 양식을 이어받게 하는 것이다. 외적으로는 우리 교회가 불완전하고 완전으로 가고 있는 죄인들의 단체인 것처럼 나타나지만, 내적으로는 부활하신 그리스도의 영인 성령과 놀라운 일치를 이루고 있다. 인류를 거룩하게 하고 일치시키는 그리스도의 성사가 바로 교회이다.

제 2차 바티칸 공의회는 교회가 인간에 대한 하느님의 사랑의 신비를 보여주며 구원을 이룩하는 일치의 볼 수 있는 보편적 성사라고 한다. 교회는 "하느님과의 깊은 일치와 전 인류의 깊은 일치를 표시하고 이루어 주는 표지" 인 성사이다. 교회 공동체 안에서 부활하신 주님과 만나는 일곱 가지 형태의 특수한 만남인 것이다. 성사의 거룩하게 하는 힘이 제도적 교회의 일곱 가지 성사에서 나온다. 뜨리덴띠노 공의회에서는 예수 그리스도의 구속 공로를 저장한 무한히 거대한 저수지에 교회를 비유하고, 그 저수지의 일곱 배수관인 7성사에서 모든 인간에게 생명과 도움의 은총이 흘러나오는 것으로 보았다.

교회가 결정적인 인생의 계기에서 줄 수 있는 구원 은총이 인간적 형태로 나타나는 데에 대한 해석은 역사적으로 진전되어온 그리스도교 표상의 윤곽일 뿐이다. 인간의 무능력을 절규하게 되고 또 구원의 시점이 되는 인생의 일곱 가지 계기에서 교회는 구원 신비를 일곱 가지 형태로 실현한다.

그러나 성사는 이와 같은 제도적 율법주의에 국한될 수 없으며 신앙인의 생활전체 그리고 하느님 사랑의 상징적 발로라고 할 온 우주 전체가 바로 성사에 해당하는 것이다. 그 실제적 증거로 우리는 그리스도교 전통에 따르는 소위 준성사라는 것을 존중함으로써 성사적 상징을 보편적인 것으로 자인하여 온 것이다. 성사에 준하는 준성사란 어떤 장소나 인간들, 사물들, 선물들을 축복함으로써 거룩하게 하는 것이다. 따라서 전 우주에서 모든 인간 관계에서 하느님이 온 인류와 맺으신 계약의 상징적인 발현을 볼 수 있는 것이다.

더욱이 제 2차 바티칸 공의회가 넓은 의미로 교회를 하느님의 백성이요 그리스도의 성사로 정의하여 인격적이고 유효한 만남의 성사라고 보았다. 최근 학자들의 표현에 의하면, 그리스도는 우주를 구원하기 위해서 오신 "우주의 성사"라고도 한다. 예수 그리스도께서 인간의 육체를 취하신 강생의 신비로써 하느님의 성사가 되셨으니, 모든 지상적 가치는 구원의 차원 즉 성사성을 갖게 되었다. 신은 강생으로 세계를 당신 안에 받아들이셨다. 하느님의 구원 사업은 당신 자신을 모든 피조물에게 특히 우리들 인간에게 더욱 완전하게 내어 주시는 데 있다 "나는 너희 하느님이 되고 너희는 나의 백성이 되리라." 달리 표현하자면 하느님은 모든 피조물들을 계속 더 완전히 당신 안에 받아들이신다. 우리 안에서 그리고 세상 어디서나 하느님은 계속 당신을 내어주고 계시다.

이 자기 분여分與는 모든 피조물이 하느님께로 향하는 운동이기도 하다. 하느님께서는 예수 그리스도가 이 세상과 온 우주와 인간과 관련을 맺으심으로써 예수 그리스도의 거룩함과 같이 거룩한 것이 되게 하신 것이다. 우리는 더 이상 신앙의 세계를 갈라놓아서는 안 된다. 거룩한 천상적인 것이니 이 세상의 지상적인 것이니 하여 더 이상 두 개의 세계에 양 다리를 걸친 양 분리시켜 볼 필요가 없다. 우리 인간에게는 인간 예수 그리스도께서 강생하신 하나의 구원된 세계가 있을 뿐이다. 우리 인간적 가치는 구원의 차원을 갖고 거룩한 부활 생명의 상징이 된 것이다.

이런 의미에서 그리스도교는 모든 이를 위하여 살기 좋은 보다 나은 세계를 건설하려는 현대인의 노력을 격려한다. 성스러운 것과 속된 것 사이의 구별도 그렇게 분리시켜 뚜렷하게 선을 긋고 있지 않다. 예수 그리스도의 강생 수육으로 말미암아 하느님께서는 이 세상 지상적인 것 중에 거룩하게 축성되지 않은 것은 하나도 없게 되었다고 하신 것이다. 우주에 충만한 예수 그리스도로 말미암아 신과 인간 세계에 이원론이 사라졌기 때문에 일요일과 평일 사이의 기도와 노동 사이의 경신례와 문화 사이의 이원론이란 더 이상 있을 수 없다.

특히 제2차 바티칸 공의회는 전례헌장에서 기도와 공동체 의식과 성사성이 전례 안에서 융합 한다는 것을 재차 설명한다. 예컨대 떼이야르 드 샤르댕 신부는 "세상에서 드리는 미사" 에서 이렇게 묵상기도 형식으로 말한다. "주여! 당신의 사제인 나에게는 지금 면병과 포도주도 제단도 없나이다. 그러므로 나는 내 손을 이 넓은 우주에 펴서 이것을 송두리째 당신께 제물로 바치나이다. 당신이 변화시키고자 하시는 최후의 면병은 무한한 조물계가 아니니이까" 로 시작된다. 그리스도가 면병을 성체로 변화시키러 내려올 때 그리스도의 강생이 연장 되고, 이에 따라 그리스도의 활동이 작은 면병 조각에 잠시 현존하고 말지는 않는다. "나는 이제 이와 같은 상징적인 것을 떠나 실재 자체의 순수한 존엄성을 바라보나이다. 당신의 사제인 나는 온 세계를 제단으로 삼아 그 위에서 현세의 모든 수고와 고통을 당신께 제물로 바치겠나이다. 이 때 우리의 노고는 무수한 면병 조각이 되고 우리의 고통은 알알이 짜낸 한 모금의 포도주가 됨을 아나이다. 당신은 형체 없는 이 심오한 미사에서 항거할 수 없는 거룩한 욕구 - 나는 이것을 느끼기 때문에 확신합니다. - 를 불러 일으켜 신자거나 불신자거나 똑같이 '주여, 우리를 하나로 만드소서.' 하고 외치게 합니다."

① 예수는 그 인간적 본성에 의해서만 원성사로 고려될 수 있다. 그의 신성은 성사적인 것으로 이해 될 수 없는데 이것은 모든 형태의 성자 종속설을 피하기 위해서이다.

② 예수는 그 인성 안에서 하느님이 인류에게 베푸시고자 하시는 모든 것에 대한 성사이다: 하느님의 은총, 용서, 사랑, 현존, 이것은 예수의 성사성이 "무엇에 대한" 것인지 보여 주고 있다.

③ 예수는 그 인성 안에서, 인류를 위한 성사이다. 이것은 예수의 성사성이 "누구를 위한" 것인지 보여 주고 있다. 여기에서 "예수 그리스도 밖에는 누구를 위해서도 구원이 없다" 는 문제가 야기된다.

④ 예수는 자신이 선포한 것에 의한 성사이다. 그러나 그는 메시지를 전달하는 사절보다 더한 분이다. 그의 삶, 죽음과 부활도 그의 성사적 활동의 한 부분이다.

⑤ 예수는 단순한 하나의 성사가 아니라, 근원적(primordial) 성사이다. 예수는 그리스도교의 다른 모든 면들이 성사로서 이해될 수 있는 이유가 되는 기본적인 성사이다. 이러한 본질적인 관계는 성사신학 안에서 아직 많이 연구되지 않았다.

⑥ 예수는 유비적인 방법으로 이해될 수 있는 성사가 아니다. 유비의 이론으로는 "근원적 성사이신 예수"가 의미하는 것을 올바로 이해할 수 없다.

⑦ 성사로서의 예수는 충만한 신성을 조금도 손상시키지 않으면서 그의 충만한 인성을 이해할 수 있도록 우리를 도와주고 있다.

⑧ 성사로서의 예수는 구속의 의미를 이해할 수 있도록 우리를 도와주며, 구속을 이해하는 세 가지 주요 방법인 승리자(victor), 희생제물(victim) 그리고 계시자(revealer) 이론을 새로운 전망 안에서 제시하여 주고 있다.

성사는 인간의 거룩한 성화와 그리스도 몸의 건설을 이룬다.

성사는 신앙 공동체의 행위이며 공동체에 중대한 영향력을 갖는다. 성사는 교회 안에서의 구원 행위이다. 또한 하느님께 대한 흠숭 예배를 목적으로 한다(전례헌장 9항). 그리스도 생애의 신비로써 구원을 가져다주는 조직적 교회의 신비로운 경축이 성사인 것이다.

성사는 "역사를 초월하시는 하느님"과 시간 공간 속의 하느님 사이의 초월과 내재 사이의 상호관계에 있어 항상 초점이 되어 왔던 것이다.

성사화는 우리 삶의 가장 인간적인 측면들을 들어 올리고 찬양하며 기념하는 것이다. 성사는 인간의 성장과 발전에 가장 중대한 순간들을 기념하고 거룩하게 만든다. 성사는 참으로 인간다운 것들을 기념하고 포용한다. 모든 성사는 인간의 심연 속에 자리한 결코 그 무엇으로도 대체할 수 없는 어떤 선한 것을 선언하시는 하느님의 생명을 기억하고 현존하게 하면서 동시에 인간성을 드러내고 기억한다. 성사는 인격체의 삶을 형성해 주는 것이다.

2. 교회 - 역사의 성사 − 일상생활의 구원의 성사 - 살아온 사연들의 성사

폰 라트 신학자는 하느님의 계시 즉 당신의 비밀을 열어 보이시는 것은 인간 역사 한가운데서 라고 하였다. 그러므로 인간 역사는 인간이 그리스도 안에서 하느님을 뵙게 되는 장場 이다. 구약성서를 보면 하느님이 당신 백성 가운데 현존하신다는 진리가 이스라엘 민족과 그 나라 역사나 단계적 과정을 거쳐 계시된다. 그 같은 계시에 진전을 보면 인간 역사에서 하느님을 만나 뵙게 되는 형태를 알게 될 것이다. 하느님의 현존과 그분을 뵙는 것이다. 이스라엘 역사에서와 같이 성사란 역사적으로 눈에 보이는 형태로 주어지는 구원의 은총이요 선물인 것이다.

이스라엘 유다 민족은 자기 조상들의 하느님, 성조 아브라함과 이사악과 야곱의 하느님을, 출애굽의 역사를 통하여, '야훼' (있는 그자, 너희를 위한 신) 곧 역사의 신으로 체험한 것이다. 역사의 하느님을 믿는다는 것은, 하느님 자신이 예수 그리스도를 통하여 친히 역사 안에 현존하시고 따라서 인간은 이미 삶에 의미를 받았으므로, 능히 또 감히 의미를 창조 할 수 있다고 신뢰하는 것을 의미한다. 과거, 신의 존재 문제는 신이 계시다 안 계시다는 형이상학적 논리 전개였다. 그러나 오늘날의 신 문제는 의미 문제와 관련되어, 이에 응답함으로써만 참으로 우리 자신의 문제가 될 수 있다. 따라서 기술 산업 문명사회에서 인간으로서 우리가 신을 묻고 인간 자신이 의미로 대답해야하는 신의 존재나 현존을 체험코자 하는 소재는 무엇보다도 역사라는 것이다.

바로 성서의 신앙은 인간 역사의 사건, '역사적인 한 인간 나자렛 예수 그리스도 사건'을 통해서 당신을 계시하시는 하느님께 대한 신앙이다. 주의 공현인 역사의 하느님, 역사 안에서 구원하시는 하느님께 대한 신앙인 것이다. 여기서 말하는 인간 역사란 시간의 전후가 아니라 인간 자유의 역사 도정이다.

디트리히 본회퍼는, 우리 인간 힘의 한계에 응급수단으로 두었다가 우리 자신이 한계에 다다르면 불러대고 하는 그러한 기계적인 신은 이제는 지칠 대로 지쳐 있으므로 치워버려야 할 때가 왔다고 하였다. 우리는 신을 곤경과 실패 안에서만 찾을 것이 아니라 지상 현실과 삶의 현실에 충실한 가운데에서 찾아야만 한다. 그래야지만 신이란 우리 자신이 궁핍한 나머지 꾸며낸 것이며 우리 힘의 한계가 넓혀지면 쓸 데 없어지고 마는 현실도피가 아님을 드러낸다는 것이다. 지금까지 나의 신앙생활은 내가 아쉽고 필요해서 만들어낸 요청의 하느님만을 믿는다고 그런 신앙생활만을 해 온 것이다.

인간의 역사와 노력에는 두 가지 길이 있는데 인간 실존의 궁핍을 체험할 때에도 그러하지마는 같은 인간 실존의 충만함과 풍요함 그리고 아름다움과 위대함을 맛볼 때에 은혜를 입고 있는 실존임을 새삼 깨달아 간다. 나의 실존은 생명의 은총으로 베풀어진 것이며 나의 부모들은 나를 앞질러 나의 모든 행동 이전에 이미 나를 자애로이 받아주었다. 나의 부모들이 나를 부성애 모성애로 받아주었듯이 나도 이 보배로운 선사에 의미를 부여한다. 또 이 의미 부여에서 자신도 의미를 받아들여야 한다는 것을 인간은 깨닫는다.

신앙에 있어서 중요한 것은 회개하며 새 출발을 하는 것이다. 흔히 그것은 - 까뮈나 샤르트르처럼 세상을 허무로 완전 무의미로 보는 사람들에게는 - 거의 절망적인 부조리에의 도전으로 보이는가 하면, 또 흔히 - 떼이야르처럼 온갖 부조리의 그늘을 무릅쓰고 세상을 사는 사람들에게는 - 모든 것을 포용하는 사랑의 인도와 인력을 받고 있다는 확신으로도 나타나고 있다.

그리스도교 신앙은 이 두 가지를 다 선포하고 있다. 예수 그리스도 안에서 이 사랑은 모든 것을 구원하고 포용하는 - 그것도 철회될 수 없는 결정적인 -

사랑임이 알려졌다. 이 사랑은 인간에게 인류에게 역사적으로 행동할 - 그리하여 이 사랑에 미래와 종말의 확고한 기대를 걸 - 용기를 준다. 인간 사랑이란 영원한 생명에로의 흐름이요 관심이다. 사람을 사로잡는 은혜이다. 하느님의 전능하신 힘이란 인간과 세계를 자유롭게 두고자 하는 사랑의 행위이다. 교회는 은총과 제도의 복합체인 성사다.

3. 이웃 만남의 신비적 공동체로서의 교회

친교, 이웃의 성사인 교회

사랑은 두 사람과의 만남이다. 하느님과의 만남인 은총이란 우리가 신인神人이신 예수 그리스도에게서 하느님과 인간을 만나게 되는 것이다. 이 같은 주님과의 일치 곧 '거룩하다'는 경신례를 드리는 장소의 비좁은 테두리를 벗어나 초월한다. 우리는 타인들과의 만남에서, 특히 주님 생전에 그들과 일치하신, 가난하고 소외당하고 착취당하는 사람들과의 만남에서 그리스도를 뵙게 된다. 그들을 향한 사랑의 행동은 곧 하느님을 향한 사랑의 행동이다.

이브 꽁가르 신학자가 이웃을 일컬어 성사라고 한 것도 바로 이 때문이다. 이웃은 우리가 주님을 뵙고 모시게 되는 가견적加見的 실재이다. 하느님의 역설적 표징이라 할 것이 하나 있으니 곧 우리의 이웃이다. 인간이 하느님께 가장 깊이 접근할 수 있는 표징인 것이다. 이것이 곧 이웃의 성사이다. 바예호의 시詩귀에 이런 말이 나온다. "행운을 팔러 다니는 복권 장수를 보면 문득 나의 머리에는 하느님이 떠오른다." 그러나 인간은 누구나 우리에게 행운을 사라고 외치는 저 복권 장수와 같다. 영원한 행복, 영원한 생명, 구원을 사라고 말입니다.

인간을 만날 때 우리는 그 인간 마음 속 깊이 자리 잡고 계시는 하느님을 만나 뵙는 것이다. 이웃을 하느님께 가까이 갈 기회 또는 도구로만 생각한다면 큰 잘못이다. 즉 이웃을 하느님 때문에 사랑해서는 안 된다. 그렇게 한다면 이웃을 한낱 대상으로서 남용하는 것이다. 이런 사랑은 이웃 사랑과 하느님께 대한 사랑을 이원화하는 것이다. 하느님 안에서 이웃을 사랑해야만 한다. 주님을 위해서 남을 사랑한다는, 그런 상투어는 이웃을 한낱 기회나 도구로밖에 보지 않으며 인간 자체에 대한 진정한 사랑에서 하느님께 대한 사랑이 표현됨을 망각하고 있다.

인간에 대한 진정한 사랑, 이것이 우리가 하느님을 만나 뵙게 되는 한 가닥 유일한 길이다. 하느님께서는 우리 각 개인을 아무런 연결도 없이 개별적으로 거룩하게 하시거나 구원하려 하시지 않고 오직 사람들을 한 백성으로 모아서 당신을 진실히 알아 모시며 충실히 섬기도록 하셨다(교회헌장 9항).

이웃을 향한 회심, 이웃 안에서 주님께로 나아가는 회심, 타인들과 만남을 풍부하게 만드는 무상의 은총, 인간들의 친교와 인간과 하느님의 친교에 토대가 되는 유일무이한 그 만남…… 이것들이 바로 그리스도교적 기쁨의 원천을 이룬다. 우리가 이미 받았으나 아직도 기다려지는 그 선물에서 이 기쁨이 생겨난다. 오늘날 우리 사회에서는 공동체적 정치활동이 아니고서는 어느 구체적 개인을 사랑 할 수도 없는 공동 유대의 '이웃 신학' 을 전개하게 한다. 이웃이라고 할 때 사회적 관계를 바탕으로 대중 역시 우리의 이웃이다. 비오 12세의 표현을 따른다면, 정치적 사랑이 오늘날 사랑의 덕이다.

오직 자존하려는 의욕 즉 인간이 자아 현실에 스스로를 폐쇄했을 때에 지옥이라 할 것이다. 반대로 우리가 하늘이라고 이름 하는 저 높은 곳의 본질은 받아들임으로써만 얻어 질 수 있다. 스콜라 용어로 까닭 없이 자연에 거저 보태주신 선물 즉 은혜로써 채워진 하늘은 인간에게 선사로밖에 주어질 수 없다. 모든 것이 은총이다 는 저 허약한 말이 바로 성 마리아 어머니에게서 참 현실로 이루어진 것이다.

성사는 그리스도께서 제정하셨다

성사적 교회의 설립에 함축되어 있는 7가지 성사의 기본적 제정

구원의 은총을 눈으로 볼 수 있게 표현하는 교회는 그리스도의 은총에 대한 구원적 표징이다. 이것은 십자가에서부터 출발하여 부활과 현양으로 정점에 오름으로써 권능을 띤, 그리스도의 충만한 은총이 가견적 교회라는 위대한 내적 표징과 연결되어 있다는 것을 의미한다. 그 교회는 주님의 지상적 몸이다. 그러므로 교회는 영광을 받으신 그리스도의 몸인 원성사原聖事를 재현한다. 그리스도의 부활로써 교회는 은총의 표징이 되고 그 표징이 의미하는 실재를 부여하는 구원의 지상적 표징이 된다.

그러나 동시에 원성사 안에서 7개의 의식적 인 성사가 함축적으로 제정되었지만, 교회의 기초적인 창립은 원성사로써 완전히 충분한 것은 아니다. 주님의 현실적 구원 행위는 7성사 안에서 각 성사의 외적 표징에 의해 지시되는 의미에 따라 우리를 사로잡는다. 그러므로 원성사만으로는 충분하지 못하다. 그래서 그리스도 자신은 각 성사의 의미를 정하는 데 있어서 직접적인 역할을 하셔야만 했다. 이것은 그리스도 구원의 은총이 그리스도인의 구체적인 필요성에 부합되어야 함을 의미하기 때문이다. 또한 이것은 교회를 통하여 교회의 가견적 행위를 통하여 은총을 분배하여 주시기를 원하시는 그리스도께서 스스로 7가지 방향을 설정하여야 하셨으므로, 교회의 가견적 행위는 이 방향에 대한 중개이다. 그렇지 않으면 교회가 원성사로서 설정되는 덕분에 은총의 7가지 방향을 설정한 것은 교회라고 말할 수밖에 없다.

성사의 핵심이란 비오 12세께서 규정하셨듯이 "하느님의 계시의 원천에 따라, 주 그리스도 자신이 성사적 표징 안에 보존되도록 남겨 놓으신 것"이다. 엄밀한 의미에서 그리스도께서 제정하신 것은 무엇인가?

교회의 교도권은 이 문제를 결정하지 않았기 때문에 이 문제의 해결을 위한 여러 가지 시도가 있었다. 중세에 있어서 이미 이 문제에 관한 상이한 견해들이 있었다. 교회의 역사 과정에서 특히 스콜라 신학에서 등장했던 다양한 경향들은 다음의 네 항목으로 요약할 수 있다.

첫째, 그리스도께서는 성사의 외적 표징, 즉 성사적 활동과 성사적 말을 형식에 따라 개별적으로 재정하셨음을 주장하는 경향. 이런 주장은 신학자들이 성사적 의식이 거쳐 온 역사적 변천 과정을 온전히 모르는 시대에 발생할 수 있었다.

둘째, 그리스도께서 성사 의식의 두 요소를 구체적 외형까지 종류에 따라 규정하셨고, 그 후에 교회가 첨가한 것들은 성사의 합법성에 관한 조건이지 유효성에 관한 조건은 아니라고 주장하는 경향.

셋째, 그리스도께서 외적인 전례의 동작과 말에 있어서, 기초적이고 유형에 맞는 지침을 규정하셨는데, 사도 시대의 교회는 그 지침을 더욱 구체화시켜서 사도 시대 이후의 교회가 그것을 준수하도록 했다는 주장을 하는 경향. 어떤 학자들은 이 경향을 다음과 같이 표현하기도 한다. 즉, 그리스도께서는 외적 표징을 특별히 결정하셨으나, 교회는 또한 성사의 유효성에 관한 조건을 첨가시킬 수 있다는 것이다.

넷째, 현대 신학자들은 역사적 사실에 입각하여, 그리스도께서는 일곱 가지의 성사적 은총만을 제정하셨으며, 일곱 가지의 외적 표징 안에서 나타나는 이 은총은 교회 안에서 수여되도록 결정하셨다는 것을 긍정하는 경향.

그리스도께서는 교회가 사용하는 표징이 본질상 성사적 은총을 적절히 표현하는 내적인 적합성을 가져야 한다는 조건으로 7 성사의 외적 표징의 결정권을 교회에 위임하셨다는 것이다. 이 이론에는 하나의 유보 조항이 첨가되어 있다. 즉 어떤 성사에 있어서(예, 성세, 성체 성사) 외적 표징 자체에 대한 구체적 결정은 그리스도께서 설정하는 데서 기인한다는 것이다.

그리스도께서 제정하시고 틀 잡은 하느님의 자녀다운 생활을 할 수 있게 성사생활을 제정하시고 약속하시며 성령과 은총을 주신다고 약속하시고 이행하십니다. 성령과 은총을 얻는 가장 확실하고 좋은 성사생활을 성실히 열심하게 하여 나아갑시다.

예수께서는 현양되시고 영광을 받으신 후에도 초월적인 양태로 믿는 이들과 함께 사신다. 이 현존 양태는 영적이면서 보이지 않는 상태이기에 그분은 그 양태를 볼 수 있는 상징들과 상징행위 안에 틀 잡으심으로써 믿는 이들이 그 양태를 깨달을 수 있게 하신다. 그분은 그리스도인들에게 비밀스럽고 힘이 있는 결과를 제시하는 일종의 마술적인 보충물을 남겨 주신 것이 아니다. 좀 더 정확하게 말하면 예수께서는 당신 자신을 남겨주신 것이다. 그리고 그분은 다시 오셨다. 그래서 그분은 지금 여기에 계신다. 그분은 당신의 현존과 사랑 그리고 권능을 당신의 제자들이 보고 듣고 만지며 또 응답까지도 할 수 있는 상징들 안에 틀 잡으심으로써 당신이 여기 계심을 보여주신다. 예수께서는 그들이 볼 수 있고 들을 수 있는 그리고 만질 수 있는 상징들을 통해서 서로 통교하듯이(이것은 육 - 영으로 된 사람들의 자연적인 언어이다) 예수께서도 그들과 그렇게 통교하신다.

성사들이 예수의 상징행위들로 이해될 때 믿는 이들은 놀라운 실재론을 알아들으면서 그분의 현존이 자신들에게 근접한 것임을 파악할 수 있게 된다. 그들은 그분 사랑의 깊이와 폭을 좀 더 깨닫게 되는 것이다. 그분은 그들을 애매하고 별 것 아닌 방식으로 사랑하시는 것이 아니라 파스카 사랑으로 그들을 사랑하신다. 그분은 당신의 생명을 그들에게 충만히 주셨고 또 당신 사랑을 인생의 모든 국민에까지 확산한다. 성사들은 그분 사랑을 와서 보고 듣고 만지라는 예수의 초대인 것이다.

성사들이 예수의 사랑을 틀 잡을 때 그것들은 또한 믿는 이들의 신앙과 사랑을 틀 잡는다. 이것이 성사들을 위해서 정말 중요한 부분이다. 예수께서는 당신의 사랑을 베푸는 상징들 안에 현존하신다. 그러나 그분은 당신 사랑에 대한 응답을 추구하시고 또 마땅히 받으셔야 한다. 성사들은 믿는 이들에게 예수께 응답하는 가장 적당한 방법을 제공한다. 성사들은 그분에게 감지할 수 있는 형태로 당신 사랑을 "주시는" 방법을 마련해 드리면서도 믿는 이들에게는 그분께 대한 자신들의 신앙과 사랑을 "드리기" 위한 일종의 멋진 방법을 마련해 준다. 사실 예수께서 사업을 추진하시고자 지니신 성사적 "사랑 - 주도권"을 위해 믿는 이들의 "신앙 - 사랑"의 응답이 필요하다. 그분의 사랑은 그들의 신앙 - 사랑이 당신께 도달하지 않으면 그들에게 당도할 수 없다. 예수께서는 당신 사랑을 성사들 안에 틀 잡으심으로써 믿는 이들에게 "그 사랑을 죽 보내실 수" 있으시다. 그들 역시 자신들의 신앙과 사랑을 틀 잡음으로써 그것들을 예수께 죽 보낼 수 있는 것이다. 성사들은 이렇게 "보냄"을 가장 쉽게 하는 도구들이다.

　구원이란 예수의 사랑을 아는 것이다. 사람들은 그분의 사랑을 알기 위해 신앙을 통해서 자신들을 그분께 열어 보여야 한다. 그들은 자신들의 사랑을 그분께 드려야 하는 것이다. 우리가 아는 바 신앙과 사랑은 초월적이고 영적인 실체들이다. 그 실체들이 생겨날 때 그 발생은 한 인격의 영혼과 정신 안에서인 것이다. 그러나 사람들이라면 육신 - 영혼으로 되어 있다. 그들이 자신들의 마음속 깊이 믿고 사랑할 때 그들은 이러한 영적 사건을 느낄 수 있는 상징들 안에 "틀 잡을" 필요가 있게 되고 그럼으로써 그 믿음과 사랑을 예수께 죽 보낼 수 있다. 사람들이 그렇게 하는 것은 본능적이고 자연적이다. 인간으로서 믿는 이들과 인간으로서 사랑하는 이들은 자신들 마음 안에 있는 신앙과 사랑을 열쇠채운 채 보존하고 있을 수만은 없다. 그들은 어떤 식으로는 그것을 구체화해서 틀 잡기 마련이고(상징들 안에 집어넣음) 그래서 이러한 내적이고 초월적인 실체들이 그들이 신뢰하고 사랑하는 그 누군가에게 보내질 수 있게 한다. 만일 그들이 자신들 마음 안에서 진전되고 있는 것을 말이나 행동으로 상징화하지 않으면 그 무엇이 거기에서 진전되었는지 의심만을 할 수 밖에 없다.

믿는 이들은 마음속으로 "예수님, 당신을 받아들이고 사랑합니다. 저의 전 인생을 당신께 바칩니다." 라고 말한다. 그러나 그들은 이러한 내적이고 영적인 회심을 어떻게 최고로 구체화하고 틀 잡을 수 있는가? 세례(적어도 어른의 경우)가 자신들이 받아들이는 일과 사랑하는 일 그리고 바치는 일을 틀 잡는 가장 적절한 첫째 방법으로 보인다. 구원이란 예수 그리스도를 아는 것이다. 사람들은 그분의 사랑을 알기 위하여 신앙을 통하여 자신들을 그분께 열어 보여야 한다. 그들은 자신들의 사랑을 그분께 드려야만 한다. 그리스도인들이 예수께서 당신 교회 앞에 어떻게 현존하시는지 관하여 동의해야한다.

제 **19** 과

그리스도교 입문의 세례성사와 견진성사

▌세례 생명의 축제

새로운 탄생

성세 즉 세례성사는 우리를 하느님 백성의 일원이 되게 하는, 볼 수 있는 표정이다. 영원한 생명의 말씀과 더불어 물로 씻음으로써 하느님 자녀다운 새로운 생명을 얻는다. "물과 성령으로 새로 나지 않으면 아무도 하느님 나라에 들어갈 수 없다"(요한 3, 5)

세례는 하느님으로부터의 새로운 탄생이며, 주님이신 나자렛 예수 그리스도와 결합하여 그분의 일생과 죽음과 부활한 새 생명에 참여하는 것이다. "세례를 받고 그리스도 예수와 하나가 된 우리는 이미 예수와 함께 죽었다는 것을 모르십니까? 과연 우리는 세례를 받고 죽어서 그분과 함께 묻혔습니다."(로마 6, 3 - 4)

(세 번 물속에 담갔다가 꺼내는, 동방교회의 침례수는 주께서 사흘 동안 땅속에 묻히셨다가 부활하신 것을 상징한다.)

물로 씻는 세례성사는 그리스도의 신비가 인간에게 가져다주는 정화와 새 생명을 전해준다. 성세성사를 받는 순간, 우리는 죄악에서 죽고, 그리스도의 새 생명을 얻는다. 사람은 이러한 '거듭 남' 再生을 통해서 그리스도인이 된다. 우리는 세례를 받아 새 사람이 된 바로 그 순간처럼, 일평생을 그리스도의 생명으로 살아나가야 한다. 그것은, 그리스도와 함께 죽고 그리스도와 함께 부활하는, 완전히 변모된 삶이다.

세례는 하느님 나라에 소수의 선민들을 불러들이는 부름에 그치지 않고, 하느님의 은총으로 모든 사람을 부르고 있는 초대이다. 그리스도의 죽음과 부활 생명에 인간을 참여시키는 성세성사는 전 인류의 일치가 이루어지는 인간애의 근원이다. 그리스도인 생활의 표상인 성사는 신앙인 개개인의 생활에만 국한되는 것이 아니고 그 인간 생활 전체에서 실존을 규정하고 행동을 자극하는 표상인 것이다. 이것이 성사의 사회적인 맥락이다.

세례는 일평생 계속되는 회두의 시초로서 "죄 사함" 이라는 말이 우리에게 상기시키는 그리스도인 실존의 기본적 전조가 된다. 세례는 빛의 승리다.(그래서 세례는 조명이라고 부른다.) 그러나 이 승리는 일생의 투쟁이다.

지속적인 회개생활로 항상 주 안에 다시 태어나는 생명으로 산다.

▌두 아들의 비유

28 "너희는 어떻게 생각하느냐? 어떤 사람에게 아들이 둘 있었는데, 맏아들에게 가서 '애야, 너 오늘 포도밭에 가서 일하여라.' 하고 일렀다.

29 그는 '싫습니다.' 하고 대답하였지만, 나중에 생각을 바꾸어 일하러 갔다.

30 아버지는 또 다른 아들에게 가서 같은 말을 하였다. 그는 '가겠습니다, 아버지!' 하고 대답하였지만 가지는 않았다.

31 이 둘 가운데 누가 아버지의 뜻을 실천하였느냐?" 그들이 "맏아들입니

다." 하고 대답하자, 예수님께서 그들에게 말씀하셨다. "내가 진실로 너희에게 말한다. 세리와 창녀들이 너희보다 먼저 하느님의 나라에 들어간다.

32 사실 요한이 너희에게 와서 의로운 길을 가르칠 때, 너희는 그를 믿지 않았지만 세리와 창녀들은 그를 믿었다. 너희는 그것을 보고도 생각을 바꾸지 않고 끝내 그를 믿지 않았다."(마태 21장 28 - 32)

▌변화된 생활

사람이 세례로써 두드러지게 변하는가? 갑자기 성숙하고 더욱 깨끗하여졌음을 체험할 수도 있고, 아무런 변화도 깨닫지 못하는 수도 있다. 한 신앙인으로 탄생할 뿐만 아니라 성숙한 신앙인이 되어야 한다.

세례로서 회개생활의 입문만 하였지 지속적인 회개생활을 제대로 본격적인 단계 궤도로 올라가서 세례 받은 하느님 생명으로 살아 나아가지 않는다는 것이다.

젊어지는 샘물 이야기가 있다. 어느 깊은 산 속에서 산나물을 캐던 칠순 할머니가 산골짜기에서 솟아나는 샘물을 먹고 어여쁜 처녀로 변하였다. 집에 돌아온 그는 늙은 영감에게 이 같은 사연을 이야기하니, 자기도 젊어지겠다고 일러준 곳으로 갔다. 그러나 너무 욕심을 부려 지나치게 퍼먹었는지 갓난아기로 변해 버렸다.

성세성사를 받은 우리 자신들의 모습을 비겨 볼 수 있는 이야기다. 하느님의 생명으로 다시 태어났다고 하면서도, 삶이 바뀌지 않고 자기 욕심만 차리고 산다면, 언제까지나 갓난아기로 머물러 있을 것이다. 신앙이 조금도 성숙하지 못하면, 신앙생활이란 날로 짐스럽고 힘들어만 가며 신앙은 달고 가벼워야 할 사랑의 짐이 되지 못할 것이다.

오늘날까지 성세성사를 받은 자들의 신앙생활과 그 정신 상태를 돌이켜볼 때, 자기 자신만을 위한 전지전능하신 하느님으로 행세해주시기만을 바란다. 이웃이야 어찌되든 자기 욕심만 채워지기를 바라는 기복 신앙을 보게 된다. 그것은 요청의 신, 위기의 신만을 섬겨, 역사의 주인이신 사랑의 하느님을 시험하려 드는 것이다. 언제까지나 무기력하고 미성숙한 어린 아이로만 머물러 있으려는 데에 우리 신앙생활의 문제가 있다. 오히려 하느님께서 갓난아기로 오심은 우리 인간이 성숙하게 되게 하셔서 갓난아기와 함께 살게 하시려는 것이다.

"저마다 제 실속만 차리지 말고 남의 이익도 돌보십시오. 여러분은 그리스도 예수께서 지니셨던 마음을 여러분의 마음으로 간직하십시오. 그리스도 예수는 하느님과 본질이 같은 분이셨지만, 굳이 하느님과 동등한 존재가 되려 하지 않으시고, 오히려 당신의 것을 다 내어놓고, 종의 신분을 취하셔서, 우리와 똑같은 인간이 되셨습니다. 이렇게 인간의 모습으로 나타나 당신 자신을 낮추셔서 죽기까지, 아니, 십자가에 달려서 죽기까지 순종하셨습니다."(필립 2, 4-8)

성숙한 신앙인은 무기력하고 가난한 어린 아기로 마구간에 태어난 구세주 그리스도를 이 세상에서 발견할 수 있다. 그러려면 자기 욕심의 미숙한 껍질을 깨뜨리고 나와 신앙의 자유를 누려야 한다. 우리가 헐벗고 굶주리며 고통받는 이웃과 함께 그들 속에서 살아갈 수 있을 때, 하느님 사랑의 위대한 신비를 깨닫게 될 것이다.

우리는 순간순간마다 성숙한 신앙인으로서 완전을 향해 나아가야 한다. "하늘에 계신 아버지께서 완전하신 것같이 너희도 완전한 사람이 되어라." (마태 5, 48). 우리는 온전한 정신과 마음으로 온 힘을 다해 하느님과 이웃을 사랑하여야 한다. 사랑으로 맺어가는 이웃과의 관계, 그 동일한 연장선상에서 주님을 만나는 것이다. 참다운 인간애를 통한 이 같은 삶의 변화만이 하느님 나라의 희망과 그 미래를 받아들일 수 있다.

초대 그리스도교의 세례는 곧 도래할 하느님의 심판을 나타내는 표징에서 부터 이미 예수 그리스도께서 역사 안에서 실현시키신 구원의 선포에 이르기 까지 진전되었다. 세례를 받는다는 것은 그리스도의 이름을 취하는 것이며, 따라서 그리스도와 함께 그리스도 안에서 하느님의 자녀가 된다는 것이다. 하느님의 자녀인 우리는 그리스도의 형제자매가 되고, 우리는 모두 한 형제로 서 그리스도의 몸인 하나인 교회를 이룬다. 세례를 통하여 우리는 고립된 자 아를 떠나 새로운 자아를 발견하고 모든 이웃을 형제로 받아들이는 것이다.

▌죽음과 삶의 표징

세례는 죽음의 성사이며, 그러기 때문에 부활의 성사이다. 세례는 또한 씻 는 것 이상의 것이다. 세례 때 사용되는 물은 이중의 상징성을 지니고 있다. 물이 바다로 나타날 때에 그것은 죽음을 상징하지만, 이와 반대로 물이 우주 만물의 근원으로 이야기될 때에 그것은 생명을 상징한다. 현대의 발생학은 지상의 모든 생명이 물에서 온다는 것을 밝혀내었다. 태초에 모든 생명은 바 다에 있었다는 것이다. 인간의 생명이 잉태되어 자라나는 태중의 양수羊水라 는 것도 바닷물과 같은 물질로 이루어져 있다. 우리의 생명은 물에서 온다. 물은 생명을 가져다주고 또한 땅에 열매를 맺게 한다. 물이란 창조적인 것이 다. 인간은 물을 먹고 살아간다.

교회가 세례에 있어서 생수生水, 즉 흐르는 물을 사용해왔다는 관례를 보건 대, 교회는 아주 일찍부터 생명의 근원을 나타내는 상징으로 물을 채택하였 음을 알 수 있다. 죽음과 생명은 밀접하게 결부되어 있다. 인간은 죽음이라 는 신비 앞에서 자기를 포기함으로써만 살아있는 이들이 존재하는 땅으로 인 도될 것이다. 죽음과 부활의 일치가 하나의 상징적인 행위로 암시된다. 신앙 은 죽는 것이며, 또한 다시 태어나는 것이다. 세례는 예수의 십자가와 부활의 전례를 거행하는 교회의 공적 예배이다. 세례는 신앙의 성사이며 교회도 역시 신앙의 성사이다. 신앙 공동체는 하나의 성사적 공동체이다. 세례를 이해하는 자만이 교회의 구성원을 이해하게 된다. 그리스도인들은 세례를 통하여 그리스도께서 실현시킨 구원과 구속의 일부분이 된다.

▌ 신앙고백

"세례를 받기 위해서는 먼저 복음 선포의 말씀을 들어야 하고 예수 그리스도께 대한 신앙 을 고백해야 한다. 신앙 고백에 있어서, 다른 신조들을 요약하고 포함하는 핵심적 신조는 그리스도의 부활을 믿는 것이다. 이 신앙은 완전한 회개를 요구하며 생활 전체를 변화시켜 그리스도께 온전히 자신을 바칠 것을 요구한다. 이렇게 하느님의 부르심에 응답하는 것은 사실 은총의 업적으로 이루어진다. 세례를 받은 그리스도인은 끊임없는 노력을 통하여 죄에 죽고 하느님을 통해 사는 생활을 영위해야 한다. 세례는 그에게 새로운 환경을 부여하는 것이 아니고 그리스도인이면 결코 잃어버릴 수 없는 한 차원 높은 은총의 생활을 부여하는 것이다. 즉 세례는 그를 현실로부터 도피시키는 것이 아니라 현실에 투신하게 하여 세상을 그리스도화하도록 한다.

그러므로 세례를 받은 그리스도의 제자들은 그리스도의 죽음과 부활에 일치하기위해 노력하고 충성을 함으로써 영광된 왕국에 들어갈 준비를 하며 천상 상속을 완전히 소유하도록 준비해야 한다. 교회는 예수 그리스도를 믿는 자들의 모임을 뜻하며, 우리는 세례로써 자유와 평화의 이 영역 안에 속하게 된다. 그 구원의 표지인 그리스도 공동체 안에서 우리는 하느님의 자녀라는 새로운 품위를 누리며, 이 세상에서 그리스도의 구원 사업을 계속 완수해나가야 할 소명을 받는다.

세례는 그리스도인 생활 전체의 일부이다. 세례를 따로 떼어놓고서 단지 하느님과 인간 영혼 사이에 일어나는 개별적인 순간적인 것으로만 보지 말일이다. 세례성사는 그리스도께서 우리에게 주시는 삶과 죽음의 전체, 그리스도교 교육 전체, 교회와 인류의 공동체 전체 안에서 비로소 그리스도의 진정한 표징이 되는 것이다. 또한 성사의 교회 공동체적 성격과, 이웃의 운명에 대한 인간적이며 교회적인 공동 책임을 염두에 두어야 한다. 인간은 결코 고립된 채 하느님께 나아갈 수 없다.

성사는 우리의 역사를, 우리의 구원됨을 우리의 소명을 기억하는 것이다. 성사는 선택되고 계약관계에 있는 우리의 삶을, 당연한 것처럼 받아들이거나 자주 잊어버리고 있는 현재의 실존을 기억하는 것이다. 기억의 반대가 비단 망각(forgetfulness)일뿐만 아니라 절단(분할; dismemberment)인 것처럼, 성사 생활은 계약 안의 우리의 일치와 하느님의 부름을 받은 인격체로서의 우리 운명을 기념하는 것이다. 성사는 우리를 다시 기억하게 하며 우리를 함께 모아 놓고 개인과 집단차원에서의 분열을 치유하게 한다. 이처럼 성사는 어떤 특정한 형태를 취한다 하더라도, 문화 · 국가 · 계급 · 사회 그리고 현세의 역사를 초월하는 방향으로 인간 됨됨이라는 우리의 보편성을 구체화하는 노력에 있어 매우 중대한 역할을 하고 있는 것이다.

현재 실천되고 있는 유아 세례성사는 탄생, 공동체 생명을 기념하는 것이다. 그것은 새로운 인간존재에 대하여 신앙 공동체가 함께 하는 초대이며, 세례 받는 유아의 삶을 미리 결정짓기 위한 것이 아니라 그가 대면해야 할 삶의 위험과 선택들이 그저 방치해 버리기에는 너무 무책임하기 때문에 공동체는 아이에게 계약, 자유 그리고 믿음의 생활을 요구하고 또 보장해 주려고 하는 것이다.

또한 동시에 공동체는 그 자체와 가족들이 새롭게 결단을 갱신하기를 요청한다. 그리고 계약에 대한 충실성, 아이의 미래에 대한 약속도 다짐하기를 요구한다. 세례성사는 공동체와 가족이 인간의 나약함을 어떤 피해야 할 대상이 아니라, 바로 그 약한 인간성 안에서 자기 초월의 삶을 살도록 초대되었다는 사실을 인식하고 그 나약함을 끌어안는 것이다. 그러므로 세례성사는 하나의 공동의 행동으로써, 결단과 계약의 확인으로써, 인간의 존엄성과 신비에 대한 인식으로써 이해되어야 하며 이러한 의미에서 세례성사는 매우 심오한 반문화적 행위인 것이다.

상품화된 삶이 남자와 여자로서 우리의 모든 체험에 영향을 미치듯이 , 또한 전 삶의 과정을 통하여 사람들을 양성시키고 존재하는 방식으로써 상품화의 문화가 작용하듯이, 세례성사도 한 개인이 하느님에 대한 신앙의 전 체험을 시작하는 초대이다. 세례성사는 인격적인 하느님 안에서 우리가 공동체적으로 사회적으로 양성되기 시작하는 첫 번째 단계이다. 뿐만 아니라 세례성사는 성사생활 그 자체가 우리의 삶의 위기 때에, 섬김과 계약 이행에, 화해의 방식에 그리고 심지어는 우리가 죽음을 맞이하는 양식에 영향을 미치는 기존 문화의 영향에 도전하는 인격적 형성체계라는 것을 시사한다.

세례성사는 우리의 개인발전에 있어 "반문화의 방향" 으로 나아갈 수 있도록 가족과 공동체의 차원에서 실천하는 결단이다. 문화는 우리를 기르고 있다. 즉, 문화는 우리를 교육하고 키우고 돌본다. 문화는 또한 우리를 양성하는 예식(cult)이며 종교적 가치이고 행동체계이며 우리가 세계·인생관을 형성하도록 돕는다. 그렇다면 우리의 아이들을 세례 받게 하는 것은 반문화적 행동이다. 기존 상품문화의 사회·경제적 "양성체제"에 대항하여 철저하게 저항하는 대안인 이 세례성사는 어린 후대의 사람들이 올바른 세계·인생관을 이룰 수 있도록 우리가 마련해 주어야 할 책임이 있는 것이다. 또한 세례성사는 삼위일체의 하느님, 계약의 하느님 그리고 인격의 하느님의 삶에 아이가 일치하도록 하는 것이다.

견진성사는 역사적으로 제도화되지 않았고 또 그렇게 실천되지도 않았지만, 그리스도교 신앙생활을 얼마 동안 경험하고 신앙생활을 통하여 성장한

후 행하는 성숙한 결단을 기념하는 것이라 할 수 있다. 견진성사는 성령을 통하여 우리의 소명을 다시 재확인하는 것이며, 이 성령은 세계가 알아보지도 못하고 심지어 단죄해 버린 그리스도의 진리 안에 우리를 서게 한다는 사실을 계약에 대한 고백의 형식으로 행하는 일종의 의무이기도 하다. 요한 복음서에서 성전정화 절기에 예수가 세례를 받았던 요르단으로 다시 돌아가 세계의 저항과 거부를 경험했듯이 우리의 성인으로서의 지결단도 기존의 문화 복음과 그 영향을 충분히 인식하면서 행해져야 할 것이다.

예수가 살았고 죽었던 삶의 방식처럼 우리의 삶을 다시 봉헌하면서, 우리는 그분의 성령을 따라 "지배보다는 섬김의 삶"을 선택하고, "폭력보다 치유"를, "증오보다는 구속의 사랑"을 선택한다. 역으로 신앙과 저항의 우리 공동체는 우리들로 하여금 서로 도우며 그리스도인다운 생활의 실천을 행할 수 있도록 격려하고 계약에 충실한 하느님으로부터의 은총으로 힘을 받아 더욱 굳건하게 살아가게 할 것이다. 가족애로 성숙한 공동체 생활을 하게 한다.

▌세례의 인호

세례성사는 견진성사와 신품성사와 마찬가지로 영구적 인호印號 혹은 표징을 박아준다고 교회는 가르친다. '인호'라는 말을 그리스도교 신학에 도입한 성 아우구스띠노는 군인이 어느 특정 지휘관에게 속하며 그에게 충성해야 하는 것을 나타내는 표적表迹에서 그 뜻을 따왔다. 세례와 견진의 인호는 우리를 가견적 교회와 그 내적 신비에 연결시켜 준다. 그러므로 성 토마스는 인호를 영성생활의 근본이라고 말할 수 있었다. 인호를 받은 사람은 거룩함을 향하여 나아가는 과정에 있어서 어떠한 방해물을 놓지 않는 한 그 인호가 표시하는 은총을 받게 된다. 이와 같이 세례의 인호는 세례에서부터 개화하는 모든 미래의 은총을 위한 성사이다. 세례성사는 부활의 신비를 표명하는 것으로 가견적 교회와 하나가 되는 것은 그 자체로 그리스도의 내적 신비, 즉 그리스도의 신비체에 합일되는 것이다. 달리 말하면, 세례는 원죄와 인격적으로 지은 죄에 대한 용서이며, 그리스도 신앙으로 각인刻印되어 하느님의 자녀라는 존재가 누리는 모든 은총 안에서 하느님 아버지와 하나가 되는 것이다. 세례의 인호가 새겨지는 그 순간부터 인간은 자기의 여생을 일관하여 세례의 무류적 기능을 행사하도록 보호받는다.(그렇지만 다른 성사들은 일어날 수 있는 새로운 장애물을 제거하여 인간이 하느님과 다시 화해를 하기 위해서 거듭거듭 필요로 하는 것이다.)

성 바오로는 복음을 받아들일 때에 이미 우리에게 도장이 찍혔다고 한다. "여러분도 그리스도를 통하여 여러분에게 구원을 가져다주는 복음 곧 진리의 말씀을 듣고 믿어서 하느님의 백성이 되었습니다. 이것을 확인하는 표로 하느님께서는 여러분에게 약속하셨던 성령을 주셨습니다" (에페 1,13). 도장은 기름 바름과 성령과도 연결된다. "그리스도를 통해서 여러분과 우리를 굳세게 해주시고 우리에게 기름을 부어 사명을 맡겨주신 분은 하느님이십니다.

하느님께서는 우리를 당신의 사람으로 확인해 주셨고 그것을 보증하는 표로 우리의 마음에 성령을 보내 주셨습니다" (2고린 1, 21 - 22). 사도 요한과 마찬가지로 성 바오로도 이 도장이 영원히 존속한다고 보았다. "마지막 날에 여러분을 해방하여 하느님의 백성으로 삼으실 것을 보증해 주신 하느님의 성령을 슬프게 하여 드리지 마십시오" (에페 4, 30).

성부와 은총 안에서 하나가 되는 것이다. 그 순간부터 인간은 세례를 받고 자기의 여생을 일관하여 세례의 인호는 세례의 무류적 기능을 행사하는 것을 보호해 준다. 그렇지만 다른 성사들은 일어날 수 있는 새로운 장애물을 제거하여 인간이 하느님과 다시 화해를 하기 위해서 필요로 하는 것이다. 고백 성사 자체는 세례 받은 사람에 대한 교회적 행위 이다.

견진 성사의 인호는 우리에게 가견적 교회 안에서 권능을 띤 교회의 신적

아들 신분에 참여하는 사명을 준다. 즉, 이 인호는 인간에게 성령을 수여하는 교회의 활동에 참여하게 하는 것이다. 이 직무에 대한 사명은 또한 위격적인 성화와 은총으로, 그 은총에 의해서 우리가 그리스도의 신비에 위격적으로 들어가는 것으로 완성되는 것이다.

견진은 우리가 은총 안에서 하느님의 아들인 그리스도와 일치하게 되는 세례에 기초를 두고, 우리에게 은총 안에서 성령의 파견자이신 그리스도와 내적 일치를 도모해 준다. 견진 성사 역시 은총에 대한 우리의 인격적 생활을 충만히 발전시키기 때문이다.

신품성사의 인호, 즉 권위의 사제직에 대한 교회 내의 사명은 성사를 받는 사람이 자기에게 수여되는 성덕에 반대하지 않는다면, 그 사실 자체로 그 인호는 공적 직무를 부여하고 그 사람을 성화시켜 준다. 이 인호는 사제에게 자기의 사제적 집전이 하느님 백성의 지도자이신 그리스도 예수의 성성을 보여주는 과정에서 교회의 머리이신 그리스도의 은총 안에서 친교를 이루게 한다.

이와 같이 견진과 신품은 특별한 은총을 포함하기 때문에 인간이 가지는 하느님과의 관계를(신앙과 세례가 이 관계를 발생시킴) 내적으로 더욱 심화시켜 준다. 이것은 우리가 앞에서 고찰한 성화 은총을 지닌 사랑들을 위한 성사들의 특별한 효과에 포함되어 있는 일반적 효과이다.

▌ 세례의 필요성

교회는 복음의 말씀을 따라(요한 3, 3. 5) 아무도 세례 받지 않으면 천국에 들어갈 수 없다고 가르친다. 구원을 위한 세례의 필요성에 관한 이 같은 주장이 많은 사람을 당황케 할 것이다. 그리스도나 세례에 관하여 한 번도 들어보지 못한 사람은 구원될 수 없다고 하는 것이 아닌가? 이것은 결코 새로운 질문이 아니고 또 새로운 대답도 아니다. 세례에는 물의 세례 (수세, 水洗)만이 아니라

'피의 세례'(혈세 血洗)와 '열망의 세례'(화세 火洗)도 있는 것이다.

피의 세례는 그리스도를 위하여 죽음으로써 받는다. 그리스도를 위해서 순교한 초대 예비자들이 그랬듯이 무죄한 어린이들도 피의 세례를 받았다(마태 2, 16-18).

열망의 세례의 범위는 넓다. 세례받기를 명료하게 원하였으나 그 의도가 이행되기 전에 죽은 사람은 열망의 세례를 꼭 받는다. 그리고 세례에 대한 열망이 명료해야 하는 것은 아니다. 하느님의 은총에 따라 하느님께 대한 신앙과 사랑을 가졌던 사람도 열망의 세례를 받을 수 있다. 명료하게나 묵시적으로 세례를 열망하였으나, 어떤 사정으로 세례성사를 받지 못한 사람도 분명히 열망의 세례를 받는다. 자신의 과오 없이 그리스도와 교회를 모른 사람들도 선한 생활을 하려는 그들의 노력이 만인에게 충분히 주어지는 하느님의 은총(교회헌장 16)에 대한 반응이었다면 그들도 무엇 그리스도인으로 칠 수 있다. 이 같은 무명의 신앙도 묵시적으로는 교회를 향해 있다. 우리에게 구원을 주시는 분은 그리스도 한 분뿐이므로, 그 분을 알지는 못해도 그분을 사랑하는 사람은 묵시적으로 그분의 뜻을 이행하기를 원하는 것이다. 그들은 묵시적이지만 세례를 원하므로 그것을 열망의 세례라 한다.

세례는 인간체험의 참다운 의미를 드러내 준다. 생명은 그 깊은 의미에서 하느님께로 나아가는 여행이고 예수는 하느님께 향한 가장 확실한 방법이다. 그분은 인간의 생명이 시작될 때 거기에 계신다. 지상적 존재는 의미라든지 방향도 없이 생겨나는 어떤 우연이 아니다. 예수야말로 그 존재의 궁극적인 의미이자 방향이다. 골로사이인들에게 보낸 편지가 말하듯이 그분은 온갖 피조물 가운데 첫배이시고 모든 것이 그분을 통해서 그리고 그분을 위해서 창조되었다(1, 15-17). 그분은 진정으로 그분의 삶을 사셨고 또 그 삶의 지극히 충만한 의미를 실현하셨다. 만일 우리의 삶이 성공적이고 진정한 것이 되어야 한다면 그 삶은 예수께서 사셨던 것처럼 살아야 하고 그분과 함께 살아야 한다. 예수께서는 이런 일이 있을 수 있고 그 일이 일어나고 있는 중임을 세례를 통해서 세상에 보증하신다.

세례는 마술의식도 미신도 아니다. 세례는 세례 받는 사람의 삶 안에 "눈에 보이게" 오시는 부활하신 예수이시다. 세례야말로 당신의 "오심"을 틀 잡기 위해 택하신 두드러진 상징인 것이다. 그리스도의 죽음과 부활에 동참하고, 신자의 사제직을 받고, 세례로 우리는 사도로 복음전도사로 부름을 받습니다. 우리가 하느님을 향한 여행을 시작할 때 우리의 항구한 반려자는 우리를 위해서 죽으시고 부활하신 파스카의 그리스도이시자 인생을 진정으로 사셨고 아버지의 사랑 쪽으로 완전히 오셨던 예수이신 것이다. 우리의 여행 중에 죄와 이기심은 우리에게 있어 가장 큰 장애물들일 것이다. 그러나 예수께서는 세례 안에서 깨끗이 씻는 물의 상징체계를 통해서 우리가 죄를 극복하도록 당신이 우리와 함께 계신다는 것을 우리에게 보증하신다. 그분은 우리를 용서하시고 죄를 거슬러 강건하게 해주시기 위해 오신다. 게다가 보통 공동체라는 배경 안에서 행해지는 세례는 우리가 그리스도의 가족에 합해지는 중이라는 것, 우리가 수많은 형제자매의 신앙과 사랑의 후원 아래 삶의 여행을 하는 중이라는 것을 보여 준다. 그 누구도 홀로 여행해서는 안 된다. 상징적인 예식은 우리가 예수와 함께 그리고 그분의 가족과 함께 하나임을 드러낸다. 이것은 결코 바람직한 희망사항이 아니라 사실 그대로이다. 그 어떤 단체가 이 공동체 보다 더 나은 면을 지닐 수 있겠는가?

예수께서는 그렇게 새로운 탄생마다 매번 계시는 것으로 (혹은 적어도 인생이 하느님을 향한 하나의 여행이라고 사람들이 깨닫기 시작할 때마다 계시는 것으로)보여져야 한다. 그분은 인생의 출발점에 그리고 전 인생에 걸쳐 거기 계셔야만 한다. 세례성사는 바로 그렇다고 말한다. 그게 그렇다고 드러내는 것이 상징적 틀 잡음인 것이다. 믿는 이들이 세례의 말을 듣고 세례의 물로 나아갈 때 그들은 그들이 - 예수의 영의 능력을 통해서 - 그분의 생명과 죽음 그리고 부활 안에 들어가는 중임을 안다(로마 6, 3-11 참조). 상징들은 파스카 그리스도의 현존과 오심을 틀 잡는다. 그분이 바로 세례를 베푸시는 분이시다. 믿는 이들은 세례 안에서 그들이 언제나 가장 성공적인 여행가의 삶 안에 있다는 것을 안다. 인생의 목적은 예수께서 그것이 - 하느님 안에로의 부활이 - 되어야하는 것으로 이해하시는 바 그것이다. 온 세상은 부활하신 그리스도와 결합해서 살 수 있고 또 그분이 하셨던 것처럼 하느님께 도달할 수 있다. 이것이 곧 하느님께서 세상이 알기를 원하셨던 바이고 그분이 세례의 상징체계를 통해서 말씀하시고자 하는 바이다.

예수 자신은 하느님께로의 메시아적 여행을 떠나셨을 때 아버지께서 당신과 함께 계심을 아셔야 했다. 그리고 요르단 강에서의 예수의 세례는 확실히 그분을 위한 아버지의 현존을 틀 잡았다. 아버지께서는 그 사건 안에서 - 자신이 "하신" 말씀과 세례자의 말 안에서, 예수께서 들어 가셨다가 나오신 물 안에서, 강림하신 "성령 - 비둘기" 안에서 - 자신이 예수와 함께 계심을 보여 주셨는데 이 상징들 모두는 의심 없이 예수를 도왔던 틀 잡음으로 보였다. 그래서 초기 그리스도인들은 아버지께서 예수와 함께 하셨다는 것을 이해하는 것이다. 어떤 점에서 그 사건들은 공적 직무를 시작하셨을 때의 예수를 위한 아버지의 현존을 볼 수 있게 해준 것들이다. 인간 예수께서는 이러한 상징들 안에서 아버지를 체험하면서 과연 아버지의 현존을 의심할 수 있었을까? 그분은 당신 아버지의 현존에 대한 확신을 그 상징들 안에서 발견하면서 그것들에 관해서 여러 차례 성찰 하셨을 법하다. 그리하여 예수께서는 사람들이 자신들의 인생의 여정을 시작하고 계속할 때 그들과 함께 계시고자 하시는 것이다. 그분은 아버지처럼 당신의 항구한 현존을 의미 있는 상징들 안에, 특별히 세례의 말들과 물에 들어가고 나오는 의식 안에 틀 잡기를 원하신다. 물론 세례를 베푸시는 예수는 교회의 주님이시고 머리이시다. 그래서 사람들은 자신들의 세례가 자신들을 공동체에 합체시킨다는 것을 안다. 예수와 그분의 공동체는 모든 사람들이 하느님을 향한 여행을 시작하고 계속할 때 그들을 감싸고 후원하고자 한다.

▌세례성사의 영성

인간은 죽을 때까지 거듭나야 한다. 지속적 회개생활 안에 하느님의 자녀로서 주 안에 항상 거듭 나야만 한다.

여기에서 예수께서는 당신이 영 안에서의 새로운 탄생을 믿는 이들에게 베푸신다고 말씀하신다. 그분은 죽으시고 부활하시는 당신의 능력을 통해서 그들을 당신의 파스카 사랑 안에로 데려 가신다. 그들은 이 사랑 안에서 그들 자신의 죄에 대한 용서와 악에 저항하는 힘을 발견한다. 그리고 그들은 하느님 가정의 구성원들이 되고 하느님의 생명을 갖게 되며 그분의 사랑을 영원히 알게 되어 있다. 그들은 자신들의 삶 안에서 좀 더 위타적일 수 있게 되는데 이유는 그들이 위타적이고 돌보아주시는 그리스도 안에서 살기 때문이다. 그들은 항상 그리스도와 합체된 백성으로서 살고 기도하며 행동할 것이다. 예수께서는 세례 안에서 "내재"가 실제로 있음을 믿는 이들에게 말씀하신다. 그러므로 그들은 마땅히 그에 걸맞게 살아야 한다.

세례성사는 자기 자신의 개인적 구원만을 위하여 받는 것이 아니고 세례받지 않은 이들에게 구원의 기쁜 소식을 전하는 한 가족애의 구성원의 사명을 다하는 파견 선교사 사명이 성사의 사회적 성격의 맥락인 것이다.

▌견진

하늘나라는 밭에 묻힌 보물에 비길 수 있다. 그 보물을 얻은 사람은 다시 묻어두고 기뻐하며 돌아가서 있는 것을 다 팔아 그 밭을 산다.

무슨 밭이길래 그처럼 귀한 보물이 묻혀 있나?

우리 자신이다. 우리 자신의 내면이다.

거기 하느님이 묻혀 계시다.

우리가 하느님께 모든 것을 기쁜 마음으로 바칠 때, 그 때라야 하느님은 우리에게 당신을 내어주신다.

견진은 사람들로 하여금 하느님께서 피조물 안에 "발견이라는 선물"을 끼워 넣으심으로써 그분을 찾는 모든 이들이 당신을 발견할 수 있도록 하셨다는 것을 알게 만든다. 그 첫 번째 예로 선물들은 그분의 현존을 형제자매들에게 알려준다. 선물들은 그들을 도와 그들이 그분의 사랑에로 그리고 서로서로 가깝도록 끌어당긴다. 하느님께서는 그들에겐 당신의 현존과 사랑을 깨달을 수 있는 통찰과 지식의 선물을 그리고 다른 이들 앞에서 복음을 공개적으로 또 책임성 있게 살아 갈 수 있게 하는 선물들을, 아울러 서로가 서로 앞에서 그리고 세상 안에서 그분을 증거 할 수 있는 능력을 주신다. 인생은 "그것을 - 홀로 - 해내는" 모험이 아니다. 예수 안에 계시는 하느님은 모든 사람들을 당신께 데려오시기 위해 믿는 이들과 함께 그리고 그들을 통하여 일하신다.

예수께서는 세상에 예언적 통찰을 틀림없이 부여하신다. 그분은 사람들 안에 하나의 사회의식을 일깨워 주시기 마련이다. 그들은 자신들이 꼭 같은 여행과 운명을 위해 서로 연결된 채 창조 되었다는 것을 틀림없이 알게 된다. 선물들은 모든 이가 하느님과 피조물의 목적을 깨닫는데 도움이 되고 그들의 여행을 성공적으로 할 수 있도록 도움이 되도록, 즉 모든 이들을 위하도록 되어 있다. 그것들은 믿는 이들을 가깝게 이끌어 당긴다. 그것들은 세상이 그리스도를 발견하도록 돕는다. 지상 생애 중 여행의 목적에 대해 그렇게 예언적으로 말씀하신 예수께서는 틀림없이 같은 메시지를 영원히 계속하실 것이다. 그리스도인들은 그분이 그리 하고 계심을 안다. 그들은 사회적으로 활성적인 공동체 안에, 그 공동체의 "사회적인 지도자"인 목자 - 주교 안에 예언적이고

"좀 더 사회적인" 예수께서 현존하시는 것을 발견한다. 그분과 그들은 예언적이고 선물 - 주시는 예수를 틀 잡는다. 그분은 사회적으로 의식 상태에 있는 공동체로부터 세상이 당신의 선물들과 여행의 목적을 깨닫도록 부르시는 것을 계속하신다. 발견과 증거에 관한 하느님의 선물 대부분이 세례 안에서 믿는 이들에게 주어진다는 것은 사실이다. 그러나 세례 받은 이들은 마땅히 그 선물들을 알아 차려야 한다. 선물들은 좀 더 강렬하게 부각되어야 하고 또 표현되어야 하는데 이 일을 예수께서는 견진의 신비 안에서 해주신다. 이 성사는 믿는 이들로 하여금 예수처럼 그들도 예언자들이며 세상을 향하여 하느님을 알려 주고 그 세상을 하느님께 이끌어 당길 수 있는 선물들을 사용할 수 있다는 것을 알게 해준다.

▍견진성사의 영성

예수께서는 여기에서 세례로써 받는 엄청난 책임을 믿는 이들에게 깨닫게 해 주신다. 그분이 그들에게 주시는 것은 모든 이들을 위한 것이다. 그분은 성사 안에서 그들로 하여금 당신의 파스카 사랑에 관해서 세상에 이야기 하도록 좀 더 장엄하게 "보내신다." 그들은 다른 사람들을 향하여 그들이 이 사랑의 "예언자"가 될 수 있게 하는 선물들을 얻는다. 견진은 믿는 이들이 그리스도교 영성이야말로 언제나 다른 이들을 위한 선익에 연루되어 있는 것임을 알게 해준다.

▍성령의 성사

성령은 돌 같은 마음을 제거하고 피가 통하는 '새 마음'이 일도록 해주시는 분이다(에제 11, 17 - 21). 성령은 하느님의 사람 되심(루가 1, 35)에 참여하셨고 인간이 되신 하느님의 아들을 인도하셨다. 예수님은 성령을 보내시겠다고 약속하셨고(요한 14, 16; 15, 26), 그리스도께서 보내주신 성령은 교회 안에 활력을 불어넣어 주시는 분이다(1고린 12, 7-13). 교회는 성령이 활동하시는 신비체인 것이다. 성령은 또한 인류의 발전과 정의를 위해 몸 바치는 이들의 힘이 되어 주시며, 하느님의 일을 수행하도록 이끌어 주신다(사도 8. 29-39).

견진성사는 성령 강림 날에 사도들에게 보내진 성령의 은총을 모든 시대와 모든 장소에 있는 교회에까지 전파하기 위하여 존재한다. 견진은 전 세계에 연장되고 교회 안에서 영구히 재현되는 성령의 강림이다. 견진은 하느님의 나라와 구원의 메시지를 전파하라는 부르심이다. 우리는 이 부르심에 따라, 즉 견진성사로 성령과 그 은혜를 받아, 그리스도의 증인이 되어 말과 행동으로 신앙을 고백하고 복음을 전파한다.

오순절에 성령의 강림을 직접 체험한 사도들의 후계자들인 주교들이 보통으로 견진성사를 집전한다. 사도들은 안수와 도유로써 신자들에게 하느님의 영을 전해주었다. 사도들에게 내린 성령의 은총이다. 밭에 묻힌 보물, 내 안에 살아계신 성령이시다.

▎성령 안에서의 성장

성세성사는 물론 우리를 성령으로 충만한 신앙인이 되게 해주고 하느님 백성의 사제직에 참여하게 해준다. 그리고 견진성사를 통해서 성령은 예언자들인 모든 신자들을 축성해 준다. 견진은 신자들을 예언자와 순교자로 만든다. 견진은 계속되는 성령 강림이다. 예언자들이란 '하느님의 업적들'에 대한 증인들이다.

견진은 성령 강림 때부터 예수에 의해 파견된 성령의 위격과 사명에 직접적으로 우리를 참여 시킨다. 그럼으로써 우리는 하느님의 백성으로서 영적인 존재가 된다. 견진성사는 인간 성장을 의미하며, 견진자가 성장하도록 요구하는 지속적인 도전이다. 견진은 한사람에게 한번만 주어지고 영구적인 효과를 내는 성사로 인호를 준다(2고린 1, 21-22). 이 인호는 영원에 새겨진 불사불멸의 표시이다. 견진성사의 인호는 우리에게 가견적 교회 안에서 하느님 자녀의 신분에 참여하는 사명을 준다. 이 인호는 성령을 수여하는 교회의 구원 활동에 우리를 참여하게 하는 것이다. 성령의 위격적인 성화 은총으로 우리가 그리스도의 신비에 인격적으로 참여할 때에, 그러한 그리스도인의 사명을 완수할 수 있다.

견진은 은총 안에서 하느님의 아들 그리스도와 일치하게 되는 세례에 기초를 두고, 우리가 성령의 파견자이신 그리스도와 내적 일치를 이루게 해준다. 견진성사 역시 우리의 인격적인 은총 생활을 충만히 발전시키기 때문이다. 초자연적 생명 안에서 하느님의 자녀로서 성장하게 해 주는 성사다. 사도 바오로께서 나는 어릴 때 생각과 말고 행동 먹는 것을 이제 성장해서 다 버리고 어른으로 단단한 음식도 먹고 어른다운 생각과 말과 행동을 주안에 거듭 성령으로 난다.

▌ 견진과 빠스카

견진성사는 다른 모든 성사와 마찬가지로 주님의 죽음과 부활인 빠스카 신비에서 그 효력을 받는다. 보통으로 미사 중에 견진성사를 집전하는 것은 그러한 이유에서다. 크리스마 성유도 견진자가 이 신비에 참여함을 의미하며, 주님이 받은 성령의 도유를 상기시킨다(마르 1, 11). 견진의 도유로써 우리도 기름 받은 주님이요 메시아인 성자의 생명에 참여하는 것이다.

구원 사명에의 참여

우리는 지상 교회의 역사적 실체 안에서 견진성사로 얻어지는 성령 강림의 신비에 합일하는 것을 견진의 사명으로 이해한다. 견진성사는 우리로 하여금 성령을 베풀어 주는 교회의 가견적 구원 행위에 참여할 사명을 준다는 것이다. 사도행전은 오순절 날 성령의 대파견을 그러한 의미에서 이해하고 있다. "하느님께서는 예수를 높이 올려 당신 오른편에 앉히시고 약속하신 성령을 주셨습니다. 예수께서는 아버지께로부터 받은 성령을 지금 여러분이 보고 듣는 대로 우리에게 부어 주셨습니다."(사도 2, 33).

견진성사를 받아 권능을 띤 그리스도인은 성령을 파견하시는 그리스도의 사업에 능동적으로 가견적으로 참여함으로써 교회의 공적생활과 공적사업에 참여하는 것은 그가 성령으로 채워졌기 때문이다. 견진성사를 받지 않은 사람은 사실상 충만한 메시아적 능력을 결여하고 있는 것이니, 그 사람의 상황은 다소간 지상적 그리스도의 상황과 같다고 할 수 있다. 지상적 그리스도는 비록 메시아이셨지만 천상적 성령 강림의 신비에 들어가기 전까지는 우리 가운데에서 당신 얼의 파견을 통한 완전한 구원 사업을 가견적으로 전개하실 수 없었다.

세례와 견진의 인호는 진정으로 가견적 교회의 사명에 참여하며 나아가서는 그리스도의 사제직, 왕직, 예언직에 참여하는 것임을 확인한다. 이 인호들은 신자들에게 구원 사명의 한몫을 맡겨준다.

예수가 살았고 죽었던 삶의 방식처럼 우리의 삶을 다시 봉헌하면서, 우리는 그분의 성령을 따라 "지배보다는 섬김의 삶"을 선택하고, "폭력보다 치유"를, "증오보다는 구속의 사랑"을 선택한다. 역으로 신앙과 저항의 우리 공동체는 우리들로 하여금 서로 도우며 그리스도인다운 생활의 실천을 행할 수 있도록 격려하고 계양에 충실한 하느님으로부터의 은총으로 힘을 받아 더욱 굳건하게 살아가게 할 것이다. 가족애로 성숙한 공동체 생활을 하게한다.

견진성사를 이렇게 본다면, 이것은 혼배성사와 신품성사와는 분명히 구별되는 성숙한 삶에 대한 개별적 선택의 성사로 충분히 간주될 수 있다. 이처럼 견진성사는 관대한 섬김. 인간적 성숙과 인격적 충실함을 위한 그리스도교 생활을 자유롭게 선택하는 양식이며 결단이라 하겠다.

▌ 견진성사의 일곱 가지 은혜

지혜 (슬기) : 자신의 구원에 대한 깊은 의미를 깨닫고 거기에 마음이 끌리도록 하는 은혜.

깨달음(통달) : 교리의 합리성을 잘 깨닫고 신앙에 성실할 수 있는 은혜.

의견 : 인간 행동에 있어서 무엇이 옳고 그른지를 판단하는 능력.

굳셈 : 신앙생활에 장애물이 되는 죄악과 그릇 된 육욕과 세속적인 것을 거슬러 용감히 싸우고 드디어는 순교까지 할 수 있는 은혜.

지식 : 영원한 생명을 얻기 위해서 믿어야 할 것이 무엇이며 믿지 말아야 할 것이 무엇인지를 분별하는 은혜.

효경 : 하느님을 참 아버지로 알아 공경하고 사랑하게 하는 은혜.

두려움(경외심) : 죄를 범하여 하느님에게 불경 하는 생활이 되는 것을 두려워하게 하는 은혜.

제 20 과

그리스도인의 파스카 잔치인 성체 성사

▌복음성서에 나오는 예수 그리스도 주님의 식사 – 성사적 식사 – 영 성체 – 자신을 양식으로 내어 주시는 그리스도에게 결합하기

무릇 식사란 것은 우리 인간의 일상생활에서 일종의 함께 사는(공생) 공동 체 생활의 중심이 되어온 것이다. 주께서도 당신에게 속한 자들을 한 식탁에 모아 공동체를 형성하시며 자신이 직접 축복의 말씀을 올린다. 제자들과 모 친과 함께 초대받아 가셨던 가나 혼인 잔치 상에서도 만민에 대한 하느님의 무한한 사랑의 시현인 "때"에 신비의 정체를 잠깐 나타내 보이는 기회가 되 었다. 세리 마태오의 집에 초대를 받아 그 자리를 치유와 환영의 장소로 변화 시키셨다. 세리나 죄인들, 병자들, 소외당한 사람들을 당신 제자들의 공동체 로 받아들이신 것이다. 바리사이파 사람 시몬의 집에 초대받으셨을 때에는 죄를 용서하는 기회로 삼으셨고(루가 7. 36 - 50), 마르타와 마리아의 집에서는 당신이 대접받으러 가신 것이 아니라 베풀러 오셨음을 분명히 하셨다. 필요 하고 요긴한 것, 단 한 가지 가장 좋은 일을 택하게 하시기 위함이었다(루가 10, 38 - 42). 이처럼 예수 그리스도께서도 기회가 있을 때마다 식사에 초대 되어

가시어 깊숙한 인간의 배고픔을 채워주셨다. 왜? 무엇 때문에 누구를 위해서 식사를 하는 것인지 가르쳐주셨다. 환희의 현존(마태 9, 15), 죄의 용서(루가 7, 17), 구원의 내림(루가 19, 9), 하느님께서 베푸시는 온갖 은혜를 일깨워 주시며 함께 식사하시는 자리에서 병고를 겪는 이들에게 생명을 회복시켜 주셨다. 굶주린 사람들에게는 당신이 음식처럼 되시어 생명을 회복시켜 주시고 생기가 돌게 실제로 생명을 주신다. 계속 먹어도 목마른 자와 죽어가는 자들에게 다시는 목마르지도 배고프지도 않는 하느님의 생명을 주신다. 메시아 시대에 관한 구약의 예언들이 실현되고 있음을 알려주시고 있다. 예수의 식사는 결국 성찬의 잔치를 유도하고 이 성찬을 통해서 종말에 가지게 될 잔치를 예고한다. 예수는 자신의 재림을 기다리는 시대를 위해 자신의 피로 맺어질 새로운 계약의 식사를 제정한다. 그는 세상의 생명이 되기 위해, 구약의 만나 대신 자신의 살을 살아있는 참된 빵으로 만들어(요한 6, 32) 음식으로 주신다. 이 성찬의 식사는 성찬의 제사적 의의를 상징적으로 나타냄과 동시에 성스러운 만찬에 합당하게 참석하기 위하여 경건과 사랑의 봉사를 갖추어야 한다고 가르친다. 이는 주님께서 제자들의 발을 씻기는데서 상징된다. 사도 바오로는 이 신앙적 식사가 지니는 두 가지 면을 강조한다. 첫째 이 신앙의 식사 자체는 성사적이다.

사실 이 빵을 먹는 자는 주님과 하나가 되고 또 주님을 통해서 모든 사람과 하나가 되는 것이다(1고린 10, 17). 그러나 둘째로 이 식사는 아직도 결정적 성격을 띠고 있지 못하다는 것이다. 이 식사는 미래의 주님이 재림하여 갖게 될 생활의 잔치를 예고하고 있다는 것으로 보고 있다.

▌부활하신 그리스도의 식사

예수 그리스도께서 지상에 생존하실 동안 사도들과 함께 식사하실 때는 눈에 보이는 육신을 가지시고 확실히 그들 가운데 현존하고 있었다. 그뿐이 아니라 모든 사도들 가운데는 또한 그 어떤 것이 있었다. 그들 가운데 하느님의 아들이 현존 하신다는 것은 특별한 효과가 없을 수 없다는 것이다. 스승의 외적 현존과 활동에는 내적이며 실효적인 현존의 느낌이 병행하여 그들의 스승과 결합시키고 있다. 이 내적 현존이 바로 당신의 활동과 성령의 활동을 통한 주님의 현존인 것이다. 이것이 바로 성 바오로가 "그리스도께서 믿음을 통하여 여러 분의 마음 안에 머물러 계시기를 바랍니다." (에페 3, 17참조)고 말한 그 현존이다. 이것이 바로 예수 친히 "단 두세 사람이라도 내 이름으로 모인 곳에는 나도 함께 있겠다." (마태 18, 20) 하신 그 현존이다. 빵을 많게 하신 기적(마태 14, 13-21; 마르 6, 30; 루가 9, 10; 요한 6, 10)은 성찬을 사도들이 주관하는 교회 공동체의 성사로서 구성하고 있다. 벨하우저 같은 학자는 이 이야기에 역사적 핵심이 있다면 예수가 평소 제자들과 함께 나누던 식사에 군중의 일부가 동석한 것뿐이라고 주장한다. 슈바이처는 모두가 배불리 먹었다는 부분만을 빼놓고는 이 사건은 역사적 사건으로 간주할 수 있다고 본다. 다만 군중은 기적으로 배불리 먹은 것이 아니라 예수가 축복해 주신 음식을 나누어 먹었다는 점에서 역사적이라는 것이다. 그래서 군중은 자기도 모르는 사이에 이 빵조각을 나누어 먹음으로써, 장차 메시아의 잔치에 한몫 낄 수 있는 유자격자가 되었다 예수는 메시아이기에 이 기적의 식사는 바로 메시아 시대 잔치의 본형이라고 이야기한다. 어쨌든 전성사적으로 볼 때, 예형론적 의미를 찾아볼 수 없는 모세라든가 그가 이룩한 만나의 기적보다는 오히려 엘리야, 엘리자의 전승을 이어받아, 이 빵의 기적 사화를 구성했다는 것이 정확하다고 생각한다. 그 기적에서 교회 성체성사의 선참으로 보았으며 그렇게 해석했다. 이 이야기에 역사적 비중이었다면, 예수가 사회적 출신 성분과는 상관없이 많은 사람들과 함께 식사하시면서 기쁨을 나누었다는 사실, 구원시대의 기쁨을 상징적 동작으로 가장 잘 보여준다는 그 사실인 것이다.

그래서 빵의 기적을 전하는 이 전승이 이와 같은 의미의 메시아적 식사 공동체의 현실을 문학적으로 형상화한 것에 지나지 않는지 혹은 문자 그대로 예수가 군중들까지 바로 구원시대의 상징으로서 이 식사에 동참케 하는 구체적인 역사적 사건을 보도하고 있는지는 단언하기 어렵다.

▮ 부활의 증거 확증, 진화의 법칙

부활 날 저녁 엠마오까지 먼 길을 가시면서 기나긴 "말씀의 전례"를 하신 주님은 엠마오 어느 여인숙 식탁에서 빵을 들어 감사의 기도를 드린 다음 그것을 떼어 나눠주셨다. 그로써 제자들은 주님을 알아 뵙는다(루가 24, 13 - 35). 바로 그 저녁에 11제자가 음식을 먹고 있을 때(마르 16, 14) 나타나신 예수는 그들이 어리둥절하여 못 믿는 것을 보시고는 구운 생선 한 토막을 그들이 보는 앞에서 잡수셨다(루가 24, 36 - 44). 그 뒤에 티베리아 호숫가에서 제자들에게 나타나셨는데, 그 때에는 손수 빵과 구운 생선을 마련하여 나누어 주셨다(요한 21, 9 - 14). 이 식사의 본 목적은 제자들에게 주님의 부활이 사실임을 믿게 하려는 데 있었다. 루가에 의하면 예수께서는 제자들과 함께 식사한 후에 그들에게 "위에서 오는 능력을 받을"(루가 24, 49) 결정적인 체험을 준비하도록 명하셨다. 부활하신 예수가 당신을 버리고 도망친 제자들과 함께 식사를 하셨다는 사실은 제자들이 당신 식탁의 친밀한 교제에 다시 초대받고 있음을 알려준다. 이것은 곧 용서해 준다는 가시적 표시이다. 또한 이러한 식사들은 부활의 신앙의 초대를 제공해 준다. 사도행전(10, 41)에서 우리는 부활 사상이 식사와 얼마나 밀접히 관련되어 있는지를 알 수 있다. "그가 죽은 자들 가운데서 다시 살아나신 후에 우리는 그와 함께 먹기도 하고 마시기도 했습니다." 그들은 순수한 종말적 기쁨 속에서 또 그 밖의 예언과 황홀한 말 등(1고린 12 - 14장) 성령의 구체적인 나타나심에서, 그러나 무엇보다도 이 식사로 빵을 떼는 일에서 주님의 현존을 체험했던 것이다. 부활하여 영광을 입으신 그리스도가 식사의 표시를 띠고 당신 제자들 한가운데 현존하신다는 것이다. 식사가 그리스도의 현존을 표시하고 이루어주는 성사가 된다. 초세기 신자들에게는 성찬이 단지 최후 만찬의 재현에 그치지 않았던 것이다. 부활하신 그리스도가 장차 당신의 증인이 될 사람들에게 모습을 드러내셨던 그 식사들을 기념하고 연장하는 자리이기도 했다. 최후 만찬이 축복과 구세적 죽음을 상기시키는 전례적 구성을 담고 있는데 비해 부활하신 주님과의 식사는 기쁨과 종말사상이 깃들어 있었다. 빵을 떼러(나누러) 모이는 이들은 그 모임이 부활하신 그리스도의 주변에 모이는 모임이라고 의식한다. 성찬의 기원이 최후 만찬에만 국한되는 것이 아니고 구세주 그리스도의 지상 생활과 부활 후의 발현 시에 가지신 식사들과 결부된다는 것이다. 사도들은 최후 만찬을 재현하는 사명과 권능을 받은 사람들이었을 뿐만 아니라 주님이 부활하신 후 그분과 함께 먹고 마신 증인들이다(사도 10, 41). 그리스도교 공동체의 성찬은 빠스카 만찬의 기념이자 상징에 그치지 않고, 예수께서 인생들에게 당신의 정체를 드러내시고 어떤 형태로든 구원을 가져다준 식사들, 당신이 참석하심으로써 그 의미를 바꿔 놓았던 그 모든 식사들을 기념하고 상징하는 것이었다. "나를 기념하여 이 예식을 행하여라"는 말씀으로, 그리스도께서는 성체성사를 세우셨다. 당신 사랑으로써 당신의 살과 피를 언제나 구할 수 있게 우리에게 내어주시어, 당신 빠스카의 신비에 참여하게 하신다.

▮ 최후만찬 = 성체성사의 유다적 기원

역사적 인물 예수그리스도께 당신의 일생을 상징하고 계속하시던 일을 하는 상징적 행동으로 늘 제자들과 함께 하시던 저녁식사를 하시며 최후 만찬 동안 예수께서는 친히 상징적인 행동 - 예시적 기념 - 으로 십자가의 제사를 현존케 하셨다. 그것은 십자가 위의 죽음을 상징 안에 미리 현존케 하는 기념이었다. 쪼개어진 빵은 예수의 몸이 되었고 잔속의 포도주는 우리를 위하여흘리신 피가 되었다. 그리스도의 피로써 맺은 새로운 계약으로써, 하느님과인간 그리고 인간과 인간의 새로운 일치가 결정적으로 회복되었다. 구약과정반대로, 신약의 경우는 인간이 신에게 나아가서 속죄의 제물을 바치는 것이 아니라 신이 인간에게로 와서 인간에게 베푸는 것이다. 하느님은 그리스도를 통하여 이 세상과 화해하셨다(2고린 5, 19). 그러므로 그리스도적 제의祭儀는 우리가 자신의 의화시도義化試圖를 포기하여야 한다는 것을 뜻한다. 자신의 의화시도란 결국 핑계밖에 안되고 우리 서로를 갈라놓는 것이다. 아담이 자신을 정당화義化하려던 시도도 핑계였고 죄책의 전가였으며 결국엔 하느님을 고소하려는 짓이었다. "당선께서 저에게 짝지어 주신 여자가 그 나무에서 열매를 따 주기에…" (창세 3, 12) 그리스도적 제사가 우리에게 요구하는것은 자기변명의 파괴적 대립과 책임 전가를 버리고 우리 죄인을 대리하시는예수 그리스도의 사랑을 받아들임으로써 서로 결합하여 그리스도와 함께 그리스도 안에서 하느님을 섬기는 자가 되라는 것이다. 그럼으로써 우리는 영원한 생명을 얻는다. 이는 마치 미성숙한 자녀들을 자기 부모가 대리해주듯이, 대리는 결코 대치나 대역이 아니다. 대역자는 피대역 자를 아무 소용이없는 존재로 만들어버리지만 대리자는 피대리인에게 여유를 마련해 주며 그의 자리를 지켜주고 그에게 자리를 내어준다. 그러므로 대리는 다른 사람에게서 아무것도 박탈하지 않는다. 그에게 온전한 자유를 지켜주는 것이다. 오히려 다른 사람의 자유를 비로소 가능하게 한다. 연대성이란 다른 것이 아니라 각자에게 그 나름의 공간을 남겨주는 것이며 그를 보호하고 지켜주는 것이다. 그러면서 모든 사람이 다른 사람들을 위하여 적극적으로 가담해 주기를 기대하는 것이 연대성이다. 모든 사람의 연대성과 책임은 이처럼 서로 매여 있다. 이와 같이 그리스도께서 십자가 위에서 성취한 제사를 피 흘리지 않는 방법으로 친히 계속하사며, 사제들의 집전을 통하여 세상의 구속을 위하여 아버지께 자신을 봉헌하신다. 그리고 신자들은 사제와 결합하여 하느님께 이 감사와 화해의 제사를 바치는 것이다. 이와 같이 예수께서는 당신 살과 피로써 감사와 희생, 속죄의 제사를 제정하셨으니, 그것은 십자가의 제사를 당신이 다시 오실 때까지 세세에 영속시키기 위함이었다. 교회가 이를 행할 때마다, 또한 주의 죽으심을 선포할 때마다, 그래서 이 유일한 제사는 교회 안에 현존하고 있다. 우리가 하느님께 바치는 거룩한 제물은 영성체 때 하느님이 우리에게 주시는 선물, 하늘로부터 내려온 빵이 된다. 이와 같이 성체성사를 거행하는 데 있어서 영성체가 포함되는 것은 우리가 미사성제에 참여하는 길이 "받아 먹으라"고 우리 주께서 명하신 바를 행하는 데 있기 때문이다. 빠스카 축일에 출애굽의 구원 사건을 예시적으로 반복함으로써 경건한 유대인들은 그들의 특유한 방법으로 야훼의 구원 행위와 대면하고 있다고 확신하였던 것이다. 이렇게 볼 때, 성체성사란 단지 예수 생애의 결정적 사건을 믿는 자들이 이를 주관적으로 회상할 수 있는 기회가 되게 하려는 것만은 아니다. 오히려 신자들은 주님과 참여한다는 뜻으로 회상하여야 하는 것이다. 성체의 현존과 성변화란 주께서 지상에 생존하실 동안 사도들과 함께 식사하실 때 육체적인 현존 그 이상의 어떤 것이 있었다. 이것이 바로 예수 친히 "단두세 사람이라도 내 이름으로 모인 곳에는 나도 함께 있겠다" 하신 그 현존이며 엠마오로 가는 제자들의 마음을 뜨겁게 해준 그 현존이다. 만찬례는 회상제요 현존제며 희망제이다. 어제의 예수를 되새기고 오늘의 그리스도를 기리고 내일의 임자를 기다리는 축제란 뜻이다. 이와 같이 최후 만찬을 회상하며 교회가 끊임없이 되풀이하고 있는 예식 안에는 성체성사의 표정 안에 계시는 예수의 신비로운 현존이었다. 예수의 말씀을 되풀이한 후에 제단 위에 있는 것은 겉으로만 빵과 포도주일 뿐이다. 이것을 교회는 "형상" 이라고 말하고 있다. 감각적으로는 지각할 수 없는 빵과 포도주의 깊은 실재 즉 "실체" 는 예수의 몸과 피로 변한다. 교회는 이를 더욱 엄밀히 표현하여, 이 변화로 말미암아 예수의 몸과 피는 단지 그 표징들의 실제 효과를 통해서만 현존하는 것이 아니라 그의 거룩하고 영광스럽고 생명을 주는 인간성이 성체성사의 표징 아래 그 자체로 현존한다고 말하고 있다.

성찬의 빵은 그리스도인들만을 위한 그 무슨 전투 식량이 아니라 예수께서 당신의 파스카 사랑을 틀 잡기 위해서 주신 빵이다. 이 사랑은 모든 이들을 위하기로 되어 있다. 그것은 하느님께서 세상이 여행 중에 부양되도록 주신 빵이다. 예수께서는 당신이 사람들을 위한 사랑 때문에 - "이는 너희를 위하여 주는 내 몸이다… 너희를 위하여 주는 내 피다" 하시며 - 죽으셨다는 것을 믿는 이들과 모든 사람들에게 말씀하실 수밖에 없었다.

게다가 예수께서 성찬의 빵이 당신의 "피"를 함유하고 있다고 말씀하실 경우 우리는 한 사람의 유다인인 예수께서 그 빵이 당신 "생명"(피 안에 있는 생명)의 신비를 틀 잡는 빵을 의미하는 것으로 이해하셨다는 것을 알고 있다. 유대인들은 죄를 용서받기 위해서 상징적으로 자신들의 생명을 하느님께 드렸다. 즉 그들은 상징적으로 봉헌된 동물의 피를 바침으로써 자신들의 "피"를 바친 것으로 여겼던 것이다. 오늘날 죄인들은 예수께서 성체성사 안에서 주시는 "피"가 그분의 생명을 함유하고 있고 또 그들이 죄의 용서를 알 수 있게 되는 것은 그분의 자아증여 안에서임을 안다. 따라서 성체성사는 그리스도와의 "접촉"을 체험하는 것일 뿐 아니라 그리스도께서 "용서하시는 만짐"을 느끼는 것이기도 하다.

하느님께선 모든 사람들을 이만큼 사랑하신다. 예수께서 이렇게 말씀하시는 것을 듣기는 좋다. 하지만 성체성사는 사랑에 대한 계시 이상으로 이 사랑을 체험하게 하고 그 사랑과 결합시키며, 그 사랑을 "접하게" 하기 위한 하나의 초대인 것이다. 그분은 세상이 "당신의 몸을 먹고 당신의 피를 마시기를" - 다른 말로 세상을 부양하는 사랑이 그렇게 할 수 있음을 알기를 - 요구하신다. 그 성사는 하나의 접촉 가능한 상징 안에 틀 잡힌다. 만일 이 사랑을 틀 잡은 들을 수 있고 만질 수 있는 상징들이 없었다면 세상은 하느님께서 얼마나 깊게 사랑하시고 그분이 현실적으로 얼마나 당신 사랑을 세상 앞에 있게 하고자 하시는지 도대체 알 수 있었을 것인가? 세상은 상징적으로 틀 잡힌 예수의 사랑을 지닐 필요가 있고 그래서 그 사랑이 어떻게 "총체적으로" 그리고 항시 - 현존적으로 있는 것인지 깨달을 수 있어야 한다. 하느님께 향한 여행중 세상을 부양하는 음식은 하느님이 거기 계시고 또 어쨌든 그분이 돌보신다는 그 무슨 일반적인 느낌이 아니다. 그렇다. 세상은 지극히 특별한 빵 - 파스카 그리스도의 사랑-에 의해서 부양되는 것이다. 그 음식은 성체성사의 빵과 포도주 안에 틀 잡혀 있다. 그것은 보여 지고 먹히기 위해 거기 있다. 그리고 그것은 모든 이를 위하기로 되어 있다. 세상은 그것 없이는 "죽는다."

▌ 성찬예식이 거쳐 온 전례상의 변화의 역사

성체성사는 그리스도께서 제정하신 성사로서 식사의 틀과 표지를 띠고 특히 빵을 떼고 포도주 잔을 돌리는 표지 아래 제정되었다. 이 표지들은 일종의 언어를 구성케 한다. 시대가 흐르면서 식사 또는 친교의 식사라는 성격이 약화되고 제의 또는 흠숭이라는 성격이 부각되었으며 단지 상징적인 식사에 집중되었다. 신앙 및 전례 분야에 있어서 금세기의 과감한 노력에 힘입어 주님의 만찬이 형제들이 나누는 성스러운 식사로 다시 이해되기 시작하였다. 그러면 20세기에 걸진 역사를 통해서 성찬의 성격이 어떻게 변모되었는지 살펴보기로 하자.

가정에서 교회로

식사에는 언제나 말씀의 봉사가 포함되어 있었다.(사도 2, 42; 20, 7) 마지막으로 곤궁한 형제들에 대한 사랑의 봉사가 있었다. 사도행전은 식사 때 가난한 이들에게 봉사한 사실을 시사하고 있다(6, 2 등 참조). 가난한 신자들을 위한 식사와 성찬례가 처음부터 분리되었다고 보기는 어렵다. 이 봉사가 나중에 사랑의 잔치에서 벗어났을 때 비로소 가난한 이들을 위한 다른 식사가 필요하게 되었다. 가난한 이들을 위한 봉사는 대단히 중요한 과업으로 생각되고 있었으나, 이것을 사도들 자신이 맡아 하지 않은 것은 오직 "하느님의 말씀을 전해야 하는" 더욱 절박한 필요성 때문이었다.

초대교회에서는 이 거룩한 식사를 시행하기 위하여 주일(주님께서 부활하신 날)마다 교우들이 집에 모였었다. 이 때 가난한 이들에게 봉사하는 일은 대단히 중요한 과업과 의무로 여겨졌다. 시대가 흐르면서 이 식사는 간소화 되고, 나중에는 친교의 아가페 식사가 약화되면서 그 대신 성찬기도를 낭송한 후에 빵과 포도주을 신자들끼리 나누는 상징적 식사에 집중하게 되었다. 4세기부터 그리스도인들은 유대인에 대한 두려움이 없어지자 구약성서의 성전 예배 예식이나 관습들을 성찬례에 도입하였다. 당시 그리스도인들은 예수가 중재자이시라는 생각에서 성찬식을 희생 제사로 보는 신학을 발전시켰다. 흠숭 제의라는 성격이 부각된 것이다. 그러나 사실 성찬식은 우리가 이미 하느님께로부터 받은 구원의 선물에 대한 감사의 기도요 응답이어야 한다. 그리스도인들이 거행하는 성찬식은 감사를 드리는 기념제요 빠스카의 식사인 감사제이다. 예루살렘 성전에서 드리던 희생제가 그 모범이 되는 것은 아니다.

"내가 기뻐하는 재계는 바로 이런 것이다.
억울하게 묶인 이를 끌러 주고
멍에를 풀어 주는 것,
압제받는 이들을 석방하고
모든 멍에를 부수어 버리는 것이다.

네가 먹을 것을 굶주린 이에게 나눠주는 것,

떠돌며 고생하는 사람을 집에 맞아들이고

헐벗은 사람을 입혀 주며

제 골육을 모코는 체하지 않는 것이다.

그렇게만 하면 너희 빛이

새벽 동이 트듯 터져 나오리라." (이사 58, 6-8)

식탁에서 제단으로

4세기부터 신도들이 성당을 세우기 시작하면서 성당 중앙에 돌 제단이 들어섰다. 호교론자들과 교부들은 제단이 그리스도를 상징하는 것이라고 해설하였다. 그래도 성찬이 가정집에서 성전으로, 식탁에서 제단으로 옮겨짐으로써 희생 제사의 성격이 강조된 대신에 친교적 회식의 성격이 약해졌음은 사실이다. 희랍, 로마 세계의 종교에서 성행하던 밀의와 희생이 자취를 감추면서부터 자연스럽게 희생의 제사와 제단의 사용이 등장했다.

빵에서 제병으로

재료인 표지의 외형과 그 사용이 달라진다는 것은 그 의미도 달라진다는 사실을 유의해야 한다. 9세기부터 서방교회에서는 성체를 공경 한다는 신심의 이유로 성찬에 쓸 빵을 만드는 데 규제가 가해졌다. 일상 시 먹던 누룩 넣은 빵과는 전혀 다른 누룩을 넣지 않은 빵을 쓰는 습관이 두루 보급되었다. 그런 빵을 굽는 권리가 성직자들에게 독점되고 그렇게 만든 빵을 "제병" 이라고 하였다. 이 단어는 희생 제의의 배경을 띤 것이다. 라틴어 성서나 전례에서 호스띠아(hostia, 제병)는 희생으로 바쳐지는 제물을 의미하였기 때문이나, 사제가 큰 제병 을 떼어 쪼개거나 빵을 떼어 나눈다는 의미는 깡그리 없어졌다. 쪼갠 조각들을 사제 혼자서 다 영하고 말기 때문이다. 신도들이 구워서 가져오던 빵이 성직자들이 찍어낸 제병으로 바뀌면서 성체가 음식으로서 갖는 뜻, 성찬식이 음식을 나누는 예식으로서 갖는 뜻은 거의 사라지고, 성찬은 희생 제사요 성체는 흠숭의 대상으로만 여겨졌다. 여기서부터 제사와 친교의 관계가 모호해진 것이다. 현대의 오늘날까지 성찬식이 희생제라는 점이 강조되어, 신자들은 두렵고 무서우며 짐스러운 분위기에 휩싸여 슬픈 기분에 젖어든다. 엄격하고 두렵기조차 하며 지엄하신 하느님 앞에 놓인 노예마냥, 우리는 언제까지나 타인인 주님의 희생을 구경꾼으로서만 바라보는 죄 많은 자가 되어서는 안 된다. 또한 성찬식은 우리가 결코 돈으로 하느님의 구원을 사는 보상 행위가 아니다.

성체배령에서 성체흠숭으로

차려진 음식은 먹게 되어 있다. 초대받은 손님들이 재를 지키기만 하고, 먹고 마시기를 꺼린다면 그것을 식사라고 할 수 있을까? 4세기가 끝나고 박해 후에 열심한 신자들은 영성체를 드물게 하는 풍습이 생겼다. 주님께서는 당신의 몸, 교회적이고 성체적인 몸으로 우리가 보양되기를 바라지 않으셨던가? "만일 너희가 사람의 아들의 살과 피를 먹고 마시지 않으면 너희 안에 생명을 간직하지 못할 것이다"(요한6, 53). 인간의 음식이 그리스도의 살과 피로 변화되고, 그 음식의 상징을 통해 우리한테 정작 전수되는 것은 신적 생명이기 때문이다. 그런데 이 성사 영성화하고 선화하는 것은 좋지만 그렇다고 성체성사가 담고 있는 인간적 회식의 상징성(배고픔 중에 음식을 듦, 나누어 먹음, 함께 즐김)을 망각하고, 유다인의 종교적 회식이 띠던 상징성(축복, 감사, 일치), 최후 만찬의 다각적 상징성, 그리스도께서 생전에 또 부활 후에 참석하셨던 인간적 식사들의 다채로운 상징성을 망각해서는 본래 성체성사를 세우신 의도를 저버리는 것이다. 성체성사는 기념이자 감사이고 희생 제사이다. 또한 성체성사는 하느님 아들의 몸이 실제로 나타나는 계속적인 강생수육의 현존이며 교회 공동체 건설이라는 다양한 변을 지니고 있다. 그 중에서 우리는 단지 식사 또는 회식이라는 한 가지 면에서 고찰을 했다. 그리스도께서 당신 제자들 가운데 당신을 현존시키고 당신의 생명과 힘과 기쁨을 주시기 위해서 그 어떤 표지나 상징들을 채택하시고 거기에 새로운 의미를 부여하셨다면, 우리로서는 당연히 그것을 순수하게 바라보고 그 목적하시는 것을 이루고, 그 내용과 의미 변화, 용도 변화를 끊임없이 이루어 나아가야만 할 것이다.

▌상징과 실재

성체성사의 의미

성체는 음식이다. 성체성사는 일차적으로 함께 식사하며 주를 기념하는 공동체의 행동으로 나타난다. "빵을 뗀다"(사도 2, 42. 46; 20.7.11.27.35; 1고린 10, 16)는 것이 곧 그러한 행동이다. 구약성서에서도 아벨의 제사를 성체 제헌의 최초 예형으로 보았고, 지존하신 하느님의 사제 멜기세덱의 빵과 포도주 제헌은 성체성사의 원형으로 지적되어 왔다. 광야의 만나는 성체성사에서 참으로 "하늘로부터의 빵", "천사의 빵"이 되었고, 모세의 지팡이를 통해 바위에서 솟아나온 물은 성체 안의 그리스도이신 바위로부터의 "신령한 물이 되었다"(1고린 10, 4) 이사악 대신 바쳐진 대속물은 성체 제헌 신비의 상징을 이해하는 데 있어서, 죄로 타락하여 죽음에 예속된 인류를 위한 그리스도의 대속과 대조되고 있다. 그리스도는 묵시록에 묘사된 세상의 죄를 제거하시는 하느님의 어린 양인 동시에 "많은 사람의 죄를 짊어지고"(이사 53, 12), 대신 고난을 받아 자신을 속죄의 제물로 바치신 하느님의 종인 것이다. 모세와 그 민족 일행이 하느님을 뵌 거룩한 산 위에서 제사와 제찬으로 시나이 계약이 체결되었듯이 (출애 24, 4-11), 영원한 계약도 같은 모양으로 그리스도의 피로써 맺어졌다. 그

피는 "많은 사람들을 위하여" 십자가 위에서 흘려진 계약의 피요(마르 14, 24) 최후의 만찬에서 거행된 피이다. 이 새로운 약은 특정한 의무에서 존속하는 상반의 동의 이상의 것이다. 그것은 하느님께서 당신의 새로운 백성을 이루시고, 그들 마음에다 당신의 법을 새기시어(예레 31, 33) 새로운 천상도시를 세우시는 하나의 유언(testamentum)이다. 빠스카 거행은 제사인 동시에 식사인 고로 특별히 그리고 분명히 성체성사를 예시하고 있다. 구약의 빠스카 기념이 실재를 내포한다는 것은 오늘날 우리에게는 어느 때 보다도 분명해졌지만, 빠스카가 성체성사 안에서 실현되는 것은 미래를 내다보는 것이기 때문에 필연적으로 매우 원시적인 상태라 할 것이다. 에집트 탈출로 얻은 자유는 현실로 체험되었지만, 예배 중에 기념하는 우리는 그리스도의 해방에 참여하여야 하기 때문이다. 우리는 실제로 성체성사의 빠스카 사건을 통하여 세상에서 성부께로(요한 13,1), 현세에서 참으로 신적인 실재인 내세로 나아가야 하는 것이다.

일치의 상징

그리스도는 미사성제의 자리에서 교회의 일치를 위해서 기도 하신다(요한 17, 20 - 21). 밀알과 포도가 모여 일치를 이루고 공동체가 하나의 빵을 나누어 먹는 그 자체가 일치를 상징한다. 성체성사는 "교회의 단일성을 표시하고 동시 에 실현한다" (일치교령 2). 주께서는 당신을 음식으로 주심으로써 우리를 양육하시며 우리를 당신과 일치시키고(요한 6, 56), 우리 서로를 일치시킨다(1 고린 10, 16 - 17). 이 모든 것은 성령을 통해서 이루어진다.

성체성사와 영생

성찬예식 전체는 하느님 나라를 상징한다. 하느님 나라가 완성되었을 때에는, 하느님께서 아브라함에게 약속했듯이(창세 15, 1), 공동체가 하느님 자신을 영원한 보상으로 받을 것이다. 성체성사는 우리의 천상유산이다(전례헌장 8항).

성체성사 안에서의 그리스도의 현존

성체성사의 실재적 현존을 밑받침하는 것은 그리스도의 구속 사업의 현행적(actual) 현존인 것이다. 사도 바오로가 성체성사에 관하여 강조하는 것은 우리가 성찬의 식탁에서 "주께서 오실 때까지 주의 죽으심을 전한다"는 것이다. 이것은 현행적으로 일어나고 있는 사건의 선포이다. 주의 만찬의 기념적 성격(1 고린 11, 24; 루가 22.19) 역시 구원 실재의 현존을 시사한다. 왜냐하면 그것은 빠스카 식사와 직접(혹은 적어도 간접으로) 관련되는 것인데, 유대인들은 빠스카의 기념으로 그들 백성이 에집트 노예 상태에서 해방되었던 사건에 실제로 참여한다고 인식하고 있었기 때문이다. 구속 사업은 언제나 그리스도의 것, 그리스도의 인격적 행위가 아닐 수 없다. 이래서 성체성사상 그리스도의 "실체적" 현존 아니 오히려 "인격적" 현존은 신비의 현존에 의하여 요구되며 또 밑받침되고 있다.

이를 더욱 지지하는 것은 성체성사의 거행이 제사 행위라고 하는 성서상 훌륭한 근거를 가진 가르침에서 찾아볼 수 있다. 참으로 이 제사는 모든 이를 위하여 화해시켜 주는 저 유일한 신약 제사와 동일한 한에서만 구원하고 속량할 수가 있다. 미사가 십자가상의 제사와 동일한 참 제사라야 하는 것이라면, 물론 거기에 그 역사적 환경은 없다 하더라도, 십자가에 바쳐진 분과 또 그분이 바칠 제물(즉 자기 봉헌의 상징인 그리스도의 살과 피)은 미사에 현존함이 틀림없다. 지금 여기에서 그분의 몸은 "너희를 위하여"(루가 22, 19; 1고린 11, 24) 바쳐지고 있으며, 그분의 피는 "너희를 위하여 또 많은 이를 위하여"(마르 14, 24; 마태 26, 28; 루가 22, 20) 흘려지고 있는 것이다.

따라서 실재적 현존은 무엇보다도 십자가에 달리신 주께, 아니 오히려 십자가에 죽으시고 그래서 영광에 들어가신 분께 관련되어 있다. 십자가상의 제사는 모든 시간을 완성하고 시간적 경계를 제거하는 때(kairos)인 동시에 결단을 요구하는 단호한 부르심(krisis)이다. 우리가 구원되기를 원한다면 시간의 경계를 무너뜨리고 모든 세대에 받아들여질 수 있는 "종말론적 사건" 에로 들어가야 한다. 말씀과 성사로써 우리는 구체적으로 이때를 만난다. 먼저 설교와 세례로, 이어서 성체성사로 만난다.

그리고 마침내 "그리스도와 함께 잠들어" 그분의 부활에 참여 한다.

구원의 역사 안에서 볼 때, 성체성사는 자기비하의 하강과 영광에의 상승이 만나는 곳임을 분명하게 알 수 있다. 좀 더 자세히 보자. 빠스카 신비가 성체성사 안에서 실현되는 것은 그것이 또한 저 유일한 때(kairos) 즉 그리스도가 희생적 죽음을 통하여 생명에로 나아가는 과정에 있어서 모든 것을 포용하는 저 결정적 전환점을 포함하고 있는 한에서이다. 그리스도의 강생에서부터 죽음에 이르는 길이 빵과 포도주 형태로 자기를 낮추시는 그리스도에 의하여 성사 안에 표현되고, 따라서 성체성사는 영원한 현재의 탄생인 새로운 강생으로 평가될 수 있는 것이다.

사욕 없는 사랑의 자연적 창조력은 지상 물질인 빵과 포도주를 존재의 가장 깊은 내부에서 변화시켜, 마치 신앙을 가진 사람들의 눈에 비치는 창문이 되어, 죽으시고 부활하신 주님의 자기 봉헌과 영광을 보게 한다. 교부들의 말대로 그 사랑이 하도커서 당신이 사랑하시는 인간과 스스로 동일해지는 것이다. 신약성서에 의하면, 예수 그리스도의 사랑은 교회적 사회적 공동체에까지 두루 미친다. 그 사랑이 육화 성육화 된 사랑이다. 참된 그리스도교적 사랑은 육화의 모험을 회피할 수 없다. 따라서 사회적 구조에 무관심할 수 없으며 생계에 깊이 관련하여 음식으로 육화한다. 육화는 세계와 역사에 대한 긍정을 의미한다.

예수의 볼 수 있는 육신이 현세에 존재하는 예수의 역사적 인격적 표명(species)이었음과 꼭 같이, 성체성사의 제물은 하느님 세계에로 옮겨가는 예수의 표명이다. 빵과 포도주라는 '형태'와 인간 '육체'(골로 1, 22)라는 형태를 대조할 수도 있지만, 그에 못지않게 그리스도의 역사적 표명과 함께 성사적 표명 사이에는 다음과 같은 본질적인 차이가 있다. 말씀이 동정녀로부터 취하신 육신은 현존하는 주께 대한 파생적 의미의 상징에 불과한 데 반하여, 빵과 포도주는 그 제정과 축성으로 말미암아 고유한 의미의 경신례적 상징이 되며 따라서 주님을 현존케 하는 것이다. 성사에 있어서 그리스도의 현존은 역사적 시공적인 것이 아니라, 시공을 초월하는 영적, 성사적인 것으로서 진정 실체적인(오히려 "인격적"인) 것이다. 이러한 영적 형식의 존재는 오히려 더욱 실재적이다.

빵과 포도주는 인간의 재능으로 가꾸어진 세상을 마음에 떠오르게 하므로, 넓은 의미에서 인간의 자기 봉헌을 상징하는 데에 특별히 적합하다. 그것은 인간을 양육하는 주요 물질이며 또 인간이 세상에 가하는 수식을 내포한다. 적어도 멜기세덱 이래 자연적으로 그것은 인간의 전형적인 봉헌물이 되어 있는 것이다.

그리스도는 무익한 우리 제물을 취하여 자기의 것(자기 피의 제사)이 되게 하셨고 그럼으로써 바로 사랑이신 자가 존재와 연결시키셨다. 이렇게 빵과 포도주는 존재론적으로 변화되어 다른 실체의 표현 형식(species)이 되는 것이다. 실체 변화란 우주의 실체 대신에 그리스도 자신이 빵과 포도주를 자기 표현 형식으로 삼고 따라서 빵과 포도주는 그리스도를 표현하게 되며 그리스도는 빵과 포도주의 실체가 된다는 뜻이다. 이 실체 변화에 또한 의미 변화에 기능 변화와 목적 변화가 연관되어, 봉헌물의 실재 깊은 곳에 영향을 주고 있다. 빵과 포도주는 이미 문명 세계의 표명이 아니라 그리스도의 표명이요, 그 기능은 벌써 인간 지상 생명이 아니라 성령 안에 새 생명을 기르는 것이다. 그 목적도 더 이상 식탁을 둘러싼 공동체가 아니라 인간의 그리스도와의 결합, 그리고 그리스도 안에 있는 모든 이와의 결합에 있는 것이다. "내 살을 먹고 내 피를 마시는 사람은 내 안에서 살고 나도 그 안에서 산다"(요한 6, 56).

이 사무치는 변화를 일으키는 것은 그리스도의 영이 내쉬는 숨의 힘이며, 주님 대신 주의 이름으로 외는 성사 제정 말씀의 힘이다. "이는 내 몸이니라." 이 우주에 속하는, 이 빵은 경신례적 상징으로 표명되는 주님 자신의 존재의 표명인 주님의 몸인 것이다. 완전히 성사적인 존재론은 어느 것이나, 참 존재란 인격적이면서도 항상 공동체를 지향하고 공동체 안에서만 충분히 실현된다고 이해한다. 여기서 성체는 교회 성사가 된다. 교회가 성체를 만드는 것과 마찬가지로 성체는 교회 공동체를 만든다. 성체성사로서 교회는 세상의 것인 동시에 세상을 위한 것이다.

현존의 의미, 실체 변화

지상의 음식과 음료를 의미하던 것이 예수의 현존을 의미하게 되어 영생을 강하게 하는 음식이 된다. 이 변화의 기초가 되는 것은 실체 변화로서 실존 양식의 변화이다.

빵과 포도주는 이제 새로운 실재를 내포하기에, 새로운 의미와 새로운 목적을 갖는다. 신앙은 이 실재, 즉 예수의 현존과 깊은 관계가 있다. 예수님은 영신적으로 당신의 지식, 관심, 활동으로써만 현존하서는 것이 아니라, 독특한 방법으로 전체적으로 하느님이며 사람으로서 실제적으로 또 영구히 현존한다. 그리스도께서 성체 안에 성사적으로 현존하실 때에 일어나는 변화는 아주 극단적이며 실제적 변화이므로 지속적이다. 축성 후에 빵과 포도주가 남아있는 한 예수님은 육체적으로 계속 현존하신다.

완세론적 종말 신비의 선참

어떤 의미로 성체성사는 세계가 "영원한 영을 통하여"(히브 9.14) 그리스도 안에서 합치되고 영화靈化하는 거대한 과정의 정점이다. 왜냐하면 이미 그것은 그리스도께서 만물의 실체가 되어 우주를 대신하게 될 우주적 총체적 실체 변화를 그 실제적 상징 안에 실현하고 있기 때문이다. 그리스도는 '권능의 말씀'으로 만물을 보존하시는 분이시며 또한 하느님의 본체이시기에 그야말로 '원초적 상징'인 것이다.

이 세상 사건들을 철두철미 특징지어 놓은 저 사랑(아가페)은, 무릇 인격적 사랑이란 다 그렇듯이, 사랑하는 이들 사이에 최대의 결합을 요구하고 가능케 하며 또한 최대의 자유를 주고 있다. 종말적 사건은 우주적 함축이기는커녕 어디까지나 인격적이다. 그것은 그리스도께서 성령을 통하여 완성된 피조물을 성부께로 되돌려 드리는 장엄한 감사(eucharistia)이다(1고린 15, 24 참조). 하느님께로부터 나와 하느님께로 돌아가는 깊은 충동과 진정한 목적은 사랑이다. 그 사랑으로 그리스도는 우리를 위해 인간이 되시고 제사가 되고 음식이 되셨다. 이리하여 그리스도는 "하느님께서 모든 것에 있어서 모든 것이 되도록"(1고린 15, 28), 교회를 통하여 "모든 것을 모든 것에 있어서 충만케"(에페 1, 28) 하시는 것이다.

성체는 음식이다

무엇 때문에 예수께서는 이런 식으로 현존하시는가? 영성체 - 성사적 식사 - 를 통하여 이 식사가 상징하고 있는 바의 효과를 우리 안에 내기 위해서이다. 이 식사는 생명의 빵이신 주께서 우리를 영적으로 양육하심을 상징한다. 이 거룩한 양식을 통하여 우리는 신앙과 사랑 안에서 주님과 더욱 긴밀히 일치한다. 성부와 성령과 함께 우리 마음 안에 머무시는 주님과의 더욱 큰 일치가 이루어지는 것이다.

주께서는 이미 영성체 전에 - 더욱이 성체성사 거행 전에도 - 신자들의 마음 안에 머물러 계신다. 그뿐 아니라 빵과 포도주를 당신 몸과 피로 변화시켜 미사성제를 봉헌하시기 위하여 사제를 통하여 일하고 계신다. 우리 주님이야말로 사제이시다. 미사를 거행하는 사제는 그의 대리자에 불과하다.

그러면 이 빵에 일어나는 변화는 무엇인가? 빵의 지각할 수 있는 실재 보고 만지고 물리 화학의 연구 대상이 되는 실재에 아무 변화가 없다는 것은 이미 보았다.

몇 해 전 어떤 고등학교 화학 시간에, 선생이 원소의 항존성을 강조했다. 이 것은 현대과학의 지도자들이 철저하게 폐기해버린 설이지만, "원소의 형체와 겉모양은 여러 가지 화학작용으로 변하게 할 수 있지만, 원소의 본성을 변케 할 수는 없습니다." 그쯤 해두었어도 괜찮았겠는데, 이 선생은 딴전을 피웠다. "가톨릭 신자들은 성체라는 야릇한 교리를 믿고 있습니다. 그 사람들은 빵과 포도주가 예수님의 몸과 피가 된다고 믿습니다. 그러나 이는 불가능한 것이며, 화학 법칙에 어긋나는 것입니다. 빵은 언제까지나 빵이고 포도주도 어디까지나 포도주이지, 다른 어떤 것으로 변하게 될 수는 없습니다." 이 말을 듣고 있던 그 반의 어떤 가톨릭 소녀가 일어섰다. "선생님, 빵과 포도주가 살과 피로 변화될 수 없다니 무슨 말씀입니까? 더군다나 화학의 이름으로 그렇게 말씀하심은 참으로 뜻밖입니다. 선생님이 잡수시는 빵과 포도주는 어떻게 됩니까? 그것은 자연법칙에 따라 선생님의 살과 피가 되지 않습니까? 하느님께서 자연법칙을 따라서 그러한 변화를 하실 수 있다면, 자연의 주재자(하느님) 그분이 당신의 권능으로써 직접 그런 변화를 일으킬 수 없다는 것은 무슨 이유입니까?"

주께서 성체 안에 계신 것은 인간의 영혼이 인간 육신 안에 있는 모습과 비슷하다고 본다. 빵과 포도주에 있어서 이 "보다 깊은" - 비현상적非現像的인 - 실재는 사제가 말하는 그리스도의 말씀의 힘으로 바로 그리스도의 인간성이라는 - 그의 몸과 피라는, 역시 "보다 깊은" - 실재로 대치代置된다. 그리고 이때 우리는 참으로 '하느님의 어린 양' 이요 '그리스도의 몸' 이라고 말한다. 이들 보다 깊은 실재(빵과 포도주의 보다 깊은 실재와 그리스도의 몸과 피의 보다 깊은 실재)를 뜨리덴띠노 공의회는 '실체'(존재)라 부르고 있다. 따라서 공의회는 성체성사의 변화를 '실체 변화'(존재의 변화)라고 부르고, 빵과 포도주의 '형상'만이 남는다고 천명하고 있다.

포도주가 그리스도의 몸과 피로 변하는데(실체변화=transubstantiation), 이 '변한다'는 말을 많은 사람이 잘못 이해함으로써 성체에 대해 오해를 한다. 빵과 포도주가 그리스도의 몸과 피로 변한다는 것을 빵과 포도주가 그리스도의 몸과 피로 '변해 버려' 더 이상 빵과 포도주가 아닌 것으로 생각하는 것이다. 빵이 축성될 때 마치 어떤 화학적 반응이라도 일어난 것처럼, 빵과 포도주가 더 이상 빵과 포도주가 아닌 것으로 생각하는 것은 성체에 대한 오해다. 빵과 포도주가 축성되어 그리스도의 몸과 피로 되었다고 해도 그 재료는 여전히 빵이며 포도주다. 우리는 '변하다' 또는 '되다'라는 단어를 올바르게 이해해야 한다. 예컨대 "하느님의 말씀이 사람이 '되셨다'"고 할 때 이를 얼음이 물이 되어 더 이상 얼음이 아닌 것과 같이 하느님이 사람이 '되어 버려' 더 이상 하느님이 아닌 것으로 이해한다면 이는 오해다. 강생은 하느님이 더 이상 하느님이시기를 포기한 사건이 아니다. 하느님은 하느님이시기를 거부할 수 없다. 또는 하느님이 인간이 '되신' 것을 마치 하느님이 인간을 없애고 그 자리에 들어서기 위한 것으로 곧 인간을 대체하기 위한 것으로 생각해서도 안 된다. 하느님은 인간 존재를 사랑하신다. 바로 그 때문에 인간이 되셨다고 말할 수 있어야 한다. 인간이 더욱 인간답게 살 수 있도록 인간이 되신 것이다. 하느님이 인간이 되셨기에 인간은 더욱 인간답게 살 수 있다.

빵이 그리스도의 몸이 되었다고 할 때도 마찬가지다. 빵이 그리스도의 몸이 '되는 것'은 그리스도가 빵을 대신하여 그 자리에 들어서기 위해서가 아니다. 그리스도는 인간이 먹는 빵을 대체하기 위해 빵이 되신 것이 아니다. 이와 관련하여 바리용 신부가 들려주는 이야기는 인상적이다. 그는 미사를 집전하기 전에 축성되지 않은 성체용 빵조각 앞에서 묵상하는 것을 좋아한다고 하면서 이렇게 말하였다.

"하느님은 이 빵조각을 어떻게 바라보실까? 그분은 이것을 조약돌을 보 는 것처럼 보시지는 않을 것이다. 이 빵은 하나의 온전한 역사의 결과물이 기 때문이다. 내가 이 빵을 손에 들기까지는 밭을 간 사람, 씨 뿌린 사람의 노동이 필요했다. 쟁기를 만든 그 모든 사람까지는 말하지 않더라도 말이다. 그 다음엔 수확한 사람들과 바인더를 만든 사람들의 일, 제분업자, 제빵업자, 그러니까 당연히 반죽기를 만든 과정에서 일한 사람들 모두의 수고가 필요했다. 이 빵은 자연을 변화시키는 과정의 결실이다. 우리의 일, 우리의 과업은 자연을 인간화하는 것, 세상이 인간적인 것이 되도록 그것을 변화시키는 것이다. - 중략 - 그러나 만일 여기서 멈춘다면 대화는 끝이다. 인간의 역사는 순전히 인간적인 채로 남아 있게 되고 여기서 닫혀 버리게 된다. 사람은 그 빵을 먹을 것이고, 계속해서 일할 것이고, 자연을 변화시킬 것이고, 또 빵을 만들 것이다. 여기에 역사를 넘어설 출구란 없다. 그런데 내가 이 빵을 제대 위로 가져가면 그리스도가 그것을 당신 자신의 몸으로 만드시며, 내가 인간화한 그 것을 신화神化 또는 그리스도화 하시는 것이다. 빵과 포도주를 준비하는 기도는 탁월하다. '저희가 땅을 일구어 얻은 이 빵을 주님께 바치오니, 생명의 양식이 되게 하소서. 저희가 포도를 가꾸어 얻은 이 술을 주님께 바치오니, 구원의 음료가 되게 하소서.'"

"자연을 변화시키는 인간의 온갖 작업을 거치고서야 빵이 존재하게 되고, 그리스도는 인간이 자신의 인간적 과업을 수행하면서 이미 변화시킨 그것을 신화神化하시고 그리스도화 하신다. 성체는 인간적 과업이 완성되었다는 유효한 표징이다."

인간의 전 역사가 그리스도의 몸이 된다. 성체를 모시는 것은 자기 몸을 그리스도의 몸으로 변화시키기 위한 것이다. 그리스도의 몸이 될 때 인간은 비로소 완전한 인간이 된다.

지금까지 말한 바는 신비를 설명한 것이 아니라 그 내용을 보다 정확히 제시하려 한 것이다. 신비는 말로 고스란히 드러나지 않는 법이다. 하느님은 우리의 생각보다 더 큰 분이다. 그러나 이것이 사랑의 신비임을 아는 것은 중요한 일이다. 이 신비는 어디서나 신자 공동체가 있는 곳이라면 지상에 언제나 계속되고 있는 주님의 제사로 교회가 일치될 수 있다는 것을, 또한 우리가 음식이라는 극히 인간적인 방법으로 주님을 우리 영혼의 양식으로 받을 수 없다는 것을 말해주고 있다. 하느님은 우리에게 당신 사랑을 드러내시기 위하여 이처럼 감각적인 방법을 택하신 것이다. 현대의 많은 신학자들이 축성된 빵과 포도주 안에 일어나는 의미와 목적의 변화에 대하여 말한 바 있다. 이 이중二重의 변화를 교황 바오로 6세는 회칙 '신앙의 신비'에서 받아들였다.

"우리가 교회 안에서 경축하는 주님의 만찬은 교회 밖, 즉 인간 역사에서 성취되는 일을 경축하는 것이다." 기념제이자 감사제인 성찬 미사야말로, 타인을 위한 인간애가 창조되는 거기야말로 교회가 세계 구원의 역사가 되는 길이며, 그 역사의 성취가 교회의 존재 이유이다. 성체성사로 인하여, 그리스도께서는 실제로 육체적으로 인격적으로 우리 교회 안에 현존하시기 때문이다. 성찬에서 우리는 그리스도의 십자가와 부활, 죽음에서 생명으로 건너가는 빠스카, 우리 자신의 삶이 죄에서 은총으로 건너감을 경축한다. 빵과 포도주는 우애의 표지이자 동시에 창조의 선물이다.

성 목요일, 제자들의 발을 씻기시는 그리스도의 모습, 맨 밑바닥에서부터 철저하게 최상의 봉사를 다하신 사랑, 사건에서 우리는 성체 건립의 가장 깊은 의미를 발견한다. "내 살을 먹고 내 피를 마시는 사람은 내 안에서 살고 나도 그 안에서 산다." "하늘에 계신 내 아버지의 뜻을 따르는 것이 나의 음식이다." 친교, 봉사(koinonia)야말로 성찬의 이념들을 표시한다.

성체성사는 본질적으로 일치의 성사다. 공동 생활력의 이 식사로써 생명의 빵이신 예수 그리스도께서 우리를 영적으로 양육하시는 것이다. 부활하신 주

288

님과 함께 그리고 살아있는 이웃들과 함께 먹고 마시는 성찬은, 부활 후 제자단 공동체에서 체험한, 부활하신 주님의 영으로 사는 신앙생활인 것이다. 오늘의 교회도 빵을 떼어 나누어 먹는 성체의 공동체로 남아 있다. 빠스카 신비의 거행이 교회 존재의 이유이기 때문이다. 외적 존재인 형상은 그대로 있으나 거기에는 하느님으로서의 위격과 결합 된 그리스도 자신의 인간성이 극히 신비스러운 방법으로 숨어 계신다.(교회는 이를 실체 변화라고 한다. 이는 철학적인 설명을 넘어서는 신비이다.) 그러한 성체성사로써, 교회는 세상의 것인 동시에 세상을 위한 것이 되었다.

의미와 내용-목적과 용도 변화

빵의 근본 실재는 빵을 빵이 되게 하는 그 무엇이지 그 밖의 다른 것은 아니다. 왜냐하면 빵은 밀이나 호밀이나 보리 아니면 다른 곡물로 만들기 때문이다. 효소를 넣을 수도 있고 그렇지 않을 수도 있으며, 큰 것일 수도 작은 것일 수도 있고, 각양각색의 서로 다른 모양으로 그리고 검게도 희게도 만들 수 있다. 참으로 빵으로 하여금 빵이 되게 하는 것은 인간이 그 빵을 사용하는 목적이며 그 빵이 그 사람이 갖는 의미이다. 즉 빵이 인간을 위해 무엇을 하는가 하는 그 목적이다. 빵이라는 것은 영양이라는 말로는 부분적인 설명에 불과하며 주로 문화적 사회적 표현으로서 설명할 수 있다. 생물학적 영향이라는 입장에 있어서는 축성한 빵과 축성하지 않은 빵 사이의 차이점은 전혀 존재하지 않는다. 그러나 이 빵이 갖는 인간적 의미와 목적이라는 입장에 있어서는 존재 가능한 온갖 차이가 존재하는 것이다. '목적 변화'란 빵의 목적이 변화하였기 때문에 그것은 빵의 전인격적인 현실이 변화했다는 것이다. 의미 변화란 빵의 의미가 변화했기 때문에 그 빵이 갖는 근본적 실재가 다르다는 것이다. 독일의 한 학자(M. Scheeben)에 의하면, 신비의 특징은 그것들이 관찰에 의해서 우리 자신들이 발견해내는 그런 사물이 아니라 하느님으로부터 특별한 선물로서 우리에게 주어진 진리라는 것이다. 빵을 손수 만들어 나누어 먹고, 그렇게 하는 빵은 삶의 기본 상징이다. 아버지가 여행을 떠나셨을 때면 으레 어머니는 큰 빵을 솥에다가 빵을 가득 구워 놓고 아버지를 기다리셨다. 그리고 아버지는 돌아오시자 새로 구운 빵을 보고 우리들 아이들과 마찬가지로 기뻐하셨고, 우리는 그 빵을 치즈나 이탈리아 살라미 순대와 함께 먹었다 - 좋은 포도주도 한잔 곁들여서, 누구보다도 아버지야말로 이런 소박한 분위기 속에서 이 태고 이래 인류의 영양분을 실컷 배부르게 먹기를 즐기시는 것이었다.

지금도 한 아파트에서 구운 빵이 오누이들에게 나누어지고 있다면, 그럼으로써 옛적의 이 동작들을 기억에 되살리기 위함이다. 물론 오누이들 가운데 어느 누구도 이런 의도를 의식하고 있는 것은 아니다. 다만 무의식과 삶의 심층 구조들이 절로 알고 있을 뿐이다. 빵은 우리 가정의 무의식 심층에 감추어져 있는 것을 의식적인 기억의 영역으로 끌어올린다. 기억은 언제나 되살리며 수시로 되살아난다.

레오나르도 보프는 '빵의 성사'를 두고 이렇게 비유한다. 우리 오누이들은 우리 어머님이 손수 만든 빵을 이 세상에서 제일 좋은 빵으로 생각하고 있다. 그것은 돈벌이를 위해 만든 빵이 아니라 우리들에 대한 모성적 인간애로 만들어졌기 때문이다. 무엇 때문에 그 빵이 온 가족들에게 나누어지는가? 그 빵이 하나의 원초적이며 성사적인 빵이기 때문이다. 성사로서 그 빵은 우리 각자로 하여금 모두가 온 가족들의 삶과 오누이들의 삶에 참여 할 수 있게 한다. 그 빵 자체가 우리 식구를 마음에 다가오면서 말을 하고 있고, 가족적 삶의 정신을 기르고 있으며, 그 빵의 물질성을 통하여 투시되고 투영되는 충만한 의미를 간직하고 있다.

삶과 죽음의 파스카 성사, 성체

우리 중에 자기 자신만을 위해 사는 자는 아무도 없다. 우리가 산다면 주님과 남을 위해서 살고 죽어도 주님을 위해서 죽어간다는 사도 바오로의 외침대로, 성체성사는 우리 인간의 삶과 죽음의 성사이다.

인간에게 생과 사의 신비는 곧 '나'를 벗어나서 '우리'가 만들어지는 과정이다. 타인들과 관계를 맺는 세계, 만남의 장 속으로 '다시 나지 않으면' 그는 언제까지나 태아로 머물러 한 인간이 되지 못한다. 자신의 존재를 한사코 보호하려고만 하고, 타인과의 친교를 자신을 향한 침략이라고 여긴다면 나의 존재는 그만큼 허약하고 덜 된다. 그 대신 자기중심의 초조감에서 벗어날수록 그만큼 나의 존재는 충만해진다. 애벌레가 나비가 되려면 먼저 고치 속에서 본 모습을 잃어버려야 한다.

매 미사 때마다 성체를 받아 모신다는 것은 예수그리스도의 사랑을 받아들여 그 사랑으로 하느님과 이웃을 사랑하는 일상생활을 해 나아간다는 것, 즉 나를 먹는 자는 나로 말미암아 산다는 말씀인 것이다. 나 자신이 성체 사랑을 행할 때마다 주님의 사랑을 기억하여 이를 실천하여 그 사랑으로 살아 나아가기 위한 것입니다.

성체성사를 통해 나에게 죽고 타인을 위해 사는 우리의 삶은 깊어진다. 성체성사는 우리가 하느님께와 다른 사람들에게 갖는 삶과 죽음의 신비를 성스러운 것으로 만들고 또 상징한다. 예수께서는 당신의 죽음을 기념하여 성체성사를 세우셨다. 역설적이기는 하지만, 우리는 죽음의 기념인 성체성사를 통하여 예수님을 모셔 더욱 풍부한 생명의 친교를 얻는다.

성체성사는 흠숭을 받을 대상이라기보다도 우리의 삶으로 옮겨져야 할 신비이다. 성체성사는 인간 실존의 가장 내밀한 심부로 우리를 끌고 간다. 삶과 죽음의 신비, 죽어 부활하는 신비 속으로 끌고 간다. 우리가 함께 음식을 나누는 성찬에는 그리스도께서 현존하신다. 부활하신 그리스도의 그 생명을 받음으로써 우리는 타인들과 진정으로 친교를 나눌 희망과 힘을 얻는다. 성체성사를 통해서 자기 자신에게 죽고 타인을 위해 사는 우리의 삶이 더욱 깊은 뜻을 지니게 된다.

성체성사는 그리스도의 구세적 사랑의 신비 속으로 이끈다. 아버지께로 줄기차게 나아가는 그리스도의 생명력의 신비 속으로 끌어들인다. 우리가 그리스도와 한 몸이 된다. 그리스도의 성령으로 사는 것은 신적 생명을 전달하는 통로가 된다는 뜻이다. 그러한 뜻으로 본다면, 타자와의 만남은, 그것이 여하한 만남이든 간에, 경축의 구실 성찬의 구실이 될 수 있다.

매일 미사 때마다 받아 뫼시는 성체성사 사랑을 주의 기도에서 청하는 일용할 양식으로 여긴다면 우리 이웃들과 함께 나눠 먹는 성체성사 사랑을 반드시 실천하여야만 모령성체 하지 않는 것이다. 사도 바오로께서 코린토 교회 교우들에게 너희는 집에서 자기 배가 터지도록 먹고 교회에 와서 미사 때 형식적 기천원 제물로 가난한 형제자매들과 형식적으로 나눠 먹는다면 그것은 예수 그리스도 사랑에 모욕하는 것이며, 가족애가 아니다.

사랑이란 이런 것이 아니라 너희가 먼저 나를 사랑하지 않고 내가 너희를 먼저 사랑하였다. 자기 벗을 위하여 하나밖에 없는 자기 생명을 다 바쳐 사랑하는 것보다 이 세상에는 더 큰 사랑이 없다. 나는 그 더 큰 사랑이 없는 사랑을 성체성사 사랑으로 보충한다. 신앙의 실현인 사랑 하느님을 사랑하지 않고서는 인간을 사랑 할 수 없다.

인간이 사랑을 품고 타인들에게 도달함으로써 성숙하는 일은 이미 성스러운 세계이다. 타인이 나의 일부임을 인정하고 나의 일부가 되게 받아들임은 진정한 자기 상실을 감행하는 것이다. 우리가 타자他者라는 신비 앞에서 존경과 경외심과 사랑을 갖추며 성장할수록 죽음은 매일의 현실이 되어 우리에게 다가온다. 그리고 그러한 매일의 죽음은 우리 자신을 통째로 내맡겨야 하는 최후의 순간을 준비시켜 준다.

  죽음과 부활로 이어지는 생명의 연속, 성체 성사로 말미암아 성사화聖事化된 이 연속은 더 이상 죽음이 없는 영원한 생명에로 부활할 때에 그 절정에 달할 것이다. 그리스도의 죽음과 부활 생명에 참여시키는 성체성사는 그리스도교 일치의 원천만이 아니라 전 인류의 일치가 이루어지는 인간애의 근원이다.

함께 사는 길

  인도의 성자 씬다 싱은 눈보라가 몰아치는 어느 날 네팔 지방의 한 산길을 가게 되었다. 마침 방향이 같은 여행자가 있어 두 사람은 얼어 죽을 듯한 위험 속에서 눈발을 헤치며 바삐 발걸음을 재촉했다. 얼마쯤 갔을까. 인적이라고는 없는 산비탈에 이르렀을 때 눈 위에 쓰러져 다 죽어가고 있는 사람을 발견했다. 씬다 싱은 여행자에게 "우리 이 사람을 같이 데리고 갑시다. 그냥 두면 분명 죽고 말 것이오"라고 말했다. 그러나 여행자는 "미쳤소! 우리도 죽을지 살지 모르는 판국에 한가하게 누굴 도와준단 말이오" 하며 오히려 화까지 내면서 서둘러 먼저 가버리는 것이었다. 씬다 싱은 쓰러진 사람을 일으켜 등에 업고 있는 힘을 다해 발걸음을 옮겼다. 눈보라는 갈수록 더 심해지고 이젠 정말 걷기조차 힘들었다. 무거움을 참고 견디다 보니 온 몸에서는 땀이 흐르기 시작 했다. 그러자 등에 업힌 사람의 얼었던 몸이 씬다 싱의 더운 체온으로 점점 녹아 의식을 회복하게 되었다. 마침내 마을 가까이 왔을 때, 그들은 얼어 죽은 시체 하나를 발견하고는 놀랐다. 그는 먼저 가버렸던 바로 그 여행자였던 것이다. 먼저 혼자 가버렸던 여행자는 얼어 죽었고, 죽어가던 사람을 업고 간 씬다 싱은 서로의 체온으로 살아남았던 것이다. 여기서 우리는 무엇을 배울 수 있을까?

  바로 성체성사의 사랑을 배우는 것이며 끊임없는 인간애의 창조를 체험하게 한다. 되로 주고 말로 받는다는 속담같이, 한정된 인간애를 되로 주고 무한한 인간애를 말로 받는 변화를 이룬다. 성체성사의 힘으로 살지 못하는 대부분의 그리스도인들도 되로 주는 사랑의 실천이 없어 성체 변화 같은 영원한 인간애의 거룩한 변화를 이루지 못하고 있다. 부활의 주님은 이웃 인간들 안에 살아 계신다.

까마라 주교님의 외침을 들어보자.

감실 안에서 또한 미사 때에 성체로서 우리에게 오시는 그리스도는 가난한 이들과 함께 살고 계신 또 다른 당신이 억압받고 있는 동안에는, 응당 받으서야 할 영광을 받지 않고 계십니다.

이제 어느 마을에서 일어난 이야기를 여러분과 나누고 싶습니다. 어느 날 사목위원 한 분이 나에게 찾아왔습니다. "주교님, 어제 저녁, 우리 성당에 도둑이 들어와 감실을 열고 성합을 훔쳐가 버렸습니다. 그리고 성합 안의 성체를 진흙탕 속에 처박아놓고 달아났어요. 우리는 예수님께 얼마나 죄스럽고 마음이 아팠는지 모릅니다. 그래 성체를 고이 모아 행렬을 하면서 감실 안에 다시 모시긴 했지만, 다시 속죄하는 뜻으로 예식을 성대하게 해야 한다고 생각합니다." "좋습니다. 나도 그 생각에 동의합니다. 다함께 성체행렬을 준비합시다. 모든 신자들을 다 초대하여 참으로 성대한 예식이 되도록 합시다." 속죄의 예식을 하던 날, 나는 모인 신자들에게 다음과 같이 말했습니다.

"주님, 나의 형제인 그 도둑을 대신하여 당신께 용서를 청합니다. 그는 자기가 무슨 짓을 했는지 몰랐습니다. 당신께서 성체 안에 살아 계신다는 사실을 몰랐습니다. 그가 한 짓에 우리 모두가 얼마나 놀랐는지 모릅니다. 그러나 교형자매 여러분, 우리 자신은 얼마나 눈을 뜨고도 볼 수 없는 장님들인지요! 우리는 우리의 형제인 이 가난한 도둑이 성체를 진흙 속에 처박았다고 해서 무척 놀랐지만 바로 이곳에 이 가난한 동네에서 그리스도께서는 매일 진흙탕

294

속에 살고 계신 것입니다.

　우리는 눈을 떠야 합니다. 우리가 매일 받아 모시는 그리스도와 진정으로 일치한다면, 눈을 크게 뜨고 가난한 이들 억압받는 이들 안에 살고 계시는 그분을 알아 볼 수 있어야 하며 우리가 바로 이렇게 할 수 있도록 그리스도께서는 성체를 통하여 힘을 주시는 것입니다, 고통 받는 형제자매들 속에서 그리스도를 발견하는가에 따라 우리는 마지막 날에 심판을 받게 될 것입니다."

　지금부터 17세기 전 로마에 라우렌시오란 한 청년이 로마 시내의 가난한 이들에게 교회의 자선으로 모은 물질을 나눠주는 직책을 아주 훌륭히 잘 이행하고 있었다. 그러던 중 그 당시 로마 시에서 폭정을 하던 시장이 그런 소문을 듣고 재물에 욕심이 나서 그 청년을 불렀다. "지금 황제께서 군대를 위해 긴히 쓰실 때가 있으니 네가 관리하는 재물을 몽땅 나에게 바치라"는 것이었다. 라우렌시오는 그 즉석에서 승낙하면서 다만 재산 정리상 사흘 동안의 여유를 받았다. 그는 돌아와서 자기가 갖고 있던 수많은 재물을 시내 가난한 자들에게 전부 나눠주었던 것이다. 그리고는 약속한 날짜에 가서는 그 가난한 자들을 전부 시장 앞에 데리고 나아가서 이렇게 말했다. "보십시오. 이 모두가 바로 그리스도 신자들의 재산입니다. 나는 이들로 하여금 나를 영원한 집에 영접하게 할 것입니다." 이 말을 들은 로마 시장은 화가 머리끝까지 치밀어 라우렌시오 청년을 석쇠 위에 놓고 태워 죽였다. 그가 바로 라우렌시오 치명 부제 성인이다.

　따라서 오늘날도 우리들이 매 미사 때마다 이 사랑의 식탁에서 받아 모시는 성체성사의 사랑으로 모두가 한집안 식구로서 인간애를 나눈다면, 주님께서 빵을 많게 하신 그 기적이 일어날 것이다. 인간 사랑의 기적으로써 일용할 양식을 주시는 감사로운 체험을 나날이 하게 될 것이다.

의미는 여럿이나 체험은 오직 하나

우리의 모든 성체 배령은 오직 하나의 긴 성체 배령 즉 유일한 그리스도화 과정의 연속적 순간들이다. 성체가 신앙의 다른 모든 커다란 신비들과 어떻게 결합하여 삶의 의미를 밝혀주는 하나의 전체적 비전으로 나아가는가를 알려고 할 때, 성체신비를 보다 깊게 이해할 수 있다. 성체성사에 있어서, 계약, 기념, 감사, 제사와 같은 요소들과 따로 독립된 어떤 고립된 요소로 예수의 현존을 보아서는 안 된다. 물론 성체성사는 보통 식사보다 훨씬 풍부한 의미가 있다. 그러나 그 거행 형태는 미사가 우리 일상생활 밖에 있는 것이 아님을 상기시켜주는 그런 것이어야 한다. 미사는 일상 세속생활의 거룩한 절정이다.

성체성사는 인간애의 화신으로서 인간 사랑의 시작이요 출발점이다. 우리 일상생활의 구체적인 사랑의 표시와 표출이 성체성사로 나타난다. 성체성사는 구체적 인간 사랑의 발로이며 표지이다. 성찬은 교회 안에서 거행되고 교회는 성찬에 의해서 건설된다. 실레벡스의 표현대로, 우리가 교회 안에서 경축하는 것은 교회 밖, 즉 인간 역사에서 성취되는 것을 경축 하는 것이다. 이 성취 - 여기서 깊은 인간애가 창조된다 - 야말로 교회의 존재 이유이기도 하다.

일치와 사랑과 감사의 생활

이는 내가 사는 것이 아니라 그리스도 내 안에 산다는 사도 바오로의 체험을 성체성사의 사랑으로 이루어 나아가야 한다. 그리스도의 사랑이 우리가 우리 서로를 사랑하도록 재촉하는 인간애의 불씨를 당기고 있다. 성체성사는 영원한 생명과 행복에로의 초대이다. 이 세상에서 하느님 나라의 잔치에 참여하는 그리스도인 생활 자체가 하느님과 만나고 그리스도와 만나고 이웃과 만나는 '만남의 성사'이다. "보라! 이 성찬에 초대 받은 이는 복되도다!" 사랑의 선사에 의하지 않고서는 구원에 그리고 진정한 자아에 이르지 못하는,

신앙인의 표상이 바로 성모 마리아이시다. 베르나노스가 '한 시골 신부의 일기'를 마무리하면서 "모든 것이 은총이다"라고 한 저 말, 허약과 허탈만으로 엮어진듯하던 한 생애가 풍만과 성취로 스스로 인식케 한 저 말이, "은총을 가득히 받은"(루가 1, 28) 마리아에게서 참 사실로 이루어졌다. "이 몸은 주님의 종입니다. 주님의 말씀대로 저에게 이루어지기를 바랍니다." 우리가 성체성사를 배령하는 성체성사 생활은 바로 이같이 주님의 뜻을 따르는 삶이다. 성모 마리아께서 예수 그리스도와 함께 살으신 이 지상 생활에 참여할 때, 우리 일상생활이 성화되는 것이다.

나는 이 세상에 불을 놓으러 온 것이니 이 인간 사랑의 불씨가 타오르는 것밖에 내가 바랄 것이 무엇이겠는가? 역사적 인물 예수 그리스도는 인간 사랑이 끊임없이 불타오르기를 원하셨다. 여기 제대 위에 불타는 촛불 한 토막과도 같은 인생살이, 한때 뜨거웠던 성사생활 능력도 다 타버리고 재만 남기며 아주 꺼져버리기 전에 이웃을 사랑해야 한다. 엠마오로 가는 제자들 가슴 속에서도, 여인숙 식탁에서도, 주님께서는 사람을 사로잡는 은혜인 성체성사로써 인간애에 불을 놓으신 것이다. "너희는 모두 이것을 받아먹으라." "내가 줄 빵은 곧 나의 살이다. 내 살을 먹고 내 피를 마시는 사람은 내 안에서 살고 나도 그 안에서 산다. 살아계신 아버지께서 나를 보내셨고 내가 아버지의 힘으로 사는 것과 같이 나를 먹는 사람도 나의 힘으로 살 것이다"(요한 6, 51. 56-57).

이것은 제사 지내고 있는 나, 즉 살아있는 한울님인 내 속에 밥을 생산해내는 과정, 즉 생명의 순환과정 일체에 참가했던 모든 풀, 벌레 바람, 대지와 흙, 공기, 햇빛 - 이 모든 일체의 삼라만상과 천지 물의 활동이 다 들어 있다는 생각을 전제로 하며, 그 활동과정과 그 활동내용과 그 활동의 결과 - 이것이 밥으로 표상되고 밥으로 압축된 것이다. 따라서 활동의 주체인 전 중생 앞으로 활동의 결과 또는 활동 그 자체가 귀속해야 한다는 것이다. 이것은 전혀 유아론唯我論적인 것이 아니라, 노동하는 민중, 밑바닥 민중, 천대받는 민중과 학대받는 약탈당하는 전 중생이 모두 다 고상하고 신령한 한울님이라는 주제를 전제로 한다(김지하 이야기 모음, 밥, 86-87면). 밥이 하느님이시다. 하느님은 생명 자체이시니 그 생명의 요소가 하느님 생명을 이룬다.

여기에서 예수께서는 믿는 이들을 당신의 영원한 생명에로 옮겨가는 파스카 사랑을 틀 잡는 빵과 포도주의 식사에 초대하신다("오라…이는 너희를 위하여 주는 내 몸과 피다"). 그들이 신앙 안에서 식사를 나눌 때 그들은 예수와 그리고 서로가 영적으로 하나가 됨을 의식하게 된다. 예수의 제자들은 하나의 성찬가족이다. 그들은 예수의 유월절을 나누고 또한 서로에게 그리고 세상에 그분의 파스카 사랑을 틀림없이 전한다. 진정한 그리스도교 영성은 믿는 이들이 바로 이곳에서 거행하는 바를 일상생활 가운데서 살고자 할 때 실현된다.

성체성사는 그리스도인의 삶을 가장 온전하게 구체화하는 성사이며, 인간이 되시는 하느님의 모습이고 기존 문화에 공동으로 저항하는 우리의 방식이며 기억의 행위이기 때문이다. 성체성사의 구성 자체가 다른 성사들을 많은 방식으로 요약 표현하고 있다. 성체성사는 예수의 삶을 되살린다. 섬김을 수행하는 하느님 백성으로서 우리의 공동사명을 구체화해 준다. 무엇보다 먼저 성체성사 안에서 우리는 서로에게 현존하고 하느님의 현존 안에 머무를 수 있는 유일한 길은 우리가 죄인임을 인정하고 깨닫는 것이다. 우리의 이기심과 독선으로부터 근본적으로 탈피할 수 있는 길은, 하느님의 신비와 그 공동생활 안으로 들어가는 바로 그 순간뿐이다. 성체성사는 한편의 일방적인 무장해제의 행위이며 성찬례 전 과정을 통하여 다시 정리된 평화의 선언이다. 성체성사는 자비를 구하는 행위이다.

두 번째로, 성체성사는 경청하는 행위이다. 우리 사회에서 어떤 그룹의 사람들이 하느님에게 불려졌고 그분의 말씀에 의해 판단되는 대로 내맡긴다는 것은 흔한 일은 아니다. 소리를 내고 소란스럽기를 강요당하는 우리 문명세계 속에서 "경청한다는 자세"는 어울리지 않을 뿐만 아니라, 이익이나 자아성취 혹은 실질적인 혜택을 뒤로하고 어떤 말씀에 의해 움직이고 변화된다는 것 자체가 참으로 놀랄 만한 일이다.

그리스도의 구속적인 희생의 성사 안에서 우리는 또한 우리 자신의 선물을 기념하고 봉헌한다. 성체성사 안에서 우리는 우리의 삶과 노고, 우리의 열정과 기쁨을 육체, 피, 역사 그리고 예수의 인성과 일치시킨다. 성체성사는 우리 자신 안에서 예수의 죽음과 부활을 다시 살아 낼 뿐 아니라 형제·자매들을 위한 음식으로 당신을 내 놓으신 예수의 실재에 의하여 사랑과 자기희생의 선택을 다시금 확인하는 시도이다.

우리의 역사와 구원을 기억하면서, 우리 생활 속에서 하느님의 치유하시는 능력을 필요로 하는 우리 자신을 되새기면서 우리 자신의 죄악과 계약의 하느님께 대한 신뢰를 기억하면서 예수를 우리의 삶과 본질로 자리 잡게 하면서 우리는 감사를 드린다. 성체 안에서, 우리 하느님의 얼굴을 보면서 우리의 가난에도 불구하고 우리를 지탱해 주시는 이 음식 안에서 우리는 가난한 형제자매에게로 파견되어 나간다. 그리고 이 가난한 형제·자매들의 얼굴 속에서 우리는 다시 한 번 살아있는 하느님을 만난다. "가난한 이들의 성사"는 우리에게 가난한 이들을 기억하게 만든다.

이것은 이론이 아니라 실제이다 사제로서의 경험에 의하면, 나는 그리스도의 몸과 피를 있는 그대로 받아 모시는 두 사람을 발견하였다. 그들은 캘커타의 마더 데레사(Teresa)와 장 바니에이다. 그들은 가난한 사람들을 자신들의 삶 안에 받아들이거나 우리를 손님으로 받아들일 때 성체를 모실 때와 똑같은 몰아지경에서 응답하는 사람들이었다.

성체성사는 인간역사 안에서 이루어지는 하느님의 구원의 행위를 기념하는 것이다. 성체성사는 우리가 성체성사의 근본적인 사회지향성을 억압할 수 없는 한, 우리 안에 필연적으로 개인적인 영역을 마련한다. 즉, 성체성사의 사회성과 개인성은 서로를 부정할 수 없이 한데 묶여져 있다. 그러므로 성체성사의 사회성을 부인할 때 그 성사는 우리를 변화시킬 수도, 변혁시킬 수도 없을 것이다. 똑같은 미사에 15년 동안이나 참석했으면서도 서로 말 꺼내기를 거부하는 두 사람에게 성체성사는 그들만큼의 영향을 그들에게 행사했을 뿐인 것처럼.

성체성사는 공동체적이며 내면을 심화하고 계약을 중시하며 자유를 창조적으로 행사하도록 도와준다. 이 성사는 평범한 것을 들어올리며, 상징적인 것들, 그리고 상호 인격적(interpersonal)이며 사회적인 하느님의 삼위일체 공동생활을 찬양한다. 성체성사는 우리가 그 안에서 하느님과 인간의 일치되는 정점인 예수의 생명과 은총에 참여하게 되므로 인간성에 대한 찬양이기도 하다.

여기에서 예수께서는 믿는 이들을 당신의 파스카 사랑을 틀 잡는 빵과 포도주의 식사에 초대하신다("오라…이는 너희를 위하여 주는 내 몸과 피다"). 그들이 신앙 안에서 식사를 나눌 때 그들은 예수와 그리고 서로가 영적으로 하나가 됨을 의식하게 된다. 예수의 제자들은 하나의 성찬가족이다. 그들은 예수의 유월절을 나누고 또한 서로에게 그리고 세상에 그분의 파스카 사랑을 틀림없이 전한다. 진정한 그리스도교 영성은 믿는 이들이 바로 이곳에서 거행하는 바를 살고자 할 때 실현된다.

성체성사는 사람들을 당신 자신으로 변화시키시고, 그렇게 하여 교회라는 당신의 신비로운 - 신비로운 것은 사실에 대립하는 개념이 아니다. - 몸을 만드시기 위해, 당신을 양식으로 내어 주시는 그리스도의 성사聖事다. 이것을 이해하기 위해서는 항상 하느님의 근본 계획으로 돌아가야 한다. 하느님의 근본 계획이란, 사랑 안에서 모든 사람과 결합되시어 그들로 하여금 당신 자신의 사랑을 나누게 하시는 것이다. 내가 끊임없이 되풀이하여 말하듯이 하느님은 우리로 하여금 당신의 신성神性을 나누게 하시기 위해, 우리의 인간성을 나누어 지니셨다. 바꿔 말하자면, 우리의 인간성은 신화神化되는 것을 목표로 하고 있고, 창조는 우리와 하느님 사이의 계약(곧 결합)을 위한 것이다.

계약은 진정, 노아에서부터 '새롭고 영원한 계약의 잔' 을 바치시는 예수 그리스도에 이르기까지 다양한 단계를 거치며 이어진, 성서의 중심이다. 성서에서 말하는 계약은 사법상의 연합이 아니라 사랑의 연합이다. 그러기에 성서의 처음부터 끝까지 결혼이라는 상징이 통용되는 것이다. 그리고 교회의 전통은 혼인성사를 성체성사에 아주 긴밀하게 결속시켜 왔다.

하느님은 결혼하시기 위해 인류를 창조하시며, 강생하심으로써 인류와 결혼하신다. 이는 가장 강력한 의미로서의 결혼, 다시 말해 인류와 한 몸이 되는 것이다. 하느님은 인류 전체와 한 몸이 되기를 원하신다.

하느님은 성체 안에서 진정으로 인간과 결혼하신다. 몸과 피로 한 몸을 이루신다. 성체의 신비 근원에 양식이라는 개념이 있다. 이 개념은 그야말로 본질적이다.

그러므로 성찬은 우리가 함께 나눔으로써, 서로 결합하게 되는 한 끼의 식사가 아니다. 물론 이 국면도 중요하다. 그러나 그것만으로는 충분하지 않다. 함께 나눈 식사에 의해 사람들 사이에 이루어지는 결합보다는, 각자가 당신을 양식으로 내어 주신 그리스도와 하나 되는 결합이 우선인 것이다. 각 사람이 그리스도에게 결합된 결과, 그리스도는 성체를 받아 모신 사람들 사이를 맺어 주신다. 만일 함께 나누는 식사의 수준에서만 이 상징성이 이해되면, 그것은 부부사이의 사랑을 완성하는 '용해' 라는 가장 근본적인 사실을 표현할 수 없게 된다.

이 점을 이해하기 위해서는, 하느님의 강생이 그리스도에서 끝나지 않고, 인류 전체로까지 이어진다는 것을 잘 이해하여야 한다. 하느님이 예수라고 불린 한 인간에게 결합하신 것을 일컬어 강생이라 한다고 상상하는 한, 우리는 아무

것도 이해할 수가 없다. 문제의 핵심은 하느님이 그리스도를 통하여 인류 전체와 결합 또는 결혼하신다는 것이다. 하느님은 모든 인간이 신화神化되게 하시기 위하여 인간이 되셨다. 성체는 그리스도가 이루신 바를 모두가 이루도록 한다.

성체에서 가장 중요한 것은 단지 그리스도의 현존이 아니다. 그리스도는 그냥 거기 머무르시기 위해서가 아니라, 당신과 우리 사이의 결합이 가장 완전하게 이루어질 수 있게 하시기 위해 우리에게 당신을 양식으로 내어 주시려고 거기 계신 것이다. 성체는 우선적으로 현존인 것이 아니다. 성체는 우선 결합이고 결합이 우리 자신이 어떻게 현재로 존재하느냐 인 것이다. 우리는 예식과 말씀으로 약속만 하고 그 약속한 사랑을 실천하며 일상생활로 살아 나아가지 않는다는 것이다. 현존을 이끌어 들인다.

그리스도의 희생이 절정에 달한 것은 성체로 자신을 내어 주신 것과 십자가 위의 죽음에서다. 죽음만이 스스로를 위해 살지 않았다는 것을 증명해 줄 수 있기 때문이다. 우리는 우리가 언제나 다소간 우리의 비겁함 때문에 죽음에서 벗어나려 애쓴다는 것을 잘 알고 있다. 그 죽음이 결정적이고 완전한 죽음이 아니더라도 말이다. 다시 말해 우리는 부분적인 죽음, 즉 편안함이 줄어드는 것, 어떤 특권을 포기하는 것 등, 간단히 말해 이기심과 게으름에서 우리를 떼어 내는 모든 것에서 도망치려 애쓴다. 이 때문에 페기는 다음과 같이 말했다. "삶이란 오직 주기 위해서만 존재하는 것이다."

성체는 그리스도의 희생이요, 오직 사랑일 뿐인 사랑, 따라서 죽기까지 가는 사랑이며, 새로운 탄생, 부활이 솟아오르게 하는 사랑이다. 사랑이 죽음보다 강하거나, 죽음이 사랑보다 강하거나, 이 둘 중 하나일 수밖에 없다. 파스카의 신비는 사랑이 죽음보다 강하다는 것을 보여 준다. 그것은 그리스도에게 참이다. 그리고 그리스도가 우리와 관계없는 이방인이 아니요, 우리가 지체로서 그분에게 속해 있다면, 그것은 우리에게도 참이다. 우리가 희생의 삶,

즉 하느님에게 건너가는 통로를 가진 삶이 아니고서는 진정한 삶을 누릴 수 없다는 것을 이해하기 위해서는, 우리의 심장이 제 자리에 박혀 있는 것으로 충분하다. 바로 성체가 그것의 표징이다.

빵은 우리가 살아갈 수 있도록 하느님이 우리에게 주신 모든 것의 상징이다. 빵과 포도주는 지중해 연안의 나라들과 예수님이 사셨던 나라의 기초적 양식이다. 내 양식에서 약간의 빵과 몇 방울의 포도주를 바침으로써, 나는 아버지에게 돌려드려야 할 것이 자연 전체임을 표하는 것이다. 그러므로 성체는 양식의 형태로 드리는 감사의 행위다. 모든 것이 은총이라면, 모든 것이 감사여야 한다. 이 '모든 것'을 표하는 데 빵과 포도주만한 것이 없다. 그것 없이는 삶 자체가 불가능하기 때문이다. 그것들은 바로 생명의 요소들이다. 하느님은 우리로 하여금 당신이 주신 것을 다시 드리게 하기 위해 이것들을 주신다. "이 빵을 주신 분, 우주의 하느님, 찬미 받으소서."

우리는 성체·성혈용 빵과 포도주로, 인간이 살아 갈 수 있도록 하느님이 인간에게 주신 그 자연 전체를 하느님에게 돌려드린다. 마르크스주의자에게 자연에 대한 인간의 관계는 일이다. 그리스도교인에게도 물론 그렇다. 그러나 일을 다루는 그리스도교인의 방식에는 소유자의 사고방식과는 정반대인 감사를 바탕으로 하는 심오한 마음가짐이 깃들어 있다.

성체가 없으면 우리의 삶은 그릇된 것이 된다. 성체 없는 사람의 삶은 소유자의 삶이다. 그런데 영원한 삶은 전적으로 소유를 비워 낸 삶이다. 하느님은 결코 소유자가 아니시다. 성체와 더불어 우리의 삶은 참된 것이 된다. 그 삶은 감사의 삶, 참된 것에 대해 깊이 인식한 지혜의 삶이다.

이제 우리는, 그리스도가 우리에게 당신 자신을 양식으로 주신다면, 그것은 우리를 형제적 공동체로 결합시키시기 위함이라는 것을 강조해야 한다. 만들어가야 하는 인간 공동체의 성사이다.

그리스도가 새로운 계약의 표징으로 성체성사를 세우신 것은, 그 새로운 계약의 유일한 조건을 반포하신 그 순간이었다. "내가 너희를 사랑하였듯이, 너희도 서로 사랑하라." 하느님에게 결합하는 조건은 인간들 사이의 형제애적 결합, 즉 인간적인 공동체의 건설이다. 인간들 사이의 연합이 없다면, 하느님과의 연합도 없다.

성체성사는 성사 중의 성사다. 성체는, 인간으로서는 온전히 하느님 쪽으로 당겨지시고, 하느님으로서는 온전히 인간 쪽으로 당겨지신, 희생된 그리스도다. 그리스도는 이 두 도약의 압축, 감히 말하자면, 이 두 도약의 결정체 結晶體이시다. 로댕의 조각 '입맞춤'은 하나의 대리석 덩어리다. 이 작품에서 여자는 남자를 향한 움직임일 뿐이며, 남자는 여자를 향한 움직임일 뿐이다. 그것은 하나의 이미지일 뿐이지만, 하느님과 인간 사이의 사랑의 참모습을 이해하는 데 도움을 준다.

축성된 빵 조각은 인간이 하느님에게 드리는 선물(즉 봉헌)이며, 동시에 하느님이 인간에게 주시는 선물(즉 성사)이다. 그 모든 것의 끝에, 내가 고집스럽게 우리의 궁극적 신화神化라고 부르는 것, 다시 말해 우리 희망의 대상이 있다. 기쁨 안에서 누리는 완전하고 충만 된 자유 말이다. "아버지께서 나에게 맡기신 사람들을 내가 있는 곳에 함께 있게 하여 주소서"(요한 17, 24). "그때에는 우리가 그리스도의 참모습을 뵙게 될 것입니다"(1요한 32). 이것이 그리스도가 세우신 확고부동한 사실이다.

감실에나 성체에 계심은 감실에만 가두어 놓고 현존만 흠숭 성체 조배만 하지 말고 성체성사 사랑을 가져가서 친교 일치 나눔의 사랑을 실천하기 위하여 저 감실과 성체 안에 계시는 것이다.

하느님은 우리로 하여금 당신의 신성神性을 나누게 하시기 위해, 우리의 인간성을 나누어 지니셨다. 바꿔 말하자면 우리의 인간성은 신화神化되는 것을 목표로 하고 있고, 창조는 우리와 하느님 사이의 계약(곧 결합)을 위한 것이다. 창조물이 당신 같이 거룩하게 완성시키기 위한 것이다.

예수 그리스도의 사랑은 너무 커서 우리 사회에 모든 사람과 사건에 두루 미치신다. 사랑하는 사람의 생명을 지탱해 주기 위한 음식이 되실 만큼 우리나라 정치, 경제, 사회에 두루 미치십니다. 따라서 오늘날의 애덕을 담는 일은 정치적 사랑, 즉 공동체에 대한 사랑이어야 한다.

오늘날 사회문제는 결국 인간 문제다. 정치는 신앙인의 사회적 사랑이다. 평신도가 하는 정치 활동은 사회적 사랑을 실천하는 것이다.

성 아우구스티누스의 사회적 사랑의 표본은 십자가다. 우리 팔이 밖으로 펼쳐지는 것이다. 자기 자신을 끊임없이 내어주는 성체성사의 사랑인 것이다.

제 21 과

치유의 성사인 고해성사와 병자성사

우리는 신앙생활을 하는 동안 육신의 병을 앓을 뿐만 아니라, 죄 때문에 영혼도 병을 앓는다. 그렇기 때문에 우리에게는 두 가지 형태의 치유가 필요하다. 하나는 하느님께 용서를 빌고 치유를 받아 영적으로 건강을 다시 회복하게 되는데, 이 치유가 고해성사로써 이루어진다. 또 하나는 병중에 있거나 혹은 임종을 앞둔 신자들이 받는 성사로서, 그는 이 성사로써 위로와 격려를 받고 때로는 치유의 효험을 맛보기도 한다.

▌병자성사

질환

인간이 된다는 것은 고통을 안다는 것이다. 하지만 아픔과 슬픔이 어떤 의미를 가질 수 있는가? 실수라든지 불행 혹은 여타의 잘못에 대한 처벌이 있는 것인가? 여러 가지 고통들은 우리가 커가는 과정에서 드러난다. 우리의 육체적이고 심리적인 본성들은 쉽사리 온갖 종류의 고장과 탈이 난다. 그리고 우리는 너무도 쉽게 서로가 서로를 육신적으로, 심리적으로 아프게 한다. 만일 우리가 희망을 가져야만 하는 것 전체가 이런 삶 안에서의 행복이라면 우리는 그러한 온갖 고통으로부터의 자유를 누리는 것이리라 그러나 이러한 삶은 좀 더 충만한 삶에 관한 서론일 뿐이다. 우리의 나약함과 한계성은 우리가 우리들 스스로 자가 - 부양상태 혹은 완전 상태가 아님을 보여준다. 우리는 다른 이들의 후원과 돌봄을 필요로 한다. 그리고 우리도 다른 이들이 필요로 하는 것, 그들의 나약함을 보충해 줄 필요가 있다. 우리가 고통을 참아 내고 고통 중에 있는 다른 이들을 후원할 때 우리는 어떻게 사랑을 주고받는지 배우게 된다. 인간은 다른 이들에게 위타적으로 나아갈 때 성취감을 발견한다. 그들은 다른 이들이 필요로 하고 나약한 상태에서 자신들에게 올 때 충족되는 것이다.

인간이신 예수께서는 확실히 고통을 알고 계셨다. 그분은 그것을 참아내기 위해 하느님의 도움을 구했던 것이다. 그분은 사람들이 당신께 보여준 이해심과 위안에 의해 위로받으셨다. 그분의 나약함과 한계성은 그분으로 하여금 다른 사람들의 사랑을 구하도록 끌어 당겼다. 그리고 다른 사람들의 나약함과 한계성은 그분으로 하여금 그분이 그들에게 가져다주실 수 있었던 어떤 사랑이나 도움으로써 이든 그것을 가지고 그들에게 가시도록 이끌어 당겼다. 어떻든 예수께서는 특별히 "다른 이들을 위한" 사람이셨다. 이것이 그분이 구세주이신 이유이다. 그분은 다른 이들이 필요로 하는 것과 그들의 고통을 도우시는 중에 하느님의 충만함을 발견하실 수 있었다. 인간 예수께서 다른 이들을 위해 자아로부터 완전히 벗어나시자 하느님이 완전히 그분 안에 오셨고 또 그분을 가득 채우셨던 것이다. 그분이 우리와 함께 나누신다는 것(필립 2, 5~11; 골로 1, 19~20; 2, 3~4; 에페 4, 13; 요한 1,16)은 바로 이 구원의 "충만함" 인 것이다.

예수께서는 아픔과 슬픔을 아셨다. 그분은 우리와 다르지 않다. 그분은 아버지께서 당신과 함께 계셨던 것처럼 당신도 우리와 함께 계셔야 한다는 것을 아신다. 우리는 왕왕 약해지면서 치유를 필요로 한다. 우리는 고통 중에 우리의 향방을 잃어버린다. 그분은 우리의 발걸음을 다시 방향 잡아서 우리가 신앙과 희망 안에, 괴로움 없이 여행을 계속할 수 있도록 해주시기 위해 틀림없이 오신다. 성사는 치유하시는 예수께서 질환과 고통 속에서도 우리와 함께 계심을 보여준다. 그분은 우리네 가족들의 사랑 안에, 공동체의 배려와 돌봄 안에, 직무수행자가 말하는 위로의 말과 그의 현존 안에 그리고 고통을 멀게 하는 기름의 도유행위 안에 지각할 수 있게 현존하시다. 그리스도인들은 이러한 일들을 고통당하는 이들을 위한 예수의 치유하시는 사랑을 틀 잡은 상징들로 여긴다. 성사는 인간의 체험이 그 어느 부분이든 헛되지 않다는 것을 보여준다. 성사는 예기치 않은 방법으로 인간화될 수 있다. 예수께서 이 점을 우리에게 보여주셨다. 우리가 그분의 현존과 사랑에 의해 후원을 받아 우리의 고통을 견디어 내면 우리의 고통은 죽음은 인생의 무의미한 종말이 아니다. 그것은 도착의 때이다. 전 인생이 이 위기의 순간에 비추어 볼 때 중요성과 의미를 드러낸다. 우리는 여정에 있다. 우리는 우리가 성공적으로 당도하기 위해 살고 여행한다. 목적지에 이르게 되면 전 인생에 걸쳐 우리와 함께 하신 예수께서 끝내 그곳에 계시고 말 것이다. 그분은 우리가 아버지께 이르기 위해 거쳐야 할 분이시다(요한 10, 2. 8~19; 14, 6~7). 아버지와 그분 안에서의 부활이 우리의 목적지이다. 그리스도인들에게 있어 예수는 특별히 부활이자 영원한 생명이시다(요한 11, 25~26). 세상은 결코 이 엄청난 진리를 잊어서는 안 된다. 그러므로 초월적인 예수께서 죽어가는 이들을 부활로 인도하시면서 지각적으로 그들과 함께 계시는 것임에 틀림없다. 그리스도인들은 그분이 이 위기의 순간에 자신들과 함께 계심을 안다 - 그들은 돌보아 주는 공동체 안에, 직무 수행자와 고통을 덜어 주는 성사의 상징들 안에 틀 잡힌 그분을 보는 것이다. 예수만이 우리를 아버지께 데려 가실 수 있다(요한 14, 6).

희망의 성사

그리스도인이란 어제의 그리스도를 기리며, 오늘의 그리스도를 섬기고 내일의 그리스도를 기다리며 사는 사람, 신앙과 사랑과 희망 안에서 그리스도와 함께 사는 사람이다. 생명의 말씀인 성사, 하느님의 권능으로 병자들에게 주는 이 성사를 과거에는 종부성사라고 불렀다. 이는 죽는 자의 성사라는 그 일면만을 본 것이나, 전체적으로 보아 한 인간의 삶을 완성하는 단계에서 그 영육의 건강을 돌보는 성사이다. 그리스도께서 생전에 병고를 해방시켜 주셨듯이, 이 성사는 죽음을 초월하는 신앙을 굳세게 해주고, 병을 낫게 하거나 적어도 투병 할 수 있는 힘을 준다.

이 성사는 병자들의 고통에 대한 그리스도의 관심을 연장시켜 주는 것이다. 그리스도와 사도들은 병의 치료를 영신적 치유의 표징으로 사용하였다. 이 성사는 병자에게 성령의 은총을 받게 해줌으로써 하나의 인간으로서 구원을 받도록 도와주며, 죽음의 세력과 악마의 유혹을 하느님께 대한 신뢰로써 이겨내도록 도와준다. 인간은 육체를 가지고 있고 또 언젠가 한번은 죽게 되어 있다. 그러나 인간은 이 세상을 떠나는 그 죽음을 통하여 영원한 생명에로 건너가는 나그네이다. 병자성사는 바로 영원한 생명을 향한 희망의 성사이다.

어떤 한 꼬마아이가 자기 할아버지가 병자성사 받으시는 것을 자기 동생에게 이렇게 설명하더랍니다. 지금 할아버지는 아주 먼 하느님 나라로 가시기 위하여 주유소에 주유 기름을 받고 있는 것이란다. 하더랍니다.

질병과 빠스카의 신비

제2차 바티칸 공의회는 병자의 도유에 관해서 말하면서, 병으로 인한 고통이 어떻게 빠스카 신비와 연결되는지 보여준다. "병자들도 스스로를 그리스도의 수난과 죽음에 자유로이 결합시켜, 하느님 백성의 선익에 기여한다"(교회헌장 11항). 공의회는 신약성서의 몇 귀절을 인용하며 설명한다. "우리는 하느님의 상속자로서 그리스도와 함께 상속을 받을 사람입니다. 우리가 그리스도와 함께 고난을 받고 있으니 영광도 그와 함께 받을 것이 아닙니까?" (로마 8, 13) 나는 그리스도의 몸인 교회를 위하여 그리스도의 남은 고난을 내 몸으로 채우고 있습니다" (골로 1, 24). "우리가 그분과 함께 죽었으니 그분과 함께 살 것이고, 우리가 끝까지 참고 견디면 그분과 함께 다스리게 될 것입니다(2 디모 2, 11-12). "여러분은 그리스도의 고난에 참여하는 것이니 오히려 기뻐하십시오. 여러분은 그리스도께서 영광스럽게 나타나실 때에 기뻐서 뛰며 즐거워하게 될 것입니다" (1베드 4, 13)

병자의 도유는, 육체의 병에 대한 치료가 어떠하든, 정신을 위한 치유가 되어 곤경 중에서도 매사가 희망적이고 즐거운 생활체험으로 보여 질 것이다. "그러므로 우리는 낙심하지 않습니다. 우리의 외적 인간은 낡아지지만 내적 인간은 나날이 새로워지고 있습니다. 우리가 지금 잠시 동안 가벼운 고난을 겪고 있지만, 그것은 한량없이 크고 영원한 영광을 우리에게 가져다줄 것입니다. 우리는 보이는 것에 눈길을 돌리지 않고 보이지 않는 것에 눈길을 돌립니다. 보이는 것은 잠시뿐이지만 보이지 않는 것은 영원하기 때문입니다" (2 고린 4, 16-18).

여기에서도 고백성사와 마찬가지로 병자의 성사는 우정의 성사인 것이다. 참 친구는 우리가 죄를 지었을 때 우리를 용서해준다. 주께서는 병고로 인간이 얼마나 고통을 당하는지 잘 알고 계시며, 그 고통을 외면하지 않으신다. 용기에서 사탄은 하느님께 이렇게 말한다. "가죽으로 가죽을 바꿉니다. 사람이란 제 목숨 하나 건지기 위해 내놓지 못할 것이 없는 법입니다. 이제 손을 들어 그의 뼈와 살을 쳐보십시오. 그는 반드시 당신께 면전에서 욕을 할 것입니다" (욥 2, 4-5).

병자도유의 구원적 본질

세례와 견진은 교회 공동체의 구성원을 만드는 밑바탕이다. 그리고 병자도유의 밑바탕은 병자로 하여금 자신이 처한 상황에 구체적으로 대처해 나아가게 하는 힘을 주는 것이다. 그래서 병자성사가 치유 능력을 지니고 있다는 확신은 뜨리덴띠노 공의회에 이르기까지 항구적으로 받아들여졌다. 이 성사의 치유 능력은 인간의 근본을 다스리는 것이다. 만일 그 병자가 회복된다면 그리스도의 교회와 일치하여 살아가게 하고, 지상적 생명이 끝난다면 그의 죽음이 십자가에서 죽으신 그리스도와 일치하게 해준다.

결론적으로, 육체와 영혼을 포함한 인간 전체에 대한 그리스도의 성사적 행위는 육체의 질병을 치료할 수도 있지만, 그것을 넘어서 정신적 건강과 함께 영원한 구원에까지 이르게 해준다. 무엇보다도 최종적이고 완벽한 치료는, "우리는 즐거운 희망을 가지고 우리 구세주 예수 그리스도의 재림을 기다린다"는 말에 따라, 희망찬 부활에 있는 것이 아닐까?

죽는 자의 성사

육체의 온갖 질병에 대한 치료는 결국 실패 한다. 현재의 조건 하에서 인간의 생명은 태어나, 자라고, 성숙하고, 쇠퇴하여, 죽음으로 끝난다. 죽어가는 환자가 하는 영성체를 노자성체라고 한다. 이는 '여행을 위한 음식'이다. 마지막 여행을 위해서 받는 영신적 음식이다.

"이 세상을 하직할 때 신자는 그리스도의 몸과 피의 노자로써 힘을 얻어가지고 부활의 보증으로 안전하게 된다. 그것은 '내 살을 먹고 내 피를 마시는 사람은 영원한 생명을 누릴 것이며, 내가 마지막 날에 그를 살릴 것이다' (요한 6, 54)라고 하신 주님의 말씀대로이다. 노자성체는 될 수 있으면 미사 때에 받게 해주는 것이 좋다. 이렇게 함으로써 병자는 양형 영성체를 할 수 있게 되는 것이고, 따라서 노자의 형태로 모신 영성체는 미사성제에서 거행되는 신비,

즉 주님의 죽으심과 성부께로 옮겨 가심에 참여하는 특별한 표시도 되는 것이다" (병자성사 예식서 26항).

죽을 때에 표지는 사라지고 실재가 나타난다. 실재를 포함하는 성체는 노자성체란 말이 의미하듯이 여행 중에 가장 필요한 준비이다. 하지만 곧 표지의 굴레는 벗겨지고 실재를 "얼굴을 맞대고" (1고린 13, 12) 보게 될 것이다. "승리가 죽음을 삼켜버리고" (1고린 15, 54), 죽음에서만 그리스도 신자는 과거의 모든 손해를 회복하고 백배의 수확을 거두고 영생을 받을 것이다(마태 19, 29 참조). 질병, 손실, 온갖 시련을 통한 상실과 노쇠에서 오는 계속되는 감소의 곤혹들은 수많은 작은 죽음들이다. 그것들은 신비적인 죽음이고, 죽음을 통해 오는 사랑하는 모든 것과의 결정적 이별을 예시하는 손실들이다. 그러나 이 결정적이고 완전한 손실에서 모든 것이 회복된다. "많이 뿌리는 사람은 많이 거둡니다." (2고린 9, 6) 그리스도 신자의 장례는 "죽으면 많은 열매를 맺는다." (요한 12, 24)라는 씨앗에 관한 그리스도의 말씀을 중심으로 이루어지는 축제이다.

이 성사의 주요한 효과는, 은총을 주고 죄를 사하고 병고를 덜어주는 것이다. 뜨리덴띠노 공의회는 이렇게 선언한다. "이 효과는 성령의 은총이며, 이 기름을 바름으로써 죄를 씻어 주며, 병자에게 하느님의 자비하심에 대한 확신을 북돋움으로써 그 영혼을 위로하고 굳세게 하며, 이로써 병자가 병고를 쉽게 견디어내고 여러 가지 유혹을 쉽게 물리치며, 또 구원에 유익한 경우에는 육신의 건강까지 회복케 한다."

병자성사의 제1 효과는 굳셈의 은총을 주는 것이고, 제2효과는 죄의 사함이다. 이는 산 이의 성사이므로, 이 성사를 받는 이는 대죄가 없음을 전제로 한다. 그러나 그 병자가 대죄 중에 있으되 이를 고해할 수 없는 경우, 또는 이에 대해서 불완전한 통회만 발하는 경우, 이 성사로 이 대죄까지 사함을 받는다.

이 성사를 병자가 의식을 잃을 때까지 일부러 미루면 안 된다. 병자가 의식이 있고 사제와 함께 기도할 수 있을 때에 주어야 할 것이다. 이 성사를 받는다고 해서 반드시 죽는다는 법은 없다. 오히려 육신의 건강 회복이 이 성사의 한 가지 목적이라는 점을 명심할 것이다. 육신의 필요에 따라 의사를 부르기를 주저치 않는다면, 왜 육체와 영혼 모두의 필요를 채워줄 사제를 불러 모시기를 주저할 것인가? 기본스 추기경은 이렇게 말한다. "확실히 죽음의 공포를 감소시키고, 임종하는 그리스도인을 위로하며, 영혼을 그 마지막 투쟁에서 굳세게 하며, 시간으로부터 영원으로 옮겨가는 영혼을 깨끗하게 하는 이 영신의 약은, 영감을 받은 의사가 처방할 때에는 각별히 감사와 정성으로써 이를 받아 써야 할 것이다."

질병, 죽음

모든 사람들은 고통과 질병 그리고 죽음을 알고 있다. 이러한 것들이 어떤 의미나 가치 혹은 구원적인 목적을 가질 수 있는가? 고통이 사람들을 서로에게 그리고 하느님께 가까이 이끌 수 있는가? 예수께서도 고통을 알고 계신다. 그분은 죽음을 겪으셨다. 그분은 고통 중에 하느님께 가까이 가셨을 뿐 아니라 하느님의 사랑 안에 완전히 들어 가셨다. 그분은 모든 이들에게 그들도 자신들이 받는 고통 안에서 하느님을 찾을 수 있다고 보여주심에 틀림이 없다. 고통은 그들을 정화시키고 하느님께로 이끌 수 있다. 예수께서 거기 계시기 때문이다. 그분은 당신의 현존을 공동체의 보살피는 직무 안에 틀 잡으신다. 믿는 이들은 예수와, 그리고 위로하기 위해 있는 공동체와 더불어 고통과 죽음까지도 하느님께로 향하게 할 수 있다. "비우는 과정"은 하느님의 충만함이 전체를 받아들이시기 전에 시작되어야 한다. 아버지께서 당신의 고통 안에서 아드님과 함께 하셨듯이 예수께서도 당신이 고통 받는 이들과 함께 정화해 가는 과정 속에서 그들을 도우시면서 계신다는 것을 믿는 이들에게 보중하신다.

　예수께서는 사람들을 좀더 위타적일 수 있게 만들고자 하신다. 그분은 여타의 것들보다도 믿는 이들이 보살펴 주고 사랑하는 가족이 되기를 원하신다. 그러나 그들은 만일 그리스도인들이 자신들이 하나의 가족이라는 것을 상징적으로 경축하지 않는다면 어떻게 이 사실을 알 수 있겠는가? 그리스도인들은 자신들이 가족처럼 보이면서 행동할 때 최선의 상태에 있게 된다. 그들은 자신들이 서로를 마치 전혀 관계가 없는 이들인 것처럼 이방인으로 혹은 원수로 대하게 될 때 가장 나쁘게 보인다. 그리스도인들은 예수와 함께 "혼자 힘으로 해나가는" 개개인들이 아닌 것이다. 그들은 예수의 몸 ─ 구성원들이자 포도나무의 가지들이다. 성사들은 이러한 영적인 사실을 드러내고 거행한다.

　대부분의 가톨릭 신도들은 미사와 성사들을 포기한 여타 가톨릭 신도들에 대해 본능적으로 걱정한다. 왜일까? 그들이 가족이라는 전체적인 의미를 상실한 것으로 보이기 때문이다. 그들은 혼자 힘으로 해내고 싶어 한다. 말하자면 그들 입장에서 자신들이 예수를 사랑하고 그분도 자신들을 사랑한다는 것, 바로 그것이면 된다는 것이다. 따라서 그들은 더 이상의 가족이 필요하지 않다고 여기는 것 같다. 예수께서 그들을 사랑하시는 것은 사실이다. 하지만 그분은 당신 사랑을 어떻게 결정적으로 보여 주셨던가? 별것 아니고 특정적인 것이 아닌 방식으로? 아니면 그분은 지극히 특별한 사랑행위로 당신 사랑을 보여 주시고 정점에 달하게 하셨던가? 그분은 모든 가족이 당신의 파스카 사랑을 나누도록 초대하신 것처럼 그들을 초대하시지 않는가? 미사는 이런 사랑에 대한 예수의 상징적 틀 잡으심이다. 사람들은 그 사랑에 무관심 하는 것, 그분과 함께 그리고 형제자매들과 함께 그 사랑에 대한 상징적 틀 잡음을 거행하기 위한 예수의 초대를 무시하는 것은 자신들을 위한 예수의 특별한 사랑을 잊어버린 것이라고 말할 수 있다.

요한복음에서 예수께서는 제자들을 "거룩한 자들"이 되게 하시려고 부르신다(요한 17, 18-19). 그들은 어떤 추상적이고 지상적인 것이 아닌 그러한 기름 바름으로써가 아니라 그분의 "때"에 의해서 즉 그분이 당신의 죽으심과 부활하심 안에서 그들에게 보여주셨던 특별한 사랑에 의해서 "거룩하게" 되었다. 그들이 그분의 파스카 사랑에 의해 거룩해졌기에 그분은 이제 그들이 당신 사업을 계속하도록 세상에 보내실 수 있는 것이다. 사람들이 그러한 "축성"과 "파견"에 무관심 하는 것과 그러한 일에 한몫을 하지 않으려 하는 것은 참으로 서글픈 하나의 "변절행위"인 것이다.

병자성사는 우리의 문화가 주고 있는 허위의 신, 우상, 두려움에 대한 최종의 승리이다. 우리의 창조됨의 실제와 그 함축적 의미를 체계적으로 거부하고 억압하는 문명 안에서, 죽음의 자연스러운 차원을 완곡한 표현과 기술로 위장하고 일요일 아침 텅 빈 웃음으로 종교장사를 하는 문명 안에서 이 병자성사는 죽음은 분명 실제이나 그것이 마지막 말은 아니라고 안정하는 것이다.

우리는 신앙의 힘이 질병과 죽음을 초월한다는 사실을 믿고 있다. 우리는 물질적인 기념물이나 물질 그 이상이 우리에게 존재하며 우리의 비파괴성(indestructibility)은 근본적으로 계약에 연결되어 있고 믿음, 희망 그리고 사랑할 수 있는 우리의 능력에 기인한다고 말할 수 있다. 우리는 신앙의 효과가 하느님의 영원한 사랑 그 섭리 안에 있을 뿐만 아니라, 우리의 육체적, 현세적 차원에서도 나타난다는 사실을 확인하고 있다. 때때로 하느님의 힘은 우리의 내면의 고통뿐만 아니라 신체적인 어려움도 치유해 주시니 말이다.

병자성사는 우리들의 지배적 가치와 신화들에 대항하여 정면으로 맞서있다. 우리가 사랑받는 피조물이라는 신앙에 이 병자성사는 근거하고 있다. 이는 우리 인간성을 최종적으로 포용하는 행위이며, 전적인 신뢰에 의한 내어

맡김으로 바로 그리스도의 죽음 안으로 일치되는 행위이다. 그때에 우리들의 "마지막(last)" 성사는 죽음의 얼굴을 응시하며 우리들로 하여금 두려움에 대하여 두려워하지 않도록 힘을 행사한다.

병자성사는 우리의 문화가 주고 있는 허위의 신, 우상, 두려움에 대한 최종의 승리이다. 우리의 창조됨의 실제와 그 함축적 의미를 체계적으로 거부하고 억압하는 문명 안에서, 죽음의 자연스러운 차원을 완곡한 표현과 기술로 위장하고 일요일 아침 텅 빈 웃음으로 종교장사를 하는 문명 안에서 이 병자성사는 죽음은 분명 실제이나 그것이 마지막 말은 아니라고 인정하는 것이다.

우리는 신앙의 힘이 질병과 죽음을 초월한다는 사실을 믿고 있다. 우리는 물질적인 기념물이나 물질 그 이상이 우리에게 존재하며 우리의 비파괴성(indestructibility)은 근본적으로 계약에 연결되어 있고 믿음, 희망 그리고 사랑할 수 있는 우리의 능력에 기인한다고 말할 수 있다. 우리는 신앙의 효과가 하느님의 영원한 사랑 그 섭리 안에 있을 뿐만 아니라, 우리의 육체적, 현세적 차원에서도 나타난다는 사실을 확인하고 있다. 때때로 하느님의 힘은 우리의 내면의 고통뿐만 아니라 신체적인 어려움도 치유해 주시니 말이다.

병자 성사는 우리들의 지배적 가치와 신화들에 대항하여 정면으로 맞서 있다. 우리가 사랑받는 피조물이라는 신앙에 이 병자성사는 근거하고 있다. 이는 우리 인간성을 최종적으로 포용하는 행위이며, 전적인 신뢰에 의한 내어맡김으로 바로 그리스도의 죽음 안으로 일치되는 행위이다. 그 때에 우리들의 "마지막(last)" 성사는 죽음의 얼굴을 응시하며 우리들로 하여금 두려움에 대하여 두려워하지 않도록 힘을 행사한다.

▌고백성사

사랑의 고백, 용서와 화해, 우정의 성사 고백성사와 관련하여 주의해야 할 죄에 대한 그릇된 인식에 대해서 말함으로써 고백의 내용과 현실을 살펴보자. 죄란 한마디로 하느님의 사랑을 거절하며 동시에 미움과 질투와 교만으로 이웃에 대한 사랑을 거스르는 것이다. 죄란 모두가 미성숙 내지 미개함으로 설명될 수 있는 것이다.

하느님과 완전히 동등하지 못한 우리 인간은 자기 모태에서부터 죄 중에 태어났으며, 어떻든지 악은 이 세상에 존재한다. 우리는 불완전하기 때문에 완전한신 앞에서 자기 자신의 못남을 느끼는 것이다. 아니, 주저하고 돌아서고 반항하며 엇가는 것이다. 이를테면 하느님께 대한 사랑과 이웃에 대한 사랑이 하느님의 사랑으로 연결되어 있듯이, 죄악도 하느님과 인간에게 함께 관련되는 것이다. 자기 정체의 파괴 즉 자아 상실이 죄인 것이다. 죄란 인간성의 상실이며 하느님과의 관계에서 자기 자신의 무너짐이다.

공동체 차원에서 볼 때, 죄란 사회성의 상실, 사회성의 거부, 창조사업의 역행이며, 하느님 아버지의 뜻을 거역하여 하느님의 마음을 상해드리는 것이다. 현대인들이 죄가 없다고 보는 것 그 자체야말로 가장 큰 죄악인 것이다. 프랑스 철학자 질송은 말했다. "사랑이 없다는 것은 가장 큰 죄악이다." 우리들의 죄의식은 이 사랑에 좌우되고 비례된다.

비컨대 두 아들을 둔 아버지가 어느 날 갑자기 임종했다. 비록 가난할망정 죽을 때까지 모시고 산 큰 아들은 아버지를 사랑했고, 같이 살았기 때문에 보다 더 사랑해드리지 못했다는 죄의식을 예민하게 더욱 많이 느낀다. 그러나 멀리 떨어져 살며 아버지를 모셔 본적이 없던 작은 아들은 아버지를 사랑하지도 않고 그 무엇이나 해드린 것도 없다는 죄의식을 전혀 느끼지 않는다. 무관심과 냉담한 신앙생활을 하는 현대인들처럼 죄의식을 전혀 느끼지 못할 뿐만 아니라 내가 잘못한 것이 무엇이며 사랑이 무엇이냐고 대들며 대답하지 않으려 한다. 고백소에서 고백할 죄가 없다는 것은 그만큼 사랑이 전혀 없으며 아무런 관계도 없다는 것이다.

마태오 복음 21장 28절 이하의 비유 이야기는 이를 이렇게 전한다. 어떤 아버지가 두 아들에게 "애야, 너 오늘 포도원에 가서 일을 하여라." 하고 일렀다. 맏아들은 처음에는 싫다고 하였지만 나중에 뉘우치고 일하러 갔다. 둘째 아들은 "예"라고 가겠다는 대답만 하고 결국 일을 하러 가지는 않았다. 주님께서는 "이 둘 중에 아버지의 뜻을 받든 아들은 누구이겠느냐?" 하고 물으셨다. 행동이 없이 말로만 신앙생활을 하는 자들은 둘째 아들처럼 성세성사를 받을 때 "예"라고 말만 하고 정작 아버지의 뜻을 받들어 살지 않았다는 비판의 대상이 되는 것이다. 그러나 예수께서 말씀하신 대로, 세리와 창녀들은 처음에는 싫다고 대답하고 또 그렇게 실지로 살았지만, 맏아들처럼 즉시 뉘우치고 주님의 뜻대로 회개하여 주님을 받들고 살아 우리보다 먼저 하느님 나라에 들어가고 있다.

이와 같이 고백성사는 완전하고 순수하고 주님의 사랑 앞에서 자기 자신의 사랑의 부족과 배반을 사랑으로 고백하며 돌아서는 것이다. 인간 사랑에서 잘못된 것은 사랑으로만 죄 사함을 받는다. 달리 용서받을 길이 없다. 죄의 고백이라기보다도 하느님과 인간을 이정도 밖에 사랑 못했다는 사랑의 고백이어야 하며 사랑의 고백은 자주 할수록 더욱 더 사랑을 더 많이 하게 만들어 나아간다.

예수께서는 한 죄녀의 회개를 두고 이렇게 말씀하였다. "잘 들어 두어라. 이 여자는 이토록 극진한 사랑을 보였으니 그만큼 많은 죄를 용서 받았다"(루가 7, 47). 하느님 앞에서 모두가 죄인인 우리는 하느님의 사랑으로밖에 달리 용서받을 길이 없다. 하느님은 죄악이 있는 곳에 뛰어오시며 날아오신다는 사도 바오로의 말씀대로 죄악이 있는 곳에 은총이 넘쳐흐른다. 한편 사랑의 신비를 우리 인간 자신의 힘이나 공로로 조정할 수는 없는 것이다. 따라서 우리 인간에게 주어진 길은 그러한 하느님 사랑을 신뢰하고 주님을 향하여 꾸준히 걸어 나아가는 것이다. 하느님은 우리를 있는 그대로 사랑하신다. 우리를 인간 완성으로 인도하는 사랑은 우리의 과거 또는 미래의 가능성에 관한 사랑이 아니다. 우리를 있는 그대로 받아들이는 사랑이다. 따라서 하느님은 이런 식으로 우리를 용서하시며 사랑을 베푸시는 분이시다.

우리가 그 어떤 발전 단계의 과정에 있다 하더라도 그 전체 과정을 받아들이시며 용서하시는 사랑 자체이신 분이시다. 여기서 우리는 바리사이적 신앙생활에 주의를 해야 한다. 그들의 열심이라는 것은 하느님께만 의존한다기보다는 자기 자신의 힘만으로 율법을 지킨다든지 공로를 쌓는다든지 하는 것이다. 처음에는 그런 식으로 통하는 것 같지만 계속 그와 같을 수가 없어 그릇된 방향으로 남들에게 억지로 부담을 주어, 달고 가벼워야 할 주님의 계명은 날로 감당할 길이 없게 된다. 따라서 이들에게는 두 가지 부류의 탈출구밖에 없으니, 하나는 그 많은 신앙생활 규범을 다 지키는 양 이중인격으로 철저하게 위선자가 되는 길이고 다른 하나는 신앙생활 자체의 대상이나 내용을 부정적인 몇몇 규범이나 율법으로 극소화하고 축소시켜 너무 사소한 것에 사로잡힌 채 결국에 가서는 정작 해야만 할 가장 필요하고 요긴한 것을 놓치고 만다. 그리고 세심주의나 엄격주의에 빠진다.

우리가 인간으로서 살아 나아가는 데 있어서 가장 필요하고 요긴하며 정말 중요한 것은 사랑이다. 이것이 나쁜 것이냐 저것이 좋은 것이냐 하는 문제보다, 어떻게 하면 우리 안에 보다 더 많은 사랑을 증가시켜 나아갈 수 있느냐 그리고 우리 인생길에 악 표양이 없을 수 없으나 그 악 표양을 본받지 않고 다만 보다 선한 면을 향해 정진하느냐 하는 문제가 중요하다. 하느님의 변함없는 사랑을 향하여 인간은 대답만 하는 자들이다. 우리가 회개로 돌아서는 것만이 용서받고 사랑을 받는 길이며, 이것이 바로 구원이다. 여러모로 하느님과 타인을 거부함으로써 자기 자신 안으로 폐쇄되는 것은 영원히 용서받지 못할 지옥의 죽음이다.

자신과의 화해

매번 고해성사를 보면서도 결국 자기 자신과는 화해하지 못하는 경우가 허다하다. 그러나 우리가 진정한 그리스도인이 되기 위해서는 스스로에게 "그래, 괜찮아"라고 말할 수 있어야 한다. 진정한 신앙인의 길은 자신의 삶을 거부하지 않고 받아들이는 데서 시작되기 때문이다. 자기의 유년 시절은 남들에게 이해받지 못하여 늘 상처투성이였다고 평생을 회한으로 보내는 사람들이 많다. 그들은 스스로 책임지며 살지 못하는 삶을 합리화하는 데 그들의 상처받은 유년을 이용한다. 자기 불행이 부모 때문이라고 생각하며 끊임없이 부모를 비난하는 구실로 상처받은 유년을 이용한다. 자신을 받아들이지 못하고, 자신의 삶을 책임지지 못해 늘 불화 속에서 지내는 사람에게는 그 어떤 신앙 예식도 도움이 되지 않는다.

자기 자신을 받아들인다는 것은 있는 그대로의 자기 모습과 화해하는 것을 의미한다. 고해소에서 만나는 많은 이들의 고해에는 자기 모습에 대한 깊은 혐오가 스며있다. 그들은 있는 그대로의 자기 모습을 받아들이지 못한다. 그러나 그들이 혐오하는 자기 모습은 있는 그대로 받아들이기에 충분한 것들이다. 그들의 자기혐오는 자기 모습이 멋진 남자, 매력적인 여자가 지닌 이상 상(像)과 일치하지 않는다는 불만에 기인한 것일 뿐이다. 너무 뚱뚱한 자신을 용서하지 못한다. 조금 튀어나온 턱을 용서할 수 없다. 손 모양도 자기가 원하는 것이 아니다. 뭔가 불안하면 빨개지는 얼굴빛, 진땀이 흐르는 이마도 못마땅하다. 지극히 자연스러운 현상임에도 불구하고 그것과 맞서 싸우려한다. 그러나 그들이 자신을 거부하면 할수록 상황은 점점 악화될 뿐이다. 이제 우리는, 평생 잊지 말아야 할 중요한 과제 중의 하나가 바로 우리의 모습을 받아들이고 스스로를 사랑 하는 것이라는 것을 깨달아야 한다.

자신의 결함과 직면하면 화가 치민다. 완벽한 사람이 되고 싶기 때문이다. 그 소망이 강렬하면 할수록 더욱 더 민감하게 자신의 결함을 감지하게 된다. 욕구불만은 이제 다른 사람들에 대한 증오로 이어진다. 누군가에 의해 자신의 결함이 노출된다고 판단되면 자신뿐만 아니라 그 누구도 받아들일 수 없게 된다. 우울증이 엄습하고 마음속에 까닭 모를 질투심이 차오르면 자신을 심판하기 시작한다. 사랑을 실천해야 할 신앙인으로서 이웃을 배척하고 질투하는 자신을 또다시 용서할 수 없다. 이제 더욱 깊은 자책의 수렁으로 빠져든다. 그러나 자책이 심해지면 질수록 어두운 분노와 질투는 강해질 뿐이다. 해결책은 겸손이다. 자신에게 겸손을 요청해야 한다.

겸손은 용기다. 우리가 외면하고 싶은 불행 속으로 우리가 맞닥뜨리고 싶지 않은 결점 속으로 들어가 그것들을 바라볼 수 있는 용기다. 그러나 자신의 불행과 결점들을 바라볼 용기를 지니게 되었다고 해서 곧바로 우리가 영적 성장의 발판을 획득한 것은 아니다. 많은 사람들이 자신의 결점을 인지하고, 영적 훈련 등을 통해 그 결점을 고치려고 노력한다. 그들은 성적 욕망 분노 등의 세속적인 감정들이 훈련을 통해 자신과 무관해지기를 희망한다. 그리고 그들은 훈련을 통해 어느 정도는 자신과의 화합을 이루어내었다고 생각한다. 그러나 그들은 위험 요소들을 억압하고 있을 뿐이다. 이 말은 내가 오래 전에 극복했다고 믿었던 욕망과 분노들이 다시 내 안에서 튀어나올 수 있다는 뜻이다. 우리의 불행과 결점을 바라보기 위해서 겸손이라는 용기가 필요하듯, 불행과 결점을 극복하기 위해서도 역시 겸손이라는 용기가 필요하다. 겸손은 나를 하찮은 존재로 만들어 버리는 것이 아니다. 겸손은 우리에게, 살아가며 부딪치는 모든 일들이 하느님의 섭리 속에서 이루어지는 것 이라는 확신을 선사한다. 겸손은 하느님께서 내게 부여 하신 길을 신중하게, 확신에 차서 걸어갈 수 있게 한다. 그 활기찬 걸음 속에서 우리는, 겸손이 우리에게 준 또 하나의 선물을 발견하게 될 것이다. 자신과의 화해, 마음의 평화라는 값진 선물을 말이다. 하느님 아버지께서는 현재 있는 그 자체대로 나 자신을 받아 들여 주신다는 믿음과 겸손으로 자기 자신과 화해하고 받아들인다는 것이다.

공동체와의 화해

나는 때때로 수강자들에게 이렇게 묻곤 한다. "혹시 누군가와 갈등을 겪고 있습니까? 아니면, 용서하고 싶지 않은 누군가가 있습니까? 이제 그들이 누구인지 한번 떠올려 보십시오." 그러면 사람들은 어렵지 않게 누군가를 생각해 낸다. 그러나 쉽게 떠올린 그 얼굴과 함께 그들은 무척이나 혼란스러워한다. 갈등을 겪고 있는 사람과의 부담스러운 관계가 의식의 수면 위로 떠올랐기 때문이다. 물론 그들은 화해를 위해 노력했을 것이다. 그 노력이 도움이 되지 못했을 수도, 아니면 그들이 받은 상처가 너무나 커서 고해성사를 통해서도 그 사람을 진정으로 용서할 수 없었을 수도 있다. 그들은, 그들이 떠올린 그 사람이 어떤 형태로든지 자신에게 영향을 끼치고 있고, 또 끼칠 것이라는 것을 감지하고 있다. 그 사람과 화해하지 못한 채로 살아간다면 얼마나 많은 힘이 소진될 것인지도 감지하고 있다.

내가 받은 상처와 고통을 의식적으로 떨쳐 버린다고 해서, 내게 상처를 준 사람에 대한 분노를 의식적으로 억압해 버린다고 해서 화해가 이루어지는 것은 아니다. 분노하도록 나를 내버려 두라. 그 분노 때문에 생긴 거리감이 나를 자유롭게 할 것이다. 나와 그 사람 사이에 건강한 거리가 유지될 때 비로소 그와의 관계 속에서 발생한 파괴적인 힘으로부터 자유로워질 수 있기 때문이다. 그를 있는 그대로 놓아두라. 내 힘으로 그를 변화시키려 하지 말라.

타인과 화해하는 첫걸음은 있는 그대로의 그를 인정 하는 것, 그에 대한 평가와 판단을 포기하는 것에서 시작된다. 그가 저지른 일은 그의 문제다. 그러나 불행하게도 나는 그의 행위 때문에 상처를 입었다. 이제 중요한 것은 나의 상처가 더 이상 확대되지 않도록 하는 것이다. 그에게서 벗어나, 그에게서 받은 상처를 그와 상관없이 당당하게 살겠다는 의지로 전환시키는 것이다.

화해로 가는 둘째 걸음은 다시 그와의 관계를 받아들이는 것이다. 그러나 이것이 늘 가능한 것은 아니다. 그와의 관계를 정상화시킬 수 있는지의 여부는 나뿐만 아니라 그 역시 갈등을 해소하기 위한 대화에 참여할 준비가 되어 있는지에 달려 있기 때문이다. 그가 대화를 거부한다고 하더라도 화해가 불가능한 것은 아니다. 대화를 거부한 그를 비난하지 않음으로써, 더 이상 그에 대해 생각하지 않음으로써 나는 그와 화해할 수 있다. 그를 내버려 두라. 내가 할 수 있는 일은 상처받은 나를 나 자신과 내가 겪은 지난날들과 화해시키는 것이다. 내가 나 자신과 화해했을 때 비로소, 언젠가 내게 돌아올 그를 받아들일 수 있기 때문이다.

공동체 성원 사이의 불화는 곧 공동제의 와해를 의미 한다. 공동체 성원 모두가 사소한 불화에 대해서도 화해 의지를 가질 때 그리고 구체적인 화해 과정이 실현될 때, 공동체는 유지될 수 있다. 가족이든, 기업이든, 수도회든, 공동체의 존립은 성원 상호간의 용서에 기반을 두고 있다. 복음사가 마태오도 이 점을 당시 교회 공동체에 강조한다. 그는 공동체 규칙이 언급된 마태오복음 18장에서, 용서를 강조하는 예수님 말씀을 인용 한다. 베드로가 몇 번이나 용서해야 하는지를 물었을 때, 예수님께서는 "일곱 번이 아니라, 일흔 번씩 일곱 번"(마태 18, 22)이라고 대답하셨다고 한다. 그렇다. 일흔 번씩 일곱 번의 용서다. "일흔 번씩 일곱 번"이란 "무한히"를 뜻한다는 것을 우리는 알고 있다. 마태오는 또한, 용서란 갈등을 흐지부지 얼버무리는 것이 아님을 힘주어 말한다. 공동체의 한 성원이 잘못을 저질러 공동체의 화합이 훼손되었다면 공동체를 대표하는 누군가가 그의 잘못에 대해 그와 얘기해야 한다. 죄지은 그 에 대해서가 아니라 그가 지은 죄에 대해서 얘기해야 한다. 만약 죄인이 공동체와의 대회를 거부하면 한 명이 아니라 두 명이, 두 명으로 불가능하면 세 명이 그래도 안 되면 공동체 성원 모두가 그에게 전념해야 한다(마태 18, 15-16 참조). 대화의 목적은 그가 지은 죄가 얼마나 큰지를 판단하는 데 있지 않다. 그가 왜 죄를 짓게 되었는지, 갈등과 불화의 원인이 무엇인지를 찾아내는 데 대화의 참된 목적이었다. 아울러 공동체는 어떠한 경우라도 그를 용서할 수 있어야 한다. 서로가 서로에게 귀 기울일 때 화해가 이루어진다. 서로 서로를 정당하게 대할 수 있게 된다. 만에 하나, 해소 불가능한 갈등이라 할지라도 화해가 이룩되었다면 갈등의 존재가 곧 분열로 이어지지는 않는다. 화해는 갈등으로부터 분열의 힘을 빼앗아 버리기 때문이다.

갈등에서 벗어나기 위해 사제에게 면죄부를 받으러 가는 것이 고해가 아니라는 점을 우리는 이제 명확히 깨달아야 한다. 고해는, 갈등을 해결하기 위한 길을 모색하는 과정이다. 또한 고해는, 집으로 돌아가 나에게 상처를 주었거나 내가 상처를 준 사람들과 화해하라는 하느님의 권고다.

화해

예수께서는 여기에서 죄란 개인적인 이기심 혹은 모반만이 아니라는 것을 믿는 이들에게 알려 주신다. 그리스도인들은 하나의 가족이다. 한 사람의 죄가 모두에게 영향을 미치는 것이다. 그들은 한결 어려운 하느님을 향한 공동 여행을 해 나간다. 그리스도인들은 자신들 삶의 훌륭한 모범으로 서로서로 뒷받침 해준다. 하지만 죄인은 그렇게 하지 않고 오직 자신만을 돌본다. 그래서 예수께서는 믿는 이들로 하여금 자신들의 죄를 가족에게 맡기도록 하셨으리라. 그들은 자신들의 슬픔을 자신들의 죄로 인해서 손상 입은 공동체 앞에 표현하고 화해와 용서를 구해야 한다. 죄란 하나의 개인적인 도덕적 실책이 결코 아니다. 그것은 언제나 하나의 "가족문제"인 것이다. 도덕적인 행동은 그것이 다른 이들에게 상처를 주거나 득을 줄 때 좋지 않은 것이거나 좋은 것인 법이다. 믿는 이들로서 이 점을 아는 것이 중요하다.

유명한 사람들이 남긴 고백록은 단순히 자기 잘못을 고백하면서 참회하는 책이라기보다 그것은 먼저 사랑의 고백서라고 할 수 있다. 하느님과 인간에 대해 마음에서 우러나는 사랑의 고백이 없이는 아무리 아름다운 문체와 내용으로 꾸민다 해도 심금을 울리는 고백록이 될 수 없다. 배우가 고백의 말을 아무리 잘 표현한다 하더라도 그것은 연기일 뿐이다.

어떤 사람들은 고백이라는 말에서 다만 죄악에 대한 것만을 알아듣고 자기 죄만을 탓하려 들지만, 고백은 죄의 고백만을 의미하지 않는다. 자기 죄의 고백을 통해 의롭고 좋으신 하느님을 기릴 수 있어야 한다. 고백은 '제 탓이요, 제 탓이요, 저의 큰 탓이옵니다' 라고 가슴을 치는 참회만이 아니라 그보다는 하느님의 사랑이 오묘한 섭리로 죄악의 비참에서 구원해 주신다는 믿음을 담은 영혼의 역사投事요 송가頌歌이다. 아우구스티노는 그의 유명한「고백록」에서 자주 이렇게 쓰고 있다.

"우리가 고백하는 경우. 그것은 곧 하느님을 기림이자 자기 고발인 것이다. 곰곰이 생각하면 자기 고발이 곧 님 기림인 것이니, 자기를 고발한다는 것은 죽었다가 살아난 자신을 고백하는 것이 아니고 무엇이겠는가?……자기를 고발하는 자가 곧 하느님을 기리는 자다."

"말로나 마음으로 하느님을 기리지 않는 거기엔 어떠한 죄의 고백도 경건하거나 유일할 수 없다."

사랑하는 마음이 없이는 죄에 대한 고백이 진실하다고 할 수 없다. 감사하는 마음이 없이는 죄에 대한 고백이 참된 것이라고 할 수 없다. 죄의 고백은 하나의 형식일 수 없다.

공동체와의 일치 회복

이것이야말로 고백성사의 가장 깊은 의의이다. 대인관계의 회복과 공동체와의 일치 회복으로 주님과의 관계를 회복하고 일치와 사랑의 생명을 회복하는 것이다.

우리 교우들은 죄의식이나 죄의 범주를 실로 잘못 인식하고 있으며 허구에 빠져 있다. 긴 세월을 고백성사에 종사해온 사제는 누구나 일반적으로 가톨릭 신자의 양심은 순전히 개인적이고 독선적인 생활 영역에만 국한된 그리스도교적(과연 그게 그리스도적일까?) 윤리 도덕성으로 형성되어 있음을 알고 있다. 여하 간에 오늘날의 전례 방식은 그리스도교 신자로 하여금 현대 사회의 한가운데서 수행해야 할 그들의 사명을 진실로 자각시키기에는 적당하지도 않고 충분하지도 않은 것이다. 그리고 우리가 가지고 있는 일상생활의 현실하고는 거의 무관한 지극히 사적인 영역에 있어서의 그리스도교라는 것이다. 이들 그리스도교 신자들은 주일에 그들의 입으로 고백한 것을 월요일에는 정반대로 뒤엎어 버리며, 미사성제를 그들의 가정과 직장생활과 일상생활로 가져가지 못하고 있다. 또한 자기 자신들의 일상생활이 미사성제에 올려놓을 제물이 되기에는 너무나 동떨어져 있다는 것은 유감스럽게도 너무나도 잘 알려진 일이다.

예컨대 어떤 이들은 고백소에서 성당의 주일 미사에 빠진 것밖에는 죄가 없다고 말한다. 그러한 고백을 들을 때마다, "만일 당신이 성당에 안 다녔다면 주일 미사에 빠지든 안 빠지든 자연히 천당에 갈 수 있었을 텐데, 공연히 성당에 다녀 가지고 주일 미사 빠진 것 때문에 지옥에 가게 되었지 않느냐?"고 반문하고 싶은 충동을 느끼게 된다. 성에 대한 6계명을 어기는 죄의식도 그렇고, 마치 신앙 단지처럼 그 얼마 안 되는 기도나 신앙생활 규범을 지키지 않았을 때에만 죄이고 그밖에 일체의 모든 것은 죄의 대상이 아닌 것처럼 살아가는 그러한 죄의식이 문제이다. 이전의 구 교우들은 반드시 해야만 할 것을 하지 않은 '궐함'의 죄라는 것을 알고 있다. 이와 같이 사랑해야 할 것을 사랑하지 않은 죄가 가장 큰 중죄이다.

죄란 하느님을 거스린 어떤 개인적인 모반, 즉 그분과 우리 사이만의 한 사건이 아니다. 그것은 공동체를 위해 사는 대신 홀로 자기만을 위해 사는 것을 말한다. 죄는 우리가 되기로 되어 있는 것을 방해할 뿐 아니라 우리를 그 어느 곳으로도 인도하지 못한다. 우리는 한 가족의 구성원이다. 우리는 우리의 생활과 모범으로써 형제자매들에게 봉사하고 그들을 후원할 의무를 지고 있다. 그런데 우리가 죄를 짓게 되면 우리로서는 그러한 일을 거부하는 꼴이 되고 만다. 죄란 항상 가족을 향해 하나의 불명예이고 불충이다. 예수께서는 이 가족 안에서 사신다. 우리가 가족을 사랑하지 않고 그들에게 봉사하지 않을 경우 그분을 사랑할 수 없는 것이고 그분께 봉사할 수도 없는 것이다. 그러므로 예수께서 상처 입은 공동체 안에 당신의 용서하시고 치유하시는 현존을 틀 잡으신다는 것은 진실로 꼭 맞는 일이다. 이것이 우리로서 어떤 점에서 그분의 용서를 "현실적으로" 체험할 수 있고 또 우리의 죄가 공동체에 엄청난 해를 가한다는 것을 좀더 잘 깨달을 수 있는 내용에 관한 것이다. 우리 입장에서 우리네 형제자매에 대한 책임 있는 봉사를 통하지 않고는 하느님께 도달할 수 없다. 우리는 마땅히 그들에 대한 우리의 이기적인 태만을 인정하고 할 수 있는 한 우리의 불충을 만회하고자 하는 노력을 약속해야 한다.

통회

고백성사의 핵심은 통회 - 회개에 있다. 통회란 하느님께 대한 가장 완전한 사랑에서 기인하는 것으로 하느님을 외면하는 죄로부터 돌아서서 인간 전체가 자기의 모든 능력과 힘을 발휘하여 악에서 선으로 넘어가는 신앙의 도덕적인 변혁이다. 회개는 인간의 지성과 의지에서 일어나지만 그 표면적 결과도 한 인간의 생활태도도 전체를 좌우하게 된다. 회개의 두 가지 형태를 보면, 윤리적인 노력에 의거하여 돌아서는 회개와, 또 하나는 하느님께 신뢰하는 회개다.

그리고 대죄와 소죄의 구별 또한 지나친 선입견에 사로잡혀 마음의 자세에는 별로 관심이 없고 행동에만 집중시켜 소극적일 수 있다. 그러나 주께서 말씀하신 대로 마음의 자세야말로 참으로 모든 죄악의 근원인 것이다. 따라서 회개란 어떤 이론이나 어떤 생각, 어떤 이상적인 주장으로써만 이루어지는 것이 결코 아니라 한 인간의 일상생활 전체로 돌아서는 것이며, 생활 자체의 전향이어야만 한다. 진정한 통회란 용서하시는 주님의 사랑으로 구원된 관계를 말한다.

바로 고백성사는 이 용서하는 사랑의 표징이며, 우정과 화해의 성사이다. 죄의 연대성과 관련해서 공동체와 교회와 화해하는 우정의 회복인 것이다. 그러므로 소죄는 의인이 범하든 죄인이 범하든 모두 자신들의 전인격이 관여되지 않은 행위이므로, 이미 실현된 의인의 선의가 하느님과 등진 것도 아니며 또 이미 단절된 죄인의 관계가 다시 더욱 절단되었다고 볼 수도 없다. 이것이 바로 소죄는 사죄死罪가 아닌 소이이다.

▎회개 생활이란?

◆ 우리 안에서 일어나는 은총의 역사

회개의 핵심은 하느님 나라와 이웃을 사랑하는 것이다. 그리고 그것에 근거해서 나온 가장 중요한 것이 서로 용서하는 것이다. 이것이 하느님 나라가 이 세상에 오도록 각자 회개해야 한다는 것의 핵심이라고 할 수 있다. 또한 역사적인 예수 그리스도께서 그 당시의 인간들에게 요구했던 것이라고 말할 수 있다.

그리스도교에서 회가metanoia라는 용어는 단순히 '잘못을 뉘우친다'는 뜻이 아니라 더 본질적인 내면의 변화를 의미한다. 그것은 지금까지 가던 길을 버리고 완전히 다른 길을 선택하는 회향回向이다. 완전히 새로운 가치관에 따라 살겠다는 회생回生의 엄숙한 서약이다. 이 회개는 당연히 지금까지의 삶에 대한 절절한 회한과 고백, 새로운 삶을 향한 강렬한 염원을 수반한다. 회개의 대표적 사례는 아마도 다마스쿠스로 가는 길에 그리스도의 목소리를 듣고 사흘 동안 먹지도 마시지도 못한 사도 바오로Paulus Apostolus의 체험일 것이다. 이 강렬한 체험을 통해 그는 그리스도교의 박해자 사울에서 복음 Evangelium의 열렬한 전파자 사도 바오로로 다시 태어난다.

그런데 이 회개가 문제다. 이 회개란, 단어 그대로 metanoia 다르게(meta) 후에 란 뜻, 생각하다(noia)란 뜻으로 근본적으로 다르게 생각한다는 것이다. 즉 지금까지 생각한 것과는 다르게 다시 생각하는 것이 회개이다. 어떤 사건이든 지금 100% 확신하고 투신하는 신앙을 가져야 한다는 것이다. 다시 한 번 생각할 수 있다는 것이다. 왜냐하면 예수 그리스도의 부활을 체험했기에 다르게 보이는 것이며 후에 다르게 생각하는 것이다. 흔히 다르게 생각한다는 것을, 그 기준이 우리 인간의 회개란 말 때문에 어떤 원천적인 것으로 돌아간다는 것으로 착각하기 쉽다. 왜냐하면 특별히 원죄 때문에 세상이 아주 막힌 것도 뚫고 나아갈 수 있고, 죽지 않고, 일하지 않아도 살 수 있는 그런 죄 없던 낙원 상태로 돌아갈 수 있는 그 무엇으로 착각할 수 있기 때문에 회개하면 다만 원천적인 것으로 돌아가는 것으로만 착각할 수 있다.

그러나 하느님께서도 예수님께서도 과거의 세계가 이상적인 사회 혹은 하느님 나라로 있었다는 말씀은 없다. 따라서 원천적인 그 무엇으로라기보다는 - 하느님이란 우리의 기준으로 볼 때 원천과 미래로 구분되기 보다는 - 창조 때부터 계획했던 것이 우리 인간에게 미래로 나타났다고 볼 수 있다. 결국 창조 때부터 계획된 미래로 가는 것, 우리 인간이 이 미래에로의 부르심에 응하는 것이 회개이다. 그리고 이 세상의 역사로 볼 때 하느님께서 이 세상에 관심을 갖고, 당신의 뜻을 기울임과 똑같이 관심을 갖는 것이 회개의 핵심 가운데 하나이다.

이렇게 따지고 보면 우리들의 신심 역사상 이 세상을 이단시하고 위협시하고, 눈물의 골짜기 또는 유혹의 현장으로만 본다는 것이 그 얼마나 비현실적인 것인가 하는 것을 알 수 있다.

예수 그리스도께서 역사적으로 하신 중요한 것 중의 하나는 하느님 나라가 이 세상에서 현실로 가까워졌으며 이루어졌다는 것을 설파하시면서, 하느님 나라의 증거로서 병을 고치는 것과 이 세상에 사탄 악신의 어떤 지배를 쳐부수는 것을 증거 해 주신 것이다. 그래서 세상을 고친다는 것은 창조 때 계획들의 원 모습대로 이끌어 가는 것을 뜻하는 것이고, 그 다음에 마귀의 영향이 었다는 것은 인간의 어떤 외적인 힘에 의해 억압을 받지 않아야 한다는 것을 말하는 것이다.

억압하는 자로부터의 해방, 미래로 이끌어 가는 것이야말로 하느님 나라가 현실화되는 증거로서 그리스도께서 보여 주시는 것이다. 이어 역사적 인물 예수 그리스도께서 하신 일은 당신의 제자들을 부르신 것이다. 비록 예수 자신은 하나의 미래 즉 하느님 나라를 뜻했다 할지라도 - 결단에로의 부름을 찾아볼 수 있다. 그러므로 인간은 언제나 다가오는 지금에 대한 책임을 져야한다.

그러므로 회개하기 위해서는 자기가 범한 모든 죄를 통회해야 한다. 왜냐하면 통회는 죄의 근본적 위치로부터의 완전한 전환을 뜻하는 것이므로, 한 가지 죄만 빼놓더라도 진정한 통회라고는 볼 수 없기 때문이다. 즉, 그의 인격이 전환되지 않고 그대로 있는 것이다. 신학에서 말하듯이, 회개도 역시 어떤 함축적이고도 강제적인 약속을 내포하고 있다. 이 약속이 진실로 참다운 것이라면 이 약속은 벌써 참다운 회개이다. 프로테스탄트에서는 통회로써만 죄가 사해진다고 하지만 고백성사는 내적 개심이 없는 통회로써 죄를 없애는 세탁기계가 아니다.

따라서 사죄死罪란 말을 쓰지 않는 것이 좋다. 이 말은 너무 숙명적으로 치유될 수 없는 것처럼 들린다. 그러므로 죽음에 이를 수도 있지만 아직 죽지는 않은 병을 중병이라고 하듯이 중죄라고 하는 말을 쓰는 편이 낫다.

인간은 누구나 한때 병들고 길 잃은 양이 되는 때가 있는 것이다. 스코틀랜드 민담에 이런 가르침이 있다. 드넓고 푸른 목장에서 양떼들이 평화로이 풀을 뜯어 먹다가 벼랑 밑 후미진 골짜기에 빠지기도 한다. 그때 목자가 양을 끌어 올리려고 안간힘을 써도, 처음에는 발버둥을 치며 말을 듣지 않는다. 그 양은 실컷 먹어 제 배가 부르니까 자기 자신의 힘만 믿고 제 맘대로 반항하며 그 골짜기에만 머무르려고 한다. 무한히 드넓고 푸른 목장을 거절하는 어리석음을 범하는 것이다. 그러면 목자는 한 사나흘 동안 그 길 잃은 양이 자기가 빠진 골짜기에만 있는 풀을 다 뜯어먹고 더 이상 먹을 것이 없이 바닥이나 기운이 탈진할 때까지 기다린다. 자신의 힘으로는 아무런 반항을 할 기력조차 없어질 지경에 이르면, 목자는 자기 손을 뻗어 양을 끌어 올려 팔로 안아 양 어깨에 메고 제 길로 돌아온다는 것이다.

복음서에 나오는 저 유명한 탕자의 비유를 연상케 하는 이 이야기는 바로 우리 자신들의 일생 동안, 과거나 현재나 미래에, 그 몇 번이나 되풀이하여야 깨달을 수 있는 진리인가? 자기 자신의 뜻대로만 사는 죄악의 구렁텅이에서 그 죄악들이 주는 즐거움만 먹는 한낱 동물이 아니라, 그 구렁에서 헤어 나온 한 인간인 우리는 하느님 나라의 큰 기쁨과 즐거움을 새삼 맛보게 된다. 하느님께서는 이를 거절하는 길 잃은 양들을 찾는 한 목자로서 언제나 용서하는 사랑으로 우리를 찾아오신다. 하느님 아버지의 새로운 모습으로 오심 회개는 사랑의 보증인을 하느님으로 바꾸는 것이다.

극작가 셰익스피어는 우리 인생이란 비극으로 시작해서 희극으로 끝나는 일 막과 희극으로 시작해서 비극으로 끝나는 단 이막의 인생뿐이라고 말하였다. 그러나 주님은 제 3막의 인생, 회개하는 영원한 인생을 갈파하셨다. 탕자의 비유에서 우리는 하느님 아버지의 용서하는 사랑이 감동스럽게 펼쳐지는 장면을 본다. 잃었던 아들, 죽었던 아들이 찾는 자아 회복을 본다. 이러한 자아 회복은 하느님과 화해하고 교회 공동체와 화해하는 성사적 치유인 것이다.

회개는 어떻게 가능한가? 회개는 그리스도의 은총을 필요로 한다. 회개는 하느님의 역사이자 인간의 행업이다. 하느님이 그 일을 다 산출하시고 인간이 다 그 일을 수행한다. 그 둘 사이에 차이가 있다면 하느님은 하느님으로서 행하시고 인간은 피조물로서 즉 죄 많은 피조물로서 행한다는 것이다. 통회는 인간 자신에 대한 겸허한 인식에서 비롯한다. 인간이 본래 서야할 인간 좌표, 하느님 아버지께서 원하신 인간의 제자리로 돌아서는 것이다. 하느님께서 우리 인간에게 묻고 계신다. "아담아! 너 어디 있느냐?" 진정한 통회는 우리를 하나씩 이름 불러 사랑하시는 하느님께 대한 초자연적 신앙을 전제한다. 본질적으로 통회는 인간이 신앙 안에서 하느님과 만나는 것이다. 곧 하느님과 나의 만남이다. 뜨리덴띠노 공의회는 통회를 "영혼의 아픔" 영혼과 의지와 마음의 고통스러움 이라고 불렀다. 이것은 단순히 양심의 가책을 일컫는 수동적인 말이 아니다. 초자연적 동기에 의해서 양심의 고통을 기꺼이 받아들이는 자유로운 행위이다. 자기가 죄인의 처지에 다시 떨어짐으로써 그리스도께 끼쳐드린 고통을 바라보고 아울러 그 고통을 함께 느끼는 아픔이며 하느님 아버지께 드린 모욕을 가슴 아파하는 뉘우침이다. 그래서 통회에서 결정적인 것은 감정이 아니라 죄악을 역겨워 하는 자유 의지의 결단이다. 감정이 북받치면 참회의 아픔을 완전하게 하는 데 도움이 된다. 그렇지만 감정의 종류와 그 정도는 대개 개인의 심리적 특질이라든가 그 당시의 상황에 크게 좌우되기 마련이다. 개선의 의지가 수반된다면, 영혼의 고통은 진실한 것이다.

통회는 단순한 후회여서는 안 된다. 마치 우리 능력에서 벗어난 일이 이렇게 되지 않고 저렇게 되었으면 하고 바라는 식으로, 과거에 일어났던 그 일이 달리 되었으면 좋았을 것이라고 바라는 막연한 애석함이어서는 안 된다. 통회는 자기의 태도와 행동을 근본적으로 뜯어 고치겠다는 결심이며, 그래서 굳건한 의지가 수반되어야 한다. 그리고 인간이 앞으로 닥칠 유혹과 타락을 진심에서 무서워하고 또 예견 한다면 굳건한 의지가 생길 것이다. 스콜라 신학은 통회를 그 동기의 성격에 따라서 완전 통회와 불완전 통회로 구분한다. 완전 통회 또는 사랑으로 말미암은 통회인 상등통회는 영혼이 괴로워하는 동기가 순수하게 하느님께 대한 사랑일 경우이다. 하느님과 깊은 우애를 가졌을 경우에만 이처럼 고귀한 통회가 우러나오는 법이다. 이 통회는 하느님의 은총의 선물이며, 인간을 의화 시키는 능력을 가지고 있다. 불완전 통회 또는 두려움으로 말미암은 통회인 하등통회는 하느님을 두려워하는 정이 그 동기가 된다. 하느님이 나의 죄 때문에 나를 당신 대전에서 영원히 내치실 수 있다는 두려움은 사실상 모든 회개의 첫걸음이기도 하다. 이 통회만 갖춰져도 고백성사를 받기에는 부족함이 없다. 여하튼 완전통회든 불완전통회든 그 동기는 초자연적이며 구원에 이르기 위하여 절대 필요하다. 그렇다고 하여, 범죄에서 초래된 비참한 곤경이나 질병 등 자연적 동기에서 회개가 바로 되지 않는다는 법은 없다. 회개는 교회적이며 성사적이다. 지상에 있는 하느님 나라가 구체적으로 실현되는 곳이 그리스도의 교회이다. 세례 받은 자가 범하는 죄는 하느님을 모욕하는 데서 그치지 않고 이 교회 공동체를 손상시키고 약화시킨다. 그리스도인은 자기 행위에 대해서 개인적 책임을 져야 함은 물론이지만 영으로나 육으로나 자기는 성스러운 공동체의 일원임을 자각해야 한다. 죄인은 이 공동체를 해치고 모욕하는 것이며, 중죄를 범하면 이 공동체 전체와의 화해를 요하게 된다. 예수님은 범죄 하는 신자들에 대해서 징계하는 권한을 교회에 내렸다(마태 18, 15-17). 사적으로 타일러서 안 되면 교회에 알리고 교회라는 최고 법정의 말도 듣지 않거든 세리나 이방인처럼 여기라고 하셨다. 이는 유대인들의 특유한 표현으로서 자기네 공동체에서 파문한다는 뜻을 담고 있다.

그리고 교회의 이 권한을 강조하신 주님께서는 이런 말씀을 하셨다. "나는 분명히 말한다. 너희가 무엇이든지 땅에서 매면 하늘에도 매여 있을 것이며 땅에서 풀면 하늘에도 풀려 있을 것이다"(마태 18, 18). 풀어놓는다는 것은 간접적으로 사죄함을 뜻하는 것이다. 왜냐하면 판결이 선고되지 않거나 취소된다면 자연히 죄에 뒤따르는 결과들도 없어지게 되는 까닭이다. 초 세기부터 그리스도인들은 맺고 푼다고 하는 주님의 말씀이 무슨 뜻인지 똑똑히 알고 있다. "누구의 죄든지 너희가 용서해 주면 그들의 죄는 용서받을 것이고 용서해 주지 않으면 용서받지 못한 채 남아있을 것이다"(요한 20, 23). 주님께서는 여기서 사도들에게 사죄권을 위임하셨다.

중죄를 범한 죄인은 제단에서 제외 당했으며 참회와 속죄를 한 연후에 주교나 사제에게 사죄를 받고 나서 교회와 다시 화해하였고, 그것은 하느님과 화해하는 것으로 간주되었다. 사람이 완전한 통회만으로도 하느님과 화해할 수 있는 것도 그가 교회의 사죄권을 받아들이는 마음을 갖고서 교회를 향하여 바로 서있을 때에 한해서이다. 따라서 우리는 교회적인 고백을 하는 것이다.

고백

통회는 또한 외적으로 나타나야 하는데 그 외적 표지가 바로 고백이다. 고백은 죄를 사하는 권한에 의해서 용서받기 위하여 그 권한을 가진 자에게 모든 죄를 고백하는 것이다. 성사는 외적인 표지이기 때문에 이렇게 외적인 고백으로 교회 공동체의 공적 대표인 사제와 화해함으로써 하느님과 화해를 이룬다. 마음속을 꿰뚫어 보시는 하느님 편에서보다, 죄악의 찌꺼기를 내버리는 고백은 인간 편에서 심리적으로 더욱 요청된다. 우리가 우리 자신의 이기주의적 입장을 자유로이 탈피하여 우리 자신을 하느님께 개방해야 하며, 그분께 가까이 나아가야 한다. 통회하는 마음으로 하는 고백은 우리의 사랑이 하느님께로 옮겨가는 본질적인 요소를 이룬다. 무릇 인간적인 표시는 인간의 영육 모두를 통해야 된다는 사실이다. 눈으로 볼 수 있고 손으로 만져지는 당신을 통해서만 나 자신을 완전히 알 수 있다.

정개와 보속

하느님을 계속 배반하며 엇가는 경향으로 가는 생활을 올바로 고침 즉 인간 의지의 노력이 정개이다. 어느 소년이 남의 물건을 계속 훔치면서 고백성사만 보면 된다는 식으로 되겠는가? 똑같은 죄를 계속 범하는 누범에서 벗어나며 죄의 종류나 죄의 빈도를 의지적으로 줄여 나아가자는 것이다.

보속으로 주의 기도, 성모송을 몇 번 하라고 하는 것은 그런 상태에서 하느님의 용서하시는 사랑의 은혜를 구하자는 것뿐이다. 사랑에서 잘못된 것을 사랑으로 기워 갚는 보속의 의미와 내용을 실천해 나가는 일상생활의 전향이 중요하다. 사도 베드로는 번번이 잘못했으나 통회의 눈물로써 지은 죄가 진홍같이 붉을 지라도 눈보다 더 깨끗한 자가 된 우리 나약한 인간의 본보기가 된 것이다. 흐르는 물은 썩지 않는다. 물은 고여 있지 않고 흐르는 가운데 깨끗해지고 건전해진다. 그리스도인들이 고백의 기도를 바칠 때에는 "내 탓이요" 하고 자기 가슴을 치고 있으나, 일상생활 가운데에서는 항상 남의 탓으로만 돌린다. 모든 죄를 내 탓으로 돌리는 것이 진정한 회개이며, 그 책임을 지는 것을 보속이라고 한다. 참회로 이미 시작한 회개는 하느님의 은총을 힘입어 속죄함으로써 완결시키지 않으면 안된다.

보속은 두 가지 관점에서 부과된다. 하나는 과거에 범한 과실에 비례되는 것으로 이미 용서 받았으나 그것들을 보상하기 위한 원상 복귀요, 다른 하나는 앞을 내다보고서 주는 보속으로서 앞으로 가장 열심히 행동함으로써 사랑하는 덕행을 닦는 길이야말로 가장 훌륭한 속죄라는 생각에서다. 그리스도를 따르는 항구하고 과감한 노력이야말로 정말로 뜻 깊은 속죄라고 하겠다.

목적 없는 고행이 아니라 그리스도의 제자가 되는 데에 동의함으로써 행하는 속죄이다. 그것은 인간 본성의 모든 영역과 충동을 송두리째 하느님께 바치는 사랑에 몰입하는 속죄이다.

고해성사의 역사적 발전 개요

초대교회(1-5세기)에서는 공개적인 속죄 행위를 통한 단 한 번의 사죄 기회가 주어졌었다. 또한 일생 동안 엄격한 보속을 해야 했다. 그 속죄 양식은 주교에게 비밀고백을 하고 주교 정해주는 보속을 받아들여 실천하는 것이었다.

중세기(6-12세기)에 들어서 사적인 속죄 행위로 변천하였고 고해성사 규범이 성문화되었다(제4차 라떼라노 공의회).

12세기 말 이후 근대에 이르기까지 죄의 고백에 중점이 두어지고 사적인 죄의 고백에 대하여 철저한 비밀이 지켜져 왔다.

제2차 바티칸 공의회에서는 참회의 교회론적 사회적 성격을 부각시키고, 고백성사를 "화해의 성사"라고도 부른다. 화해의 직무는 공동체 전체의 것임을 강조하고 특히 공동체의 사목자들에게 그 화해 직무가 위임되었다.

고백성사란 하느님께 용서받은 사랑의 여력으로 이웃 인간들을 용서해 주는 것이다. 우리를 있는 그대로 사랑하시는 하느님의 사랑을 신뢰하는 것이다. 하느님 아버지의 용서하시는 사랑을 받았다는 데에서 자아 수용이 가능하며, 자신도 남을 받아들이며 사랑할 수 있다.

- 고해성사의 중요한 다섯 가지 순서 -

성찰 - 무엇을 잘못했는지 살피고 알아낸다.

통회 - 알아낸 것을 뉘우치고

정개 - 다시는 죄를 범하지 않겠다고 결심하며,

고백 - 알아낸 죄를 겸손되이 숨김없이 솔직하게 고백하고,

보속 - 죄를 사해주는 사제가 일러주는 대로 죄를 기워 갚는 보속을 한다.

대사大赦는 무엇인가

고백성사로 사함을 받은 죄의 벌을 교회에서 씻어 주는 것이다. 교회는 그리스도의 구원 사업을 맡은 기관으로 그리스도께서 인류 구원을 위해서 흘리신 속죄의 피의 구속 공로와 많은 성인성녀들이 쌓은 공로를 보관하고 있다. 교회의 보고寶庫라고 하는 이것을 신자들에게 교회의 권위로써 대사의 방법을 통하여 나누어 준다. 대사는 죄의 벌을 일부만 면해 주는 부분대사와 모든 벌을 전부 면해 주는 전대사, 두 가지 종류가 있다. 대사를 받기 위해서는 교회가 규정한 조건과 기도를 통해서 받을 수 있다(가톨릭 기도서에 있는 "대사를 얻기 위한기도" 참조). 대사는 살아있는 사람에게는 양보할 수 없고 죽은 영혼을 위해서는 받은 대사를 양보할 수 있다.

교회에서는 오늘날 25년 만에 한 번씩 전 세계적으로 성년을 반포해서 특별히 대사를 베풀고 있다.

이 세상에 현존하는 악, 고통, 죄

흔히들 인생살이는 '고통의 바다' 苦海라고 말한다. 산다는 것이 얼마나 힘들고 고통스러운가를 말해 주는 것이다. 인생의 본래의 의미를 선善이라고 할 때, 죄, 죽음, 불안, 질병, 가난, 천재지변 등은 악惡의 요소로 간주될 수 있겠다. 이러한 악의 요소들이 인간을 괴롭히고 못살게 군다. 그래서 특히 신앙인이라면 다음과 같이 질문할 것이다.

"하느님이 선하신 아버지라면 왜 이 괴로운 인생고를 못 본 체하시는가?"

"의인들은 왜 더 심한 고통을 받아야 하는 가?"

"왜 의인이나 악인이나를 막론하고 똑같이 죽어야 하는가?"

이러한 질문에 대해서 그리스도교는 어떻게 해답하고 있는지를 알아보자.

악의 기원

전통적으로 가톨릭교회는 이 세상의 고통과 죽음이 '죄'로 말미암아 들어왔다고 가르쳐 왔다. 바오로 사도는 "한 사람이 죄를 지어 이 세상에 죄가 들어왔고 죄는 또한 죽음을 불러들인 것같이 모든 사람이 죄를 지어 죽음이 온 인류에게 미치게 되었다"(로마 5, 12)고 가르치셨다. 이러한 교리를 쉽게 해석하면, 인생의 모든 악한 상황(또는 죽음의 상황)들이 생기고 만연하게 된 원인은 하느님에게 있는 것이 아니라 인간 자신에게 있다는 말이다. 사실 인간은 천지창조 때부터 저질러온 모든 죄악, 거기다가 내가 알게 모르게 저지른 모든 죄악이 우리와 우리 집안 이 나라와 전 세계의 불행을 자초했으며 앞으로도 불행을 가져온다는 뜻이다. 따라서 악한 상황은 바로 부실한 인간 조건에 기인하는 것이다.

죄와 죽음과 고통의 의미

죄, 죽음, 고통 등이 무슨 의미가 있겠는가? 사실 인간은 죄를 지으면 가책을 느끼고, 누구나 착하게 살고 싶은 마음을 지니고 있다. 죽음을 목전에 둔 사람은 살고 싶은 희망을 가질 것이고, 극심한 고통 중에 있는 사람은 낫고 싶어 할 것이다. 그래서 여러 의사를 찾아다니거나 효험 있는 약을 백방으로 찾아 헤매기도 한다. 이 때 처방책, 구제 방안을 발견한 사람은 마치 구세주를 만난 것 같은 기쁨을 누릴 것이다. 그러나 인간의 힘만으로 이 모든 것이 가능한 것은 아니다. 인간이 아무리 지혜롭다 해도 죽은 자를 살리거나, 이 악한 세상을 온전히 정화할 수는 없기 때문이다.

여기서 인간은 자신의 허약함과 인생의 무상함을 깨닫는다. 그래서 인간은 자신의 힘이 미치지 못할 때에는 어떤 '초월자', 즉 하느님의 손길이 절실하게 필요함을 느끼고 구원을 요청한다. 그런데 가톨릭교회는 전통적으로 죄, 죽음, 고통은 오히려 '유익한 벌' 또는 영원한 상급을 주시기 위해서 하느님이 주신 보속으로 가르쳐 왔다. 그래서 괴로워하는 인간이 하느님께 의지하여 도움을 청하면 은총을 받아 능히 이 세상의 모든 괴로운 것들을 초연히 극복하고 오히려 기쁨을 누릴 수 있으며, 종국에 가서 영원한 상급을 받을 수 있다고 했다. 이때 하느님께서 '은총을 주신다' 함은 이 세상 괴로움과 악한 것들을 극복하기 위해서 하느님께서 인간과 함께 하신다는 것을 의미한다.

고백성사는 용서하고 용서받아야 할 이유가 있는 우리 존재의 실상을 기억하고 우리의 죄를 인정하며 삶의 균열, 실천 관계 등을 치유하려는 우리의 갈망을 표현하는 것이다. 이것은 심리적 부담이 큰 성사인데, 현대의 우리들에게 가장 어렵게 느껴지는 까닭의 하나는 기존의 문화들이 우리의 존재론적인 가난을 인정하지 않도록, 우리의 나약함 앞에 우리가 정면으로 맞서지 못하도록, 허위로 위장된 거짓안전을 위하여 움켜쥐고 있는 우상들을 포기 하지 않도록 종용하고 있기 때문이다.

고백성사는 "인간에 불과한 존재"에게 자기를 드러내야 한다는 당혹감 때문만이 아니라, 그러한 표출이 당사자에게 고통스러운 작업을 요구하는 객관적 정직성 때문에 특히 어려운 것이다 그 표출은 상호·주관적인 것으로써 나의 죄악이 다른 사람에게 공동의 차원에서 또한 사회적으로 알려지게 된다는 것을 요구한다. 용서와 참회가 사회 적으로 인정되도록 표출한다는 사실은 우리의 개인중심의 문화에 있어서 그야말로 정반대의 요구이다.

교회관계 인사들은 과거 고백성사의 실천이 실패했던 점, 속죄의 성사와 관련하여 표현되었던 강요와 강박의 성향들, 자주 두려움을 야기시키고 연민이 부족했던 점, 모든 도덕적 약점을 성적문제에 초점을 맞추었던 왜곡들 그 리고 사제들의 불합리한 모순 등이 이 고백성사의 치유하는 힘을 감소시켰다고 인정해야 마땅할 것이다 그러나 더 큰 비극은, 자기를 정직하게 드러내고 수용하며 정직성과 용서가 필사적으로 요구될 때에 적어도 이 고백성사가 더욱더 실천되어야 한다는 점이다. 우리가 과거의 잘못과 죄악에 대하여 용서를 청하고, 또 용서를 받는 일이 일어나지 않는다면 이 성사가 지닌 치유의 힘은 결코 경험되지 못할 것이고 현재에 이 성사가 지닐 수 있는 사회, 정치, 문화적 중요성을 깨닫지 못하게 될 것이다. 자신의 죄를 고백한다는 것은 마음의 변화가 시작되는 것뿐만 아니라 기존의 문화적 허위에 노예가 되기를 거부하는 해방의 행위인 것이다.

죄악의 용서는 분명히 궁극의 의미에서 구원의 하느님의 사랑에 근거하고 있으며 따라서 근본적으로 집단적(공동의) 실재라 할 수 있겠다. 과거의 고백이 그토록 비효과적이었던 이유 중의 하나는 바로 제약의 용서가 이러한 공동의 실재라는 측면을 간과했기 때문이다. 진정 "참회하지 않는 고백자들"은 그들의 양심에 어떤 사회적 요구가 전혀 가해지지 않거나, 그들의 이기심 자만심 그리고 성급함이 개인화되고 도전을 받지 않는 한, 계속하여 증오하고 불의를 자행하면서 변화되지 않았다. 실질적인 현실과 연결시키려는 어떠한 시도도 - 예를 들면 보속을 실제로 이웃사랑의 실천으로 주고, 공격하고 중상모략한 사람을 직접 용서하거나 자기가 공격한 사람에게 직접 용서를 청하는 보속 등 - 강력한 저항을 받았을 것이다. "죄를 고백하는 기계적 방식" 대부분은 도피행위 바로 그 자체이다. 고백을 듣는 사람들의 선정도 바로 사회적으로 비판받지 않을 보증이 확실하고 죄악에 대한 도전이 없는 조건 아래 근거하여 이루어져 왔다. 25년 전 내가 다니던 학교에 두 사람의 인기 있는 고백사제가 있었다 한 분은 "들을 수 없는" 분이었고 또 한 분은 "말할 수 없는" 분이었다. 사람들은 자주 심각한 죄악과 충동에 대하여 참다운 통회와 변화의 가능성을 절대적으로 거부하여 왔다. 따라서 신앙과 성사의 공동체·사회적 본질을 심각하게 고려하지 않았던 점, 바로 이것이 지금까지의 고백성사가 실패해 왔던 요인인 것이다.

제22과

공동체에 봉사하는 성품성사와 혼인성사

Ⅰ. 성품성사

성품성사의 제정

그리스도께서 성체성사를 제정하시던 최후의 만찬 때에 "나를 기념하여 이 예식을 행하여라"(루가 22, 19)고 하시면서 사도들에게 성품을 주셨다. 그러므로 신품성사와 그리스도교의 빠스카 성제인 미사는 불가분의 관계를 갖는다. 미사는 그리스도의 제사를 계속적으로 재현하는 것이다. 또한 "성령을 받아라. 누구의 죄든지 너희가 용서해 주면 그들의 죄는 용서받을 것이고 용서해 주지 않으면 용서받지 못한 채로 남아 있을 것이다"(요한 20, 22 - 23)라고 하시며 죄 사함의 권한도 사도들에게 주셨다.

가톨릭교회의 전통은 이러한 말씀들을 근거로 하여 성체성사 집행의 권한과 사죄의 권한을 예수께서 사도들과 그 후계자인 사제들에게 주셨다고 가르쳐 왔다. 제자단 - 사제단 - 신품성사는 또 그리스도의 강생에 기초를 둔다. 하느님의 아들이 사람이 된 것은 성부께서 주신 생명을 이 세상에서 이행하여 완성시키기 위해서이다. 이제 그리스도께서는 이 생명을 주는 당신의 구속 활동이 사제직을 통하여 가시적으로 계속되도록 하기 위해서 성품성사를 세우시고, 당신의 사제들을 축성하시는 것이다. 그리하여 사제들은 그리스도의 활동을 대행하는 것이다. 사도들의 직무 계승과 파견에 의한 사제의 본질은 자기 자신의 생명을 바치는 목자이고 타인을 위한 인간상이다. 사제는 희생의 제물이요 제관이신 주님과 같이 한평생을 살아가는 공적 인간이다.

세례와 견진은 하느님 백성이 되는 길을 열어 주는 성사이다. 그런데 하느님 백성의 모든 구성원이 동일한 방법으로 그리스도께서 위임하신 구원 사업을 수행할 수 없기 때문에 이 백성을 지도하는 별개의 봉사직이 필요하다. 이 봉사직을 위해 그리스도께서는 성품성사聖品聖事를 세우셨다. 신품성사는 여러 가지 성사를 집행하며 하느님 백성을 위하여 봉사하도록 부름 받은 사람들을 축성하는 성사이다.

외적표지

그리스도 자신은 성품성사의 구체적 규정을 세우지는 않았지만 사목 서간에서 이 성사의 실천을 엿볼 수 있다(1디모 4, 14; 2디모 1, 6). 성품성사는 3품계(주교, 사제, 부제)로 이루어져 있다는 점에서 다른 성사들과 형식적으로 구별되는데, 이 모든 경우의 외적 표지는 안수와 기도이다. 교황 비오 12세도 교황의 수위권에 의하여 부제와 사제, 주교의 거룩한 서품의 질료는 유일하게 안수뿐이고, 유일한 형상은 이 질료를 완성하는 의미를 결정하는 말씀들로 이루어진다고 했다.

이 성품성사는 주교가 집행하고, 성사의 인호는 영구적이다. 이와 비슷한 견해를 갖는 비가톨릭 교회는 동방 정교회와 성공회뿐이다. 그 밖의 프로테스탄트 교회에서는 제각기 고유한 '임직식' 任職式들이 있으나 외적인 예식은 역시 비슷한 요소로 구성되어 있다.

사제의 본질

"사제들은 영원한 사제이신 그리스도의 산 연장이 되어, 천상 효력으로써 온 인류사회를 재건하신 그리스도의 놀라운 사업을 세기를 통하여 계속할 수 있게 된다"(사제직무 교령 12항). 즉 사제는 백성들을 성화하고 가르치고 다스리는 그리스도의 사업을 영속시키는 가운데 그리스도와 일치하는 것이다. 또 사제의 모든 존재와 활동의 원천은 그리스도이기에 사제직은 직접 그리스도를 대신해서 활동하도록 불리운 직책이다. 이 사제직은 영원한 것이다. 사제직의 축성은 결코 없어 지지 아니하여 한번 사제로 서품되면 그 사람은 영원히 사제이다. 그러므로 한 사제가 어떤 이유 때문에 그 직무행사에서 제외되거나 해임되어도 그리스도의 사제직에의 이러한 특별한 참여 관계는 없어지지 않는다. 이와 같은 사제직의 영구성은 사제가 성품성사를 통하여 그리스도와 일치하는 양식에서 나온다. 즉 그리스도의 사명은 하느님 나라의 영광에서만 완성될 것이기에, 그리스도의 사명을 대행하는 사제직은 하느님 나라가 최후로 실현될 때까지 그 나라 의 영광스럽고 살아있는 표징이 되기 때문이다. 그래서 성품성사를 가리켜 '종말론적 표징', 다시 말해서 그리스도의 나라가 올 것을 가리키는 표징이라고 하는 것이다. 사제는 다가올 하느님 나라의 표정이고, 그리스도께서 약속하신 구원의 표지이다.

성품

사람들은 인생여정을 홀로 해가는 "모난 개인주의자들"이 되기로 되어 있지 않다. 우리는 모두 서로 서로 연결되어 있다. 예수께서는 언제나 공동체를 만들어 가시고자 한다. 그분은 흐트러진 양들을 무리 지으시고자 마음 쓰시는 목자로서 이스라엘 백성에게 오셨다. 우리는 아버지께 개인적으로서가 아니라 한 가족으로서 오기로 되어 있는 것이다. 이 성사는 예수께서 공동체를 만드시는 분으로서 세상 안에 현존하신다는 것을 보여준다.

그분은 당신 백성을 하나의 양떼로 양육하고 돌보도록 은총을 받은 목자들을 파견하신다. 그분은 당신의 가르치시고 사목하시며 의식을 거행하시는 현존을 당신이 부르시고 파견하시는 그러한 이들 안에 틀 잡으신다. 초월적인 목자의 단일한 사업이 당신이 뽑으신 눈에 보이는 복자들의 단일한 사업 안에 틀 잡히는 것이다. 우리는 몸이고 또 지체들이며 동시에 가족이다. 사적이고 자신만을 위한 신앙은 예수께서 추구하시는 바가 아니다. 그분은 우리가 형제와 자매로서 신앙을 살기를 원하신다. 그러기에 예수께서는 틀림없이 당신의 가족이 양떼의 영적인 부양과 일치를 준비하고 신앙공동체의 제전을 관장할 목자들과 교사들을 헌정해 왔음을 확실히 해주신다. 그분의 돌보심과 가르침은 가족 - 지향적이고 높은 곳으로부터 혹은 이론적으로가 아니라 당신이 부르시고 지명하신 목자들을 통해서 전해진다(요한 21, 15 - 19참조).

만일 예수께서 믿는 이들을 하나의 가족으로 꾸미심으로써 그들을 구하신다면 그분은 틀림없이 그들이 신중하기 이를데 없는 가족적인 방법으로 돌보아 지도록 처리하셨어야 한다. 그분은 권위로써 그들을 가르치시고 그 권위를 느끼게 하셨음에 틀림없다. 그분은 착한 목자로서 당연히 그들을 보호하고 양육하며 인도하셨어야 한다. 그래서 그분은 당신이 부르시고 힘을 넣어주신 눈에 보이는 목자들 안에서 "스승" 이자 "목자" 로 그리고 "신앙의 주관자" 로 가족과 더불어 현존하시는 것이다. 그분은 그들을 통하여 하나의 위타적인 신앙을 가르치고 느낄 수 있게 해주신다. 모든 그리스도인들이 조심스럽게 서로를 돌보는 것이 사실이다. 그러나 예수께서는 가족인 양떼를 위해 특별한 은혜를 받은 목자 - 지도자들을 마련하신다. 하느님을 향한 가족적인 여행은 일종의 서품된 이들에 의해 인도되는 여행인 것이다.

교회 내의 여러 직무

주교, 사제, 부제의 단계적 품계는 각기 고유한 반열(ordo)을 이루고 있다.

물론 이 중에서 표준이 되는 것은 주교의 성성으로 주교직은 성품성사의 완성이다. 주교는 사도들의 후계자로 서품되어 지역교회의 구심점이 되고 일치의 원천이 된다. 주교는 다른 주교한테서만 서품되며(교회헌장 21항), 교회의 오랜 전통은 주교만이 자기 관할구역 내에서 성품성사의 집전자가 된다.

사제서품은 주교 성성의 성사성에 참여하는 것으로 이 서품으로써 주교에게 유보되어 있는 권한의 일부를 위임받는다. 즉 사제란 주교의 훌륭한 협력자로서 그리스도의 사제직에 참여하고 자신들을 도야하여 그리스도를 닮도록 불리운 사람들이다.

부제직은 주교와 사제를 도와 백성을 돌보는 직책으로서 역시 성사 전례의 보조수단임을 성서나(사도 6, 3.6) 초대교회의 관행을 통해 알 수 있다. 특히 제2차 바티칸 공의회는 종신 부제직의 부활을 요청하였으므로(교회헌장 29항) 옛부터 있던 이 봉사직이 다시 오늘날 교회 안에 빛나게 되었다.

참고로 여성들의 봉사직무는 초기에서부터 그리스도 공동체를 풍족하게 했다. 그러나 여부제女副祭는 있었지만 여자가 사제나 주교로 서품된 적은 한 번도 없다. 문제는 교회의 오랜 전통이고 최종적인 해답은 교도권에서 나와야 한다.

한편 제2차 바티칸 공의회는 교회를 하느님의 백성이라고 규명하고 평신도들도 그리스도의 사제직에 참여 한다고 선포하였다. 즉 과거에는 성직자와 평신도 사이에 계급의 차이를 두고 우열을 두었으나 이제는 둘 다 한 사제직에 참여하는 보완관계임을 명시한 것이다. 다시 말해 그 참여의 양상이 다를 뿐 바로 이것이 그리스도의 사제직이요 교회의 사제직이라는 것이다. 평신도들도 자기들의 임무를 이행함으로써 구원의 활동에 일반적으로 참여하는 것이다.

소명과 사제적 자질

"이 영예로운 직무는 자기 스스로 얻는 것이 아니라 하느님의 부르심을 받아서 얻는 것이다"(히브 5, 4 ; 사제직무 교령 11항). 선택은 언제나 그리스도께서 직접 하시는 것이고(요한 15, 16), 이 부르심을 받은 자만이 고귀한 성품성사를 받는다. 수품자의 자격에 대해 교회법은 세례를 받은 남성만이 성사를 받을 수 있다고 정하고 있다. 그리고 법적 연령에 도달해야 하고(부제 만22세, 사제 만24세), 요구되는 지식(철학 2년, 신학 4년)과 하급직(독서, 시종)을 받아야 한다. 가장 중요한 것은 서품자의 서품 받을 의향이다.

사제로 서품된 사람은 대사제인 그리스도의 모범을 따라 기도와 겸손과 연구의 생활을 해야 한다. 그뿐 아니라 서품시 받은 권위에 봉사함으로써 복음을 증언하고 전파하며 성사적 생활을 해야 하는 것이다. 그리고 사제는 정치 공동체의 일부로서 원칙의 대변자 역할을 해야 한다. 중요한 것은 복음을 위하여 독신생활을 함으로써 종말론적 표지의 역할을 담당하는 것이다.

사제성소

과연 사제는 하느님께 '꼬임'을 당한 사람이다. 궁극적으로 그를 부르신 이는 하느님이시기 때문이다. 이 성소聖召 혹은 소명召命이라는 것은 어떻게 하여 오는가? 성서에는 성소에 관한 이야기가 많이 나온다. 그리고 우리 시대까지 누누이 거듭되어 온 이 내적인 사건들을 다채롭고 생생하게 묘사하고 있다. 개인적인 성소가 성서에서 그처럼 즐겨 다루어 온 주제였다는 것은 의미심장한 일이 아닐 수 없다. 이 사실은 그러한 이야기들이 하느님의 백성에게 얼마나 자극적인 것이었는가를 입증해주고 있다. 또한 하느님 자신이 이 주제를, 비단 인류를 부르실 뿐 아니라 인간 개개인들을 부르신다는 이 주제를 얼마나 좋아하시는가를 보여주는 한 증거라고도 할 것이다.

부르심을 받았다는 것을 어떻게 아는가? 기쁨을 식별함으로써 안다. 사제가 된다는 생각이 기쁨과 평화를 불러일으킨다면 하느님께서 부르고 계신다는 것을 믿을 이유를 다 갖춘 것이다. 하느님은 심란心亂의 하느님이 아니라 평화와 기쁨의 하느님이시다.

기쁨을 '식별' 해야 한다는 것은 기쁨에는 서로 모순되는 두 가지 종류가 있을 수 있기 때문이다. 사제가 되지 않는다고 해도 기쁘고 사제가 된다고 생각해도 기쁠 수가 있다. 그러나 이 두 기쁨 중의 하나가 더 깊고 더 평화스러운 것으로 나타날 것이다. 우리는 더욱 깊은 기쁨으로 나아가야 한다.

이 기쁨은 극히 어려운 일을 지향하고 있을지도 모른다. 혹은 그렇지 않을지도 모른다. 근본적으로 항상 가져야 할 태도는 침착하고 개방적인 태도이다. 동시에 몰아적沒我的 태도가 있어야 한다.

그것은 "주님, 내가 무엇을 해야 하겠습니까?" 하고 주님의 뜻을 찾는 태도이다. 이런 생각을 자기 안에 간직하고만 있어서는 안 된다. 선량하고 슬기로운 사제의 인격 안에서 교회와의 일치를 모색 할 일이다. 사제는 묻는 사람의 자유를 감소시키기는커녕 오히려 증가시킬 것이다. 자유 선택만이 그 직무에 적합한 준비가 될 수 있다는 것을 굳이 확신할 수 있게 할 것이다.

그러나 성소에 있어서 공동체가 하는 역할은 더욱 높은 단계에 있다. 교회는 위계제도位階制度를 통하여 지원자의 적합성 여부를 결정하고 그에게 사명을 맡긴다. 결정적인 소명은 그리스도의 교회에 의하여 바로 서품의 순간에, 주어지는 것이다. 성소의 발단에서부터 보더라도, 언제나 공동체가 역할을 하고 있다는 것을 알 수 있다. 가정, 본당, 그 아이가 교육받은 학교, 그 후에 만난 여러 사람들, 이 모두가 인류에 대한 봉사와 그리스도와의 일치 정신이 충일한 생활에의 전망을 열어보여 주고 있는 것이다.

성소의 발단을 되돌아보게 되면 온전히 유효하거나 고상하다고는 못할 동기들이 더러 작용한 것도 자주 볼 수 있다. 그러나 온전히 원숙한 동기로써 시작하는 사람은 아무도 없다. 지원자는 소명에 대한 최종적인 응답을 내리기 전에 먼저 정화와 자기반성을 하는 수련 기간을 거친다. 약혼 기간과 다소 비슷한 데가 있다. 그러나 생활 자체, 즉 하느님께 대한 봉사에 있어서 원숙하고 노련해져간다는 .사실 자체가 그 동기를 더욱 순수하고 깊게 할 수 있다. 물론 애초의 결심과 그 실현 사이에는 연속성이 있다. 그러나 참으로 큰 연속성을 주는 이는 '살아계시는' 주님, '예기치 아니 한' 주님이시다. 바로 주님과 함께 출발한 것이 성소요, 참으로 주님과 더불어 살아가는 주님의 인간, 주님의 가장 존엄한 피조물인 참 인간이 되려고 노력하는 사람이 사제인 것이다.

신품성사와 혼배성사는 일생의 결단을 계약의 관점에서 기념하는 것으로, 그리스도교 공동체에 대한 직분자로서 또한 상호성화를 위한 친밀함의 나눔에 참여하는 동반자로서 결단하는 것이다. 이 두 성사의 핵심은 약속의 지킴인데, 이는 세계와 개인에게 있어서 유일하게 대체할 수 없는 선물이 바로 자아라는 것을 인식하는 것이다.

이 "자기 내어 줌" 안에는 또한 결단의 영원성이라는 반문화적 가치가 자리 잡고 있다. 안정된 생명의 문화 그리고 친밀한 관계들, 도덕 가치와 약속의 항구성 등은 사람들에게 양심과 굳건한 자기 정체성을 키워 주는 강력한 기반이 된다. 따라서 불안정성과 일시성은 외적인 힘, 환경의 지배 그리고 사회적 통제에 대한 수동적 수용을 가져올 뿐이다.

2. 혼인성사

교회를 생활케 하는 혼인성사는 신앙인들을 성장하게 한다. 인간의 창조 때부터 혼인 제도를 정하신 조물주 하느님께서는 "하늘에 계신 아버지께서 완전하신 것같이 너희도 완전한 사람이 되어라"(마태 5, 48)고 인간을 부르신다. 이 부르심이 바로 인간의 소명이다.

사랑과 성, 부부애

모든 인간은 생명을 주고받는다. 인간에게는 자기 자신이 모자라고 결핍되기 때문에 채우고 싶은 본능, 즉 사랑을 받고 싶다는 본능이 있다. 그리고 그 모자라고 결핍된 것을 파괴하여 주어버리고 싶은 본능, 즉 사랑하고 싶다는 본능이 있다. 이러한 인간 사랑의 이중성을 부부애로 이루어 주시고자 성性을 주신 것이다. 참된 사랑이란 여럿으로 남아있으면서 오직 하나를 이루려는 부부애다(성 토마스 아퀴나스). 성은 문제를 지닌 인간 존재가 그 문제를 해결하고 완성하도록 주어진 것이다. 성은 우리 안에 있는 기묘하고도 창조적인 힘이다. 그 때문에 무서운 것이기도 하다. 성의 욕구가 전체적 인간 가치에서 유리 될 때, 그 가장 육체적인 면인 생식의 욕구가 인간의 전체적인 성에서 분리될 때, 모든 것이 미묘하고 사랑스럽게 보이는 그곳에서 뜻밖에도 심각한 죄악이 나타날 수 있다.

성이 아름답고 사랑스러움을 볼 수 있는 것은 그것이 인간 존재의 전체성 안에 통합되어 있을 때에 가능하다. 사랑받는 사람이 사랑하는 사람에게 얼마나 사랑스러운지는 누구나가 다 알고 있다. 사랑하는 사람을 통하여, 무한한 그 어떤 것이, 자기 자신을 완전히 내어 주고 싶도록 끌리는 그 어떤 것이 번뜩인다. 이것은 결코 환상이 아니다. 실제로 존재하는 아름다움에 문이 열려 있는 것이다. 우리가 세상을 보는 눈에는 흔히 우리가 짐작하는 것보다 훨씬 더 많은 성적인 경향들이 작용하고 있다. 그 원천 그 극치가 남녀 사랑이다. 자신을 완전히 준다는 것은 항구히 자신을 준다는 데 있다. 인간 사랑에는 다정하게 함께 새끼를 기르는 고등 동물들의 일시적인 관계나 본능 그 이상의 것이 있다. 인간 사랑에 있어서는 남녀가 온전히 서로 종속하기를 원하고 있는 것이다.

모든 인간의 존재는 하나의 육신이 자기 부모에 의해서 전달된 결과이다. 그런 육신은 영혼을 받게 되어 있으며 또 영혼을 필요로 한다. 그리고 영혼의 존재는 오직 하느님께만 귀착한다. 따라서 어떤 의미에서는, 육신이 영혼을 위한 것이고 영혼을 요구하고 있다는 점에서는, 부모에 의한 완전하고도 결정적인 육신 전달은 간접적으로 영혼 자체에까지 미친다.

따라서 인간은 제 부모를 떠나 둘이 한 몸을 이루는 영혼의 성장인 혼인성사를 받는다. 자기 육신을 낳아준 자기 아버지 아닌 한 남성을 통해 아내란 새 인간의 영혼 성장이 탄생되며, 자기 어머니 아닌 한 여성을 통하여 남편이란 새 인간의 영혼 성장이 탄생되는 것이다.

사랑은 단순히 구별만 되어 있지는 않은 양자兩者의 구별이다. 바로 부부애와도 같은 것이다. 우리는 삼위일체 사랑의 신비로 인간 사랑의 신비를 받아들인다. 요즈음 애인들끼리 사랑하는 상대방을 서로 자기라고 부르고 있다. 절대정신은 바로 자기 안에다 자신과의 구별을 설정한다는 것, 즉 자신과는 구별되는 한가운데서도 자신과 동일하다는 사실이야말로 그의 본질에 속한다. 철학자 헤겔에게는 이것이 바로 "하느님은 사랑이십니다." 라는 성서 말씀의 철학적 해석 이었다. 사랑은 타자 안에서, 소외에서 자기 자신을 발견한다는 것, 이것이야말로 사랑의 본질에 속하는 것이다. 하느님이 사랑이라고 정의를 내릴 때, 성부로부터 성부께 속하고 성령으로 열린 타인을 위한 예수 그리스도의 인격적 사랑의 신비 회로에 빠진다.

부부의 만남이란 삶의 동반자로서, 단테 신곡에 나오는 베아뜨리체의 눈에 보이는 안내자로서, 영원한 사랑뿐인 것이다. 하느님께서는 우리 인생행로에 수많은 천사 라파엘을 놓아두시나 토비아는 자기 일생을 다하도록 그것을 깨닫지 못하였다. 서로가 서로에게 영원한 삶의 반려자가 되며 천사가 되는 것이다. 그 때 사랑하는 상대방이 나의 영원한 생명, 영원한 사랑이 되는 것이다.

부부애가 참된 사랑이 되려면 영혼과 정신과 마음과 몸의 일치가 이루어져야 한다. 영혼의 일치란 삶을 그 깊은 데에서 참으로 함께 하고 양편 모두 자기 내부의 가장 깊은 데까지 서로 통할 수 있음을 뜻한다. 정신의 일치란 인생과 인생의 근본 문제들을 보는 견해가 서로 깊이 일치하고 있음을 뜻한다. 사상가 생떽쥐뻬리는 이렇게 표현한다. "사랑한다는 것은 서로를 주시하는 것만이 아니라 함께 같은 방향에서 인생을 내다보는 것이다." 마음의 일치란 서로의 애정으로 자기 자신을 선물로 주는 것이며 상대방의 전존재에 참여하는 것을 의미한다. 몸의 일치란 영혼의 느낌들을 몸으로 표현하는 신체적 결합을 뜻한다.

현대 세계의 비극은 이러한 요소들의 본질적인 조화를 깨뜨려 버리고 부분적인 육체적인 차원만을 강조해서 사랑은 만화가 되고 다름 아닌 이기주의의 변형태 그 이상이 되지 못하는 데 있다. 한마디로, 사랑은 사랑을 위협하는 모든 것으로부터 구출되어야 하며 또한 사랑이 인간 마음 속 깊은 데서 끊임없이 다시 발견되어야 한다. 우리는 우리가 소유하고 싶은 물건이나 어떤 것을 사기 위하여 그만한 대가나 값을 치르고 나서야 얻어 누린다. 그러나 이 세상에는 완전한 소유란 있을 수 없다. 다만 자기 자신을 완전히 내어줄 수 있을 때에만 완전한 소유가 가능할 수 있을 것이다. 이와 같이 자기 자신의 완전 지불이야말로 바로 부부애의 핵심인 것이다. 부부애란, 상대방이 나를 얼마나 사랑했느냐에 만 비례되지 않고 내리 사랑같이 다만 더 주지 못하여 한이 되는, 조건 없는 사랑이다. 사랑의 신비, 우리 인간의 인격적 사랑이란 줌으로써 만 이루어지기 때문이다. 부부애란 너에 의해 실현되어지기를 갈구하고 있는 의미 부여의 '더하기 사랑' 인 것이다. 부모 자식 간의 사랑도 그러하다.

인간은 누구나 제 자신을 사랑한다. 사도 바오로는 자기 아내를 자기 자신처럼 사랑하라고 가르치신다. 서로 상대방을 완성된 존재이거나 기성품으로 생각하지 말아야하며 "나는 아직 완성된 인간으로 가고 있는 과정에 있으니 내가 완성된 인간이 될 때까지 나를 참아 주고 기다려 주기 바란다" 고 고백해야하는 것이다. 따라서 부부애의 고리는 참는 인내의 덕행으로 갈고 닦아야 한다. 부부의 계약이란 이러한 완성으로 나아가는 아직 이루어지거나 채워지지 않은 약속으로서의 은총인 것이다. 내 속으로 낳은 아들 이상의 인연이 남편과의 인연이고 내가 낳은 딸 이상의 인연이 아내와의 인연일진대, 인간성과 인간애의 뿌리가 내리는 그 끝까지 참고 바라며 끊임없는 사랑으로써 서로의 인간 완성을 도와주어야 한다. 부부란 인간 완성을 향한 삶의 동반자요 반려자인 것이다. 우리가 사람들을 현재 상태로만 받아들인다면 모두가 악악들이 되고 만다. 쪽박을 깨는 식으로, 한정된 그릇에 담으려고만 고집하면, 산통을 깨뜨리고 말 것이다. 그러나 우리가 그를 완성되어야 할 상대로 맞아들였다면 완성으로 향하는 그들의 능력에 도움을 줄 수 있을 것이다.

자식들에 대한 부모의 내리 사랑 또한 그렇다. 자식을 낳는 그 순간부터 부모들의 입장은 한 알의 밀알로 썩어 자식이란 새 생명의 싹을 기르는 하느님의 대리자로서 내리 사랑의 입장이 되는 것이다.

구약의 혼인

인간의 성性이란 지상적이고 인간적인 것, 즉 한 분이신 하느님께로부터 나온 창조의 은혜이다. 창세기에 나오는 창조 이야기의 정신도 마찬가지다. 창세기 1장은 자손번식을 강조하고 있다. "사람을 남자와 여자로 지어내시고… '자식을 낳고 번성하여라.'" 더 오래된 것인 2장은 사랑(아담이 깨어난 후의 첫 상봉!)과 남녀의 유사성을 더 강조하고 있다. 이 이야기에서 아직 남녀의 완전한 동등성을 찾아볼 수는 없으나 일부일처제를 좋게 보고 있는 것은 분명하다. 구약성서는 일부일처제를 명령하지는 않으나 이를 우월시하는 것을 자주 볼 수 있다. 아담의 갈빗대로 하와를 만들었다는 것은 물론 역사적인 서술은 아니다. 그러나 거기에는 중대한 의의가 있다. 여자는 남자와 본성이 비슷하며 남자의 사랑을 받는다는 것이다.(지금도 아랍 사람들은 가까운 친구를 '갈빗대' 라고 부르고 있다.)

창세기 3장의 범죄와 그 처벌에 관한 이야기에서는 혼인의 비극적 요소도, 물론 인간 전반에 관련시켜서, 이야기하고 있다. 여자는 유혹하는 자로, 남자는 폭군으로 나타나기도 하는 것이다. 그러나 이 이야기는 또한 하느님이 인류를 구속하시고 치유하시리라는 신뢰의 표징들도 내포하고 있다. 즉 하느님은 그들에게 몸을 보호하는 옷을 주시고 뱀을 정복할 약속을 주시는 것이다.

솔로몬의 노래를 개작한 저자들과 예언자들에 의하면 혼인은 야훼의 당신 백성에 대한 사랑의 표상으로 나타난다. 이것은 이스라엘이 완전한 혼인을 얼마나 높이 존중했는지를 보여주고 있다. 그리고 이스라엘의 혼인법 규정 배후에는 관대한 인간미가 있다. "신부를 맞은 신랑은 싸움터에 나가지 않아도 되고 무슨 일에든지 징용당하지 않는다. 한 해 동안 그런 일에서 면제되어 집에 있으면서 새로 맞은 아내를 행복하게 해주어야 한다"(신명 24, 5).

신약의 혼인

신약성서에는 혼인에 관한 말씀이 많이 있다. 에페소서에서는 혼인을 교회에 대한 그리스도의 사랑에 비하고 있다. "여러분은 그리스도를 공경하는 정신으로 서로 복종하십시오. 아내 된 사람들은 주님께 순종하듯 자기 남편에게 순종하십시오. 남편 된 사람들은 그리스도께서 교회를 사랑하셔서 당신의 몸을 바치신 것처럼 자기 아내를 사랑하십시오. 이와 같이 남편 된 사람들도 자기 아내를 제 몸같이 사랑해야 합니다"(에페 5, 21-33).

"그리스도께서 교회를 사랑하시는 것처럼" 이라는 말이 핵심이다. 여기서 사도 바오로의 의도를 옳게 파악하려면 혼인 미사의 독서로 사용되는 이 대목을 통독하는 것이 좋을 것이다. 그러면 예언자들이 이스라엘에 대한 야훼의 사랑을 혼인의 사랑에 비교한 것과 동일하다는 것이, 또 그리스도의 인간성으로 말미암아 그 비교가 훨씬 더 뚜렷해졌다는 것이 분명해할 것이다. 나아가 이제 이 비교는 전도轉倒되어 더욱 깊은 의미가 부여되어 있다. 교회에 대한 예수의 사랑이 혼인의 사랑과 같다는 것이 아니라, 혼인이 교회와 예수의 일치와 같다는 것이다. 참으로 궁극적인 것은 하느님으로부터 오는 사랑, 그리스도와 인류 사이에 주고받는 사랑이다. 혼인은 이 사랑에 비할 수 있을 만큼 신성한 하나의 비사秘事이다. 그리스도와 인류의 사랑은 결국 "아버지께서 나를 사랑하신 것처럼 나도 너희를 사랑해 왔다"(요한 15, 9)고 하신 말씀대로 하느님 아버지와 아들 사이에 주고받는 사랑의 반영이다. 따라서 혼인에서 주고받는 사랑도 하느님 안의 사랑의 반영이다. 창조의 은혜인 혼인은 그 나름으로 하느님의 존재 자체 안에 있는 상호 포용과 만족을, 헤아릴 수 없이 깊이 주고 사랑하는 어떤 것을 드러내고 있다. 신혼부부들이 밀월 중에 천상적인 말을 사용한다는 것은 뜻 깊고 정당한 일이다.

그렇다고 해서 혼인만이 하느님 사랑의 신비에 참여하는 유일한 길이라는 말은 아니다. 사람들 사이에서 주고받는 친절과 사랑은 모두가 이 신비에 참여하고 있다. 그것이 순수할수록 더욱 그렇다. 그리고 이 순수성의 척도는 그리스도께서 당신 영을 통하여 우리에게 가르치시고 또 주신 사랑, 우리의 온 존재로 하느님을 사랑하고 이웃을 우리 자신과 같이 사랑하는 바로 그 사랑에 얼마나 일치하느냐에 있다. 인간의 혼인을 그리스도와 교회의 일치에 비교하는 것은 우리의 가정이 그리스도께서 가르치시고 불어넣어주신 그러한 사랑을 보여주는 한에서만 참으로 의미가 있다. 부부의 사랑은 자신을 사랑하듯 다른 사람을 사랑하는 것이어야 한다. 그것은, 참으로 결정적인 한마디로 말해서, 십자가가 자리 잡고 있는 사랑이다. 십자가는 실망을 극복하는 사랑의 보증이요, 실패 - 서로 충만한 희열을 누리고 만족한 사랑을 얻으려는 기대의 실패 - 를 이겨내는 충실의 보증이다. 예수의 십자가가 인간적으로 말하면 절망적인 것이면서도 구원과 선을 갖다 준 것과 똑같이 부부의 사랑과 충실은 인간적으로 말하면 그럴 이유가 없는 것같이 보이는 곳에서까지 항존恒

354

춢한다. 모름지기 신앙으로써만 그리스도 신자들의 혼인은 그리스도의 당신 교회에 대한 사랑의 반영이 된다. 이것이야말로 '주님 안에서 맺은 혼인' 이다. 그리스도 신자들의 혼인은 단둘이서 고독하게 치르는 불안한 모험이 아니다. 그리스도께서 함께 계시는 것이다.

혼인의 본질

그리스도께서 혼인을 성스럽게 하셨다는 것은 세례 받은 사람들의 혼인이 성사라는 사실을 분명하게 보여주고 있다. 이것은 혼인 자체가 그리스도께서 당신 성령을 우리에게 주시는 거룩한 표징임을 뜻한다. 그 표징은 무엇인가? 지극히 단순하다. 즉 쌍방의 약속과 이 약속에 맞는 생활이다. 이것이 성사이다. 혼인성사의 본질은 무슨 특정한 법률적 문서나 혼인 예식 자체가 아니다. 사랑하는 쌍방의 의지와 자유로 선택한, 죽는 날까지의 충실성 이다. 따라서 혼인한 부부가 서로 베푸는 모든 사랑과 친절과 협력과 조언은 은총의 샘이요 그리스도의 현존의 샘이며 성령의 샘이다. 이것이 그리스도 신자들이 하느님 앞에서 시작하는 혼인의 본성이다.

혼인의 단일성

혼인은 참된 인간 사랑을 통하여 여럿으로 남아 있으면서 오직 하나를 이루는 제삼의 단일한 인격 공동체이다. 일부일처제의 혼인제도는 하느님께서 창세기 때부터 원하신 뜻이며, 일부다처제는 인간의 윤리 성숙과 함께 폐기되어왔다.

혼인의 불가해소성

혼인의 본질이며 기초인 사랑의 "네" 한마디로써 성립되는 두 사람의 결합의 종국성도 이 불가해소성에 그 근거를 두고 있다. 혼인의 불가해소성이란 사실상 그리스도 안에서 인류와 혼인을 하기로 한 하느님의 파기할 수 없는 결단에 대한 믿음이 아니고서는 알아들을 수도 실천할 수도 없는 일이다(에페 5, 22-23 참조) 인간들끼리 대답하는 약속이 아니라 하느님에게 "네" 란 대답으로 약속한 혼인성사로써 쌍방의 약속과 이 약속이 맞는 생활을 축복해 주는 것이다. 사랑하는 쌍방의 의지와 자유로 선택한, 나의 영원한 사랑과 생명에 대한 죽는 그 날까지의 충실성이다. 하느님께서 맺는 것을 사람이 풀지 못한다는 주의 가르침이다.

혼인은 한순간에 "네" 란 대답의 결단으로써 바로 인간으로 하여금 앞으로 나아가게 하며 자신을 단계적으로 수용하도록 해준다. 낙원에서의 불순명으로 하느님과 인류의 관계가 파괴되어 죄악으로 인해 죽음이 왔으나, 남녀 결합이라는 새로운 관계는 그리스도와 우리의 결합을 의미하며 장차 하느님과 우리 인류의 일치를 의미하기도하는 전표가 된다. 한정된 인간 생활과 인간애를 자기 부모님들로부터 전달받았으나, 자기 아버지 아닌 남편을 통해 아내라는 인간이 다시 태어나고 또한 자기 어머니 아닌 아내를 통해 남편이란 인간이 사랑으로 거듭 태어 날 때, 유한한 인간이 영원한 인간 생명, 영원한 사랑을 향하고 있지 않은가. 뽈 끌로델이란 신학사상가는 한 작품에서 여주인공 쁘로에자로 하여금 자기 남편 될 사람에게 이렇게 고백하게 한다. "내가 끝을 모르는 무한한 것과 일치하고 있지 않다면, 나와 너의 관계는 금방 끝장나 버리리라." 여기에 본시 무한한 사랑만이 사랑받을 수 있다.(그렇지 않으면 금방 끝장이다)는 체험이 표출되고 있다. 그러나 이 사랑은 제한된 상호 인간적 사랑 속에서만 체험된다. 또한 이 무한한 사랑은 한정된 자기 자신을 개방하여 열고 자기 자신을 완전히 내어 맡기는 데에서만 현실로 체험될 수 있을 것이다.

약속한 사랑과 봉사에 관한 인간적 제도인 혼인은 확실히 예수와 관련이 있다. 다른 이들을 향해서 열려 있으면서 위타적인 그리고 약속이 된 사랑은 사람들로 하여금 하느님의 사랑을 받을 수 있게 한다. 혼인에서의 사랑은 열려 있어야 하고 또 책임이 지워지기 마련이다. 그래서 믿는 이들은 예수께서 자신들 사랑의 본질적인 부분이심에 틀림없다는 것을 알면서 혼인을 한다. 성사는 그분이 혼인한 이들 안에 거처하심으로써 그들이 좀더 위타적이고 봉사적인 사랑을 전개할 수 있도록 하신다는 것을 말해 준다. 그분은 그들이 이런 식으로 사랑하도록 도우신다. 그들의 임무는 그분의 사랑이 가족 안에서 다른 이들에게까지 비추일 수 있게 하는 것이다.

사랑의 빛

인생의 비참 중에서도 가장 비참한 것은 도무지 어쩌지 못하는 고독이다. 저녁 때 집에 돌아와 봐도 거기에 아무도 자기의 괴로움에 관심을 갖거나 성공을 기뻐하거나 실패를 같이 공감하고 이해하는 진정제의 구실을 해 주는 이가 없다면, 이는 흡사 우정과 사랑이라는 햇빛이 거의 꿰뚫을 수 없는 어두운 방에 살고 있는 것과 같다. 생물이 햇빛을 쏘이지 못하면 시들어 죽듯, 인생도 사랑과 동정이라는 햇빛을 잃으면 그 열정, 그 취미, 그 힘, 살 맛이 없어지고 만다. 부르딜롱은 이 깊은 진리를 소박한 아름다운 시로 읊었다.

밤의 눈은 천 개가 넘어도
낮에는 하나뿐
그러나 밝은 세상의 빛은
지는 해와 더불어 꺼진다.
머리의 눈은 천 개가 되어도
마음에는 하나뿐
그러나 온 인생의 빛은
식는 사랑과 더불어 꺼진다.

얼마 전에 가톨릭 교리를 배우고 있던 어느 청년이 이렇게 말했다. "신부님, 저는 제가 일하고 있는 은행의 시계가 네 시를 치면 저녁까지 두 시간을 어떻게 지낼까 하고 큰 걱정거리였습니다. 그런데 결혼해서 아이까지 있고 보니, 시계가 네 시를 치기까지 견디기 어려웠고, 집에 가서 아내와 자식들과 빨리 함께 있고 싶어서 못 견딜 지경입니다. 행복은 가정의 화롯가에 있다는 교회의 말씀은 정말입니다. 저도 전에는 독신자들의 마음을 끄는 향락 속에서 행복을 찾았습니다만, 부부의 사랑과 아버지가 되었다는 큰 기쁨을 맛본 오늘에는, 정말로 인생이 이제서야 시작되었다고 말하고 싶습니다. 사람은 이 두 가지 큰 경험을 맛보기 전에는 인생의 의의나 목적을 아직 모르는 것입니다" 이 말 속에서 모든 사제들은, 결혼이라는 인생의 큰 모험에의 하느님의 성소聖召를 받든 많은 청춘 남녀들이 속삭이는 말이 되풀이되고 있음을 깨달을 것이다.

가족계획

혼인제도와 가정 제도는 모두 하느님의 창조적이고 구세적인 빛 속에서 이해되어야 한다. 창조 질서 안에 있는 혼인의 의의는 자녀 출산에 있다. 부부가 결합된 이상 반드시 자녀의 출산이 따르게 되는데, 만일 자녀의 출산을 배제하는 부부의 결합이 이루어진다면 그것은 창조의 질서, 즉 하느님의 뜻에 위배되는 것이다. 부부들은 자신들이 낳을 자녀의 수에 대하여 참으로 신중히 숙고해야 하며, 그들의 처지에 적합하고도 치밀한 가족계획을 세워야 한다. 원칙적으로 부부들은 하느님의 법을 해석하는 교도권이 금하는 방법, 즉 모든 형태의 인공 산아제한을 배제해야 한다.

자녀교육

부부들은 그들의 자녀들을 사회의 유능한 인간으로 양육하여야 하며, 특히 하느님의 착한 아들딸로서 자라나게 해야 할 크나큰 의무가 있다. 자녀들은 부모들이 서로 사랑하고 화목하며, 신앙에 성실하고 사랑 안에서 행복한 생활을 할 때, 비로소 가정의 행복을 느끼게 되며 그들의 인간적 완성과 구원과 성화의 길을 쉽게 발견할 수 있게 될 것이다.

가정 공동체 안에서, 인간성과 인간애의 뿌리가 내리고 싹트며 길러진다.

혼인은 온갖 관계를 가장 인간화시킬 수 있다. 그것은 사람들에게 이기심을 거스려 활동할 수 있는 중대한 기회를 제공 한다. 혼인 안에서 두 사람은 서로에 대한 사랑과 봉사로 자아로부터 벗어날 수 있는 더 폭 넓은 기회들을 제공하기도 한다. 두 사람이 서로 서로 그리고 자녀들을 사랑하고 돌볼 때 그들은 자신들을 좀더 근본적으로 예수의 사랑 앞에 열어 재낀다. 그분은 그들이 사랑하는 다른 이들 안에 거처하신다. 그분은 사랑을 주시고 사랑을 받으시기 위해 거기 계시는 것이다. 인간 예수께서는 위타적인 사랑과 봉사를 통해서 하느님께 도달한 사람으로 최고의 모범이시다. 확실히 그분은 인간적인 사랑과 봉사라는 최고의 제정으로서 본질적인 요소이심에 틀림없다. 믿는 이들(예수께서 결혼에 관해서 요구하시는 말씀과 에페소 5, 21~33에 관한 통찰을 성찰할 때)은 그분이 참으로 그러 하시다고 알게 된다. 그분은 서로에 대한 그리고 자녀들에 대한 그리스도인 배우자들의 위타적인 사랑 안에 현존하시는 것으로 또 틀 잡히시는 것으로 보인다. 하느님은 사랑하시고 사랑받고자 하시면서 피조물 앞에 항시 현존하신다. 그분은 당신 사랑을 어디서 가장 자주 보여 주시는가? 그분은 어디에서 가장 실제적으로 우리로부터의 사랑을 추구 하시는가? 그리스도인들은 이 일이 대부분 혼인과 가정생활 안에서 일어난다고 본다.

훌륭한 혼인 안에서 일어나는 일이 하느님께서 우리 모두 안에서 일어나길 바라시는 바이다 - 우리가 사랑 안에서 다른 이들을 향해 가는 것이 그것이다. 하느님은 항상 우리가 사랑하는 이들 안에 나타나 계신다. 그분이 당신 사랑을 우리에게 전해 주시는 곳은 주로 그곳에서부터이다. 하지만 예수께서는 혼인이 이 일을 위타적으로 해내게 하시기 위해서 배우자들과 함께 계심에 틀림이 없는데 그것은 그들이 "다른 이들을 위한" 당신의 위타 정신을 떠맡게 해 주시고 격려하심으로써 이다. 수많은 그리스도인들은 예수께서 전체 체결된 혼인의 배우자들 안에 틀 잡으신다는 것을 진실로 믿는다. 그분은 남편과 아내의 서로에 대한 위타적인 사랑을 격려하시고 수월하게 해 주시기 위해 그곳에 주재하신다. 서로에 대한 그들의 진실한 사랑은 그분에게 드린 사랑이기도 하고 또한 실제로 그 사랑은 교회를 위한 그분 자신의 사랑에 대한 반영이기도 하다(에페 5, 25 ; 32). 대부분의 사람들에게 있어 하느님을 향한 여행이 바로 여기에서 최고로 성공을 거둔다. 혼인은 가족으로서 가장 빼어난 제도이다 "가족" 이라는 개념이 진지하게 다루어지는 곳에 예수께서 항상 현존하시는 것이다.

마틴부버는 태초에 관계의 하느님이 있다. 나 - 너 관계에서 나 - 자기 관계로 나아가는 것이 혼인성사다.

나 - 너라는 기조 단어는 한 사람의 전존재를 쏟아서만 발설할 수가 있다. 전 존재에로의 집중과 융합은 나 없이는 결코 이뤄지지 못한다. 내가 나가 되려면 너가 필요하다. 내가 나가 되면서 나는 너라는 말을 하게 된다.

송대(宋代 : 960-1297년)의 것으로 보이는 중국 여인의 시詩가 있다. 자기를 향하는 지아비의 사랑이 시든 것을 눈치챈 여인은 다음과 같은 시를 바쳐서 일찍이 자기와 지아비를 혼인으로 묶어 준 옛 정을 되살리자고 한다.

> 찰흙 한 덩어리를 떼어
> 당신의 소상小像을 빚습니다.
> 나의 소상을 빚습니다.

당신의 소상과 나의 소상을 들어 한데 짓눌러 뭉갭니다.
그것으로 다시 찰흙 덩이를 만듭니다.

그리고 다시 상신의 소상을 빚고
나의 소상을 빚습니다.
그 찰흙으로 말입니다.

그렇게 하고 나면
내 안에 당신이 있고
당신 속에 내가 있습니다.

이 시상詩想에 나타나 있는 '나 - 너 사랑'의 아름다움과 놀라움! 나 - 그것 관계를 나 - 너 관계로 바꿔놓는 사랑의 밀도가 여기 반영되어 있지 않은가. 성자를 성부께 맺어 주는 그 사랑의 무엇인가가 반영되어 있지 않은가. 요한 복음을 보면 예수께서 아버지께 드리는 기도에 이런 구절이 나온다.

아버지, 이 사람들이 모두 하나가 되게 하여 주십시오. 아버지께서 내 안에 계시고 내가 아버지 안에 있는 것과 같이 이 사람들도 우리들 안에 있게 하여 주십시오. 그러면 아버지께서 나를 보내셨다는 것을 세상이 믿게 될 것입니다(요한 17, 21).

3. 준성사와 기타 교회의 예절들

준성사準聖事란 우리의 신심을 북돋우고 구원의 유익을 위해서 교회가 필요에 따라 제정한 축복 예식 등이나 기도를 말한다. 성사는 예수님이 직접 세우셨으므로 성사받기에 장애되는 조건만 없으면 행하는 의식의 힘으로 은총을 받는다. 그러나 준성사는 교회가 세웠으므로 직접 효력을 내지 못하며, 교회가 중재자로 나서서 하느님의 은총을 기원하는 것이다. 준성사는 받는 사람의 정성에 따라 효력을 드러낸다고 본다. 제2차 바티칸 공의회는 이 준성사로 말미암아 사람들은 성사들의 그 본래의 효력을 받도록 예비 되고, 갖가지 경우에 생활이 성화된다고 가르친다(전례헌장 60항 참조).

성사에는 그리스도께서 설정하신 7성사 외에 교회에 의해서 설정된 준성사가 있다. 준성사란 교회가 관여하여 하느님으로부터 우리를 위하여 영신적이고 현세적인 은혜를 얻기 위해서 하는 행동이나 물건, 즉 성수, 성유를 사용하거나 성호를 긋는 것을 말한다. 이러한 거룩한 행위와 대상들을 준성사라 부르는 이유는, 이것들이 어떤 면으로는 성사와 비슷하기 때문이다. 그러나 준성사는 성사와 똑같이 깊고 확실한 접촉을 이루어 주는 것은 아니며 성사처럼 영구한 것도 아니다. 준성사는 다만 그리스도로부터 권한이 주어진 교회의 기도를 통해서만 그 능력을 갖게 되는 것이다(예비자교리안내서 160-161면 참조).

준성사의 종류

1) 주교나 신부에 의한 축복 : 신부는 주교에게 속한 특별한 권한 외에 준성사를 집행할 수 있는 권한을 부여받았다. 축성 행위는 대개 주교에게 속하며 그것에 필요한 권한을 갖고 있는 신부에게도 해당된다. 예를 들면 성당, 제대, 미사에 필요한 도구, 종 등의 축성과 성유 축성 등이 그것이다.

2) 악령에 대한 구마 : 교회의 사제의 영역 안에 포함된 사람이나 물건에 대한 구마란 사람이나 물건에서 악령이 떠나도록 명령하는 것이다.

3) 신선용 위해서 축성된 물건 : 신자들의 신심을 위해서 축성된 물건들은 여러 가지가 있는데 그것은 성유, 성수, 초, 재, 성지聖枝, 십자가와 십자고상, 성의聖衣, 메달, 묵주, 성상, 성화, 종 등이 있다.

일반적 축복

1) 사람에 대한 축복 : 사람에 대한 축복 중에 가장 일반적인 것은 미사와 그외 다른 전례행사가 끝날 때의 축복과 영성체하는 사람들에 대한 축복 해산 전후의 어머니를 위한 축복, 왕 대수도원장 수사 수녀에 대한 축복이 있다.

2) 왕, 대수도원장 수사 수녀에 대한 축복 : 이들은 각자의 직분을 통해 하느님께 특별한 봉사를 바치게 되므로 교회는 형상적으로 예식을 통해 그들을 축성한다.

3) 장소에 대한 축복 : 장소에 대한 축복 중에 대부분은 성당, 부속성당, 제단, 묘지, 사람이 사는 집, 직장, 농장, 수확물 등이다.

준성사의 사용과 가치

우리는 준성사를 이용하여 하느님 자신이 발견되는 교회의 축복과 그 효과 안에서 우리 신앙을 고백할 수 있으며 우리의 행위는 하느님을 기쁘게 해드리는 것이 된다. 그러한 준성사들은 우리에게 유익을 줄 것이다. 그러나 만일 어떤 사람이 준성사를 이용하는 데 있어서 하느님과 교회와의 관계를 무시하고 준성사 그 자체가 무슨 능력이 있는 것으로 생각하거나 그 자체가 어떤 은총을 준다고 생각하면 그것은 미신을 믿는 것이 된다. 따라서 우리는 신앙과 봉헌의 정신으로 준성사를 사용하여야 하며, 결코 미신적 행위의 대상으로 사용해서는 안 된다.

준성사의 은혜

우리가 준성사를 올바른 신심 자세로 사용한다면, 준성사는 우리에게 실제적인 은총을 준다. 그 실제적 은총이란, 소죄의 사함, 일시적인 벌에 대한 용서, 육체의 건강과 현세적인 축복, 악령으로부터의 보호를 말한다.

교회의 기타 예절들

1) 성체조배 : 시간을 내어 지극히 거룩하신 성체성사 안에 계신 예수님을 찾아 열렬한 애정과 존경심을 가지고 개인적인 대화를 나누는 것.

2) 성체강복 : 제대를 촛불과 꽃으로 아름답게 꾸미고, 성체를 성광에 모셔 현시해 놓고, 분향과 성가, 장엄기도로써 특별한 찬미와 공경을 드리며, 강복을 청하는 예절.

3) 성시간 : 예수께서 올리브 산에서 죽음에 이르는 고통으로 피땀을 흘리시면서 괴로워하신 것을 생각하며 한 시간 내지 그 이상을 성체 앞에서 지내는 특별한 신심이다.

4) 첫 첨례 : 매월 첫 주간에 특별한 지향을 가지고 미사, 고백성사, 영성체를 하며 기도하는 것을 말한다.

5) 9일 기도 : 바라는 은혜를 얻고자 9일 동안 계속하여 미사 고백성사 영성체를 하며 특정한 지향을 갖고 기도하는 것.

6) 십자가의 길 : 예수께서 걸으신 십자가의 길을 중요 사건에 따라 새겨 놓은 14처 앞에서 예수의 수난의 고통이 어떠하셨는가를 묵상하며 수난에 결부된 나의 죄를 아파하며 드리는 기도이다. 특히 사순절 동안 많이 한다.

7) 묵주의 기도 : 묵주의 기도(로사리오의 기도)는 우리들의 신앙 고백인 사도신경과 예수님께서 우리에게 직접 가르쳐 주신 주의 기도, 그리고 성모송을 열 번씩 반복하며 주 예수 그리스도의 구원 신비를 묵상하고, 간단한 구원송을 정해진 방법에 따라 외는 기도이다. 이 기도는 장미 꽃다발이라는 뜻으로 로사리오 기도라고도 하며, 우리로 하여금 성모 마리아를 통하여 언제나 하느님과의 끊임없는 대화 속에서 생활하도록 한다.

성사는 어떻게 하느님의 은총을 전해주는가?

예수님께서는 십자가에 죽으심으로써 우리에게 영원한 생명의 은총을 마련해 주셨다. 십자가는 모든 은총의 원천이요 성사는 이 은총을 우리에게 전달하는 운하라고 할 수 있다. 예수께서는 십자가에서 마련된 인류 구원의 은총을 전달하기 위한 수단으로 성사를 세우셨기 때문에, 예수께서 제정하신 그 성사를 받으면, 그분이 약속하신 은혜를 받게 되어 있다. 이것을 성사의 사효성事效性이라고 한다. 사효성—이것은 성사를 집행하는 사람이나 성사를 받는 사람의 능력에서 오는 효과가 아니고 그 의식 자체로써 성사의 효과를 낸다는 뜻이다.

성사는 그것이 의미하는 것을 보이게 하고 전달하며 실현한다. 물을 마시는 잔은 온 가족의 갈증을 풀어 주던 물을 현존케 할 뿐 아니라, 오늘도 그 성사적인 힘으로 이 효과를 실현하고 있다. 어머님이 구우시는 빵은 그것이 온 가족을 위하여 의미하는 바를 전달하고 실현하면서 우리의 배를 불리기만 하는 것이 아니라 더 깊은 배고픔인 우애와 일치에의 갈망을 충족시킨다. 세례의 물은 물 없이는 있을 수 없는 정화와 생명만이 아니라 그리스도의 신비가 인간들에게 가져다준 정화와 새 생명을 전해 준다. 성찬의 빵은 단순히 인간들의 식탁 위에 놓인 일상의 음식만을 상징하는 것이 아니라 더 나아가 그리스도 자신이신 천상의 빵을 신앙 공동체 한가운데서 현존케 하고 전해 주며 실현한다. 이것은 식탁 위에 놓여 있는 빵이 그 자체로서 신앙인의 마음속에 천상 음식을 상기시켜 주고 그것을 가리켜 주면서 또한 현존하게 함으로써 이루어지는 것이다. 성사가 믿음 속에서 보편적인 신앙인 공동체와 더불어 상통하고자 하는 의도로 거행되는 한 그 성사의 거행 속에는 하느님의 은총이 틀림없이 현존하게 된다. 이것은 그리스도교 전통에서 언제나 주장되어 온 바이다. 성사 안에 신적 은총이 현존한다는 것은 성사를 집행하는 사람의 그것이든 성사를 배령하는 사람의 그것이든 사람의 성덕에 의존하는 것이 아니다. 왜냐하면 은총의 근원은 인간이 아니고 인간의 공로도 아니며 오로지 하느님과 예수 그리스도이기 때문이다. 그래서 성사는 사효적으로(ex opere operato) 작용한다고 일컫는다. 즉 일단 성사의 예식이 수행되고 거룩한 상징이 주어지면 예수 그리스도께서 행동하시고 우리들의 가운데로 오시는 것이다. 그러나 예식 자체의 힘으로 그렇게 되는 것은 아니다. 예식 자체는 아무 힘도 없으며, 그저 상징일 뿐이다. 그보다는 하느님께서 약속하셨기 때문에 그렇게 되는 것이다. 그렇지 않다면 그것은 순전한 마술에 지나지 않을 것이다. 성사는 예식 자체가 신비로운 힘을 지니고 있어서 인간에게 이롭거나 해로운 작용을 하는 마술과는 근본적으로 구별된다. 그리스도교 신앙이 말해 주는 바에 따르면 하느님께서는 성사 안에서 빵이나 물과 같은 인간적인 성사들을 취하여 그것들을 수단으로 그것들 자체의 능력을 능가하는 효험을 무르익게 하고자 하신다. 그러므로 빵은 배고픔을 채워주고 가족 안에 포근히 감싸임을 상징 하거니와, 하느님께서는 이러한 선재하는 상징성을 성찬 안에서 이용하여 신적인 상징의 차원으로 고양시킴으로써 속량을 갈구하는 인간의 주림을 충족시키고 속량된 이들의 새로운 공동체를 실현하는 효험을 낳으시는 것이다.

"ex opere operato"(글자 그대로, 예식의 수행에 의해서)라는 말은 사실 오해되기 쉬운 말이기는 하다. 그러나 이 말을 교회는 언제나 어떠한 마술적 오해도 없이 사용해 왔다. 소극적인 면에서 이 말이 뜻하는 것인 즉, 성사적 은총은 집전자의 그것이든 배령자의 그것이든 어떤 행위나 어떤 능력에 의해서 효험이 나는 것이 아니라는 것이다. 하느님 홀로 그 근원이시라는 것이다. 세례를 주고 죄를 사하며 축성을 하는 것은 그리스도이시다. 집전자는 합당치 못한 자기 입술과 온갖 악을 다 범할 수도 있는 자기 팔과 악행의 도구일 수도 있는 자기 몸을 그리스도께 빌려 드리고 있을 뿐이다. 은총은 세계 안에서 언제나 헛됨이 없으며 인간의 처지에 의존하지 않는다. 그 적극적인 면의 의미는 그러므로 이렇게 표현될 수 있다. 존엄한 예식이 수행되자마자 우리는 하느님과 예수 그리스도께서 임재하심을 확신할 수 있다고.

성사로 받는 은총은 무엇인가

은총은 영원한 생명을 얻기 위한 하느님의 초자연적인 은혜이다. 이 은혜가 없이는 결코 구원을 받을 수 없는 영생을 위한절대 조건이다. 이 은총은 생명의 은총과 도움의 은총으로 크게 두 가지로 나누어진다. 생명의 은총은 우리의 영혼을 항상 거룩하게 하고 그 은혜로 하느님의 자녀가 되고 따라서 하느님의 영원한 생명에 참여할 수 있는 권리가 생기는 가장 귀한 하느님의 은혜이다. 도움의 은총은 우리가 영생을 위해서 필요한 생활에 도움을 주는 하느님의 은혜이다. 도움의 은총으로 하느님은 우리의 마음을 비추시고 선행을 하게하고 악한 행위를 피하게 하신다. 생명의 은총과 도움의 은총을 받을 방법은 일차로 제일 먼저 성세성사를 받아야 한다.

성사의 재생

성사에 있어서 유효성과 결실성의 단절은 인간의 자유 때문에 현실적으로 발생할 수 있는 것이다. 성사는 장애물이 제거되자마자 즉시 충만한 효과를 낸다는 사실은 만족할 만한 표현은 아니지만 은유적으로 성사의 "재생" 이라고 한다.

인간이 성사를 받은 후에 성사가 효과를 낸다는 주장은 아직까지도 교의로 규정되지 않았으나 그러한 내용은 초기 교부시대 이후부터 가르쳐졌으며 오늘날에도 교회에서 보편적으로 받아들여지고 있다. 인호가 성사에 의해서만 주어지고 우리 교회 안에서 그리스도의 성사적 기도에 인격적으로 연결되는 영속적인 성사는 성사의 "재생" 의 터전이 되는 것이다. 만일 성사가 이런 방법으로 재생되지 않는다면 성사의 효력에 대하여 무리한 결론이 초래될 것이다. 왜냐하면 인호를 한 번밖에 받을 수 없는 성사들이 있으며 어떤 사람이 이러한 성사들을 결실을 내지 못하지만 유효하게 받았을 경우 그가 후에 신앙에 있어서 더욱 합당한 마음의 상태로 돌아온다 하더라도 그는 성사의 충만한 이익으로부터 영원히 배제되어야 할 것이기 때문이다. 이러한 사례는 혼인성사와 병자성사에 있어서도 똑같이 말할 수 있다. 이 성사들은 상대적으로 반복될 수 없는 것이다.

그리고 모든 성사에 있어서 부분적 재생은 가능하다. 왜냐하면 신자가 유효하고 합당하게 성사를 받는다면 그 성사는 은총의 원인이 되기 때문이다.

4. 결론

하느님과 만나는 그리스도인 생활

그리스도인 생활 자체는 그리스도와의 성사적 만남으로 완성된다. 이 모든 것은 결국 은을 가져 다 주는 표징(Signum efficax gratiae)이라는 성사적 정의에 해당한다. 상징으로 가리워져 성사의 활동으로 나타난 형태는 객관적으로 동일한 모든 경우에 존재한다. 이 형태는 교회 안에서 또 교회를 통해서 작용하시는 그리스도의 성화의 신비이고, 예수 그리스도 안에서 나타난 하느님의 겸손하고 자애로우신 사랑(아가페)과 그리스도의 신부인 교회의 사랑과 신자로서 자기 자신을 벗어나 자기 한계를 능가하는 사랑 안에서 이루어진다.

성 암브로시오는 "그리스도여 당신은 당신 자신을 저에게 얼굴을 맞대고 보여주셨고, 저는 당신을 당신의 성사 안에서 만나나이다." 라고 말했다. 우리는 성사를 통해 궁극의 목표를 향하여 순례한다. 성사적 노정은 엠마오로 가는 숨겨진 길이며, 우리는 우리의 주님과 함께 그 길을 동행하는 것이다. 우리가 아직 그분을 눈으로 볼 수 없다고 하더라도, 우리는 우리 곁에 계시는 감추어진 그분의 현존을 의식한다. 왜냐하면 그분이 성사를 통해서 우리에게 말씀하실 때, 그분의 말씀에 대한 우리 마음과 열의가 뜨거워져 즉시 그리스도교적 생활로 되돌아왔기 때문이다. 복음사가는 다음과 같이 말하고 있다.

"길에서 그분이 우리에게 말씀하실 때 우리가 얼마나 뜨거운 감동을 느꼈던가!"

성사론의 결론은 바로 이렇다. 모든 것은 "볼 수 있게 된 은총" 이다. 가견적인 성사가 효력을 낼 수 있도록 그리스도께서 교회에 현존한다는 사실은 연못 속에 떨어진 돌이 계속적인 파문을 일으키면서 퍼져 나아가는 것과 같다. 그 중심인 성체성사는 모든 운동의 시작이며 심장부에 위치한다. 성체성사는 우리 가운데 머무시는 그리스도의 참 현존의 초점이다. 이 초점 주위에 제1차적인 방사선 즉 성체성사 외의 다른 여섯 가지 성사가 보이게 된다. 그러나 이 핵심적인 신비는 말씀의 선포라는 교회의 중재만을 우리에게 드러내 준다. 이러한 말씀의 성사에 의해서 교육되고 빛을 받음으로써 우리의 전망은 확장되고 우리는 교회 성사 생활의 광범위하고 영속적인 전체 영역을 볼 수 있다. 그리스도 안에서 하느님은 모든 것이 궁극적으로 당신을 사랑하는 사람들의 행복을 위한 것이 될 것임을 보증하신다.

성사의 말씀, 은총에서부터 나온 모든 인간적인 행동, 전 세계에 걸쳐 거짓 인간들이 유지하는 다양한 생태, 이 모든 것들은 인간을 예수 그리스도 안에서 실존적으로 하느님께 향하게 한다. 은총이란 삶의 향방을 보여주기 위하여 다양한 방법으로 풍부한 감화력을 일으키시고자 주님께서 당신 자신을 이용하시는 이 세상의 가견적 실재들이다. 그리스도의 은총은 우리에게 내면적으로만 주어지지 않는다는 것이다. 우리가 볼 수 있는 형태로도 그리스도의 은총은 나타난다. 이것은 인간이 되신 하느님의 신비 즉 천주 성자의 인간화에서 기인하는 영속적 결과이다. 성자의 강생은 이 세상을 하느님과 인간, 인간과 하느님의 위격적 관계로 이끌어 들인다. 긴밀한 관계는 내적 은총과 외적 은총 사이에 존재한다. 그러나 창조된 전 세계는 그리스도의 강생과 그 강생의 결과인 하느님과 인간의 관계를 통하여 외적 은총이 된다. 외적 은총이란 성사적 형식을 띠고 부여하는 은총을 말한다.

이 세상에서 그리스도께서 당신 자신을 가견적으로 표명하시는 결과로서, 이 표명은 전 세계를 총괄한다.

말씀의 선포와 성사는 단순히 교회라고 하는 은총의 가견적 현존에 직결되는 그 핵심이다. 그 이유는 성체성사를 통하여 그리스도께서 실제로 육체적으로 교회 안에 현존하시며 또 이 육체적 현존은 곧 인격적인 현존이기 때문이다.

그리스도를 만나기 위해 성사가 꼭 필요한가

우리는 교회의 성사성의 핵심적 요소가 우리 각자에게 직접적으로 관계되는 그리스도의 영원하고도 현실적인 구속 행위임을 기억해야만 한다. 이 핵심적 요소는 우리 인류를 구속하시려는 그리스도의 의지를 지상적으로 표명하는 그리스도의 교회를 통하여 나타난다. 이는 성체성사를 통하여 이 성사의 외적 은총의 수여에 연루된다. 인간의 육체와 주변의 세계에 대한 그 육체의 접촉 관계는 하나의 실재이며, 그 실재 안에서 또 그 실재를 통하여 인격적으로 성장하는 것이다.

인간의 육체적 활동은 내면적 인격적 행위의 불완전한 표현이기 때문에 외적 요소는 그 행위에 대한 표정에 지나지 않는다. 모든 인격적 행위는 하나이며 나눌 수 없는 것이다. 그 행위 안의 내면적 요소는 육체적 요소에 의해서 인격적인 것이 되며 인격적 특성으로 완전히 드러날 때 비로소 가시적인 것이 된다. 그리스도인의 일상생활 중에 숨겨져 있던 부분들이 교회 안에서 또 교회를 통해서 그리스도의 상징적 행위의 표현력에 의해서 드러나게 된다. 성사는 그리스도인의 인격적 생활 안에서 정점을 이루는 순간이다. 성사의 가장 중요한 특성은 그 성사들이 은총에 대한 인간의 갈망을 교회적 표명으로 인도한다는 점이다. 그래서 은총에 대한 각개인의 갈망은 성사를 통해서 그리스도와 하나가 된 신비체의 구원 능력과 연결 된다.

만남의 성사로써 자기 어머니, 아버지, 스승, 친구들, 예수 그리스도와의 만남으로 이어지는 것이다. 언제나 우리 안에 성령으로 살아계시는 분들과의 만남에서 거룩한 성사가 되는 것이다. 성령이라는 영의 위격적인 실재에 관해서는 그것이 동시에 구원의 선물이라고 말하고, 구원의 선물인 영에 관해서는 그것이 사물이 아니라 위격적 실재라고 말해야 한다. 또한 영의 위격과 아버지와 아들의 위격 사이의 구별에 관해서는, 영이란 사람과 세상 안에 아버지와 아들이 현존하는 현실성 그것이라고 말해야 한다. 한편 사람에게 아버지와 아들이 현존한다는 데 관해서는 이 현존이란 인간의 정신적인 노력의 결과, 예컨대 기억의 결과가 아니라 명백히 현실의 체험을 초월하는 한 사실이라고 말해야 한다(교회와 성사, 230 - 254면 참조).

그리스도인의 성사 생활

성 마리아 공경은 그리스도론의 축소판 같은 마리아론에 바탕을 둘 수는 없다. 마리아론이 구체적으로 귀속할 수 있는 신학 논문들을 펴고 싶다면, 그것은 무엇보다도 먼저 은총론일 것이다. 은총론은 물론 교회론과 인간론과 더불어 하나의 전체를 이룬다. 참 시온의 딸로서 마리아는 교회의 표상이시다.

사랑의 선사에 의하지 않고서는, 사랑을 통하지 않으면, 구원에 그리고 참된 자아에 이르지 못하는 신앙인의 표상이다. 작가 베르나노스가 한 시골 본당신부의 일기를 마무리하면서 "모든 것이 은총이다"라고 한 저 말, 허약과 허탈만으로 엮어진 듯한 한 생애를 스스로 풍만과 성취로 인식케 한 저 말, 이 말씀이 "은총을 가득히 받은 이"(루가 1.28) 마리아에게서 참 사실로 이루어졌다. 인류는 그 전체가 대망이다. 마리아는 이런 인류의 표징이다.

인류는 또 그토록 절실한 기다림을 포기하고 그 대신 인간을 위협하고 인간의 허물을 결코 메워주지 못하는 작위만을 믿으려는 위기에 놓일수록, 이런 표정을 필요로 한다. 그리고 구원과 생명에 참으로 필요한 것을 베풀어 주는 저 절대적 사랑을 찾지 못할 때, 인간은 위협을 받는다. 인간에게는 누구나 외딴섬이란 없다. 인간은 사회적인 동물이다. 이 인간은 하느님과 인간을 떠나서는 살 수 없는 동물이다. 하느님과 인간을 떠나서는 인간의 최고 목표인 인간 완성에 도달할 수 없다는 것을 의미한다. 따라서 하느님의 도움 없이, 인생행로의 최고 목표에 도달한다는 것은 불가능하고, 인간과 고립되어서도 안 된다.

그러므로 그리스도를 통하여 그리스도와 함께 그리스도 안에서 살 때, 우리는 하느님을 닮아 완덕에 이를 수 있다. 이를 위해서 그리스도께서는 일곱 가지 성사를 세우셨으며, 우리는 이 성사를 통하여 성 마리아처럼 사랑을 잉태하고 사랑을 낳아 이 세상을 성화하고 자신이 성화되어 구원을 받는다. 우리는 모든 사람의 종(omnia omnibus, 1고린 9, 19)이 되어, 그분만이 그분의 사랑만이 온 세상에 충만하도록 해야겠다. "무엇이든지 그가 시키는 대로 하여라"(요한 2, 5)는 성모님의 말씀에 순종하여, 그리스도의 뜻대로 성사를 통하는 방법보다 은총을 받아 거룩하게 되는 더 좋은 방법은 없다.

성사란 사랑이신 그리스도를 만나 그분의 사랑을 받아 우리로 하여금 사랑이 되게 하는 가장 유효한 수단이며 방법이다. 성사와 기도 생활은 사랑하는 사람의 생명으로 사는 것이다(바오로). 그리스도교의 사랑은 인간을 영원한 생명으로 옮겨가서 살게 하는 움직임이다. 사랑은 인간을 사로잡는 은혜인 것이다. 인간은 자기 자신의 힘만으로 구원될 수 없기 때문에, 이 은혜와 구원이란 인간을 인간이게 하는 주님의 선물이다.

성사를 통해 그리스도인은 두 가지 사명을 지니게 된다. 첫째로 그리스도를 닮도록 자신을 변화시키는 것이요, 둘째로 그리스도의 도구로서 이 세상을 변혁시키는 것이다. 그리스도 사랑의 표지인 이 성사에서 우리는 하느님을 만나고 자신의 생활을 개선하여, 하느님의 자녀로서 새 사람이 되어야 한다. 마치 그리스도께서 하느님의 성사이듯 우리는 이 세상을 성화하기 위한 그리스도의 성사가 되어야 한다. 이것이 성사를 제정하신 그리스도의 뜻이요, 또한 교회의 뜻이다." 그리스도께서 하느님의 성사이듯이, 우리 신앙인도 이 세상을 성화하기 위한 작은 "그리스도의 성사"의 도구가 되어야겠다.

예수께서는 그들이 볼 수 있고 들을 수 있는 그리고 만질 수 있는 상징들을 통해서 서로 통교하듯이(이것은 육 - 영으로 된 사람들의 자연적인 언어이다) 예수께서도 그들과 그렇게 통교하신다.

성사들이 예수의 상징행위들로 이해될 때 믿는 이들은 놀라운 실재론을 알아들으면서 그분의 현존이 자신들에게 근접한 것임을 파악할 수 있게 된다. 그들은 그분 사랑의 깊이와 폭을 좀 더 깨닫게 되는 것이다. 그분은 그들을 애매하고 별것 아닌 방식으로 사랑하시는 것이 아니라 파스카 사랑으로 그들을 사랑하신다. 그분은 당신의 생명을 그들에게 충만히 주셨고 또 당신 사랑을 인생의 모든 국면에까지 확산한다. 성사들은 그분 사랑을 와서 보고 듣고 만지라는 예수의 초대인 것이다.

성사들이 예수의 사랑을 틀 잡을 때 그것들은 또한 믿는 이들의 신앙과 사랑을 틀 잡는다. 이것이 성사들을 위해서 정말 중요한 부분이다. 예수께서는 당신의 사랑을 베푸는 상징들 안에 현존하신다. 그러나 그분은 당신 사랑에 대한 응답을 추구하시고 또 마땅히 받으셔야 한다. 성사들은 믿는 이들에게 예수께 응답하는 가장 적당한 방법을 제공한다. 성사들은 그분에게 감지할 수 있는 형태로 당신 사랑을 "주시는" 방법을 마련해 드리면서도 믿는 이들에게는 그분께 대한 자신들의 신앙과 사랑을 "드리기" 위한 일종의 멋진 방법을 마련해 준다. 사실 예수께서 사업을 추진하시고자 지니신 성사적 "사랑 - 주도권"을 위해 믿는 이들의 "신앙 - 사랑"의 응답이 필요하다. 그분의 사랑은 그들의 신앙-사랑이 당신께 도달하지 않으면 그들에게 당도할 수 없다. 예수께서는 당신 사랑을 성사들 안에 틀 잡으심으로써 믿는 이들에게 "그 사랑을 죽 보내실 수" 있으시다. 그들 역시 자신들의 신앙과 사랑을 틀 잡음으로써 그것들을 예수께 죽 보낼 수 있는 것이다. 성사들은 이렇게 "보냄"을 가장 쉽게 하는 도구들이다.

구원이란 예수의 사랑을 아는 것이다. 사람들은 그분의 사랑을 알기 위해 신앙을 통해서 자신들을 그분께 열어 보여야 한다. 그들은 자신들의 사랑을 그분께 드려야 하는 것이다. 우리가 아는 바 신앙과 사랑은 초월적이고 영적인 실제들이다. 그 실체들이 생겨날 때 그 발생은 한 인격의 영혼과 정신 안에서인 것이다. 그러나 사람들이라면 육신 - 영혼으로 되어 있다. 그들이 자신들의 마음속 깊이 믿고 사랑할 때 그들은 이러한 영적 사건을 느낄 수 있는 상정들 안에 "틀 잡을" 필요가 있게 되고 그럼으로써 그 믿음과 사랑을 예수께 죽 보낼 수 있다. 사람들이 그렇게 하는 것은 본능적이고 자연적이다. 인간으로서 믿는 이들과 인간으로서 사랑하는 이들은 자신들 마음 안에 있는 신앙과 사랑을 열쇠채운 채 보존하고 있을 수만은 없다. 그들은 어떤 식으로든 그것을 구체화해서 틀 잡기 마련이고(상징들 안에 집어넣음) 그래서 이러한 내적이고 초월적인 실체들이 그들이 신뢰하고 사랑하는 그 누군가에게 보내질 수 있게 한다. 만일 그들이 자신들 마음 안에서 진전 되고 있는 것을 말이나 행동으로 상징화하지 않으면 그 무엇이 거기에서 진전되었는지 의심만을 할 수 밖에 없다.

믿는 이들은 마음속으로 "예수님, 당신을 받아들이고 사랑 합니다. 저의 전 인생을 당신께 바칩니다." 라고 말한다. 그러나 그들은 이러한 내적이고 영적인 회심을 어떻게 최고로 구체화하고 틀 잡을 수 있는가? 세례(적어도 어른의 경우)가 자신들이 받아들이는 일과 사랑하는 일 그리고 바치는 일을 틀 잡는 가장 적절한 첫째 방법으로 보인다. 믿는 이들은 세례를 준비할 때 많은 시간을 공부와 기도로 보낸다. 그들은 세례를 그들이 예수를 만나기로 되어 있는 장소로 알아듣게 된다. 그들은 그분이 당신 사랑을 그 안에 틀 잡으시는 상징들을 신봉하길 원한다. 그들은 자유롭게 그리고 의지적으로 그 상징들 쪽으로 간다. 그리고 마음속으로 예수께 이렇게 말하고 있다. "나는 믿나이다. 사랑하나이다. 언제나 당신 생명의 일부가 되고자 하나이다." 그들은 세례의 상징들 안에 그들이 마음속으로 말한 바를 틀 잡는다. 세례를 위한 저들의 준비와 그것에의 의탁은 자신들의 신앙과 사랑을 죽 보내는 일이다. 예수께서 당신 사랑을 상징들 안에서 그들에게 "보내시듯" 그들도 같은 상징들 안에서 자신들의 신앙과 사랑을 그분께 "보내는 중" 이다.

그리스도인들은 예수께서 그들을 위한 자신의 충만한 사랑을 죽음 안에서 주셨음을 알고 또 믿는다. 그런가하면 그들은 또한 그분이 부활하시어 이 사랑을 자신들과 영적으로 나누시고자 다시 오셨음을 알고 또 믿고 있다. 하나의 성사인 성체성사는 예수와 그분의 파스카 사랑이 빵과 포도주의 식사 안에 틀 잡혀있는 것이라고 이야기한다. 예수께서는 믿는 이들이 이 식사 안에서 나누기를 원하신다. 말하지만 "와서 먹고 마시시오. 이는 내어주는 내 몸이며 흘릴 피 입니다. 여러분을 위한 나의 충만한 사랑이 여기 있습니다." 라고 하신 것처럼 그 식사는 그들을 위한 것이다, 그들은 이 사실을 믿고 있는가? 물론이다. 그러나 그들이 이 믿음과 사랑을 구체화하는 일이 중요하지 않던가? 그들은 기쁘고 자유롭게 성체성사에 오기 마련이었다. 그들은 즐거웁게 식사에 참석하기 마련이었던 것이다. 확실히 그들이 성체성사를 위해 오고 또 그것을 나누는 일은 자신들의 신앙과 사랑을 틀 잡는 가장 좋은 방법인 것이다. 독실하면서도 정직하게 성체성사에 참석하는 일이야말로 자신들의 신앙과 사랑을 예수께 보내는 가장 적절한 방법이다.

모든 성사가 다 마찬가지이다. 믿는 이들은 추상적으로 혹은 소극적으로 성사들을 대할 일이 아니다. 그들은 예수께서 자신들을 위해 당신 사랑을 틀 잡으시면서 거기 계신다는 것을 알면서 성사들을 거행해야 마땅하다. 그들은 성사들을 자신들 신앙과 사랑의 적극적인 틀 잡음으로 여기면서 거행해야 한다. 성사들은 사랑의 상징적 교환을 통해서 예수와 믿는 이들이 함께 나아오는 일이다. 아무도 세례와 성체성사에 "혹은 그 어떤 성사에도" 단지 "배령자"로 나아가서는 안 된다. 그들은 자신들의 내적인 신앙과 사랑을 성사적 상징들 안에 틀 잡으면서 "주는 사람들"이 되기도 해야 한다. 성사들은 사실 믿는 이들이 이런 일을 하고 있는 것임을 나타낸다. 예수의 사랑은 만일 사람들이 믿고 사랑하지 않으면 이해될 수 없는 것이다. 그분의 사랑은 항상 그리고 확실히 현존한다. 그러기에 믿는 이들의 사랑도 현존해야 마땅하다. 성사들은 이 사랑을 틀 잡고 또 현존케 하는 가장 아름다운 방법을 마련한다.

게다가, 진즉 말한 것처럼 성사들은 그리스도인 가족의 신앙 - 사랑의 제전이다. 그리스도인들은 하느님을 향한 인생여정을 혼자서가 아니라 그리스도의 영적 가족의 구성원들로서 밟아 나간다. 그리스도인 개개인이라 해도 수많은 형제자매들의 신앙과 사랑의 후원을 받는다. 성사들은 확실한 의미로 가족의 현존과 그들의 신앙 그리고 사랑을 틀 잡기도 한다. 예수께서는 적극적으로 사랑하시면서 현존하신다. 믿는 이들로서 형제자매들 모두 역시 믿고 사랑하면서 현존하는 것이다. 성사들은 아마도 그리스도인들이 자신들이 무엇인지 - 하나의 가족임 - 를 경축하도록 돕는 그 어떤 것보다도 훨씬 낫다고 여겨진다. 그리스도인들은 자신들의 공통신앙과 사랑을 예수께 드려 왔고 또 이 신앙과 사랑을 자신들을 위한, 예수의 사랑을 틀 잡기도 하는 상징들 안에 틀 잡기 위해 일치되어 함께 나아오는 백성들이다. 바울로가 고린토인들에게 말했듯이(1고린 10, 16~17) 예수와 믿는 이들은 단 하나의 "신비체"인 것이고 성사들은(특히 성체성사) 이러한 영적 사실을 경축한다.

결국 이러한 점들을 종합하면 그리스도 신앙인의 삶이란 예수 그리스도처럼 되고, 그분처럼 사는 삶, 곧 자기 자신이 그리스도처럼 성사의 삶을 사는 삶이라 할 수 있다. 하지만 그러한 삶을 결코 교회와 떨어져서 영위할 수는 없는 것이다. 왜냐하면 생명력을 잃고 말 것이기 때문이다. 한마디로 그리스도의 신비체인 교회의 한 지체로서 그 교회 공동체의 실존적 행위에 자신을 결합시키는 가운 공동체 안에서 성사인 자신으로, 성사로서 자신을 표현하는 삶, 아울러 교회 안에서 얻은 생명력으로 세상 안에 들어가 성사로서, 자신을 드러내고 실천하는 삶이 곧 신앙인의 삶이라 할 수 있는 것이다. 의식적으로 신앙생활이 아니더라도 열심히 사는 모습은 거룩하기까지 한 신앙생활인 성사생활이다. 최선을 다해서 열심히 살고, 열심히 사랑하는 일상생활이 일상의 성사생활인 것이다.

단원 VIII

은총 안에서 성장하는 그리스도인의 삶

제 23 과

인간의 존엄성

"하느님께서는 '우리 모습을 닮은 사람을 만들자! 그래서 바다의 고기와 공중의 새, 또 집짐승과 모든 들짐승과 땅 위를 기어 다니는 모든 길짐승을 다스리게 하자!' 하시고, 당신의 모습대로 사람을 지어 내셨다. 하느님의 모습대로 사람을 지어 내시되 남자와 여자로 지어 내시고 하느님께서는 그들에게 복을 내려 주시며 말씀하셨다. '자식을 낳고 번성하여 온 땅에 퍼져서 땅을 정복하여라. 바다의 고기와 공중의 새와 땅 위를 돌아다니는 모든 짐승을 부려라!'"(창세 1, 26-28).

인간의 존엄성은 사람은 저마다 하느님의 숨결인 영혼을 가지고 있다. 인간의 존엄성은 하느님께서 인간에게 주신, 하느님을 알고 사랑하는 능력과 인간이 하느님의 모상으로 만들어진 존재라는 사실에서 비롯된다.

"하느님께서는 당신의 모습대로 사람을 지어내셨다. 당신의 모습대로 사람을 지어내시되 남자와 여자로 지어내셨다"(창세 1, 27). 인간은 피조물들 중에서 독특한 위치를 차지한다. 인간은 "하느님의 모습"대로 창조되었고(I), 인간의 고유한 본성 안에는 영적인 세계와 물질적인 세계가 결합되어 있으며 (II), 인간은 "남자와 여자"로 창조되었고(III), 하느님께서는 인간을 당신의 사랑에 참여케 하셨다(IV).

I. "하느님의 모습대로"

모든 유형의 피조물들 중에서 오직 인간만이 "창조주를 알아 사랑할 수 있으며", 인간만이 "이 지상에서 그 자체를 위하여 하느님께서 원하신 유일한 피조물"이며, 오직 인간만이 하느님을 알고 사랑함으로써, 하느님의 생명을 나누어받도록 부르심을 받았다. 바로 이를 위해 인간은 창조되었으며, 이것이 인간 존엄성의 근본적인 이유이다.

시편 저자는 이렇게 찬미한다. "사람이 무엇이기에 이토록 생각해 주시며, 사람이 무엇이기에 이토록 보살펴 주십니까? 그를 하느님 다음가는 자리에 앉히시고 존귀와 영광의 관을 씌워 주셨습니다"(시편 8, 4-5).

인간은 하느님의 모상을 지녔으므로, 개인은 인격이라는 품위를 지니고 있다. 인간은 단순히 '어떠한 것'이 아니라 '어떠한 인격'이다. 인간은 자신을 인식하고 자제할 수 있으며, 자유로이 자신을 내어주고 다른 인격들과 친교를 이룰 수 있고, 자신의 창조주와의 계약에로 부르시는 은총을 받았으며, 다른 그 무엇도 대신해 줄 수 없는 신앙과 사랑의 응답을 드리도록 부르심을 받았다.

하느님께서는 모든 것을 인간을 위해 창조하셨다. 그러나 인간은 하느님께 봉사하고, 하느님을 사랑하며, 하느님께 모든 피조물을 봉헌하도록 창조되었다.

인간은 "육체와 영혼으로 단일체"를 이룬다. 신앙 교리는 영적이며 불멸하는 영혼을 하느님께서 직접 창조하셨다고 말한다.

하느님께서는 인간을 외롭게 창조하지 않으시고 시초부터 그들을 '남자와 여자로 창조하시었다' (창세 1, 27). 그들의 공동생활은 인간들이 나누는 친교의 최초 형태이다."

계시는 범죄 이전 남녀가 누리던 원초적인 거룩함과 의로움의 상태를 우리에게 알려준다. 사실 하느님과의 친교에서 그들의 낙원 생활의 행복이 흘러나오는 것이다.

그리고 모든 생명의 근원은 바로 하느님이심을 드러냈다.

인간 생명의 존엄성에 대한 또 하나의 근거는 예수 그리스도께서 인간이 되어 인간의 품위를 한층 올려주셨다는 데 있다. 예수님의 강생은 인간에 대한 하느님 사랑의 절정이었다. 인간으로 이 세상에 오신 예수께서는 인간의 생명을 지극히 존중하였으며 인간의 생명을 구하는 일(마르 3, 4)에 최선을 다하셨다. 예수님의 삶 전체가 결국 인류 구원을 위하여 당신의 생명까지 바치는 삶이었다.

예수께서는 당신의 죽음을 통해 죄로 인해 손상되었던 모든 인간의 존엄성까지도 회복시켜 주었고, 고통에 빠뜨리는 죄의 굴레로부터 자유를 얻게 해주셨다. 그러므로 인간의 고유한 존엄성은 죄로 인해서도 상실되지 않으며, 이 존엄성은 예수 그리스도의 구원의 죽음으로 인해 인간에게 영원히 보장되었다. 그리고 하느님은 예수 그리스도 안에서 당신 사랑으로 모든 인간을 부르고 구원하신다. 따라서 인간 생명의 존엄성과 가치는 인종이나 출신이나 능력에 좌우되지 않고 모두가 똑같다.

하느님은 인간을 생명의 관리자로 삼고 충실한 관리자가 되기를 바라셨다. 생명은 인간의 자유와 공동 책임에 맡겨져 있다. 인간은 자기 생명의 독단적 주인이 아니고 하느님의 주권 안에서 자신의 생명을 관리하는 존재이다. 이처럼 인간의 생명은 전적으로 하느님께서 주신 선물이므로 인간에게는 생명을 돌보고 소중하게 이어가야 할 사명이 있다.

또한 인간의 생명은 지상에서 끝나는 것이 아니라 하느님 나라에서 참 행복을 누리도록 초대되었다. 그러므로 인간은 앞으로 누릴 부활의 영광을 얻을 수 있는 후보자며 이제 평범한 피조물이 아니라 하느님의 것을 모두 물려받을 상속자가 될 수 있는 존재이다. 따라서 인간 생명의 궁극 목표는 이 세상에서부터 하느님 나라의 건설에 참여하고 그리스도의 완전성에 참여하는 성숙한 인간이 되는 것(에페 4,13)이다. 우주의 광대함에 비교해 볼 때 아주 하찮은 존재임에도 인간이 위대한 것은 모든 피조물 가운데 인간만이 하느님과 대화할 수 있으며 하느님의 창조사업에 동참할 수 있기 때문이다.

인간이 서로 생명을 돌보고 책임 있게 전수하며 그 삶의 질을 높이는 것은 하느님께 영광을 드리는 것이고, 인간 모두가 한 분이신 하느님 안에서 한 가족임을 드러내는 표지다. 따라서 우리 각자는 자신 안에 있는 생명의 존엄성과 가치 그리고 다른 사람 안에 있는 생명의 존엄성과 가치를 인정해야 하며, 자신의 육체적 생명과 다른 사람의 육체적 생명을 경시하지 말아야 한다.

인간 생명을 해치는 것은 하느님의 인간 창조 목적에 어긋나는 일이며, 생명의 근원이신 하느님의 뜻을 거스르는 짓이다. 우리는 자기 자신이나 다른 사람의 생명을 해치거나 손상시킬 아무런 권한이 없으며, 오히려 자신과 타인의 생명을 최우선으로 보호해야 할 의무가 있다. 인간은 자신의 수고로써 자기 생명을 보존할 의무를 가지는 동시에 굶주린 사람에게 음식을 주고 곤경을 당하는 사람을 도울 의무도 갖고 있다.(마태 25, 41 -46)

2. 인간의 자유

'자유'란 무엇인가? 자유는 구속을 받지 않고 이것을 하거나 또는 저것을 하는 능력으로, 스스로 숙고해서 행동하는 능력이다. 이러한 자유는 인간 행위의 고유한 특징이다. 인간은 하느님을 닮은 모습을 자유롭게 드러내 보여야 한다. 자유의지를 가진 인간은 자신의 의지적 행위를 통해 하느님께서 약속하시고 양심이 판단하는 선善을 따를 수 있고, 따르지 않을 수도 있다.

하느님께서는 인간의 자유를 존중해 주신다. 하느님께서는 우리를 꼭두각시처럼 만들지 않으셨으며, 비록 인류 모두를 구원하고자 하시지만 이를 강요하지 않으신다. 즉 하느님께서는 인간의 동의 없이 무엇이든 하실 수 있음에도 불구하고, 인간의 자유의사를 존중하셔서 선택권을 주셨다.

예수 그리스도를 통해서 실현된 인간 존재가 바로 실현된 구원으로서 자유 자체인 것이다. 이러한 구원 실재로서의 자유의 근거는 하느님의 자유에 근거를 두고 있다. 하느님이 인간을 사랑하시는 나머지 이 자유를 예수 그리스도 안에서 실현하신 것이다. 예수는 자기 생명을 희생하면서 부자유, 비구원의 세력과 죽음을 극복할 수 있었다. 그는 영원히 자유스러울 수 있는 인간 존재가 역사 속에서 실현될 수 있음을 친히 보여준 것이다. 예수 그리스도와 함께 영원히 자유로운 인간 존재가 이 세계 안으로 들어온 것이다.

하느님께서 인간을 위해 당신 자신을 친히 건네주셨고, 예수 그리스도는 인간을 위해 자기 생명을 온전히 희생하였다. 이 철저한 자기 비하 속에서 자유의 참된 모습이 드러난 것이다. 그러므로 인간의 진정한 자유는 다른 인간을 위한 자기 비하적 사랑 속에서 실현된다. 사랑이 성취되는 속에서 인간은 자기 자신으로부터 벗어나 자기를 비우게 된다. 다른 인간을 위한 사랑 속에서 인간은 자기 자신을 추구하지 않고 자기를 망각하게 된다. 바로 이러한 몰아적 사랑 속에서 참으로 순수한 자유가 실현될 수 있는 것이다.

몰아적 사랑 안에서 실현된 자유는 율법의 완성이기도 하다. 본래 율법의 요청은 사랑의 요청이었다. 율법은 사랑의 성취를 요청하는 이외에 다른 요청을 지니지 않는다.

예수님께서는 율법보다도 사랑할 자유에 대하여 강조하신 것이다.

"남에게 해야 할 의무를 다하십시오. 그러나 아무리 해도 다할 수 없는 의무가 한 가지 있습니다. 그것은 사랑의 의무입니다. 남을 사랑하는 사람은 이미 율법을 완성했습니다. 간음하지 말라, 살인하지 말라, 도둑질하지 말라, 탐내지 말라 라는 계명이 있고 또 그 밖에도 다른 계명이 많이 있지만, 그 모든 계명은 네 이웃을 네 몸과 같이 사랑하라는 이 한마디로 요약될 수 있습니다. 이웃을 사랑하는 사람은 이웃에게 해로운 일을 하지 않습니다. 그러므로 사랑한다는 것은 율법을 완성하는 일입니다" (로마 13, 8-10).

요컨대 인간은 순수한 선물로 다가오는 하느님의 사랑을 통해서 자유에로 해방될 수 있다. 인간의 자유는 하느님의 사랑을 체험하는 속에서 진정으로 자유롭게 되고 하느님의 사랑에 상응하는 자유로운 처신을 할 수가 있다. 그러므로 인간의 선행 자체가 바로 하느님의 사랑을 통한 해방된 자유의 표현이자 인간 해방의 표현이라고 볼 수 있다. 그리스도인들에게 해방된 자유는 예수 그리스도 안에서 드러난 하느님의 사랑의 선물이다. 그래서 예수 그리스도가 우리 인간을 부자유의 상태로부터 자유에로 해방시켰다는 고백이 형성되는 것이다. 결국 예수 그리스도가 바로 자유 자체로서 자유의 기준이라고 말할 수 있다. 사람들 사이에서 통상적으로 전제된 일반적 자유 개념이 된 자유를 파악하는 기준으로 작용하는 것이 아니라, 예수 그리스도의 인격과 행업 속에서 선물로 주어진 자유가 참된 자유를 파악하는 기준이 된다고 그리스도인들은 믿는다.

3. 인간의 양심 문제

우리는 이미 여러번 윤리적 결단에 있어서의 이성의 중요성을 강조한 바 있다. 그러면 이성의 소리는 어떻게 효과를 발생하는가? 옛날부터 이 문제에 관해서는 〈양심〉이라는 관건어關鍵語를 놓고 토의되어 왔다. 윤리적 의무감이 법의 형식 안에 내포되어 있든 그렇지 않든 간에, 사람은 누구나 우선 각자의 〈양심의 소리〉를 통해서 이 의무감을 체험한다.

양심의 소리 오늘날 〈양심〉이라는 말은 여러 의미로 풀이되고 있다. 복잡한 윤리문제들을 앞에 놓고 한편에서는 〈네 양심대로 행하라〉는 표어가 나오고 있는가 하면, 또 한편에서는 〈양심은 객관적 윤리규범으로 방향을 잡아야 한다〉고 강조되고 있다. 전자에 있어서 양심은 그 자체가 선의 원천이며 그것을 거스르면 악이 된다. 후자에 있어서 양심은 선의 원천이며 기준인 규범과 결부되어서 움직이는 하나의 기관器官이다.

이 다의성多義性은 앞에서 신학적 윤리에 있어서의 법 개념의 발전과 정을 해설하면서 제시한 역사적·사실들과 관련하여 생각하면 간단히 해명된다. 중세신학에서와 같이 신적 규범 혹은 정당한 인간적 규범, 즉 신법이나 안정법 안에 예외가 허용되지 않는 일의적一義的인 선의 기준이 있음을 인정한다면, 구체적인 결단의 상황이 이 기준에 부합 되는지의 여부만 판단하면 그만이다. 만일 그렇다고 판단되면, 이러한 상황에서 이러한 규범에 매어있는 사랑은 바로 이 규범에 맞게 결단을 내리고 또 행동해야 한다는 말이 된다. 여기서 〈양심〉이란 바로 이 구체적인 판단을 의미한다. 흔히 말하는바 양심의 소리는 소위 〈실천적〉 결론의 형식, 즉 행동과 〈실천〉에 관련된 결론이라는 형식을 취한다. 한 예를 들자 : 부모가 곤경에 처했을 때 부모를 돌보아야함은 하나의 윤리규범이다. 여기서 양심이, 즉 당장에 해야 할 일에 대한 실천적 판단이 적극적으로 작용한다. 그리고 행동이 양심과 일치하여 있는 한, 양심은 행동 전에는 권고 내지 경고를 하며 행동 후에는 확인 내지 칭찬을 한다. 그런 행위가 이루어지지 않을 경우에는 양성은 부정적으로 움직인다. 〈양심의 가책〉이라는 형태로서 책망하고 유죄판결을 내리며 불안감을 조성한다.

양성에 대한 이러한 개념은 결코 한 시대 지나간 것이 아니다. 원칙적으로 윤리적 의무가 명확한 한, 위에서 말한 바와 같은 경우는 어디서나 무수히 많다. 그러나 중세신학이 믿었던 대로 사정이 그리 명확하지는 못한 경우도 많다. 그리스도신자의 행동지침을 위하여 법이 충분히 미치지 못하는 경우가 많은 것이다. 따라서 양심의 개념은 확대될 수밖에 없다. 양심은 어떤 규범을 어떤 구체적인 상황에 적용하기만 할 뿐 아니라 사정에 따라서는 지금 당장에 주어진 여건에서 무엇이 선인지를 발견할 역할을 분담해야 한다. 오늘날 어떤 의미에서 〈양심〉은 창조적이며 계발적인 활동을 의미하며 그 범위는 이성의 개발임무의 범위와 동일시된다. 〈옛〉 양심개념과 〈새〉 양심개념의 공통점은 양심이 당장에 해야 할 구체적 결단에 관여한다는 것이다. 이점에 있어서 이성의 일반적 임무와 구별된다. 그러니까 이성은 보편타당한 지침을 추구하는 반면, 양심은 이성으로 얻은 지식을 결단과 행동의 각 상황에 적응시키는 것이다.

그러나 문제는 좀더 깊이 확대된다. 우리는 우리 양심이 지식획득 작용을 하기도 전에, 그리고 의지적 입장을 취하기도 전에 이미 〈움직이고 있음〉을 체험한다. 앞에서 언급한 〈실천적 판단〉을 내리기도 전에, 각 양심적 결단을 내리기도 전에, 너는 이것을 해야 한다. 혹은 너는 이것을 해서는 안 된다 하는 어떤 직감 같은 것이 떠오른다. 이것은 인간본성에 속하는, 선을 행하고 악을 피하라는 본원적 충동의 작용이다. 중세신학에서는 이것을 곧잘 〈원양심〉原良心이라고 부른다. 이 원양심을 통하여 각 양심의 소리는 충동력과 구속력을 의식하며, 때로는 불안감을 가져오는 힘을 의식하여 중립적 판단에만 머물러 있지는 못하게 된다.

이와 같이 양심의 소리가 인간본성 자체에 뿌리박고 있다면, 결국 양심은 이성과 의지가 목표로 하는 모든 활동보다 더 깊은 곳에 자리 잡고 있다고 말할 수밖에 없다. 양심의 소리는 인격의 중심에서 나오는 체험이며 구체적 결단에 있어서 사람으로 하여금 자기 자신과 일치할 것을 호소한다. 〈양심의 가책〉은 잃어버린 일치를 고발한다. 그래서 불안이 조성된다. 신앙은 인간의 일반적인 원양심의 체험과 그 구체적인 작용의 체험을 하느님의 영 - 사람을 사로잡아 하느님께로, 선으로 인도하는 - 과 결부시킨다. 죄인이 양심의 가책을 면할 길이 없음을 체험할 때, 신앙은 그로 하여금 죄에도 불구하고 그가 하느님께 사로잡혀 있다고, 그만큼 하느님의 뜻은 인간의 행위를 멀리 능가한다고 판단할 수 있게 해준다. 여기서 자기 자신과의 불일치에서 오는 불안감은 하느님 앞에서의 후회로 변한다.

양심의 소리의 구속력 양심이 다만 윤리규범의 〈적용〉만을 명한다고 보거나 혹은 명백한 규범의 도움이 없이도 상황판단에 있어서 행해야 할 구체적 선을 발견한다고 하거나간에, 제멋대로의 양심이나 아무 의무감도 지우지 않는 양심이란 있을 수 없다. 신앙인이 더 이상 법의 적용이 필요 없다고 해서 양심의 구속을 면할 수는 없듯이, 양심은 단순히 법규만을 적용할 수 없는 경우라고 해서 무 구속 상태에 있을 수는 없다. 양심은 언제나 선행의 기본전제이며 하느님의 뜻을 듣고 따르는 데에도 기본전제가 된다.

이 기반은 무디어질 수가 있다. 이것은 하느님 앞에서의 잘못이다. 설상가상으로 양심은 - 이성의 경우와 같이 - 그 소리를 잘못 낼 수도 있다. 그리하여 윤리적 기본원칙을 잘못 적용할 수도 있다. 지금 여기서의 선을 찾아내는 데에 올바른 것을 보지 못할 수도 있다. 그러나 이 양심의 오류가 안식되지 않는 한, 양심의 그릇된 판단도 의무를 지운다. 왜냐하면 그런 양심도 여전히 원칙적으로는 선으로의 외침, 하느님 앞에서의 책임을 다하라는 외침인 연고이다. 잘못된 양심 때문에 객관적으로 잘못 이루어진 행동에 있어서도 하느님을 향한 결단을 내릴 수는 있는 것이다. 양심의 소리가 참된 확신의 표현이며 진실과 선에 대한 성실한 추구에서 나올 것인 한, 그것은 구속력을 가진다. 양심의 소리는 인간행위가 직접 기준으로 삼아야 할 최고심最高審이다. 하느님은 사람을 양심 자세에 따라 심판하실 것이다.

제2 바티칸 공의회는 양심에 관하여 이렇게 말하고 있다: "인간은 양심의 깊은 곳에서 법을 발견한다. 이 법은 인간이 자신에게 준 법이 아니라 복종해야 할 법이다. 이 법의 소리는 언제나 선을 사랑하고 악은 피하도록 사랑을 타이르며, 필요하면 〈이것은 행하고 저것은 피하라〉고 마음의 귀에 들려준다. 이렇게 하느님이 새겨주신 법을 인간은 마음에 간직하고 있으므로 이 법에 복종하는 것이 바로 인간의 존엄성이며, 이 법을 따라 인간은 심판을 받을 것이다.

양심은 인간의 가장 은밀한 안방이요 인간이 홀로 하느님과 함께 있는 지성소이며, 이 깊은 곳에서 하느님의 소리가 들려온다. 양심은 하느님과 이웃을 사랑함으로써 완성되는 그런 법을 놀라운 방법으로 밝혀준다. 양심에 충실함으로써 그리스도 신자들은 다른 사람들과 결합되어 진리를 추구하며 그 진리에 따라 개인생활과 사회생활에서 야기되는 여러 가지 윤리문제들을 해결하게 된다. 그러므로 바른 양심이 우세하면 할수록 개인이나 집단이 맹목적 방종에서 더욱 멀어지고 객관적 윤리기준에 더욱 부합하도록 노력하게 된다. 불가항력의 무지 때문에 양심이 오류를 범하는 일도 드물지는 않다. 그렇다고 해서 양심이 그 존엄성을 잃지는 않는다. 그러나 사랑이 진리와 선을 추구하는 데에 관심을 두지 않거나 죄의 습관으로 양심이 점차로 어두워지는 경우에는 그렇게 말할 수 없다"(사목헌장 16).

아무튼 탓없는 양심의 오류라고 해서, 객관적으로는 잘못이고 부정한 행위이지만 〈선의〉로 행한 것이라고 해서 그것을 경시할 수는 없다. 성서에서는 이러한 있을 수 있는 양심의 오류를 마음의 완고함이라고 부르고 있다. 이것은 하느님께 대한 완고를 의미하며, 자기의견이 비판의 대상이 되기를 완강히 거부하여 양심의 둔화나 해이에 빠짐을 말한다. 그러므로 마음의 완고성은 자기 탓일 수도 있다. 양심의 오류가 가능하다는 것은 역시 어떤 면에서는 사람이 아직도 죄가 지배하는 세계, 그래서 그리스도의 구원을 필요로 하는 세계에 속해 있다는 사실을 보여주는 것이다. 자기기만 · 독선 · 오류의 무수한 가능성을 앎으로써 신앙인은 양심의 소리라고 내세우는 자기의 판단에 대하여 비판적인 태도로 신중을 기할 수가 있으리라.

권위와 양심 그러나 여기서 〈양심의 자유〉라는 문제가 제기된다. 자유가 없으면 윤리행위도 책임성도 있을 수 없다. 윤리행위는 직접 양심의 소리를 통하여 결정된다. 이 양심의 소리에 최종적 구속력이 있는 것이다. 그러므로 누구든지 명백한 양심의 소리를 거슬러 행동하기를 강요당할 수는 없다. 이 양심의 자유와 정직한 신념의 자유는 기본인권에 속한다. 윤리행위의 분야에 있어서는 외적 행동뿐 아니라 지향과 정신태도가 중요시되므로 어떠한 강압도 관철될 수 없으며 무의미하다. 제2바티칸 공의회는 이것을 종교의 자유 문제와 관련시켜 이렇게 선언하고 있다: "본 공의회는 인간이 종교적 자유의 권리를 가지고 있음을 선언한다. 자유란 만인이 개인이나 사회단체나 그 밖의 온갖 인간적 권력의 강제에서 자유로워야 한다는 데서 성립하듯이, 종교 문제에 있어서도 누구나 자기 양심을 거슬러 행동하도록 강요되지 않고 사적으로나 공적으로나 단독으로나 단체의 일원으로나 정당한 범위 내에서 자기의 양심에 따라 행동하는 데에 방해를 받지 않는 데서 성립 한다. 나아가 본 공의회는 종교적 자유의 권리가 실로 인격의 존엄성 자체에 바탕을 두고 있음을 선언한다. 인격의 존엄성은 하느님의 계시의 말씀과 이성 자체로써 인식되어 있다. 종교의 자유에 관한 인격의 권리는 사회의 법적 제도 안에서 안정되어 시민적 권리가 되어야 한다" (종교자유에 관한 선언 2).

이 기본권은 권위와 권위의 담당자도 존중할 의무가 있다. 예컨대 어떤 사람이 종교적인 이유나 그 밖의 비슷한 이유로 종교적 맹세로서의 선서를 거부한다면 그를 강박할 수 없다. 권위도 각 사람의 양심의 자유를 존중해야 한다는 것은 오류나 방종을 안정하라는 말이 아니라 자기 행동에 대한 인간적 책임성을 안정하라는 말이다.

양심의 자유라는 기본원칙을 빙자하여 존중과 정당한 순종을 필요로 하는 권위의 모든 요청을 배척한다면 이것 역시 화근이 될 것이다. 권위와 양심이 동시에 배타적인 주장을 내세울 때 충돌까지도 일어날 수가 있다는 것은 물론이다. 여기서 우선 살펴보아야 할 것은 자기 양심의 소리가 혹시 자만이나 안일에서 나온 것이 아닌가 하는 점이다. 사람으로 하여금 개인적 체험과 제한된 견해에서 탈피하여 인간 생활의 좀더 넓은 범위, 특히 사회의 이해관계에로 향하게 하는 것이 권위의 임무이다. 이것이 권위의 본의임이 적어도 반대의견이 입증될 때까지는 견지되어야 한다. 그러므로 사회를 위하여 권위에 의하여 제정된 법령은 종종 개인의 양심에 필요한 교정적 역할을 한다. 권위를 통한 양심의 소리의 교정을 원칙적으로 무의미한 것으로 거부하고 그럼으로써 양심의 소리를 사실상 무비판적으로 자기 개인의 생각과 동등시할 수 있는 것은 오로지 의심스런 개인주의적 자만일 뿐이다. 바로 올바른 결단에 대한 양심의 책임이 있기에 양심의 계발은 양심의 의무가 되는 것이다.

그러나 자기의 판단이 〈문제시〉되었을 경우에 진지하게 숙고한 끝에도 여전히 마음의 갈등이 풀리지 않는다면, 그런 사람은 실제에 있어서 자기 내적 신념, 자기 양심의 소리를 따르지 않으면 안된다. 그리고 어떠한 권위나 윗사람도, 어떠한 종교도 그를 막을 수 없다. 명백한 양심의 결단과 반대되는 것을 인간적 권위가 요구할 때 생기는 갈등 속에서 양심의 소리를 따라야 한다는 것은 자명한 일이다. 이것은 초대교회 때부터 그렇게 해온 일이다: "사람의 말을 듣는 것보다 하느님께 복종해야 한다"(사도4, 19).

개인과 권위와의 충돌- 그리스도 신자와 교회 당국과의 충돌도 마찬가지이다 -은 필요악 이상의 것이다. 이 충돌은 올바르게만 처리된다면 양편 당사자들에게 적극적 의미를 가져다준다: 개인에게는 그에게는 지워진 책임과 결단을 더욱 엄숙히 받아들여 윤리적 성숙을 기하게 하며, 권위에 대해서는 그

룻된 안일과 완고성에서 탈피하게 하는 것이다. 올바르게 마무리된 충돌은 이렇게 사회와 교회의, 그리고 사회와 교회 안에 있는 각 개인의 생활을 성숙의 길로 촉진한다.

속량되지 못한 양심과 속량된 양심 개신교 신학자들도 양심의 소리를 우리가 여기서 약속한 만큼 언제나 적극적으로 평가하고 있는 것은 아니다. 그들은 특히 인간의 독선과 자율의 끊임없는 위험을 의식하고 있다: 그리스도를 아직 믿지 않는 〈자연인〉의 양심은 자율에 내포된 위험을 드러내면서 신앙에 대하여 점점 더 폐쇄적으로 됨으로써 속량되지 못한 흔적을 보이고 있다. 양심의 소리는 "가장 무신론적인 자기정당화"(Dietrich Bonhoeffer)로서, 즉 하느님과 사람들과 자기 자신 앞에서 선악을 식별하여 자기 자신을 정당화하려는 개인의 시도로서 취급되고 있다. 신앙의 위력만이 자연인의 이러한 자율을 지양하고 예수 그리스도 안에서 행동의 준칙을 발견하게 한다. 신앙인의 속량된 양심은 〈타율〉, 즉 예수 그리스도의 법에 의한 결단을 위하여 인간의 〈자율〉을 포기한다. 예수 그리스도로 인하여 해방된 양심은 예수 그리스도 안에서의 나 자신과의 일치를 호소한다. "예수 그리스도는 나의 양성이 되었다. 즉 나는 나 자신을 하느님과 사람에게 내어주는 데서 나 자신과의 일치를 발견할 수 있다는 말이다. 법이 아니라 예수 그리스도 안에서 내가 만나는 산 하느님과 산 인간이 내 양심의 기원이며 목표이다."

속량된 양심과 속량되지 못한 양심과의 대립관계는 이렇게 심각한 것인가? 이렇게 생각하는 개신교 신학자들은 자유로운 양심의 원천에 대해서 말한다. 이 점에 관하여 그들이 말하는 모든 것은 우리 역시 말하고 있는 것이다. 그러나 여기서 문제는 우리가 개개의 경우에 어떻게 양심의 소리를 듣고 따르게 되느냐 하는 것이다. 예수 그리스도는 나 자신의 실존의 일치점이며, 또한편 양심은 나 자신과의 일치를 호소하는 나 자신의 실존에서 나오는 소리라고 말해서 결코 모순이 아니다. 신앙인은 하느님을 믿는 신앙 안에서 예수 그리스도를 통하여 선사된 일치 외에 다른 것을 모른다. 신앙에 의하여 속량된 양심이 자신과의 일치를 추구한다면 그것은 자기정당화가 아니라 하느님이 자기에게 원하시는 것을 추구하는 것이다.

제 24 과

인류 공동체

어쨌든 인간은 그리스 철인 아리스토텔레스가 일찍이 간파한 바와 같이 "사회적 동물"(ζῷον πολιτιόν, zóon politikón)이다. 사회성은 인간 본질에 부수적으로 첨가된 그 무엇이 아니라 인간 존재의 본질을 구성하는 요소이다. 인간은 누구나 타인들과의 사회적 교제 등을 통하여 자신의 정체를 실현하며 인간으로서의 목표에 이를 수 있다. 바로 인간이 본성적으로 사회적 존재라는 사실은 사회의 근원도 주체도 목적도 인간이라는 점을 시사한다.

인간은 본성적으로 사회적 존재이다. 인간은 누구나 가정이나 국가를 비롯하여 사적이거나 공적인 성격을 지닌 사회 집단 안에서 생활하면서 자기 자신을 실현한다. 인간은 사적이고 은밀한 관계를 맺을 수 있는 "너" 또는 "당신"으로서의 타인에 의존할 뿐만 아니라 다수의 인간들을 필요로 하면서 살아간다. 인간은 누구나 "나와 너"의 인격적 관계 속에서뿐만 아니라, "나와 우리"의 사회적 관계 속에서 생활하게 마련이다. 갓 태어난 아기는 "가정"이라는 일차적 사회의 품안에서만 생명을 제대로 부지하고 정상적으로 성장할 수 있다. 가정이나 다른 인간들과의 공동체를 떠나서는 인간의 정상적 발육은 불가능하고, 인간의 삶은 위축되어 버릴 것이다. 이렇게 인간은 태어나면서부터 부모를 비롯한 다른 인간들에게 의존하고 있다.

인간은 애당초부터 타인과의 공동생활을 추구하게 마련이다. 인간은 부모뿐만 아니라 만나게 되는 다른 사람들 모두와 좋은 관계를 맺으며 생활하기를 원한다. 사실상 인간은 만나게 되는 다른 사람들로부터 인격적으로 존중받고 인정받을 때 바로서 자의식을 느끼고 삶의 보람을 느끼게 된다. 인간은 인간으로서 살아가기 위하여 타인들과의 공동생활을 추구하는 것이다. 인간은 혼자서는 결코 실현할 수 없는 보람 있는 삶, 충만한 삶을 타인들과의 공동생활 안에서 추구한다. 세상의 어느 누구도 외딴 섬이 아니다. 존턴(John Donne)은 지적한다.

▎사회관계의 유형

인간들이 영위하는 공동생활 양식은 오늘날 대체적A로 "공동체"(共同體, Community, Gemeinschaft)와 "사회"(社會, Society, Gesellschaft)의 두 가지 개념으로 대별되어 파악되고 있다. 이 개념들은 독일 사회학자 퇴니스(F. Tönnies, 1855~1936)에 의하여 사회학적A로 규정된 이래 구별되는 공동생활 양식을 적절하게 파악하였다고 일반적으로 인정받고 있다. 우리는 오늘날 고전적 개념 규정으로 간주되는 퇴니스의 기본 관점을 원용하면서 사회관계의 유형을 개략적으로라도 파악하려고 한다.

인간은 사회적 존재로서 타인과의 친교나 결합을 원한다. 그런데 이러한 친교나 결합에의 의지의 성격에 따라서 사회관계가 구별된다고 볼 수 있다. 퇴니스는 인간의 결합 의지를 "본질 의지"(Wesenswille)와 "선택 의지"(Kürwille)로 구별하면서, 이에 입각한 사회관계를 공동체와 사회로 대조시킨다. 그에 의하면 본질 의지란 사유思惟를 포괄하면서 고의성이 없는 행동의 의지로서 인간의 습관, 심정, 그리고 신념 등에서 나타나는 의지를 가리킨다.

그리고 선택의지란 사유 자체의 소산으로서 어느 특정 목적을 위해서 다수의 가능성 중에서 하나를 선택하는 의식적이고 합리적인 의지를 가리킨다. 퇴니스는 본질 의지로부터 본질적 결합의 사회관계로서 "공동체"가 생성되고, 선택 의지로부터 임의적 결합의 사회관계로서 "사회"가 형성된다고 보고 있다. 공동체는 공통적 본질 의지에 기인하는 것으로서, 사회는 선택 의지에 의해서 생성된 것으로서 이해된다.

공동체는 가족 간의 관계, 친척간의 관계, 가까운 이웃과의 관계처럼 합리적인 사유 활동에 선행하여 자연적으로 맺어지는 유기적인 사회관계라고 볼 수 있다.

하느님 위격들의 일치와 사람들끼리 이루어야 하는 형제애 사이에는 어떠한 유사성이 있다.

인간은 자기 본성에 적합하게 발전하기 위해서 사회생활이 필요하다. 가정이나 국가 같은 어떤 사회들은 인간의 본성에 더 직접적으로 부합한다.

"모든 사회제도의 근원도 주체도 목적도 인간이며, 또한 인간이어야 한다."

민간 협의체들이나 기구들의 폭넓은 참여를 장려하여야한다.

보조성의 원리에 따르면, 국가나 더 넓은 사회가 개인들과 중간 집단의 자발성이나 책임을 대체해서는 안 된다.

사회는 덕을 닦는 것을 방해하지 말고 도와주어야 한다. 정의로운 가치 체계로 이를 고취하여야 한다.

죄 때문에 사회의 분위기가 혼탁해지는 곳에서는 사람들에게 마음의 회개를 촉구하고 하느님의 은총을 청해야 한다. 사랑은 정당한 개혁을 촉진한다. 복음 외에는 사회문제에 대한 해결책이 없다.

모든 사람은 동일한 목적, 곧 하느님 자신을 향하도록 부르심을 받았다. 하느님 위격들의 일치와 인간들이 진리와 사랑 안에서 이루어야 하는 형제애

사이에는 유사성이 있다. 이웃에 대한 사랑은 하느님께 대한 사랑과 분리할 수 없다.

▎회개와 사회

사회는 인간의 소명을 실현하는 데 반드시 필요한 것이다. 이 목적을 달성하기 위해서는 "육체적이고 본능적인 차원을 내적이고 정신적인 차원에 종속시키는" 정의로운 가치 체계가 존중되어야 한다.

하느님께서 주시지 않는 권위는 하나도 없고 모든 권위는 다 하느님께서 세워주신 것입니다.(로마 13, 1)

모든 인간 공동체가 유지되고 발전하기 위해서는 공권력이 필요하다.

"정치 공동체와 공권력은 인간 본성에 바탕을 두고 있으므로, (······) 하느님께서 정하신 질서에 속해 있음이 명백하다."

공권력이 사회 공동선을 꾀하려고 애쓴다면 그 공권력은 정당하게 행사되는 것이다. 공동선을 이룩하기 위해서 공권력은 도덕적으로 정당한 방법들을 사용해야 한다.

정치 체제들이 공동체의 이익에 도움이 된다면 아무리 다양한 것이라 해도 정당한 체제들이다.

정치적 공권력은 도덕적 질서의 한계 안에서 행사되어야 하며, 자유로이 행동할 수 있는 조건들을 보장해야한다.

공동선은 "집단이나 구성원 개개인이 좀더 완전하고 좀더 쉽게 자기완성을 이룰 수 있게 하는 사회생활의 여러 가지 조건들의 총체"를 말하는 것이다.

공동선은 세 가지 중요한 요소들을 내포하고 있다. 인간 기본권의 존중과, 신장, 번영, 곧 사회의 정신적, 물질적 선익의 발전과 집단과 그 구성원들의 평화와 안전이 그것이다.

인간의 존엄성은 공동선의 추구를 요구한다. 모든 사람은 인간생활의 조건을 신장시키는 기구를 촉진하고 유지하기 위해 노력해야 한다.

시민사회의 공동선을 보호하고 증진하는 것은 국가의 역할이다. 전 인류 가족의 공동선은 국제적 사회 기구의 존재를 요구한다.

▌사회정의

사회가 단체나 개인들이 그들의 본성과 소명에 따라 당연히 받아야 할 것을 받을 수 있게 하는 조건들을 실현할 때, 그 사회는 사회 정의를 보장한다. 사회 정의는 공동선과 공권력 행사와 관계된다.

▌인격의 존중

사회 정의는 인간의 탁월한 존엄성을 존중함으로써만 이루어낼 수 있다. 인간은 사회의 궁극 목적이며 사회는 인간을 위해 존재하는 것이다.

창조주께서는 인간 존엄성의 보호와 증진을 우리에게 맡기셨다. 모든 남녀는 역사의 모든 상황 속에서 이에 대한 엄밀한 책임과 의무를 지고 있다.

인격 존중은 인간의 존엄성에서 비롯하는 권리에 대한 존중을 내포한다. 이 권리는 사회보다 앞서 있으며 사회가 받아들여야 할 의무이다. 이 권리는 모든 공권력의 도덕적 정당성의 근거가 된다. 이 권리를 무시하거나 실정법으로 인정하지 않는 사회는 자신의 도덕적 정당성을 해치는 것이다. 이러한 권리를 존중하지 않는 공권력은 그 구성원들의 복종을 얻기 위해 힘이나 폭력에 의지하는 수밖에 없다. 선의의 사람들에게 이 권리를 상기시키고 이 권리를 부당하거나 그릇된 요구와 구별하는 것은 교회가 할 일이다.

사회는 단체와 개인들이 마땅히 받아야 할 것들을 받을 수 있게 하는 조건들을 실현함으로써 사회 정의를 보장한다.

사람들 사이에 평등, 인격을 존중하는 사람은 남을 "또 다른 나"로 여기게 될 것이며, 인격을 존중할 때 인간의 존엄성 그 자체에서 유래하는 기본권도 존중하게 될 것이다.

사람들 사이의 평등에는 그들의 인간적 존엄성과 그 존엄성에서 유래하는 권리의 평등도 따른다.

사람들 사이의 차이는 그들이 서로 도움을 주고받을 필요를 느끼도록 하시는 하느님의 계획에 속하는 것이다. 그 차이들은 사랑을 북돋아 준다.

인간의 동등한 존엄성은 지나친 사회적 - 경제적 불평등을 줄이기 위해 노력하도록 요구한다. 인간 존엄성은 극심한 불평등의 퇴치를 촉구한다.

▌인간의 연대성

'우정'이나 '사회적 사랑'이라고도 하는 연대성의 원리는 인간적이고 그리스도인다운 형제애가 직접 요구하는 것이다.

오늘날 만연되어 있는 오류는 바로 모든 사람들의 기원의 공통성을 통해서, 속해 있는 민족에 관계없이 모든 사람들이 지닌 이성적 본성의 평등성을 통해서, 그리고 죄지은 인류를 위해 예수 그리스도께서 십자가의 제단에서 하늘에 계신 아버지께 드린 구속의 희생을 통해서 천명되고 부과된 인간의 연대성과 사랑의 이 법을 망각하고 있다는 것입니다.

먼저 연대성은 이익의 분배와 근로에 대한 보수에서 드러난다. 연대성은 또한 긴장을 더욱 잘 해소하며 협상으로 갈등을 쉽게 해결하는 더욱 공정한 사회질서를 위한 노력을 전제로 한다.

사회 - 경제적 문제들은 모든 형태의 연대성의 도움으로만 해결될 수 있다.

가난한 사람들 사이의 연대성 부자와 가난한 사람들 사이의 연대성, 기업에서 근로자들 사이의 연대성과 고용주와 고용인 사이의 연대성, 국가와 민족들 사이의 연대성 등이 그러한 것이다. 국제적 연대성은 도덕적 차원의 요구이다. 세계 평화는 부분적으로는 여기에 달려있다.

연대성의 덕은 물질적 이익을 초월한다. 교회는 신앙의 영적 재화를 널리 나누어 주면서 나아가 세속적 부의 발전도 도왔으며 이를 위한 새로운 길을 열어준 일도 종종 있었다. 이로써 오랜 세월이 흐르는 동안 "너희는 먼저 하느님의 나라와 하느님께서 의롭게 여기시는 것을 구하여라. 그러면 이 모든 것도 곁들여 받게 될 것이다." (마태 6, 33) 하신 주님의 말씀이 입증되었다.

▌우리는 사회의 요구에 우리 신앙생활로 응답한다.(교리서 1928-1948)

우리의 필생의 과제는 더 훌륭한 사람들이 되는 것만은 아니다. 존 던(John Donne)이 쓰고 있는 것처럼 '세상의 어느 누구도 외딴섬이 아니다.' 하느님 나라는 정의, 사랑, 평화의 나라이기 때문에, 교회의 사명에는 그 충만한 의미에서 세상을 인간화할 책임이 포함되어 있다. 우리는 가톨릭 신앙인으로서 세계 속에 그리스도의 정의와 평화를 실현시키고자 능동적으로 노력하는 데 관심을 기울일 필요가 있다. 우리의 그리스도교 투신은 우리가 세상을 '그리스도화' 시키고 그리스도의 사랑이 좀더 가시화되고 좀더 충만히 경험될 수 있도록 만들 것을 요구하고 있다. 도덕적 책임에 진실할 수 있기 위해서 우리는 진지한 사회의식을 발전시켜야 한다. 도덕성은 단지 죄를 피하는 것 이상이다. 우리는 우리 자신과 주변 세계 속에서 '죄스러움'을 뿌리째 뽑아 버리고자 노력해야 한다(교리서 1877 - 1879, 1928 - 1942).

우리 가운데 악이 현존하고 있음을 깨닫는 것만으로는 모자란다. 야고보 사도는 다음과 같이 경고하고 있다.

"어떤 형제나 자매가 헐벗고 그날 먹을 양식조차 떨어졌는데 여러분 가운데 누가 그들의 몸에 필요한 것은 아무것도 주지 않으면서 '평안히 가서 몸을 따뜻하게 녹이고 배부르게 먹어라.' 고 말만 한다면 무슨 소용이 있겠습니까? 믿음도 이와 같습니다. 믿음에 행동이 따르지 않으면 그러 믿음은 죽은 것입니다." (야고 2, 15 - 17)

살아 있는 신앙은, 억압받고 집 없고 억눌린 사람들을 위해 놓인 관심을 기울일 것을 요구한다(교리서 2443 - 2448).

사회적 관심은 기아, 질병, 각종 차별, 가난, 전쟁 등을 그 모든 차원에서 제거하는 데 지칠 줄 모르는 노력을 기울여야 한다. 우리는 고통당하는 사람들, 치유를 필요로 하는 사람들, 우리의 풍요로움을 함께 나눌 수 있는 사람들과 좀더 능동적으로 연대하고자 노력하도록 부름 받았다. 우리는 자신을 가난한 사람들과 직접적으로 연결시켜야 한다(1913 - 1917).

일상생활의 활동들은 하느님의 창조사업을 반영하고 있고 세상 구원사업에 동참한다. 물질적 자선행위는 경건한 조직들의 찬조 하에 내는 단순한 자선행위들이 아니다. 오히려 그것은 우리 생활의 일과이다. 농부들, 정육점 주인, 구멍가게 주인들은 가난한 사람들을 돕는다. 정수장 직원과 식당 종업원들은 목마른 사람들에게 마실 물을 제공한다. 장의사와 검시관들은 죽은 사람들을 매장한다. 간수, 상담원, 수감원 등은 감옥에 갇힌 사람들을 보살핀다. 건축업 종사자, 목수, 수도공, 전기공 등은 집 없는 사람들의 안식처를 마련하는 데 가담한다. 직물공, 양복점, 의류점원들은 헐벗은 사람들을 입힌다. 그러나 우리는 그 이상을 하도록 도전받는다. 즉 우리 자신의 관심사 이상으로 우리의 관심을 확장하도록 도전받고 있는 것이다(교리서 2447).

우리 모두는 사회구조 속에 선을 스며들게 하여 그것이 새어나와 악을 대적할 수 있도록 만들라는 도전을 받고 있다. 하나의 썩은 사과가 싱싱한 것들에게 영향을 미치는 것이라면, 왜 그리스도인이자 가톨릭인인 우리는 그 과정을 거꾸로 돌려 선한 것들이 악한 것들에 영향을 미치도록 할 수 없단 말인가?

세속 사회 속으로 복음적 가치들을 침투시키는 책임은 일차적으로 그리스도교적 생활 감각을 가지고 법과 사회구조, 그리고 시민 공동체에 영향을 미칠 수 있는 평신도들에게 있다. 그것은 물질주의와 성공제일주의가 기본적인 그리스도교 가치들에 도전하고 있는 그런 세계 속에서 하나의 도전이다(교리서 1929-1933).

그리스도인들의 도전은 시대의 유행과는 반대되는 것으로서, 세상의 거짓 약속을 거슬러 거룩함과 선성을 가지고 악과 죄를 거슬러 싸우는 것이어야 한다. 사회질서의 이런 쇄신과 완성 없이는 그리스도의 몸의 건설은 효과적일 수 없다. 왜냐하면 그것은 공동선에 대한 진지한 관심에 의해서 이 세상에서 이루어지기 때문이다(교리서 1905-1917, 1939-1942).

오늘날 우리는 전대미문의 사회적 관심사들에 직면하고 있다. 현대 약품은 기적을 이룰 수도 있다. 그러나 우리는 유전자 조작, 생명권, 그리고 자연법을 거슬러 개입하는 생명 유지 체계 등에 대하여 일정한 거리를 취한다(교리서 2292-2295).

낙태 문제는 생명의 모든 측면들과 연관된다. 그 심각한 도덕적 함축들은 국가의 입법자들, 의학, 교육체계, 그리고 사회구조의 바로 그 토대인 가정을 전염 시킨다(교리서 2270-2275). 교회는 생명이 그 발달의 모든 단계에서 한결 같이 거룩하다는 것을 거듭 확인하고 주장한다. 가톨릭 신자들은 하느님께서 주신 자연법에 따라 살아야 할 뿐 아니라, 생명의 신성함에 관련된 모든 도덕적인 문제들에 대하여 능동적인 입장을 취해야 한다(교리서 2258-2283, 2319-2322). 우리의 사회의식은 또한 지구를 보존하는 데까지 확장되어야 한다.

"자식을 낳고 번성하여 땅을 보존하여라."

이것이 창세기의 명령이다(교리서 307, 373, 2427). 오늘날 이것은 오염과 쓰레기를 줄이고 우리의 자연 자원들을 낭비 없이 지혜롭게 사용함으로써 좀더 건강하고 안전한 환경을 만드는 것을 포함하고 있다. 생태학적 관심은 그리스도인의 사회정의 비망록의 본질적인 부분이다(교리서 2402, 2415, 2456).

선에 대한 관심은 우리 자신의 나라를 넘어 모든 사람을 위해 정의와 지속적인 평화를 신봉하는 세계 공동체에까지 이른다. 정의에 대한 우리의 관심은 폭력적인 방식으로 과시되어서는 안 된다. 행복선언들에 따라 우리는 그리스도의 길에서 본질적인 비폭력적인 방식으로 정의에 주리고 목말라야 한다. 우리의 사회구조와 생활방식은 비폭력의 정신으로 활성화되어야 한다(교리서 1938 - 1942, 2302 - 2306).

비폭력은, 모든 사람이 평화롭게 살며 지상의 재화들을 향유할 수 있는, 진정한 자유가 보장되는 환경을 창조해 낼 수 있다. 우리의 형제자매들이 하느님께서 의도하신 대로 그 충만한 잠재력을 발휘할 수 있도록 그리스도교적 방식으로 돕는 것은 우리 자신 안에, 그리고 우리의 관계들 속에 평화를 위해 노력하는 것을 포함하고 있다. 세상의 평화와 정의는 우리가 고통을 대적하는 것이 아니라 그것을 완화시킬 때에만 이룩할 수 있을 것이다. 깊은 그리스도교 관심사는 인간성을 그 이기심으로부터 구하려는 것을 목표로 삼고 있는 정의의 체계를 격려한다(2302 - 2317).

이처럼 잘 형성된 사회의식은 인간 조건을 향상시키려고 노력하는 조직들을 후원하는 데 온 힘을 다한다. 그것은 지역사회, 국가, 지구적 차원에서 공동선에 영향을 미치는 사회적이고 정치적인 문제들에 깊은 관심을 기울이고 참여한다(교리서 1905 - 1912).

떼이야르 드 샤르댕은 그의 책 「지구 건설」(Building the Earth)에서 이렇게 도전적인 질문을 던지고 있다. "우리가 필요로 하는 것은 성장과 존재에 대한 열정적인 사랑이다. 생명은 통일을 향해 움직이고 있다. 우리의 희망은, 그것이 좀더 커다란 응집력과 인간적 연대성 안에서 표현될 수 있을 때에야 비로소 현실이 될 수 있을 것이다. 미래는 우리의 손 안에 있다. 우리는 과연

어떤 결정을 내릴 것인가?" (교리서 1939-1942, 1948)

제2차 바티칸 공의회의 폐막 연설에서 바오로 6세 교황은 "착한 사마리아 인의 이야기가 오늘날 교회 영성의 모델"이라고 지적하고 있다. 교회가 상처받은 인간성에 봉사하고 삶의 상처들을 치유하는 것을 목표로 삼지 않는다면, 쇄신은 아무런 의미도 없다. 정통 가톨릭의 궁극적 규범은 '나는 얼마나 다른 사람들, 특히 보잘 것 없는 사람들을 보살피고 연민하고 있는가?'라는 질문에 대한 대답에 달려 있다(교리서 2083, 2443, 2822).

┃ 책임과 참여

참여란 인간이 자발적이고 헌신적으로 사회 교류에 투신하는 것이다. 모든 인간은 각자가 차지하고 있는 지위와 맡은 일에 따라 공동선을 향상시키는 데 참여해야 한다. 이 의무는 인간 인격의 존엄성에서 파생되는 것이다.

참여는 먼저 개인이 책임을 맡고 있는 분야의 의무를 다함으로써 비로소 실현된다. 예를 들면 인간은 자기 가족의 교육에 정성을 기울이고, 자신의 일을 양심적으로 수행함으로써 타인과 사회의 이익에 이바지한다.

시민들은 가능한 한 공공생활에 적극 참여해야 한다. 이 참여 방식은 각 나라와 문화에 따라 다를 수 있다. "대다수의 국민이 참된 자유 분위기 속에서 공공의 문제 해결에 참여하도록 하는 국가들의 시책은 찬양할 만하다."

공동선을 실현하기 위한 모든 사람들의 참여에는 모든 도덕적 의무와 마찬가지로 사회 참여자들의 끊임없는 새로운 회개가 필요하다. 어떤 사람들이 법의 구속과 사회적 의무의 규칙을 회피하기 위해 저지르는 부정행위와 여러 가지 다른 기만적 술책들은 정의의 요구와 양립될 수 없는 것이므로 단호히 단죄되어야 한다. 인간생활의 조건을 향상시키는 기구들의 발전에 관심을 가져야 한다.

하느님 아버지께 대한 사랑

▌십계명은 하느님의 법인가?
아니면 그리스도인의 행동 기준인 전통적 도덕의 총괄 집합인가?

실제로 하느님 자신이 이런 열 가지 계명을 창제하셨는가 하는 물음이 끊임없이 제기된다. 이런 물음은 역사적 관점에서 볼 때 별로 의미가 없을 것 같다. 오히려, 모세가 어느 정도까지 이 열 가지 계명을 직접 만들고 글로 기록하였는가, 아니면 모세 이전의 더 아득한 고대로부터 이런 계명들이 구전□傳으로 전해져 오다가 모세와 요수아가 그것을 하느님과의 계약의 증거로 삼고 하느님의 계명으로서 후대에 전하였는가 하고 물어야 할 것이다. 이것이 올바른 물음이다. 첫 계명은 확실히 이스라엘의 계약의 하느님이신 야훼와 직접 관련이 있다. 다른 계명들은 인간의 공동생활을 규제하고 질서를 잡으려는 윤리적 명령으로서, 인간의 일반적안 체험과 또한 고대 이스라엘 각 지파의 특별한 씨족조직에서 기원한 것들이며, 그중에는 이스라엘 민족이 출현하기 훨씬 이전부터 전해져 온 것도 있다. 고대 오리엔트(중근동지방)의 다른 만족들의 경우도 그러했듯이, 이스라엘에서도 공동생활의 중요한 분야는 여러 가지 규율과 지시로 통제 되었을 것이다.

물론 십계명이 성문화되기 이전에도 이스라엘에서는 살인이나 간음, 그 밖의 범죄들이 금지되어 왔다. 이러한 금령들이 다른 민족들에게도 있었지만, 이스라엘에서는 그런 금령들을 특별히 하느님의 뜻을 나타낸 것으로 이해하고 거기에 종교적 근거를 부여했던 것이다. 바로 여기에 십계명의 신학적 의의意議가 있다. 그러므로 안간 상호간의 관계를 규제하려는 전체 계명을 계약의 체결과 연관시켜 이해해야 한다.

신앙과 행동은 밀접한 관계가 있다. 이것은 야훼신앙의 고유한 특색이기도 하다. 도덕적인 행동과 종교적인 행동을 서로 차원이 다른 두 가지 행동으로 보아서는 안 된다. 서로를 전제로 하는 불가분의 관계가 있다. 우리는 하느님을 공경한다면서 이웃 사람들에게 애정 없이 쌀쌀하게 행동할 수 는 없다. 그래서 야훼신앙은 이스라엘 사람들의 올바른 생활 자세를 촉구하려고 했던 것이다. 종교와 실제 생활과의 괴리乖離, 신앙과 행동과의 분리는 성서의 도덕개념과도 모순된다.

이와 같이 종교와 실제 생활, 신앙과 행동이 하나의 전체를 이루고 있듯이, 전통과 하느님의 법도 짝을 이루고 있다. 현실의 필요성이나 요구에서도 하느님의 뜻을 감지할 수 있다면, 인간의 공정하고 평화로운 공동생활을 뒷받침하려는 도덕적 규범이나 법률들도 하느님의 뜻을 표현한 것으로 볼 수 있으니, 넓은 의미에서 하느님의 법이라고 말할 수 있다. 그렇다고 이런 법률들의 제정이나 시행이 시대의 변천에 영향을 받지 않는다는 것은 아니다.

열 가지 계명의 본질적인 내용은 이스라엘 백성 가운데서 발전해 온 전통의 결정結晶이다. 그래서 모세의 율법에는 이스라엘 사랑들의 세속생활의 영역에 관련된 내용도 있고, 오늘의 형법 책에서 지키도록 명한 것과 같은 지시도 들어 있다. 그러나 하느님이 이 계약의 백성인 이스라엘의 주님이시니, 결코 순전히 세속적인 영역이란 있을 수 없다. 이스라엘 사람들의 생활은 전체적으로 종교적 성격을 띠고 있었던 것이다.

이스라엘 백성은 율법, 즉 토라(지시)를 각별히 존중하고, 그것을 언제 어느 곳에서나 반드시 지켜야 할 하느님의 〈말씀〉으로 받아들였다 · 십계명의 원어原語의 뜻도 본래 〈열 가지 말씀(훈계)〉이다. 그들은 계약의 하느님이신 야훼께서 당신 백성에게 십계명과 함께 생명을 주셨다고 믿었다. 실상 십계명에는 하느님이 이스라엘 백성을 선택하셨고 따라서 그들은 하느님의 소유라는 것이 표현 되어 있다. 이 선택과 더불어 그들은 하느님께 응답하도록 부름을 받았다는 것을 알고 있었다. 이 계명을 존중하고 충실히 준행하는 것이 바로 그 응답이며, 전체 백성과 모든 개개인의 책임이었다.

이 최소한의 요구를 준행할 마음의 준비가 돼 있지 않는 사람은 이스라엘 백성으로서의 자격이 없으며, 그 공동체에서 쫓겨나야 했다. 그래서 일부 성서신학자들은, 본래 이〈열 가지 말씀〉은 민족 공동체에서 추방하거나 사형에 처할 만한 죄들을 막으려는 율법이었다고 추론하고 있다.

십계명은 처음에는 제의적祭儀的 성격을 띠지 않았지만, 하느님이 이스라엘 백성을 선택하셨다는 구원사건과 관련지어졌다. 그래서 시편에서도 율법을 다음과 같이 찬양하고 있다. 이스라엘은 하느님 이 율법을 통해 당신 뜻을 계시하신 데에 감사하고, 그 하느님의 분부를 잊지 않겠다고 다짐하고 있는 것이다.

"티없이 맑으신 당신 말씀이기에,
당신 종은 이 말씀을 괴옵나이다.
나는 하치않고 깔보이는 몸일망정,
당신의 명령만은 잊지 않나이다.
당신의 정의는 영원한 정의,
당신의 법은 진리오니이다.

오뇌와 압박이 내게 미쳤사오나,

당신의 계명은 내 낙이로소이다.

당신의 계명은 영원한 정의이니,

깨우쳐 주시오면 나는 살으리이다."(시편 119, 140 - 144)

십계명의 성례적聖禮的 의의는 예수시대에도 살아 있었다. 회당의 예배에서 꼭 십계명을 외었던 것이다. 물론, 매일 아침기도와 저녁기도 때도 낭송되었다.

십계명은 도덕의 총괄인가?

한번은 어떤 부자 청년이 예수께 와서, "선하신 선생님, 제가 무엇을 해야 영원한 생명을 얻겠습니까?" 하고 물었다. 예수께서는 이렇게 말씀하셨다. "왜 나를 선하다고 합니까? 선하신 분은 하느님 한 분뿐이십니다. 〈간음하지 말라. 살인하지 말라. 도둑질하지 말라. 거짓증언하지 말라. 네 부모를 공경하라〉고 한 계명들을 당신은 알고 있을 것 입니다"(루가 18, 19 - 20). 예수께서는 여기서 분명히 십계명을 말씀하시고 있지만, 자유롭게 다루고 계신다. 관례적인 열거列擧 순서대로 인용하지는 않으셨기 때문이다.

이렇게 주님이 십계명을 자유롭게 다루셨다는 것은, 이 계명들을 고정된 딱딱한 법조문으로 보지 않고 끊임없이 새롭게 부연되고 보완되어야 하는 것으로 보고 계시다는 것을 의미한다. 예수께서는 십계명을 폐지하신 것이 아니라, 옛 계약(구약)의 목적이 새로운 계약(신약)으로 말미암아 성취되었다고 강조하셨다. 십계명은 계속 유효하지만 그 의미는 변한다. 즉, 옛 양식은 새로운 내용으로 채워지는 것이다. 예수께서는 마음속의 복수심이나 증오심도 죽을죄라고 단언하셨다. "그러나 나는 이렇게 말합니다. '자기 형제에게 성을 내는 사람 은 누구나 재판을 받아야 하며, 자기 형제를 가리켜 바보라고 욕하는 사람은 중앙법정에 넘겨질 것이고, 자기 형제더러 미친놈이라고 하는 사람은 불붙는 지옥에 던져질 것입니다"(마태 5, 22).

계명과 그 역할에 대해 예수님이 어떤 입장을 취하고 계셨는지는 다음 말씀에 뚜렷이 드러나 있다.

'안식일이 사람을 위하여 있는 것이지, 사람이 안식일을 위하여 있는 것이 아닙니다"(마르 2, 27). 계명이나 금령은 그 자체가 중요한 것이 아니라, 사람이 올바른 결단을 내리며 참으로 인간다운 삶을 영위해 나갈 수 있도록 도와주는 데에 목적이 있다.

바오로 사도도 계명의 전통적인 열거순서를 무시하고 사랑의 계명을 다른 모든 계명의 총괄적 계명이라고 했다. "〈간음하지 말라. 살인하지 말라. 도둑질하지 말라. 탐내지 말라〉라는 계명이 있고 그밖에도 다른 계명이 많이 있지만, 그 모든 계명은 〈네 이웃을 네 몸같이 사랑하라〉는 이 한마디로 요약할 수 있습니다. 이웃을 사랑하는 사람은 이웃에게 해로운 일을 하지 않습니다. 그러므로 사랑한다는 것은 율법을 완성하는 일입니다"(로마 13, 9-10).

4세기부터 십계명을 성서의 모든 계명의 요약으로 이해해 왔다. 주의깊이 연구하고 올바르게 이해만 한다면, 하느님의 다른 모든 계명은 십계명으로 환원시킬 수 있다. 그리고 또 이 십계명은 하느님을 사랑하고 이웃을 사랑하라는 이른바 사랑의 이중계명으로 요약될 수 있다.

여러 세기 전부터 그리스도교계敎界에서는 십계명을 구약뿐 아니라 신약의 모든 도덕의 기초 및 총괄로 생각하는 사조思潮가 일반화되어 왔다. 수많은 윤리신학 교과서들은 십계명에 따라 그 교재내용을 편성하곤 했었다.

그러나 구약시대의 이스라엘 사람들이나 예수께서는 십계명을 모든 도덕의 총괄로, 즉 도덕적 기풍에 관한 최대의 요구로 알고 있지는 않았다. 오히려 그것은 꼭 지켜야 할 최소한의 도덕이다. 이스라엘 사람들이 어떤 극한상황에서 야훼께 고백을 해야 했던 것도, 하느님의 뜻에 맞갖지 않은 나쁜 관습을 멀리하게 하려는 데에 목적이 있었다. 그러니까, 다른 도덕적 행위들에 관한 규범은 정하지 않았던 것이다.

예수께서도, "저는 어려서부터 이 모든 계명을 다 지켜 왔습니다." 하고 말한 저 부자 청년의 대답에 만족하시지는 않았다. 그리고 그에게 다음과 같이 요구하셨다. "당신에게는 아직도 해야 할 일이 하나 더 있습니다. 있는 것을 다 팔아 가난한 사람들에게 나누어주시오. 그리고 와서 나를 따르시오"(루카 18, 22).

예수께서는, 다른 문화권文化圈이나 종교계에서 소극적으로 이해돼 온 이른바 황금률(黃金律: "다른 이가 그대에게 하지 말아 주었으면 하는 일을 그대도 다른 이에게 하지 말라")을 더 확대하여 적극적인 표현을 하셨다. "여러분이 남에게서 바라는 대로 여러분도 남에게 해주시오. 이것이 율법과 예언서의 정신입니다"(마태 7, 12).

그러므로 현실생활에서 단지 십계명에 지시된 사항들만 지키는 데 만족하는 사람 - 그러니까 자기는 살인하지도 않고, 간음하지도 않고, 도둑질하지도 않고, 다른 이에게 불리한 거짓증언도 하지 않는다고 자랑하는 사람 - 은 결코 하느님의 뜻을 충실히 준행했다고 장담할 수 없다. 이〈열 가지 말씀〉은 현대생활에 맞게 부연되고 보완되어야 그리스도 신자들의 윤리생활에 실질적 지침을 줄 수 있다. 다시 말해서, 모세의 옛 율법은 신약의 복음 선포와 상응시키고 오늘날 우리가 직면하고 있는 현실적 문제들과 관련시켜 해석할 때, 현대인들의 개인생활과 사회생활의 척도尺度가 될 수 있을 것이다. 십계명은 역사에 있어서의 하느님의 구원사건(출애굽)이라는 인격적인 사랑의 업적에 기초를 두고 있기 때문에, 어느 시대에나 하느님의 복음적 은혜에 의거한〈기대의 말씀〉으로 받아들여질 수 있다. 그것은 하느님을 진정 하느님으로서 사랑하고, 다른 이를 참으로 이웃으로서 사랑할 수 있는 길이기 때문이다.

십 계 명

탈출기 20, 2, 17	신명기 5, 6 - 21	교리서
너희 하느님은 나 주님이다. 바로 내가 너희를 에집트 땅 종살이하던 집에서 이끌어낸 하느님이다.	너희 하느님은 나 주님이다. 바로 내가 너희를 에집트 땅 종살이하던 집에서 이끌어낸 하느님이다.	
너희는 내 앞에서 감히 다른 신을 모시지 못한다. 너희는 위로 하늘에 있는 것이나 아래로 땅 위에 있는 것이나, 땅 아래 물속에 있는 어떤 것이든지 그 모양을 본떠 새긴 우상을 섬기지 못한다. 그 앞에 절하며 섬기지 못한다. 나 주 너희의 하느님은 질투하는 신이다. 나를 싫어하는 자에게는 아비의 죄를 그 후손 삼대에까지 갚는다. 그러나 나를 사랑하여 나의 명령을 지키는 사람에게는 그 후손 수천 대에 이르기까지 한결같은 사랑을 베푼다.	너희는 내 앞에서 감히 다른 신을 모시지 못한다.	일. 한 분이신 하느님은 온전히 흠숭하고 사랑하라.
너희는 너희 주 하느님의 이름을 함부로 부르지 못한다. 주님은 자기의 이름을 함부로 부르는 자를 죄 없다고 하지 않는다.	너희는 너희 주 하느님의 이름을 함부로 부르지 못한다……	이. 하느님의 이름을 함부로 부르지 말라.

안식일을 기억하여 거룩하게 지켜라. 엿새 동안 힘써 네 모든 생업에 종사하고 이렛날은 너희 주 하느님 앞에서 쉬어라. 그날 너희는 어떤 생업에도 종사하지 못한다. 너희와 너희 아들딸, 남종 여종 뿐 아니라 가축이나 집 안에 머무는 식객이라도 일을 하지 못한다. 주께서 엿새 동안 하늘과 땅과 바다와 그 안에 있는 모든 것을 만드시고, 이레째 되는 날 쉬셨기 때문이다. 그래서 주께서 안식일을 축복하시고 거룩한 날로 삼으신 것이다.	안식을 기억하여 거룩하게 지켜라……	삼. 주일을 거룩하게 지내라.
너희는 부모를 공경하여라. 그래야 너희는 너희 주 하느님께서 주신 땅에서 오래 살 것이다.	너희는 부모를 공경하여라. ……	사. 부모에게 효도 하라.
살인하지 못한다.	살인하지 못한다.	육. 간음하지 말라.
간음하지 못한다.	간음하지 못한다.	출애굽기 20, 2, 17
도둑질하지 못한다.	도둑질 하지 못한다.	칠. 도둑직하지 말라.
이웃에게 불리한 거짓 증언을 못한다.	이웃에게 불리한 거짓증언을 못한다.	팔. 거짓 증언하지 말라.
네 이웃의 집을 탐내지 못한다. 네 이웃의 아내나 남종이나 여종이나 소나 나귀 할 것 없이	이웃의 아내를 탐내지 못한다.	구. 남의 아내를 탐내지 말라.
네 이웃의 소유는 무엇이든 탐내지 못한다.	네 이웃의 소유는……	십. 남의 재물을 탐내지 말라.

"제가 무슨 선한 일을 해야 영원한 생명을 얻겠습니까? (……) 네가 생명의 나라로 들어가려거든 계명을 지켜라"(마태 19, 16-17).

예수께서는 당신의 실천과 말씀으로 십계명의 영속성을 입증하셨다.

십계명의 선물은 하느님께서 당신 백성과 맺으신 계약의 일부로 주신 것이다. 하느님의 계명들은 이 계약 안에서, 이 계약에 따라서 그 참된 의미를 갖게 된다. 성서에 충실하며 예수님의 모범을 따라, 교회는 전통적으로 십계명의 중요성과 그 중추적 의미를 인식해 왔었다.

십계명은 각 '조문' 또는 '계명'이 전체와 관련을 맺는 유기적 단일성을 이루고 있다. 계명 하나를 어기는 것은 율법 전체를 위반하는 것이다.

십계명은 자연법의 골자를 탁월하게 제시하고 있다. 십계명은 하느님의 계시와 인간의 이성을 통해 우리에게 알려진다.

십계명은, 그 기본 내용들에서, 중대한 의무들을 명확히 밝혀준다. 그러나 계명의 준수는 의무의 문제와도 관련이 되는데, 그것은 그 자체로 중요하지 않은 의무도 포함한다.

하느님께서는 몸소 명하시는 것을 당신의 은총으로 가능하게 하신다.

▌제1계명 : 한 분이신 하느님을 흠숭하여라.

첫째 계명은 하느님만을 믿고, 하느님께 바라고, 모든 것보다 하느님을 사랑할 것을 요구한다. 하느님은 이 세상을 창조하고 인간을 당신의 모습대로 창조함으로써 우리로 하여금 세상을 다스리도록 해주고 사랑으로 돌보신다.

"마음을 다 기울이고 정성을 다 바치고 힘을 다 쏟아 너의 주 하느님을 사랑하여라."(신명 6, 5)

첫째 계명은 인간에게 하느님을 믿고, 하느님께 바라고, 하느님을 모든 것 위에 사랑할 것을 요구한다.

이러한 하느님께 찬미와 감사와 예배를 드리고 우리의 모든 것을 하느님께 봉헌하는 삶으로써 하느님을 흠숭하는 일은 인간의 마땅한 도리이다.

오늘날 해·달·별·나무 따위를 숭배하던 우상숭배는 차츰 자취를 감추어 가고 있다. 그러나 인간 자신을 절대시하고 물질 만능의 풍조가 만연됨으로써 사람들은 스스로 무신론자를 자처하고 불신앙을 외치고 있다. 오늘날의 우상은 돈·권력·쾌락·이념·국가 등이다. 온갖 종류의 미신 행위·우상 숭배·무신론 등은 이 첫째 계명을 거스르는 죄이다. 또한 하느님을 시험하는 행위, 성사나 전례 그리고 하느님께 봉헌된 사람·물건·장소를 모독하거나 부당하게 취급하는 행위 역시 죄이다.

"주님이신 너의 하느님을 경배하고 그분만을 섬겨라"(마태 4 10). 하느님을 흠숭하고, 하느님께 기도를 드리고, 그분께 마땅한 예배를 드리고, 하느님께 드린 약속과 서원을 지키는 것은 첫째 계명을 준수하는 경신덕의 행위들이다.

하느님께 진정한 예배를 드릴 의무는 인간에게 개인적으로 또 집단적으로 관계되는 것이다.

인간은 사적으로나 공적으로 종교를 자유로이 신봉할 수 있어야 한다.

미신은 우리가 참 하느님께 드려야 할 예배에서 벗어나는 것이다. 미신은 우상 숭배, 그리고 점이나 마술 등의 여러 형태에서 가장 두드러지게 나타난다.

말이나 행위로 하느님을 시험하는 행위, 독성, 성직 매매 등은 첫째 계명으로 금지된 불경죄이다.

하느님의 존재를 배척하거나 거부하는 무신론은 첫째 계명을 거스르는 죄이다.

성화 공경은 하느님 '말씀'의 강생 신비에 근거를 두고 있는데 첫째 계명을 어기는 것이 아니다.

구약성서에서도 하느님께서 구리 뱀(민수 21 4-9)을 만들라고 하였고, 계약의 궤와 케루빔(출애 25, 10-22)을 만들라고 하셨다. 성화나 성상을 공경하는 것은 그 성화 상에 그려지거나 만들어진 분을 공경하는 것이다. 우리나라에서 제사를 허용하는 것도 하느님 대신에 조상을 신으로 숭배하는 것이 아니라 그분들의 은덕을 기리고 공경하는 것이기 때문이다. 그래도 사람들이 숭배하는 권세들이 있지요. 이를테면 금권金權 같은 것이 그 중의 하나겠습니다. 어디 하나 이 세력이 미치지 않는 곳이 없을 정도죠. 아니면 명예욕을 봐도 그렇습니다. 금송아지는 여러 측면에서 오늘날 우리 서구 세계를 사로잡고 있는 우상입니다. 한마디로 위험이 와 있는 것이지요. 하지만 언제나 그렇듯 문제는 그것으로 끝나지 않습니다. 하느님의 면목을 깎아 내리는 일이 갈수록 잦아지고 있지요. "뭐, 따지고 보면 모든 신이란 결국은 똑같지 않겠어?"라고 말하는 가운데 그런 일이 일어납니다. 그러니까 문화마다 제 나름의 특수한 표현 형식이 있는 법이고, 그래서 하느님을 인격으로 보느냐 비인격으로 보느냐, 또는 주피터나 시바 아니면 그 어떤 다른 이름으로 부르느냐 하는 것이 그렇게 큰일은 아니지 않느냐는 것이죠. 그러면서 더는 하느님을 진지하게 생각하지 않는 일이 갈수록 잦아지고 주 눈에 띄지요. 사람들 스스로 하느님을 떠나 하느님을 그저 일종의 반영을 위한 거울로 이용할 뿐이고, 또 그 거울에 보이는 것은 역시 자기 자신뿐인 거예요.

우리가 알다시피, 사람이 하느님을 저버리는 바로 그 순간에 우상 숭배의 시험은 주체하지 못할 정도로 커지기 마련입니다. 그 순간에 우리에게 커다란 위험은 하느님을 불필요한 존재, 성가신 존재로 보게 되는 것이죠. 그러면서 이렇게 생각하죠. 하느님은 너무 멀리 계셔서 기도를 드린다 해도 아무 소용도 없다고 말입니다. 우리가 제대로 생각하지 못하는 점은, 사람이 살아가는 데 필요한 모든 질서 체계를 떠받치고 있는 중심 기둥을 빼어 버리면 갈수록 사람들 사이의 분열도 심해진다는 사실입니다.

▌우상숭배는 오늘날에도 있는 것이다.

우상숭배는 결코 옛사람들의 원시적인 미신행위만을 뜻하는 것이 아니라, 모든 시대의 모든 사람이 물들기 쉬운 실존적 생활태도의 한 양식이다. 오늘날 우리의 생활주변에도 크고 작은 우상들이 참으로 많은데 단지 다른 이름으로 불리고 있을 뿐이다. 예컨대, 건강, 아름다움 안전과 행복, 성공과 돈, 쾌락과 성(섹스), 재산과 권력, 자본과 노동 등은 현대판 우상들이다. 원시인原始人들이 나무를 조각하여 만든 신상神像 둘레를 빙빙 돌면서 춤을 춘 것과 같이, 현대인들도 20세기의 새로운 우상들을 에워싸고 정열적인 춤을 추고 있는 것이다.

첫 계명은 물질적 가치 혹은 같은 인간을 우상화하는 것을 금하고 있다. 이 성령은 모든 개개인뿐 아니라 집단이나 사회 혹은 국가들에도 적용된다. 다시 말해서 정당이나 사회단체 또는 국가가 재산, 업적, 경제, 노동 그밖에 물질적 가치들을 최고의 가치로 선언하거나 어떤 인물 또는 이데올로기를 절대화하고 이런 〈우상들〉을 위해서 사람들을 희생시키는 것은 첫 계명에 저촉되는 것이다.

▮ 제 2계명 : 하느님의 이름을 헛되이 부르지 말라.

"하느님, 내 주님, 온 땅에 당신 이름 어이 이리 묘하신고"(시편 8, 2).

둘째 계명은 하느님의 이름을 존경할 것을 명한다. 주님의 이름은 거룩하다.

둘째 계명은 하느님의 이름을 부당하게 부르는 모든 것을 금한다. 신성 모독은 하느님과 예수 그리스도와 성모 마리아와 성인들의 이름을 모욕적으로 부르는 것이다.

거짓 맹세는 거짓을 입증하려고 하느님을 내세우는 것이다. 맹세를 지키지 않는 것은, 당신의 약속에 한결같이 충실하시는 하느님을 거스르는 중대한 과오이다.

"진실과 필요성과 존경심이 없이는 창조주의 이름으로나 피조물의 이름으로도 맹세하지 말라."

세례를 받을 때, 그리스도인은 교회 안에서 자기의 이름을 받는다. 부모와 대부모와 본당 신부는 그가 세례명을 받도록 보살펴야 한다. 성인의 수호는 사랑의 본보기를 보여주며, 성인의 전구를 보장해 준다.

그리스도인은 기도와 활동을 "성부와 성자와 성령의 이름으로. 아멘." 하면서 긋는 십자성호로써 시작한다.

하느님께서는 각 사람을 제 이름으로 부르신다.

여기서 말하고자 하는 것은 우리가 하느님께 부슨 해를 끼칠 수 있으며, 그러면 하느님께서 복수를 하신다는 그런 이야기가 아닙니다. 우리가 올바른 길을 벗어나지 않는 것이 중요하죠. 사람이 하느님의 이름을 욕되게 하는 순간에, 하느님의 얼굴을 더럽혀 이 세상에 머물지 못하게 하고 더는 빛을 낼 수 없게 하는 순간에 자신도 역시 더는 빛을 내지 못하게 됩니다.

마틴 부버가 이 세상에서 '하느님' 이란 말보다 더 심하게 남용된 말은 없다는 말을 한 적이 있습니다. 이 말은 하느님이란 말이 너무나도 때가 많이 묻고 왜곡되어 사실상 제대로 사용할 수 없는 지경이 되었다는 거예요. 그렇지만 그는 또 이렇게 말했지요. 그래도 우리는 이 말을 피하거나 버려서는 안되고, 그보다 모든 공경심을 다해 이 말을 땅바닥에서 주워 올려 다시금 제자리에 세우도록 노력해야 한다고요.

나치 독재 시절에 독일 군대가 칼집 끈에 '우리와 함께하시는 하느님'이라는 글을 새겨 놓은 것을 한번 생각해 보세요. 겉으로는 마치 하느님을 공경하는 것처럼 했지만, 실제로는 자신의 목적을 우이해 하느님을 오용한 것입니다.

하지만 하느님을 더는 알아볼 수 없게 하는 하느님 이름의 오용과 하느님 모습의 왜곡 하나하나는 결국 오물과 끔찍한 흔적을 남기게 됩니다. 무신론의 거대한 세력이라든가 아니면 하느님에 대한 거부와 무관심은 하느님 이름에 대한 오용이 아니고는 도무지 설명할 길이 없습니다. 그럼으로써 하느님의 얼굴은 사람이 똑바로 쳐다보지 못하고 눈을 돌릴 수밖에 없을 만큼 훼손되었습니다. 그런 점에서 이 계명을 어기는 것이 역사에서 얼마나 끔찍한 결과들을 초래하는지는 이미 드러났다고 하겠습니다.

┃ 이름의 의미

이 계명의 뜻을 이해하려면, 먼저 사람의 이름과 그 이름을 부른다는 것이 무엇을 의미하는지를 알아보아야 한다. 이름은 한 인간을 다른 이와 바꿀 수 없는 유일한 개별적 존재로 확정한다. 부모는 새로 태어난 아기에게 이름을 지어주어 다른 아이들과 구별할 수 있게 하며, 그 이름은 일생 동안 그를 따르게 된다. 우리는 이름 없이 아무도 상상할 수 없다. 우리가 어떤 사랑의 이름을 부를 때, 그는 그의 고유한 개성과 생활태도와 힘을 가진 인물로서, 또한 인간적인 약점과 결점을 가진 인물로서 우리 눈앞에 현존하게 된다. 이와는 달리 개개인을 단지 번호로, 즉 마치 거대한 기계의 작은 톱니바퀴처럼 간주한다면 그를 인격적 존재로 생각할 수 없게 된다. 전체주의 국가의 강제 수용소에서는 죄수들에게 번호를 붙인다. 이 번호를 발음과 동시에 죄수는 자신의 이름과 함께 다른 이와 바꿀 수 없는 그 고유한 인격을 상실하게 된다. 번호는 교환할 수 있다. 그러나 이름은 사람을 일정한 공식(즉, 몇 글자)으로 확정하고 명확하게 표현한다.

두 사람이 직접 만나서 서로 이름을 부르면 호의와 신뢰의 분위기가 조성된다. 처음 만나는 사람끼리도 서로 자기 이름을 댄다. 사랑하는 사람에게는 애칭을 붙여주어, 애정을 더욱 깊게 한다. 이름을 지어 부른다는 것은 어떤 권리를 뜻하기도 한다. 성서의 창조사업에 관한 보고에는 다음과 같은 대목이 있다. "하느님은 흙으로 모든 들짐승과 하늘의 모든 새를 만들어, 사람 앞에 나아가게 하시며, 그를 무엇이라 일컬을지 보시고자 하셨으니, 이는 사람들이 산 것들을 일컫는 그 모든 말이 바로 그의 이름이 되겠기 때문이다. 이에 사람이 온갖 가축과 하늘의 새와 모든 들짐승을 이름 지어 불렀다"(창세 2, 19-20). 이 이야기는 모든 피조물에 대한 인간의 고대 근동지방에서 이름은 오늘날 우리의 경우보다 훨씬 깊은 의미를 가지고 있었다. 즉, 그 사람의 본질과 특성뿐 아니라 그 사람에 대한 기대와 소망도 나타냈던 것이다. 예컨대 구약성서에 보면, 아기 출생 때의 기쁨과 경탄을 뜻하는 이사악(창세 21, 6), 검붉고 털이 많다는 뜻의 에사오, 발꿈치를 잡은 자라는 뜻의 야곱(민간어원학적 추론)등이 그렇다.(창세 25, 19-26)

그러나 이름과 또 이 이름을 부른다는 것은 이름불린 이의 현존과 도움을 가리킨다. 싸움터의 병사들의 경험을 통해, 인간은 큰 곤경이나 위험에 처했을 때는 어머니나 사랑하는 사람을 찾는다는 것을 우리는 알고 있다. 이러한 외침은 그 이름 불린 이의 모습을 생생하게 떠오르게 하고 그 곤경이나 위험을 극복할 힘을 준다. 죽은 사람도 그 이름을 부름으로써 현존케 할 수 있다.

▌하느님의 이름

앞에서 말한 인간적 경험은 인간과 하느님과의 관계를 이해하는 데에도 도움이 된다. 만물의 근원이시며 주재자이신 하느님은 사람에게 당신 이름을 계시하시어 부를 수 있게 하셨다. 그러나 사람이 하느님의 이름을 부르는 경우 중대한 책임이 따르게 된다. 왜냐하면 본래 어디에나 계시는 하느님을 새삼스럽게 불러 자기 앞에 현존케 하려는 것이기 때문이다.

구약성서의 가장 중대한 계시는 하느님이 〈야훼〉라는 당신 이름을 모세에게 계시하신 대목이다. 야훼란 말은 "나는 〈내가 있노라〉하는 이로다" 라는 뜻이다("나는 여기 있다" 라고도 해석된다). 하느님은 모세에게 다음과 같이 말씀하셨다. "너는 이스라엘 사람들에게 이렇게 말하여라. '〈내가 있노라〉(야훼)하는 이가 나를 너희에게 보내셨다. … 너희 조상들의 하느님, 곧 아브라함의 하느님, 이사악의 하느님, 야곱의 하느님이신 야훼("그분은 여기 계시다")께서 나를 너희에게 보내셨다.' 이것이 영원토록 나의 이름이 될 것이요, 사람들은 대대로 두고두고 나를 이렇게 부르리라"(출애 3,14-15). 하느님은 이 이름을 통해 이스라엘 백성에게 당신이 그들 조상의 하느님이실 뿐 아니라 만물의 근원이시며 창조주시라는 것을 밝혀 주셨다. 그러므로 언제 어디서나 현존하시는 분인 하느님은 존재 자체이시며, 모든 존재는 자체의 가장 깊숙한 곳에 그 근원인 하느님도 내재하시는 한에서 존립할 수 있다.

그래서 시편에서는 이 하느님의 이름을 자주 찬미하고 있다.

"야훼, 우리 주님이시여! 주님의 이름이 온 세상에 떨치나이다"(시편 8, 2).

"나는 내 형제들에게 당신 이름을 알리겠나이다. 모임 한가운데서 당신을 찬미 하겠나이다"(시편 22, 22).

"우리는 그분의 거룩한 이름을 믿는도다"(시편 33, 21).

"그분의 이름은 영원히 찬양되리라"(시편 72, 17).

이스라엘 백성의 신앙생활에서 하느님의 이름은 핵심적인 자리를 차지하고 있었다. 하느님이 당신의 이름을 통해 당신의 본질과 권능과 성실성을 계시하셨기 때문이다. 그래서 야훼의 이름을 부르는 자는 자기가 하느님 야훼의 도우심을 받는다는 것을 알고 있었다. 구약시대 말기에 와서 유대인들은 하느님을 두려워한 나머지 〈야훼〉란 이름을 더 이상 발음하지 않고 〈아도나이〉(주)란 말을 썼다. 이스라엘 사랑들은 야훼의 이름으로 기도하고 맹세 하고 축복하고 저주하고 싸우고 승리했던 것이다.

▌하느님 이름의 남용

하느님의 이름에 관한 성서적 의미의 배경을 살피면 하느님의 이름을 업신여긴 경우가 많았다. 본래 첫 계명의 신상神像 금령과 하느님 이름의 남용을 금한 이 계명과는 밀접한 관계가 있다. 형상과 이름은 서로 긴밀히 연결되어 있기 때문이다. 성경은 신명神名 남용의 금령에 다음과 같은 엄포의 말씀을 덧붙였다. "야훼는 자기의 이름을 헛되이 (거짓을 위하여) 부르는 자를 벌 없이 내버려두지 않는다"(출애 20, 7). 많은 우상숭배에는 마술적 의식이 따랐는데, 여기서 야훼의 이름을 쓰지 못하게 금지되어 있었다. 구약성서를 보면 거짓맹세를 하는 데 야훼의 이름을 남용하는 경우가 자주 있었던 것 같다. 그래서 예언자 예레미야도 다음과 같이 말했다. "너희는 도둑질하고 살인하고 간음하고 거짓맹세를 하고 바알에게 분향하고 다른 신들을 따르는도다"(예레 7, 9). 이 계명의 근본 관심사는 야훼의 이름이 거룩하시다는 데 있다.

"그 백성은 내 손이 그들 가운데서 이룬 바를 보고서 내 이름의 거룩함을 드러내리로다. 그들이 야곱의 성자聖者의 거룩함을 드러내고 이스라엘의 하느님을 두려워하리라"(이사 29, 23). 이 전통은 신약 성서에서도 그대로 계승되었다. 예수께서도 십계명 가운데서 유독 이 계명만을 〈주의 기도〉에 삽입하셨다. 하느님 이름의 남용을 금한 이 계명을 적극적으로 표현하면 결국 "아버지의 이름은 거룩하시다"는 뜻이다(마태 6, 9; 루카 11, 2). 그래서 하느님의 이름을 헛되이 쓸데없이 남용해서는 안 되고 또 형식적으로 하느님의 이름을 외어서도 안 되는 것이다. 예수께서도 바로 이 점을 경고하셨다. "나더러 '주님 주님' 하고 부른다고 다 하늘나라에 들어갈 수 있는 것이 아니라, 하늘에 계신 내 아버지의 뜻을 실천하는 사랑이라야 들어갈 수 있습니다"(마태 7, 21).

▌필요할 때만 찾는 하느님

우리는 흔히 농으로 하느님의 이름을 들먹이거나 필요할 때만 하느님을 찾는 수가 많다. 심지어 누구를 욕하거나 저주할 때도 함부로 하느님을 끌어대는 것은 하느님의 실재實在를 경외敬畏하지 않고 있다는 증좌이다. 하느님의 이름이 결코 별로 중요하지도 않은 일상적 관용어나 감정의 자의적恣意的인 반영으로 쓰일 수는 없는 것이다.

어떤 권위를 세우기 위해 깊은 생각 없이 하느님을 끌어대는 것도 신명남용이다. 역사를 보면 〈전능하신 분의 이름〉으로 행해진 엄청난 일이 자주 있었다. 예컨대 십자군 설교자, 중세기의 종교재판소 판사, 그리고 수많은 통치자와 폭군들은 으레 하느님의 이름을 끌어대곤 했었다. 국가의 위정자들뿐 아니라 교회의 고위 성직자들도 별로 중요하지 않은 결정을 내리거나 성명을 할 때에 하느님을 증인으로 삼을 위험이 있다. 그래서 예수께서도 산상설교에서 다음과 같이 말씀하셨다. "'거짓맹세를 하지 말라. 그리고 주님께 맹세한 것은 다 지켜라'고 옛사람들에게 하신 말씀을 여러분은 들었습니다. 그러나 나는 이렇게 말합니다. 아예 맹세를 하지 마시오, …그저 여러분은 '예'할 것은 '예' 하고 '아니오' 할 것은 '아니오' 라고만 하시오. 그 이상의 말은 악에서 나오는 것입니다"(마태 5, 33-37). 이 말씀은 맹세 자체를 거부 하는 것은 아니다. 예수께서는 이로써 사람의 말과 태도는 언제나 진지해야 된다는 것을 가르치고 계신다. 어떤 말을 할 때 굳이 맹세의 형식을 취해야 한다는 것은 이 세상에서는 흔히 거짓이 자행되고 있다는 것을 의미하기 때문이다(요한 8, 44).

경솔하게 하느님의 이름으로 맹세하는 태도는 하느님을 이미 하느님으로 진지하게 생각지 않고 그분을 단순한 담보 같은 존재로 격하시키는 것이다.

하느님의 이름으로 무조건의 복종을 맹세시키는 경우는 그 전형적인 예이다. 하느님의 이름을 헛되이 부른다는 것은 함부로 하느님의 이름을 발음하는 태도뿐 아니라, 곤경에 처하여 마지막 도움의 손길로서 필요로 할 때에만 하느님을 찾는 그릇된 태도도 가리킨다.

▎"예수의 이름으로"

우리 그리스도 신자가 볼 때에, 하느님의 이름은 사람이 되신 성자 예수 그리스도의 이름과 불가분의 관계가 있다. 우리는 "성부와 성자와 성령의 이름으로 세례를 받았다"(사도 2, 38 참조). 예수께서는 당신 제자들에게, 그들이 당신의 이름으로 성부께 청하는 것은 무엇이든지 다 받을 것이라고 약 속하셨다(요한 14,13). 사도행전은 "예수 그리스도의 이름으로" 이루어진 기적들에 관해 보고하고 있다(사도 3, 6;4, 10;16, 18). 사도들은 예수의 이름을 위해서 치욕과 박해와 죽음을 당했다(사도 5, 41;21, 13;1베드 4, 14). 바오로 사도의 말씀에 의하면, 그리스도 신자의 모든 행위는 예수의 이름으로 행해져야 한다. "여러분은 무슨 말을 하든지 무슨 일을 하든지 언제나 주 예수의 이름으로 하고 그분을 통해서 하느님 아버지께 감사를 드리십시오"(골로 3, 17).

그러므로 기도뿐 아니라 새로운 하루, 새로운 한주, 새달, 새해, 그 밖의 무슨 일을 새로 시작할 때는 "성부와 성자와 성령의 이름으로" 시작하는 것이 바람직하고 또 의의도 깊다.

▌제 3계명 : 주일을 거룩하게 지내라.

창세기에는 하느님께서 6일 동안 세상을 창조한 다음 7일째 되는 날은 쉬셨다고 되어 있다. 그리고 이날을 안식일로 하여 거룩하게 지내도록 하셨다. 이스라엘 백성은 이날을 이집트에서 해방된 날로 기념한다.(신명 5, 15) 안식일은 사람들이 일상의 일을 멈추고 쉬면서 하느님께 예배를 드리는 거룩한 날이다.

하느님의 행동은 인간 행동의 모범이다. 하느님께서 이렛날 "쉬시며 숨을 돌리셨으니"(출애 31, 17) 인간도 역시 '쉬어야' 하고, 다른 사람들, 특히 가난한 사람들도 "숨을 돌리게"(출애 23, 12) 해주어야 한다. 안식일은 사람들이 일상의 일을 멈추고 쉬는 날이다. 이날은 일의 속박과 돈에 대한 숭배에 대항하는 날이다.

"안식일을 거룩하게 지켜라"(신명 5, 12). "이렛날은 주님을 섬기는 거룩한 날이니 철저하게 쉬어야 한다"(출애 31, 15).

첫째 창조의 완성을 표현하던 안식일은 그리스도의 부활로 시작된 새로운 창조를 상기시키는 주일로 대치되었다.

교회는 여덟째 날에 그리스도께서 부활하신 날을 기념하는데, 이날은 마땅히 주님의 날 또는 주일이라고 불린다.

"주일은(……) 세계의 모든 교회에서 가장 중요한 의무 축일로 지켜야 한다." "신자들은 주일과 그 밖의 의무 축일에 미사에 참여할 의무가 있다."

신자들은 주일과 그 밖의 의무 축일에, "하느님께 바쳐야 할 예배, 주님의 날의 고유한 기쁨이나 마음과 몸의 합당한 휴식을 방해하는 일과 영업을 삼가야 한다."

주일의 제정은 모든 사람이 그들의 "가정, 문화, 사회 그리고 종교 생활을 영위하기에 충분한 휴식과 여가 시간을 제공하는데" 이바지한다.

각 그리스도인은 주일을 지키지 못하게 하는 일을 쓸데없이 남에게 강요하지 않도록 해야 한다.

안식일만큼은 노예조차도 노예가 아니며 그에게도 휴식이 적용됩니다. 교회의 전통에서 이것이 언제나 핵심적인 측면이었습니다. 자유로운 존재의 경우, 그의 활동을 엄밀한 의미에서 노동이라고 볼 수 없었습니다. 그래서 계속 활동해도 상관이 없었습니다. 한 가지 더 중요한 점은 안식일에는 생업조차도 멈춰야 한다는 것입니다. 태초부터 그러했기에 이 계명은 심지어 가축에게도 적용되었습니다.

오늘날 사람들은 자신의 시간을 온전히 자기 혼자만을 위해 쓰려는 것처럼 보입니다. 하느님을 시간 속으로 모시고 시간을 자신의 이해타산을 우이한 수단으로 삼지 않는 것이 얼마나 중요한 일인지를 사실상 우리는 잊어버리고 말았습니다. 중요한 것은 효용성과 합목적성의 굴레에서 벗어나는 일입니다. 그럼으로써 다른 사람과 자신을 해방하는 것이지요.

안식일이 그리스도께서 부활하신 날 아침에 이르러 새로운 형식을 갖게 되었다는 것은 이미 앞에서 언급했습니다. 이날은 부활하신 분이 자신의 제자들 가운데 나타나신 날이었습니다. 그리고 우리가 그분과 함께 모이는 날이고, 그분께서 우리를 기도하고 하느님을 만나도록 이끄시는 날입니다. 이날 그분께서 우리에게 오시고, 우리 죄를 찾으시며, 우리 또한 그분을 만날 수 있습니다.

▌안식일의 성화聖化

출애급기에서는 안식일을 하느님의 창초사업과 관련시켜 그 종교적 성격을 강조하고 있다. 인간은 안식일을 거룩하게 지내며 하느님께 감사드림으로써, 자기가 하느님의 모습대로 창조되었다는 것을 언제나 기억해야 하는 것이다. 생업에 종사하는 엿새 동안의 한 주간도 하느님이 거룩한 날로 삼으신 안식일로 말미암아 마무리되고 온전한 뜻을 갖게 된다. 〈거룩하다〉는 것은 세속적 풍습을 멀리하고 하느님과 어떤 관계를 맺는다는 뜻이다. 따라서 안식일은 단지 육체적 휴식만을 취하는 날이 아니라, 종교적 성화에 힘써야 하는 날이다.

이스라엘 백성은 바빌론 유배의 어려운 시기에도 안식일의 공동예배를 통해 계약의 백성으로서의 신앙생활과 민족적 일체감—體感을 유지할 수 있었다. 이방인의 땅으로 추방된 후 유대인들은 더 이상 성전에서 제물을 바치며 그들의 신앙을 표명 할 수는 없게 되었으므로, 바로 안식일과 할례를 이스라엘 고유의 〈징표〉徵表, 즉 그들을 다른 민족들과 구별케 하는 징표로 보았던 것이다. 그리하여 일을 함으로써 안식일을 모독하고 더럽히는 것은 우상숭배나 다름없는 것으로 간주되어, 안식 법을 범하는 자는 사형에 처하도록 규정하였다. 이 안식일 계명을 준행하는 자만이 구원의 은혜도 받을 수 있었다(예레 17, 24 - 25). 이 계명은 하느님이 에집트에서 이스라엘 사람들을 해방하신 구원행위와도 관련지어졌다. "너는 에집트 땅에서 종살이 하던 일을 생각하여라. 너의 하느님 야훼가 손에 힘을 주고 팔을 뻗어 너를 거기서 이끌어 내었다. 그러므로 너의 하느님 야훼가 안식일을 지키라고 너에게 명령하는 것이다"(신명 5, 15). 그러니까 하느님은 안식일을 통해 이스라엘 사람들뿐 아니라 노예들과 심지어 이성이 없는 짐승들까지도 해방하여 자유를 주려고 하신 것이다.

그러나 유배시대 후 느헤미아와 에스라가 종교적으로 나태해진 유대인들의 신앙생활을 바로잡기 위해 안식일을 엄격히 강조한 이래, 그것을 너무 법적으로 따지다 보니 차차 형식적인 번문욕례煩文縟禮의 성격을 띠어, 어느덧 안식일은 사람들에게 해방보다 무거운 짐을 지우게 되었다

안식일에 관한 계명을 이와 같이 너무 좀상스럽게 해석하는 것을 막으셨다. 예수께서는 그러한 형식화를 하느님의 뜻에 어긋나는 것으로 보셨다. 그분은 이 안식법을 인간의 진정한 행복을 위한 긍정적이고 경험적인 법으로 알고 계셨다. 그래서 그분은 율법 상의 갖가지 규정들을 초월하여, 안식일에도 병자를 고쳐주셨고, 이 때문에 유대인들은 그분을 안식일 모독자라고 비난했다. 어느 안식일에 예수께서 밀밭 사이를 지나가시게 되었을 때, 함께 가던 제자들이 밀 이삭을 자르기 시작하자 바라사이파 사람들이 예수께 안식법을 어긴 제자들의 소행을 따지고 들었다. 그러자 예수께서는 그들에게, 옛날 다윗의 일행이 먹을 것이 없어서 굶주렸을 때 하느님의 집(성소)에 들어가 제단에 차려놓은 빵을 먹은 고사故事를 상기시키고 이렇게 말씀하셨다. "안식일이 사람을 위하여 있는 것이지, 사람이 안식일을 위하여 있는 것이 아니다. 따라서 사람의 아들은 또한 안식일의 주인이다"(마르 2, 27-28).

초창기의 그리스도교회는 예수님의 이러한 태도를 근거로 삼아 안식일 지키기를 점차 포기하게 되었다. 물론 처음에는 예루살렘의 원시교회도 안식일과 그 밖의 유대인 관습들을 지켰다(사도 2, 1.46).

그러나 바오로 사도는 자신이 이방인들 가운데 세운 교회들에게 안식일 지키기를 의무지우지 않고 주간 첫날(지금의 일요일)에 하느님께 예배를 드리도록 공적으로 지시하였다(1고린 16, 2; 사도 20, 7).

주님의 날인 일요일

유대인들은 그 후에도 계속해서 주간 일곱째 날을 안식일로 지켜 나갔으나, 그리스도교회에서는 곧 주간 첫날(즉, 여덟째 날)을 크리스챤의 주간 휴일이자 축일로 지내게 되었고, 이것은 그리스도 교회의 다른 모든 축일의 선례先例 및 본보기가 되었다. 왜냐하면 바로 이날에 예수님이 부활하셨기 때문이다. 그래서 이날 그리스도 신자들은 아침이나 저녁에 - 때로는 전날 밤에도 - 한자리에 모여 하느님께 예배를 드리며 설교를 듣고 빵을 떼어 나누어 먹었던 것이다. 주님이 최후의 만찬 석상에서 유언하신 대로, 그들은 성경을 읽고 감사의 기도(Eucharistie)를 올린 다음 주님의 성찬을 들었고, 이와 같이 기도하는 신자공동체 가운데에 주님이 현존하신다고 확신하였다. 처음 3세기동안 교회는 신자들에게 예배 또는 감사의 성찬식에 참여함으로써 단지 이날을 거룩하게 지내기만을 요망하였다. 물론 성찬식에 참여하기 위해 신자들은 일을 안했다. 이와 같이 주님의 성찬식을 거행하게 됨으로써 주간 첫날이 〈주님의 날〉이라 불리고(묵시 1, 10) 그리스도교 경신례(미사)의 날이 되었다. 일요일의 미사에서는 그 공동식사를 통해 신자공동체가 새로운 피조물 곧 그리스도의 몸을 형성하게 되고, 주님이 "너희는 이 예식을 행함으로써 나를 기념하라"고 명하신 대로 그 예식을 "주님이 다시 오실 때까지" 실행해야 한다는 것을 신자들은 생생하게 의식하고 있었다. 병이나 그 밖의 부득이한 사정 때문에 미사에 참례하치 못하는 사람들에게도, 축성된 음식을 미사 후 부제가 그들의 집으로 가져가서 받아먹게 하였다. 미사에 참례하지 못한 사람들도 이런 방식으로 주님의 성찬에 적어도 간접적으로는 참여할 수 있었다.

306년, 엘비라에서의 스페인 주교회의 때 비로소 다른 엄격한 규정들과 함께 주님의 날(주일) 미사 참례의 의무에 관한 주장이 나왔다.

▎"노예적 노동"의 금령

세월이 흐름에 따라 미사 참례가 크리스챤 주일 성화의 결정적인 징표가 되기는 했지만, 321년 로마제국의 콘스탄틴 황제가 몇몇 특수한 경우를 제외하고 일요일의 천연적 휴식, 즉 파공을 명령함으로써 일요일은 유대교의 안식일과 님1숫한 성격을 띠게 되었다. 세상 종말에 누리게 될 하느님 안에서의 영원한 안식, 또한 그리스도의 부활 무덤 속의 휴식을 묵상하며 죄 많은 세속일을 멀리하기 위해 주일만은 쉬어야 한다는 것이 그 신학적 논거論據이다.

7 · 8세기부터 희랍사상의 영향으로 〈노예적 노동〉의 금령을 거론하게 되었다. 이 노예적 노동이란 노예나 자유를 박탈당한 사람들이 종사하는 육체적 노동을 가리킨다. 따라서 자유인이나 학자, 예술가들은 이 금령에 구속받지 않았다. 여기에는 육체노동을 경시하는 풍조가 엿보인다. 그러나 구약 성서에서는 이와 같이 육체노동을 경시하는 사상을 찾아볼 수 없다. 오히려 반대로 다음과 같이 강조한 대목이 있다. "힘든 노동을 피하지 말고, 지극히 높으신 분께서 마련하신 농사일을 싫어하지 말라"(집회 7,15). 손수 노동을 하여 자신의 의식주를 해결한 바오로 사도는 "일하기 싫어하는 사람은 먹지도 말라"고 단언하였다(1데살 3, 10).

물론 사람이 일의 노예가 되어서는 안 된다. 사람은 일요일에 여러 가지 일을 조용히 생각하고 미사에 참례하여 하느님을 찬미할 뿐 아니라 휴양하고 오락도 즐기며 기분을 전환할 자유 시간을 가질 필요가 있다. 그러나 이런 것들이 단지 목적을 위한 수단, 즉 이른바 다음 주간의 능률을 올리고 어떤 일정한 체제나 상태를 유지하기 위한 수단으로만 생각되면, 종교 자체까지도 그런 수단의 하나로 보게 되고, 결국 인간이 일의 노예가 되고 마는 것이다. 주일 파공의 목적은 본질적으로 인간의 신앙생활을 성화하고 동포의식과 형제적 일치를 촉진하는 데에 있다. 〈공동으로〉 즐기는 오락도 공동생활에 속하는 것이다.

오늘의 주일 파공은 육체적 중노동만을 금하고 있다. 그러나 소위 정신노동을 하는 사람들도 일요일에 전적으로 자기 일에 몰두할 경우에는, 자기가 지나친 명예욕이냐 금전욕 때문에 주일과 축일을 경시하고 파공을 어기고 있지 않나 자문해 보지 않으면 안 된다. 이와는 달리 가령 파공을 어기지 않는 한도에서 일요일에 교외郊外에 나가서 휴양에 도움이 될 가벼운 일을 하는 것은 무방하다. 그러나 인생을 더욱 보람 있게 살기 위해 조용히 생각에 잠기거나 미사에 참례하여 하느님께 예배드리는 것이 귀찮아서 그것을 피하는 수단으로 오락이나 스포츠, 그 밖의 소일거리를 찾는다면, 비록 중노동을 하지 않고 파공을 지켰다 할지라도, 이 제 3계명의 근본적 요구를 준행했다고는 할수 없다.

▌ "주일을 거룩히 지내라"는 교회의 명령

세기의 흐름과 함께 그리스도교 신앙이 널리 전파됨에 따라, 신자들의 신앙생활에 풍습상의 타성이 생겨 그 본래의 열정이 식어가고 일요일의 미사를 대수롭지 않게 여기는 경향이 나타났다. 그래서 교회는 일요일의 미사 참례의 의무와, 소위 〈노예적인 일〉을 금하는 파공을 교회의 고유한 명령의 형식으로 공식화할 필요가 있었다. 여기서, 이른바 명오明悟가 열린(대체로 일고여덟 살 이상의) 모든 신자에게 주일과 축일에는 미사성제에 반드시 참례할 것을 요구하게 되었다. 흔히 젊은 사람들은 "주일미사에 참례하지 않으면 대죄입니까?" 하고 물어오곤 한다. 동시에 그들은 미사 참례는 신자들이 강요를 당하지 않고 스스로 자진해서 참여할 때 비로소 그 의의가 있지 않겠느냐고 말한다. 그러나 우리 인간은 타성의 법칙에서 헤어나기 어렵기 때문에, 우리 자신의 의무를 자각하기 위해서는 가끔 어떤 충격을 받을 필요가 있다. 교회는, 주일을 거룩하게 지내는 것을 어디까지나 신자들의 중대한 의무로 보고 있다. 하지만 이것은 어떠한 경우에나 주일미사에 불참하면 이미 대죄를 범한 것이라는 뜻은 아니다. 그보다 이 주일미사 참례의 의무는 크리스챤 공동체생활의 가장 중요한 요소라는 뜻이다. 신자공동체는 일요일의 미사에 모여 결정적인 구원신비의 기념성제(성체성사)를 거행한다. 이때 바로 크리스챤 공동체생활의 본질적인 모습을 드러내게 된다. 이 미사 참례의 의무를 소홀히 하는 사람은 자신이 교회 공동체에 속해 있다는 사실, 즉 그리스도 신자라는 사실을 똑똑히 인식하지 않고 있는 것이다. 따라서 주일미사에 참례하지 않는 경우 대죄냐 아니냐가 중요한 것이 아니라, 신자 개개인이 자기가 교회 공동체의 일원이라는 것을 자각하고 또 처기에 상응하는 성실한 생활을 하고 있느냐가 중요한 것이다. 주님의 날에 감사의 성찬식에 참여하기 위해 모이는 신자공동체가 바로 그리스도교회의 고유한 모습이기 때문이다.

주일의 파공문제에 있어서 우리는 특히 구약성서의 사회적 관점에 유의해야 한다. 즉 안식일에는 모든 사람이, 그러니까 어린이도 노예도 나그네도 쉬어야 하며, 심지어 가축까지도 쉬어야 한다고 강조하고 있는 점이다. 옛날에 비해 엄청나게 변화한 오늘의 경제적·문화적·사회적 상황에서도 이 성서의 원칙은 적용되어야 한다. 흔히 각종 음식점의 고용인, 교통기관의 종사원, 가정부 등은 일요일에도 쉬지 못하는데 이런 사람들을 위한 배려에 있어서 우리 크리스챤은 모범을 보여야 할 것이다.

현 교황 베네딕또 16세의 저서 나자렛 예수 안식일 논쟁에서 안식일 논쟁의 핵심은 사람의 아들에 대한 물음, 예수 그리스도 자체에 대한 물음이다. 예수의 복음이 아들과, 그리스도와 무관하다. 고 주장한 하르낙과 그를 따르는 자유주의적 해석이 얼마나 크게 잘못되었는지 우리는 여기서 다시 한 번 보게 된다. 아들은, 그리스도는 늘 중심에 있다.

뉴스너는 전체 내용을 이렇게 요약한다. "내 멍에는 가볍다. 내가 너희에게 안식Ruhe을 주겠다. 정녕 사람의 아들은 안식일Sabbat의 주인이다. 왜냐하면 사람의 아들이 이제 이스라엘의 안식Sabbat이기 때문이다. 그래서 우리는 하느님처럼 행동한다."(90쪽)

어쨌든 예수가 '주간 첫날' 부활함으로써 결과적으로 그리스도교도들에게는 이 '첫날' 이(창조의 첫날이) '주일主日' 이 되었다. 그리고 이어서 (예수와 함께하는 성체성사를 통해)《구약성경》의 안식일에 담긴 본질적 요소들이 자연스럽게 주일로 넘어오게 되었다.

그리스도교 정신에 따라 법률을 개혁한 콘스탄티누스 대제는 주일을 노예들의 자유와도 결부시켰는데, 이로써 그는 주일을 자유와 안식의 날로서 그리스도교식으로 제정된 법률 체계 안으로 도입했다. 여기에서 우리는 교회가 (언제나 '사람의 아들' 에 초점을 맞추면서도) 안식일의 사회적 기능까지 새로 떠맡게 되었음을 분명히 보게 된다. 현대의 전례학자들은 유다 민족의 율법과 관련이 있는 이 일요일의 사회적 기능을 콘스탄티누스의 과오로 간주하면서 다시 배척하려 하는데, 나는 이것을 매우 유감스럽게 생각한다. 물론 여기에는 신앙과 사회질서, 신앙과 정치 사이의 모든 문제가 걸려 있다. 하느님의 자녀다운 자유로운 하느님 나라 살기가 주일인 것이다.

제 26 과

이웃사랑(1)

▌누가 나의 이웃인가?

당장에 나를 필요로 하는 사람을

예수는 실상 보편적 · 이론적 또는 시적 사랑에는 아무 관심도 없다. 예수에게서 사랑이란 먼저 말이나 감상이나 감정이 아니다. 먼저 힘찬, 씩씩한 행동이다. 예수는 실천적인, 따라서 구체적인 사랑을 원한다. 그래서 우리의 사랑 문제에서 좀더 엄밀히 말할 필요가 있는 둘째 대답: 예수에 따라 사랑이란 그저 사랑 사랑만이 아니라 근본적으로 이웃사랑이다. 일반적으로 사람이나 멀리 떨어진 사람에 대한 사랑이 아니라 아주 구체적으로 가까운 사람과 이웃에 대한 사랑이다. 이웃 사랑에서 하느님 사랑의 참됨이 드러난다. 아니 이웃 사랑이 하느님을 사랑하는 그만큼 나는 하느님을 사랑한다.

얼마만큼? 예수는 구약성서의 한 단편적인 - 거기서는 동쪽에 한해서만 적용되는! - 구절(레위 19, 8)을 인용하여 아무 제한도 없이 잘라 대답한다: 너 자신처럼(마태 22, 39). 예수의 인간 이해에 따르면 이것은 즉각 전면적으로 유효하고 어떤 핑계나 회피의 어지도 없이 사랑의 방향이자 척도가 되는 자명한

대답이다: 사람이 자신을 사랑한다는 것은 당연히 전제되거니와 바로 이 자명한 인간의 자기 사랑이 이웃 사랑의 - 사실상 능가의 여지가 없는 - 척도가 되어야 한다고; 내가 나에게 책임이 있음을 나는 너무나 잘 알거니와 남에게도 못지않게 책임이 있다고; 우리가 생각하고 말하고 느끼고 행동하고 수고하는 매사에서 자기를 보존·방어하고 발전시키면서 우리 자신을 소중히 여기는 경향이 있음은 극히 자연스런 일이거니와 이와 꼭 같은 배려를 이웃에게 기울일 것이 지금 우리에게 요망된다고. 이리하여 어떤 한계나 다 무너진다! 타고난 이기주의자인 우리에게 이것은 근본적 회개를 뜻한다: 남의 처지를 인정하라고; 우리가 우리 자신에게 책임이 있다고 생각하는 바로 그것을 남에게 행하라고; 남이 우리에게 해 주기를 바라는 그대로 남에게 해 주라고 (마태 7, 12병: "황금률"). 물론 이것은 예수 자신이 이미 분명히 보여 주듯이 허약이나 나약, 자기의식의 포기, 불교적 또는 "그리스도교적" 의미의 경건한 명상이나 엄격한 고행에 의한 자기해탈을 뜻하는 것이 아니다. 그러나 이것이 우리 자신의 다른 사람에 대한 자세임에는 틀림없다: 남에게 주의를 기울이는 개방 자세, 제한 없는 협력 자세, 나 자신을 위해서가 아니라 남을 위해 사는 것, 여기에 - 사랑하는 사랑의 관점에서 - 헛갈림 없는 하느님 사랑과 한계 없는 이웃 사랑이 불가분의 관계로 하나가 되는 바탕이 있다.

하느님 사랑과 이웃 사랑의 공통분모는 그러므로 이기심 탈피와 헌신 의지다. 오로지 내가 나 자신을 위하여 살지 않을 때 나는 하느님께 나를 오롯이 열어 놓을 수 있고 하느님이 나 자신과 다름없이 인정하시는 남에게 나를 한계 없이 열어 놓을 수 있다. 사랑에서도 물론 하느님이 인간관계로 귀착되는 것은 아니다. 하느님에게는 어디까지나 직접 내가 책임이 있다. 이런 나의 책임을 남이 질 수는 없다. 그러나 하느님은 다른 사랑 안에서 - 배타적으로 나만이 아니라 나 자신도 사람이므로 먼저 다른 사람 안에서부터 - 나와 만나시며 거기서 나의 헌신을 기대하신다. 하느님은 멀리 구름 위에서가 아니라 또 비단 직접 나의 양심 속에서만이 아니라 무엇보다 먼저 이웃을 통하여 나를 부르신다 - 결코 침묵하는 일이 없이 나날이 나의 세속 생활 한가운데서 나를 향하여 메아리쳐 오는 부르심의 소리로.

▌누가 나의 이웃인가?

예수님은 "네 이웃을 네 몸같이 사랑하라"고 하셨다. 그러면 내가 사랑해야 할 나의 이웃은 누구일까? 예수께서 들려주신 '착한 사마리아 사람'의 비유(루가 10, 25~37)에서 해답을 찾을 수 있다.

누가 나의 이웃안가? 예수는 개념을 정의하거나 성격을 상설하거나 율법을 인용하지 않고 흔히 그러듯이 한 예화로 대답한다(루가 10, 29 - 37). 이에 따르면 이웃은 그저 처음부터 나와 가까운 사람, 내 가족, 내 친구, 내 동지, 내 동료, 내 당파, 내 민족만이 아니다. 이웃은 낯선 사람일 수도 있다. 전혀 낯선 사람이라도 당장에 나에게 다가오고 있는 사랑이라면 누구나가 이웃일 수 있다. 누가 이웃이냐는 것은 예측할 수 없다. 이것이 강도에게 맞아 쓰러진 사람의 예화가 말해 주는 것이다: 당장에 나를 필요로 하는 사람이라면 누구나 내 이웃이다. 이 예화에서는 "누가 나의 이웃이냐"는 첫 물음이 마지막 되물음에서 "내가 누구에게 이웃이냐"는 방향으로 뚜렷이 전환되고 있다. 여기서 중요한 것은 이웃의 정의定義가 아니라 내가 구체적인 경우, 구체적인 곤경에 마주쳤을 때 인습적 도덕률 이전에 바로 나에게 기대되는 사랑의 절실성이다. 그리고 곤경이라면 없어서 탈은 아니다. 마태오는 심판 말씀(25, 31 - 46)에서 예나 이제나 현실적으로 막중한 여섯 가지 사랑의 행업을 네 번 되풀이하고 있다. 여기에 무슨 새로운 율법의 의도가 있는 것은 아니다. 사마리아 사람의 경우와 마찬가지로 여기서도 기대되는 것은 경우에 따른, 각기 상황에 따른 능동적 처신, 건설적 창의, 단호한 행동이다.

이렇게 사랑에서 하느님이 정작 원하시는 것이 무엇인지가 뚜렷해진다. 계명이란 무엇을 위한 것인지도: 결코 이슬람교에서처럼 율법으로 계시된 하느님의 뜻을 따르는 그런 "순종"(="이슬람")을 위한 것만은 아니라는 것도, 사랑에 대하여 계명들은 통일된 의미를 얻고 수정되기도 하며 또 때로는 지양되기도 한다! 계명을 사랑에 비추어 바라보지 않고 법적으로 이해하는 사람은 상충하는 의무들의 와중에 거듭 빠진다. 사랑은 결의론에 종지부를 찍는다. 사랑하는 사람은 기계적으로 개개의 명령·금령을 따르지 않고 현실 자체에 의하여 요구되고 있고 실현될 수 있는 그것을 추구한다. 어떤 명령·금령에서나 이웃 사랑이 내적 척도다. 여기에 "사랑하라, 그리고 네가 하고 싶은 대로 하라" Ama et fac quod vis는, 아우구스티누스가 갈파한 명언의 바탕이 있다. 이쯤 가는 것이 이웃 사랑이다.

▎제 4계명 : 부모에게 효도하라.

너희는 부모를 공경하여라. 그래야 너희는 너희 주 하느님께서 주신 땅에서 오래 살 것이다(출애 20, 12).

예수는 부모에게 순종하며 살았다(루가 2, 51).

주 예수께서는 친히 이 "하느님의 계명"(마르 7.8-13)의 중요성을 상기시키셨다. 바오로 사도는 이렇게 가르친다. "자녀 된 사람들은 부모에게 순종하십시오. 이것이 주님을 믿는 사람으로서 마땅히 해야 할 일입니다. '네 부모를 공경하라.' 하신 계명은 약속이 붙어있는 첫째 계명입니다. 그 약속은 계명을 잘 지키는 사람은 복을 받고 땅에서 오래 살리라는 것입니다"(에페 6 1-3).
"부모를 공경 하여라"(신명 5.16; 마르 7.10).

넷째 계명에 따르면, 하느님께서는 당신 다음으로 우리의 부모와 우리의 선익을 위해 당신께서 권위를 부여하신 분들을 공경하기를 원하셨다.

부부 공동체는 혼인 당사자의 계약과 합의 위에 세워진다. 혼인과 가정은 부부의 선익과 자녀의 출산 그리고 그 교육을 목적으로 한다.

"개인의 구원과 일반사회와 그리스도교사회의 구원은 부부 공동체와 가정 공동체의 행복한 상태에 직결되어 있다."

자녀들은 부모에게 존경과 감사와 올바른 순종과 도움을 드려야 한다. 자녀들의 효도는 가정생활 전체의 조화를 돕는다.

부모는 자기 자녀들에게 신앙과 기도와 모든 덕을 가르칠 책임을 일차적으로 지고 있다. 부모는 최선을 다하여 자녀들에게 물질적으로 또 영적으로 필요한 것을 제공해 주어야 한다.

부모는 자기 자녀들의 교육을 중시하고 후원해 주어야 한다. 부모는 그리스도인의 첫째 소명이 예수님을 따르는 것임을 명심하고 가르쳐야 한다.

공권력은 인간의 기본권과 자유의 행사를 위한 조건들을 존중할 의무를 지고 있다.

시민들은 진리와 정의의 정신, 연대성과 자유의 정신으로 공권력과 함께 사회 건설에 힘써야 할 의무가 있다.

공권력의 명령이 도덕에 어긋날 때에는 양심에 따라 그 명령에 따르지 말아야 한다. "사람에게 복종하는 것보다 하느님께 복종해야 합니다"(사도 5, 29).

모든 사회는 인간과 인간의 최종 목적에 대한 시각을 그 판단과 행동의 기준으로 삼고 있다. 하느님과 인간에 대한 복음의 빛을 떠날 때 사회는 쉽사리 전체주의자로 전락되고 만다.

각 세대 상호간의 책임

과거에는 교리교수에서 이 계명을 흔히 어린이나 미성년의 젊은이들에게 만 해당되는 것으로 해석하곤 했다. 그러나 이 계명의 본래의 뜻은 그렇지 않다. 이스라엘 백성들 중 성장기의 젊은이들은 부모를 합당하게 공경하고 가정을 마음의 고향으로 삼아야 한다는 것을 자명한 일로 알고 있었다. 이 계명은 무엇보다도 먼저, 씨족의 공동생활 을 유지할 책임을 지고 있는 모든 사람들을 훈계 하고 전체 이스라엘 백성의 가정적 유대를 굳게 하려는 계명이다. 다시 말해서, 이 계명은 각 세대世代간의 밀접한 상호 연대성에 대한 주의를 환기시키고자 한다.

어떠한 세대도 그 앞의 세대가 없었으면 생겨날 수 없다. 우리의 육신은 전세대가 낳아준 것이며, 우리는 전세대의 유산을 그대로 물려받았다. 우리가 오늘날 살아갈 수 있는 것은 전세대의 덕택이다. 그러나 우리는 동시에 다음 세대를 위해 그 생활력을 키워주며 생활영역을 마련해 주고 건전한 정신적 유산을 물려줄 책임도 있다. 따라서 각 세대 간의 상호 연대성은 강제적이고 오해하기 쉬운 〈순종한다〉는 말보다 〈공경한다〉는 말로 표현되고 뒷받침되어야 한다. 이 말은 부모의 중요한 지위와 위신을 가리키는 말이다.

이스라엘 사람들은 부모가, 궁극적으로는 하느님 안에 근거를 두고 있는 저 원초적 권위를 가지고 있다는 것을 안정해야 했다. 부모들은 큰 가정에서 법과 풍습과 가문전통을 계승하여 유지하고 감독하는 역할을 한다. 따라서 그들은 고령에 달해도 변함없이 깊은 존경을 받았다. 이와 같이 이스라엘 사람들은 부모 공경을 하느님 공경과 밀접히 연관시켰다. 원래 히브리말에서 〈공경한다〉는 말은 하느님과 인격적안 존재와 성스러운 것들에 대해서만 사용되었다. 그러므로 이 말은 그저 알아주고 안정한다는 것보다 더 깊은 뜻을 시사하고 있다. 즉, 부모의 성스러운 지위와 인격을 공손히 받들어 섬긴다는 뜻이다.

이 계명을 경시하면 이스라엘 백성 가운데서 배척되어 저주를 받고 사형을 당했다. "부모를 때린 자는 반드시 사형에 처하여야 한다"(출애 21, 15). 부모를 업신여기는 자도 사형에 처했다(출애 21, 17). "제 아비를 구박하고 제 어미를 쫓아내는 자식은 치욕을 불러들이는 놈이다"(잠언 19, 26). 그러니까 부모를 공경하지 않는다는 것은 학대, 원망과 저주, 또는 인연을 끊고 집에서 쫓아내는 따위의 패륜행위를 가리킨다. 반대로 〈공경한다〉는 것은 부모의 위신과 명예를 세워드리고 물심양면으로 봉양하며 그 말씀에 기꺼이 따른다는 것을 뜻한다.

우리 영원한 이스라엘이 누구인지 설명하기 위해 랍비들은 우리의 혈통을, 육신의 끈을, 이 가족의 결속을 유다 민족의 존재근거로서 언급한다.

예수는 바로 이결속의 관계를 문제 삼는다. 예수의 어머니와 형제들이 예수와 이야기하려고 밖에 서 있다고 하지 예수는 누가 내 어머니고 누가 내 형제냐고 반문한다. 그리고 제자들을 가리키며 말했다. "이들이 내 어머니고 내 형제들이다. 하늘에 계신 내 아버지의 뜻을 실행하는 사람이 내 형제요 누이요 어머니다.(마태오 12, 46-50)

▌노인들을 위한 배려

이 계명은 당초, 두서너 세대世代가 한집에서 함께 살면서 겪은 긴장과 알력 등 쓰라린 생활체험에서 기원했음이 확실하다. 특히 노인들은 병들거나 답답할 때, 또는 정신적으로나 육신적으로나 기력을 잃어갈 때 심각한 고독과 비애를 느끼기 마련이다. 레위기에서는 이 계명을 확대하여 일반적으로 노인들을 공경할 것을 강조하고 있다. "백발이 성성한 어른 앞에서 일어서고 나이 많은 노인을 공경하여라. 너희 하느님을 경외하여라. 나는 야훼이다"(레위 19, 32). 으레 노쇠한 늙은이들은 짐으로 느껴지기 때문에, 또 각 세대가 사랑도 없이 거칠게 대립할 수도 있고, 양편의 육체적 조건으로 말미암아 서로 소원疏遠해질 수도 있다는 것을 되풀이하여 경험하고 있기 때문에, 이 계명은 모든 시대에 중요한 의미를 지닌다.

노인들이 가정과 사회공동체에서 소외되고 있는 오늘날에는 더욱 충실히 이 계명이 준행되어야 한다. 사회나 국가가 노인들에 대한 보호시책을 적극적으로 폄으로써 가정의 부담을 덜어주는 것을 우리는 마땅히 고맙게 여겨야 한다. 젊은 부부들은 자기들의 개인적 문제에 노상 간섭하려고 하는 부모나 시부모의 방해를 받지 않고 자기네 생활영역을 지키고자 하는 경향이 날로 두드러지고 있다. 그러나 이러한 경향에는, 예전처럼 가문이냐 친척들과의 유대를 갖지 못하고 고립적인 생활을 하는 데서 오는 개인주의적 폐단이 따른다.

어쨌든 연로한 부모들 중에는 가정에서 나와 양로원에서 외롭게 여생을 보내고 있는 사람들이 날로 늘어가고 있다. 노인들을 모시는 데 중요한 것 은 물질적 배려보다 정신적·인간적 유대와 화합이다. 물질적으로 풍족한 것만으로는 삶의 뜻이 정립定立될 수 없기 때문이다. 노인들의 나날의 생활에 생기를 주는 것은 젊은이들과의 격의 없는 친밀한 접촉과 정신적 결합이다. 늙은 세대와 젊은 세대가 이와 같이 원만한 관계를 유지하려면 물론 양편의 안내와 양보가 앞서야 한다. 이스라엘의 노인들도 늙은이들과 젊은이들의 공동생활에서 야기되는 여러 가지 어려움과 고뇌를 물론 잘 알고 있었던 것이다.

▌아버지와 어머니가 할 일

아버지가 되고 어머니가 된다는 것은 단순히 생물학적 현상만은 아니다. 새로운 생명을 낳는다는 것 자체는 많은 사람들의 경우 별로 어려운 일이 아닐는지 모른다. 그러나 제대로 부모 구실을 하기란 그리 쉽지 않다. 자기들이 낳은 자녀건, 양자나 양녀로 삼은 자녀건 그들을 정성껏 양육하여 장차 자립해서 스스로 살아갈 수 있도록 뒷바라지를 해주어야 하기 때문이다. 이와 같이 새로운 세대를 올바르게 육성하는 것이 바로 부모의 책임이다. 자기들의 이상에 전혀 맞지 않고 오히려 걱정을 끼치고 실망을 안겨주지만 그래도 자기들의 자식이 라는 것을 부정할 수 없는 말썽꾸러기 자녀들일수록 더욱 열심히 돌보아줄 때, 참으로 부모로서의 구실을 다하는 것이다. 많은 부모들에게는 비록 자기 자식이라도, 자녀가 자신의 가능성과 특성을 스스로 발전시켜 나갈 수 있도록 뒷받침해 주기란 쉽지 않을 것이다.

그러나 진심으로 그렇게 해야 되겠다고 생각하는 부모, 자식들을 위해 부모로서의 책임을 다해야 하겠다고 마음먹고 있는 부모는 다음 세대의 육성에 크게 이바지하고 있는 것이다. 이런 부모야말로 십계명의 제4계명이 명하고 있는, 공경을 받고 응분의 명예를 누릴 자격이 있다.

▌부모의 뜻은 어린이의 감옥인가?

이 계명은 물론 남용될 수도 있다. 따스한 애정보다 부모의 이기주의가 앞서는 분위기에서 자녀에게 권위적인 명령만 할 때, 다시 말해서 언제나 순종만을 요구하면서 자녀의 건전한 성장을 억누를 때, 이런 가정의 어린이들은 자유를 올바르게 행사하는 법을 결코 배우지 못한다. 이런 어린이들은 지나치게 민감하거나 생활력이 약해져, 결국 〈막힌 사람〉 또는 〈기대에 어긋난 사람〉이 되어, 생활의 도전을 더 이상 견디어내지 못하고 세파에 시달리게 된다. 그들은 성인이 되어서도 여전히 부모를 공경하겠지만, 〈이 세상에서 별고 없이〉 떳떳하게 살아가기는 어려운 것이다.

또 한편 이 제4 계명을 권위 위주로 어린이들에게 내세울 때 그 반동으로 과격하고 혁명적인 인간, 즉 걸핏하면 반대와 분열을 일삼으며 생활 분위기를 불안하게 만드는 인간을 길러내기가 쉽다. 다른 어린이들은 순진하여 보호를 받을 필요가 있는데, 이런 어린이들은 부지불식간에 반항적 기질이 몸에 배게 되는 것이다.

자신이 권위 위주의 교육을 받고 그 쓰라린 기억이 뇌리에 박혀 있는 부모들은 어린이들이 자유롭게 자랄 수 있도록 흔히 방임하는 경향이 있다. 예컨대, 자녀에게 어떤 제약을 가하거나 그 욕망을 억누르기를 꺼리는 것이다. 그러나 이런 부모 밑에서 멋대로 자란 어린이들 역시 자기 생활을 올바르게 영위해 나갈 능력을 갖추지 못한다. 가정교육에서나 학교교육에서나 어렸을 때부터 극기와 절제의 습성을 키워주어야 장성해서도 어디에 가서나 제구실을 할 수 있다.

▌권위와 순종

많은 젊은이들은 〈권위〉란 말만 들어도 무슨 위협이나 감독을 받는 듯한 압박감을 느낀다. 그래서 불신과 자기방어의 태도를 보이는 수가 많다. 그러나 사회적 존재인 인간은 권위를 필요로 한다. 아무런 권위적 존재도 없는 경우 인간은 자신의 권위를 내세우며 독선적獨善的인 태도를 취하기 때문이다. 단체적 생활에는 권위적 존재가 생기기 마련이고 또 마땅히 생겨야 한다. 제4계명은 이러한 현실을 깨우쳐 준다. 정당한 권위는 인간의 공동생활을 위해서나 개인적·사회적 성숙 및 발전을 위해 필수 불가결한 도움을 준다. 물론 과거의 전통적 권위가 오늘날에도 통용될 수 있는지, 아니면 새로운 질서를 수립하기 위한 새로운 권위를 찾아야 할는지는 신중히 검토되어야 한다. 근래에는 권위에 대한 이해가 많이 변하고 있다. 즉, 예전의 일률적인 가부장적家父長的 권위보다 다양한 형제적·동반자적 권위를 중시하는 경향을 보이고 있다.

그러나 미성년에 대한 지도적 권위는, 사회공동체의 복리를 위하여 지배적 성격을 띠는 통치권위와는 다르다. 왜냐하면, 전자는 젊은이가 성년이 되면 권위행위가 끝나지만, 후자는 사회의 공동생활을 위해 계속 행사될 필요가 있기 때문이다. 부모의 권위는 첫째로 미성년의 자녀들을 교육하기 위해 행사되며, 자녀들은 이 부모의 권위에 순종하고 공경할 의무가 있다. 그러나 사랑이 깃 들인 권위만이 자녀들의 진심에서 우러나오는 공경을 받을 수 있다.

교회와 사회에서의 통솔권위나 직무상의 권위는 근본적으로 봉사와 질서 유지의 기능을 가지고 있다. 제4계명은 이러한 권위들의 응분의 책임도 환기시킨다. 어떤 직무를 가진 자, 즉 그 직무에 상응하는 권위가 부여된 자는 전체를 위해, 다시 말해서 자기에게 맡겨진 사람들을 위해 특별히 봉사 할 책임이 있다. 권위적 지위에 있는 사람은 자기의 직무를 진지하게 수행할 때, 자기 권하에 있는 사람들에게 순종만을 요구하지 않고 자신의 도덕적 책임과 의무도 깊이 자각하고 행동한다. 부당한 명령을 내리거나 변덕스러운 요구를 할 때는 불신을 초래하고, 지시와 순종의 원만한 질서를 깨뜨리게 된다. 왜냐하면, 제멋대로 내리는 지시는 권위가 없고 따라서 사람들이 순종하지 않을 것이기 때문이다. 그러므로 권위적 지위에 믿는 사람이 공동체를 위한 그 임무를 올바르게 수행하려면, 그 자신도 순종하는 마음 - 즉, 하느님의 뜻 또는 공익公益의 요구에 순종하는 마음 - 을 가져야한다. 방자한 명령은 불순종보다 더 큰 해를 가져온다. 공동체 전체를 혼란케 만들기 때문이다. 요컨대 모든 권위는 인간의 참된 자유를 지향해야 한다. 이 참된 자유는 하느님 안에 있다. "아버지와 어머니를 공경 하여라, 그러면 너는 주 너의 하느님이 너에게 주는 땅에서 오래 살 것이다." (탈출기 20, 12)에는 네 번째 계명에 쓰여 있다.

제 5계명 : 사람을 죽이지 마라.

"어느 동물의 목숨이 그의 손을 벗어날 수 있으며 어느 사람의 숨결이 주의 손을 벗어날 수 있겠는가?" (욥 12, 10)

모든 사람의 생명은 잉태受精 되는 순간부터 죽을 때까지 신성하다. 인간은, 그 자신을 위해서, 살아계시고 거룩하신 하느님의 모습을 따라, 그분을 닮도록 창조되었기 때문이다.

한 인간을 죽이는 것은 인간의 존엄성과 창조주의 거룩하심에 크게 어긋나는 것이다.

살인 금지는 부당한 공격자가 사람을 해칠 수 없는 상태에 있게 만드는 권리를 부인하는 것이 아니다. 타인의 생명이나 공동선을 책임지고 있는 사람들에게 정당방위는 중대한 의무이다.

어린아이는 잉태受精 되는 순간부터 생명에 태한 권리를 가진다. 직접적인 낙태, 곧 목적이나 수단으로 원한 낙태는 도덕률을 크게 어기는 '파렴치한 행위"이다. 교회는 인간의 생명을 거스르는 이 죄를 교회법적 벌인 파문으로 제재한다.

태아는 잉태受精 된 순간부터 한 인간으로서의 대우를 받아야 하므로, 다른 모든 사람들과 마찬가지로 그 완전성을 보호받고, 보살핌을 받으며, 치료를 받아야한다.

방법과 동기가 어떻든, 고의적인 안락사는 살인죄이다. 안락사는 인간의 존엄성과 그의 창조주이신 살아계신 하느님께 대한 존경에 크게 어긋나는 것이다.

자살은 정의와 희망과 사랑에 크게 어긋나는 것이다. 다섯째 계명은 자살을 금지한다.

어떤 행위나 부작위로써 다른 이를 죄짓도록 일부러 유도할 때, 악한 표양은 중죄가 된다.

모든 전쟁들이 초래하는 불행과 불의 때문에 우리는 전쟁을 피하기 위해서 가능한 모든 합리적인 방법들을 다 강구해야 한다. 교회는 "주님, 기근과 전염병과 전쟁에서 우리를 구해 주소서." 라고 기도한다.

교회와 인간의 이성은 무력 충돌이 벌어지는 동안에도 도덕률이 영구히 유효함을 천명한다. 국제법과 그 보편적 원칙을 일부러 어기는 행위들은 범죄이다.

"군비 경쟁은 인류에게 막심한 상처를 주며 가난한 사람들을 견딜 수 없도록 해치고 있다."

"평화를 위하여 일하는 사람은 행복하다. 그들은 하느님의 아들이 될 것이다."(마태 5. 9)

다른 사람을 죽이면 안 된다는 근원적 명증성이 사람의 내면에 존재 한다는 것은 의심의 여지가 없습니다. 설령 사람의 생명은 모두 다 오로지 하느님의 뜻에 달려 있다는 사실을 잊는다 하더라도, 적어도 사람이면 누구나 자기 나름의 생명권과 인권을 가지고 있다는 사실 만큼은 알고 있습니다. 따라서 자신이 누군가를 죽인다면 바로 그런 인격과 인격체로서 사람됨을 자기 스스로 저버리는 것이란 사실도 알고 있습니다.

그런데 이제 살펴보겠지만 한계 상황에 서면 이러한 생각이 점점 불분명해집니다. 특히 생명이 아직 아무런 보호막도 없는 상태에서 아무렇게나 조작될 수 있는 시작 단계에서는 더욱 그렇습니다. 여기서 효용성의 관점에서 처리하고 싶다는 유혹이 솟아나게 됩니다. 누구는 살리고 누구는 자신의 자유와 자아실현에 방해가 되니 살리지 말자는 선택을 하려고 합니다. 사람으로서 제대로 모양을 갖추고 말하거나 대답할 수 없는 상태일수록 이 계명에 대한 의식은 쉽게 흐려집니다.

인생의 말기에도 똑같은 관점이 적용됩니다. 이제 아파하는 사람이 짐스럽게 느껴져 자신을 그릇되게 설득하지요. "그로서도 차라리 죽는 것이 더 나을 거야."라고요. 말하자면 너무 '힘들어지기' 전에 미리 그 사람을 저 세상으로 보낼 구실을 만들어 내는 겁니다.

그리고 여기에서 야금야금 더 나아가게 됩니다. 오늘날 인간 품종 개량이란 발상이 다시금 고조되고 있습니다. 불행했던 시절에 이미 겪은 바 있는 일이지요. 의식이 없고 또 사회적 기능을 수행할 수도 없는 사람을 진정한 사람으로 보아야 하느냐는 사고방식이 다시금 나타나고 있습니다.

이러한 생각은 비교적 거침없이 쉽게 확산됩니다. 특히 안락사를 이야기의 시작으로 하면 더 말할 것도 없겠지요. 이와 관련해서 당장 떠오르는 의문이 하나 있는데, 그것은 한 생명이 어느 정도 심한 고통에 시달릴 때 우리가 그 생명을 끊어도 괜찮은 것일까 하는 물음입니다. 이와 같은 생명의 한계선상에 이르면 사람이 다른 사람을 멋대로 할 수 없다는 인간 본연의 도덕적 의식마저도 쉬 사그라집니다. 그럴수록 우리는 제5계명의 내용을, 곧 잉태의 순간부터 죽음에 이르기까지 사람의 생명에 하느님의 권리를 더욱 조심스럽게 살피고 또 살펴야 하겠습니다.

▌함부로 피를 흘리는 것을 금한 계명

이 계명은 고대 이스라엘에서의 모든 살생 행위를 무조건 금한 것은 아니다. 여기에 사용되고 있는 〈라사〉라는 히브리말을 짐승을 죽이는 것, 과실치사, 죄인의 사형, 혹은 하느님이 어떤 사람에게 내리는 벌에 대해서는 쓰이지 않는다. 이교민족들과의 싸움에서 적을 죽이는 경우에 대해서도 이 낱말은 쓰이지 않는다. 이스라엘 사람들은, 비록 인간의 생명은 성스러운 것으로 여겨야 한다 할지라도, 특정한 범죄자를 사형에 처하고 혹은 성스러운 전쟁에서 상대방을 모조리 죽여 없앨 권리를 하느님으로부터 받았다고 확신하고 있었다. 구약성서에서 이와 같은 살인은 당연한 것으로 허용되고 있으며, 어느 대목에도 이런 일까지 금한 말씀은 없다. 그보다 이 계명에서 문제가 되는 것은 제 마음대로 폭력을 휘둘러 사람의 피를 흘리게 하는 경우이다. 다시 말해서, 오늘날에도 아라비아의 부족사회에서 가끔 일어나곤 하는 피의 복수를 막으려는 것이다. 오늘날에도 아라비아의 부족사회에서 가끔 일어나곤 하는 피의 복수를 막으려는 것이다. 복수하려는 자가 제멋대로 판단해서 문제의 살인자나 혹은 그 혈족을 죽여서는 안 된다는 금령이다. 이것은 피의 복수뿐 아니라, 경우에 따라서는 죽음에 이르게도 하는 모든 폭력 행위를 금하고 있다. 성서에서도 다음과 같이 강조하고 있다. "남을 때려서 죽게 한 자는 반드시 사형을 받아야 한다"(출애 21, 12). 그러니까 이 계명은 우선 완전한 공민권을 가진 자유로운 이스라엘 백성들간에서의 살인을 문제로 삼고 있다.

▌하느님의 선물인 생명

그러나 살인 금령은 곧 모든 인간의 생명을 보호해야 한다는 뜻으로 확대된다. 사람은 하느님의 모습 따라 만들어졌으니, 남의 피를 흘리는 사람은 제 피도 흘리게 되리라"(창세 9, 6). 이 성경말씀은 자유인뿐 아니라, 신분의 고하, 남녀노소를 막론하고 모든 사람의 생명은 존엄하며 따라서 함당한 보호를 받아야 한다는 뜻이다. 피는 생명이 깃들인 자리로 생각 되었다. 그리고 생명 자체는 인간을 창조하신 야훼(하느님)의 소유이며, 그분이 인간에게 주신 선물이다. 이와 같이 인간의 생명을 창조하고 보존·유지하시는 분은 바로 야훼이시기 때문에, 모든 생명은 응분의 보호를 받아야 한다고 생각되었던 것이다.

물론 여기서 생명은 단지 생물학적으로만 이해되지 않고, 그 인간적 기능과 사회적 기능의 총체적 연관 안에서 이해되고 있다. 생명의 보호는 동시에 혼인이나 한 인간의 생존 기반도 보호한다는 것을 의미한다. 가장 오래된 이스라엘의 법률전승은 어떤 개인의 합법적인 살해를 인정하고 피의 복수와 엄격한 딸리오법(동태복수법)의 원칙을 고수하고 있다. "다른 사고가 생겨 목숨을 앗았으면 제 목숨으로 갚아야 하고, 눈은 눈으로, 이는 이로, 손은 손으로, 발은 발로, 화상은 화상으로, 상처는 상처로, 멍은 멍으로 갚아야 한다"(출애21, 23-24). 그러나 고의적이고 불법적인 살상행위는 명확히 금하고 있으며, 개인의 생명뿐 아니라 씨족이냐 민족의 생명도 보호되어야 하는 것으로 보고 있다. 물론 세기의 흐름과 함께 인간 생명의 보호를 더욱더 강조하는 추세가 두드러지게 되었다. 오늘날에 와서 이러한 추세는 자명한 것으로 이해되고 있으며, 더 나아가서 태아의 살해(낙태), 자살, 안락사 등도 이 계명에 위배되는 것으로 보고 있다.

과거에 신학은, 자살이나 죄 없는 사람을 죽이는 것을 금한 계명의 논거로서, 하느님만이 모든 생명의 창조자이시고 또 그 임자이시며 따라서 인간의 죽음도 오직 하느님의 손에 달려 있다는 것을 강조 하였다. 그래서 사람은 자신의 생명이든 다른 이의 생명이든 자기 마음대로 다룰 권리가 전혀 없으며 - 만약 제멋대로 처리한다면 대죄(예컨대 살인)를 범하게 된다고 했다. 그러나 오늘날에는 좀더 명확하게 말할 필요가 있다. 우선 인간은 피조물이라는 사실에서, 사람이 이 세상에 생존하고 있는 것은 부모의 덕택만은 아니고 궁극적으로는 하느님의 덕택이며, 따라서 "하느님의 뜻에 순종하며 깨끗하게 살아가야 한다"는 결론이 나온다. 그러나 하느님은 사람에게 일정한 재량권도 부여하신다. ─ 물론 이 재량권은 오직 하느님의 뜻에 맞갖게 행사行使되어야 한다. 이 〈하느님 뜻〉이란 우선은 빈자리가 있는 어떤 공식公式과도 같은 것으로서, 우리는 그 빈자리에 맞는 것을 채워 넣어야 한다. 우리는 현실생활에서 올바른 주장을 할 때에 이 하느님의 뜻과 일치하게 된다.

무엇이 올바른가를 이해하고 파악하는 것은 뚜렷한 분별력을 가진 이성理

性과 양심이 담당해야 할 임무이다. 그리스도교의 인생관에 의하면, 사람의 현세생활이란 절대적인 가치는 없고 다만 상대적인 가치가 있을 뿐이지만, 어쨌든 이승의 삶에서 가장 중요시해야 할 것은, 사람은 누구나 근본적으로 공동생활을 하기 위한 성향性向을 타고났다는 사실이며, 따라서 이 성향(가치)은 사회(공동체)에 의해서도 합당한 보호를 받지 않으면 안 된다. 여기서 각 개인에게는, 이와 같은 자신의 생명을 가능한 한 오래 〈건강하게〉 유지하며 자기 인격을 종교적으로나 도덕적으로나 발전 · 성숙시키고, 그럼으로써 참으로 인간적인 삶을 영위하려고 노력해야 하는 의무가 생긴다.

생물학적으로 확인할 수 있는 목숨은 부지하고 있지만 아무런 의식도 감각도 없이 완전한 인사불성에 빠져 제 정신을 찾을 가망이 〈전혀〉 없을 경우에는 의학이나 그 밖의 인공적인 방법으로 억지로 목숨을 연장시켜도 무의미할 것이다. 그러나 어떤 중환자의 고통을 덜어준다는 구실 하에 직접 죽이는 이른바 〈안락사〉는 윤리적으로 결코 허용될 수 없다. 그 대신, 어떤 간호행위가 환자의 뜻에 맞지 않고 또 다른 치료도 단지 그 죽음의 고통을 무의미하게 연장시킬 따름일 때는 간호행위를 중지할 수 있다. 하지만 죽을 병에 걸린 사람이 자기 병세의 중함을 알고도 절망하지 않고 신앙으로 죽음을 받아들일 수 있도록 현세생활의 마지막 순간까지 가족이나 천지 그밖에 가까운 사람들이 정성껏 보살펴 주는 일은 임종하는 이에게 줄 수 있는 가장 훌륭한 선물이다.

"생명은 하느님의 선물이다" - 이 말은 모태 안의 태아에게도 적용된다. 여러 나라에서 많은 사람들이 낙태落胎에 대한 형법상의 벌칙을 완화하거나 폐지하는 데에 찬성하고 있지만, 태아의 생명을 보호해야 하는 윤리적 책임은 아무도 면할 수 없다! 형법의 제재에 의해서도 태아의 생명을 보호하기 어려운 사회일수록, 이 가련한 생명들을 보호해야 할 개인들 특히 부모들의 올바른 판단과 책임이 더욱더 강조되어야 한다. 아무리 딱한 사정이 있더라도, 윤리적인 입장에서 〈고의적인〉 임신중절은 거부해야 한다. 태아와 모체의 두 생명이 다 위험할 때에는 의사가 양심적으로 판단하여 적어도 그중 한 생명은 구하려고 노력해 볼 수 있을 것이다. 이때 특별한 사유가 없는 한 어머니의 생명을 구하는 것이 타당할 것 같다.

어쨌든 고의적인 낙태를 방치하고 태아의 생명을 보호하는 문제를 형법의 제재규정에만 너무 의존해서는 안 된다. 그보다, 우리사회에서 어린이들을 좋아하는 기풍을 진작시키는 것이 더 중요하다.

▎"제가 아우를 지키는 자입니까?"

예수께서는 산상설교에서, 살인뿐 아니라 남을 미워하는 것도 금하시면서, 살인 금령을 부연하여 폭넓게 강조하셨다. 미움은 생명을 죽이며, 사랑은 생명을 낳고 기른다. 이 점에 있어서 이 계명은 미움과 사랑에 관한 인간의 근본적인 태도에 마땅히 적용되어야 한다. 미움은 노여움과는 다른 것이다. 노여움이란 흔히 있을 수 있는 마음속의 흥분을 겉으로 드러낸 경우를 말한다. 성서에는 하느님께서도 진노하신다는 말이 자주 나온다. 중세기에는 화를 잘 내며 분발하는 것을 여러 가지 덕의 기초로 간주하기도 했다.

이와는 달리 미움은 동료를 제거하려고 한다. 친구와 원수를 확연하게 구별하려는 생각은 모두, 다른 사람을 저 구약시대의 〈속죄를 위한 염소〉(인간의 죄를 대신 지워서 놓아 보내는 염소)와 같은 존재로 만드는 사고(思考)이며, 이것은 이미 동료를 제거하려는 첫걸음이다. 창세기 태고사의 〈카인과 아벨〉 이야기는 질투와 미움이 형제의 생명도 죽여 없앤다는 것을 우리에게 가르쳐 준다(창세 4, 1-16).

하느님이 카인에게 "네 아우 아벨이 어디 있느냐?'고 물으셨을 때, 카인은 "제가 아우를 지키는 사람입니까?'하고 대답하였다. 이 말은 우리 네 마음속에 자주 도사리곤 하는 이기적인 생각을 극적으로 표현한 말이다. 그것은 다른 사람들을 위해서는 아무런 책임도 지지 않을 뿐 아니라, 그 생활영역까지도 허용하지 않으려는 고약한 심술이다. 자기 아우 아벨을 때려죽인 카인은 우리 네 마음속에도 자주 나타나는 것이다.

그러므로 제 5계명은, 이기적으로 다른 사람을 희생시켜 어떻게 해서든지 자기 개인의 목적을 달성하려는 우리네 마음속의 사악한 성향도 억눌러야 한다는 명령이다. 관용이 없고, 동포나 동료를 그 정치적·종교적·지방적 배경 또는 인종상의 차이 때문에 멸시하는 경우, 거기에는 다른 이와 의좋게 함께 지내기를 싫어하고 제거해 버리려는 이기적인 처세태도가 이미 싹트기 시작하는 것이다. 미움, 즉 살인을 거부하고 생명을 긍정하려면 먼저 용서하고 원수도 사랑하려는 마음가짐이 앞서야 한다(루카 23, 34; 마태 5, 38-39 참조).

▌사랑과 평화를 위하여

사람을 죽이지 말라는 계명은 본래 고대 이스라엘의 부족사회(지파들) 안에서 동족살해를 막으려는 금령이었지만, 역사의 흐름과 함께 점차 확대 해석되며, 전체 인류사회 안에서의 모든 살인행위를 금하는 보편적 계명이 되었다. 오늘날에는 전쟁에서의 무차별 학살, 법에 의한 사형, 다른 사람 혹은 다른 민족에 대한 착취 - 등도 이 계명에 위배되는 것으로 간주하고 있다. 이 계명은 가끔 역설적逆說的인 방법으로 강조될 수도 있다.

예컨대, 어떤 불합리하고 위급한 사태가 생겼을 경우, 국가는 필요하면 무력을 써서라도 국민의 생명과 권리를 보호할 의무가 있다. 그러나 이러한 무력은 만부득이한 경우의 최후수단으로만 사용되어야 한다. 물론 전쟁 자체는 원칙적으로 합리화 되거나 찬양될 수 없고, 그렇다고 절대적 평화주의만을 부르짖을 수도 없는 것이 오늘의 현실이다. 전통적인 윤리신학은 과거에 대개 정당한 전쟁의 조건을 따지는 데만 골몰하고, 평화에 관한 교리는 별로 추구하지 않았던 것이다! 그러나 오늘날은 핵무기의 가공할 파괴력을 겁내어, 어떤 항구적인 평화를 이룩하기 위한 전제조건들을 모색하며 토론하고 있는 시대인 것 같다.

평화를 위한 봉사는 특히 신약성서의 메시지와 일치한다. 민족들 간의 평화적 회담만이 중요한 것은 아니다. 우리 이웃 간의 다툼이 대충돌을 해결 하는 데에도 평화적 방법을 써야 한다. "나는 다른 애들과 다투었어!" "나는 그들을 두들겨 줬지!" 어린이들의 일상생활에서 자주 발생하는 폭행이나 다툼을 우리는 별로 대수롭지 않게 여기지만, 그런 싸움질이 불가피했는지 어떤지를 깊이 생각해 보고 화해의 길을 찾아주어야 할 것이다.

이웃 간의 싸움이나 반목에서 서로 경쟁심을 버리지 않고 자기 권리만 내세우고 있는 한은, 어쩌다 잠정적인 〈휴전〉은 있을 수 있어도, 결코 평화로운 해결은 기대할 수 없다. 서로 협력하고, 공동으로 책임을 지고 형제적 우의와 동포애를 나누려는 태도를 가져야만 비로소 이웃 간의 평화를 찾을 수 있다. 요컨대, 우리는 제 5계명을 다음과 같이 알아들어야 한다. "평화를 도모하고 서로 도움이 되는 일을 추구하라"(로마 14, 19).

행복하여라, 평화를 이루는 사람들! 그들은 하느님의 자녀라 불릴 것이다. (마태 5, 9) 예수님은 다윗에게 솔로몬이 살아 있는 동안에 이스라엘의 평화와 안정을 베풀겠다고 약속하셨다. 신약시대에 이 땅의 평화로 오신 것이다. 아들의 일인 평화를 이루는 일을 함으로써 스스로 하느님의 자녀가 되어 하느님 나라 사는 영원한 생명을 유산으로 받아 영원한 생명으로 들어간다는 것이다.

▌제 6계명 : 간음하지 마라

"하느님은 사랑이시다. 그분은 자신 안에서 사랑하는 일치의 신비를 살고 계신다. 인류를 당신의 모상대로 창조하시고 계속 존재케 하심으로써, 하느님께서는 남자와 여자의 인간성 안에 사랑과 일치의 소명을 부여하시고, 따라서 그 사명에 따른 능력과 책임도 부여하셨다."

"하느님의 모습대로 사람을 지어내시되 남자와 여자로 지어내셨다"(창세 1.27). "자식을 낳고 번성 하여라"(창세 1.28). "하느님께서 사람을 지어내시던 날, 하느님께서는 당신 모습대로 사람을 만드시되, 남자와 여자로 지어내셨다. 그날 하느님께서는 그들에게 복을 주시며 그 이름을 아담이라 지어주셨다"(창세 5.1-2).

인간의 성본능은 육체와 영혼의 일치 안에서 인간의 모든 측면에 영향을 미친다. 이는 특히 정서, 사랑하고 자녀를 출산하는 능력, 그리고 좀더 일반적으로는 타인과 친교 하는 능력에 관련된 "사랑은 모든 인간의 기본 소명이고 타고난 소명이다.

자신의 성별을 인정하고 받아들이는 것은 남자와 여자 각자가 해야 할 일이다. 육체적, 정신적, 영적 차이와 상호보완성은 행복한 혼인생활과 풍요로운 가정생활을 지향하는 것이다. 부부의 화합과 사회의 화합은 부분적으로 두 가지 성의 상호보완성과 필요와 상호 보조가 어떻게 실천되는지에 달려있다.

하느님께서는 사람을 남자와 여자로 창조하심으로써, 남자와 여자에게 동등하게 인격적 품위를 부여하셨다. 자기의 성性을 인정하고 받아들이는 것은 남녀 각자가 할 일이다.

그리스도께서는 정결의 모범이시다. 세례 받은 사람은 누구나 자신의 신분에 따라 정결한 생활을 하라는 부르심을 받았다.

정결은 인격 안에 성性이 수용되었음을 뜻한다. 정결에는 개인의 자제 훈련이 필수 조건이다. 정결은 우리의 인간성과 직결되는 것이다.

정결을 크게 어기는 죄들 중에는 자위, 사음, 춘화의 제작과 배포, 동성애를 들 수 있다.

부부가 자유롭게 맺은 계약에는 성실한 사랑이 포함된다. 이 계약은 부부에게 그들의 혼인이 파기되지 않도록 지켜 나갈 의무를 지운다.

자녀 출산은 혼인의 선익이요, 선물이며, 목적이다. 생명을 탄생시킴으로써 부부는 하느님의 부성父性에 참여한다.

출산 조절(가족계획)은 책임이 있는 부성과 모성의 여러 측면들 가운데 하나를 표현한다. 부부의 정당한 목적이 도덕적으로 받아들일 수 없는 방법(예컨대 직접적인 불임 수술이나 피임)의 이용을 정당화하지는 못한다.

· 간음, 이혼, 이부다처제와 내연의 관계는 혼인의 존엄성을 크게 손상시키는 것이다.

"사랑은 모든 인간의 기본 소명이고 타고난 소명이다."

▌간음을 금한 계명

우리 동양 사람들은 성관계의 사회적 성격을 서양 사람들보다 더 강하게 의식하고 있다. 서양 사람들은 개인주의적 관점에서 성문제를 흔히 사적私的인 일로 본다. 이 제 6계명은 본래 간음 등, 성에 얽힌 모든 죄를 규제하려는 것이 아니라, 결혼 생활을 보호하려는 데에 근본 목적이 있었다. 즉, 남자가 자기 아내 이외의 여자와 간음하여 다른 이의 결혼생활을 파괴하는 것도 금하고, 또 여자가 바람이 나서 자기 결혼생활을 스스로 파괴하는 것도 금한 계명이다. 구약시대에 남자는 여자보다 자유로운 입장에 있었다. 결혼한 여자가 외간남자와 성관계를 가졌을 때에는 그 상대의 남자가 결혼했거나 안했거나 이미 간음한 여자로서 낙인찍히고 단죄되었다. 이에 반해, 남자가 다른 사람의 아내와 성교를 하였을 때에는, 자기 결혼생활을 파괴한 것이 아니라 다른 이의 결혼생활을 파괴한 죄밖에 없었다. 아직 결혼하지 않은 처녀나 하녀와 성교를 하는 것은 간음으로 간주되지도 않았다. 그리고 약혼을 하면 이미 결혼이 성립된 것으로 여겨졌다.

분명히 남녀 간의 권리는 동등하지 않았고, 있었다. 일종의 이중윤리二重倫理가 관습화되어 있었다. 즉, 여자는 다소간에 남자 혹은 남자가 소속된 씨족의 소유물처럼 생각되었던 것이다. 간음은 사형으로 다스리도록 규정되어 있었다(레위 20, 10; 신명 22, 22 - 27). 족장(성조) 시대에 남자는 무엇보다도 자손을 얻는 것이 중요한 문제였다. 자기 자손을 통해 메시아의 구원은혜를 입을 수 있다고 믿었기 때문이다. 그래서 구약시대의 결혼은 꼭 일부일처제를 전제로 하지는 않았다. 그러나 법에 맞게 맺어진 혼인만이 이스라엘 백성의 공동체와 야훼(하느님) 앞에 유효 하였다. 간음은 공동체에 대한 부당한 행위인 동시에 하느님께 대한 범죄로 간주되었고, 따라서 이 죄를 범했을 때에는 하느님의 벌을 받아야 했다(창세 20, 1 이하; 39, 9). 구약성서의 간음금령에는 이혼을 금하는 명령은 포함되어 있지 않았다. 남자는 중요한 이유가 있을 때에는 자기 아내를 내보낼 권리가 있었던 것이다.

성서에서는 이스라엘 백성이 자기들의 계약의 하느님을 배반하고 불충한 행위(특히 우상숭배)를 하는 것을 〈간음〉에 비유하기도 했다(예레 3, 8-9).

이 제 6계명에 다른 음란죄는 언급되지 않았지만, 그렇다고 다른 음란한 행위들이 이스라엘에서 허용되었다는 것을 뜻하지는 않는다. 그 밖의 점에 서 구약성서는 인간의 남녀 양성兩性과 성생활에 대해서는 긍정적인 태도를 취하고 있다. 유별나게 성을 신성시하지도 않았고, 그렇다고 악마적인 것으로 죄악시하지도 않았다. 인간의 양성은 하느님의 모상으로 생각되었고, 남자와 여자는 〈한 몸〉이 되어 〈자식 낳아 번성하라〉는 하느님의 분부를 따라야 하는 것으로 옛사람들은 알고 있었다. 아무튼 성관계는 사회적 성격을 띠고 있다는 의식이 강했으나, 구약성서에서 육신을 원수처럼 보는 금욕사상이나 점잔 빼는 태도는 찾아볼 수 없다.

그리스도교의 성 윤리

초대교회 해에 이 계명 십계명의 다른 계명들과는 달리 지나치게 확대 해석되고 또 그 강조점이 한쪽으로 치우치게 되었다. 그 결과, 죄에 대한 전체적 개념을 어느 정도 왜곡하기에 이르렀다. 이것은 인간의 양성에 대해 그릇된 견해를 가진 비그리스도교적인 사상들의 영향을 받았기 때문이다. 예컨대, 성행위의 목적은 오로지 새로운 생명의 출산에만 있다고 본 사상은 고대로마의 법률개념에서 영향을 받은 것이었다. 이 사상은 성적 만족이든가 부부간의 사랑은 아예 제쳐놓고 거론도 하지 않았다.

영지주의(靈知主義, 그노시스주의)와 마니교의 영향으로 인간을 〈육신과 영혼〉으로 나누어 생각하는 이원론적二元論的 사상도 유행하였다. 마침 내 스토아 철학의 영향으로 사람들은 쾌락을 죄악시하기에 이르렀다. 성욕을 원죄에 대한 하느님의 벌로 생각했고, 신학도 그렇게 해석했었다. 여기서 죄에 관한 모든 가르침을 성과 관련시키게 되었다. 그러니까 성범죄를 가장 무거운 죄로 간주하였던 것이다.

또 한편 성적인 것은 무엇이나 부정不淨을 탄다고 보고천례에서 엄격한 금기禁忌를 정한 구약사상의 영향으로 사람들은 〈전례상의 부정〉을 〈도덕상의 부정〉으로 잘못 생각하고, 성행위 자체를 〈더러운 것〉으로 보기도 했다. 게다가 19세기까지는 남자의 정액 안에는 생식인자가 오직 하나뿐이라고 생각했기 때문에, 모든 자위행위나 피임을 살인 다음 가는 죄로 간주했었다.

이와 같이, 역사적으로는 그리스도교계 바깥의 사상에 영향을 받고 교회와 신학이 성윤리를 지나치리만큼 엄격히 다루어 왔지만, 또 한편으로는 오히려 그럼으로써 성에 관한 긍정적인 사상과 크리스챤 결혼생활의 참된 성격을 건전하게 고수할 수도 있었다.

오늘날에는 과거의 그런 전통적인 성윤리에 대한 반동적인 현상이 벌어지고 있다. 쾌락이 긍정되고 성욕의 충족은 당연한 일로 여겨지게 되었다. 성욕은 인간의 식욕과 같은 것이라고 한다. 많은 사람들은 성적인 만족 자체가 인생의 행복인 것처럼 생각한다. 그래서 또 다른 면에서 인간을 피상적으로만 파악하려는 불행한 사고思考가 널리 만연하고 있다. 즉, 인간의 성욕을 중요시 하고 더 나아가서 그것을 절대화함으로써 인간을 단순한 생물학적 존재로 격하시키고 있는 것이다. 그리고 젊은이들의 성교육에 있어서도 순전히 생물학적인 지식의 전달에만 열을 올리고 있는 것도 문제이다. 이런 방법으로는 인간의 진정한 자유와 자아실현을 깨우쳐줄 수 없고, 잘못하면 오히려 젊은이들을 성 개념의 혼란과 인격의 파탄으로 이끌어가기 쉽다.

▌ 성생활과 사랑

성서에 의하면, 남녀 인간은 하느님의 모습대로 창조되었다고 한다(창세 1, 27). 그러나 하느님 자신은 남성도 아니고 여성도 아니며 오직 완전무결하신 위격적 존재이시다. 하느님의 선물인 남녀 양성은 남자와 여자는 서로를 필요로 한다는 것을 의미한다. 남자와 여자는 각각 성性이 각인된 전인적全人的 존재이다. 따라서 성행위는 도덕적·인격적 관점에서 평가되어야 한다. 그리스도교의 입장에서는 성생활과 사랑을 분리시킬 수 없다. 구약성서에서는 남녀의 성이 다산多産의 축복을 받고 새 생명의 출산 임무와 연관 지어지고 있지만, 이것은 종족 유지를 위한 가르침이다.

그러나 예수께서는 인간의 성에 관해 구약의 출산 임무로 되돌아가지 않고, 남자와 여자는 한 몸이 되어야 한다는 것과, 사랑을 바탕으로 하는 동등한 권리를 가진 인생 반려자伴侶者로서의 부부의 결합을 강조하셨다. 그리고 남자가 여자를 내보내는 것은 허용될 수 없다고 단언하셨다. 왜냐하면 "하느님께서 짝지어 주신 것을 사람이 갈라놓아서는 안 되기 때문이다"(마르 10, 0).

신약의 서간에서는 음행淫行을 멀리하도록 권하고 있는데, 이것은 우선 이 교적인 매음과 성적 도착증倒錯症, 그 밖의 음탕한 행위들을 가리킨다. 우리는 예수님 자신의 표양을 통해 인간의 참된 사랑이 어떤 것인지 올바르게 이해할 수 있다. 진정한 사랑이란 자기도취적인 태도가 아니라, 다른 이의 자아 완성을 도와주고 경우에 따라서는 다른 이를 위해 자기 생명까지도 내놓을 수 있는 태도를 말한다. 성생활도 이런 진정한 사랑을 전제로 해야 한다. 인간의 성생활은 〈나〉의 짝인 〈당신〉과 만난다는 의미에서 초월적인 성격을 띠고 있다.

따라서 젊은이들의 성교육은 장차 결혼하였을 때의 배우자에 대한 인격적 사랑과 책임감을 키워 주는 교육이어야 한다. 즉, 인격적 〈사랑의 만남〉에 도달할 능력을 길러주고, 동시에 자기 자신과 배우자와 태어날 새로운 생명(자녀)에 대해 책임을 질 줄 아는 기본자세를 길러주어야 하는 것이다. 이런 성교육은 지식 전달에 치우치기 쉬운 학교보다 가정에서 더 효과적으로 실시될 수 있다. 물론 한 인간이 성적으로나 인격적으로나 원만하게 성숙하려면 평생 동안 부단히 노력해야 한다. 그러기 위해서는 성생활의 성숙도 도덕적 과제로 간주되어야 한다. 따라서 혼전婚前 또는 혼외婚外 성관계는 어떤 구실로도 정당화될 수 없다. 남녀의 성관계는 부부로서의 〈성실한〉인격적 결합과 전인적全人的 성숙이 전제되어야 하며, 그렇지 않은 성행위는 단지 성적 욕구의 충족과 자기도취에 몰두하여 결국 인격의 파탄을 초래하기 마련이다.

시대와 생활환경이 급격히 변화함에 따라, 현대인들은 〈성실〉을 마치 시대에 뒤진 어리석은 생활 자세처럼 생각하는 경향이 있다. 그럴수록 남녀의 결합에는 성실과 신뢰가 요구된다. 에페소서의 다음 귀절은 부부간의 성실을 교회에 대한 그리스도의 사랑과 직접 관련시키고 있다. "성서에 '그러므로 사람이 부모를 떠나 자기 아내와 결합하여 둘이 한 몸을 이룬다' 라는 말씀이 있습니다. 여기에는 심오한 진리가 담겨져 있습니다. 나는 그리스도와 교회와의 관계를 두고 이 말을 하는 것입니다. 이 말씀은 여러분에게도 적용이 되는 것으로서 남편은 자기 아내를 자기 몸같이 사랑하고 아내는 자기 남편을 존경해야 합니다"(에페 5, 31-33).

성실한 부부생활을 하는 사람은 자기 가족뿐 아니라 이웃도 사랑할 줄 안다. 그리고 특히 새로 태어나는 생명에 대해서 책임을 지고 그 보육保育과 교육에 힘을 기울인다. 자녀들이야말로 혼인의 가장 뛰어난 선물이며 부모의 행복을 위해서 크게. 이바지하기 때문이다.

생명의 주인이신 하느님께서는 생명 유지라는 숭고한 임무를 모든 부부에게 맡기시어 그 인간적 품위에 알맞은 방법으로 이 임무를 수행하도록 하셨다. 그러므로 생명은 수태되는 순간부터 성심껏 보호해야 한다. 낙태와 영아살해는 가증할 죄악이다.

생활조건 때문에 자녀수를 늘릴 수 없는 처지에 있는 신자부부는 산아조절에 있어서, 하느님의 법을 해석하는 교권이 금한 방법을 사용해서는 안 된다. 인간의 생명과 생명 전달의 임무는 현세에만 국한될 수 있는 것도 아니고 현세의 관점에서만 평가되고 이해될 수 있는 것도 아니라, 언제나 인간의 영원한 목적과 관련시켜서 생각해야 것을 우리는 명심해야 한다.

또 한편, 가끔 간절히 바라는 자녀가 없더라도, 두 인격이 풀릴 수 없도록 맺어진 신성한 혼인계약의 성격에 따라, 혼인은 전생애의 생활양식과 생명의 일치로서 존속하며 그 가치와 불가해소성不可解消性은 엄연히 지속되어야 한다. 하느님께서는 자녀 생육만을 위해서 혼인 제도를 세우신 것이 아니라, 여러 가지 가치와 목적을 부여하셨으므로, 자녀를 얻지 못하더라도, 그 전생애를 신·망·애 삼덕으로 채워주는 그리스도의 정신으로 충만하여, 날로 더욱 서로 자기완성과 성화에 정진함으로써 하느님께 영광을 드리며, 인간사회의 평화와 행복을 위해 헌신하도록 해야 한다.

요즘 세상에서는 성애性愛가 언제든 가능하다는 사실이 마치 하나의 미덕처럼 되었습니다. '음란한 짓이 정말 죄가 되어야 하는가?' 라고 묻는다고 하여 그런 사람이 반드시 섹스광으로 취급되는 것도 아닙니다.

구약성서에 나오는 이 계명의 본래 내용은 이렇습니다. "간음하지 못한다" (출애 20, 14; 신명 5, 18). 그러니까 애초 이 계명이 가진 의미는 매우 특수한 것이었습니다. 그러니까 남편과 아내 사이의 침해할 수 없는 정절 관계를 다룬 것이지요. 남편과 아내의 관계는 인류의 미래를 보호할 뿐만 아니라 사람의 성적 특성을 사람됨의 전체성 속에 포함시킴으로써, 이 성적 특성에 인간의 존엄성과 위대성을 부여 합니다.

이것이 바로 이 계명의 핵심입니다. 성적 특성에 인간적 위대성과 존엄성이 부여되는 것은 스쳐 지나가는 관계 맺음이 아니라 두 사람이 서로 긍정하는, 그래서 동시에 자녀에 대해서도 긍정하는 관계, 곧 결혼을 통해서라는 것이지요. 이러한 관계 안에서만 정신이 감각적인 것이 되고 감각이 정신적인 것이 됩니다. 여기에서 바로 우리가 사람의 본질이라고 특징짓는 것이 나타나지요. 그것은 창조의 양극이 서로 받아들이고 그리하여 각자의 존엄성과 위대성을 나누는 교량 역할을 합니다.

지금 말했듯이, 성적인 것의 제자리는 바로 결혼입니다. 다시 말하자면 결혼은 서로간의 보살핌과 미래를 맞으려는 마음가짐을 함께 갖는, 따라서 인류 전체와 고리가 이어지는 사랑과 정절 속의 결합입니다. 따라서 성적인 것이 본래적 존엄성과 인간화를 부여받게 되는 것 역시 당연하게도 바로 결혼을 통해서입니다.

온통 에로티시즘으로 물든 세계에서 본능의 힘은 말할 것도 없이 막강한 편이어서 상호 신뢰와 사랑이 머무는 본래의 자리와의 연결이 더는 명확하지 않게 되었습니다. 성은 이미 오래전부터 상당한 정도 상품화되어 사고팔 수 있게 되었습니다. 그래서 성은 비인간적인 것이 되었고, 한 걸음 더 나아가 인간이 오용되기 시작했으며, 우리는 인간에게서 섹스를 마치 하나의 물건처럼 살 뿐이지 그를 인간으로서 존경할 수 없게 되었습니다. 자신을 상품으로 만들거나 그렇게 하도록 강요를 받아 흥청거리가 된 사람들은 철저하게 몰락할 것입니다. 게다가 어느덧 섹스 시장에서는 새로운 노예 제도까지 나타나게 되었습니다. 그래서 섹스를 서로 책임을 지는 구속적인 자유와 결부시키지 않는 한, 그리고 섹스를 존재의 전체성과 결부시키지 않는 한, 필연적으로 인간의 상품화 논리가 생겨나는 것입니다.

▌다시 한 번 이 계명의 핵심을 짚어 보기로 하지요.

이 계명에는 '남자와 여자는 서로에게 속하도록 되어 있다.'는 창조의 메시지가 들어 있습니다. 남자와 여자가 아버지와 어머니를 떠나 하나의 육체가 되리라는 것은 이미 창세기에서 나온 말이지요. 순전히 생물학적으로만 보면 당연히 이런 식으로 이야기할 수도 있을 것입니다. 자연은 종의 유지를 위해 성적인 것을 만들어 내었다고 말이죠. 하지만 우리가 순전히 자연에 속한다고, 그리고 단순한 생물학적 현실이라고 생각한 것이 남자와 여자의 공동체 속에 오면 인간적인 모습을 갖게 됩니다. 이것은 한 사람이 다른 사람에게 마음을 여는 한 방식이지요. 그러니까 그저 결합과 신뢰만 성립되는 것이 아니라 결국 사람이 잉태되어 생명으로 자라날 수 있는 공간이 성립되는 것입니다. 이 공간 안에는 무엇보다 사람 사이의 올바른 '더불어 살기'가 싹트게 됩니다. 처음에 보기에는 생물학적 법칙성, 자연의 트린(이런 식의 표현이 가능하다면)이던 것이 인간적 모습을 부여받고, 그 모습 속에서 남자와 여자 사이의 신뢰와 사랑이 결합되며, 다시 이것은 동시에 가정의 성립을 가능하게 합니다.

이것이 바로 창조로부터 우리에게 전해지는 이 계명의 핵심입니다. 이 계명을 철저히 지키고 깊이 생각하면 할수록 다른 성적 형식들이 인간적 소명의 본래 수준에 이를 수 없으리라는 사실이 분명해 집니다. 그런 것들은 인간적 성이 이르고자 하는 것, 그리고 이르러야 하는 것과 결코 부합되지 않습니다.

성에 대해서는 다음 장에서 좀더 이야기하도록 하겠습니다. 어떻든 이 계명을 보노라면 이것이 자연의 법칙에 어긋날 수 있지 않은가 하는 의구심도 듭니다. 그러니까 십계명이 우리 인간의 본능과 성향에 배치되는 일이 워낙 많기 때문에 그것을 지키기가 그렇게 어려운게 아니냐는 생각이 들거든요.

어긋나는 것이 아닙니다. 바로 여섯 번째 계명만 하더라도 자연의 메시지 자체를 담고 있습니다. 자연은 두 개의 성이 존재함으로써 하나의 種이 유지될 수 있도록 합니다. 게다가 자궁에서 나온 뒤에도 상당 기간을 혼자 살지 못하고 오랜 보살핌을 받아야 하는 생물체의 경우에는 다시 특별한 방식이 동원됩니다.

사람은 태어나서 바로 보금자리를 떠나는 존재가 아니라 계속 머무르는 존재입니다. 순수하게 생물학적인 차원에서 인간이라는 종은 아버지와 어머니의 사랑이라는 연장된 자궁 안에서 보호받아야 합니다. 그리고 이를 통해 초기의 생물학적 단계를 넘어서 인간 존재로 성장할 수 있습니다. 가정이라는 자궁은 거의 절대적인 생존 조건이 됩니다.

그런 점에서 인간 존재의 본래 모습은 자연 자체에서 드러납니다. 상호간의 지속적인 결합이 필요한 것이지요. 이러한 결합 속에서 우선 남자와 여자는 자신을 서로 내어줍니다. 그런 다음에는 자녀들에게 자신을 내어줍니다. 그럼으로써 자녀들 역시 사랑, 헌신, 희생의 계율에 익숙해집니다. 보금자리에 머물러야 하는 존재는 출산 이후에도 헌신을 필요로 합니다. 그런 점에서 결혼과 가정이라는 소명은 창조 자체에서 비롯한 법칙이면서 인간의 본성에 배치되지 않는 법칙입니다.

그렇지만 그것을 지키는 것이 여간 힘들지 않거든요.

우리가 이야기한 다른 모든 분야뿐만 아니라 여기에도 분명히 반대되는 성향이 존재합니다. 바로 생물학적 힘의 과잉이란 것입니다. 이전의 모든 시대의 후반기에 이른 사회, 이를테면 로마의 황제 시대와 마찬가지로 현대 사회에서도 공공연한 성의 감각화 경향이 나타납니다. 그것은 바로 본능의 과잉을 조장하고 그럼으로써 결혼에 대한 결속을 어렵게 만듭니다.

앞에서 이야기한 네 개의 법칙으로 돌아가 보기로 하지요. 여기서 우리는 두 개의 상이한 자연의 질서를 보게 됩니다. 자연은 인간 남녀가 서로 이끌리는 것이 가장 심오한 자연적 흐름임을 말해 줍니다. 그리고 이것은 인간적 흐름이 되어 인간 존재가 비로소 성장할 수 있는 공간을 형성하게 됩니다. 다른 한편으로는 인간이 어느 정도는 난잡한 성행위를 추구하는 성향이 있음을 자연은 말해 줍니다. 어쨌든 이것은 가족이라는 틀 안에 묶이지 않는 종류의 성을 추구하는 성향입니다.

자연의 이 두 가지 차원에서 나타나는 차이점은 신앙의 입장에서 잘 알아볼 수 있습니다. 그중 하나는 진정한 창조의 메시지로 나타나지만 다른 하나는 인간의 임의에 맡겨집니다. 이런 이유에서 결혼을 통한 결합은 언제나 어려운 일이 됩니다. 그렇지만 이것이 성공을 거두는 경우에 인간성의 성숙이 이루어지고 아이들이 미래를 배울 수 있게 된다는 것을 실제로 볼 수 있습니다. 이혼이 일상화된 사회에서 상처를 입는 것은 언제나 아이들입니다 그렇기 때문에 사실상 아이들의 입장에서 볼 때에 더불어 살고 신뢰와 정절을 지키는 것이야말로 참으로 올바른 일이요 사람에게 어울리는 일입니다.

제 27 과

이웃사랑(2)

　예수에게서 인간사랑은 이웃 사랑 안에서 구체화되는 동시에 온갖 가능한 경계를 넘어서는 하느님께로 개방성으로 향한다. 즉 "하느님에 대한 나눔 없는 사랑과 한계 없는 이웃 사랑이 불가분의 관계로 동일연장선상에 하나를 이룬다. 이렇게 한계를 넘어서는 이웃 사랑은 원수에 대한 사랑에서 정점을 이룬다.

　"원수를 사랑하고 너희를 박해하는 사람들을 위하여 기도하여라. 그래야만 너희는 하늘에 계신 아버지의 아들이 될 것이다. 아버지께서는 악한 사람에게나 선한 사람에게나 똑같이 햇빛을 주시고 옳은 사람에게나 옳지 못한 사람에게나 똑같이 비를 내려 주신다. 너희가 자기를 사랑하는 사람들만 사랑한다면 무슨 상을 받겠느냐? 세리들도 그만큼은 하지 않느냐? 또 너희가 자기 형제들에게만 인사를 한다면 남보다 나을 것이 무엇이냐? 이방인들도 그만큼은 하지 않느냐? 하늘에 계신 아버지께서 완전하신 것같이 너희도 완전한 사람이 되어라"(마태 5, 44 - 48). 그러나 원수를 사랑하라는 요구는 다른 데에서는 찾아볼 수 없는 예수의 독특한 점이다. " '네 원수를 사랑하라' 는 의도적 요청이야말로 예수 자신에게 속하는 것으로 어떤 한계도 인정하지 않는 예수의 이웃 사랑을 특징 지운다." 예수는 원수 사랑에 대한 동기를 다른 어떤 것이 아니라 완전하신 하느님을 닮자는 데에서 찾고 있다. 마태 5, 45에 따르면 하느님은 선인이나 악인에게나 해를 비추고 비를 내리며 적과 친구를 구분하지 않고 보잘것없는 사람에게도 사랑을 베푸는 아버지이다. 그러므로 "하느님의 원수에 대한 사랑이 인간에게 요구된 원수 사랑의 근거를 이룬다."

이렇게 예수가 하느님의 인간에 대한 사랑에 근거해서 내세운 인간 사랑은 모든 경계를 넘어서 개방되어 있다는 특징을 지니고 있다. 이러한 사랑의 철저성(Radikalität)은 용서, 봉사, 포기를 포함하는 데에서도 잘 드러난다. 첫째, 일곱 번이 아니라 일흔 번씩 일곱 번이라도, 즉 끝없이 용서하고(마태 18,22; 참조: 루가 17, 4), 심판하지 말라(마태 7, 1)는 예수의 요구는 "한계 없는 용서의 자세"를 나타낸다. 둘째, 예수는 거듭해서(제자들의 다툼에서, 최후만찬에서, 발을 씻길 때에도) "서열 없는 봉사"를 요구한다. 셋째, 예수는 "대가 없는 포기"를 주장하였는데, 구체적으로는 다른 사람을 위해서 자신의 권리를 포기하고(마태 5, 41), 자신을 희생하며 권력을 포기하며(마태 5, 40), 맞대응의 폭력을 포기하는 것(마태 5, 39)으로 나타난다.

예수는 다가오는 하느님 나라를 선포하면서 그 준비로 회개를 요구하는데, 회개는 내용적으로 인간의 궁극적인 행복을 목표로 하는 하느님의 뜻에 복종하는 것을 의미한다. 이는 경건한 이들에게 신성시 되어 왔던 율법과 성전이라는 척도를 상대화하는 것이고, 무시당하고 소외된 이들까지도 포함한 모든 인간을 위한 헌신을 의미한다. 하느님의 뜻을 실현하는 것은 한마디로 온갖 경계, 즉 가깝고 먼 사람의 경계, 같은 민족과 타민족의 경계, 도덕적인 사람과 비도덕적인 사람의 경계를 넘어서는 사랑이다. 예수는 이런 무한한 사랑을 선포하고 요구하는 데에 그치지 않고 스스로 실천에 옮긴다. 이는 예수가 당시 사회에서 여러 가지 형태로 소외되었던 이들, 특히 죄인들에게 향하는 것에서 분명해진다.

I. 사랑의 실천

예수께서 두 아들의 비유 (마태 21, 28 - 32)

"또 이런 것은 어떻게 생각하느냐? 어떤 사람이 두 아들을 두었는데 먼저 맏아들에게 가서 '애야, 너 오늘 포도원에 가서 일을 하여라' 하고 일렀다. 맏아들은 처음에는 싫다고 하였지만 나중에 뉘우치고 일하러 갔다. 아버지는 둘째 아들에게 가서도 같은 말을 하였다. 둘째 아들은 가겠다는 대답만 하고 가지는 않았다. 이 둘 중에 아버지의 뜻을 받든 아들은 누구이겠느냐?' 하고 예수께서 물으셨다. 그들이 "맏아들입니다" 하고 대답하자 예수께서는 이렇게 말씀하셨다. "나는 분명히 말한다. 세리와 창녀들이 너희보다 먼저 하느님의 나라에 들어가고 있다. 사실 요한이 너희를 찾아 와서 올바른 길을 가르쳐 줄 때에 너희는 그의 말을 믿지 않았지만 세리와 창녀들은 믿었다. 너희는 그것을 보고도 끝내 뉘우치지 않고 그를 믿지 않았다."

우리는 세례성사 때 포도원에 가서 일하겠다는 하느님 나라를 살아 나아가겠다고, 가겠다고 대답만을 하고 아버지의 뜻을 받들지 않은 둘째 아들과도 같다는 것이다. 아주 분명한 것은 처음에는 싫다 하였던 맏아들 같은 세리와 창녀인 공적인 죄인들이 회개생활로 너희보다 먼저 하느님 나라에 들어가고 있다. 믿음에 행동이 따르지 않으면 그런 믿음은 죽은 것입니다.(야고보 2, 17) 최후심판 때 그러면 임금은 분명히 말한다. 너희가 여기 있는 형제 중에 가장 보잘 것 없는 나에게 해 준 것이다.(마태 26, 40)

기쁜 소식의 주된 내용은 다음과 같다. 하느님께서 먼저 우리를 사랑하셨기에(1요한 4,10) 우리도 사랑할 수 있다는 것이다. 하느님의 사랑의 선물은 무엇보다도 우선한다는 점을 아무리 강조해도 부족하다. 만일 우리가 선을 행하기 시작하면 그 행위는 곧 그분 사랑에 대한 응답이 된다. 하지만 사랑이라는 구체적인 형태로 보여져야 하는 것이기에 우리의 응답 자체도 일상생활에서 구체적으로 보여져야 하리라. 가서 너도 그와 같이 행하라. 가서 착한 사마리아인 같이 강도 맞아 죽게 된 사람에게 이웃이 되어 주지 않으며 나에게 해 주지 않는 것으로 나는 너를 모른다.

▮ 제 7계명 : 도둑질을 하지 마라

일곱째 계명은 이웃의 재산을 부당하게 빼앗거나 취하거나 어떠한 형태로든 이웃에게 재산상의 손해를 끼치는 것을 금한다. 이 계명은 현세의 재물과 인간 노동의 결실에 대한 관리에서 정의와 사랑을 명한다. 그리고 이 계명은 공동선을 위해서 재산의 보편적인 용도와 개인의 소유권을 존중할 것을 요구한다. 그리스도인은 현세의 재물을 하느님과 형제적 사랑을 위해 사용하면서 살도록 힘써야 한다.

▮ 재물의 보편적 목적과 사유 재산

태초에 하느님께서는 땅과 그 자원을 인류의 공동 관리에 맡기셨으며, 그것을 돌보고, 노동을 통해 지배하며, 그 결실을 이용하도록 하셨다. 창조된 모든 재물은 온 인류를 위한 것이다. 그러나 궁핍해질 수 있고, 또한 폭력의 위협을 받을 수도 있는 인간 생활의 안전을 보장하기 위해서 땅은 사람들에게 분배되었다. 인간의 자유와 존엄성을 보장하고, 가 사람마다 그에게 기본적으로 필요한 것을 마련하며, 그 사람이 책임지고 있는 이들에게 필요한 것을 마련해 주기 위해서 재산을 소유하는 것은 정당하다. 재산의 소유는 사람들 사이에서 본래 있어야 할 연대성이 드러나는 것이어야 할 것이다.

"도둑질하지 못한다"(신명 5, 19). "도둑질하는 자나 탐욕을 부리는 자나 (……)약탈하는 자들은 하느님의 나라를 차지하지 못한다"(1고린 6, 10).

일곱째 계명은 지상의 재물과 인간 노동의 결실을 관리하는 데에 정의와 사랑의 실천을 명한다.

창조된 재화는 인류 전체를 위한 것이다. 사유 재산권은 재물의 보편적 목적을 폐기하지 못한다.

일곱째 계명은 도둑질을 금한다. 도둑질은 소유자의 정당한 뜻에 반하여 타인의 재물을 빼앗는 것이다.

어떤 방식으로든 타인의 재물을 부당하게 빼앗고 사용하는 것은 일곱째 계명을 어기는 것이다. 부정을 저질렀을 때는 보상해야 한다. 교환 정의는 훔친 물건의 반환을 요구한다.

도덕률은 상업이나 전체주의를 위한 목적으로 인간을 노예화하고, 인간을 매매하며, 상품처럼 교환하는 행위들을 금한다.

창조주께서 주신 우주의 광물, 식물, 동물 자원에 대한 지배권은 장차 태어날 후손들에 대한 의무를 포함하여, 도덕상의 의무를 중시하는 것과 분리될 수 없다.

동물은 인간의 관리에, 맡겨졌으므로, 인간은 동물을 보살펴야 한다. 인간은 자기의 필요를 정당하게 충족시키는데 동물을 이용할 수 있다.

인간의 기본권이나 영혼들의 구원을 위해 필요할 때, 교회는 경제와 사회의 문제에 대해 판단을 내린다. 우리의 궁극 목적이시며 최고선이신 하느님을 위해 있는 인간인 까닭에, 교회는 인간의 현세적 공동선에 관심을 기울인다.

인간은 그 자신이 모든 경제생활과 사회생활의 주인이고, 중심이며, 목적이다. 사회문제의 결정적 요점은 하느님께서 모든 사람을 위해 창조하신 재화가 정의에 입각해서, 그리고 사랑의 도움으로 실제로 모든 사람에게 전해져야 한다는 것이다.

노동의 가장 중요한 가치는 노동의 주체이며 노동의 목적이 되는 인간 바로 그 자신에게서 나오는 것이다. 인간은 스스로 노동을 함으로써 창조사업에 참여한다. 그리스도와 일치하여 행하는 노동은 구원의 가치를 지닐 수 있다.

참다운 발전은 인간 전체의 발전이다. 참 발전이란 각자가 자신의 소명, 곧 하느님의 부르심에 응답할 수 있는 모든 사람의 능력을 성장시키는 데 있다.

가난한 이들에게 베푸는 자선은 형제애의 증거이다. 자선은 또한 하느님께서 기뻐하시는 정의의 실천이기도 하다.

먹을 것 없고, 집 없고, 정착지가 없는 수많은 사람들 중에서, 비유에 나온 굶주린 거지 라자로를 어떻게 알아보지 못하겠는가? "너희가 여기 있는 형제들 중에 가장 보잘것없는 사람 하나에게 해주지 않은 것이 곧 나에게 해주지 않은 것이다." (마태 25, 45) 하시는 예수님 의 이 말씀을 어떻게 외면할 수 있겠는가?

과거 어느 때보다도 요즈음 분명하게 드러나는 것이 사람들이 자신의 소유, 곧 재물만을 위해 살면서 자기를 파멸시키는 모습입니다. 그래서 사람들은 그 속에서 몰락하고 소유가 사람들에게 진정한 신적 대상이 됩니다. 이를테면 전적으로 증권시장의 법칙에 몸을 맡긴 사람은 근본적으로 다른 것에 대해서는 생각할 수 없게 됩니다. 이 소유의 세계가 사람들에게 절대 권력을 행사하는 것을 우리는 볼 수 있습니다. 사람들은 많이 가지면 가질수록 그만큼 더 노예화됩니다. 왜냐하면 그것을 지키고 불려 나가기 위해 쉴 새 없이 전전긍긍하지 않을 수 없기 때문입니다.

소유의 문제는 제1세계와 제3세계 사이의 왜곡된 관계에서도 분명하게 나타납니다. 여기서 소유는 이제 재물에 대한 보편적 규정을 올바르게 따르지 않습니다. 그래서 여기서도 이를 바르게 유지하도록 하거나 아니면 우선적으로 바른 데로 이끌 수 있는 법적 형식을 갖추어야 합니다.

이제 다른 사람의 소유를 존중한다는 말 뒤에 얼마나 엄청난 현실적 부담이 제기되는지 알 수 있습니다. 이 계명은 각자 살아가기에 필요한 것을 얻도록(그리고 얻은 다음에는 그것을 지키도록) 보호하는 것을 의미하는 동시에 자신의 재물을 창조의 전체적 위임과 이웃 사랑(박애)에 어긋나지 않게 이용해야 한다는 책임까지 포괄합니다.

▌사람의 유괴를 금한 계명

단순한 도둑질도, 살인이나 간음을 금한 계명과 함께 다루어야 할 만큼 중대할까? 십계명의 도덕적 요구는 원래, 모세의 율법에서 사형감으로 규정하고 있는 중한 범죄들만을 대상으로 하고 있다면, 이 계명도 가장 악랄하게 다른 이의 자유를 빼앗는 것을 금한 명령이라 볼 수 있다. 즉, 자유로운 신분의 어떤 이스라엘 남자를 노예로 팔아넘기기 위해 유괴하는 것을 금한 계명인 것이다. 성서에 "유괴범은 유괴한 사람을 팔아 버렸든, 잡아 두었든 간에 반드시 사형에 처하여야 한다"고 기록되어 있다(출애 21, 16). 얼마큼 후대로 내려와서도 이 계명을 비슷한 관점에서 이해하고 있다. 신명기에는 다음과 같이 기록되어 있다. "동족인 이스라엘 사람을 부려먹거나 팔 생각으로 유괴한 자가 있거든 그를 죽여 버려라. 그리하여 이런 나쁜 짓을 너희 가운데서 송두리째 뿌리 뽑아야 한다"(24, 7).

그러므로 이 계명은 본래 이스라엘 동포 개개인의 자유를 탐욕의 희생이 되지 않도록 보호하려고 한 금령이다. 개인의 자유를 침범하는 모든 부당한 행위를, 민족공동체를 해치는 범죄로 간주했던 것이다. 고대 근동지방의 다른 민족들의 문헌, 예컨대 헷족의 법이나 함무라비 법전에도 이와 비슷한 금령이 있다.

다른 계명들과 마찬가지로 이 계명도 세월이 흐름에 따라 확대 해석되어, 다른 이의 자유를 제한하는 모든 부당한 행위와 강탈행위에 적용되고, 남의 재산에 손해를 입히는 모든 행위에도 적용되기에 이르렀다.

신약성서에서는 이 계명의 핵심적인 두 가지 문제, 즉 개인의 인격적 자유를 보호하는 문제와 재산 소유권의 정당성을 안정하는 문제가 수많이 다루어지고 또 강조되고 있다.

▌개인의 인격적 자유의 보호

피조물의 자유와 하느님 자녀들의 자유는 사도 바오로의 설교와 서간의 중요한 테마이다.

"모든 피조물은 하느님의 자녀들이 나타나기를 간절히 기다리고 있습니다. 피조물이 제구실을 못하게 된 것은 제 본의가 아니라 하느님께서 그렇게 만드신 것입니다. 그러나 거기에는 희망이 있습니다. 곧 피조물에게도 멸망의 사슬에서 풀려나서 하느님의 자녀들이 누리는 영광스러운 자유에 참여할 날이 올 것입니다. 우리는 모든 피조물이 오늘날까지 다 함께 신음하며 진통을 겪고 있다는 것을 알고 있습니다"(로마 8, 19-22).

"여러분의 자유로운 행동이 믿음이 약한 사람을 넘어지게 하는 일이 없도록 조심하십시오"(1고린 8, 9).

"왜 내 자유가 남의 양심 때문에 제약을 받아야 하느냐?"(1고린 10, 29).

"주님의 성령이 계신 곳에는 자유가 있습니다"(2고린 3, 17).

특히 갈라디아서는 그리스도신자들이 하느님 자녀로서의 자유를 누리도록 부르심을 받았다는 것을 강조하고 있다.

"자유를 위하여 그리스도께서는 우리를 해방시켜주셨습니다. 그러니 여러분은 이제 굳게 서서 다시는 종살이 멍에에 얽매여 있지 않도록 하십시오"(갈라 5, 1)

"형제 여러분, 여러분은 자유를 누리기 위하여 부르심을 받았습니다. 다만

이 자유를 육을 위하는 구실로 삼지 말고 오히려 여러분은 서로 사랑으로 남을 섬기십시오. 실상 모든 율법은 '네 이웃을 네 몸같이 사랑하라'는 한마디 말씀 안에 다 들어 있습니다"(갈라 5, 13-14).

베드로 전서도 비슷하게 자유의 남용을 경고하고 있다.

"여러분은 자유인이지만 그 자유를 악을 행하는 구실로 삼지 말고 오히려 하느님의 종으로 처신하십시오"(1베드 2, 16).

이 계명의 실제적 목적은 바로 여기에 있고, 이것은 오늘날에도 마찬가지다. 즉, 이 계명은 개개인의 생명과 재산뿐 아니라 인격적 자유도 보호하려는 것이다.

▌재산을 자기 마음대로 처리할 수 있는가?

구약성서에 의하면, 이스라엘 사람들이 에집트인들의 종살이 멍에에서 해방된 것은 위대한 구원사건이었다. 그래서 이 백성의 입법立法에는 사회적이고 자유를 존중하는 기본태도가 드러나 있다. 이스라엘 백성 가운데서는 재산에 대한 절대적 소유권이란 없었다. 왜냐하면 모든 재물의 원래 임자는 하느님이시기 때문이다. 다만 그것을 잘 관리하도록 사람에게 맡겨져 있을 뿐이다. 따라서 사람은 언제든지 하느님 앞에서 그 재산에 관해 책임을 져야 한다.

그래서 이스라엘에서는 소유권을 남용하는 모든 행위에 제약을 가했다. 예컨대, 7년마다 안식년이 돌아오면 모든 채권자는 채무자의 빚을 탕감해 주게 했고, 또 50년에 한 번씩 있는 경축년에는 모든 이에게 해방을 선언하고 모든 소유물을 그 원래의 주인에게 돌려주게 했던 것이다.

신약성서에서는 여러 가지 비유로, 특히 산상설교에서, 사람이 그 재물에 얽매이는 것을 경고하고 있다.

"재물을 땅에 쌓아 두지 말아라. 땅에서는 좀먹거나 녹이 슬어 못쓰게 되며 도둑이 뚫고 들어와 훔쳐 간다. 그러므로 재물을 하늘에 쌓아 두어라. 거기서는 좀먹거나 녹슬어 못쓰게 되는 일도 없고 도둑이 뚫고 들어와 훔쳐 가지도 못한다. 너희 재물이 있는 곳에 너희 마음도 있다"(마태6, 19-21).

"아무도 두 주인을 섬길 수는 없다. 한편을 미워하고 다른 편을 사랑하거나 한편을 존중하고 다른 편을 업신여기게 된다. 너희는 하느님과 재물을 아울러 섬길 수 없다"(마태 6, 24).

하느님의 나라를 구하려면 현세적인 가치에 얽매여서는 안 된다.

"너희는 무엇을 먹고 마시며 살아갈까, 또 몸에는 무엇을 걸칠까 하고 걱정하지 말아라. 목숨이 음식보다 소중하지 않느냐? 또 몸이 옷보다 소중하지 않느냐? … 너희는 먼저 하느님의 나라와 하느님께서 의롭게 여기시는 것을 구하여라. 그러면 이 모든 것도 곁들여 받게 될 것이다"(마태 6, 25. 33).

예수께서는 어떤 부자 청년에게 다음과 같이 말씀하셨다.

"네가 완전한 사람이 되려거든 가서 너의 재산을 다 팔아 가난한 사람들에게 나누어주어라. 그러면 하늘에서 보화를 얻게 될 것이다. 그러니 내가 시키는 대로 하고 나서 나를 따라오너라."

그러나 그 젊은이는 재산이 많았기 때문에 이 말씀을 듣고 풀이 죽어 떠나갔다. 예수께서는 제자들에게 이렇게 말씀하셨다.

"나는 분명히 말한다. 부자는 하늘나라에 들어가기가 어렵다. 거듭 말하지만 부자가 하느님나라에 들어가는 것보다는 낙타가 바늘귀로 빠져 나가는 것이 더 쉬울 것이다"(마태 19, 21-24).

〈포도원 일꾼과 품삯〉의 비유에서, 어떤 포도원 주인은 아침 일찍부터 일한 사람에게나 막판에 와서 한 시간밖에 일하지 않은 사람에게나 똑같은 품삯을 주었다. 그러자 아침부터 온종일 일한 사람들이 불평을 했다. 주인은 그들에게 다음과 같이 대답했다. "내것을 내 마음대로 처리하는 것이 잘못이란

말이오? 내 후한 처사가 비위에 거슬린단 말이요?"(마태 20, 1-16)

하느님의 나라에 관한 이 비유는, 하느님은 지극히 자비하신 분으로서, 충분한 보수를 받을 자격이 없는 자에게도 넉넉한 보수를 주신다는 것을 가르치고 있다. 뒷부분의 〈불평〉에 관한 이야기는 불쌍한 사람들이나 죄인들에게 관대하신 예수께 불평했던 바리사이파 사람들과 율법학자들을 겨냥한 가르침이다. 즉, 하느님은 율법적 입장만을 고수하시는 분이 아니고 무한히 관대하시며 인자하신 분이라는 뜻이다. 우리도 단지 법적인 공평만을 찾지 말고 그것을 넘어 사랑의 선행을 할 줄 알아야 한다. 그것이 참된 자유이다. 개인적인 필요나 욕구를 초월하여 이웃을 돕는 데 자기 재물을 이용하는 것이야말로 소유권의 자유롭고도 올바른 행사이다. 이 점에 있어서 우리는 좀 더 진지하게 초대교회의 신자들을 본받아야 한다.

"그 많은 신도들이 다 한마음 한뜻이 되어 아무도 자기 소유를 자기 것이라 하지 않고 모든 것을 공동으로 사용하였다. … 그들 가운데 가난한 사람은 하나도 없었다. 땅이나 집을 가진 사람들이 그것을 팔아서 그 돈을 사도들 앞에 가져다 놓고 저마다 쓸 만큼 나누어 받았기 때문이다"(사도 4, 32. 34).

중세기에 소유물의 사용과 관련해서 특히 공익의 원칙을 강조한 사람은 토마스 아퀴나스이다. 즉, 지상의 재물은 인류 전체의 복지를 위해 활용되어야 한다는 것이다. 토마스에 의하면, 인간 개개인은 사유재산을 소유할 권리가 있지만, 이 권리는 개인이나 개인의 자유 권리에서 근거를 두고 있는 것이 아니라, 사회공동체에 근거를 두고 있다. 따라서 사리사욕을 위한 무제한의 축재나 부정한 이익, 취득, 고리대금 등에는 제한을 가해야한다는 것이다. 오늘날 제 7계명을 해석하는 데 이 토마스의 사상을 인용하면 달가와하지 않는 사람이 많겠지만, 재물의 사회적 성격을 강조한 그의 깊은 신학적 통찰은 높이 평가해야 한다.

현대인은 재물과 소유권을 이중으로 잘못 평가하는 경향이 있다. 즉, 하나는 개인의 경우 사유재산이 많을수록 행복하리라는 생각이요, 또 하나는 이 세상의 구원과 모든 사회복지도 결국 국민 총생산 고가 높아지면 저절로 실현되리라는 생각이다. 이것은 물질적 재화를 지나치게 높이 평가하는 데서 나오는 견해이다. 그러나 이 제 7계명은 그런 물질적 재화보다 인간의 인격과 자유를 더 중시해야 한다는 것을 가르치고 있는 것이다.

수세기 동안 사람들이 체험해 왔던 바가 다음과 같은 격언으로 요약되어 있다.

나누는 슬픔은 밤감된 슬픔이 되고 나누는 기쁨은 더 큰 기쁨이 된다.

_ 독일 격언

제 7계명 : "도둑질을 하지 말라" (하느님의 계명)

제10계명 : "남의 재물을 탐내지 말라" (하느님의 계명).

사유재산 : 사람마다 자기 마음대로 처분할 수도 있고 주어 버릴 수도 있으며 자유롭게 사용할 수 있는 재산을 말한다. 이 권리는 많은 나라에서 법적으로 보호를 받는다. 교회는 독일 연방 공화국의 헌법에서처럼(14조 1-2항) 사유재산의 사회적 책임성을 강조하고 있다. 철저하게 자유로운 사유재산의 처분권 때문에 마음먹기에 따라서는 쉬이 건실하지 못한 재산 증식욕이 유발될 수도 있고, 가난한 이들에게는 계속적인 손상이, 부유한 이들에게는 더 큰 이득이 주어지는 결과가 나타날 수도 있다.

소유 : 사람이 어떤 사물을 실제로 자신의 것으로 하는 것이다(사물에 대해 법적으로 가지고 있는 '점유권'과는 구별이 된다). 소유와 재산은 종종 뒤바뀌어 쓰이는 말들이다.

사회적 책임 : 각 사람은 공익을 위해 재산과 소유물 그리고 타고난 재능과 능력을 사용해야 할 공동책임을 지고 있다. 오늘날에는 이러한 책임을 정부 기관에서 대행하고 있으나 그에 필요한 경비는 과세 방법을 통해서 충당한

다. 그러나 각자는 각자의 사회적 책임을 인식하고 사회에 깊은 관심을 기울여야 한다.

공동책임 : 큰 단체에서는 물론 작은 단체에서도 구성원 각자가 나누어 수행해야 할 고유한 책임에 대해 총체적으로 말할 때 쓰는 표현이다.

경영참여 : 노동자들이지만 자신들의 안녕에 관한 사안의 결정 과정에 소신을 가지고 참여하는 것을 일컫는 말이다. 사안별로는 개인적인 일로 노동환경, 진급, 고용, 퇴직 및 전근을 들 수 있고 회사차원에서는 사세의 확장, 시설물 설비와 설치, 공장의 이전 및 폐쇄 등 중차대한 사안의 결정에 협력하는 것을 예로 들 수 있다. 이러한 일에 대해 부분적이지만 법적으로도 규정되어 있다.

도둑질 : 다른이의 소유나 재산을 불법적으로 탈취하는 것, 아울러 착복(예: 세금포탈)이나 사기, 강탈, 약탈, 그리고 좀도둑질도 이에 해당한다. "소유는 도둑질이다"라는 표어는 생산수단을 자본주의식으로 사유재산화하는 것을 비평하는 말이다. 말하자면, 사용자의 재산은 애초에 노동자들이 안겨준 것임에도 불구하고 사용자는 그 재산에 덧붙여 노동자들로부터 착취행위를 일삼고 있다는 표현인 것이다. 교회로서는 사유 재산권은 물론 그에 수반되는 사회적 책임도 강조하고 있다.

강탈 : 신체나 생명에 위협적인 폭력을 가하면서 하는 도둑질.

장물취급 : 죄가 성립이 되는 행위로써 탈취한 것을 구입하거나, 매매하는 것을 뜻한다. 개인의 이득을 위해 다른 이의 범행을 방조하는 것, 처벌 대상인 범인을 은닉코자 한 것도 이상의 관점에서 참고할 수 있다.

▌제 8계명 : 거짓 증언을 하지마라.

이웃에게 불리한 거짓 증언을 못한다(출애 20, 16).

'거짓 맹세를 하지 말라. 그리고 주님께 맹세한 것은 다 지켜라.' 고 옛 사람들에게 하신 말씀을 너희는 들었다(마태 5, 33).

여덟째 계명은 타인과 맺는 관계에서 진실을 왜곡하는 것을 금한다. 이 도덕적 계명은 진리 그 자체이시며 진리를 바라시는 자기 하느님의 증인이 되어야 할 거룩한 백성의 소명에서 유래한다. 진실을 어기는 것은, 말이나 행실로써, 도덕적 엄정성을 지키기를 거부하는 것이다. 진실을 어기는 것은 하느님께 대한 크나큰 불성실이며, 이런 뜻에서, 계약의 기반을 무너뜨리는 것이다.

▌진리 안에 산다

구약성서는 하느님께서 모든 진리의 근원이심을 증언하고 있다. 하느님의 말씀은 진리이시다. 하느님의 법은 진실하다. "하느님의 진실하심은 대대에 이른다"(시편 118, 90). 하느님께서는 "진실하신"(로마 3, 4) 분이시기에, 하느님 백성의 지체들은 진실하게 살아야 마땅하다.

하느님의 진리는 예수 그리스도에게서 모두 드러났다. "그분에게는 은총과 진리가 충만하였다"(요한 1, 14). 예수님은 "세상의 빛이시다"(요한 8, 12). 예수님은 진리이시다. "누구든지 그분을 믿는 사람은 어둠 속에서 살지 않을"(요한 12, 46) 것이다. 예수님의 제자들은 그들을 성화시켜 주고, "자유롭게 해 주는 진리"(요한 8.32 참조)를 알기 위해서 그분의 말씀을 귀담아듣는다. 예수님을 따름은 성부께서 당신의 이름으로 파견하시고, "진리를 온전히 깨닫도록"(요한 16, 13) 이끄시는 "진리의 성령"(요한 14, 17)으로 사는 것이다. 예수께서는 당신 제자들에게 진리에 대한 절대적 사랑을 가르치신다. "너희는 그저 '예' 할 것은 '예' 하고, '아니오' 할 것은 '아니오' 라고만 하여라"(마태 5, 37).

그리스도의 제자들은 "올바르고 거룩한 진리의 생활을 하는, 하느님의 형상대로 창조된 새사람들이다"(에페 4, 24).

　진리 또는 진실은, 인간이 자신의 행동으로 참된 것을 보여주고, 자신의 말로써 참된 것을 드러내며 이중성과 위장과 위선을 피하게 하는 덕목이다.

　그리스도인은 행위와 말에서 "우리 주님을 위해서 증인이 된 것을 부끄럽게 생각해서는"(2디모 1, 8) 안 된다. 순교는 신앙의 진리를 최상으로 증언하는 것이다.

　사람들의 명성과 명예를 존중하려면, 비방하거나 중상 하는 일체의 태도나 말을 삼가야 한다.

　거짓말은 진리를 알 권리를 가진 이웃을 속일 의도로 거짓을 말하는 것이다.

　진실을 거슬러 죄를 지은 사람은 보상을 해야 한다.

　황금률은 구체적인 상황에서 진실을 알고자 하는 사람에게 그것을 알려주는 것이 적절한지 아닌지를 분별하는 일에 도움이 된다.

　"참회성사의 비밀은 불가침이다." 직업상의 비밀도 지켜져야 한다. 타인에게 해로운 비밀은 누설하지 말아야한다.

　사회는 진리와 자유와 정의에 입각한 정보를 제공받을 권리가 있다. 대중 전달 수단을 사용하는 데에서 인간은 마땅히 절제와 규율을 지켜야 한다.

　미술, 특히 성 예술은 "그 본질상 인간이 만든 작품을 통하여, 하느님의 한 없는 아름다움을 어느 정도 표현해 보려고 한다. 성 미술은 또한 사람들의 영혼을 하느님께 향하게 하는 유일한 목적을 가진 만큼 하느님의 영광을 찬미하는 일에 더욱 큰 보탬이 되는 것이다."

　사람의 근본적 선이라고 하는 진리의 의미가 바로 이 사실에 뿌리를 두고 있다는 점입니다. 모든 계명이 다 사랑의 계명이거나 이 계명의 연장선상에 있습니다. 그런 점에서 모든 계명은 아주 명백하게 진리의 선과 관련되어 있습니다. 우리가 진리에서 벗어나거나 진리를 가장하여 거짓말에 빠져들면, 다른 사람들에게는 이따금 손해를 입히지만 자신에게는 항상 손해를 입히게 됩니다.

잘 알려진 것처럼 작은 거짓말이 습관이 됩니다. 거짓으로 세상을 살고 어디를 가든 거짓으로 처리하고, 그러다가 결국에는 스스로 거짓말에 휩쓸려들어 사실과 반대로 세상을 살아가게 된다는 것이죠. 여기에 내포된 것이 진리의 존엄성을 해치는 일은 무엇이든 사람을 천박하게 만들 뿐만 아니라 사랑을 거스르기도 하는 커다란 잘못이라는 사실입니다. 우리가 다른 사람에게 진리를 감춘다면 그것은 바로 그에게 본질적인 선을 감추는 것이요, 그래서 그를 결국 잘못된 길로 이끄는 것이 되기 때문입니다. 진리는 사랑인데, 사랑이 진리에 대립된다면 자신을 왜곡시키고 말 것입니다. 진리가 너희를 자유롭게 할 것이다.

거짓말은 진실을 왜곡한다. 그것은 또 사람을 의심하게 만든다. 더불어 그것은 인간사이의 신뢰심을 파괴해 버린다. (화란교리서).

▮ 거짓증언이란?

이 계명은 본래 보통의 거짓말이나 성실하지 않은 발언을 가리켜 말하고 있는 것이 아니라, 다른 이에게 치명적인 해를 끼치고 따라서 죽음의 벌을 받아 마땅한 거짓말을 두고 단죄하고 있는 금령이다. 이 계명 배경에는 구약시대에 이스라엘 백성들이 어떤 동포를 재판할 때의 관습이 전제되어 있다. 지역사회에서 자유 공민권을 가진 남자들은 재판에 관여할 권리를 가지고 있었다. 판결은 성문城門 앞에서 내려졌다. 성읍의 주민은 누구나 소송사건을 심리하는 자리에 참석할 수 있었다. 특히 재판에서의 증언여하에 따라 피의자의 생명이 좌우될 경우에는 매일 주민들이 소집되었다.

따라서, 거짓증언을 하지 말라는 이 계명은 동포인 이웃의 명예, 명망, 권리를 존중해야 한다는 사상의 구체적 표현이고, 그 목적은 자유인으로서의 모든 이스라엘 사람들의 기본권을 보호하는 데에 있었다. 올바른 증언을 하느냐 그릇된 증언을 하느냐에 따라 동포 한 사람의 명판뿐 아니라 생명까지도 좌우될 수 있었기 때문이다. 소송사건에서는 단지 한편으로 치우친 말만 해도 실질적으로 거짓증언이 되어 당사자에게 중대한 해를 끼칠 수 있다. 또한 사실을 사실대로 밝히지 않는 것도, 비록 직접 거짓말을 하지 않았다 할지라도 역시 거짓증언이 된다.

거짓말이란 하느님께서 맺어주신 계약을 깨뜨리고 불성실하게 행동한다는 뜻이다. 거짓증언을 하는 자는 진실을 유린할 뿐 아니라 피의자에게 부당한 해를 끼치니, 그의 소행은 사회공동체가 그에게 요구하는 성실성을 저버리는 것이 된다.

이스라엘에서 어떤 살인자를 재판할 때는 두 사람의 증인을 내세워 그 증언에 의거해서 유죄임을 확인한 다음에야 사형에 처할 수 있었다. 그리고 처형 할 때에는 그 증인들이 제일 먼저 돌을 던져야 했다. "못할 짓을 한 사람을 죽이려면 두세 사람의 증언이 있어야 한다. 한 사람의 증언만으로는 죽일 수 없다. 그를 죽일 때에는 증인이 맨 먼저 쳐야 한다. 그러면 온 백성이 뒤따라 칠 것이다. 그리하여 이런 나쁜 일을 너희 가운데서 송두리째 뿌리 뽑아야 한다"(신명 17,6-7).

그러나 증인의 진술이 거짓이었을 때는 스스로 살인죄를 범하였으니 똑같이 돌에 맞아 죽어야 했다. "재판관들은 잘 조사해 보고 증인이 동족에게 거짓 증언을 한 것이 드러나면 그가 그 동족에게 하려고 마음먹었던 대로 그에게 갚아주어야 한다. 그리하여 이런 나쁜 짓을 너희 가운데서 뿌리 뽑아야 한다. 그리하면 다른 사람들이 이 말을 듣고 두려워하여 이런 나쁜 짓을 하는 자가 너희 가운데서 다시는 생기지 않을 것이다"(신명 19,18-20).

▎말은 신중히 해야 한다

이 계명이 오늘의 우리에게는 현실적으로 소송사건 같은 특수한 상황에서 적용되어야 할 경우는 많지 않다. 그보다 일상생활에서 우리는 거의 매일 다른 사람의 태도나 행동에 대해 비판하면서 증언 혹은 고발자나 재판관 노릇을 하고 있다. 그러므로 우리는 특히 다른 사람에 관해 이야기할 때에 신중을 기할 필요가 있다. 거짓말뿐 아니라, 다른 사람의 좋은 평판을 시기하고 깎아 내리는 것도 이 제8계명에 저촉된다.

"혀는 강철은 아니나 사람을 죽인다"는 이 속담은 다른 이의 사소한 결점을 헐뜯고 지나치게 비방할 때 그 사람을 망칠 수도 있다는 것을 가르쳐 준다. 예수시대에 교만한 바리사이파 사람들은 흔히 그런 짓을 했었다.

어린이들이 서로 고자질을 하고, 또 난처한 경우 흔히 친구에게 책임을 전가하며 자기는 발뺌을 하는 것을 볼 수 있는데, 이것은 비단 어린이들뿐 아니라 누구에게나 있는 인간본성의 나쁜 일면을 보여준다. 즉, 우리는 자신의 허물을 솔직히 인정하려 하지 않고, 구약시대에 인간의 죄를 대신 씌워서 광야로 놓아 보내곤 했던 염소를 오늘날에도 찾고 있는 것이다. 예컨대, 다른 사람에게 책임을 전가하거나 혹은 지나치게 비방함으로써 그 사람을 저 구약시대의 속죄를 위한 염소로 삼는 경우가 얼마나 많은가!

▎진실에는 사랑이 있다

거짓말은 진실처럼 가장하고 사실같이 꾸민다. 불성실하게 직접 그릇된 말을 하지 않더라도, 꼭 해야 할 말을 빼먹거나 침묵을 지키는 것도 사실을 왜곡하는 것이다.

진실은 현대인이 가장 중요시해야 할 근본덕성이다. 특히 높은 지위에 있는 이들에게 진실성이 요구된다. 교회 안에서도 그렇고, 정계나 교육계에서도 그렇다. 책임 있는 자리에 있는 사람들이 어쩌다 잘못한 일을 공개적으로 시인하더라도 그 권위가 상실되는 것은 아니다. 오히려 그 잘못을 숨기거나 얼버무릴 때, 그 권위는 여지없이 실추된다. 진실한 마음가짐이란 단지 말이나 행동으로 나타낼 수 있는 것 이상의 깊은 삶의 자세를 뜻한다. 즉, 진실은 공동생활과 인간 상호간의 만남에 있어서 꼭 지켜야 하는 근본원칙인 것이다.

인간적인 만남에 있어서 사랑이 깃 들인 진실성은 먼저 다른 이의 말을 올바르게 듣고 이해하려는 데서 시작된다. 자기가 듣기 좋은 이야기에만 귀를 기울일 때, 상대방을 오해하게 되고 또 그 이야기를 제삼자에게 전할 경우에는 더욱 사실을 왜곡하게 된다. 우리는 사실을 올바르게 파악하고 상대방의 의견을 정당하게 평가할 줄 알아야 한다. 진실성이란 상대방의 이야기에 참을성 있게 귀를 기울이고 불쾌한 의견에도 유의할 줄 아는 아량을 필요로 한다. 우리는 자기도 모르는 사이에 진실을 외면하고 자기기만에 빠지는 수가 대단히 많은 것이다.

가장 위험한 것은 자신이나 다른 이의 성실치 않은 태도에 무관심하고 예사롭게 여기는 사회풍조이다. 현실과 유리된 꿈꾸는 듯한 생활태도는 생명력을 잃게 된다. 진리와 생명은 하나의 전체를 이루는 불가분의 짝이다. 이 두 가지가 합해야 참된 삶이 영위된다. 예수께서 바로 그 모범을 우리에게 보여 주셨다. "나는 길이요 진리요 생명이다" (요한 14, 6).

진실과 사랑도 서로 떼어놓고 생각할 수는 없다. 사랑과는 어긋나게 이야기된 사실이란 이미 진실일 수 없다. 우리가 흔히 "나는 그에게 진실을 말하고 싶었다!" 하는 말 속에는 미움의 가시가 들어 있는 수가 많다. 다른 이에게 괴로운 짐을 지운다는 것은 전혀 고려하지 않고, 형편이야 어떻든 사실을 밝혔다고 변명하는 사람들이 있는데, 이것은 진실을 올바르게 말했다고는 할 수 없다. 사랑이 깃들인 진실한 태도란, 상대방에게 사실을 말할 때에 그가 그 사실을 받아들일 마음의 준비와 능력이 있는지를 먼저 살피는 민감한 태도를 말한다. 특히 어린이들과 병자들, 혹은 어떤 일로 몹시 고민하고 있는 사람들을 대할 때 그렇다. 거짓말은 물론, 사랑 없이 무분별하게 직언直言하는 사실도 상대방에게 도움을 주지 못하는 것이다.

"우리는, 말로나 혀끝으로 사랑하지 말고 행동으로 진실하게 사랑합시다. 우리는 이렇게 사랑함으로써 우리가 진리에 속해 있다는 것을 알게 되고 또 하느님 앞에서 확신을 가질 수 있습니다"(1요한 3, 18-19). 성서는 악마를 "거짓말의 아비"라 부르고(요한8, 44), 우리가 거짓말을 하지 말고 이웃에게 진실을 말할 것을 요구하고 있다(에페 4, 25). 왜냐하면, "진리를 행하는 사람은 빛으로 나아가기 때문이다"(요한 3 21). 또 묵시록에서는 어린양을 따르다가 사람들 가운데서 구원된 사람들에 관해 "그들의 입에서는 거짓말을 찾아볼 수 없었으며, 그들은 아무런 흠도 없는 사람들입니다"라고 말하고 있다(묵시 14, 5).

예나 지금이나 어떤 속임수를, 최소의 악으로 알고 부득이 쓰지 않을 수 없는 난처한 경우가 분명히 있다. 가령 범죄자에게 협박을 당하거나 공산당 같은 독재적 기관에서 고문을 당할 때 형식적으로 정직한 말을 하기보다는 죄 없는 사람의 신변을 보호하기 위해 입을 다무는 것이 더 중요하다. 이런 경우에도 경솔하게 거짓말쟁이들에게는 거짓말을 해야 한다는 원칙을 내세워서는 안 된다. 우리는 거짓말을 하는 자에게도 진실을 알릴 의무가 있다. 다만 그쪽이 바라는 것과는 다른 방식으로 하면 될 것이다.

특히 오늘날에는 매스컴 기관들에 진실성이 절실하게 요구된다. 텔레비전, 라디오, 신문잡지 등은 스스로 원하건 원하지 않건 대중의 여론을 광범위하게 좌우할 수 있는 힘을 가지고 있다. 바로 그렇기 때문에, 제작자들은 진실을 추구하는 고상한 기풍을 가져야 하고, 또 한편 시청자나 독자들은 거기에 상응하는 비판적 안목을 가져야 한다. 물론 정치가들도 진실을 말하고 또 그대로 실천해야 할 의무가 있다.

제 9계명 : 남의 아내를 탐내지 마라
제 10계명 : 남의 재물을 탐내지 마라

네 이웃의 집을 탐내지 못한다. 네 이웃의 아내나 남종이나 여종이나 소나 나귀 할 것 없이 네 이웃의 소유는 무엇이든지 탐내지 못한다(출애 20, 17).

누구든지 여자를 보고 음란한 생각을 품는 사람은 벌써 마음으로 그 여자를 범했다(마태 5, 28).

성 요한은 탐욕 또는 사욕邪慾을 세 가지로 구분한다. 곧 육체의 탐욕, 눈의 탐욕 그리고 재산의 자랑이다. 전통적으로 가톨릭교회는 아홉째 계명은 육체의 탐욕을 금하고, 열째 계명은 남의 재물을 탐하는 것을 금한다고 가르쳐왔다.

어원학적인 의미에서, '사욕'은 인간 욕망의 온갖 격렬한 형태라고 규정지을 수 있다. 그리스도교 신학에서는 사욕이라는 말에다 인간 이성의 소리를 거스르는 감각적인 욕망의 발동이라고 하는 독특한 의미를 부여해 왔다. 사도 성 바오로는 이것을 '육'이 '영'에 대항하여 일으키는 반란으로 본다. 이는 최초의 죄를 낳은 불순종으로부터 유래하는 것이다(창세3, 11). 이는 인간의 도덕적 기능을 문란케 하며, 그 자체가 죄는 아니지만, 인간이 죄를 짓는 경향을 띠게 한다.

I. 마음의 정화淨化

마음은 도덕적 인격의 중심이다. "마음에서 나오는 것은 살인, 간음, 음란 (……)과 같은 여러 가지 악한 생각들이다"(마태 15, 19). 육체적 탐욕에 대항하는 싸움은 마음의 정화淨化와 절제의 실천을 필요로 하는 것이다.

소박함과 무구함을 간직하십시오. 그러면 당신은 인간의 생명을 파괴하는 악을 모르는 어린아이들과 같이 될 것입니다.

행복 선언에서 예수님은 여섯 번째로 이렇게 말씀하신다. "마음이 깨끗한 사람은 행복하다. 그들은 하느님을 뵙게 될 것이다"(마태 5.8). "마음이 깨끗한 사람들"이란 주로 사랑, 정결 또는 올바른 성생활, 그리고 진리에 대한 사랑과 정통 신앙, 이 세 측면에서 하느님의 성성聖性이 요구하는 바에다 자기의 지성과 의지를 일치시킨 사람들을 가리킨다. 마음의 깨끗함과 육체의 깨끗함과 신앙의 순수함은 서로 연결되어 있다.

신자들은 "믿음으로써 하느님께 순종하며, 순종함으로써 고결하게 살아가고, 고결하게 살아감으로써 그들의 마음을 깨끗하게 하고, 마음을 깨끗하게 함으로써 그들이 믿는 것을 이해하기 위하여" 신경의 조항들을 믿어야 한다.

"마음이 깨끗한 사람들"은 하느님의 얼굴을 마주 뵈올 것이며, 하느님을 닮게 되리라는 약속을 받았다. 깨끗한 마음은 하느님을 뵙기 위한 전제 조건이다. 깨끗한 마음을 가짐으로써, 우리는 지금부터 벌써 하느님께서 보시는 대로 모든 것을 보고 타인을 '이웃'으로 받아들이며, 우리의 육체와 이웃의 육체, 곧 인간의 육체를 성령의 성전으로, 하느님의 아름다우심의 표현으로 감지할 수 있게 되는 것이다.

II. 정결을 위한 싸움

세례는 세례 받는 사람에게 모든 죄를 정화하는 은총을 입게 해준다. 그러나 세례 받은 사람은 육체의 사욕과 부당한 탐욕과의 싸움도 계속해야 한다. 하느님의 은총에 힘입으면 이 싸움에서 이길 것이다.

- 정결의 덕과 정결의 은혜를 통해서, 정결한 사람은 정직하고 온전한 마음으로 사랑할 수 있게 되기 때문이다.
- 인간의 참된 목표를 한결같이 추구하게 하는 의향의 순수성을 통해서, 세례 받은 사람은 모든 일에서 순수한 눈으로 하느님의 뜻을 찾고 실행 하기 위해 힘쓴다.
- 외적 및 내적 시선의 순수성을 통해서, 감수성과 상상력을 통제함으로써, 그리고 하느님의 계명이 제시하는 길에서 벗어나도록 유혹하는 생각에서 생기는 온갖 만족감을 물리침으로써, "바보들은 그것을 보기만 하여도 연모의 정을 금치 못한다"(지혜 15, 5).
- 기도를 통해서.

저는 제 자신의 힘으로 정결한 사람이 될 수 있다고 믿고 있었습니다. (……) 하긴 저에게 그런 힘이 없는 것만 같았습니다. 그리고 저는 주님께서 주시지 않으면 아무도 정결할 수 없다는 것을 알지 못할 만큼 어리석었습니다. 그런데 만일 제가 제 마음속의 탄식으로 주님의 귀에 호소하고, 굳센 믿음으로 제 근심을 주님께 맡겨드렸더라면 분명히 주님께서는 그것을 주셨을 것입니다.

마음의 정화는 기도와 정결의 실천, 의향과 시선의 순수함을 필요로 한다.

정결한 마음에는 정숙이 필요하며, 정숙은 인내와 조심과 소박함을 의미한다. 정숙은 인간의 내적 비밀을 보호한다.

▌제 9계명과 10계명

이 두 계명은 함께 짝을 이루면서 외면적 사태뿐만 아니라 드러난 사실을 넘어 내적 마음가짐까지 아우릅니다. 여기서 우리에게 말하고자 하는 것은, 간음이 실제로 이루어지는 순간 또는 다른 사람에게서 부당하게 그 소유를 빼앗는 순간에 비로소 죄가 시작되는 게 아니란 사실입니다. 그런 마음을 품을 때부터 죄는 이미 태어난다는 거죠. 그렇기 때문에 이른바 궁극적 사태와 사건을 제지하는 것만으로는 충분하지 않습니다. 왜냐하면 우리가 마음속으로 다른 사람의 인격에 대한 존중과 다른 사람의 결혼이나 소유물에 대한 존중을 유지하지 않는 한, 그런 제지는 도저히 불가능하기 때문입니다.

그러니까 죄는 외적으로 확인 가능한 행위가 일어났을 때 비로소 시작되는 것이 아니라 이미 그 터전, 곧 탐내는 마음이 생기는 순간에, 다른 사람의 선과 그 사람 자체에 대해 내적으로 거부하는 마음이 일어나는 순간에 시작됩니다. 따라서 마음가짐을 정결히 아지 않는 사람은 실제로 외적인 생활도 제대로 유지할 수 없는 법이죠. 그렇기 때문에 이 계명에서는 직접 사람의 마음에 호소하는 것입니다. 마음이야말로 사람의 행위가 시작되는 애초의 장소이기 때문이죠. 이런 이유 때문에라도 마음은 맑고 순수하게 유지되어야 합니다.

"당신은 보물이 있는 곳, 거기에 당신의 마음도 있을 것입니다" (마태 6, 21)

열째 계명은 부富와 그 힘에 대한 지나친 집착에서 발생하는 무절제한 물욕을 금한다.

시기심에 빠진 사람은, 타인의 재산을 볼 때 침울한 마음을 갖고, 그것을 자기 것으로 만들기를 원하는 무절제한 욕망을 갖는 사람이다. 시기심은 죄종罪宗의 하나이다.

세례 받은 사람은 자비심과 겸손으로, 그리고 하느님의 섭리에 완전히 의

탁함으로써 시기심과 싸워야 한다.

그리스도교 신자들은 "육체를 그 정욕과 욕망과 함께 십자가에 못 박았다" (갈라 5, 24). 그들은 성령의 인도를 받고 성령의 소망을 따른다.

하늘나라에 들어가기 위해서는 부에 대한 초연함이 필요하다. "마음이 가난한 사람은 행복하다."

인간의 참 열망은 "하느님을 뵙는 것이다." 하느님께 대한 갈망은 영원한 생명의 물로 채워진다.

제 9 · 10계 〔제 10 계〕

남의 아내를 탐내지 말라.
남의 재물을 탐내지 말라.

"네 이웃의 집을 탐내지 말라."

▮ 이웃의 소유권 침해를 금한 계명

이 두 계명은 "네 이웃의 집을 탐내지 말라"(출애 20, 17)는 하나의 금령으로 묶을 수 있다. 십계명 끝에는 어떤 장엄한 결혼이 내려지리라 기대한 사람들은 미흡한 느낌을 가질는지도 모른다. 인간생활의 기초로서 하느님을 공경할 것을 강조한 첫째 계명이냐, 그밖에 확연하게 눈에 띄는 행위를 다루고 있는 다른 계명들에 비해, 단지 욕구를 금한 이 계명은 별로 중요하지 않은 것같이 여겨진다. 여기서는 외관상 〈단순한 생각의 죄〉를 금하고 있다. 그래서 행동의 죄와는 달리 한계를 정하기가 어렵다. 왜냐하면 간음에 대한 금령(제6계명)과 도둑질에 대한 금령(제7계명)을 신약성서에 따라 확대 해석하면 그 안에 생각의 죄도 이미 포함되어 있기 때문이다.

그러나 본래 이 계명은 단지 무엇을 바라고 원하는 소망이나 욕구에 관한 것은 아니다. 원칙적으로 십계명은 구약시대의 이스라엘 백성 안에서 결코 용납될 수 없고 모세의 율법에 따라 사형으로라도 다스려야 했던 범죄들에 관한 명령이니, 이 계명도 원래 이웃의 소유물을 차지하려고 꾸며는 모든 음모와 계책을 단죄한 것이었다. 〈집〉이란, 이스라엘 남성들로 하여금 완전한 공민권을 가진 자유인으로서의 구실을 하게 하는 부동산이나 씨족재산 그리고 대대로 세습되는 땅을 가리켰다. 자유 신분의 한 남자의 소유로는 아내, 남종, 여종, 짐승 등 모든 것이 포함되었다.

그러니까 이 계명은 모든 소유권 침해의 범죄를 금한 명령이다. 신명기 5장 21절에서는 소유물들을 열거하기에 앞서(집보다 먼저) 여자를 들고 있다. 따라서 이스라엘 안에서 여자의 사회적 지위가 이미 변했음을 알 수 있다. 즉, 여자를 남자의 다른 소유물과 함께 뭉뚱그리지 않고 구별하고 있기 때문이다. 후대로 내려와서 욕구에 관한 히브리인들의 개념은 무엇을 지나치게 탐내는 정신적 탐욕을 문제 삼고 있다.

신약성서에서도 ― 특히 산상설교에서 ― 이 계명의 정신적 이해를 강조하고 있는데, 사목서간에 그 두드러진 대목들이 나온다. "그러나 부자가 되고 싶은 이들은 사람들을 몰락과 멸망으로 빠뜨리는 유혹과 올가미와 어리석고 해로운 여러 가지 욕심에 떨어집니다. 돈에 대한 욕심은 모든 악의 뿌리이기 때문입니다"(1디모 6, 9-10). "실상 우리도 전에는 어리석고 반항하고 탈선했으며, 갖가지 욕정과 향락에 빠지고, 악습과 질투를 일삼으며 밉살스럽게 굴고 서로 미워하였습니다"(디도 3, 3).

욕심(욕정)과 욕구

　욕구의 긍정적인 내용과 부정적인 내용을 말로 표현하기는 어렵다. 〈욕심〉 또는 〈욕정〉이라는 말은 어떤 개운찮은 부정적 여운을 풍긴다. 아우구스띠노 이래 신학은 죄에 빠지는 악습을 〈악한 욕심〉이란 말로 설명하는 것이 상례였다. 신약성서에서도 욕심을 악의 근원으로 간주하고 있다. "여러분 사이에 일어나는 싸움이나 분쟁은 어디서 오는 것 입니까? 여러분의 지체 안에서 갈등을 일으키고 있는 욕정에서 나오는 것이 아닙니까?"(야고 4, 1).

　― "그들은 허무맹랑한 큰소리를 하면서, 그릇된 생활을 하는 자들로부터 간신히 빠져나온 사람들을 육체의 방탕한 정욕으로 유혹합니다. 그들은 남들에게는 자유를 약속하면서 그들 자신은 부패의 노예가 되어 있습니다"(2베드 2,18-19).

　그러나 한편, 구약의 시편에는 하느님의 가르침을 바라는 인간의 열망이 토로되어 있다. "당신 계명 갈망하는 이 몸 보시고, 당신의 정의로 살려 주소서"(시편 119, 40). 신약성서에서도 욕구의 긍정적인 의미를 찾아볼 수 있다. "그러므로 여러분에게 말하거니와 여러분이 기도하며 청하는 그 모든 것을 받았다고 믿으시오. 그러면 여러분에게 그대로 이루어질 것입니다"(마르 11, 24). - "우리는 하느님을 굳건히 신뢰하고 있습니다. 무엇이든지 우리가 하느님의 뜻을 따라 청하면 하느님께서는 우리의 청을 들어주시리라는 것을 우리는 확신합니다"(1요한 5, 14).

　어쨌든, 이 계명이 유래한 고대 이스라엘 농경사회農耕社會의 문화적 환경을 도외시하고 또 욕심이나 욕구에 관한 히브리인들의 표현을 그 본래의역사척 맥락脈絡에서 떼어놓고 그 표현을 오늘의 산업·소비사회에 무조건 적용한다면 사람들의 공감을 얻기 어려울 것이다. 우리의 자유경제 체제, 특히 사치품의 생산은 사람들의 욕구를 끊임없이 자극하여 판매시장을 개척해야 유지될 수 있다. 실상 물질적 소유, 돈, 명예 등을 바라는 인간의 욕구는 개인의 발전과 경제성장의 결정적인 원동력의 하나이기도 하다. 그러나 불로소득의 일확천금을 노리는 직업이 늘어가는 것은 바람직한 일이 못된다. 예컨대 브로커나 부동산 투기업자들이 농간부리어 엄청난 이득을 보는 경우가 그렇다.

그러므로 능률과 소비만을 중요시하여 사람들의 욕구를 지나치게 높이 평가하고 또 자극하는 경우에는, 현세 사물의 가치를 우상화하지 말라고 못박은 제1계명을 어기게 된다. 그렇게 되면, 사람들에게 사는 보람을 주는 〈인생의 깊은 의미〉를 추구할 여지가 없어지는 것이다. ─ 결국 이 마지막 두 계명은 가장 중요한 첫째 계명과 연결된다. 즉, 물질적 재물은 인간생활의 의미를 깊게 하고 개개인의 정신적 발전과 영적 성숙에 이바지하는 한에서만 그 가치를 평가할 수 있는 것이다.

┃ 자유와 책임을 위한 수덕修德

선하고 정당한 욕구는 키우고 그렇지 않은 욕구는 포기하거나 단념하는 법을 익히는 것이 중요하다. 이것이 바로 금욕이고 수덕이다. 심리학은 어렸을 때부터 인간생활에서의 한계나 제약을 체험케 하는 것이 어린이의 인간적 발전과 성숙에 도움이 된다는 것을 밝히고 있다. 젊은이들의 애로를 모두 없애주고 아무런 노력도 부담도 요구하지 않는다면, 후에 어떤 난관에 부닥쳤을 경우 그것을 극복하지 못하고 좌절감에 빠진다. 그러나 어린 시절부터 다른 이와 어울리는 습관을 익히고 또 자기가 언제나 모든 것을 차지할 수는 없다는 사실을 알아두면, 훗날 개인생활에서 어려운 일을 만나더라도 거뜬히 견디어낼 수 있는 것이다.

그러나 강요되어 마지못해서 무엇을 단념하거나 포기하는 것은 아무런 도덕적 가치도 없다. 이에 반해 자발적인 포기나 극기는 특히 그것이 어떤 고상한 가치나 과업을 위한 희생인 경우 훌륭한 생활훈련이 된다. 젊은이들이 평소에 다른 사람을 위해서나 곤란한 일을 당할 경우에 대비해서 푼돈을 저축하는 것도, 자기중심의 이기주의를 버리고 다른 이의 어려움을 덜어주며 사회의 공동관심사를 위해 노력할 예비훈련이 된다. 또 어렸을 때부터 다른 이에게 무엇을 받는 것보다 주는 것이 더 복되다는 것을 체험시키는 것도 중요하다. 예컨대 초컬릿을 선사받은 어린이의 기쁨은 그것을 준 어린이에게도 기쁨과 행복감을 안겨주는 것이다. 이런 경험을 통해 어린이는 물질적인 가치보다 인격적이고 정신적인 가치를 더 높이 평가하는 습관을 부지불식 간에 배우게 된다.

물질적·실용적 가치보다 인격적 가치를 중히 여기는 생활태도가 인간의 건전한 욕구를 키우고 인격을 성축시키는 데 결정적으로 중요하다. 실용적 가치만을 찾는 욕구는 그보다 더 보람 있는 인간생활의 심오한 정신적 가치를 제쳐놓고 그릇된 가치관을 가지게 된다. 이런 사람은 결국 자기 목적을 위해서는 "수단방법을 가리지 않는" 유물론자가 된다. 다음의 도식은 인간생활에 영향을 미치는 여러 가지 가치의 차원과 비중을 나타낸 것이다.

신앙 ― 계시 〉 종교적 가치 〉 인격적 가치(우정, 신뢰, 사랑…) 〉 실용적 가치(소유, 건강, 취미, 오락, 출세…)

▌〈일차원적 인간〉과의 결별

물질적 욕구만을 추구하는 사람은 일차원적 인간이다. 인간생활에는 여러 차원이 있으니, 실용적 차원에만 얽매이지 말고 더 깊은 인간적 가치를 추구해야 한다. 결국 십계명은 이 마지막계명에서 우리네 일상생활의 원칙을 삶의 의미를 추구하는 데 두어야 한다는 것을 강조하고 있는 것이다. 인간다운 인간이 되는 것이 문제다. 올바른 가치관을 가지고 올바른 생활 질서를 구축해야 참된 행복을 누릴 수 있다. 그러므로 이 마지막 두 계명은 일상생활에서의 여러 가지 욕구나 소망을 문제 삼고 있는 것이 아니라, 사람의 근본태도, 다시 말해서 깨끗하고 올바른 마음가짐을 촉구하고 있다.

예수께서도, 바리사이파 사람들과 율법 학자들이 하느님 계명의 중요한 근본적 요구는 망각하고 겉으로는 정결규정을 대단히 정확하게 지키면서도 모든 악의 원인과 근원은 간과하고 있다고 비난하셨다. "당신들도 알아듣지 못하였습니까? 밖에서 몸 안으로 들어가는 것이 사람을 더럽힐 수 없다는 것을 모릅니까? …사람에게서 나오는 것이야말로 사람을 더럽힙니다. 사실 안으로부터 곧 마음으로부터 나쁜 생각들이 나옵니다. 음행, 도둑질, 살인, 간음, 탐욕, 악의, 사기, 방탕, 악한 시선, 모독, 교만, 어리석음 같은 것들입니다. 이 악한 것들은 모두 악으로부터 나오며 사람을 더럽힙니다"(마르 7, 18, 20-23).

이 마지막 계명은 단순히 인간의 소망이나 욕구를 배제하려는 것이 아니라, 올바른 가치체계를 요구하고 있다. 우리는 일상생활에서 모든 사람이 자기 이익을 놓치지 않으려고 안간힘을 쓰다가도 실패하는 것을 본다. 인간적 욕구가 적극적인 활동의 원동력으로서 중요하기는 하지만, 한편으로 이 원동력의 파괴적인 힘을 간과해서는 안된다. 질투, 인색, 탐욕, 강새암, 이기심, 명예욕 등은 고삐 없는 방종한 욕구가 표면으로 드러난 것이라 할 수 있다.

인간의 그릇된 욕구 안에 부자유의 근원인 원죄原罪가 구체화되어 있다. 욕망의 노예요 죄악의 종인 인간은 해방되어야 한다. 오늘날 우리는 갈피를 잡을 수 없는 개념의 혼란시대에 살고 있다. 바로 욕망과 본능에 짓눌리어 인간의 부자유를 깨닫지 못하고 있는 것이다.

인간은 누구나 본능적 욕망을 가지고 있다. 이 억제할 수 없는 생명의 갈증

을 죄와 동일시할 수 없고, 또 그래서는 안 된다. 인간은 여러 가지 동경 憶憬
이나 소망을 간직하고 그것이 인생의 참된 행복과 기쁨을 가져오도록 노력해
야 한다. 결코 방종 한 욕구에 사로잡혀 순간적인 행복을 게걸스럽게 추구해
서는 안 된다. 성서에서 말하는 〈깨끗한 마음〉이란 바로 인간적 욕구의 정화
를 뜻한다.

제 28 과

교회의 법규

1. 교회의 계명(교리서 2041-2043, 2048)

시간이 지남에 따라 교회는 가톨릭 신자들의 특수한 의무들을 지정하기 시작했다. 오늘날 가톨릭 신자들에게 기대되는 몇몇 의무들은 다음과 같은 것들을 포함하고 있다(전통적으로 교회의 의무들로 지적되어 오던 것들에는 * 표를 표시했다).

(1) 주님의 부활의 날을 거룩하게 지낸다. 모든 주일과 의무축일들에 미사에 참여함으로써 하느님을 경배한다. *필요 없는 작업과 사업 활동들, 불필요한 상거래 등 영혼과 육신의 쇄신을 방해하는 활동들을 피한다(교리서 1166-1167, 1389, 2174-2188).

(2) 성사 생활을 유지한다. 자주 영성체를 하고 규칙적으로 고해성사를 받는다. 고해성사는 적어도 1년에 한 번은 받아야 한다(교리서 1389). 그리고 또 적어도 일 년에 한 번은 사순 제1주일과 삼위일체 대축일 사이에(또는 정당한 사유가 있을 경우에는 연중 아무 때라도) 영성체를 모셔야 한다(교리서 1389, 2042).

(3) 견진 교리를 배워 견진성사를 받아야 하고, 그 이후에도 계속해서 그리스도를 중심으로 하는 가톨릭교회의 가르침을 연구해야 한다(교리서 1309, 1319).

(4) 교회의 혼인법을 준수해야 한다. *자녀들에게(말과 모범으로) 종교교육을 시켜야 한다. 할 수 있는 한 자녀들을 본당에서 운영하는 학교들에 보내고 종교교육 프로그램을 활용해야 한다(교리서 1601-1658).

(5) 교회를 후원하여 교회 발전에 이바지해야 한다. *자신의 본당 공동체와 본당 신부들을 후원하고, 전 세계 교회와 교황을 후원해야 한다(교리서 1351, 2043).

(6) 금육재禁肉齋를 지키고 정해진 날에 단식함으로써 속죄를 실천해야 한다(교리서 1438, 2043).

(7) 교회의 선교활동과 사도직 활동에 참여해야 한다(교리서 2042-2046).

2. 의무축일(교리서 2043, 2180, 2698)

의무축일들은 이성의 연령에 도달한 모든 가톨릭 신자들이 주일처럼 미사에 참석하고 불필요한 노동을 피해야 할 의무가 있는 특별한 축일들이다. 중대한 사유들만이 우리를 이 의무에서 면제시켜 줄 수 있을 뿐이다.

한국교회의 의무축일은 모든 주일, 예수성탄대축일, 예수부활 대축일, 천주의 성모 마리아 대축일(1월 1일), 그리고 성모 승천 대축일(8월 15일)이다(1985년 주교회의 추계총회 결정).

3. 단식과 금육의 규칙(교리서 2043)

"14세를 만료한 사람들은 금육재의 법률을 지켜야 하고, 모든 성년자들은

60세의 시초까지 금식재의 법률을 지켜야 한다." (교회법 제1252조; 여기서 14세를 만료했다는 것은 14번째 생일을 치른 사람을 말한다. 그리고 60세의 시초까지란 59번째의 생일과 그 다음날 사이의 자정에 이 의무가 소멸됨을 의미한다) 금육재란 당일 하루 종일 고기를 먹는 것을 금하는 것이며, 금식재란 하루 중에 오직 한 번의 충분한 식사를 하고 나머지 두 번의 경우에는 가벼운 음식만을 취하며 그 사이에는 어떠한 음식물도 섭취하지 않는 것을 의미한다(교리서 1438, 2043).

재의 수요일과 성금요일이 단식과 금육의 날이다. 사순절의 다른 모든 금요일은 다만 금육의 날들이다. 연중 모든 금요일에는 특별히 어떤 형식으로든지 속죄를 행하도록 권고되고 있다.

임산부와 환자들은 단식의 의무에서 면제된다. 그리고 특별한 사정 때문에 자신이 단식재와 금육재를 지킬 수 없다고 느끼는 사람들은 본당 신부나 고해신부와 의논해서 허락을 얻어야 한다. 단식과 금육은 속죄의 형식들로 인정된다. 이것들이나 다른 속죄 행위들을 실천함으로써 우리는 모든 그리스도인들에게 그토록 필요한 것은 내면적인 마음의 변화라는 것을 깨달을 수 있다(교리서 1434 - 1437).

4. 죄 고백(교리서 1424, 1491)

적어도 일 년에 한 번은 고해성사를 받아야 한다는 계명은, 규칙적으로 고해성사를 받아야 한다는 것을 암시한다. 그 기간 동안 중죄를 범하지 않았다면 고해성사를 받는 것이 의무는 아니다. 그렇지만 자주 고해성사를 보는 것은 대단히 중요하다. 그것은 우리로 하여금 좀더 깊이 그리스도를 닮게 해주고 성령의 목소리를 더 잘 들을 수 있게 해주기 때문이다(교리서 1423 - 1424).

화해란 고해실에서 사제로 대리되는 예수 그리스도와의 인격적 만남이다.

참회자는 자신이 죄를 지었음을 하느님 앞에서 인정하고 통회하며, 예컨대 기도나 극기나 이웃에 대한 봉사와 같은 보속을 받아들이며 앞으로 생활태도를 개선할 것을 결심한다(교리서 983, 1441-1442).

고해자는 기도를 바치며 당신이 어떤 죄를 범했는지 양심성찰을 한 다음에, 고해실로 들어간다. 고해실에서는 대체로 다음과 같은 순서로 예절이 진행된다. 아래에 제시되는 형식은 부분적으로 조금씩 다르게 전개될 수도 있다(교리서 1441-1460).

(1) 사제 : (들어오는 고해자를 친절하게 맞이하는 인사를 건넨다)

(2) 당신 : (십자성호를 긋는다)

(3) 사제 : (하느님께 신뢰를 두도록 초대한다) 하느님의 자비와 은총을 굳게 믿으며 그 동안 지은 죄를 뉘우치고 사실대로 고백하십시오.

(4) 당신 : '아멘'

(5) 사제 : (성서에서 발췌한 구절들을 읽을 수 있다)

(6) 당신 : 당신이 누구인지를 소개하고(이름을 밝히는 것이 아님), 지난번 고해성사를 받은 지 얼마나 되는지를 말한다("고해 한 지 ○○달〔○○주〕되었습니다"). 그런 다음에 당신의 죄들을 중죄부터 경죄에 이르기까지 고백한다(특히 중죄를 일부러 숨겨서는 안 된다). 성찰한 죄를 다 고백한 다음에는 "이 밖에 알아내지 못한 죄도 모두 용서하여 주소서!" 라는 말로 고백을 마무리 짓는다.

(7) 사제 : (그러면 사제가 당신에게 들려주고 싶은 충고를 한다. 그런 다음에 당신이 행할 보속행위를 지정해 준다).

(8) 당신 : (마음속으로 또는 소리 내어 '통회기도'를 바친다)

(9) 사제 : (당신의 머리 위에 손을 얹거나, 칸막이가 쳐 있는 경우에는 당신의 머리를 향하여 오른손을 펼치고 다음과 같은 사죄경을 기도한다) "인자하신 천주성부께서 당신 성자의 죽음과 부활로 세상을 당신과 화해시켜 주시고

죄를 사하시기 위하여 성령을 보내 주셨으니, 교회의 직무수행으로 몸소 이 교우에게 용서와 평화를 주소서. 나도 성부와 성자와 성령의 이름으로 이 교우의 죄를 사하나이다."

(10) 당신 : "아멘."

(11) 사제 : "주님을 찬미합시다."

(12) 당신 : "주님의 자비는 영원합니다."

(13) 사제 : "주님께서 죄를 용서해 주셨습니다. 평안히 가십시오.

(14) 당신 : "감사합니다."

(그리고 고해실 밖으로 나와 사제가 정해 준 보속을 수행한다.)

5. 공심재 규칙(교리서 1387, 1415)

영성체를 받아 모실 조건들은 다음과 같다.

(1) 은총의 상태에 있어야 한다(즉 중죄를 범하지 않았어야 한다).

(2) 올바른 지향을 품고 있어야 한다(즉 습관적이거나 인간적인 존경심에서가 아니라, 하느님을 기쁘게 해드리겠다는 목적에서 행해야 한다).

(3) 공심재空心齋를 준수해야 한다(교리서 1387).

공심재란 성체를 받아 모시기 한 시간 전에는 어떠한 음식이나 (물 이외의) 어떠한 음료도 입에 대지 않는 것을 가리킨다. 그렇지만 환자나 노인의 경우에는, 비록 그가 침대에 누워 있거나 집에 있는 것이 아니라고 하더라도, 이 의무에서 면제될 수 있다(또한 환자를 돌보는 사람이 여러 가지 사정 때문에 이 규정을 지키지 못했다고 하더라도 영성체를 모실 수 있다).

6. 영성체 예법(교리서 1384-1390, 1415-1417)

영성체는 혀로 받거나 손으로 받아 모실 수 있다. 그리고 성체만 받아 모실 수도 있고(이것이 통상적인 관행이다), 경우에 따라서는 성체와 성혈을 둘 다 모실 수도 있다(교리서 1390). 성체와 성혈을 다 받아 모시는 것을 '양형영성체' 兩形領聖體라고 부른다.

미사 집전 사제나 다른 성체 분배자가 당신에게 '그리스도의 몸' 이라고 말하면, 당신은 '아멘' 이라고 대답한다(양형영성체의 경우에는 집전자가 '그리스도의 몸' 이라고 하면, 당신은 '아멘' 이라고 대답하고 성체를 받아 모신 다음, 집전자가 다시 '그리스도의 피' 라고하면, 당신은 다시 '아멘' 이라고 대답하면서 성혈을 받아 마신다).

집전자가 성체나 성혈을 들어 올리는 것은, 수령자로 하여금 신앙고백을 하고 성체께 대한 믿음을 표현하며 주님께 대한 갈망을 드러내고 예수님의 파스카 신비라는 기쁜 소식을 받아들이도록 초대하는 동작이다.

분명하고 목적 지향적이며 의미를 담아서 발음하는 '아멘' 이 이 초대에 대한 당신의 대답이다. 이렇게 해서 당신은 성체와 성혈 속에는 물론 그분의 몸인 교회 안에도 그리스도께서 현존하신다는 당신의 믿음을 공개적으로 고백하는 것이다.

7. 행복선언(교리서 1716-1717)

적극적인 그리스도인의 생활은 단순히 법을 준수하는 것 이상을 포함하고 있다. 그리스도를 따르고 그분의 성령에 의해 살아가는 사람들은 자신들의 구원이 투쟁과 고통에 의존하고 있음을 알고 있다. 행복 선언은 충실한 그리스도인들이 극복해야 하는 어려움들과 그리스도를 충실히 따르는 사람들에게 주어질 보상의 요약이다(마태 5,3-10).

- 마음이 가난한 사람은 행복하다. 하늘나라가 그들의 것이다(교리서 544).
- 슬퍼하는 사람은 행복하다. 그들은 위로를 받을 것이다.
- 온유한 사람은 행복하다. 그들은 땅을 차지할 것이다.
- 옳은 일에 주리고 목마른 사람은 행복하다. 그들은 만족할 것이다.
- 자비를 베푸는 사람은 행복하다. 그들은 자비를 입을 것이다.
- 마음이 깨끗한 사람은 행복하다. 그들은 하느님을 뵙게 될 것이다(교리서 1720, 2518).
- 평화를 위하여 일하는 사람은 행복하다. 그들은 하느님의 아들이 될 것이다(교리서 2305-2306).
- 옳은 일을 하다가 박해를 받는 사람은 행복하다. 하늘나라가 그들의 것이다.

좀더 짧은 형식의 행복선언은 다음과 같다.
- 하느님을 아쉬워하는 사람은 행복하다.
- 자기를 억제할 줄 아는 사람은 행복하다.
- 죄에 대하여 통회하는 사람은 행복하다.
- 성덕聖德에 주리고 목마른 사람은 행복하다.
- 자비로운 사람은 행복하다.
- 온 마음으로 사랑하는 사람은 행복하다.
- 평화를 위하여 일하는 사람은 행복하다.
- 옳은 일을 하다가 박해를 받는 사람은 행복하다.

8. 물질적 자선행위(교리서 2443, 2447)

물질적인 자선행위들은 우리가 그리스도 안에서 우리의 이웃인 사람들에게 물질적인 도움을 주는 행위들이다. 전통적으로 지켜 온 물질적인 자선행위들은 다음과 같은 것들이다.

- 배고픈 사람에게 먹을 것을 제공한다.
- 목마른 사람에게 마실 것을 준다.
- 헐벗은 사람에게 입을 것을 제공한다.
- 감옥에 갇힌 사람들을 방문한다.
- 집 없는 사람들에게 잠자리를 제공한다.
- 환자들을 방문한다.
- 죽은 사람들을 묻어 준다(교리서 1681 - 1690, 2300).

9. 영적 자선행위(교리서 2443, 2447)

- 죄인들을 충고한다.
- 무지한 사람을 가르친다.
- 의심하는 사람에게 확신을 전해 준다.
- 슬퍼하는 사람을 위로한다.
- 남이 나에게 끼친 해악을 인내로이 참아 받는다.
- 남으로부터 받은 모욕을 모두 용서해 준다.
- 살아 있는 사람들과 죽은 사람들을 위하여 기도한다(교리서 958, 1032).

이것을 다른 형식으로 표현하면 다음과 같다.
- 충고가 필요한 사람에게 충고한다.

- 무지한 사람을 가르친다.
- 의심하는 사람을 설득한다.
- 고통스러워하는 사람을 위로한다.
- 다른 사람들을 인내심을 가지고 대한다.
- 당신에게 상처를 준 사람들을 용서한다.
- 다른 사람들을 위하여 기도한다.

10. 위급한 경우에 대세를 주는 방법(교리서 1240-1256, 1284)

위급한 경우에는 어느 누구라도 세례를 줄 수 있고, 주어야 한다. 그때 세례 받을 사람의 이마(머리카락이 아니다!)에 통상적인 물을 부으면서, "나는 성부와 성자와 성령의 이름으로 당신에게 세례를 줍니다." 라고 말한다(그리고 될 수 있는 대로 빨리, 대세받은 사람의 인적 사항, 일시, 상황, 세례집행자 등의 사항을 세례집행자 자신이 속한 본당신부에게 통지해야 한다).

11. 병자성사 준비(교리서 1517-1519)

사제에 의한 환자 방문은 통상적으로 고해성사, 영성체, 병자성사의 집전을 포함한다. 당신은 당신의 친척이나 친한 친구가 중병을 앓고 있을 경우 본당신부나 다른 신부를 불러야 한다.

환자 방문을 요청하는 조건이 반드시 환자가 죽을 위험에 처해 있어야만 하는 것은 아니다(교리서 1517-1519).

먼저 작은 교자상에 흰 천을 덮어 깔고, 가능하다면 그 교자상을 환자가 누워 있거나 앉아 있는 자리 가까이에 놓는다. 그리고 십자고상과 성수그릇을 마련해 두고 촛불을 켠다.

환자의 영성체는 어떤 때라도 상관없다. 만일 그 환자가 빵의 형상으로 있는 성체를 받아 모실 수 없는 처지라면, 성체 대신에 약간의 성혈을 영해 줄 수도 있다. 환자를 돌보고 있는 사람들도 영성체할 수 있다.

사제(또는 부제나 수녀)가 도착하면, 그를 환자에게 모시고 간다. 만일 환자가 고해성사를 보아야 한다면, 다른 사람들은 방을 비워 주어야 한다. 고해성사가 끝나면 다시 모여 예절에 참여하며 환자를 위하여 함께 기도한다.

12. 전례력(교리서 1163-1173)

전례를 통하여 우리의 구속 사업은 수행된다. '신자들이 자신들의 생활 속에서 그리스도의 신비와 참 교회의. 본질을 다른 사람들에게 드러내 보이고 명시할 수 있게 되는 것은 전례를 통해서이다. 따라서 전례는 '교회 활동이 지향하는 정점頂點이며, 교회의 모든 힘이 흘러나오는 원천이다.'(「전례헌장」 2항, 10항; 교리서 2698)

연중 지정된 날에 교회는 그리스도께서 우리를 구원해 주셨음을 기억하며 경축한다. 일 년에 걸쳐서 그리스도의 신비 전체가 펼쳐진다. 교회는 전례력의 여러 시기에 따라 차례로 그리스도의 신비를 경축한다(교리서 1166).

대림시기
이 시기는 대체로 성탄 대축일 4주 전에 시작된다. 11월 30일에 가장 가까운 주일이 대림절의 출발점이다(교리서 524).

성탄시기
이 시기는 성탄 대축일부터 주님의 공현 대축일 다음 주일인 주님의 세례 축일까지 지속된다. 성탄시기가 끝난 다음부터 사순시기가 시작되기 전까지의 시기는 연중시기에 속한다(교리서 1171).

사순시기

속죄하는 기간인 사순시기는 재의 수요일부터 시작해서 성목요일의 주님의 만찬 미사로 끝나는 40일 동안 지속된다. 그 마지막 주간은 '성주간' 聖週間이라고 불리고, 또 성주간의 마지막 3일은 '부활 성삼일' 復活聖三日이라고 불린다(교리서 540, 1483).

부활시기

이 시기의 주제는 죄로부터 은총의 생명으로 부활함이며, 부활 대축일부터 시작되어 성령강림 대축일까지 50일간 지속된다(교리서 1168 - 1169).

연중시기

이 시기는 연중에 펼쳐지는 33주 또는 34주간의 긴 시기로서, 그리스도의 신비의 특정 측면을 경축하는 것이 아니라, 그리스도의 신비를 그 모든 충만함에서 경축한다. 이 시기는 성탄시기의 끝과 사순시기의 시작 사이의 기간뿐 아니라 성령강림 이후부터 전례력의 마지막 주일('그리스도왕 대축일')까지의 모든 주일을 포괄하고 있다(교리서 1166 - 1167, 2177).

단원 IX

그리스도인의 기도생활

제 29 과

기도란 무엇인가?

그리스도인의 기도생활은 사랑을 주고받음이라고 말할 수 있다.

기도는 사랑의 흐름이다.

사람들에게 "기도란 무엇입니까?" 하고 물으면 대부분이 하느님과의 대화"라고 대답합니다. 그렇습니다. 옳은 대답입니다. 그렇다면 대부분의 사람들이 하느님과 어떤 대화를 하는지를 살펴볼 필요가 있겠습니다. 어떤 사람은 대화를 한다고 하면서 하느님께 자기 이야기만 하고, 하느님께서 무슨 말을 하시는지는 듣지 않은 채 대화를 끝내고 돌아설 때가 많습니다. 이것은 하느님은 대화를 하려고 하는데 그 사람은 하느님의 이야기는 들으려고도 하지 않는다는 것을 의미합니다. 어느 한쪽이 일방적으로 말하고, 다른 한쪽은 일방적으로 듣기만 한다면 그것은 대화가 아니라 독백입니다. 독백은 대화라고 할 수 없습니다. 대화는 상호적인 것입니다. 그렇게 하다 보니 하느님과 대화를 한다고 하면서도 독백으로 일관했을 것입니다. 거의 일방적이고, 때로는 대화라기보다는 명령이고, 어느 때는 독백에 가까운 이야기를 했을 것이라는 말입니다. 이는 마친 전화를 걸어 자기하고 싶은 말만하고 상대방 말은 듣지 않고 일방적으로 끊어버리는 경우와도 같다.

진정한 대화는 서로를 존중해 주고, 생각해 주는 마음이 있을 때 이루어진다는 것을 알 필요가 있습니다. 그렇게 될 때 우리는 서로가 통하는 대화, 이해하는 대화를 할 수 있게 되고, 나아가 진정한 의미의 대화를 할 수 있게 됩니다. 이러한 대화를 통해 하느님과 깊이 대화할 수 있게 되면 하느님을 더 깊이 알아가게 됩니다.

우리는 흔히 기도를 하느님과의 대화라고 정의하곤 한다. 대화는 인격 대 인격이 나누는 이야기다. 좀더 정확히 말하자면 일인칭인 '나'와 이인칭인 '너'가 서로 주고받는 이야기다. 제삼자와는 대화를 할 수 없다. 제삼자는 부재중이기 때문이다. 부재중인 제삼자는 '너'가 아니라 '그'일 뿐이다. 부재중인 '그가 내 앞에 나타나 '너'가 될 때 나는 그와 대화할 수 있다. 우리가 하느님과 대화를 한다는 것은 하느님이 나에게 '너'로서 지금 내가 있는 곳에 현존한다는 것을 암시한다. 그런데 우리는 하느님과 대화하면서 하느님을 '너', '당신'으로 보지 못하고 영원한 제삼자 '그이'로만 보고 있는 것은 아닌지 물어야 한다.

주님은 내게 언제나 타인 가까이 하기에는 너무나 먼 당신 그이에 지나지 않는다. 우리가 남을 '그'로만 대할 때 우리는 옳고 그름, 좋고 나쁨을 따지게 된다. 남을 진정으로 나의 너'로 대할 때 우리는 그를 옳고 그름, 좋고 나쁨의 차원을 넘어 심지어는 선과 악의 차원을 넘어 대하게 된다. 우리는 동료 인간을 아직 '너'로 대하지 못하고 있지만 하느님은 우리를 항상 당신의 '너'로 대하신다. 그분은 선한 사람이나 악한 사람이나 모두에게 햇빛을 내려주시고, 옳은 사람이나 옳지 못한 사람에게나 골고루 비를 내려주시는 분이기 때문이다. 하느님은 인간과는 절대적으로 다른 절대 타자이지만 제삼자는 아니다. 아우구스티누스가 말했듯이 인간과 대화하시는 하느님은 나보다 더 나로서 내 안에 계신다. 인간은 때때로 자기 자신마저도 '너'로 대하지 못하고 있는 실정이다. 하느님께서 우리 인간을 당신 편에서 '그'가 아닌 '너'

로 대하신다는 것은 하느님이 곧 사랑이라는 것을 말해 준다.(1요한 4, 17)

그러나 우리가 하느님과 대화를 한다고 하면서, 하느님의 현존을 체험하지 못한 채 기도하게 된다면, 일방적인 대화나 독백이 되기 쉽습니다. 대화를 하면서 상대방이 있다는 것을 인식하지 못하면 우리는 독백을 할 수밖에 없습니다. 이러한 측면에서 기도는 '하느님과의 대화' 이전에 '하느님의 현존을 체험하는 것' 이라고 말할 수 있습니다. 그렇기 때문에 누가 "기도가 무엇이냐" 고 물으신다면 "하느님 현존 체험" 이라고 말하고 싶습니다. 대화를 한다고 하면서 상대방의 현존을 체험하지 못하고 인식하지 못한다면 그것은 일방적인 대화, 바로 독백이 됩니다. 그래서 기도는 '하느님 사랑 체험 또는 현존 체험' 이라고 할 수 있고, 좀더 길게 말하면 '하느님 현존 체험에 대한 개인적인 응답' 이라고 말할 수 있습니다. 하느님의 현존이나 사랑을 체험하게 되면 하느님과 일방적인 대화가 아니라 상호적인 대화를 하게 되고, '실생활에서 사랑을 실천' 하려는 자신의 응답이 자연적으로 생겨납니다.

하느님의 현존을 체험한다는 것은 우리의 정신과 마음을 하느님께 들어 올리는 것입니다. 하느님께 마음을 열어 놓고 기다리며 그분의 말씀을 듣는 것이자, 그분의 사랑을 받아들이는 것이며, 이 사랑 안에서 하느님을 인격적으로 만나는 것입니다. 그래서 우리의 삶 속에 하느님의 뜻이 이루어지고 그분의 사랑이 꽃피고 열매 맺게 하는 것이 최상의 기도입니다. 기도는 바로 그분의 사랑에 응답하는 것입니다. 한마디로 하느님의 뜻을 받아들여 하느님의 사람이 되는 것이고, 그분의 사랑을 받아들여 사랑의 사람이 되는 것입니다. 그렇게 될 때 하느님의 뜻에 순종하여 살게 되고, 그분의 사랑을 통하여 살게 됩니다. 일체의 행위를 멈추고 오로지 하느님께 우리의 마음과 정신을 다하여 모든 것을 드리고 그분의 모든 행위를 진실하게 받아들이는 것을 기도라 할 수 있습니다.

기도는 하느님의 사랑을 배우고 실천하는 것입니다. 기도를 통해 하느님의 현존을 체험하게 되고 하느님의 사랑을 알게 되면서, 자기 자신 안에 깊숙이 숨어 있는 사랑이 없는 형편없고, 더러운 것들을 발견하고 인식하게 되면서 정화하고 싶은 마음이 생기게 됩니다. 그러한 것들이 하느님 안에서 정화되면 될수록 우리는 더 온전히, 그리고 더 깊게 하느님을 체험하게 됩니다. 우리들이 때때로 내면에 계신 하느님을 찾는 기도를 하기보다는 머리 속에 있는 하느님을 생각하면서 자기 생활을 정리하는 식의 기도를 하는 모습을 자주 봅니다. 이렇게 머리 속으로 우리의 생활을 정리하는 것은 기도가 아닙니다. 분명 안하는 것보다는 낫겠지만 그것은 진정한 의미의 기도는 아니라고 할 수 있습니다. 여러분은 이 세상에서 가장 먼 곳이 어디라고 생각하십니까? 잠시 생각해 보십시오. 외국 아니면 달나라, 혹은 태양 아니면 우주 저 멀리입니까? 진정으로 먼 곳은 '밖'이 아니라 '안(내면)'입니다. 이 세상에서 가장 먼 곳은 '머리에서 가슴사이'입니다. 어떤 사람은 평생을 살아도 머리에서 가슴까지 도달하지 못하고, 어떤 사람은 평생 걸려서 겨우 도달하고, 깨달음을 얻은 어떤 사람은 얼마 안 가서 그곳에 도달합니다. 그만큼 가슴으로 들어간다는 것은 쉬운 일이 아닙니다. 더구나 그 가슴 속에 숨어 계신 하느님을 만나는 것은 더욱더 어려운 일입니다.

이렇게 어렵기 때문에 우리는 쉽게 할 수 있는 방법으로 머리만을 사용하게 됩니다. 머리를 통하여 하느님을 만난다는 것은 어떤 이념이나 이상을 만나는 것이지 진정 하느님을 만나는 것은 아닙니다. 물론 다 그렇다는 것은 아니지만 대부분이 그렇습니다. 그렇기에 이념이나 이상을 만난 것을 가지고 하느님을 만났다는 착각에 빠지기가 쉽습니다. 기도를 한다는 것은 대화, 그것도 상호적인 대화이며, 더 나아가서는 하느님의 현존을 체험하고 그 사랑을 체험하는 것입니다. 기도는 하느님의 사랑을 배우는 것이기에, 이 사랑을 잘 배우고 익히기 위해서 우리의 내적인 태도가 어떠해야 하는가를 점검해 보아야 합니다. 가슴으로 드리는 기도를 할 수 있어야 합니다.

"하느님께서 주시는 선물이 무엇인지 알았더라면!"

우리가 물을 길으러 가는 우물가, 바로 그곳에서 기도가 무엇인지 놀랍게 드러난다. 그리스도께서는 모든 사람을 만나시려고 우물가로 먼저 나오신다. 그리스도께서는 먼저 우리를 찾으시는 분이고, 마실 물을 달라고 우리에게 청하시는 분이다. 갈증을 느끼시는 예수님의 청은 우리를 원하시는 하느님의 깊은 갈망에서 나온다. 우리가 알든 모르든, 기도는 하느님의 목마름과 우리 목마름의 만남이다. 하느님께서는 우리가 당신을 목말라 하기를 갈망하신다.

"오히려 네가 나에게 청했을 것이다. 그러면 내가 너에게 샘솟는 물을 주었을 것이다"(요한 4, 10). 역설적으로 우리의 청원기도는 하나의 응답이다. "나의 백성은 생수가 솟는 샘인 나를 버리고, 갈라져 새기만 하여 물이 괴지 않는 웅덩이를 팠다"(예레 2, 13). 청원기도는 무상의 구원을 약속해 주시는 하느님께 대한 신앙인의 응답이며, 외아들의 갈증에 대한 우리의 사랑에 찬 응답이다.

지금까지 너희는 옳게 청하지 않았다. 너희가 옳게 청하면 성령을 주겠다. 내가 주는 물은 그 사람 가슴에서 물이 강물처럼 흘러넘칠 것이다. 이것은 옳게 청하는 기도생활로 받게 될 성령을 두고 하신 말씀인 것이다. 자기중심적 기도 자기 자신만을 위한 청원기도는 이내 변하게 마련이고 남들 중심으로 기도하면 성령은 항상 내게 차고 넘친다.

▎끊임없이 기도하신 예수님

1. 성서에서 우리는 예수께서 기도하시는 장면을 많이 본다. 예수님의 이 세상 지상생활을 한 마디로 요약하여 결론하면 지속적인 기도생활인 것이다. 예수께서는 때로는 속삭이듯이, 때로는 큰소리로 기도하셨다. 그분은 지나가

던 사람들이 들을 수 있을 정도로 큰소리로 기도하셨는가(십자가 위에서) 하면, 군중을 피해 한적한 곳을 찾아 조용히 기도하시곤 했다. 기도는 속삭임이다. 기도는 마음에서 우러나와야 한다.

"성령께서도 연약한 우리를 도와주십니다. 어떻게 기도해야 할지도 모르는 우리를 대신해서 말로 다 할 수 없을 만큼 깊이 탄식하시며 하느님께 간구해 주십니다." (로마 8, 26)

2. 예수께서는 때로 큰소리로도 기도하셨다. 무엇보다도 십자가에서 운명하기 직전의 기도는 기도라기보다는 외침으로 들렸다. 그렇지만 큰소리로 기도하신 것은 소리를 지르는 것 이상이었으며, 온갖 소리를 다 삼킨 마음 깊은 곳에서 우러나온 것이었다. 침묵은 언어를 그냥 없애는 것만이 아니다. 하느님과의 내면적 관계를 언어에 담아 구체적으로 고백할 때 내면적 만남이 더욱 심화될 수 있다. 때문에 자기도 모르게 큰소리로 외치듯이 기도하기도 한다. 전례 · 찬미가 등은 소리 내어 하는 기도의 일종이라고 할 수 있다. 하느님과의 관계를 기도와 고백으로 구체화하는 가운데 인간은 자기의 가장 깊은 내면, 자기 마음에 도달할 수 있다.

3. 예수께서는 하느님을 찬양하면서 기도하셨다. 기도는 하느님을 찬양 하는 것이다. ('찬양하는 기도' 참조)

4. 예수께서는 이미 작성된 기도문에 따라서만 기도하시지 않았다. 그분은 자유롭게(자유기도), 개인적으로 그리고 큰소리로 기도하셨다. 올리브 동산에서의 피땀 흐르는 기도(마르 14, 36)에서 그분은 더욱 하느님과 하나 되는 기도를 바치신다. 개인적인 기도를 바칠 줄 몰랐던 제자들은 예수께서 기도하시는 동안 자고 있었다. 조용한 가운데 침묵의 기도를 바치는 것도 중요하지만 때때로 큰소리로 자유롭게 기도할 필요도 있다. 예수처럼 큰소리로 마음에서 우러나오는 기도를 할 때 하느님의 현존을 지금 여기서 더욱 가까이 느낄 수 있을 것이다.

우리는 하느님이 언제 어디에나 계신다고 믿고 있다. 그러나 우리는 정말 우리가 있는 곳에서 하느님을 느끼는가? 하느님께서 나를 기다리고 계신다는 것을, 지금 나에게 관심을 보이고 계신다는 것을, 지금 나의 기도를 듣고 계신다는 것을 느끼는가? 혹시나 하느님은 언제 어디에나 계신다고 생각만 할 뿐 실제로는 그분의 현존을 느끼지 못하는 것은 아닌가? 하느님을 생각만 하는 것과 하느님께 진짜 큰소리로 말을 거는 것은 큰 차이가 있다. 이미 작성되어 있는 기도문만을 외우며 기도할 때 우리와 하느님과의 거리는 멀어질 수도 있다. 이미 작성된 기도문에 따라 기도하는 것에 익숙해진 가톨릭 신자에게 있어 큰소리로 자유롭게 바치는 예수의 기도 방식은 중요하다고 하겠다.

▌기도의 자세

1. 기도는 우리 인간이 하느님께 바치기만 하는 것이 아니라 하느님께서 우리 인간을 위해 발하시는 마음과 하나 되는 것이라고 하였다. 우리가 기도하는 것은 하느님께(예수께) 바치는 것일 뿐 아니라 기도하시는 하느님과(예수와) 하나 되는 것이다. 그리스도인은 하느님처럼, 예수처럼 기도해야 한다. 하느님의 마음, 예수의 마음과 하나 되어 기도해야 한다.

2. 하루는 제자들이 예수께 와서 기도하는 법을 가르쳐 달라고 조용히 부탁했다. 아마 예수께서 기도하시는 모습을 보고 제자들도 그분처럼 기도하고 싶었을 것이다. 루가복음은 이렇게 설명하고 있다.

"예수께서 하루는 어떤 곳에서 기도를 하고 계셨다. 기도를 마치셨을 때 제자 하나가 '주님, 요한이 자기 제자들에게 가르쳐 준 것같이 저희에게도 기도를 가르쳐 주십시오' 하고 말하였다. 예수께서는 이렇게 가르쳐 주셨다. '너희는 기도할 때 이렇게 하여라. 아버지, 온 세상이 아버지를 하느님으로 받들게 하시며 아버지의 나라가 오게 하소서. 날마다 우리에게 필요한 양식을 주시고 우리가 우리에게 잘못한 이를 용서하오니 우리의 죄를 용서하시고 우리를 유혹에 빠지지 않게 하소서.' " (11, 1-4)

기도의 가장 근본적 자세는 제자들처럼 '주님, 저희에게도 기도를 가르쳐 주십시오' 라고 겸손한 자세로 마음을 비우는 것이다. 기도는 고요와 겸손 가운데 바쳐야 한다.

3. 그 다음 하느님을 불러야 한다. '아버지, 온 세상이 아버지를 하느님으로 받들게 하시며 아버지의 나라가 오게 하소서.'

기도할 때 조용히 "아버지!" 하고 하느님을 부르는 것은 중요하다. 예수께서는 우리가 기도할 때 당신 자신보다는 아버지의 이름을 부르면서 아버지께 영광과 찬미를 드리는 것으로 기도를 시작하라고 가르치신다.

4. 아버지를 부르고 나면 그분의 거룩함을 찬양하지 않을 수 없다. 하느님을 찬양하는 순간 누구나 자기가 하느님께로부터 큰 사랑을 받고 있다는 것을 느낄 수 있다. 예수께서는 다른 복음에서 이렇게 말씀하신다.

"너희는 먼저 하느님의 나라와 하느님께서 의롭게 여기시는 것을 구하여라. 그러면 이 모든 것도 곁들여 받게 될 것이다." (마태 6, 33)

5. 우리는 기도 중에 하느님을 부르고 찬양하면서 하느님의 나라가 이미 우리 가운데 와 있으며 , 아버지의 이름이 거룩히 빛나시고, 아버지의 뜻이 이루어지지 않는 곳이 없다는 것을 느껴야 한다. 기도는 하느님 중심으로 하느님을 향해야 한다. 자기중심이 아니라 하느님을 향해 마음을 모은 사람은 자기 마음을 하느님께 다 털어놓을 수 있다. '오늘 저희에게 일용할 양식을 주시고 저희에게 잘못한 이를 저희가 용서하오니 저희 죄를 용서하시고 저희를 유혹에 빠지지 않게 하시고 악에서 구하소서' 라고 기도할 수 있다. 예수께서는 산상 설교에서 '마음의 회개' 를 강조 하셨다.

6. 이미 작성된 기도문으로 기도할 때는 그 뜻을 새기며 정성껏 바쳐야 한다. 뜻을 새길 사이도 없이 기도문을 습관적으로 외우거나 자기 말만을 늘어

놓는 유아적 기도에서 벗어나서 진정으로 하느님의 마음과 하나 되는 기도를 바칠 수 있어야 한다. '너희는 기도할 때에 골방에 들어가 문을 닫고 보이지 않는 네 아버지께 기도하여라.' (마태 6, 6)

7. 기도할 때 우리는 쉽게 감상에 젖을 수 있다. 감상에 젖는 것은 나쁜 일이 아니다. 그러나 지나치게 자기 감상에 빠지면 하느님을 만날 수 없다. 감상을 정화할 필요가 있다. 자아도취에 빠져 기도하는 가운데 우리는 쉽게 광신자가 될 수도 있다.

▌ '예' 하는 자세

1. 기도는 '예' 하는 자세라야 옳게 바칠 수 있다. '예' 하는 자세는 내 뜻과 소원을 하느님께 전달하는 것이 아니라 하느님의 뜻을 받아들이는 것이다. 하느님께 '예' 라고 응답하는 것이다. 우리는 기도하면서 '하느님의 뜻' 이라는 말을 많이 남용한다. 사업을 할 때, 돈이 잘 안 풀릴 때 하느님의 뜻에 맡긴다고 하면서도 뜻대로 되지 않을 경우 하느님을 원망한다. 그래서 사업을 펼치기 전에 '하느님의 뜻' 에 맡긴다고 말은 하지만, 마음속으로는 내 계획이 성공할 수 있도록 하느님께서 도와주셔야 한다고 일종의 압력을 가한다. '모든 것을 하느님의 뜻에 맡긴다' 는 사람은 정말 하느님의 뜻을 따를 준비가 되어 있는지 물어야 할 것이다. 자기 뜻을 하느님의 뜻으로 포장하는 것처럼 위선적이며 위험한 것도 없다. 그래서 하느님의 뜻을 받아들인다는 것은 말처럼 쉽지 않다.

2. 기도는 하느님의 마음을 받아들임으로써 내 마음을 전달하는 것이다. 하느님과 우리 사이에 주고받는 이 관계는 그 반대로는 일어날 수 없다. 물론 하느님은 우리가 당신께 드리는 것을 받아들이실 것이다. 그러나 '내가 드린 만큼 하느님도 주실 것이다' 라든지 '내가 드리지 않으면 주시지 않을 것이

다'는 생각으로는 제대로 기도할 수 없다. 하느님을 감시자로 여기는 사람은 내가 기도를 드렸으니까 하느님께서도 나의 기도를 받아들여 주실 것이라고 생각하지만, 하느님의 마음을 받아들이지 않고서는 사실 나는 아무것도 하느님께 드릴 수 없다. 하느님의 마음을 받아들일 준비가 되 어 있지 않은 사람은 하느님께 아무것도 바칠 수 없다. 기도는 하느님께서 먼저 우리의 내면을 건드리시기에 가능하다. 그러므로 자기 내면에 먼저 귀 기울일 줄 아는 사람만이 진정으로 '달라'는 기도를 바칠 수 있다.

3. 기도는 '예'라고 하면서 하느님의 입맞춤을 받아들이는 것이다. 그리고 내 편에서 입맞춤을 보내는 것이다. 기도는 이런 사랑의 교환이다. 바리용 신부의 다음 말은 적절하다. 사랑한다는 것은 주는 것만이 아니다. 그것은 받아들임이기도 하다. 기도는 신의 입맞춤을 받아들이는 것이다. 나는 내 안에서 너의 숨을 받아들이고, 네 안에 내 숨을 불어넣는다. 받아들임과 베풂의 상호성을 통한 교환은 영혼의 깊은 교환을 뜻한다. 기도의 근본 자세는 하느님의 입맞춤을 받아들이는 것, 하느님의 입맞춤에 '예' 하고 응답하는 것이다. 기도는 하느님께 드리는 '예'이다. 하느님께 드리는 '예'는 다름 아닌 하느님께 대한 경배다.(바리용 제4권 참조) 예수님의 기도는 하느님 아버지께 "예"이며 경배다.

▌ 찬양하는 기도

기도는 하느님을 찬양하는 것이다. 하지만 하느님께서 우리의 찬양을 필요로 하거나 우리의 찬양으로 비로소 찬양받는 존재가 되는 것은 아니다. 그분은 이미 처음부터 우리의 찬양이 없이도 거룩하시며 온 세상 만물에게서 찬양을 받으시는 존재다. 때문에 하느님은 우리가 당신을 찬양하는 소리 여하에 따라 고무되거나 섭섭해 하시는 존재가 아니다. 그러면 우리가 하느님을 찬양하는 것일까? 그것은 어쩌면 우리 자신을 위해서다. 하느님은 우리가 당신을 찬양함으로써 '하느님을 찬양하는 존재'가 되기를 원하신다. 우리가 하느님을 찬양하는 존재로 이 세상을 살아가기를 원하신다. 하느님을 찬양하는 자만이 이 세상을 인간답게 살 것이기 때문이다. 어떻게 보면 우리가 살고 있는 세상은 너무 고통스럽고 살기가 어려워서 찬양의 소리보다는 '왜 하느님께서는 세상을 이 정도로밖에 만들지 못하셨는가?' '왜 나에게 이런 고통을 주셨는가?'라는 불만의 소리가 더 쉽게 터져 나오는 곳이다. 너무 속되어서 '하느님의 이름이 거룩히 빛나소서'라고 하느님의 거룩함을 찬양하는 것이 쉽지 않다. 그렇지만 하느님은 이 속된 세상에서 당신의 모습을 드러내고자 하신다. '당신을 찬양하는 존재'를 통해 당신의 모습을 드러내신다. 찬양하는 사람만이 속됨 안에 숨어 계시는 하느님을 '볼' 수 있다. 뿐만 아니라 그는 이 세상을 속되게만, 고통스럽게만 보지 않고 '달리' '거룩하게' 볼 수 있다. 하느님을 찬양하는 사람은 이 속된 세상을 거룩하게 살아간다.

예수께서는 이처럼 거룩하게 살아가는 사람을 산상설교에서 복된 사람이라고 찬양하신다. '가난한 자는 행복하다', '슬퍼하는 자는 행복하다'라고 말이다.(마태 5, 3-10) 하느님의 거룩함을 찬양하는 사람은 복된 존재다. 이 속된 세상에서 하느님을 찬양하며 사는 사람은 하느님을 향유하며 산다. 그는 기쁘게 세상을 살아간다. 예수께서 말씀하신다. '기뻐하고 즐거워하여라. 너희가 받을 큰 상이 하늘에 마련되어 있다.''(마태 5, 12) 찬양하고 기뻐하는 것은 인간다운 삶을 살기 위한 근본 조건이다. 찬양하는 기도는 하느님을 향유하게 함으로써 우리를 더욱 인간답게 한다.

그런데 주님이 가장 정열적으로 기도하기는 수난을 맞이하기 직전이었다. 최후의 만찬의 자리에서 예수는 사도들에게 마지막 계명을 주고는, 그들을 위하여 긴 기도를 올렸다.(요한 17) 이때 예수가 사도들에게 일러 준 것은 「나의 이름」 즉 예수의 이름으로 기도하라는 것이었다.(요한 16:24)

이 사실은 두엇을 의미하는가. 하느님이신 아버지께 청하기는 아들인 예수 그리스도를 통해야만 온전히 가능하기 때문이다. 그러므로 오늘날에 와서도 교회에서는 아버지인 하느님께 바치는 전례적인 기도만은 모두 「우리 주 예수 그리스도의 이름으로」라는 말로 맺고 있다.

최후의 만찬 후, 게쎄마니 동산에서 예수는 그야말로 피땀을 흘리면서 기도했다. 제자들에게도 그때 함께 기도하기를 일렀으나, 그들은 잠에 취하여 졸고 있었다.

그런가 하면, 십자가상에서는, 당신을 십자가에 단 사람들을 위하여 「아버지, 저 사람들을 용서하여 주십시오! 그들은 자기가 하는 일을 모르고 있습니다.」(루가 23:34)하고 기도했다.

그리고 그분의 마지막 기도는 「아버지, 제 영혼을 아버지 손에 맡깁니다!」(루가 23:46)였던 것이다.

예수는 하느님에게 기도할 때, 언제나 「아버지」라고 부르고 있다. 하느님은 예수의 진정한 아버지인 것이며, 예수의 기도는 바로 부자간의 대화였다고 할 수 있다.

▌감사기도 – 그리스도인의 기본덕행

루가복음(17, 11이하)에 깨끗해진 열 명의 나환자 중, 단 한 사람만이 감사하기 위해 온 것을 보시고 예수께서 다음과 같이 말씀하셨다. 몸이 깨끗해진 사람은 열사람이 아니었느냐? 그런데 아홉은 어디 갔느냐?

저 고백소에서 영혼의 나병 같은 우리 죄를 깨끗하게 용서하시어 치유해 주셨는데 우리는 은혜에 감사할 줄 모르는 저 나병환자들 같지 않은가 말이다.

성서 전체가 감사하는 것에 대해서 전하는 것은 이것은 하느님 아버지의 무한하신 자비와 한계성 없는 용서와 사랑에 그의 자녀로서 감사로이 받아들이는 것만이 인간의 구원이 아니란 말인가?

우리 생애에 있어서 어떠한 기쁨이라도 감사드리지 않고 그냥 지나치지 않도록 해야 한다. 이것이 감사 기도의 첫 단련이다.

감사하기 시작한다는 것은 하느님의 인자하시고, 하느님은 아버지이시며, 하느님께서는 무한히 자상하게 우리를 생각하신다는 이 확신을 얻기 시작했다는 뜻이다.

어느 날 모든 기쁨에 대해 하느님께 감사드림으로써 기쁨을 거룩한 것으로 만들겠다는 이 결심을 굳게 지키도록 해보라. 해가 지기도 전에 하느님의 선하심에 대한 새로운 개념을 틀림없이 갖게 될 것이다. 한 번도 생각해 보지 않았던 여러분 생활의 어떤 면에 눈을 뜨게 되고, 더욱더 하느님께 자신을 맡겨야 할 필요성이 증가될 것이며, 더욱 깊이 의탁하는 자세로 하느님께 신뢰를 드리게 되고, 여러분의 믿음이 날로 더 굳세어질 것이다.

대다수의 크리스챤들이 청하기 위해서만 손을 내밀고, 두려운 환경에 처했을 때문 하느님을 기억한다는 것은 아주 부끄러운 사실이다. 열심한 신자라고 하는 이들도 기도할 때 항상 달라고만 하고 온갖 것들을 다 청하고, 그 청하는 것이 유익한지 해로운지 평가하지도 않고 계속해서 청하기만 한다. 공통적으로 하는 이 구걸 행위는 흔히 아주 조리에 맞지 않는 이치를 따른다. 하느님 앞에 우리는 어리석은 거지처럼 행동한다. 하느님께서 온갖 선물로 그냥 동냥자루를 채워주고 옷을 주고 숙식 제공까지 해주었지만 이 걸인들은 항상 기쁘지 안하고 자기에게 부족한 것에 대해서만 말한다. 그 이유는 별 가치도 없는 그 10원짜리 동전을 꼭 받길 원하기 때문이다.

하느님께서는 우리가 그분의 자녀답게 행동하길 바라시는데 우리는 부끄럽게 거지처럼 행동한다.

거지의 입장에서 자녀의 입장으로 바꾸어지게 할 수 있는 것은 감사의 기도이다. 감사드리는 법에 습관 된 자는 하느님은 아버지이시고, 하느님은 우리보다도 더 우리에게 필요한 것을 잘 알고 계심을 알기 때문에 순간, 자신의 계획을 하느님께 강요한다는 것이 부끄럽게 느껴지고 하느님께서 무엇보다도 감사드리는 것을 우리에게서 기다리고 계신다는 것이 확실하기에 감사 드려야 할 것만 생각한다. 이것이 믿음이요 사랑이며 하느님이 아버지이시란 사실을 구체적으로 생활화하는 것이다.

고통과 어려움, 슬픔과 자신의 실수에 이르기까지 감사드리는 것은 중요하고 핵심적인 것이다. 여기에 도달할 때 산의 절정에 도달한 것이다. 불쾌한 것과 고통에 대해서까지 감사할 줄 아는 사람은 진실로 사는 법을 배운 사람이다. 삶이란 언제나 잘한 것과 잘못한 것, 기쁨과 슬픔, 성공과 실패로 얽어져 있기 때문이다.

Christian은 기쁨과 고통, 더위와 추위, 평화와 폭풍 속에서도 항구히 생활할 줄 아는 사람이다. Christian은 생활의 폭풍우 속에 절대로 깊이 말려들지 않고 또한 말려들었다 할지라도 다시 헤쳐 나온다.

감사기도는 우리를 바로 거기에 이끌어야 하고, 어떠한 폭풍우 가운데서도 헤쳐 나갈 줄 알게 해야 한다. 흐린 하늘 먹구름 뒤에도 태양 빛은 언제나 빛나고 있고 걷힐 때가 있기 때문이다.

우리에게 있어 해결책이 없는 그 문제를 하느님께서 해결하시도록 맡기고 우리는 더 이상 그것을 생각지 말며 그 대신에 즉시 감사드리자. 온 마음으로 감사드리되 그 어려움이나 고통에 대해서보다 그 어려움으로부터 얻게 될 좋은 전환점에 대해 감사드리자.

하느님께서 보다 더 큰 일을 하실 수 있다는 것을 믿어라.

성녀 데레사는 만일 우리가 기대하는 것보다 "하느님께서 보다 더 큰 일을 하실 수 있다"는 것을 믿지 않는다면 우리가 하느님의 선물을 "받을 문을 꽉 잠가 버리는 것"이라고 가르친다. 이것에 대해 관심이 많아서 성녀는 강조한다. "자매들에게는 그런 일이 절대 없기를 바라노니, 하느님은 더욱 더 큰 일을 얼마든지 하실 수 있다는 신념을 가지십시오." 하느님께서 제공하시는 선물을 받는 문을 열 것인가 닫을 것인가를 결정하는 것은 우리 믿음의 질에 달려 있다.

여기서 더욱 중요한 것은 우리가 실제로 하느님의 눈동자라는 사실을 뼈저리게 절감할 수 있게 해 달라고 기도하는 것이다. 언젠가 어떤 사람이 피정 도중에 예수께 이런 말씀을 들었다. "내가 너를 사랑하는 것보다 더 사랑하는 사람은 아무도 없다. 그러나 나는 너를 다른 누구보다 더 사랑하지는 않는다." 그는 이 체험으로 큰 위안을 받았다. 더욱이 그는 예수의 눈에 비치는 자신의 가치를 두고 비교 평가 할 근거가 완전히 사라져 버린 데 감사 했다. 만일 우리가 예수께서는 어떠한 비교도 하지 않고 우리 각자를 있는 그대로 사랑하시며 각자에게 가장 좋은 것을 바라신다는 것을 뼈저리게 믿기만 하면 더없는 안도감과 자유를 누리게 될 것이다.

하느님께서 네 자신이 할 수 있는 것보다 더 큰일을 하실 수 있다는 나의 믿음의 고백이 감사기도 생활인 것이다. 이러한 생활태도는 우리를 안으시는 전능하신 아버지 상징적 비유로 묵상합시다.

▌우리를 안으시는 전능하신 아버지

매우 단련된 신앙인이 아니면 감당하기 어려운 시련이 헨리 무어 하우스에게 닥쳤습니다. 그러나 그가 낙망해 있을 때 하느님은 그의 어린 딸을 통하여 확신을 주셨습니다.

어느 날 풀이 죽은 모습으로 어깨를 축 늘어뜨린 채 들어오는 그를 응접실에서 놀고 있는 어린 딸이 반가이 맞아 주었습니다. 아빠가 들고 들어오는 꾸러미를 보자 휠체어에서 일어나며 말했습니다.

"아빠 그거 뭐예요?"

"엄마에게 줄 거란다. 엄마 어디 계시니?"

"2층에 계셔요. 아빠 그것 이리 주세요. 내가 들고 갈께요."

"아니 너는 제대로 걸을 수 없으면서 어떻게 2층에 계시는 엄마에게 이것을 가져다준다고 그러니?"

그런데 그 아이가 말했습니다.

"나는 꾸러미를 들고 아빠는 나를 안으면 되잖아요."

참으로 옳은 말이었습니다.

그 순간 그의 머리에 섬광처럼 떠오르는 것이 있었습니다.

"하느님이 나를 이와 같이 안고 계시는데 왜 내가 그토록 좌절했던가."

헨리 무어 하우스는 이 확신을 가지고 승리자가 되었습니다.

하느님은 '아비' 이신가? '어미' 이신가? 나에게는 두 가지가 다 되신다.

그러나 그의 모성을 나는 특별히 사랑한다.

하느님은 자기 자녀들에게 얼마나 자애로이 말씀하셨던가?

"내 말을 들어라. 야곱 집안아 이스라엘 집안의 남은 자들아, 모태에서부터 업혀 다니고 태중에서부터 안겨 다닌 자들아." (이사 46, 3)

"어머니가 제 자식을 위로하듯 내가 너희를 위로하리라. 너희가 예루살렘에서 위로를 받으리라." (이사 66, 13)

그리고 예수는 모성의 근심 걱정으로 예루살렘을 바라보시고 우셨다.

"예루살렘아, 예루살렘아! 예언자들을 죽이고 자기에게 파견된 이들에게 돌을 던져 죽이기까지 하는 너! 암탉이 제 병아리들을 날개 밑으로 모으듯, 내가 몇 번이나 너의 자녀들을 모으려고 하였던가? 그러나 너희는 마다하였다." (마태 23, 37)

오주吾主는 싸우는 '장닭' 이 아니라 품어 주시는 '암탉' 이시다. 누가 이

어미의 사랑에 마음이 끌리지 않을 수 있으랴?

가톨릭교회의 매력의 하나는 예수의 성격 안에 있는 이 여성적 요소가 '복되신 동정녀'의 인격 안에 제도적으로 나타나 있다는 사실이다. 성모님께 기도생활 하는 이유인 것이다.

"인간만사새옹지마人間萬事塞翁之馬"
고사성어故事成語에도 나타나 있습니다.

옛날 중국에서 있었던 이야기입니다. 오랑캐와 접해 있는 어떤 북방 국경 마을에 노인 한 분이 살고 있었습니다. 하루는 자기가 기르던 말 한 마리가 사라진 것을 알았습니다. 무리를 이탈하여 그만 오랑캐 나라로 도망친 것이었습니다. 이 사실을 들은 주위 사람들은 안타깝다는 듯이 위로했지만 그 노인은 의외로 태연했습니다.

"천만에, 누가 아나요? 이 때문에 좋은 일이 있을지..."

과연 몇 달이 지나자 이상한 일이 벌어졌습니다. 지난번 달아났던 말이 이번에는 준마 한 필을 데리고 돌아왔던 것입니다. 그러자 이번에는 동네 사람들이 우루루 몰려와서는 다들 '축하한다'고 야단들이었습니다. 하지만 이번에도 노인은 똑같은 말만 반복할 뿐 도무지 반응을 보이지 않았습니다.

"그야 모를 일이지요. 이번 일로 무슨 재앙이 닥칠는지..."

그 노인의 말은 이번에도 맞았습니다. 어느 날 아들이 그만 잘못하여 준마에서 떨어져 다리가 부러지고 말았던 것입니다. 동네 사람들이 이번에는 위로의 말을 해 왔지만 그 노인의 태도는 전과 다름없었습니다. 어느덧 일 년이 지나갔습니다. 오랑캐가 갑자기 군사를 일으켜 쳐들어왔습니다. 이 때문에 몸이 성한 청년들은 다들 징집되어 전장으로 나갔습니다. 수많은 젊은이들이 전사했지만, 노인의 아들은 다리가 부러진 덕분에 징집을 면할 수 있었습니다.

우리는 여기서 이 노인의 태도를 잘 살펴볼 필요가 있습니다. 이 노인에게 있어서 어떻게 슬픔도 슬픔이 아니고 기쁨도 기쁨이 아니었을까요? 노인이 슬픔이나 기쁨에 무감각하다거나 무관심하다는 것을 말하는 것입니까? 아닙니다. 그 노인은 모든 것으로부터 초연해 있기 때문에 그렇게 받아들일 수 있었습니다. 초연해 있다는 것은 슬픔이나 기쁨으로부터 떠나 있다는 것을 말합니다. 초연하다는 것은 내가 좋아하는 것이나 싫어하는 것을 인위적으로 끊어버리는 것이 아니라 하느님의 뜻에 맞는 것을 그대로 받아들인다는 것입니다. 하느님께서 원하시는 것인가를 따지거나 생각하기도 전에 자연스럽게 그것을 선택하는 것입니다. 동시에 나의 실패나 하찮음 그리고 죽음조차도 하느님의 뜻이라면 받아들이게 됩니다.

이때 비로소 신앙의 모든 힘과 하느님의 사랑을 체험하게 되기 때문에 참 신앙이 탄생하게 된다.

하느님께서 주시는 대로 고맙게 받을 줄 알 때 신앙에 도달한 것이다.

우리들의 개별적인 어떠한 계획보다도 하느님의 뜻을 더 중요시 할 줄 알 때 사랑에 도달한 것이다.

그리고 모든 것에 앞서 성령께서 우리 안에서 함께 기도하시기를 원할 때 감사 기도를 바칠 수 있다. 항상 모든 일에 감사하라, 항상 기뻐하며 감사하라 하신 사도 바오로의 권고 말씀도 성령과 함께 기도 할 때에 나에게 이루어질 것이다.

감사기도 생활은 하느님의 사랑이신 은총을 항상 차고 흘러넘치게 만드는 비움의 영성 그릇과도 같은 것이다.

여자팔자 뒤웅박(쪼개지 아니하고 구멍만 뚫어 속을 파낸 박) 팔자다. 여자만이 아니라 인간 팔자가 뒤웅박 팔자다. 사도 바오로의 사랑의 개선가인 그리스도의 은총이 항상 내게 차고 흘러넘친다는 그 은총의 그릇이란 다름이 아니라 우리 자신의 감사기도 생활인 것이다. '인간의 영광은 하느님의 영광이다' 는 교부 떼르뚤리아누스의 말대로 하느님의 영광에 대한 인간의 응답 메아리가 우리의 감사기도생활이다.

영광과 찬미와 감사기도가 항상 영원히 메아리치자.

하느님도 우리에게 기도(간청) 하신다

인간의 기도는 하느님의 기도에 대한 답이다. 하느님의 명령이라든가, 하느님의 뜻에 대해서는 아주 조심해서 말해야 한다. 내 의도는 예수님 자신이 사용하셨던 이 전통적 단어들을 지우려는 것이 아니다. 그러나 이 단어들을 정확하게 알아들어야 한다. 그 단어들은 명령적인 의지에 관한 표현이 아니다. 서로 사랑하는 사람들 사이에서는, 예를 들어 가족의 경우에는, 서로에게 명령하지 않는다. 지시를 내리는 것이 아니라, 서로 간청하고 자기가 원하는 것을 표명하면서 "그렇게 해 주겠니?"라든가, "부탁하는데…." 또는 "내가 바라는 것을 해 주면, 정말 기쁠 거야."라고 말한다.

나는 개인적으로, 하느님이 원하시는 것을 들어 드린다고 말하는 것을 더 좋아한다. 그만큼 나는, 하느님의 뜻이라든가 명령 같은 단어들이 잘못 이해되어 하느님에게 그 무슨 권위나 어떤 독재적 정신을 갖다 붙이게 될까 봐 두렵다. '명령(commandement)' 이라는 단어가 '충고, 권고(recommandation)' 라는 단어의 어원인 라틴어 '만다툼(mandatum)' 에서 나왔다는 것에 주목하자.

하느님의 명령들은 사랑밖에 없는 곳으로 들어가는 문턱을 가리킨다. 내가 인용하기를 좋아하는 장 라크루아의 다음 문장처럼 말이다. "사랑한다는 것은, 사랑하는 대상에 대하여 결코 힘의 수단들을 사용하지 않겠다는 약속이며 다짐이다.' 인간적 사랑 안에서 사용되는 힘의 수단들은 다양하다. 전적으로 무죄한 유혹에서부터 비열한 강간에 이르기까지, 힘의 수단들을 사용하는 모든 음계가 그 안에 펼쳐져 있는 것이다.

하느님은 전능하시지만, 그분의 힘은 힘의 사용을 거부하는 데 있다. 이것이 예수 그리스도의 위대한 계시다. 강한 것은 사랑이다. 또는 정확하게 말해서, 사랑의 힘은 말 그대로 힘의 포기다. 힘을 포기하는 이는 명령하지 않는다. 그는 간청한다. 하느님은 우리에게 간청하신다.

하느님과 함께하는 삶은 기도의 교환이다. 그 삶은 양쪽에서 보내는 갈망의 표현이다. 하느님은 우리에게, 우리가 완전한 인간이 되는 것을 보고 싶은 당신의 소원, 우리가 가장 높은 경지의 실존, 존재의 가장 순수한 질質에 이르는 것을 보고 싶다는 당신의 소원을 말씀하신다. 인간의 삶에서 가장 무서운 것은 의식하지 못한 채 형편없는 자가 되는 것이다. 하느님이 분명하게 말씀하시는 것은 딱 한 가지뿐이다. '너의 형편없음에서 벗어나라, 망가지지 마라, 가장 높은 인간적 차원에 도달하라!' 이것이 그분의 소원이고 복음의 전부다.

이에 대한 화답으로 우리는 그분에게, 그분이 영광 받으시기를 원하고 우리 자신의 성화聖化가 그분의 영광이요 기쁨이기를 바라는, 우리의 소원을 표현한다. 바오로 사도는 우리가 하느님을 닮아야 한다고 말했다. 우리가 하느님을 닮지 않을 수가 없는 한 가지 이유는 바로 하느님이 인간을 앞에 두고 끊임없이 기도하시기 때문이다.

그리스도는 하느님의 침묵이다

그리스도의 침묵은 인간에 대한 정당화이자 화해를 위하여 취했던 그의 성스러운 인성의 고결함을 확인시켜 준다.

기도하고 싶은 마음 = 사랑하고 싶은 열망

예수라는 이름은 마치 우리 마음을 꿰뚫는 화살과도 같다. 우리가 세례를 받는 순간부터 우리 안에 갇혀 계시는 부활하신 분의 영광을 해방시키시는 화살과도 같다. 우리 인간 사랑을 재촉하시는 불길이 성화같은 예수 성심 사랑의 큐피트 화살이 우리 마음 심장에 박혀 사랑의 불을 놓으려 오신 그 불을 놓고 당기시는 것이다.

내적 고요는 꿈이 아니라 다시 일어남이다. 죄는 하느님 안에 우리가 있음을 망각하면서 잠을 자는 것이다. 하느님의 이름을 발음하는 것은 전례를 내면화하고, 하느님이 내게 오시도록 하면서 내면을 열린 상태로 내어 드리는 것을 뜻한다. 기도함이란 하느님을 목마르게 갈망하는 것을 의미한다. 따라서 기도를 위해서는 생리학적으로 열망하는 리듬도 필요하고 사랑의 향수로써 심호흡의 리듬을 창조할 필요가 있다. 이러한 것은 예수의 기도와 함께 헤시카즘의 실천으로 몸과 정신적 힘에 대한 존재의 옳음으로 드러나고 있다.

제30과

그리스도인의 기도생활

▌그리스도적 삶 전체 안에서 기도의 위치

a) 기도에 대한 신학적 비판 중에는 기도가 "대용 행위"에 머물 수 있음에 대하여 반복해서 비난의 화살이 던져졌다. 이웃 사람과 고통을 호소해 오는 것에 대하여 실제적인 행위로 도움을 주는 대신에 기도로써 대치하고 아무것도 행하지 않는다는 것이다. 기도가 이렇게 잘못 사용된 경우도 분명히 있었을 것이고 또한 있을 것이다. 그러나 이와 반대로 인간의 노력이 이제 더 이상 아무런 효력도 가져오지 못하는 경우에 기도밖에는 더 이상 어떻게 해볼 수 없을 경우에 한해서만 청원기도를 할 수 있다는 견해도 옳은 것으로 보이지 않는다. 이러한 경우에도 기도와 하느님은 하나의 "대용물"에 지나지 않을 것이다. 상호 협력하여 작용하는 하느님의 창조행위와 피조물의 활동력을 분리하여 각각 따로따로 존재하는 것으로 생각 할 수 없는 것과 마찬가지로 기도와 인간적인 노력을 따로 분리할 수 없는 것이다. 기도 안에서 인간은 자신의 상황을 인간의 고난에 다가오시는 하느님 앞에 가져다 놓게 된다. 또한 동시에 인간은 자신이 수행해 나가도록 자신의 삶과 인간 사회의 공동체가

가져다주는 과제들을 채워나가도록 불리어진 것이다. 하느님에 대한 사랑과 이웃에 대한 사랑을 분리하여 내세울 수 없는 것과 마찬가지로 기도와 실천을 서로 대치되는 것으로 분리하여 내세울 수는 없는 것이다. 이 두 가지 모두가 그리스도교적 삶의 본질적 요소에 속한다.

그리스도교적 삶에서 최종적으로는 하느님께 대한 인간의 종합적 응답을 제시하는 것인 믿음 희망 그리고 사랑의 실현이 문제되는 것이다. 이러한 신앙의 응답이 기도 안에서 표현되는 것이다. 그러나 믿음의 응답은 기도 안에서 표현되어지는 것을 필요로 하지만 기도 안에서 쇠진되어 소멸되는 것은 아니다.

b) 그리스도교 영성의 역사에서 이러한 문제는 활동적 삶과 관상적 삶이라는 관점하에 고찰되었다. 이 두 가지 삶의 방식과 삶의 영역은 같은 차원에서 비교될 수 있는 것이 아니라 하나의 더 높은 단계에서 하나로 일치될 수 있음에 대하여 마이스터 에크하르트가 마리아와 마르타 사건에 대해(루가 10, 38-42) 해설하는 부분에서 이미 시사했다. 주님의 말씀을 듣는 일에 충실했던 것은 사랑의 행위에 의해 열매를 맺어야 하는 것이다. 이와 비슷하게 이냐시오 로욜라에 대해 언급이 되었는데 그는 활동 속에서의 관상가였다(contemplativus in actione)고 평가되었다. 그는 "하느님을 모든 것 안에서 찾고, 발견하기"를 자신의 영적 삶의 핵심적 요소로 만들었다. 기도는 이러한 전체 안에서 자신의 고유한 가치와 위치를 가지고 있고 전체 안에 종합되어 있는 한 부분인 것이다.

c) 이러한 의미에서 항상 기도하라는 권고를(루가 18, 1; 1데살 5, 7) 이해할 수 있겠다. 자주 기도하는 것을 통하여 삶 전체의 개방성과 다른 이에게 향상 나아갈 수 있는 준비성이 향상되어야 하는 것이다. 믿음을 언어로 표현하는 것

으로서의 기도는 우리를 믿음의 삶과 하느님께 "예"라고 응답하는 것으로 인도해야 한다.

▌기도 : 그리스도인의 정체성을 확립시켜 주는 것

그리스도인의 공동체가 자신의 상처와 가난을 인정하고, 사회에 인간화의 비전을 보여 주기 위해서는 무엇보다 스스로가 지니고 있는 자원을 상기할 필요가 있다. 물론 가장 기본적인 자원은 하느님과 인간성의 계시인 예수 그리스도께 대한 믿음이며, 그리스도를 통하여 역사 속에 존재하게 된 그분의 공동체, 즉 자유롭게 초대되는 교회이다. 신앙과 도덕, 예배 그리고 보편주의 등의 교회 공동체적 차원들은 자기 정체성과 그 연속성을 추구하는 개인과 공동체의 노력에 매우 중대한 측면들이다.

나 자신의 체험과 교회의 많은 공동체 운동의 역사를 볼 때, 가톨릭 공동체는 교의, 도덕, 예배, 보편성 등의 요소와 불가분의 관계에 있다. 물론 이러한 전통들에 의문을 제기하고 도전하는 것 - 예를 들면 예식주의, 여성사제직 문제, 특별한 도덕적 관습, 성서의 영감, 교의에 대한 신앙문제. 토착화(indigenization) 등 - 은 고통스러운 일이고 위험이 따르는 일이지만 이러한 도전들을 통하여 일치의 끈은 더욱더 굳건해진다. 이것은 어떤 비판의 문제가 아니라 정체성의 문제이기 때문이다. 예를 들어 사회정의와 복음에 대한 단순한 충실성을 그토록 깊고 오랫동안 보여 준 도로시 데이(Dorothy Day)의 증언은 교의, 예배 그리고 보편성에 관한 분명한 정통성에 직접 비례하는 것이었다. 그녀가 가톨릭 신앙의 실천을 나무랄 데 없이 수행하고 지속시킨 만큼, 그 신앙의 열매는 사랑의 실천과 평화운동으로 태어났고 이 사실은 성숙한 가톨릭인들의 양심에 불가항력의 매력이 되어 왔다.

사실 지나치게 많은 지속성의 요인들이 대체되거나 상실 되었을 때 개인이나 어떤 관계는 성장을 체험하는 것이 아니라 오히려 분열과 점차적인 소멸을 겪게 되는 것은 자명하다. 따라서 어떤 공동체, 어떤 사람, 어떤 관계가 지속적으로 성장하기 위해서는 그 역사적 연속성과 전체성으로부터 분리되어서는 안된다. 그러므로 공동체나 개인이 성장하기 위하여 그의 정체성과 역사와의 연속성이 유지 될 수 있는 방법을 갖는다는 것은 매우 중요하다.

이렇게 역사적인 정체성에 중심을 두고 기반을 두는 맥락 속에서, 더 많은 토론과 관심을 둘 만한 가치가 있는, 가톨릭교회에서 실천되고 있는 두 가지 방법과 전통이 있다. 그것은 기도와 성사생활의 차원이다. 그리고 여기서는 특히 기존의 문화 복음, 즉 상품화와, 변화 속에서 정체성의 뿌리 내리기라는 관련 안에서 기도와 성사생활의 차원을 고찰해 볼 것이다.

기도는 사회적이며 정치적인 행위이다. 이것은 우리가 상품화 현상에서 발견하는 인간 삶의 사회·정치적 측면을 성찰해 볼 때 더욱 분명한 사실이다. 우리는 상품문화가 우상숭배, 계약의 거부. 친밀함과 내면성으로부터의 도피, 지배와 조직의 강조 그리고 믿음·희망·사랑의 부재를 강조하는 것을 보아 왔다. 그러나 기도는 무엇보다 근본적으로, 또 다른 인격, 즉 하느님과의 계약적 관계이며 동시에 기도는 모든 인격적인 행위들, 즉 위험과 투쟁, 기쁨 그리고 어두움에 동참한다.

기도는 내면적인 행위로써, 고독에 침잠하기 위하여 상품화된 의식의 모든 양상과 태도로부터 벗어나는 중대한 노력을 요구한다. 기도 속에 우리 자신을 집중시킨다는 것은 인격체로서의 우리 정체와 목표를 의식하는 것이며, 상품화의 거짓선전에 의해 충족될 수 없는 우리 존재의 근원적 욕구 앞에 정면으로 맞선다는 것이다. 있는 그대로 우리 자신 앞에 의식적으로 현존한다는 행위 자체가 바로 손쉬운 외형화와 문화적 압력 그리고 사회적 기대에 저항하는 위대한 행위인 것이다. 그러므로 우리가 오늘처럼 문화적 제국주의의 굴레 아래 있을 때 기도가 특별히 더 어려울 수 있는 이유가 바로 여기에 있는 것이다. 문화적 제국주의 굴레 아래서 기도한다는 것은 너무나 이상하고, 우리 자신을 사람이라고 여길 수조차 없게 만든다. 성공한다는 즉각적인 보장도, 가늠하거나 다스릴 수도 없으며 능력 있게 평가할 수 있는 방법도 없기 때문이다.

고독한 침잠은 위험으로 가득 차 있다. 이것은 도대체 실질적인 것이 결여되어 있다. 시장에서 팔릴 수 있는 가능성은 전혀 보이지 않기 때문이다. 그러므로 기도에 침잠한다는 것은 궁극적으로 정직해지려는 노력이며, 기도에 침잠한다는 것은 상업주의와 물질주의에 의하여 무참하게 부정되는 우리의 가난과 근원적인 필요와 만나는 것이며, 기도에 침잠한다는 것은 자기기만이 아니라 참다운 자기발견을 위한 노력인 것이다. 또한 기도는 우리가 매달리고 노예가 되고 있는 온갖 우상들, 사회·문화적 위선 그리고 우리 인간이 단순한 역할에 불과하다는 기만에 대한 항의이다. 그러므로 기도는 온갖 친밀함으로 위장 되어 행해지는 모든 실존적 폭력을 날카롭게 간파한다. "발견되기"를 두려워하면서 우리는 친밀함으로부터 도피한다. 우리는 우리 존재의 심연으로부터 다른 이에게 말을 할 수 없게 된다. 이렇게 하여 하느님께 행하는 기도가 불가능해질 뿐만 아니라 어떤 누군가와의 통교 또한 똑같이 불가능해진다.

그럼에도 불구하고 우리는 인격적인 만남을 갈망한다. 어떻게든 우리는 자신이 발견되기를 갈망하고 있다. 있는 그대로, 보여지고 있는 그대로 용납되기를 원한다. 이 갈망이 기도의 심연 그 한가운데에서 용솟음치고 있다. 우리는 기도 속에서 예수 그리스도를 통하여 우리에게 당신을 드러내시는 하느님이 이미 우리를 "발견하셨고", 우리를 거부하지 않는다는 사실을 깨닫는다. 이처럼 우리 정체성 깊은 심연에 자리한 소식은 천박하거나 쓸쓸하지 않다. 모멸적이거나 황폐하지 않다. 이것은 기쁜 소식이다. 우리의 가난, 절실함의 선포, 우상을 통하여 우리 자신을 구원 할 수는 없다는 우리의 한계, 우리의 무능력, 존재론적 불완전함의 선포, 이것은 더 이상 수치스러운 깨달음이 아니라 우리가 실제로 있는 그대로의 모습 때문에 사랑받고 있다는 가슴 벅찬 깨달음인 것이다. 우리는 사랑받기 위하여 우리의 연약함을 감출 필요가 없다.

이것이 바로 기도의 메시지(message)이다. 이 메시지는 몇 분 동안의 어떤 방법이나 저돌적인 충돌로서 혹은 신체적으로 느끼는 새로운 황홀감에서 나오는 것이 아니라, 믿음과 희망을 다른 인격체에게 맡기는 모험에 의하여 우리에게 다가오는 메시지이다. 그러므로 기도는 일생을 거는 위험이며 모험이고 결단이며 투신인 것이다.

기도의 순간은 (1) 자기 자신에게, 자신의 가장 깊은 갈망에, 자신이 믿는다고 고백하는 인격적 하느님께 자유로이 들어가는 현존의 행위로써, 믿음과 희망의 행위이며 있는 그대로의 자신을 받아들이는 것이며, (2) 기도는 또한 하느님의 현존 앞에서 자신의 가난과 하느님의 절실함을 인식하고 그 사실을 참으로 받아들이는 것이며 자신의 존재론적 우연성을 호소하는 것이며, (3) 성서에 나타난 하느님의 응답뿐만 아니라 자신 안에서 일하시는 하느님의 활동에 귀를 기울이는 것이며, (4) 자신의 하느님의 존재 안에서 있는 그대로 사랑받고 있다는 사실을 인식 하면서 하느님께 감사드리고 그분께 돌아서는 것이다.

그러므로 기도의 전 과정 - 침잠하고 정직해지며 가지는 것보다 존재하는 것에 중심을 모으는 - 은 그 자체가 이미 심원한 반문화적 행위들이라고 규정할 수 있다. 사실 상품화의 생활과 대조적으로 기도는 도달하기 어렵고 불가능하며 가까이 하기 어려운 것처럼 느껴진다. 물론 기도는 우리의 통제, 우리의 힘을 초월한 것이다. 그렇기 때문에 어찌할 수 없이 두렵기조차 한 것이다. 우리에게 가장 친밀하고 본질적인 것이 가장 낯설고 두려운 것으로 느껴진다는 것, 그래서 우리는 우리 자신에게서 우리의 친밀함으로부터 도망친다. 이처럼 기도는 문화에 저항하는 행위일 뿐만 아니라 우리의 인간성, 정체성에 관한 재확인이며 기도는 또한 산산이 부서진 우리의 삶을 서로 다시 연결시키고 본연의 우리로 - 탈상품화 되도록 - 되돌아오게 한다.

공동의 기도 또한 체험의 깊이에 있어 차원을 달리 할지라도 위와 유사한 구조를 반영하고 있다. 함께 하는 기도는 어떤 강박관념이나 경쟁, 혹은 많은 말을 늘어놓거나 시간을 길게 잡는 것이 아니라 자연스럽게 개방될 때 다른 이들 앞에서 우린 자신이 지니고 있는 신앙을 드러내는 기회가 된다. 공동의 기도는 하느님과의 친밀함을 선언할 뿐만 아니라 이웃 앞에서 우리의 부족함과 우리의 갈망을 표현하는 것이다. 공동의 기도는 기존의 문화적 가치들이 강요하는 고집(iso1ation)과 분리(separateness)를 극복하게 해준다. 또한 공동의 기도는 우리 모두가 공통으로 지니고 있는 나약함을 인정하고, 자기 합리화와 자존이라는 우상들이 사랑이란 위협적이고 불필요한 것이라고 주장하는 거짓을 뚫고 나아가야 한다고 요청하는 것이다.

아마 여기에 이를 때 우리는 기도가 지니는 정치 · 사회적 맥락을 간파할 수 있을 것이다. 기도는 문화적 환경과 분리되어 있거나 영향을 받지 않는 그 무엇이 결코 아니다. 실제로 기도가 지니고 있는 문화 · 사회 그리고 심리적 측면이 바로 기도로 하여금 기존의 문화 환경을 전혀 받아들일 수 없도록 부추기고 있는 것이다. 그러나 기도를 시작한다는 것이 바로 기존의 문화가 요구하는 문화적 복음의 굴레를 깨뜨리는 것처럼, 기도의 열매는 문화의 우상들 앞에서 인간이 자유와 원칙과 결단을 행할 수 있도록 그리하여 다른 방식으로 살아갈 수 있도록 힘을 주는 것이다. 이처럼 기도는 우리가 올바로 사회 행동을 하고 오랫동안 그 투신을 지속할 수 있도록 해주는 가장 극적이고도 강력한 유지의 힘이 된다.

어떻게 기도할 것인가?

세 가지 규율

기도를 진실로 '꼭 필요한 단 한 가지 것'(루가10, 42 참조)으로 여겼던 사람들의 삶을 주의 깊게 살펴보면 언제나 다음 세 가지 '규율'을 관찰할 수 있습니다. 하느님의 말씀을 묵상하면서 읽는 것, 하느님의 음성을 조용히 듣는 것, 신뢰하는 마음으로 영적 인도자에게 순종하는 것입니다. 성서 없이, 조용한 시간 없이, 또 우리를 지도할 사람 없이 하느님께로 가는 길을 찾는 것은 아주 어려우며 실제로 불가능합니다.

성서를 읽으라 · 성서를 공부하라 · 성서말씀으로 기도하라

첫째, 우리는 성경에 기록된 하느님의 말씀에 세심한 주의를 기울여야 합니다. 성 아우구스티누스는 한 아이가 '가져가서 읽으세요, 가져가서 읽으세요' 하는 말을 듣고는 그 말대로 성서를 가져가서 읽은 것이 회심하게 된 계기가 되었습니다. 그가 성서를 펴 들고 읽기 시작했을 때, 그는 자신이 읽는 그 말씀이 바로 자신에게 말하고 있음을 느꼈습니다.

성서를 가져다가 읽는 것이, 하느님의 부르심에 자신을 열어 놓기 위해 우리가 가장 먼저 해야 할 일입니다. 성서를 읽는 것은 겉으로 보이는 것처럼 쉽지만은 않습니다. 우리가 살고 있는 이론적인 세계에서는 모든 대상을, 그리고 어느 것이든 읽는 것을 분석하고 토론하려 들기 때문입니다. 하지만 하느님의 말씀은 먼저 우리를 명상과 묵상으로 인도합니다. 말씀을 분해하는 대신에 우리는 그 말씀들을 우리 내면의 자아로 모아들여야 합니다. 우리가 그 말씀에 동의하는가 안 하는가를 묻는 대신에, 그 중에서 어떤 말씀이 직접 나에게 하시는 것이고 나의 삶과 가장 직결되는지를 생각해야 합니다. 말씀을 흥미진진한 대화나 논문의 주제가 될 만한 대상으로 생각하는 대신에 기꺼이 말씀이 우리 마음 가장 깊숙한 구석으로, 그리고 다른 말이 한 번도 와 닿지 못했던 곳까지도 뚫고 들어오게 해야 합니다. 바로 그때에만 말씀은 좋은 땅에 뿌려진 씨앗처럼 열매를 맺을 수 있습니다. 오로지 그때에만 우 리는 정말로 말씀을 듣고 깨달을 수 있습니다(마태 13, 23 참조).

하느님과 함께하는 조용한 시간을 가지라

둘째, 우리는 하느님의 존재 가운데서 조용한 시간을 가져야 합니다. 설사 우리가 우리의 모든 시간을 하느님을 위한 시간으로 삼고 싶어 한다. 할지라도, 일 분, 한 시간, 아침나절, 하루, 한 주일, 한 달, 또는 얼마간의 시간을 하느님을 위해, 오직 하느님만을 위해 따로 떼어놓지 않는다면 그런 삶을 살수 없을 것입니다.

이렇게 하기 위해서는 많은 훈련과 위험을 감수해야 합니다. 우리에게는 항상 더 급한 일이 있으며, 그냥 앉아 아무것도 하지 않는 것은 유익을 주기보다는 우리를 불안하게 만들 때가 더 많기 때문입니다. 하지만 이것 말고는 길이 없습니다. 하느님의 존재 가운데서 아무것도 하지 않고 조용히 있는 것이 모든 기도의 핵심입니다. 처음에는 하느님의 음성보다 주체할 수 없는 자기 내면의 소리가 더 많이 들릴 것입니다. 이것은 종종 매우 참기가 어렵습니다. 하지만 서서히, 아주 서서히 우리가 발견하는 것은, 이 침묵의 시간이 우리를 고요하게 만들고 또 자신과 하느님을 더 깊이 의식하게 만든다는 것입니다. 그리고 나면 우리는 그런 시간을 빼앗기면 당장에 그 순간들을 그리워하게 됩니다. 그리고 우리가 충분히 의식하기도 전에 어떤 내면의 타성이 생겨서 우리를 점점 더 침묵으로 이끌고, 하느님이 우리에게 말씀하시는 그 조용한 지점에 더 가깝게 이끌어 갑니다.

성서를 묵상하는 것과 하느님의 존재 안에서 침묵의 시간을 갖는 것은 서로 가깝게 연결되어 있습니다. 하느님의 말씀은 우리를 침묵으로 이끌고 침묵은 우리가 하느님의 말씀에 주의를 기울이게 합니다.

하느님 말씀, 하느님 사랑 때문에 그 사랑의 그리움에 대한 자발적인 응답이 바로 묵상기도 생활인 것이다. 묵상기도 생활을 통하여 말씀이 육화 되시게 하여 우리와 함께 사시게 한다.

영적 인도자를 찾으라

기도에 대하여 공부하여라. 하지만 말씀과 침묵은 둘 다 길잡이가 있어야 합니다. 우리가 자신을 속이고 있는 것은 아닌지, 또 우리 구미에 맞는 말씀만 골라서 보고 있는 것은 아닌지, 또 우리 스스로가 만들어 낸 음성을 듣고 있는 것은 아닌지를 어떻게 알겠습니까? 많은 사람이 성서를 인용했고, 많은 사람이 침묵 가운데서 음성을 듣고 환상을 보았지만, 하느님께 이르는 길을 발견한 사람은 아주 소수입니다. 자기만의 독특한 경험을 판단할 수 있는 사람이 누구겠습니까? 자기의 느낌이나 식견이 자기를 올바른 방향으로 인도하고 있는지를 누가 단언할 수 있겠습니까? 하느님은 우리의 마음이나 생각보다 크신 분인데, 우리는 너무도 쉽게 우리 마음의 바람과 우리의 사색을 하느님의 뜻이라 여기려는 유혹에 빠집니다.

그러므로 우리에게는 안내자, 지도자, 상담자가 있어서 우리의 혼란 상태나 우리의 통제를 벗어나 있는 어둠의 세력에서 들려오는 다른 음성과 하느님의 음성을 구별할 수 있도록 도와주어야 합니다. 우리가 모든 것을 포기하고 싶고 잊고 싶고 그냥 절망 속으로 달아나 버리고 싶을 때 우리를 격려해 주는 누군가가 있어야 합니다. 우리가 매우 성급하게 분명치 않은 방향으로 움직일 때나 막연한 목표로 우쭐거리며 급히 달려가려 할 때, 우리를 말리는 누군가가 있어야 합니다. 언제 말씀을 보아야 하고 언제 침묵해야 하는지, 어느 말씀을 묵상해야 하는지, 침묵 때문에 평안은 별로 없고 엄청난 불안만 느껴질 때는 무엇을 해야 하는지를 제시해 줄 수 있는 사람이 있어야 합니다.

이와 같이 성서와 침묵과 영적 인도자는 우리가 하느님과 친밀한 관계를 맺는 가장 개인적인 길을 찾는 데 중요한 세 가지 길잡이입니다. 우리가 성서를 끊임없이 묵상하고, 얼마간의 시간을 따로 떼어 하느님 안에서 깊이 잠심潛心하고, 또 말씀과 침묵을 체험하는 일에서 영적 인도자를 기꺼이 따르고자 할 때, 우리는 새로운 환상을 만들어 내는 것을 막을 수 있고 마음에서 우러나오는 기도로 향하는 길을 열 수 있습니다.

　우리 자신의 신앙생활이란 우리 일상생활 현실로서는 기도생활이라고 말할 수 있다는 것이다. 따라서 우리 신앙생활의 정체성인 기도생활을 소홀히 하거나 등한시해서는 십중팔구 쉬는 교우가 되거나 기도생활하지 않으면 냉담교우들이 되는 것이다. 즉 신앙생활을 바리사이파 사람들 같이 주일미사 가는 것이나 그 몇 가지 되지 않는 신앙생활 규범만 하고는 하는 척만 하는 이중인격 신앙생활을 하며 너무나 적은 부분으로 축소하여 버려서 서양 격언에 적은 것은 없는 것이나 마찬가지로 되어 버린다는 것이다. 바야흐로 무한 경쟁시대에 신앙생활이 날로 부담스럽고 주체하고 감당할 길이 없는 짐스러운 것으로서 그저 벗어 버리면서 몇 년이고 십여 년간 냉담하고도 저 고백소에서 성당에 나오지 않은 것밖에 죄가 없다는 고백을 하고 있다는 것이다. 그런 신앙인에게는 죄란 성당에 다닌 것을 어긴 것밖에 주일미사 빠진 것밖에 죄가 없다. 자기 일상생활에서는 죄가 없다는 현실 결과 밖에 더 되는 것입니까? 여기서 기도생활이란 한 마디로 사랑 자체이신 하느님 사랑에 응답하는 메아리 사랑이라고 말할 수 있다는 것이다. 따라서 사랑 자체이신 하느님 사랑을 받지 않고 사랑을 하지도 않는다는 것이 바로 기도생활하지 않는다는 것이다. 그러므로 우리의 믿음을 언어로 표현하는 것으로서 기도생활은 우리 일상생활 자체로 하느님께 "예" 하고 응답하는 기도생활로 우리 신앙생활을 이끌어 나아가야만 한다는 것이다.

　하느님의 사랑을 받고 사랑하는 기도생활을 하지 않은 것이 하느님 사랑의 배신이고 배반의 큰 죄라는 것이다. 우리 인간이 철이 없어 자기 부모들이 먼저 하신 사랑을 미처 깨닫지 못하고 알지 못했을 때부터 사랑 하셨듯이 하느님 아버지께서도 너희가 나를 먼저 사랑하지 않고 내가 너희를 먼저 사랑했노라 이같이 먼저 하신 하느님 사랑을 우리 자신이 깨닫지도 알지도 못했을 뿐이다. 우리 인간이 자기 자식들을 사랑하면서 비로소 자기 부모들이 '나를 이렇게 사랑했구나' 깨닫고 알듯이 그러나 효도 사랑을 하려해도 돌아가시고 계시지 않는 부모들과의 사랑같이 내리사랑은 이 같은 기도생활 형태로만 가능한 것이다. 지금 여기에 살아 계시지 않는 부모나 사랑하던 사람들과의 관계같이 그들이 살아 있을 때 사랑하던 그 사랑에 응답 메아리 사랑 치켜 올라가는 사랑 생활이 기도 생활이란 말입니다. 사랑하는 주체가 거기서 오는 사랑이 너무나도 Platon 이상적 사랑 같고 현실적이 되지 못하기 때문이다.

삶이 곧 기도인 것이다. 사랑하는 삶이 기도생활인 것이다. 사랑하는 삶은 어려운 것이며 덕행으로 닦아 나아가는 의지적 사랑하는 삶인 것이다. 살면서 사랑을 배우듯이 기도하면서 사랑과 기도를 배울 수 있는 것이다.

제31과

예수 그리스도께서 가르쳐 주신 '주님의 기도'

"너희의 아버지께서는 구하기도 전에 벌써 너희에게 필요한 것을 알고 계신다. 그러므로 이렇게 기도하여라"(마태 6, 8-9).

"하늘에 계신 우리 아버지,
아버지의 이름이 거룩히 빛나시며
아버지의 나라가 오시며
아버지의 뜻이 하늘에서와 같이
땅에서도 이루어지소서.
오늘 저희에게 일용할 양식을 주시고
저희에게 잘못한 이를 저희가 용서하오니
저희 죄를 용서하시고
저희를 유혹에 빠지지 않게 하시고
악에서 구하소서.
아멘"(『가톨릭 기도서』, 한국천주교중앙협의회, 10쪽).

'주님의 기도'는 예수 그리스도께서 당신의 제자들에게 직접 가르쳐 주신 가장 완전한 기도이다. 성 토마스 아퀴나스는 이렇게 가르쳤다. "주님의 기도는 가장 완전한 기도이다. 주님의 기도를 통해서 우리가 올바르게 바랄 수 있는 것을 모두 청할 뿐 아니라, 우리가 바라야 할 것들을 마땅히 지켜야 할 순서대로 청하기도 한다.

예수께서는 "주님, 저희에게도 기도를 가르쳐주십시오."(루가 11, 1)라고 청한 제자들에게 답변으로, 주의 기도라는 그리스도인의 기본 기도를 주셨다.

"주의 기도는 참으로 복음 전체를 요약한 것이며", "가장 완전한 기도이다." 주의 기도는 성서의 핵심이다.

이 기도를 "주의 기도"라고 부르는 이유는, 우리 기도의 스승이시며 모범이신 주 예수께서 우리에게 주셨기 때문이다.

주의 기도는 교회의 가장 뛰어난 기도이다. 이 기도는 성무일도 주요 시간경들과 그리스도교 입문 성사인 세례성사, 견진성사, 성체성사에 없어서는 안 될 중요한 부분이다. 성찬례에서 주의 기도가 바쳐질 때, "주님께서 오시리라는"(1고린 11, 26) 희망이 표명되면서, 이 기도에 담겨진 청원들의 종말론적인 특성이 드러난다.

주님의 기도는 우리의 존재를 가꾸려 하고 우리가 예수의 마음을 익히게 하려한다.(필리피 신자들에게 보낸 서간 2, 5참조)

이것은 주님 기도를 해석하는 데 두 가지 의미를 지닌다. 첫째는 예수의 말을될수록 성경이 전하는 그대로 귀담아듣는 것이 아주 중요하다. 우리는 예수가 이 말로 우리에게 전하려 한 예수의 생각을 제대로 이해하려고 최대한 노력해야 한다. 그러나 우리는 또한 주님의 기도가 예수 자신의 기도에서, 아들이 아버지와 나눈 대화에서 비롯했다는 것을 잊어서는 안 된다. 이것은 주님의 기도가 말로 표현할 수 없을 만큼 깊은 뜻을 가지고 있음을 의미한다. 주님의 기도는 모든 시대의 인간 존재를 포괄하고 있으며 따라서 (비록 중요한 방법이긴 하지만) 순전히 역사적 해석만으로는 제대로 알 수 없다.

▍주의 기도의 의미

• "하늘에 계신" 그 당시대에 3층 세계관뿐만 아니라 세 가지 형이상학적 차원(지옥, 천국, 연옥) 인간 존재의 총차원을 표현한다.

하늘이란天□ 현실은 도리어 신과 인간의 합치合致로써 처음 생긴 것이다. 신과 인간의 이런 일치는 생生을 초월하여 죽음을 통하여 새 삶으로 건너간 그리스도에게서 궁극적으로 성취되었다. 따라서 천국은 인류가 자신에게 줄 수 있는 인간들과 인류에 저 미래인 것이다. 천국은 그런 미래이기 때문에 인류가 자신에게만 기대를 걸고 있는 한 닫혀 있다. 이 미래는 그 존재가 신神의 위치에 있었고 그를 통하여 신이 인간이라는 존재 안으로 들어왔던 저 인간 안에 있어 처음으로 그리고 근본적으로 열릴 것이다.

"하늘에 계신"이라는 표현은 어떤 장소를 가리키는 것이 아니라, 하느님의 위엄과 의인들의 마음속에 계시는 하느님의 현존을 가리키는 것이다. 아버지의 "집"인 하늘은 우리가 지향하고 있으며 또한 우리가 이미 속해 있는, 참 고향이다.

• 우리 아버지 우리가 하느님을 "아버지"라고 부를 수 있는 것은, 사람이 되신 하느님의 아드님께서 아버지를 우리에게 알려주셨기 때문이요, 우리가 세례를 통해서 하느님의 아들과 한 몸이 되어, 하느님의 양자가 되었기 때문이다.

'우리' : '우리'라는 단어는 여러 사람에게 공동으로 관계되는 것을 가리킨다. 하느님은 한 분만 계신데, 그분의 외아들에 대한 믿음으로 물과 성령으로 다시 난 사람들이 그분을 아버지로 알아본다. 이 믿음의 사람들이 이룬 공동체가 바로 '교회'이다. 그러므로 우리가 진정으로 우리 아버지께 기도를 드린다면, 우리는 개인주의를 극복할 수 있을 것이다. 왜냐하면 우리가 받아들이는 사랑이 우리를 개인주의로부터 해방시켜 주기 때문이다. 이와 같이 주님의 기도 시작 부분의 '우리'와 그리고 끝 부분의 네 가지 청원의 '우리'는 누구도 배제하지 않는다. 따라서 진정으로 하느님을 "우리 아버지"라고 부르고자 한다면, 우리는 마땅히 분열과 대립을 극복해야 한다.

주의 기도를 드릴 때 우리는 성부와 그리고 성부의 아들 예수 그리스도와 일치하게 되는 동시에, 우리 자신을 알게 된다.

우리 아버지께 기도를 드리면, 우리 안에 그분을 닮으려는 의지가 굳건해지고 또한 겸손하고 신뢰하는 마음이 우리 안에 깊어질 것이다.

"우리" 아버지라고 하느님을 부를 때, 우리는 예수 그리스도 안에서 이루어진 새 계약과 거룩하신 삼위일체의 일치, 그리고 교회를 통해서 온 세상 끝까지 펴져가는 하느님의 사랑을 상기하는 것이다.

그 옛날 근동近東에서는 이미 기원전 30세기 그리고 20세기경에 신神을 아버지라고 호칭하였었다. 모세와 예언자들이 나타나기 훨씬 이전에 신神을 아버지로 불렀었다는 첫 기록을 우리는 수메르(Sumer)족의 기도문 집에서 읽어 볼 수 있다. 여기의 "아버지"라는 낱말은 왕王이나 그 민족民族의 시조始祖를 뜻할 뿐 아니라 '온 땅의 생명을 장중掌中에 넣고 계신 인자하시고 은혜로우신 아버지'를 뜻한다(우르시[Ur市]에서 달의 여신女神 신[Sin]에게 드리던 찬가讚歌). 이 낱말에는 '어머니'라는 낱말이 오늘의 우리에게 의미하는 바도 일부 포함되어 있었다.

이제 구약 성서를 살펴보면, 여기에서는 하느님이 아버지라고 불리거나 묘사되는 일이 매우 드물다. 그런 대문은 매우 중요한 대문이기는 하지만 숫자적으로는 14군데밖에 안 된다. 하느님은 이스라엘의 아버지이시다. 근동近東의 신화神話에서와 같이 한 민족의, 혹은 한 왕실王室의 시조始祖로 의인화擬

人化한 민족신民族神이나 부족신部族神으로서의 아버지가 아니라, 이스라엘 민족의 역사 안에서 억센 힘으로 역사役事하시는 분으로서의 아버지이시다. 그러나 구약 성서에서 하느님을 아버지라고 일컫는 이 표현에 담겨진 내용은 예언자들의 설교에서 비로소 풍부하게 펼쳐진다. 예언자들은 하느님의 백성을 꾸짖어 아들로서 아버지에게 드려야 할 명예를 하느님께 돌려 드리지 않았다고 나무라곤 하였다 :

"아들은 그 아비를 공경하고

종은 그 주인을 공경하건만

내 만일 아비일진대 나의 영예는 어디 있으며,

내 만일 주님 일진대 내 앞에서의 두려움은 어디 있느냐?

— 군대의 하느님께서 말씀하셨다—"

(말라 1, 6; 신명 32, 5. 6. 및 예레 3, 19등 참조).

이러한 탄사歎辭에 이스라엘이 드릴 수 있는 답은 언제나 자기의 죄를 고백告白하는 일이었고 "그래도 당신은 우리 아버지이십니다" 라고 끝없이 반복해서 외치는 수밖에 없었다(이사 63, 15. 64, 7. 예레 3, 4 등). 하느님이 이 외침에 주시는 답은 그의 측량할 길 없는 용서이었다.

"에프라임은 내 귀한 자식이 아니며

그는 내 귀염둥이가 아니더냐?…

내 마음이 그를 향해 치닫느니

나는 그를 불쌍히 여겨야만 하겠노라,

주께서 말씀하신다"(예레 31, 20).

"불쌍히 여겨야만 하겠다" 는 의무감마저 느끼고 계신 이 하느님의 헤아릴 길 없는 용서와 자비, 이보다 더 깊은 말씀도 달리 있기 어렵겠다.

그렇지만 이제 예수의 복음 설파에 눈을 돌이켜보면 거기에서 우리는 전혀 새로운 사실에 마주치게 된다. 예수께서는 이러한 하느님의 자비에 "아빠!"(=Abba!)라는 낱말로 응답하셨다. 마르코 14, 36에 전해진 겟세마니 동산에서의 기도를 보면, 예수께서는 하느님을 이 "아빠!" 라는 호칭으로 불렀음을 알 수 있다.

이 사실이 역사적으로도 신빙성이 있다는 것은 로마 8, 15와 갈라디아 4, 6이 보증해 준다 하여도 과언이 아니다. 이 겟세마니 동산에서의 기도 장면을 전하는 복음서들의 희랍어 본문은 "아버지"라는 호칭의 대문에서 이상하게도 여러 가지로 이동異同을 보이고 있는데, 이 이상한 현상은 이 모든 대문들의 배후에 "아빠!" 라는 아람어 낱말이 서 있다는 사실을 감안한다면 비교적 만족할만하게 해명할 수 있다. 유대교 전례의 기도 문학은 조금밖에 연구되지 않았지만, 격조格調높고 양에 있어서도 결코 적다고 할 수 없는 데, 이 기도문집을 살펴보아도 거기에서는 하느님을 불러 "아빠!" 라고 기도하는 예를 찾아볼 수 없다 이 현상을 어떻게 해명할 것인가? 크리소스토모, 몹수에스티아의 테오도르, 그리고 키로스의 테오도레트 같은 교부들은 모두 안티오키아(Antiochia) 인근 지방 출신인데 이곳의 주민들은 아람어의 서부 방언西部方言을 모국어母國語로 사용하였었다.

그런데 이 교부들이 한결같이 증언하는 바에 의하면, 이 "아빠"라는 낱말은 —우리나라에서와 꼭 같이 — 그 지방의 꼬마 아이들이 아버지를 부를 때 쓰던 낱말이었다고 한다. 이 사실은 탈무드에서도 확인할 수 있다. 탈무드가 전하는 바에 의하면 "꼬마 아이가 곡식알을 맛들이게 되면(즉 젖을 뗄 무렵이면) '아빠, 임마'〔우리말의 아빠, 엄마)라는 말을 배우기 시작한다"(註 6). '아빠' '엄마' 는 꼬마 아이가 말을 배우기 시작할 때 처음으로 종알대는 말마디이다. '아빠' 란 꼬마 아이가 쓰는 말이요 일상으로 쓰던 말이다. 감히 이런 낱말을 가지고 하느님을 부르려던 사람은 아무도 없었다. 그런데 예수께서는 우리에게 전해진 그분의 기도에서 언제나 이 낱말을 가지고 하느님을 불렀었다. 꼭 한 군데 예외는 있다. 예수께서 십자가 위에서 "나의 하느님, 나의 하느님, 왜 나를 버리셨나이까?" 하고 외치신 대문이다(마르 15,34; 마태 27, 46). 그러나 이 대문은 시편 22(21), 2의 인용문이기 때문에 하느님의 호칭도 이 시편에 있는 대로 인용되어 있다. 달리 말하면 예수께서 하느님과 이야기를 나누실 때에는 마치 꼬마 아이가 그 아버지에게처럼, 그렇게 소박하고 친밀하고 은근하다. 마태 11, 27을 보면 알 수 있듯이 예수께서는 어린이처럼 순박하게 드리던 이 호칭을 아버지 하느님으로부터 선사받은 자기 고유의 하느님 인식과 전권全權을 표현表現하는 것으로 간주하였다. 이 "아빠"라는 낱말에는 예수께서 띠고 오신 사명의 가장 그윽한 신비가 노출露出되어 있다 하겠다.

아버지 하느님으로부터 전폭적인 하느님 인식을 선사받은 그분은, 그 아버지 하느님을 어린아이처럼 은근하고 친밀한 호칭을 가지고 부를 수 있는 메시아적 특권을 누리고 있었다. 이 '아빠'는 ipsissima vox Iesu(註7) 즉 그분이 몸소 발음하신 말마디이고 그분 특유의 화법중話法中의 하나이며 그분의 사명 요구使命要求와 사신使信을 집약集約하고 있다.

그러나 이상으로써 이 '아빠'라는 호칭에 관해서 이야기가 다 끝난 것은 아니다. 예수께서는 이 주의 기도문에서 제자들에게도 당신을 뒤따라 "아빠" 하고 하느님께 아뢸 수 있는 가능성을 열어 주셨다.

그분은 제자들로 하여금 하느님의 친아들로서의 자기의 품위에 참여케 하시며, 이로써 그들이 하늘에 계신 아버지 하느님께, 마치 어린아이가 그 아버지에게처럼 신뢰를 가지고 은근하고 친밀하게 사귀고 이야기를 나눌 수 있게 하신다. 이에서 그치지 않고 그분은 이 새로운 친자 관계親子關係야말로 하느님의 왕국에 통로通路를 열어 주는 문門이라고까지 말씀하신다. "내가 여러분에게 진실히(Amen) 말해 주거니와 그대들이 만일 다시(註8) 어린아이와 같이 되지 않으면, 그대들은 하늘나라에 결코 들어가지 못할 것입니다" (마태

18, 3). 어린아이들만이 "아빠!" 하고 서슴없이 말할 수 있지 않을까? 그러기에 이 '아빠' 라는 낱말에 깔려 있는 티 없이 맑고, 불신의 여지가 있을 수 없는 - 어린아이와 같은 신뢰를 하느님께 선물해 드릴 수 있는 사람만이 하느님의 왕국을 찾아 얻고 그 안으로 들어갈 수 있다. 바오로 사도도 이와 꼭 같은 내용으로 두 차례(로마 8, 35; 갈라 4, 6)에 걸쳐 말하기를, 어떤 사람이 하느님을 불러 "아빠, 아버지" 라고 아뢸 수 있다면, 이것은 그 사람이 참으로 하느님의 자녀이며 또한 그분의 성령을 모시고 있다는 징표라고 하였다.

여기에서 어쩌면 우리는 무엇 때문에 주의 기도문을 드릴 수 있다는 사실이 초대 교회에는 그렇게 당연하거나 자명하지 않았으며, 또한 무엇 때문에 초대 교회에서는 그토록 삼가고 두려워하는 마음으로 "주여! 우리로 하여금 기꺼워하면서도 과만하지 않게 하늘에 계신 하느님, 당신을 아버지로 부르고 아뢸 수 있게 해 주소서! 하늘에 계신 우리 아버지…" 하면서 이 주의 기도문을 기도하였는가를 어느 정도 깨달을 수 있을 것이다.

이 본문을 따라서 본 주의 기도문의 구조는 다음과 같다. 1) 호칭; 2) 병행하는 단수 제 2인칭 청도請禱 둘(마태오에는 셋); 3) 병행하는 복수 제 1인칭 청도 둘; 4)마지막 기도. 여기에서 겉으로 보기에 별로 대수롭지 않은 현상에 유의할 필요가 있다 : 두 개의 첫 단수 제2인칭 청도는 '그리고' 라는 접속사 없이 그대로 나열되어 있는가 하면, 병행하는 두 개의 복수 제 1인칭 청도는 '그리고' 라는 접속사로 연결되어 있다.

"주의 기도" 의 첫 세 가지 청원은 아버지의 영광이 그 목적이다. 곧 이름이 거룩히 빛나심과, 하느님 나라가 임하심 그리고 하느님의 뜻이 이루어지심이다. 이어지는 네 가지 다른 청원들은 우리의 소망을 아버지께 말씀드리는 것이다. 이 청원들은 우리의 생명 유지를 위한 양식을 얻고 죄를 치유받기 위한 것이며, 악에 대한 선의 승리를 위한 우리의 싸움과 관계되는 것이다.

"주님의 기도는 커다란 위안으로 시작된다. 왜냐하면 우리가 아버지라고 부를 수 있기 때문이다. 이 한마디에 구원의 역사 전체가 담겨 있다. 우리는 아버지라고 부를 수 있다. 왜냐하면 아들이 우리의 형제였고 우리에게 아버지를 보여주었기 때문이다. 왜냐하면 그리스도의 행위를 통해 우리가 다시 하느님의 자녀가 되었기 때문이다."(슈나이더, 참고문헌, 10쪽)

따라서 우리는 먼저 '아버지'라는 말이 원래 무엇을 뜻하는지 예수에게서 배워야만 한다. 예수의 말에서 아버지는 모든 선의 원천으로, 올바른('온전한') 인간의 척도로 나타난다.

마르틴 부버Martin Buber는 하느님의 이름으로 저질러진 온갖 수치스러운 남용 때문에 우리가 하느님의 이름을 말할 용기를 잃게 될지도 모른다고 말한 적이 있다. 그러나 하느님을 말하지 않는 것이야말로 우리를 향한 하느님의 사랑을 거절하는 것이 될 것이다. 때문에 우리는 그저 커다란 경외심을 간직한 채 이 더럽혀진 이름의 조각들을 다시 주워 깨끗이 하려고 노력할 수 있을 뿐이라고 부버는 말한다. 그러나 우리 혼자 힘으로는 그것을 결코 이룰 수 없다. 우리는 그저 하느님의 이름이 이 세상에서 빛을 잃게 놔두지 말라고 하느님 자신에게 기원할 수 있을 뿐이다.

하느님 스스로 하느님의 이름을 거룩하게 해달라는 이 기원, 우리가 하느님을 부를 수 있다는 놀라운 비밀을 보호해주고 언제나 우리의 왜곡으로부터 하느님의 참모습을 지켜달라는 이 기원, 그러나 이 기원은 다른 한편으로 언제나 우리에게 커다란 양심의 물음을 불러일으킨다. 하느님의 성스러운 이름을 과연 나는 어떻게 대할 것인가?

▌아버지의 이름이 거룩히 빛나시며

두 개의 단수 제2인칭 청도(請禱) (하느님의 이름과 그 나라를 위한 청도)

하느님의 자녀로서 우리가 하늘에 계신 아버지께 드리는 첫마디는 "당신의 이름이 거룩하여지며 당신의 나라가 오소서"라는 말씀이다. 이 두 가지 청도는 형식면에서도 서로 병행倂行할 뿐 아니라, 내용면에서도 서로 상응相應한다. 이 두 개의 청도는 까디쉬 (Qaddiš=성도聖禱라고 번역할 수도 있겠다)라는 유서 깊은 아람어 기도문과 매우 흡사하다. 이 기도는 시나고개[=유대교의 예배당)의 예배 마지막에 드리던 것으로서 어쩌면 예수께서도 어려서부터 익히 알고 있던 기도였다. 가장 오래된 것으로 짐작 되는 이 기도의 조사는 다음과 같다.

"그이가 당신 뜻대로 지으신 이 세상에서

그이 이름은 영광 받고 거룩하여지소서.

또한 빨리 서두르시어

그대들이 평생 살아가는 동안에,

그대들이 나날(을 이어가는) 동안에,

온 이스라엘의 집안이 살아 있을 동안에

그이의 왕권을 세우소서.

여기에 이어 그대들은

'아멘!' 이라고 응답하십시오."

두 개의 단수 제2인칭 청도가 어떠한 접속사로도 연결되지 않은 채 나란히 있는 것은 주의 기도문이 위에 소개한 '까디쉬' 기도문의 구조에 밀착하고 있기 때문이라는 이유로 해명될 수 있다. 이 '까디쉬' 기도문의 가장 오랜 본문에서도 하느님의 이름의 성화聖化와 그분의 나라가 임하기를 비는 두 개의 청도와는 '그리고'라는 접속사로 연결되어 있지는 않았던 것 같다.

이 '까디쉬' 기도문과의 비교에서 알 수 있듯이 이 첫 두 청도는 세말에 있을 하느님의 왕권이 빨리 나타나 주시기를 빌고 있다. 세속의 군왕이 왕위에 올라 집권하게 되면, 신민臣民은 말과 거동으로 그에게 충성忠誠을 표하기 마련이다. 하느님께서 당신의 왕권을 펴시는 때에도 마찬가지이리라는 것이 이 청도가 전제하고 있는 바다. 그 때에는 이스라엘과 온 인류가 그이의 이름을 거룩하게 받들면서 그분을 섬기게 될 것이다. "거룩하시다, 거룩하시다, 거룩하시다. 전능하신 주 하느님, 전에 계셨고 지금도 계시고 장차 오실 분이시로다"(묵시 4, 8). 그 때에는 온갖 것이 왕 중의 왕이신 분에게 무릎을 꿇고 아뢰리라.

"지금도 계시고 전에도 계셨던

전능하신 주 하느님

우리는 당신께

감사를 드립니다.

당신은 큰 권능을 떨치시며

군림하고 계십니다"(묵시 11, 17).

이것은 예수 그리스도와 함께하고 그와 한 몸이 되는 참된 제자가 되게 해달라는 기원이다. 라인홀트 슈나이더는 이것을 다음과 같이 감명 깊게 표현했다. "이 나라의 삶은 그리스도가 그의 것 안에서 계속해 사는 것이다. 그리스도의 생명력을 더 이상 양식으로 삼지 않는 마음 안에서 나라는 끝나고, 그리스도의 생명력에 감명을 받아 탈바꿈하는 마음 안에서 나라는 시작된다. (…) 죽지 않는 나무의 뿌리가 각자의 마음속으로 파고들려 한다. 나라는 하나다. 나라는 오로지 나라의 생명이자 힘이자 중심인 주님을 통해서만 존재한다."(슈나이더 참고문헌 31-32쪽) 하느님의 나라가 오게 해달라고 기원하는 것은 곧 예수에게 이렇게 말하는 것이다. 주님! 우리를 주님의 것이 되게 하소서. 우리 안으로 파고들어와 우리 안에서 사소서. 흩어진 인류를 주님의 몸 안으로 모으소서. 그래서 주님 안에서 사소서. 흩어진 인류를 주님의 몸 안으로 모으소서. 그래서 주님 안에서 모든 것이 하느님에게 굴복하고 주님이 모든 것을 아버지에게 넘겨줄 수 있도록, '하느님이 모든 것 안에서 모든 것이 되도록' (코린트 신자들에게 보낸 첫째 서간 15, 26-28) 하소서.

그렇다면 '하느님의 뜻' 은 무엇인가? 우리는 그것을 어떻게 알 수 있는가? 우리는 그것을 어떻게 행할 수 있는가? 성경에 따르면 인간은 마음 깊은 곳에서 하느님의 뜻을 알고 있다. 하느님과 함께 하는 앎이, 우리가 양심이라고 부르는 것이 우리 안에 깊숙이 자리 잡고 있다고 성경은 전제한다(예컨대 로마 신자들에게 보낸 서간 2,15 참조). 그리고 우리는 예수와 함께함으로써 하느님의 뜻도 알게 된다. 결국 주님의 기도 가운데 세 번째 기원을 통해 우리는 예수에게 더욱더 가까이 가게 해달라고, 그래서 하느님의 뜻으로 우리의 이기심을 이겨내고 우리를 부르는 저 높은 곳으로 올라갈 능력을 달라고 기도한다.

두 번째 청원을 통해서 교회는 무엇보다도 그리스도의 재림과 하느님 나라의 마지막 도래를 생각하고 있다. 그러면서 교회는 또한 하느님 나라가 우리네 삶의 "오늘" 에서도 성장하기를 기도하는 것이다.

마태오는 이 두 개의 단수 제2인칭 청도에 "당신의 뜻이 하늘에서 이루어짐같이 땅에서도 이루어지소서" 라는 셋째의 청도를 덧붙이고 있지만, 내용은 첫 두 청도와 같은 뜻이다. 어떻든 이 첫 두 청도는 세말의 완성을 빌고 있으며 에제키엘 예언자를 통하여 약속하셨던 바와 같이, 독성과 남용으로 더럽혀진 하느님의 이름이 거룩하게 칭송받고, 또한 그분의 왕권이 밝히 드러나게 될 시기가 빨리 이르기를 빌고 있다.

"너희가 더럽혔기 때문에
이교인들 가운데 더럽혀진
나의 거룩한 이름을

나는 다시 영예롭게 만들리라.

그리하여 그들이 지켜보는 가운데

내가 나를 너희에게 거룩한 이로 내보일 때,

그들 이교인은 내가 야훼임을 — 야훼 하느님께서 말씀하시니라

— 깨달으리라"(에제 36, 23).

이 청도들은 깊은 비참과 곤궁의 수렁에서부터 치솟는 부르짖음이다. 악의 세력 밑에 노예가 된 이 세상, 그리스도와 반 그리스도가 승패를 겨루는 이 세상에서 예수의 제자들은 하느님의 왕권이 빨리 그 위세를 떨치며 나타나주기를 기도한다. 그러나 이 청도는 또한 하나의 확산을 웅변적으로 표현하고 있다. 이렇게 기도하는 사람이면, 그는 하느님의 약속을 진지하게 받아들이고, 흩어질 수 없는 신뢰를 가지고 하느님의 손에 스스로를 내맡기게 될 것이다. "하느님께서는 당신의 그 위업을 기필코 완성하시리라"는 것을 그는 확신하기 때문이다. 주의 기도문의 말마디는 유대교 공동체가 시나고개에서 예배를 마칠 때마다 드리곤 하였던 '까디쉬' 기도와 별로 다를 것이 없다. 그러나 하나의 커다란 차이가 있다. '까디쉬' 기도를 드리던 유대교 공동체는 현세의 어두움 속에 갇혀 있는 채로 세말의 완성을 빌고 있었다. 그러나 원시 그리스도교 공동체는 비록 '까디쉬'와 비슷한 말마디로 된 주의 기도문으로 기도하였지만, 이 공동체는 구세사에 대한 새로운 자각과 새로운 신앙 의식을 갖고 있었다. 전기轉機는 이미 이루어졌다. 하느님께서는 당신의 은혜로운 구세 역사를 이미 시작하셨으며, 그러기에 이제는 다만 구원 공동체에 선사하신 그 위업이 하루 빨리 완성되어 만인과 만물 앞에 밝히 계시되어질 날을 빌 뿐이라는 신앙 의식이요 공동체의 자의식이었다.

세 번째 청원에서 우리는 아버지의 구원 계획이 이 현세에서 완성될 수 있도록 우리의 의지를 당신 아들의 의지에 결합시켜 주시기를 아버지께 청한다.

두 개의 복수 제1인칭 청도(우리를 위한 청도)

일용할 양식과 죄의 용서를 비는 두 개의 청도도 서로 밀접하게 연결 되어 있다. 이것은 이 두 가지 청도가 앞서 살펴본 단수 제2인칭 청도와는 달리 각각 두 구절로 짜여 있다는 형식적 구조면을 살펴보아도 잘 알 수 있다. 두 개의 단수 제2인칭 청도와 '까디쉬' 기도문이 서로 밀접한 관련을 맺고 있다는 것이 올바른 관찰이라면, 여기에 이어 오는 이 복수 제1인칭 청도야말로 예수께서 특별히 역점을 주어 강조하신 것이며, 이것은 '까디쉬' 기도문에서 찾아 볼 수 없는 하나의 새로움이라고 말해야 마땅하다. 어떤 의미에서 이 복수 제1인칭 청도는 주의 기도문에서도 앞서 있던 단수 제2인칭 청도가 자연스럽게 지향志向하는 정점頂點이라고 하여도 지나친 말은 아니겠다.

두 개의 우리를 위한 청도의 첫째 것은 날마다 필요한 양식(=빵)을 빌고 있다. 루터는 epiousios라는 희랍어 낱말을 "매일의"라고 번역하였다. 그러나 이 짧은 낱말의 뜻은 그렇게 간단하지 않다. 이 낱말은 오랫동안 연구의 대상이 되어 왔지만, 오늘날까지도 이를 둘러싼 논란이 끊임없이 계속되고 있다. 필자의 생각으로는 이 문제 해결의 열쇠를 얻기 위해서는 다음과 같은 예로니모 교부敎父의 증언을 충분히 고려하여야 할 것이다. 그에 의하면 원문이 아람어였던「나자렛 사람들의 복음서」에는 '마하르' (Mahar)라는 낱말이 씌어 있었다고 하는데, 그것은 '내일'이라는 뜻이다. 즉, 이 증언에 의하면, 주의 기도문에서 말하고 있는 '양식' (=빵)은 '내일'을 위한 것이라는 결론이 나온다(註 9). 물론「나자렛 사람들의 복음서」는 우리 정전 3복음서正典 三福音書 보다 뒤 늦게 저술되었고 대부분 마태오 복음서에 의존하고 있는 것도 사실이지만, 거기에 전해졌다고 하는 아람원어의 표현("내일을 위한 빵")은 우리의 첫 세 복음서보다 확실히 더 오랜 것임에 틀림없다.

그 이유는 이렇다. 팔레스티나에서는 기원후 1세기부터 주의 기도문을 기도할 때에는 언제나 아람어로 드렸다. 그래서 나자렛 사람들의 복음서의 경우처럼 필요에 따라 마태오 복음서를 아람어로 번역하는 경우 번역자는 이 주의 기도문을 여타餘他의 대문처럼은 번역하지 않았다. 그는 자신이 매일 아람어로 드린 대로 이 주의 기도문을 옮겨 놓았다. 달리 말하면, 아람어를 모국어로 하는 유대계 그리스도 교인들은 예수 당대부터 아람어로 전해오던 주의 기도문을 원어 그대로 기도하였고, 따라서 "내일을 위한 우리의 양식"이라고 기도 드렸다. 예로니모 교부의 이야기를 더 들어 보자. 그는 말하기를 "이른바 헤브레아 사람들(즉 나자렛 사람들)의 복음서에서…나는 '마하르'(Mahar) 라는 낱말을 발견 하였다. 그것은 '내일' 이라는 뜻이다. 따라서 전체의 의미는 다음과 같다. 우리의 내일, 즉 미래의 양식을 오늘 우리에게 주옵소서." 이와 같이 예로니모는 "내일을 위한 양식"을 어떠한 뜻으로 알아들었는가도 우리에게 알려준다. 과연 후기後期 유대교에서는 '내일' 이란 그 이튿날만을 뜻하지는 않았다. 그것은 또한 세말의 완성을 가져다 줄 저 위대한 '내일' 도 뜻하였다. 그런데 우리가 주의 기도문의 옛 번역들에서 잘 알고 있는 바와 같이 동·서양을 막론하고 초대 교회에 널리 보급되어 있던 해석에 의하면, "내일을 위한 양식' 이란 실상은 '영속적 구원시대永續的 救援代時의 양식", '생명의 빵', '천상의 만나' 를 의미 하였다. 생명의 빵, 생명수生命水는 모두 예부터 낙원의 상징이었으며, 또한 하느님께서 주시는 정신적이며 물질적인 선물과 은혜를 총괄하는 비유적 개념들이다.

예수께서 세말 완성 이 이루어진 다음 당신 나라에서 제자들과 함께 먹고 마시겠다는 말씀(루가 22, 30)이나, 또는 그분이 몸소 허리에 띠를 두르시고 제자들을 식탁에 앉혀(루가 12, 37) 빵을 나누시고 술잔을 축복하시면서 그들의 잔치에 시중들겠다는(마태 26, 29 참조) 말씀은 모두 이 생명의 빵을 두고 하신 말씀이었다. 주의 기도문의 그 밖의 모든 청년들이 세말론적으로 정향定向되어 있다는 사실을 생각한다면, 양식을 비는 이 청도도 세말론적으로 알아들어야 한다는 설, 즉 이 청도가 빌고 있는 대상은 바로 생명의 빵이 라는 해석이 가장 무리 없는 해석으로 생각된다.

　독자에 따라서는 이 해석을 읽고 약간 이상한 느낌, 아니 서운한 느낌마저 들는지도 모른다. 주의 기도문에서 적어도 한 가지 청도만이라도 지극히 소박한 우리의 일상생활에 직접으로 또한 결정적인 영향을 미치는 양식을 하느님께 빌고 있다는 사실에 흐뭇해하고 고맙게 생각하고, 또한 그러기에 이 청도를 값진 것으로 여기는 사람들의 수는 실로 헤아릴 수 없이 많을 것이다. 그런데 이와 같은 청도를 이상과 같이 '초신학적'超神學的으로 해석 하다니, 이렇듯 인간적이고도 또한 소박한 안도감과 애착마저 앗아가려는 것일까? 그렇다면 우리는 그만큼 더 그리스도교의 메시지를 가난하게 만드는 것이 아닐까? 그러나 실상은 양식을 비는 청도를 생명의 빵을 비는 청도로 해석함으로써 그리스도교의 메시지가 가난해지기는커녕 오히려 그 본래의 풍부함을 되찾는다고 필자는 확신한다. 여기에서 이러한 해석이란, 사실은 희랍적 사고방식을 따라 정신적이고 관념적인 것에 우위를 인정하고 따라서 지상의 빵과 천상의 빵을 차별하려는 의도에 지나지 않는다고 생각한다면, 그것은 큰 오해誤解이다. 예수는 지상의 빵과 생명의 빵이 서로 반대되거나 배제하는 것이라고는 생각한 적이 일찍이 없었다. 그분은 하느님의 주권이 미치는 그 왕국 안에서는 무엇이나 다 성화하였다고 생각하였다.

　그의 제자들은 하느님의 새 세상에 속하는 사람들이다. 그들은 죽음의 세상에서 앗아진 존재들이었다(마태 8, 22). 이것은 그들의 생활 구석구석에 이르기까지 하나의 엄연한 현실로서 힘차게 역사하고 있다. 그들의 말에 있어서나(마태 5, 21f, 33-37) 그들이 던지는 눈길에 있어서나(5, 28), 또한 그들이 길에서 다른 사람들에게 인사하는 모양에 있어서나(5, 47) 심지어 먹고 마시는 데에 이르기까지 이 현실은 뚜렷하게 드러나기 마련이다. 예수의 제자들에게는 정淨한 음식이나 부정不淨한 음식의 차이가 이제부터는 있을 수 없다. "밖에서 몸 안으로 들어가 사람을 더럽힐 수 있는 것은 세상에 하나도 없습니다"(마르

7, 15). 사람이 무엇을 먹든, 그 먹는 것이 사람을 부정하게 만들 수는 없는 것이다.

이처럼 전 생활권全生活圈이 거룩하게 되어야 한다는 사실은 다른 사람들과 함께 식사를 나누시던 예수의 태도에서 가장 잘 볼 수 있다. 예수께서 세리稅吏들 및 죄인들과 더불어 식사하시면서 그들에게 나누어 주시던 빵은 사람들이 일상무로 먹던 지극히 평범한 빵이었지만, 그 이상의 것이기도 하였다. 그것은 생명의 빵이었다. 또한 최후 만찬 때 제자들에게 나누어 주시던 빵은 이 지상의 빵에 지나지 않았지만, 그 이상의 것이기도 하였다. 그것은 많은 사람들을 위해서 죽음에 붙여진 그분의 몸이었다. 그것은 속죄의 힘을 갖는 당신 죽음의 한 몫이었다. 제자들이 그분과 함께 나누던 식사란 흔히 있는 보통 식사에 지나지 않았다. 그러나 그것은 그 이상의 것이었다. 그것은 구원의 잔치요, 메시아의 잔치이며 세말 완성 후에 함께 나눌 잔치의 모상, 이를테면 그 전채前菜 같은 것이었다. 예수는 이 잔치집의 주인이기 때문이다. 예루살렘 모교회母敎會에서도 마찬가지였다.

그들이 날마다 공동으로 나누던 식사는 식욕을 채우기 위해서 먹는 보통 식사였다. 그러면서도 그것은 동시에 "주님의 성찬"이었으니(1고린 11, 20) 이 성찬은 식탁에서 함께 앉아 공동으로 이 성찬을 나누던 이들에게 주님과의 교환交歡을 마련해 주던 매체媒體였으며 그들 상호간을 형제애兄弟愛로 묶어 주던 유대였다(10, 16f).

"내일의 양식"을 비는 이 청도도 마찬가지였다. 이 청도는 하느님의 왕권王權과는 아랑곳없이 우리 일상생활만을 위해서 드리는 기도가 아니고 오히려 전 생활권을 포용하는 기도이다. 그것은 예수의 제자들이 영육간에 필요로 하는 모든 것을 다 포함하여 드리는 기도이다. 그러기에 이 청도는 일상의 양식을 위해서도 드리는 기도인 동시에 거기에서 그치지 않고, 한걸음 더 나아가 다가오는 하느님의 새 세상의 능력과 은혜가, 말에 있어서나 행동에 있어서나 예수의 제자들이 하는 모든 것을 다 포괄하여 일상생활의 철저한 세속성 구석구석에 이르기까지 힘차게 역사하시기를 비는 기도이다. 생명의 빵을 비는 이 청도는 바로 인간 생활의 성화를 비는 기도라고 말할 수조차 있을 것이다. '오늘 ― 내일'이라는 대당對當 관계는 빵을 비는 청도가 포괄적 의미의 빵, 즉 생명의 빵을 비는 기도라는 것을 깨달을 때에야 비로소 뚜렷하게 나타난다.

이 청도의 마지막 부분에 있는 '오늘'이라는 이 낱말이 갖는 비중은 대단히 크다. 굶주림과 헐벗음에 떨며 하느님마저 멀리하는 이 세상에서 지금 이당장에 바로 오늘 생명의 빵을 우리에게 주십사고 참으로 진지하게 기도한다는 것은 좀처럼 쉬운 일은 아니겠다. 거기에는 모험을 무릅써야 하는 때처럼 용기와 흔들림 없는 신뢰, 그리고 길보다도 깊은 신앙이 요구되기 때문이다. 그런데 예수는 제자들에게 이 '오늘'을 기도로 빌 수 있는 하느님의 자녀로서의 특권 ― 신앙을 바탕으로 하는 지적 명석, 흔들림 없는 신뢰와 용기를 포괄하는 특권을 주신다. 그러기에 이들 예수의 제자는 지금 바로 이 자리에서 바로 오늘 세말완성 때에야 차지할 수 있는 영광을 연연戀戀해하며 이렇듯 가난한 오늘의 지상에 세말 완성의 영광을 끌어내리고 또 내려오리라는 것을 신앙하고 그러기에 내려와 주시라고 빌 수 있게 되었다. 미몽이나 착각에 사로잡히지도 않고, 현실에서 도피하지도 않으며 오히려 냉엄冷嚴한 현실이라는 철저한 세속성世俗性 한가운데에서 이 기도를 진지하고 용감하게 드릴 수 있는 가능성을 예수는 신앙 안에서 열어 주셨다.

지금부터 벌써 ― 이것은 용서를 비는 청도의 의미이기도 하다. "우리 잘못을 용서하여 주심을, 우리도 이제 우리에게 잘못한 사람들을 용서해 줌같이 하소서." 이 기도는 이 세상이 언젠가는 치러야 하는 셈 바침, 하느님께서 그 위엄을 갖추시고 나타나실 최후 심판을 벌써 안중에 두고 있다. 제자들은 자기네가 죄와 과오투성이라는 것을 잘 알고 있다. 또한 하느님의 은혜로운 용서만이 자기네를 구원할 수 있다는 것도 잘 알고 있다. 그러나 그들은 최후 심판이라는 마지막 순간만을 위해서 비는 것은 아니다. 그들은 여기에서도 다시한번 바로 오늘 하느님께서 그들에게 용서를 선사해 주기를 빌고 있다. 그들은 예수의 제자로서 이미 구원의 시대에 살아가고 있는 사람들이 아니던 가! 메시아의 시대는 용서를 받는 시대이며 용서는 구원 시대가 베푸는 은혜 바로 그것이다. 이러한 용서를 바로 오늘 이 자리에서 우리에게 베풀어 주시기를 아버지 하느님께 비는 것이다.

복수 제1인칭 청도의 둘째 기도도 그 첫 째인 빵을 비는 청도와 마찬가지로 두 구절로 되어 있다. 첫째 구절이 용서를 비는 협의의 청도라면, 둘째 구절은 뜻밖에도 인간의 행위와 관련을 지어 첫 구절의 후문장을 이루고 있다. 주의 기도문에서 인간이 이루어야 하는 행위에 언급하는 곳은 여기밖에 없다. 이 사실만 보아도, 예수께서 이 후문장에 해당하는 둘째 구절을 얼마나 중요하게 여겼는가를 쉽게 알 수 있다. 이미 우리가 위에서 본 바와 같이 후문장은 아람 원어의 과거형 현재라는 특수 시제의 용법을 감안해서 '우리도 〈이제〉우리에게 잘못한 사람들을 용서해 줌같이' 라고 현재형으로 번역하여야 옳다. 이것은 자기가 베풀 용서를 상기 하는 기도자의 일종의 자기회상自己回想이라 하겠다. 용서할 용의가 없는 사람은 하느님께 용서를 빌 수 없노라고 예수께서는 늘 반복해서 말씀하시지 않았던가! "그대들이 일어서서 기도할 때에 어떤 사람과 서로 등진 일이 생각나거든 그를 용서하시오. 그래야만 하늘에 계신 그대들의 아버지께서도 그대들의 잘못을 용서해 주실 것입니다" (마르11, 25).

여기에서 한 걸음 더 나아가 마태오 5, 23 등을 읽어보면, 예수의 제자는 하느님께 제물을 바쳐 그분의 용서를 빌려고 할 때에 그 제자에게 원한을 품고 있는 어떤 형제가 우연히 생각나거든 먼저 그 형제와 화해하고 그런 다음에 비로소 제물 봉헌을 바치도록 하라고까지 예수께서는 말씀하셨다. 예수께서 말씀하시려는 내용은 이렇다: 누구든지 먼저 형제에 대한 관계를 선명하게 정리해 놓지 않고서는, 그가 하느님께 비는 용서는 진실할 수 없으며 그러기에 하느님께서도 그런 용서의 청도를 들어 주실 리 없다는 것이다. 용서해 줄 용의를 갖추고 있다는 것, 그것은 제자들이 용서를 빌면서 들어 올리는 두 팔과 같다 할 것이다.

이 두 팔을 들어 제자들은 말한다. 우리는 메시아 시대에, 용서의 시대에 사는 사람들입니다. 그러기에 우리가 받는 용서를 남에게도 베풀어 줄 용의를 갖추고 있는 사람들입니다. 그러니 아제 아빠 하느님께 청하오니 이 구원 시대의 은혜인 용서를 우리에게 베풀어 주옵소서. — 지금 바로 오늘 이 자리에서 베풀어 주옵소서.

이처럼 이 두개의 복수 제1인칭 청도는 세말의 완성을 지향하고 또한 그 때에야 차지하게 될 하느님의 은사恩賜를 벌써 이 현재의 시간 안에 내려 주시기를 빌고 있다. 이 사실을 깨달을 때 역시 두개와 단수 제2인칭 청도에 이어 이 '우리를 위한' 청도를 드리게 된 사연을 비로소 좀더 뚜렷하게 깨달을 수 있을 것이다. 이 두 개의 '우리를 위한' 청도는 첫 두 '하느님의 -' 청도의 현실화이다. '하느님의 -' 청도가 하느님의 영광의 궁극적, 즉 세말론적 계시를 빈다면, 이 '우리를 위한' 청도는 이 세말의 완성과 그 은혜를 지금 이 자리에 내려 주시라고 감히 빌고 있다 하겠다.

오늘 우리에게 일용할 양식을 주시고

오, 나의 하느님, 우리는 이 말로 무엇을 간청하고 있습니까? 우리는 오늘을 위해, 또한 하루에 불과한 현재의 생활을 위해, 다른 모든 것과 비교할 수 없는 일용할 양식을 청하고 있습니다. 이 양식이란 초자연적인 양식, 우리에게 필요한 유일한 것, 우리의 목적을 달성하는데 반드시 필요한 유일한 것, 유일한 양식 그것은 바로 은총인 것입니다...

그러나 그것은 또 다른 초자연적인 양식이 있는데, 이 양식은 은총과 마찬가지로 없어서는 안 되는 것이고, 많은 사람들을 위해 없어서는 안 되는 것이며, 많은 사람들의 행복이 되는 것입니다. 양식이라는 말만 들어도 우리 생각이 미칠 수 있는 것이지만, 또 다른 이 양식은 너무나도 맛있고 가장 좋은 음식 즉 지극히 거룩한 성체입니다.

그러나 특히 주의하지 않으면 안 되는 것은 은총과 성체라는 두 가지 형태의 양식을 간청할 때 저는 저 자신만을 위해서가 아니라 우리를 위해서 즉 모든 사람을 위해서 간청한다는 그것입니다... 주의 기도를 바칠 때 저는 저 자신을 위해서는 아무 것도 간청하지 않습니다. 저는 오로지 하느님을 위해서 또는 모든 사람을 위해서 간청할 따름입니다.

저 자신을 잊어버릴 것, 저와 이웃을 생각할 것, 오로지 하느님만을 위해서, 또한 다른 사람들을 생각하는 만큼 자신을 생각할 것 등은 무엇보다도 하느님을 사랑하고 이웃사람을 자기 자신처럼 사랑하는 사람에게 적절한 일이다.

내가 주의 기도를 바칠 때마다 주님께서 내가 실천하게 만들어 주시는 것은 바로 그것이다. 그러니까 나 자신만을 위해서 기도하지 말고 오히려 모든 사람들을 위해, 우리 주님의 자녀들이고 그분의 사랑을 받는 우리 모두를 위해, 그분께서 자기 피로 구속하신 우리 모두를 위해 간청하도록 배려할 것.

우리가 다른 사람들을 용서하듯이 우리 잘못을 용서해 주십시오.

우리 주님의 생애와 우리들의 생애의 목적을 이루어주는 것을 위해 하느님께 기도한 다음, 이 목적을 달성하는데 가장 필요한 것을 그분께 간청하고 또한 모든 사람들을 위해서도 그것을 그분께 간청한 다음, 그리고 그분 자신이신 성체를 모시고 싶다는 간절한 열망을 그분께 피력한 다음, 이렇게 높은 경지에 올라간 다음, 우리는 우리 자신의 현재의 상태를 기억하며 이런 열망과 이런 욕구와 이런 부족, 이런 목적을 지니고 있는 우리 영혼의 무한한 비참을 기억 한다... 이러한 관점에서 우리는 "우리는 죄인들이니 불쌍히 여겨 주십시오"라고 말한다...

우리는 우리 자신을 위하여, 그리고 하느님을 거스르는 죄를 저지른 모든 사람을 위하여 우리 영혼을 다하여 용서를 하느님께 간청한다. 우리는 우리의 죄들이 얼마나 지겨운 것인지, 하느님께서 그것들을 얼마나 지겹게 여기시는지, 그것들이 얼마나 무례하고 모욕적인 것인지, 아버지 하느님께 저지른 죄 하나하나에 대해서 우리 주님께서 마음으로 얼마나 큰 고통을 당하고 계시는지를 우리는 보게 된다.

그분께서는 우리 죄를 속죄하시려고 얼마나 큰 고통을 겪으시기를 원하셨던가! 그분이 치르신 대가는 얼마나 큰 것인가! 그러므로 우리 주님의 감정에 동참하면서 우리는 겸손하게 하느님의 용서와 회개의 은총을 간청한다.

우리 자신이 그분께 저지르는 죄에 대한 고통, 다른 사람들이 그분을 거스르는 것을 보는 고통은 "우리 죄를 용서해 주십시오"라는 비명이 되어 우리 마음으로부터 솟아 나온다. 우리가 만일 용서를 베풀어주지 못하면 다른 사람에게 용서를 진지하게 간청할 수가 없다는 것을 우리가 느끼게 되는 동시에 다른 사람들이 우리에게 저지를 수 있는 모든 잘못은 우리가 하느님께 저지르는 죄에 비하면 아무 것도 아니라는 것을 우리가 분명히 보게 된다.

그래서 우리는 우리가 다른 사람들에게 용서를 베풀어 준 것, 다른 사람이 우리에게 저지를 수 있는 잘못을 우리는 아무 것도 아니라고 본다는 것, 그러한 잘못을 대수롭지도 않게 여긴다는 것, 그것을 이미 우리가 잊어버렸다는 것을 고백하는 것이다... 그리고 하느님께서도 우리가 그분께 저지른 엄청난 죄를 또한 용서해 주시기를 간청하는 것이다.

용서는 은총처럼 우리는 자기 자신만을 위해서가 아니라 모든 사람들을 위해서도 비는 것이다.

우리를 유혹에 빠지지 않게 하시고

나의 주님, 이 말을 통해서 제게 바라시는 것, 제가 무엇을 간청해야 좋을지 설명해주시고, 다른 것들보다도 특히 이것을 당신께서 바라시는 이유도 설명해 주십시오.

이 간청은 우리 생애의 매시간에, 매순간에 "도와주십시오!"라고 외치는 비명이다. 이것은 생애의 모든 순간에 간청하지 않으면 안 되는 것이고 모든 기도에 포함되어야만 하는 것이기 때문에 주의 기도 속에 들어 있지 않으면 안 된다...

나는 너무나도 많은 원수에게 둘러싸여 있어서 매순간에 도움을 간청하지 않으면 내 목적을 이룰 수가 없을 뿐만 아니라, 도와달라고 소리치지 않으면 짧은 기도마저도 바칠 수가 없는 것이다.

우리 주님께서 내가 주의 기도를 바칠 때 이러한 간청을 하도록 하신 것은 이것이 매순간에 나에게 필요하기 때문에, 영혼은 모든 기도에 있어서 백번이라도 도움을 간청하지 않으면 안 되기 때문에, 그리고 "도와주십시오"라는 이 비명을 항상 그분께 소리치는 것을 내가 배우도록 하기 위한 것이다.

우리를 악에서 구해 주십시오

오로지 죄만이 참으로 악한 것이고 당신을 거스르는 것이며 당신에게 악이 되는 것입니다. 이러한 죄에서 우리를 구해주십시오. 또한 모든 사람들을 죄에서 구해주십시오. 그리하여 그들이 거룩하게 되고 그들의 거룩함이 당신을 찬미하며, 당신의 영광이 드러나고, 우리가 바라는 유일한 것 즉 그들의 구원이 확보되게 해주십시오. 그러므로 나의 하느님 당신께서 찬미를 받으시고 모든 사람들이 구원을 받도록 우리를 악에서 죄에서 구해주십시오.

이 간청은 앞의 세 가지 간청과 마찬가지로, 우리가 간청하는 모든 것, 우리 목적을 구성하는 모든 것, 교회의 목적, 우리 주님의 지상의 삶의 목적을 포함하고 있다. 이것은 우리 자신을 반성하고, 우리 목적의 달성에 필요한 것들을 간청하여, 간접적인 방법의 모든 것을 포함한다. 한편 앞의 세 가지는 우리의 최종 목적 즉 하느님의 영광을 직접 간청하는 것이다. (샤를르 드 후꼬의 '주님과 똑같이' 중에서)

▌수호를 비는 마지막 기도

이제까지의 청도들은 그것이 두 개의 '하느님의 -' 청도이건, 한 쌍의 '우리를 위한' 이건 모두 서로 병행하는 청도들이었다. 이 밖에도 한 쌍의 '우리를 위한' 청도는 각각 두 구절로 되어 있었다. 이러한 구조적 형식을 보더라도 한 구절로 된 이 마지막 기도는 갑작스럽고 딱딱한 느낌을 준다. 또한 이 마지막 기도는 그 정식定式이 부정적否定的이라는 점에 있어서도 이제까지의 테두리를 벗어나 있다. 이 모든 것은 어떤 숨은 의도를 보여 주고 있음에 틀림없다. 이 기도가 으례 딱딱하고 갑작스런 느낌을 주도록 처음부터 마련된 것이었음은 그 내용도 이를 실증하고 있다.

이 마지막 청도의 본문을 이해하기 위하여 한두 가지 우선 일러 둘 것이 있다. 첫째는 동사에 관계된다. 희랍어 원문을 직역하면("그리고 우리를 유혹에 이끌지 마옵소서") 마치 하느님께서 우리를 유혹이라도 하는듯한 느낌을 받는다. 이러한 해석이 옳지 않음은 이미 야고보서의 저자가 지적한 바 있다. "유혹을 당할 경우 아무도 '하느님께서 나를 그릇된 길로 유혹하고 계시다' 하고 말해서는 안 됩니다. 하느님께서는 악의 유혹을 받으시지도 않고 악을 행하도록 사람을 유혹하시지도 않습니다"(야고 1, 13)라고 한 그의 말은 어쩌면 바로 지금 우리가 다루고 있는 이 마지막 기도를 두고 하는 말인지도 모르겠다. 옛부터 전해 오는 저녁기도를 보면, 주의 기도문의 이 마지막 기도에서 "유혹으로 이끌지 마옵소서" 라고 한 동사의 참 뜻이 무엇인가를 알 수 있다.

유대교의 이 오랜 저녁기도는 예수께서도 익히 알고 있었을 것이며, 여기에 맞추어 이 마지막 청도를 지어 줄 수도 있으셨겠다. 이 기도문을 소개하면 아래와 같다. (하긴 아침 기도문도 이와 거의 똑같지만).

"내 발을 죄의 권세에로 이끌지 마시옵고,

나를 잘못의 권세에로,

유혹의 권세에로,

그리고 수치스런 것의 권세에로

끌어가지 마옵소서"(註 10).

이 기도문이 죄악, 과실, 유혹 그리고 수치스런 것을 나란히 열거하고 있고, "권세에로 끌어가다" 따위의 표현을 구사하고 있는 사실을 보더라도 이 유대교의 저녁기도가 생각하고 있는 것은 하느님의 직접적 행동이 아니라 그분의 묵허黙許라는 것을 알 수 있다. 이것은 문법학에서 사용하는 전문 용어로 표현하자면 여기의 동사의 사역형使役形은 방임坊任의 뉘앙스를 갖는다고 말할 수 있다.

그러니까 그 의미는 이렇다. "내가 죄악과 과실, 그리고 유혹과 수치스런 것의 손아귀에 떨어져 들어가도록은 버려두지 마옵소서. 즉 이런 일이 일어날 때까지 나를 방임하지 말아 주십사는 뜻이다. 즉, 이 기도가 빌고 있는 바는 곧 유혹에 굴복하지 않도록 수호해 주시라는 것이요, 따라서 주의 기도문의 이 마지막 기도도 같은 의미로 알아들어야 마땅하겠다. "우리를 유혹에 떨어지지 말게 하옵소서"라고 번역한 것도 이 때문이다. 주의 기도문의 이 마지막 기도가 사실상 아예 유혹을 당하지 않도록 해 주십사라는 것이 아니고 유혹을 당할지라도 거기에 떨어지지 않도록 지켜 주십사는 뜻으로 드리던 기도라고 하는 것은 외전外典에 전해진 예수의 말씀으로도 확인할 수 있다. 이 외전이 전하는 바에 의하면, 예수께서는 당신이 잡히시던 날 밤, 겟세마니 동산에서 기도를 드리시기 전에야 말씀 하셨다고 한다. "아무도 유혹(=시련)

을 거치지 않고는 하늘나라를 얻을 수 없습니다" (註 11).

여기에서 명백히 말하고 있는 바와 같이 누구라도 그가 예수의 제자라면 유혹이라는 시련을 면제받을 수 없다. 이 시련을 극복克服함으로써만 장래에 실현될 언약의 한몫을 차지할 수 있다. 이 예수의 말씀을 보아도 주의 기도문의 마지막 청도가 기도자에게 유혹을 아예 면해 주십사 라는 것이 아니고, 유혹을 당할 때 이를 이겨낼 수 있도록 하느님께서 도와주십사 라는 뜻임을 알 수 있다.

둘째로 '유혹' 이라는 낱말의 뜻이 무엇인가를 알아보면 마지막 기도에 대한 이제까지의 우리의 해석이 옳다는 사실이 아주 명백해진다. 이 낱말이 생각하는 유혹은 우리가 일상생활에서 늘 당하고 있는 자질구레한 유혹이 아니다. 그것은 멀지 않아 전 세계를 휩쓸 임박한 세말의 큰 유혹을 뜻한다. 그 때에 악의 신비스런 마력이 그 위세를 떨칠 것이요, 반 그리스도가 나타나 만행蠻行을 일삼으며 세상은 황량한 공포로 가득 차게 될 것이며, 그 때는 사탄이 산위 대리인 행세를 할 것이고, 하느님의 성도들은 거짓 예언자들과 거짓 구세주들한테서 마지막 박해와 시련을 받게 될 것이다. 한마디로 세말의 유혹은 신앙을 배교背敎하고 정도正道를 이반離反 하라는 무서 운 도전挑戰이다. 누가 이 무서운 시련을 모면할 수 있겠는가?

주의 기도문의 마지막 청도는 결국 "주여! 우리로 하여금 배신背信하지 말게 하옵소서" 라고 비는 기도이다. 마태오가 전하는 전승이 이 청도를 이런 뜻으로 알아들었기에 그 끝에 "우리를 악에서 구하소서" 라는 같은 내용의 청도, 즉 인간을 영원한 멸망에로 처넣는 이 악의 세력에서 영구적으로 구원해 주십사는 청도를 덧붙여 놓았다.

"우리를 유혹에 빠지지 말게 하소서." 라고 말하는 것은 죄로 이끄는 길로 우리가 들어서는 것을 허락하지 마시도록 하느님께 청하는 것이다. 이 청원은 분별력과 용기를 주시는 성령을 간청하며, 깨어있을 수 있는 은총과 끝까지 항구하는 은총을 청하는 것이다.

"악에서 구하소서."라는 마지막 청원에서, 그리스도인은 교회와 더불어, 하느님과 하느님의 구원 계획에 스스로 직접 반대한 천사, 사탄 "이 세상의 권력자"를 쳐 이기신 그리스도의 승리를 드러내 주시도록 하느님께 청한다.

마침의 "아멘"을 통해서 우리는 일곱 가지 청원에 대해 "그대로 이루어지기를 바라나이다."라는 뜻을 드러낸다.

이제 우리는 이 마지막 기도가 왜 그처럼 짧고 갑작스럽게 끝나고 있는가를 비로소 이해할 수 있겠다. 예수는 그 제자들을 재촉하여, 하느님의 이름이 거룩하게 되고 그분의 왕권이 위세를 떨치게 될 이 세말의 완성을 위해 기도하라고 하였다. 한걸음 더 나아가 그들에게 용기와 신뢰를 북돋우어 세말에나 있을 구원 시대의 영속적인 은혜를 바로 지금 그들의 가난한 삶에 내려 주시도록 기구하게 하였다.

그러나 예수는 이 마지막 기도에서 언제나처럼 냉정하게 광신狂信의 위험을 제자들에게 경고하여 그들의 위협받고 있는 실존實存의 엄연한 현실을 회상시키고 있다. 이 마지막 기도는 핍박과 곤궁에서의 부르짖음이고 괴로움받는 기도자가 할 수만 있다면 멀리에까지 보내고자 울부짖는 일종의 구명신호救命信號라고 해도 좋을 것이다(註 12) : "아빠! 사랑하올 아버지 하느님, 은혜를 베푸시어, 당신으로 인하여 갈피를 못 잡고 방황하는 일이 없도록 우리를 지켜 주옵소서." 우리가 구약 성서에서 이 마지막 기도와 견줄만한 것을 찾아 얻지 못하는 것도 결코 우연은 아니리라.

"나라와 권세와 영광은 영원히 당신의 것이옵니다"라는 마지막 영송榮誦은 루가에는 아예 빠졌고, 마태오에도 가장 오랜 수사본에는 빠져 있다. 이 영송은 디다케에 비로소 처음으로 나타난다. 그렇다고 본래 주의 기도문은, 어느 기도문이고 그 끝에는 언제나 있기 마련인 하느님의 찬양 없이 끝나는 기도문이었다고 결론한다면, 이것은 온전히 그릇된 결론이라 해도 무방하다. 당대의 팔레스티나 영역 안에서 어떤 기도를 '유혹' 이라는 말마디로 끝내 버린다는 것은 생각조차 할 수 없었다. 여기에서 우리가 한 가지 알아 두어야 할 것이 있다. 당시 유대교에는 기도자가 임의로 지은 영송榮誦을(註 13) 마지막에 붙여서 끝내던 기도가 수 없이 많았다. 이러한 영송은 기도를 끝막음하는 봉인封印과 같은 것이었다. 주의 기도문을 가르쳐 주실 때에도 예수께서는 이러한 영송을 지극히 당연한 것으로 이미 안중眼中에 두고 있었고, 그러기에 교회에서도 이미 그 초창기에 이러한 예수의 숨은 뜻을 받들어, 이 주의 기도문을 드릴 때면 으레 기도자가 임의로 지은 영송을 끝막음으로 하여 그 끝을 맺도록 하였었다.

이제 이 몇 줄 안 되는 주의 기도문의 다할 길 없는 깊은 뜻을 한마디로 요약해 보는 모험을 무릅써 보기로 하자. 그것은 '현재 실현實現 되어 가고 있는 세말론世末論(sich realisierende Eschatologie)' 이라 할 수 있다. 이것이야말로 주의 기도문의 신비를 압권壓卷하기에 가장 알맞은 표현이겠다. 최근 수십 년 동안 신약학에서는 예수의 세말관世末觀을 거듭 연구하여 왔는데, 위의 표현은 곧 지금 현실화하고 있는 구원의 시대, 시간이 다 되기 전에 앞당겨 선사받은 세말의 완성, 우리 생활 안에 뚫고 들어오신 하느님의 현존을 가리킨다. 인간들은 이제 하늘에 계신 아버지 하느님께 어린아이와도 같은 순박한 신뢰를 가지고 예수의 이름으로 기도를 드려, 하느님께서 당신의 영광을 밝히 드러내시고 자기네 인간들에게 바로 이 자리에 생명의 빵을 선물하시고 또한 죄와 허물을 없애 주시기를 빌 때에, 거기에는 지금 당장 거절拒絶과 이반離反의 위협을 받고 있는 가운데에서라도 하느님의 왕권이 하나의 현실로서 그 자녀들의 나날의 일상생활 삶에 군림君臨하고 있다.

우리는 "아버지의 이름이 거룩히 빛나기를" 청함으로써, 하느님께서 먼저 모세에게, 다음에는 예수님을 통해서 알려주신 당신 이름의 거룩하심이 우리에 의해 그리고 우리 안에서, 모든 나라와 각 사람에게서 나타나게 하시려는 하느님의 계획에 협력하게 된다.

제 3단계 | 신비 교육기간

단원 X

성숙한 그리스도인의 신앙생활

제32과

평신도 그리스도인의 소명

"평신도들의 임무는 자기 소명에 따라 현세의 일을 하고 하느님의 뜻대로 관리하며 하느님의 나라를 추구하는 것이다. 평신도들은 세속 안에서 곧 각각의 온갖 세상 직무와 일 가운데에서 마치 그들의 삶이 짜여 지는 것 같은 일상의 가정생활과 사회 상황 속에서 살아가고 있다.〔…〕그러므로 평신도들이 특별히 하여야 할 일은 자신들과 긴밀히 연결되어 있는 모든 현세 사물을 조명하고 관리하는 것이며, 그렇게 함으로써 모든 일이 언제나 그리스도의 뜻에 따라 이루어지고 발전하여 창조주와 구세주께 찬미가 되도록 하여야 한다"(「교회헌장」 31항).

교회는 말씀을 선포하는 이가 되어야 하고, 믿는 이들의 공동체를 건설해야 하며, 우리 주님이신 예수 그리스도를 본받아 사람들에게 봉사해야 한다. 교회가 수행하는 이러한 직무를 교회의 사제직, 예언직, 봉사직〔왕직〕이라고 한다. 교회가 이러한 직무를 공동체로서 수행할 때, 교회를 구성하는 그리스도인은 저마다 개별적으로 참여하지만, 이루는 것은 함께 한다. 그러므로 그리스도인이면 누구나 사제의 직분, 예언자의 직분, 그리고 봉사하는 이의 직분을 지녔음을 명심하여 이러한 직무를 성실히 수행해야 한다.

"그리스도인은 누구인가?" 성부, 성자, 성령의 이름으로 세례를 받은 이로서 예수 그리스도를 주님이라고 고백하는 이들이다. 이들은 임무와 활동과 기능에서 사목자와 피사목자로, 삶의 방식이나 존재 양식으로 보아 수도자와 재속인在俗人으로 구분할 수 있으나, 일반적으로 성직자 · 수도자를 제외한 신자들을 '평신도' 平信徒라고 부른다.

평신도는 '현세적 일에 종사하며 하느님의 뜻대로 관리함으로써 하느님 나라를 추구하도록' 불린 이들이다. 평신도는 세례로써 그리스도와 한 몸이 되고, 하느님 백성 중에 들고, 그들 나름대로 그리스도의 사제직과 예언직과 왕직에 참여하여, 교회와 세상에서 그리스도의 백성 전체의 사명을 각기 분수대로 수행하는 신도들을 말하는 것이다.

평신도는 이 세상 안에 살면서 예수 그리스도께서 수행하신 직무를 이어받아 또 다른 그리스도가 되라는 소명을 받았다. 사도 베드로는 그리스도인의 고귀한 품격과 책무를 이렇게 깨우쳐 주고 있다. "주님께로 가까이 오십시오. 그분은 살아 있는 돌입니다. 〔…〕 여러분도 신령한 집을 짓는 데 쓰일 산 돌이 되십시오. 그리고 거룩한 사제가 되어 하느님께서 기쁘게 받으실 만한 신령한 제사를 예수 그리스도를 통하여 드리십시오.〔…〕 여러분은 선택된 민족이고 왕의 사제들이며 거룩한 겨레이고 하느님의 소유가 된 백성입니다. 그러므로 여러분은 어두운 데서 여러분을 불러내어 그 놀라운 빛 가운데로 인도해 주신 하느님의 놀라운 능력을 널리 찬양해야 합니다"(1베드 2, 4~5. 9).

▌세상 안에서의 평신도의 사명
(하느님의 눈높이의 사랑인 성사로서의 삶)

앞에서 언급했듯이 평신도의 사명이란 그 존재 이유를 말해 준다고 할 수 있다. 그는 증거를 살아야 할 사람이다. 그러므로 이제 너희는 나에게 주님 주님 하면서 어찌하여 내 말을 실행하지 않느냐?"(루가 6, 23)하신 예수 그리스도의 말씀에 입각해서 이른바 평신도가 살아야 할 "증거의 삶"을 성사 차원에서 살펴봄으로써 평신도의 사명을 정리해 보도록 하겠다. 대체로 세 가지로 요약될 수 있다고 본다. 이러한 내용은 곧 이 글의 결론이기도 하다.

1. 내적 증거인 공동체적 일치(은총 체험) 은총 안에 생활 영성생활

하느님께서는 당신의 구원 사건, 은총 사건을 공동체를 통해서, 그리고 먼저 그 공동체 안에서 이루신다. 그분 계획의 실현이신 아드님 예수 그리스도께서 그 공동체의 중심이시기 때문이다. 그 사실을 우리는 "단 두세 사람이라도 내 이름으로 모인 곳에는 나도 함께 있겠다."(마태 18, 20)라고 하신 말씀에서 확인한다. 어떻든 하느님께서는 그리스도 중심인 그 공동체 차원에서 평신도의 성사적 삶을 꽃피우게 하신다(사도 6, 7; 2데살 1, 8). 그 삶은 다름 아닌 같은 믿음으로 하나 되어 서로를 위한 사랑의 실천과 봉사를 주저 없이 실행하는 삶이다. 바로 그러한 삶 속에서 공동체는 하느님의 구원과 은총 사건을 체감한다. 그렇다면 공동체 안에서의 사랑과 봉사는 구체적으로 무엇을 기준으로, 어떤 양상을 통해서 실천할 것인가?

교회는 전통적으로 교회의 정신과 가르침을 기준으로 제시해 왔고 그에 합당한 전례 행위들을 양상으로 실행해 왔다. 기준이 되는 교회의 정신과 가르침은 사도 전례의 신앙에 충실해야 한다는 것, 그것이 바로 사랑의 실천을 추진케 하는 힘이라는 것(갈라 5, 6. 22)이었고 그 신앙의 힘에 더한 사랑과 봉사의 실행은 제반성사 사건들, 즉 교회의 전례 행위들 안에, 개별 그리스도인 각자가 고유한 성사성을 간직한 채 적극적으로 참여하여, 배령자로서 만이 아닌 전례의 한몫을 담당하는 이로서 자신의 신앙을 드러내는 양상을 취해야 한다는 것이었다. 결국 공동체적 일치라는 내적 증거는 신앙에 대한 철저한 자각이자 그 일차적인 행위라는 사실을 여기에서 확인한다. 기도생활과 성사생활로 은총을 체험하며 덕행 닦는 생활을 하여 나아가야만 한다.

2. 외적 증거(내적 일치의 외적 표현-은총의 상징) : 선교

외적 증거는 내적으로 충실했을 때 자연 발생적이다. 그것은 내적 일치의 외적 표현이기 때문이다. 사랑과 봉사에 대한 체험은 사회생활을 하는 그리스도인의 무리 안에서만이 아니라 비 그리스도인들 앞에서 외적으로 증거 되기 마련이다. 말하자면 성사로서의 모습이 그대로 드러나기 마련인 것이다. 그런데 그 모습은 "정의 실현"이라는 맥락에서 이해될 필요가 있다. 이웃들 가운데 버림받고, 고통당하며, 짓밟히고 있는 이들이 허다함에도 자신의 일이 아닌 것으로 지나치지 않고 바로 그들을 돌보고 위로하며 그들과 하나임을 증거 할 때 그들은 그리스도인을 통해서 구원의 주님, 은총의 주님이 자신들과 함께 하심을 체험할 수 있게 되는 법이다. 그와 같은 증거가 일상사의 것이 될 때 그리스도인의 삶은 곧 성사의 삶이 된다. 사실 예수께서도 이웃 사랑과 봉사를 가능케 하는 신앙을 정의로 특정 지으셨던 것이다(마태 9, 1).

3. 내적 일치와 외적 증거생활을 위한 공부(관찰과 판단을 위한 신심 공부)

하나의 성사로서 세상 안에서 사랑과 봉사를 실천하여 정의를 실현하기 위해서는 자신의 신앙에 대한 더 깊은 자각이 전제되어 야 한다. 이 일을 위해서 평신도 그리스도인은 공부와 기도의 삶을 지속해야 한다. 말하자면 신앙에 대한 공부와 그에 대한 기도로서의 정리가 조화를 이루어야 실천적 삶을 위한 관찰력과 판단력이 생기게 되는 것이다.

신앙과 이성(지식)은 같은 목적에 도달하기 위한 두 가지의 방법이다('사목헌장' 59항). 이성적으로 타당한 지식은 신앙의 깊이를 더해 주고 참다운 신앙의 실천과, 그 증거에 도움을 주기 마련이다. 따라서 신앙 실현의 훌륭한 도구가 될 수 있는 거룩한 지식을 습득하고자 하는 노력은 신앙인에게 진실로 요청되고 있는 바다("여러분이 간직하고 있는 희망에 대해 설명을 듣고자 하는 사람들에게 언제라도 답변할 수 있도록 준비하시오" 1베드 3, 15). 그러면 거룩한 지식을 얻기 위해서 어떻게 해야 할 것인가? 가장 중요한 일은 우리 신앙의 원천이자 신앙인들로 하여금 진리에 맛들이고 신앙의 규범을 체득케 해주는 "성경과 성전"에 대한 연구다. 성서의 가르침이나(필립 3, 8: 거룩한 지식) 교회 교부들의 권고(성경을 모르는 것은 그리스도를 모르는 것/예로니모가 이사야서 주해에서 한 말)가 새삼 의미 있게 들린다.

하지만 성경과 성전의 연구만이 완전한 방법은 아니다. 지식으로서만 간직하게 되면 위험을 초래할 수도 있다. 그러므로 서로 보충하는 방법이 필요해진다. 그것이 바로 기도다. 기도는 늘 상 지식으로 얻은 바를 새로운 느낌 속에 체험하게 해준다. 사실 성서 공부와 기도가 얼마나 밀접한 관계에 있는 것인지는 성 암브로시오가 한, 다음과 같은 말을 통해서 알 수 있다.

"우리가 기도할 때는 하느님께 말씀드리는 것이고, 하느님의 말씀을 읽을 때에는 하느님의 말씀을 듣기 때문이다."

이것이 성사로서 그리스도인 평신도의 삶, 증거의 삶, 사명이다.

우리가 세례와 견진성사를 받아 하느님의 자녀답게 살려면 향주삼덕인 믿음의 덕행 사랑의 덕행 희망의 덕행 닦는 생활로 하느님의 자녀성性을 유지해 나아가야만 한다. 자녀 되었다는 것만으로 자녀답게 살 수 있는 것이 아니라 자녀다운 삶을 살아가는 능력과 관계를 계속유지 하면서 완덕으로 나아가야만 한다.

하늘에 계신 너희 아버지 완전하심 같이 너희도 완전한 자 되어라. 하시는 부르심에 완전한 응답인 믿음의 덕행과 사랑의 덕행으로 인간 완성인 완덕을 닦을 때 우리는 이름 없는 성인 성녀로서 하느님 나라에 들어가 하느님의 자녀로 살게 되는 희망의 덕으로 이 세상을 무사히 마치는 파스카신앙 부활신앙생활을 하여 나아가게 되는 것이다.

제33과

그리스도인의 믿음 · 희망 · 사랑의 생활

▌ 굳센 믿음의 생활

1. 의인(義人)이란 누구인가?

악한 것을 피하고 선을 행하여 하느님의 뜻에 따라 사는 덕망이 있는 사람이다. 의인은 하늘나라를 차지할 수 있는 사람들이다. 의인—성서에서 말하는 의인은 곧 성인聖人을 뜻한다.

"의인들은 영원한 생명의 나라로 들어 갈 것이다." (마태 25, 46)

우리가 세상에 사는 목적은 의인이 되는 데에 있다. 의인은 덕망을 갖춘 사람이며, 덕망은 좋은 것을 되풀이해서 얻은 좋은 습관을 말한다. 우리 신앙인은 모름지기 덕德을 닦는 데에 노력해야 한다. 그것이 바로 우리 신앙생활인 것이다. 신앙인이 갖추어야 할 덕은 크게 두 가지가 있다. 향주삼덕鄕主三德과 윤리덕倫理德이다. 영성은 성령으로부터 일깨워지고 선물로 주어진 삶, 곧 영적 삶이다. 영성은 성령 안에서 그리스도와 함께 사는 삶이다.

2. 향주삼덕은 무엇인가?

하느님이신 우리 주님께로 향하는 덕인데 신덕信德-믿음 · 망덕望德-바람 · 애덕愛德-사랑이다.

신덕 - 하느님의 말씀을 그대로 받아들이고 믿는 것을 말한다. 믿음이 없이는 구원받을 수 없다. "너희는 온 세상을 두루 다니며 모든 사람에게 이 복음을 선포하여라. 믿고 세례를 받는 사람은 구원받겠지만 믿지 않는 사람은 단죄를 받을 것이다." (마르 16, 15-16)

교회는 그리스도의 가르침을 요약해서 꼭 믿어야 할 것을 결정 선포한다. 이것을 '도그마=신덕 도리信德道理' 라고 하며 이것을 믿지 않을 때는 이단으로 단정한다. 신덕 도리의 핵심은 사도신경이다. 신덕에 어긋나는 행위는 의심하는 것 또는 불신하고 배교하는 행위들이다.

신앙은 성령의 은혜이다. 우리로 하여금 우리보다 더 위대하신 분에게 우리 자신을 온전히 바치고 그분의 메시지를 받아들일 수 있게 하는 것이 신앙이다. 신앙은 우리가 이 세상에서 가장 알만한 가치가 있는 존재인 다른 사람들을 친밀하게 알게 되는 것과 비슷하다.

신앙은 하나의 비약이고 사랑으로 받아들임인 것이다. 남녀 간의 부부 사랑을 이루는 것은 서로를 다 알아서 하는 것이 아니라 상대방의 사랑을 믿고 서로 사랑으로 부부로 맺어지는 것이다. 믿음은 우리 생활에 있어서 크고 포괄적인 모든 것을 획득하는 인식 양태인 것이다. 우리에게 자기 자신을 계시하시는 창조주를 아는 - 또 더욱 참되게 아는 것은 이 믿음 곧 신앙행위를 통해서 이루어진다.

신앙은 하느님의 생명에 참여하는 것을 의미한다. 우리가 받는 빛은 우리 행위가 아니라 하느님의 일이다. 거저 주시는 은총이다. 물론 은총도 우리 인간과 별도로 작용하는 것이 아니다. 인간이 자기 자신을 열어 놓고 있어야 한다. 무릇 모든 은총이 그렇듯이 신앙의 은총도 다른 사람들과 관계없이 주어지는 것이 아니다.

신앙은 공동 소유다. 다른 사람과 함께 다른 사람을 위해서 받고 있다. 신앙도 사랑과 같이 관계 속에 있는 것이다. 신앙은 하느님의 계시에 승복하는 것을 의미한다. 계시는 무엇보다도 메시지이며 빛이다. 우리 일상생활, 역사, 선악 죽음에 관한 하느님 자신에 관한 결국 사랑에 관한 하느님의 빛이다. 계시는 하느님이 보시는 우리의 현실이다. 신앙의 눈으로 본다는 것은 하느님의 눈으로 본다는 것이다. 신앙은 하나의 과업이다.

신앙은 하느님의 부르심에 대한 우리의 응답인 것이다. 인간은 하느님을 믿음으로써만이 그분께 희망을 두고 사랑하는 삶을 살 수 있고, 이 사랑하는 삶은 바로 세상과 인류에게 구원을 이루어 주기 때문이다.

▌신앙의 객관적 여건(하느님의 부르심)

1. 신앙의 대상(하느님을 믿는다 : Credere Deum)

우리가 신앙으로 추구하는 대상은 이러저러한 '신앙조목' 이 아니라 바로 그러한 신조(信條)들의 근본인 생활하시고 위격적인 '하느님 자신' 이시다. 어떠한 신조도 하느님과의 관련 하에서만 신앙의 내용이 될 수 있다. 우리가 믿는 하느님은 최고의 진리로서 인간 지성의 종착점이고, 또한 최대의 선이시므로 행복을 추구하는 인간 의지의 귀착점이다.

하느님은 만물의 창조주이시며, 섭리하시는 전능全能이요, 전지全知이시며, 각 인간의 근본이요 목적이시다. 또한 그분은 인간을 무한히 사랑하시어 당신 자신을 행복으로 내어주신 아버지시다. 이러한 하느님께 대한 신앙은 만사에 대한 하나의 긍정이며 다른 인격체를 찾아 나서는 사랑이라고 할 수 있다.

2. 신앙의 목적(하느님께로 믿는다 : Credere in Deum)

우리가 하느님을 믿고 흠숭하는 것은 구원되어 영원한 생명에로 나아가기 위함이다. 그런데 여기에서 '구원 받는다'는 말은 창조주께서 인간에게 설정한 목적을 다 채운다는 것을 의미한다. 다시 말하며 이것은 하느님께로 나아간다는 것을 의미하는데, 하느님은 곧 당신 자신을 인간의 목적으로 설정하였기 때문에 하느님께 일치, 합일하는 것이 인간의 행복이요, 목적이고, 이것이 바로 구원이라는 것이다.

그러나 이 목적은 인간의 능력 한계를 초월하는 하느님 자신이므로 하느님께서 먼저 거기에 이르는 길을 열어 주시지 않는다면 도달할 수 없는 목적이다.(이사 64, 4; 1고린 2, 9) 여기에 계시의 필요성과 그 계시를 받아들일 필요성이 생기는 것이다. 그러므로 신앙은 하느님의 계시에 승복하는 것을 의미하기도 하는 것이다.

3. 신앙의 근거(하느님께 믿는다 : Credre Deo)

하느님은 믿음의 대상과 목적이 되실 뿐만 아니라 그 근거, 즉 증거자가 되신다. 우리가 하느님을 믿는 것은 하느님께서 스스로를 증거 하시기 때문이지 어떤 사람이 그렇게 가르치기 때문에 믿는 것은 아니다: "아버지께서 허락하신 사람이 아니면(아무도) 내게 올 수 없습니다"(요한 6, 65).

하느님은 당신을 믿도록 하기 위해서 우리의 내면으로부터 부르신다. 그분은 당신 사랑의 은총으로 우리를 신앙에로 이끄신다. 또한 하느님의 이러한 증거 하심은 우리의 인격 내부에서만이 아니라 전 인류의 역사 안에서도 실현된다. 이스라엘의 역사를 통해서 볼 때 하느님께서는 인간을 이러한 증거의 도구로 쓰셨다. 그러나 마침내는 당신 말씀을 사람(예수 그리스도)이 되게 하심으로써 육화肉化한 천주 성자 예수 그리스도를 통하여 당신을 온전히 증거 하셨다. 그리하여 그리스도를 믿는 것은 곧 하느님을 믿는 것이 되었다(히브 1, 1 - 2 ; 요한 5, 19 - 38 ; 8, 19. 28 - 29 ; 10, 30 ; 12, 49 - 50 ; 14, 9 - 14. 23 - 24 ; 16, 27).

이제까지 우리는 신앙의 객관적 여건이란 은총과 말씀과 표징으로서 인간을 당신께로 부르시는 생활하신 위격체 하느님 자신임을 지적했다. 그런데 앞에서 말한 바와 같이 하느님께서는 그리스도를 통하여 결정적으로 당신 자신을 나타내 보이셨기 때문에, 이제 신앙의 객관적 여건은 '그리스도를 통하여' 인간에게 주어진 하느님이시다. 그러므로 그리스도교 신앙은 그리스도 안에 그리스도를 통하여 그리스도로 말미암아 하느님께서 인간을 부르시고, 인간은 그리스도께 응답함으로써 하느님께 응답하는 것이다(요한 3, 16 참조: 하느님께서는 당신 자신을 믿음으로써 영원한 생명을 주시나, 이제 예수 그리스도를 믿는 사람들에게 당신의 영원한 생명을 주신다). 이처럼 그리스도는 하느님께로 통하는 유일한 관문이시고(요한 14, 6), 따라서 그리스도교 신자는 그리스도를 믿음으로써(Credere Christum) 하느님을 믿고, 그리스도께 믿음으로써(Credere Christo) 하느님께 믿고, 그리스도께 나아감이(Credere in Christum) 곧 하느님께 나아감이다.

▎신앙의 주관적 요인(인간의 응답 : 신앙생활)

하느님의 부르심에 대한 응답이 곧 신앙이다. 그런데 이것은 인격적 부르심에 대한 인격적 응답인 만큼 사랑을 바탕으로 하는 '두 인격의 만남' 이다. 신앙의 만남은 바로 나의 인격을 전적으로 '내게' 맡기는 행위이다. 이것은 곧 신적 위격이 인간 인격에게 나타남이며, 이에 대해 후자가 전자에게 자신을 열어놓고 그분의 생명에 참여하는 것을 의미한다. 그러므로 신앙은 본질적으로 사랑을 겸비한 자기 봉헌이다.

또한 신앙의 선택은 하나의 탈피 이상의 희생을 요하는 거창한 결단이다. 그것은 지금까지의 한 인격이 지녀온 묵은 세계관과 인생관의 변화, 붕괴를 의미한다. 또한 지금까지의 세속적 생활과의 절연絶緣을 강요하는 것이며, '지금까지의 나' 小我의 파괴 내지 죽음을 가져오는 것이다. 다시 말하면 신앙의 선택은 묵은 자아의 파괴에서 비롯하고, 새로운 나의 건설로써 이룩되는 것이다. 그런데 이 '새로운 나' 의 건설은 나의 중심에 하느님을 모심으로써 가능한 것이다. 이렇게 시작된 그리스도인의 믿음이 그의 삶의 근거가 되고 지표가 되며, 삶의 완성에로의 길이 되는 것이다.

이스라엘의 역사를 볼 때 그들에게 멸망의 위기가 닥칠 때마다 그러한 상황으로부터 구원되는 길은 오직 '믿는 길' 하나뿐이었다. 그들에게 있어서 이 믿음은 철저하게 자기 실존實存의 바탕이 되었다. 그리고 이처럼 하느님께 의탁하고 그분의 말씀을 따라 산다는 것은 하느님께 대한 믿음을 삶의 지표로 살고 일상日常을 살아감을 의미한다. 이것은 참 생명에로의 길이고, 완성에로의 길이다. 성부께서는 자신을 온전히 당신께 위탁하신(루가 23,46) 예수를 죽음으로부터 부활시키시어 영광에 오르게 하시고, 우리의 주님이 되게 하셨듯이, 하느님께서는 모든 인간의 표본이 되시고 근본이 되신 예수님을 믿고 따라 사는 사람들도 영원한 생명에로 완성시켜 주실 것이다.

그러나 앞에서 본 바와 같이 이 신앙이 성령께서 주입해 주시는 덕이요, 성실하신 하느님의 영속적인 선물이고 하느님께서 이 신앙을 완성시켜 주실 것이라고 하지만, 이 신앙은 인간에게 있어 하나의 과업課業으로 남는다. 신앙은 노력 없이 보존되지 않는다. 우리는 보지 못하고 자주 느끼지 못하면서도 우리가 믿고 있는 진리를 생활에 구현해야만 하는데, 이것은 끝없이 거듭해야할 암중모색暗中摸索이다. 거의 걷잡을 수 없는 유혹에 빠져 있을 때 신앙을 구현하고 유혹을 부정하는 것, 하루 종일 대인관계나 대사회관계에 있어서 갈등을 일으키고 마음 상한 날에도 사람들이 선량할 수 있음을 믿는 것, 크나큰 고통을 기진해 있을 때 하느님의 충실성과 그 고통 중에도 하느님께서 함께 하신다는 것("십자가에 달리신 하느님")을 믿고 새로운 활기와 의미를 찾는 것 - 이것이 바로 신앙인의 삶이다. 그러므로 이렇다 할 노력도 없이 그저 교회에 속하여 있는 것만으로는 신앙이라고 할 수 없다. 신앙은 또 현실 부정 내지 현실 도피도 아니다. 참된 신앙은 약한 자의 도피처이거나 우매한 자의 자기기만일 수 없다. 신앙은 삶에서 도저히 분리할 수 없는, 그 삶에 내재하는 제 문제에 대한 정면 대결이다. 또한 신앙은 이 대결을 통하여 해결에 이르기까지 자기희생도 불사하는 결연決然한 행동이다.

한편으로 진지한 신앙인은 참된 신앙을 유지하기 위하여 과감성과 끈기 있는 용기로써 삶을 살아가지만 그와 동시에 위대한 겸손과 관용도 아울러 갖는다. 이러한 관용과 용기와 충실성을 지닌 신앙인의 세계관은 근본적으로 낙관적이다. 그러므로 신앙인은 세상을 위하여 사랑의 삶을 살 수 있는 것이다. 신앙인은 하느님께 대한 믿음에 근거해서 하느님과 이웃을 사랑한다(마태 22, 40 참조). 그리스도인이 이웃에게 사랑을 베풀고 친절한 것은 단순한 동정 同情과 자선에서가 아니라 하느님 나라가 그들 안에 임재 해 있기 때문이다. 이런 그리스도인에게 있어서 사랑은 윤리적 결단의 최고 기준이 되는 것이다. 그래서 신앙의 확실성은 헌신과 사랑의 확실성이 된다.

▌회의(懷疑)에 대해

일전에 마르틴 부버의 '유다인 랍비 이야기'를 들려주신 적이 있습니다. 그 이야기에서 학식이 많은 어떤 계몽주의자가 랍비를 방문했습니다. 그 계몽주의자는 신앙의 진리란 존재하지 않고, 신앙은 과거의 유물에 지나지 않는 것으로 진리를 찾는 데에 오히려 소극적인 역할을 한다는 것을 증명해 보이려 했죠. 그가 랍비의 방에 들어섰을 때, 책을 손에 들고 고개를 끄덕이며 어슬렁거리는 랍비의 모습이 눈에 들어왔습니다. 랍비는 계몽주의자가 온 것에는 아무런 신경도 쓰지 않았습니다. 얼마의 시간이 지나자, 랍비는 문득 멈추어 서서 스치듯 학자를 흩어보고는 그저 이렇게 말을 했습니다. "하지만 이것이 진리일 수도 있지 않을까요?" 그것으로 충분했지요. 학자는 다리가 후들거렸고, 그래서 도망치듯 그 집을 떠났습니다. 아주 멋진 이야기입니다. 그럼에도 불구하고 계속해서 사제들마저도 교회에서 등을 돌립니다. 수도승들이 수도원에서 도망을 칩니다. 추기경님도 일전에 '불신앙의 압도적인 위력'이란 말씀을 하신 적이 있죠?

'나는 하느님을 믿는다'는 말은 하느님을 인정하고 하느님을 있는 그대로 받아들이며 사는 사람들의 고백이다. 바오로는 로마서에서 이렇게 말한다.

"우리는 믿음으로 말미암아 하느님과의 올바른 관계를 가졌으므로 우리주 예수 그리스도를 통해서 하느님과의 평화를 누리게 되었습니다. 우리는 그리스도를 믿음으로써 지금의 이 은총을 누리게 되었고 또 하느님의 영광에 참여할 희망을 안고 기뻐하고 있습니다. 그뿐만 아니라 우리는 고통을 당하면서도 기뻐합니다. 고통은 인내를 낳고 인내는 시련을 이겨내는 끈기를 낳고 그러한 끈기는 희망을 낳는다는 것을 우리는 알고 있습니다. 이 희망은 우리를 실망시키지 않습니다. 우리가 받은 성령께서 우리의 마음속에 하느님의 사랑을 부어주셨기 때문입니다."(로마 5.1-5)

신앙은 아멘의 사건이다. 그리스도인이 하느님께 대한 기도를 늘 '아멘'이라는 말로 끝을 맺는 것은 이런 신앙의 행위에 기인한다. 하느님께 대한 신앙은 아멘으로 끝맺을 수밖에 없는 것이다. 아멘을 요구하는 신앙은 우리를 신비로 안내한다. 그리스도인은 아멘으로 끝맺는 인생을 사는 사람이다.

흔히 사람들은 '아멘'이라는 말마디를 단순히 하나의 소원을 드러내는 '그렇게 되어지이다'로 번역한다. 그러나 '아멘'이라는 단어는 '단단하다'·'확실하다'·'견고하다'·'든든하다' 등을 뜻하는 히브리어 동사에서 파생한 부사로서, 그 의미는 '확실히'·'참말로'·'그렇고 말고' 그리고 단순히 '그렇다'를 뜻한다. 그리하여 아멘이라고 말하는 것은 방금 말한 것을 참된 것으로 받아들인다는 선언, 곧 어떤 명제를 받아들인다는 선이며, 또한 기도에 자기 자신을 일치시킨다는 것을 뜻한다. 하느님의 권능과 인자에 자신을 의탁할 때에도 이 단어를 사용한다.(『성서신학사전』)

▌영적 삶의 기본적인 것으로서의 희망

믿음이 인간의 총체적 응답으로 간주될 수 있는 것과 같이 성서 안에서 희망도 그러한 응답으로 여겨지고 있는 것은 분명한 사실이다.

인간이 지능지수 IQ 같이 Fath 믿음지수 FQ가 증가되도록 덕행을 닦아 나아가야만 한다.

▌신약성서의 증거들 안에서의 희망

a) 인류 그리고 특별히 이스라엘 백성은 하느님이 만드시는 미래에 대한 전망과 희망 없이 존재했던 때가 없었다(참조: 창세 3, 15; 9, 1-7; 12, 1-3). 미래에 대한 이러한 의식은 구약성서의 구원사가 진행되어 가는 과정에서 점점 더 분명하게 드러났다. 야훼 하느님이 성조 아브라함에게 약속하신 말씀 모세에게 약속하신 말씀을 믿고 바라는 이스라엘 백성의 희망의 덕을 간지한 것이다.

b) 예수는 하느님 나라가 다가왔다는 선포(마르 1, 15 참조)와 함께 그가 이스라엘의 희망을 채우고 있음을 주장하였다. 하느님의 통치라는 실제는 곧 현실화될 것이지만 아직 힘과 영광 속에 현실화된 것은 아니다. 교회의 희망은 그리스도의 부활로 완전하게 채워진 것이고, 성령은 아버지로부터 약속된 선물인 것이다(사도 2, 33-39). 이제 커다란 기다림은 주님의 오심에 초점이 맞추어졌다(사도 1, 11; 3, 20; 야고 5, 7; 1데살 2, 19). 주님의 이 날은 매우 가까이 있는 것으로 보여졌다(야고 5, 8; 1데살 4, 13-18; 히브 10, 25. 37; 1베드 4, 7). 그러나 후기

에 쓰여진 신약성서의 텍스트에 의하면 예수의 오심이 늦어지는 것이 그리스도인들에게 하나의 문젯거리로 부상했다(2베드 3,8-13). 주님은 밤의 도둑처럼 갑자기 오실 것이다(1데살 5, 1 이하; 2베드 3, 10; 묵시 3, 3; 참조: 마태 24, 43).

c) 그리스도인들의 삶은 희망하는 사람이라는 것에 의해 본질적으로 그리고 전체적으로 특징지어져 있는데 반해, 이방인들은 "희망이 없는 자들"이다 (1데살 4, 13; 에페 2, 12). 그리스도인에게 믿음에 대해 질문이 주어져 답변을 해야 한다면 그는 자신의 희망에 대해 말해야 한다(1베드 3, 15; 참조: 1, 3). 만약 누군가가 복음이 전해주는 희망으로부터 떨어져나가지 않는다면 그는 그리스도교의 신앙고백에 굳게 머물러 있는 것이다(골로 1, 23; 참조: 히브 10, 23).

d) 인간에게 다가오는 희망은 바로 하느님의 부르심으로부터 온다(참조: 에페 1, 18; 4, 4; 디도 1, 2 이하). 이것이 그리스도인들의 희망을 일반적인 다른 희망과 구분시켜 주는 요소이다. 이러한 희망은 희망의 영인 하느님의 영을 통해 온다(로마 15, 13 참조). 영의 오심은 우리에게 그리스도 안에서 살아갈 수 있는 가능성을 열어준다: "그리스도가 이 세상과 인간들을 자신에게 받아들여 짊어지고 나간다는 사실과 이 세상과 인간들이 하느님을 거부한 자신들의 죄 때문에 설 자리를 잃고 말았지만 예수의 끝없이 무한한 사랑 속에서 다시 설 자리를 회복했다는 사실은 언젠가는 완전히 알려지고야 말 삶의 숨겨진 실제이다. 그러나 성령이 말씀과 표지로 우리의 숨겨진 실제와 희망 안에 우리를 세움으로써 우리에게 이것을 이미 지금 알려주고 있다"(Heinrich Schlier). 이러한 희망의 신학에 대한 종합적 요약을 우리는 베드로 전서 1, 3-5에서 볼 수 있다.

e) 희망과 믿음은 상호 분리가 불가능할 정도로 깊은 연관성 속에 있다. 믿음 속에서 인간은 복음의 기쁜 소식을 받아들여 자신을 그 기쁜 소식에게 내맡기게 되는데 그러한 과정에서 그 기쁜 소식 안에 있는 희망에게 또한 자신을 내맡기게 되는 것이다. 믿음 속에서 인간은 자신 안에 들어와 자신을 꽉

채우려는 다른 모든 종류의 희망들로부터 돌아서게 된다. 그러나 희망은 어떤 의미에선 믿음을 넘어서 나아간다. 바울로는 아브라함이 희망할 수 없는데도 희망하면서 믿었다고 말하고 있다(로마 4, 17). 많은 것들이 희망을 거스르고 있고, 희망 역시 이러한 장애가 되는 실재들을 진지하게 받아들이지만 동시에 이러한 요소들 때문에 낙망하지는 않는다. 그 이유는 하느님의 진실성과 사랑에 대한 믿음이 더 크기 때문이다(1베드 1, 13 참조). 그러므로 희망의 한 표지는 모든 걱정과 불안들을 성령의 위로에 내맡기는 것이다(참조: 로마 8, 15; 필립 4, 6; 1베드 5, 6 이하; 히브 10, 34 - 36). 이 희망에는 신뢰만이 속하는 것이 아니라 "기다리는 것을 향해 나아가는 것"(Schlier)도 속한다. 깨어 있을 것과 주의력을 기울여 있을 것에 대한 요청은 신약성서의 전반에 걸쳐 있다(참조: 마르 13, 35.37; 14, 38; 루가 12, 37; 1고린 16, 13; 1베드 5, 8; 묵시 3, 2; 16, 15).

동시에 희망은 고난과 시험의 한복판에서 인내로 묵묵히 참아나가는 것으로 특징지어진다(야고 5, 7 이하; 1베드 1, 5 -7). 희망은 자신이 희망한 것을 향해 나아가 그것이 곧 성취되기를 기다린다. 이러한 의미에서 베드로 후서 3, 12에서 그리스도인들이란 그 마지막 날을 기다리면서 빨리 오도록 하는 존재라고 말하고 있다.

f) 희망은 삶을 성화시키는 데서 자신을 증거 한다: "그분께 이런 희망을 걸고 있는 모든 이는 그분이 거룩하신 것처럼 자신을 거룩하게 합니다"(1요한 3, 3; 참조 : 1베드 1, 13 - 17). 또한 사랑 안에서 희망은 자신의 역할을 수행해 나간다. 사랑은 희망에 의해 유지되고 충만된다(참조: 1고린 13, 7 : "사랑은 모든 것을 바라고 …"). 끝으로 희망 없는 곳에는 슬픔만이 있다(1데살 4, 13).

희망의 영성에 대한 증거자들

그리스도교적 희망의 다양한 측면들이 그리스도교 영성사에서 비록 언제나 희망이라는 단어와 함께 명시적으로는 아니지만 자주 반복해 우리에게 제시되고 있다. 희망의 다양한 측면에 속하는 것으로는 신뢰와 기쁨에 대한 강조 세상적인 여러 가지 흘러가는 희망들을 거슬러 참된 희망에 대한 격려 그리고 그리스도교적 삶에 있어서 미래지향적으로 살아가도록 방향을 이끌어 주는 것 등이 있다.

1. 기쁨과 함께하는 신뢰

프란치스코 살레시오(Hl. Franz von Sales, 1622년 사망)는 긍정적이고 기쁨에 찬 신심을 강조한 성인이다. 이러한 그의 영성은 그가 저술한 Philothea 와 Theotimus에 나타날 뿐만 아니라 그의 서신들, Heimsuchung이라는 수녀회의 수녀들에게 행한 강론, 그들과의 회의들 등에 걸쳐 깊숙이 자리 잡고 있다. 이들 중에 한 곳에서 그는 다음과 같이 서술하고 있다: "나의 사랑하는 딸들이여, 당신들에게 간절히 바라건대 항상 좋은 정서적 분위기 속에 있도록 노력하고 하느님께 항상 드려야 하는 신뢰를 잘 간직하도록 하시오. 왜냐하면 그대들도 이미 알고 있는 바와같이 하느님이 그대들을 처음부터 사랑하셨고, 당신에게로 향한 봉사에 마음을 두도록 기쁨의 내적 동기를 주셨고, 이러한 것을 계속해서 주심으로써 그대들을 사랑하시고, 또한 그대들에게 거룩한 인내심을 주심으로써 앞으로도 계속해서 그대들을 사랑하시게 될 것이기 때문입니다. 하느님께 자신의 삶을 봉헌한 사람이 항상 즐겁지 않은 것을 나는 도저히 상상할 수가 없습니다."

장 뻬에르 드 꼬사드의 영적 가르침도 이러한 것과 같은 맥락에서 볼 수 있겠다. 현재 이 순간에 하느님을 만나는 것 안에도 신뢰와 확신이 깔려 있는 것이다. 한편으로 독일어권에서 많이 읽혀졌던 영국의 예수회 회원 다니엘 컨사이딘(Daniel Considine)의 저서에서는 이러한 낙천주의에 대하여 상대적으로 세심한, 지금까지 그다지 큰 영향력을 가지지는 못한, 영성적 태도를 상당히 강하게 내세웠다. 그의 영적 지침 중에서 핵심적인 내용 중의 하나를 보자면 다음과 같다: "하느님은 우리의 영적 삶이 지속적으로 어떤 부담을 주고, 어둡고 두려움이 가득한 압박 밑에 있는 것을 좋아하지 않는다. 하느님은 오히려 평화와 기쁨 그리고 영적 쾌활을 사랑하신다." 이러한 기본적 견해는 하느님의 뜻에 일치하려는 자세와 함께 계속 이어져 전달되고 있다: "하느님을 사랑한다는 것은 그가 원하는 것을 실행해 나가는 것이다. 하느님의 뜻은 각 순간의 일반적 사물들과 사건들 안에서 알아낼 수 있다."

2. 희망이라고는 전혀 없는 상황에서의 희망

영성적 삶을 전개해 나가는 과정에서 무미건조한 시기와 영적 흥미를 잃게 되는 시기가 와서 고통을 받을 때가 있는데 이것은 영적 삶을 살아나가고자 하는 그 당사자가 게을러졌다던가 또는 흥미를 잃었다던가 하는 데에서 유래하는 것이 아니라 하나의 시험기에 접어든 것이기 때문이다. 이러한 변화에 대하여 로욜라의 이냐시오는 그의 『영성수련』에서 "위로"와 "절망"으로 표현하고 있다. 『순례자의 보고』라는 자서전에서 그는 1522년 만레사(Manresa)에서 머물던 때에 가끔 있었던 무미건조의 상황에 대하여 언급하고 있다. 그는 다음의 기도에서 희망이라고는 전혀 없는 상황에서 희망을 찾고 있다 : '주님, 저를 좀 도와주십시오. 왜냐하면 어떤 사람에게서도 어떤 종류의 피조물들에게서도 약간의 도움도 찾을 수 없기 때문입니다. 제가 어떤 약간의 조그마한 도움이라도 받을 수 있다는 희망을 가질 수 있다면 어떤 일이라도 할 수 있을 것입니다. 제가 도움을 어디에서 발견할 수 있을 것인지 주여, 당신께서 저에게 보여주십시오. 한 마리의 닭에게서라도 도움을 받을 가능성이 있다면 저는 주저 없이 닭에게 가서 그것을 청할 것입니다."

리지외의 소화 데레사 성녀가 자기 생애의 마지막 해에 체험했던 그 믿음의 밤도 이러한 희망의 빛이라고는 조금도 보이지 않는 가운데에서의 희망으로 이해되어질 수 있는 것이다. 성녀는 하느님께서 자신이 이러한 시험을 이겨낼 수 있는 힘을 소유하는 바로 그 순간에 그 시험을 주신다고 확신하고 있다: "제 생각에는 제가 만약 이전에 이러한 시험을 받았다면 아마도 저는 힘을 많이 잃어 헤어나지 못하였을 것입니다. 지금 이러한 시험이 저에게서 저의 하늘나라에 대한 동경과 모든 자연적인 위로들을 빼앗아 가고 있습니다. … 그러나 사랑하는 어머니, 이러한 시험이 이제 저에게 아무런 장애도 되지 않고 있는 것을 저는 느끼고 있습니다. 왜냐하면 저에게는 오직 사랑하는 것, 죽음에 이르기까지 사랑하는 것 이외의 어떠한 다른 원의도 가지고 있지 않기 때문입니다.

3. 앞날의 희망으로서의 하느님

하느님과의 영원한 일치 속에 살아가고자 하는 희망 속에서 깨어서 살아가는 삶은 초세기의 순교자들의 신심 안에서와 똑같이 방금 앞에서 인용한 리지외의 소화 데레사 성녀에게서도 볼 수 있다. 예수 그리스도의 오심에 대한 희망은 바로 죽음 안에서 그리스도를 개인적으로 만나게 되는 관점에서 채워질 것이 기대되고 있다. 안티오키아의 이냐시오는 순교의 길인 로마로 가는 도중에 로마교우 공동체에 다음과 같이 서신을 보내고 있다: "나를 위해서는 온 세상의 왕이 되기보다는 예수 그리스도 안에서 죽는 것이 더 낫습니다. 나는 우리를 위해 돌아가신 그분을 찾고 있고, 우리를 위해 부활하신 그분을 원하고 있습니다. 나는 이제 새로운 탄생 앞에 놓여 있습니다. 미안하지만 형제들이여! 내가 생명에 이르는 것을 제발 방해 하지 말아주시오."

예수회 회원인 삐에르 떼이야르 드 샤르댕(Pierre Teilhard de Chardin, 1955년 사망)의 영성은 이 세상의 완성된 앞날에 대한 관점하에 있다. 그는 인간이 이 역사에 의미를 제공하는 존재라는 것에 비중을 크게 두고 있다. 그에게 있어서 인간의 출현은 이 세상의 생명체들 중에서 마침내 자기 자신에 대하여 인식할 수 있는 존재의 출현으로서 매우 큰 경이적인 사건이었다. 떼이야르는 이 세상 안에서 행하는 인간의 모든 일들이 결국 최종적으로는 그리스도의 출현을 향해 나아가는 것으로 긍정적으로 보고 있다. 그는 세상에 대한 우주적 사랑과 하느님께 대한 천상적 사랑이 서로 일치하여 조화를 이룰 수 있는 것으로 확신하고 있다.

▌종합

희망은 하느님께서 자신을 열어 보여주신 것에 대한 그리스도인의 종합적인 응답의 한 일면이다. 믿음으로 "예"라고 대답하는 것은 예수 그리스도 안에서 이미 완전하게 오신 하느님께로 향하고 있는데 인류 전체나 각 개개인은 그와 완전한 일치를 이루어 공동체를 형성하기까지 계속해서 나아가야 하는 것이다. 희망이란 바로 아직 다 도달하지 못한 이러한 목표를 향하여 나아가는 것을 의미하고 있다.

하느님은 이러한 여정에 놓여 있는 어떠한 장애물보다도 더 크신 분이다. 하느님은 죽은 자를 살리시고 없는 존재를 있음으로 부르시는 분이신 것이다. 그러므로 희망은 모든 종류의 어둠들 안에서도 안도감을 주고 많은 걱정들 안에서 신뢰를 준다. 그리스도교의 희망은 하느님께서 주시는 과제들을 수행해 나가도록 깨어 있게 하고 주의력을 기울이도록 한다.

G. Marcel에게 있어 신의 개념은 '살아 계신 하느님(Le Dieu vivant)'이며, 곧 '정신 자체'이다. 또한 그것은 '신앙 자체'인 하느님으로서 '의견'이나 '미신'으로 전락하지 않는, 또한 자연물에 의해 설명되는 범신론적 개념의 하느님이 아닌 '믿음의 하느님'이다. 이 신앙의 하느님으로부터 나오는 사랑은 무한한 가능성으로 가득 차 있는 사랑이며, 사랑 자체인 하느님의 속성을 의미한다. 신으로부터 온 것이 아닌 사랑은 일부에게 국한되며 자기도

취로 빠져들어 우상 숭배로 하락될 수 있다. 이것은 궁극적 '희망의 지위' 를 얻을 수 없게 되는 자신의 죽음을 공표함이다. 이런 경우는 곧 낙담의 상태이고, 희망할 수 없는 사람의 상태이다.

G. Marcel이 현 세상을 살아가고 있는 인간들의 모습을 '연금 상태' 로 파악함은 '당신 안에서 나는 희망한다(J'espére en Toi)' 는 어둠 속의 빛으로서, 세상의 삶이 곧 희망의 연속적 과정임을 인식케 한다. 그러므로 G. Marcel의 희망에 대한 사상은 신학적으로 전통 교리의 희망에 대한 개념과 밀접하게 상통하고 있다.

G. Marcel은 자신의 희망에 대하여 '희망을 덕 내지는 선으로 사고함을 합리적' 인 것으로 판단한다. 이것은 S. M. Ramirez와 Joseph. F. Delany가 다음과 같이 신학적으로 덕으로서의 희망을 설명하는 것과 비교하여 볼 수 있다.

선으로서의 희망은 활동적 습성이나 혹은 희망의 대상으로서 목표하는 그 목적에 도달할 수 있도록 준비하는 '객관적 기반(the objectiv basis)' 을 뜻한다. 이 객관적 기반의 일차적 대상은 질료적인 것이고 이차적 대상은 형상적인 것이다.

크리스찬적 희망의 주요 동지는 하느님 한 분 뿐이며, 희망의 주체는 인격적, 이성적 주체이자 지적 실체인 하느님과 그 하느님께 희망을 가지고 살아가는 실재적 감각 안의 인간 공동체인 하느님 백성이다. 그러므로 희망으로 이르는 길은 곧 신앙을 통해서이며, 희망은 필연적으로 신앙을 필요로 한다 (에페 2,12. I데살 4, 13).

신앙과 희망은 우리를 하느님께로 고양시키는 한 수단으로서 하느님과의 접촉 안에 우리를 놓아주고 하느님과 우리를 궁극적으로 결합시켜주는 사랑과 직결된다.

위의 S. M. Ramirez와 Joseph. F Delany의 희망에 대한 신학적 견해의 내

용들은 G. Marcel의 희망에 대한 사상과 깊이 상통한다. G. Marcel의 희망도 신앙과 사랑을 떠나서는 성립될 수 없다. 신학적으로 볼 때 희망이 필연적으로 신앙을 통해 사랑 안에서 하느님과 만나는 그것은 G. Marcel의 희망에 대한 형이상학적 사상이 신앙과 사랑 안에서 받아들여질 수 있는 것과 일치하며, G. Marcel의 '절대적 희망', '무적의 희망', '절대적 신앙 자체' 등으로 나타나는 하느님의 양태는 신학적으로 신인 하느님과 그 의미가 일치한다.

신학적으로 희망의 행위는 하느님 은총의 도움으로 초자연적인 목적인 의지로부터 이끌어 내어진 영원한 생명을 얻도록 하는 고유하고 특별한 행위이다. 크리스챤적 희망은 일종의 선이며 '활동적 습성'이다. 희망은 신앙과 사랑과 함께 선행의 원리이자 기반으로 크리스챤적 생명을 통하여 삼위일체적 모형의 일치를 이룩한다(1고린 13, 13. 히브 10, 38). 그러므로 J. E. Fallou는 "성서적 희망은 신神 안에서 믿음의 보다 많은 증가를 뜻한다"고 표현한다.

G. Marcel도 순수한 은총에 대한 분석으로 '초자연적 도움'을 인간의 자유와 관련시켜 표현한다. 신학적으로 은총은 그리스도교적이고 성서적 하느님 인식의 중심 개념이다. 온갖 어둠 속에서도 믿고 희망하고 사랑하는 사람은 신앙과 희망의 용기 속에서 또한 사랑의 행위 속에서 진정한 자유, 선사된 자유인 은총을 체험한다.

'선사된 자유'인 '초자연적 도움'은 신이 인간에게 베푸는 사랑의 한 단면으로 G. Marcel은 이해한다. 그러므로 그에게 신비인 희망은 '은총'과 깊은 관련을 맺고 있다고 보겠다.

ST. Thomas는 희망을 가장 광범위하게 통용되는 신학적 의미로서 희망의 직접 대상은 '하느님'임을 명확히 제시한다. '희망은 주입된 선, 내지는 덕으로서 창조주의 직접적 증여를 통하여 얻어질 수 있는 것으로, 신앙, 사랑과 함께 본질적인 주입 덕'으로 정의한다. 전지전능한 하느님은 희망의 질료적, 형상적 대상이다. 희망에 관한 한 무엇이든지 하느님과의 관계성을 유지할 때에 한해서 그것은 이루어질 수 있다고 Thomas는 생각한다.

희망을 통해서 우리는 우리의 앞길을 에워싸고 있는 어려움을 극복하고 영원한 구원을 얻으려고 노력함으로 인해서 '행복한 결과' 를 자신 있게 기대한다. 희망은 자연을 초월하는 최상의 선으로 하느님을 이해하는 데 바탕을 두고 있으며, 전지전능, 사랑, 성실과 같은 신적인 특징으로부터 연역된다. 이와 같은 것들이 우리의 의지를 유도하고, 우리가 원하는 것에 대한 그 해답을 제공한다. 그러므로 "가톨릭적 생활을 해나갈 때 있어 희망이 구원에 필요하다는 것은 항구적으로 진리이고 명확히 지칭된다." Delany는 Thomas의 주장을 빌어 자신의 신학적 입장을 대변한다.

이상의 Joseph F. Delany의 '희망' 의 개념에 대한 신학적 논고는 G. Marcel이 희망을 통하여 궁극적으로 목표하는 구원관과의 입장과 상통되는 일치점을 발견하게 해준다. 왜냐하면 G. Marcel의 인간 존재 안에서 시련과 연금 상태의 궁극적 목표는 곧 구원으로 집약되기 때문이다. 희망의 목적이 하느님이라는 신학적 정의는 Pietro Prini가 말하듯이 '희망을 통한 영원한 피난처의 도달' 과 그 의미가 상통하며 G. Marcel이 친히 말하고 있는 '신자들이 그의 신을 포용하는 그 신비의 낙원' 을 의미하는 것이기도 하다. 이는 현세 이후에 연결되는 삶을 암시하여준다.

세상의 온갖 질병과 어둠의 상태는 세상에서 나를 '최후의 존재' 로 만들 수 없다. 그것은 내가 쓸데없는 피조물로 끝나는 것에 동의하지 않기 때문이고, 피조물의 응답이 절대적 희망이 흘러나오는 '무한한 존재(L´Être infini)' 에 그 유일한 근원을 두고 있기 때문이라고 G. Marcel은 말하고 있다.

G. Marcel의 희망에 대한 사상 역시 신학적으로 구원의 문제와 연결이 되어있으며 현세 이후의 삶을 명백히 밝혀주고 있다. Joseph F. Delany, S. M. Ramirez는 '희망하는 것' 의 본질로서 신앙을 수용한다. 그러므로 필연적으로 신앙과 희망은 구원을 위하여 요구된다고 볼 수 있다. '하느님의 목적에

따라서 인간은 이미 운명지어졌다'고 말하는 Joseph F. Delany의 표현은 신학적 이유에 근거하여 볼 때, 하느님의 목적에 적합한 그 수단으로서의 희망을 의미하고 있다. 베드로 전서 1장 13절의 예수 그리스도의 계시 속에 나타나는 은총이 곧 희망인 것은 G. Marcel이 '신의 은혜로 받아들이는 희망의 첫걸음'과 동일하게 이해할 수 있다. Joseph F. Delany가 '희망의 행위는 강요받지 않는다는 것을 주지해야 한다'고 말하는 것도 G. Marcel의 희망에 대한 사상과 어긋남이 전혀 없다. Joseph F. Delany의 '초이성적 희망(Supernataral hope)'에 대한 신학적 견해도 G. Marcel의 '초이성적', '초관계적 희망'과 그 뜻이 통한다. 이것은 자연히 '하느님'의 무한한 권능, 선 자체, 약속으로서의 성실한 이행으로 인해 영원한 생명을 얻는 영혼의 구원과 밀접히 연결된다.

하느님의 관대하심과 은총을 통해서 인간이 쌓은 그 공적은 영원한 행복을 찾도록 격려하는 도움의 구실을 담당한다. 신학적으로 볼 때, 희망은 절망감의 침입과 '신앙의 습성의 상실'에 의해 파괴 될 수 있다고 Joseph F. Delany는 주장한다. 이것은 G. Marcel의 절망의 상태, 시련과 유랑의 상태, 그 밖의 연금 상태 등으로부터 헤어나지 못하고 그대로 어둠의 상태에 머무르는 것과 동일한 것으로 받아들일 수 있는 것이다.

희망은 일반적으로 교의 신학과 윤리 신학에서의 신학적 덕목의 기조 작업에서 처음으로 제시되었다. 희망에 대한 신학은 누구보다도 먼저 Th. Aquinas가 이룩했다. '전통적 교리'의 입장에서 볼 때, 제일 처음으로 Th. Aquinas가 희망에 대한 교리를 정의했다. Thomas에 의하면 희망은 은총에 의해 가능하게 주어지는 의지의 고양이다. 희망을 이루기는 어렵고 힘든 것이나 불가능한 것은 아니며, 미래의 선과 희망은 긴밀히 결속된다. 인간은 은총으로 말미암아 전능하신 하느님의 도움을 확신하고 영원한 삶에 도달할 수 있는 수단들을 기대한다. 그러므로 희망은 '나그네 상태(status viatoris)'에 있는 인간의 위대한 덕목이다. 희망은 신앙 위에서 나타나며 완전한 사랑에 선행한다. 희망의 극단적인 위협과 직접적인 시험은 죽음이며 희망의 상대적 죄악은 절망이다. 희망에 반대되는 죄악은 실패를 예상하는 낙심이며 성취를 예상한 성급한 추정이다 · 이 양자의 경우 안에서 인간은 자신이 '떠도는 나그네 존재' 라는 참뜻을 망각하며, 하느님의 손길이 미치지 않는 그런 곳에서 자신의 삶을 이룩하고자 노력한다.

Moltman의 신학에 있어서 그리스도의 부활과 미래, Pannenberg의 그리스도의 종말, 부활, 미래가 우리에게 주는 영향 안에서 고려되는 믿음과 희망은 '일련의 행위에 대한 분리할 수 없는 두 가지 요소' 이며, 이 두 가지를 결합시키는 또 하나의 통합체는 사랑이다.

神 안의 진리는 희망의 전망 안에서 파악될 수 있다. 이것은 인간으로 하여금 약속된 미래의 관점에서 항상 위대한 하느님께 자신을 내맡길 수 있게 하는 믿음의 내적인 힘이라는 관점에서 그 중요성을 갖는다. 희망을 통해 신앙인은 깊은 암흑 속에서 실망하거나 포기하지 않고 인내할 수 있는 힘을 발견한다.

Ferdinand Kerstien가 Th. Aquinas의 입장을 분석하면서 자신의 의견을 신학적으로 희망의 개념에 대하여 피력하는 논고는 G. Marcel의 희망에 대한 사상과 유사한 점을 지니고 있다. 신학적인 Ferdinand Kerstien의 희망에 대한 개념 설명과 G. Marcel이 죽음을 통해 지상에서 체험한 그것을 가지고 神 앞에서 개방을 한다' 고 말하는 견해는 똑같이 죽음을 통한 영원한 삶의 종말론적 목적을 지향한다. 그러므로 G. Marcel은 또한 '개인적인 운명의 분석만이 세계와 역사에 있어서 그의 종교적 가치를 복구 시켜주며 창조적 신에 대한 확신으로 인도해준다' 라고 말한다. G. Marcel은 그의 학문의 영역 안에서 보편적으로 신학의 중심이 되는 예수 그리스도에 대한 언급은 찾아볼 수 없다. 그러나 그가 말하는 '우리' 안에서의 '육화' 는 그리스도의 강생을 암시해 주고 있으며, '당신 안에서 나는 희망한다(J'espére en Toi)' 의 삶은 곧 신학적으로 '타인을 위해 존재하는 초월 경험인 예수의 존재' 로부터 유래되는 새로운 생을 암시해주고 있다.

Ferdinand Kerstien의 입장에 있어서 실패를 예상한 낙심, 성취를 예상한 성급한 추정, 인간이 세상에 있어 유랑의 삶을 영위한다는 것 등은 신학적으로 희망의 반대가 되는 죄악의 여러 양태를 말한다. 이것은 G. Marcel이 주장하는 인간적인 시련의 영역 혹은 어둠의 상태 등과 좋은 비교를 이룬다고 할 수 있다. 신학적으로 희망은 은총에 의해서 가능해지고 은총에 의해 하느님의 전능한 도움을 확신한다. G. Marcel이 그의 'Homo Viator' 안에서 말하고 있는 '빛' 은 은총의 다른 표현 양식이라고 볼 수 있다. 그 빛은 현세의 연금 상태로부터, 또 어둠의 상태들로부터 인간 존재를 벗어나게 하는 희망의 빛을 뜻한다.

역사는 그리스도인이 희망을 실천하는 장소이고 인간에게 부여 된 통로이다. 그러므로 인간의 역사성에 의해 매개되지 않는 진리란 있을 수 없다. 희망은 노력을 불필요한 것으로 간주하지 않고, 오히려 자신을 실현하고 자신의 책임을 떠맡는 길로서 요구한다. 그러기에 인간은 정의와 평화에 대한 기대 속에서 노력하고 희망한다. 희망은 인민의 아편이 아니라 하느님과의 언약의 전망 아래서 세계를 변화시키는 추진력이다. 희망은 그리스도에 의해서 내적으로 하느님의 충만함에 개방되어 있다. 희망은 새롭게 구원을 추구하는 인간의 진리를 확인해 주며, 약속된 미래 대신에 봉사에로 자신을 투신케 함으로써 스스로가 새로움을 창조해야 하는 멍에로부터 인간을 해방시킨다. 희망은 하느님의 사랑의 영원한 선물로서 하느님 자신 안에 머물면서 인간 실존과 연결된다.

Ferdinand Kerstien가 신학적으로 희망에 대한 종합적 내용을 구원의 죄종 목표에 수렴시키는 것은 G. Marcel이 생각하는 희망의 내적 궁극 목표인 구원으로 연결되는 것을 의미한다.

G. Marcel은 희망에 대한 대전제 조건으로 구원을 제시한다. 그에게 신은 인간 각자 자신들이 그분으로부터 후퇴하거나 도피할 수 없고, 그럴수록 더욱 그 안에 이끌리게 되는 언제나 '곁에 계시는 분'으로 나타난다.

절망의 문제에 있어서 G. Marcel은 희망에 대한 '배반의 어떤 지표'로서 절망의 개념을 이해한다. 곧 절망에 대한 유혹의 상황은 희망의 존재를 가능케 한다는 뜻이다. 그러므로 그는 인간은 신의 궁극적 계획을 알 수는 없지만 우리가 초대받은 절대적 희망은 절망 자체와 한 편이 되는 것에 전혀 동의하지는 않지만 희망의 반대 개념으로서의 절망의 영역을 전혀 배제하지는 않는다.

G. Marcel의 희망은 인간에게 인간 실존에 대한 의미와 가치를 내재시키며 자신에 대한 성실을 내재시킨다.

"희망이란 위험의 와중에서 마지막 해방을 상상케 한다"는 G. Marcel의 표현은 Dietrich Bonhoeffer가 말하는 "어떠한 인간도 희망이 없이는 삶을 영위할 수 없다. 모든 희망을 잃어버린 인간은 흔히 거칠어지고 사악하게 변모한다"고 하는 표현과 그 의미가 통하는 말이다. 여기에서 마지막 해방은 곧 인간의 구원을 뜻한다. "따라서 시간의 모든 부분들은 문자 그대로 절대자를 위하여 현시되어있다"고 하는 G. Marcel의 표현에서 우리는 F. Kerstiens가 "신학적으로 희망 안에서 '노력과 봉사'를 자신의 책임을 수행해 나가는 데 있어 필요한 길로 제시하고 있는 것"과 일치됨을 발견한다. 궁극적으로 G. Marcel은 "소유의 모든 양태들의 구속으로부터 전적으로 자유스러운 존재들의 영혼은 희망 안에서 삶의 신적인 경쾌함을 인식할 수 있다"고 결론짓고 있는 것이다.

▌결론

G. Marcel의 희망論을 탐구해감에 있어 희망의 개념을 중심으로 고찰한 사상은 그의 특유한 철학적 특징들로 말미암아 그 접근 방식부터 독특함을 감지할 수 있었다. 본 저서의 첫머리에서 언급한 바대로 G. Marcel의 희망의 문제에 대한 분석과 이해를 중심으로 다룬 것은 그의 희망론을 해석하는 가운데 우리는 희망에 대한 형이상학적 본질 속으로 사유해 들어갈 수 있기 때문이었다.

G. Marcel의 희망은 그 자체로서 절망과 어둠을 거부하는 빛이면서 동시에 인간 실존 안에 밀접히 연관되어있다. 희망은 초월을 사유케 하며 초월적 물음인 형이상학의 근본 물음을 가능케 하는 원동력이 된다.

존재 안에서 희망을 묻는 형이상학은 곧, 희망 안에서 존재를 묻는 존재론의 철학이라고 볼 수 있다. 그러므로 G. Marcel의 희망은 실존의 영역에서 존재의 영역으로 넘어가는 사다리 역할의 매개적 개념인 것이다.

G. Marcel의 등장은 기술화, 비인간화, 유물화, 무신론의 세대에 불안과 허무, 그리고 절망에 던져진 인간 실존에 안정과 신비와 희망의 길을 우리 시대가 갈망하는 어떤 빛으로 제시했다는 점에 있어 선구적 의의를 지닌다.

그의 희망은 밀접히 경험과 연결이 되어있다. 그는 경험과의 관계를 통해서 '녹슬어버리지 않는 영혼들의 고유성'을 파악한다. 그의 희망에 대한 체험적 개념의 출발은 '나는 희망한다'는 어떤 확실한 기초적 경험으로부터이다. 그는 실존의 광장에서 누구나 매일 체험하는 다양한 경험들, 즉 사랑, 믿음, 성실, 친교, 그리고 희망 안에서 그것들이 본질적으로 요청하는 초월의 길을 제시하며 그 초월자에게서부터 인간 실존에 생기와 활력을 되찾아준다. 이러한 점에 있어 G. Marcel의 노력은 가치를 지닌다. 또한 이런 상황 안에서 그의 철학은 높이 평가되어져야 하는 것이다.

인간은 유한하기에 존재자를 넘어 초월에 도달함으로써 자기 구원을 꾀한다. G. Marcel의 희망은 '나는 당신 안에서 희망한다(J'espére en Toi)'의 행위로 드러나며 여기에서의 '당신(Toi)'은 '절대적 희망'인 신을 의미하고 G. Marcel의 희망의 근거가 된다. 그의 희망은 철학적이거나 물리적 과정의 기술 영역을 떠나 '초논리적 관계성'과 '순수한 새로움'을 영원한 반향 안에서 조명시켜준다.

우리에게 희망이 특별한 의미를 부여할 수 있는 것은 우리가 절망과 어둠의 개념을 체험함으로써 초월적 존재자인 신에게 도달한다는 점이다. G. Marcel은 희망의 시작을 '내가 속해있는 어떤 그룹 안에서 개인적으로, 혹은 공통적으로 어떤 시련을 겪고 있는 것'으로부터 추출해낸다. 이런 경우에 인간의 유한성은 극복되는 것이라기보다는 확연히 부각되어 신의 존재를 더욱 긍정케 하여준다. 그러므로 근원적인 의미에 있어 인간의 자기 구원은 희망을 통해 절대적 존재자인 신을 만남에 있다고 볼 수 있다.

희망하는 덕望德은 그리스도의 약속을 믿고 자신의 힘이 아닌 성령의 은총의 도움으로 하느님 나라를 갈망하게 하는 덕이다. 사도 바오로는 이렇게 권고한다. "우리에게 약속을 주신 분은 진실한 분이시니 우리가 고백하는 그 희망을 굳게 간직합시다"(히브 10, 23). "하느님께서는 이 성령을 우리 구세주 예수 그리스도를 통해서 우리에게 풍성하게 부어 주셨습니다. 그래서 우리는 그 은총으로 하느님과의 올바른 관계에 놓이게 되었고 상속자가 되어 영원한 생명을 바랄 수 있게 되었습니다"(디도 3, 6-7).

교리서는 희망하는 덕에 대해서 우리에게 이렇게 가르친다. "희망하는 덕은 하느님께서 모든 사람들에게 마음에 넣어 주신 행복에 대한 갈망에 부응한다. 희망하는 덕은 사람들의 활동을 북돋아 주는 갈망을 하나로 모으며, 그 활동들을 정화하여 하느님 나라를 향하게 한다. 사람들을 실망으로부터 보호하고, 버림받을 때 위로를 주며, 영원한 지복至福에 대한 기다림에 마음을 부풀게 한다. 희망의 약동은 사람을 이기주의로부터 보호하여 행복으로 이끈다."

희망은 구원을 위한 싸움에서 우리의 안전을 보장해 주는 무기이다. 사도 바오로는 "믿음과 사랑으로 가슴에 무장을 하고 구원의 희망으로 투구를 씁시다"(1데살 5, 8)라고 권고한다. 희망은 시련 중에서도 우리에게 기쁨을 준다. "희망을 가지고 기뻐하며 환난 속에서 참으며 꾸준히 기도하십시오"(로마 12, 12).

망덕에 관한 신앙인의 자세

신앙인은 망덕에 관하여 두 가지 잘못을 피하고 망덕을 더욱 함양하여야 한다. 두 가지 잘못은 실망失望과 과망過望이다.

실망은 하느님과 영생에 대한 희망을 포기하는 것이다. 실망은 두 가지 이유에서 올 수 있다.

그 첫째는 지상사물地上事物의 가치를 영원한 생명의 가치보다 더 크게 여기는 것이다. 세상의 부귀영화나 육신의 사욕에 탐닉하면 하느님이 약속하신 영원한 생명과 거기에 부수되는 영적인 사물에 대하여 귀찮게 생각하고 그것들을 희망하지 않게 된다.

이런 현상을 '영적인 나태' 또는 '영적 원의의 결핍'이라 한다. 이런 상태가 지속되면 영적 사물의 추구에 수반되는 희생을 두려워하게 되고 결국 자신은 영적 사물에 대하여 무능력한 자로 자인하여 낙담하는 것이다.

실망의 또 한 가지 원인은 하느님의 무한하신 자비에 대해 신뢰를 잃는 것이다. 신앙인이 자신의 생활을 살펴보니 잘한 것보다 잘못한 것이 너무나 크고 많아서 과연 하느님께서 내 죄를 용서하실 수 있겠는지 또는 용서하시겠는지 의심하고, 하느님의 정의로우심을 감안하면 나 같은 죄인에게 선생善生과 선종善終을 허락 하실 수 없고 따라서 영생은 어림도 없는 일이라고 자포자기한다. (전능하신 하느님 아버지께서 나보다 더 잘 하실 수 있다는 믿음을 저버리는 것.)

이런 경우에는 망덕을 거스르는 죄에다 신덕을 거스르는 죄를 겸하게 된다.

다른 한편 교만하고 경박한 신앙인은 과망의 잘못을 범하게 된다. 과망은 '너무 지나치게 바란다' 는 뜻이 아니고, 충분한 근거도 없으면서 턱없이 바란다는 뜻이다.

과망의 잘못은 일반적으로 교만에서 유래한다. 교만은 인간이 감히 하느님과 견주어 보는 태도이므로 교만한 인간은 하느님의 정의를 얕잡아 보면서 그분을 두려워하지 않는다.

과망자는 그가 충분히 회개하지 아니하여도 인자하신 하느님은 그를 용서하실 것으로 기대하거나 죄를 거듭하면서 개과천선을 미루거나 은총의 도움 없이도 자신의 노력만으로 영생을 얻을 것으로 기대하거나, 나는 정식으로 세례를 받았으니 이미 구원된 상태에 있으므로 신앙을 버리지 않으면 틀림없이 영생을 얻는다고 자부한다.

실망이나 과망은 모든 신앙인이 수시로 경험하는 바이다. 성질이 덤덤하고 보통의 신앙생활을 유지하는 신자에게는 차라리 망덕에 관한 유혹이 덜 하지만 성격이 섬세하고 확실한 것을 선호하는 열심한 신자들에게 망덕에 관한 위험이 종종 일어난다.

신앙인이 추구하는 영생은 우리의 감각적 경험을 초월하는 것이므로 신덕이 약한 사람에게 견고한 망덕을 기대하는 것은 어려운 일이다.

많은 경우에 신덕과 망덕은 상호보완 관계에 있는 것이다. 그래서 교회의 설교에서도 망덕을 주제로 하는 경우가 드물다.

그렇지만 망덕은 신덕과 애덕을 지탱하는 중요한 덕이다. 영원한 행복을 바라는 망덕이 없다면 우리는 매일의 십자가를 무슨 힘으로 기꺼이 지고 갈 수 있겠는가.

구원은 세상 안에서 완성될 수 없다. 구원의 완성은 죽음 저편에 있다. 그렇지만 여기에는 우리를 지탱해 주는 확신이 있다. 이것이 희망이다.

마지막 단락에서 신앙과 희망이라는 말이 우리를 혼란스럽게 만들었다. 당연하다. 이 말이 동일한 의미는 아니나 그 다양한 의미의 밑바탕에는 단 하나의 생명이 있다. 우리는 신앙을, 그리스도를 통해 오시는 하느님 현존을 믿고 성실하게 그분께 나아가는 것이라고 말했다. 신앙은 매우 두렵게 위협하는 적이 그에 맞서고 있는 것처럼 보일지라도 승리와 완성을 믿는 것이기도 하다. 세상의 저항 때문에 불가능하게 보일지라도 구원을 확신하는 것, 이것이 희망이다. 이 세상을 이기는 승리는 우리의 신앙이다. 사도 바오로는 말씀하셨다.

▌사랑의 실천

신앙에 직결된 사랑(1)

제목이 시사하는 바와 같이 여기서 논하는 사랑은 대신덕인 애덕愛德을 가리키고 있다. 즉 신덕과 불가분의 관계를 가지고 있는 애덕에 관하여 논하고자 한다.

애덕은 하느님께서 신앙인에게 은총으로 부어주신 덕성德性으로서 하느님을 하느님 자신 때문에 사랑하고 우리 자신과 이웃을 하느님 때문에 사랑하는 덕이다. 이 단순 소박한 정의를 풀어서 생각해 본다.

애덕의 대상 : 애덕은 인간이 하느님께로 직접 나아갈 수 있도록 돕는 덕이므로 인간 스스로의 힘으로 닦을 수 있는 덕이 아니고 하느님의 은총으로 인간에게 주어진 대신덕이다. 그러므로 그 직접 대상은 만선(萬善)의 근본이신 하느님 자신이고 그 다음 대상은 하느님의 사랑 때문에 우리 자신과 이웃을 사랑하는 것이다. 그리스도교적 애덕이란 하느님과 인간 사이의 우정이며 서로를 위해서 선을 원하는 사랑" 이라 하였다. 선성善性에 참여할 수 있는 이성

적 존재(천사, 인간)들 이다.

애덕의 동기 : 애덕의 동기動機도 하느님 스스로의 지선至善하심 때문이다. 신앙인이 하느님을 사랑하는 이유는 하느님 자신이 만유 위에 사랑받으실 완전한 선이시기 때문이다. 신앙인이 애덕으로 타인을 사랑하는 동기도 지선하신 하느님 때문이다. 쉽게 말해서 하느님 때문에 사람을 사랑해야 그리스도 교적 애덕이 성립되는 것이다.

하느님을 하느님 때문에 사랑하는 경우와 사람을 하느님 때문에 사랑하는 경우가 그 대상이나 형태가 다를지라도 두 경우에 사랑하는 동기가 동일한 하느님이기 때문에 같은 애덕이 되는 것이다. 그러므로 사람이 사람을 사랑하되 그 동기가 하느님이 아닌 다른 피조물이나 다른 이유라면 대신덕인 애덕이 아니고 박애(博愛, Philantropia)라 한다. 그래서 성 토마스는 "그리스도 교적 애덕이란 하느님과 인간 사이의 우정이며 서로를 위해서 선을 원하는 사랑" 이라 하였다.

이렇게 애덕은 그 대상과 동기가 하느님이기 때문에 신덕과 망덕처럼 상한선上限線이 없다. 즉 하느님을 너무 믿거나 하느님을 너무 바라거나 하느님을 너무 사랑한다는 것은 있을 수 없다.

무한자無限者이신 하느님이 대상이고 동기인 신덕 망덕 애덕은 현세에서 부족하기가 쉽지 넘치는 수가 없다. 흔히들 하느님을 '너무 믿는다' '너무 바란다' '너무 사랑한다' 는 말은 사실상 잘못 믿고 잘못 바라고 잘못 사랑하는 것을 지적하는 말에 불과하다. 이와 반대로 인간 사이를 도덕적으로 조정하는 윤리덕들은 덕재중용德在中庸이라는 규범 안에서만 성립되는 것이다.

위에서 말한 바와 같이 사람을 사랑해도 하느님을 동기로 해야 애덕이 된다면 사람을 동정해서, 그 사람이 베푼 은혜에 보답하여, 그 사람이 사랑스럽기 때문에, 그 사람이 불쌍해서, 그 사람과 더 친해지려고 그를 사랑하는 것은 윤리적인 선행이 될 수 있지만, 그 선행이 결코 애덕이 될 수는 없다. 진정한 애덕은 하느님 자신을 동기로 하는 사랑이어야 한다.

신앙에 직결된 사랑(2)

애덕의 대상과 그 동기에 대해서 간단하게 고찰하였으니 여기서는 애덕의 규범에 관하여 생각해 본다. 바리사이파 율법교사에게 예수께서 대답하시기를 "네 마음을 다하고 네 목숨을 다하고 뜻을 다하여 주님 이신 너희 하느님을 사랑하라."(신명 6, 5) 이것이 가장 크고 첫째가는 계명이고 "네 이웃을 네 몸같이 사랑하라"(레위 18, 19)는 둘째 계명도 이에 못지않게 중요하다(마태 22, 37 - 39; 마르 12, 29 - 31; 루가 10, 26 - 28에는 율법교사가 대답하고 있다)고 하셨다. 이 사랑의 계명은 "모든 율법과 예언서의 골자이다."(마태 22, 40)

하느님을 만유 위에 가장 우선적으로 전심전력으로 사랑해야 된다는 규범은 신앙인에게는 긴 설명이 필요하지 않은 지상 명령이고, 나와 같이 하느님의 모상을 따라 창조되고 그리스도의 피로써 구속救贖된 모든 인간을 사랑하는 것은 하느님 사랑 다음으로 중요한 계명임은 그리스도교의 핵심적 내용이다. 그런데 여기서 더 생각해 볼 것은 인간을 사랑하되 얼마나 어떻게 사랑할 것인가 하는 문제이다.

구약에서는 이웃을 네 몸같이 사랑하라고 해서 인간이 자신을 아끼고 사랑하듯이 타인도 사랑하라 하니, 실천하기는 힘들지만 사랑의 표준을 이해하기는 어렵지 않다. 그런데 신약에서는 예수께서 최후만찬에서 놀라운 유언을 하셨다 "나는 너희에게 새 계명을 주겠다. 서로 사랑하여라. 내가 너희를 사랑한 것처럼 너희도 서로 사랑하여라. 너희가 서로 사랑하면 세상 사람들이 그것을 보고 너희가 내 제자라는 것을 알게 될 것이다."(요한 13, 34 - 35)

듣고 보니 사랑의 계명은 구약에서부터 너무나 잘 알려진 계명이니 새로울 것이 하나도 없다. 주님의 말씀 중에 새로운 요소는 사랑의 표준이다. 구약의 표준은 "네 몸같이"인데 신약의 표준은 '내가 너희를 사랑한 것처럼'이라고 하신 것이다. 달리 말해서 이제 신약의 신앙인은 타인을 제 몸같이 사랑하는 정도를 넘어서 예수께서 우리를 사랑하신 것처럼 타인을 사랑해야 된다. 참으로 새롭고 놀라운 표준의 변경이다.

그래서 혜링은 애덕을 논하면서 첫째로 그리스도를 따르는 애덕을 말한다. "신덕을 통해서 우리는 그리스도의 말씀을 듣고 그 가르침을 수용하며, 망덕을 통해서 그분께 의지하고 그분께로 나아간다. 그러나 애덕을 통해서야 참으로 그분을 따르는 제자요 벗이 된다. 애덕이 없는 신자는 그분의 참된 제자도 아니고 참된 신자도 아니다. 왜냐하면 애덕만이 신앙의 높은 비밀을 파악하기 때문이다."

예수께서는 우리의 구원을 위하여 당신 자신을 죽음에 붙이실 만큼 사랑하셨으니 우리도 타인을 그렇게 사랑하라는 것이 신약적 애덕의 표준이다. 그리고 이러한 수준의 사랑은 특별한 사람에게만 권고하신 것이 아니고 그리스도의 제자로 자처하는 모든 신앙인에게 명하신 것이다.

"그것을 보고 너희가 내 제자라는 것을 알게 될 것이다." (요한 13, 35)

그리스도의 사랑

애덕은 남의 짐을 나누어진다.
사람은 누구나 인생의 짐을 지고 살아간다.
마음 짐, 건강의 짐,
의무와 책임의 짐, 가정의 짐, 사회의 짐,
국가의 짐 등으로 짓눌려 있을 때
타인의 도움이 필요하다.
그래서 사도 바울로는
"서로 남의 짐을 져 주시오.

그래서 그리스도의 법을 이루시오"

(갈라 6, 2)라 하셨다.

또 다른 곳에서 "기뻐하는 사람이 있으면

함께 기뻐해 주고 우는 사람이 있으면

함께 울어 주시오"(로마 12, 15)라고 하셨다.

┃ 그리스도의 사랑(I)

이제 우리는 그리스도께서 어떻게 얼마나 인간을 사랑하셨기에 "내가 너희를 사랑한 것처럼" 하라고 하셨는지 살펴보자.

그리스도의 사랑은 보편적이다

애덕에서 이웃이라는 말은 혈연이나 물리적으로 곁에 있는 사람만이 아니고 어디에 어떤 조건에 있든지 하느님의 모상으로 창조된 모든 인간을 가리킨다.

예수님은 인간의 어떤 장점을 사랑하신 것이 아니고 있는 그대로의 인간을 사랑하셨다. 어리석은 생각, 완고한 마음, 이기적인 감정, 결점이 너무나 많은 우리를 때로는 당신을 배척하고 반역하는 우리를 사랑하셨다. 그분은 우리의 장점과 선행을 가상히 여기시고 우리의 단점과 악행을 연민의 정으로 참아내셨다. 그분은 우리의 긍정적인 면과 부정적인 면을 포함하여 우리 자신을 사랑하셨다. 이에 비하여 우리는 얼마나 선택적으로 우리를 표준으로 하여 타인을 사랑하고 있는가.

그리스도께서는 선인과 악인을, 가까운 사람과 멀리 떨어진 사람을, 적과 친구를 가치 있는 사람과 별 볼일 없는 사람을 차별 없이 사랑하셨다. 그분은 모든 사회적 조건의 차이를 넘어서 양민뿐 아니라 죄인들도 사랑하셨고, 바리사이와 사두가이와 주님을 단죄하는 두목들과 사형에 붙이는 빌라도와 형리들까지 용서하시고 스승을 배반한 유다스 때문에 마음 아파하셨다.

예수님의 사랑은 그 대상이 모든 인간을 포함하는 것일 뿐 아니라 그 정도에서도 보편적이었다. 그분은 받은 것보다 더 큰 사랑을 베푸셨고 은혜를 베풀기는 고사하고 적대시하고 배신하는 자에게 먼저 사랑을 베푸셨다. 당신을 박해하는 자들을 용서해 주시기를 기도하셨고 제자들에게 원수를 사랑하라고 명하셨다.

"너희는 원수를 사랑하여라. 너희를 미워하는 사람들에게 잘 해주고 너희를 저주하는 사람들을 축복해 주어라. 그리고 너희를 학대하는 사람들을 위하여 기도해 주어라."(루가 6, 27 - 28) "너희가 만일 자기를 사랑하는 사람만 사랑한다면 칭찬받을 것이 무엇이 있겠느냐. 죄인들도 자기를 사랑하는 사람은 사랑한다."(루가 32)

원수를 포함하여 모든 사람을 사랑하기 위하여 그분은 당신의 감정과 육신의 수고와 가진 물질과 마침내 유일한 생명까지 바치셨다. "벗을 위하여 제 목숨을 바치는 것보다 더 큰 사랑은 없다."(요한 15 13)

원수까지도 사랑하라는 분부는 참으로 인간적 논리로써는 이해하기 힘들다. 원수에게 복수하는 것은 구약적 사고방식으로는 정당한 것이다. 그런데 예수께서는 원수에게 보복을 하지 않는 정도가 아니라 적극적으로 원수에게 은혜를 베풀라 하시니, 그리스도교 애덕의 바탕은 인간의 자연적 양심이나 윤리학적 정의감을 넘어서 무조건 그리스도를 따르는 데 있는 것이다(Imitatio Christ). 세상의 그 어떤 논리로써도 우언수를 사랑하라는 명령의 합리성을 증명할 수 없고 다만 신앙인은 그리스도를 따라야 한다는 대원칙 안에서만 이해될 수 있는 계명이다. 이웃에 대한 사랑의 계명은 마태오 7, 12에서 잘 해석되고 있다: 그러므로 여러분은 무엇이든지 사람들이 여러분을 위해 해주기 바라는 것을 그대로 그들에게 해주시오. 이것이 율법과 예언자들의 정신입니다."

그리스도의 사랑(2)

그리스도의 사랑은 구체적이다

주님께서 인간을 구체적으로 사랑하셨다. 관념적으로 추상적으로 이웃을 사랑한다는 것은 언어의 유희에 불과하다. 주님은 인간의 영생의 길을 설파하시는 한편 굶주린 사람을 먹이시고 병든 사람을 치유하시고 무식한 사람을 가르치시고 마귀 들린 사람을 풀어주시고 죄인의 죄를 용서하셨다.

우리가 타인에게 베풀어야 할 첫째 사랑은 그 사람을 영원한 구원에로 인도하는 일이다. 우리는 이웃에게 구원의 진리를 전하고 마땅히 실천할 도덕을 일깨워줘야 한다. 그에게 하느님의 은총을 빌어주고 그의 신앙적 · 윤리적 오류를 시정해 주시고 그에게 악한 표양을 보여 주지 않도록 배려해야 한다. 일반적으로 애덕 실천의 제1호는 타인의 구원을 돕는 일이다.

구체적인 애덕 실천은 타인에게 영성적 선을 베풀 뿐만 아니고 그의 육체적 · 현세적 필요를 외면하지 않는다. 물론 동정하는 마음이나 위로하는 말도 애덕의 일부지만 더 많은 경우에는 행동과 물질로써 거들어 주어야한다.

여기서 애덕의 행위를 열거할 필요는 없지만 애덕의 범주에 속하는 몇 가지 원칙만 예시해 보자.

애덕은 남을 경솔하게 판단하지 않는다. "남을 판단하지 말아라. 그러면 너희도 판단 받지 않을 것이다."(마태 7, 1) 우리는 자주 타인의 장점은 과소명가하고 타인의 단점은 과대평가한다. 그래서 주님은 "어찌하여 너는 형제의 눈 속에 있는 티는 보면서 제 눈 속에 들어 있는 들보는 깨닫지 못하느냐"(마태 7, 3)고 하셨다. 건전한 비판력과 잘못된 비평 버릇을 혼동하는 경우가 많다.

애덕은 타인을 용서한다. 우리가 잘못하는 일이 많으면서도 하느님의 용서와 자비를 기대한다면 우리에게 잘못한 사람이 우리의 용서를 기대할 수 없겠는가. 주님의 기도문에서 "저희가 저희에게 잘못한 이를 용서하듯이 저희의 잘못을 용서하시고"(마태 6, 12)라고 우리는 매일 기도하고 있다.

애덕은 타인에게 우리를 적응시킨다. 하느님 성자께서는 사람이 되기까지 인간에게 적응하셨는데 우리의 알량한 자존심은 자신을 남에게 적응시키는 데 매우 인색하다. 물론 우리는 하느님의 진리나 도덕에 반대되는 일에 있어서 남에게 적응할 수 없다. 그러나 죄와는 관계가 없는 타인의 성격이나 환경에 적응해 준다는 것은 윤리적인 큰 용기이다. 자존심을 이기는 용기가 없으면 타인에게 적응할 수 없기 때문이다.

애덕은 남의 짐을 나누어진다. 사람은 누구나 인생의 짐을 지고 살아간다. 마음의 짐, 건강의 짐, 의무와 책임의 짐, 가정의 짐, 사회의 짐, 국가의 짐 등으로 짓눌려 있을 때에 타인의 도움이 필요하다. 그래서 사도 바울로는 "서로 남의 짐을 져 주시오. 그래서 그리스도의 법을 이루시오"(갈라 6, 2)라 하셨다. 또 다른 곳에서 "기뻐하는 사람이 있으면 함께 기뻐해 주고 우는 사람이 있으면 함께 울어 주시오"(로마 12, 15)라고 하셨다.

그리스도의 사랑(3)

애덕은 애긍시사를 포함한다

애긍시사는 애긍(哀矜, 불쌍히 여김)과 시사(施捨, 베풀다)를 연결시킨 말이다. 불쌍히 여겨서 무엇을 준다는 말인데, 흔히들 '애긍한다' 는 말이 곧 무엇을 준다는 뜻으로 잘못 사용되고 있다. 또 시사施捨라 할 때, 사捨는 놓을 사, 버릴 사도 되지만, 베풀 사도 된다. 따라서 시사한다는 말은 자의적字義的으로는 '베풀고 베푼다' 는 말이다.

요한 1서는 "누구든지 세상의 재물을 가지고 있으면서 자기의 형제가 궁핍한 것을 보고도 마음의 문을 닫고 그를 동정하지 않는다면 어떻게 그에게 하느님을 사랑하는 마음이 있다고 하겠습니까? 사랑하는 자녀들이여, 우리는 말로나 혀끝으로 사랑하지 말고 행동으로 진실하게 사랑합시다"(1요한 3, 17-18)고 하였다.

또 최후의 심판을 말씀하시면서 주님께서는 불쌍한 사람에게 애덕을 실천하거나 실천하지 않은 것이 주님께 대해서 애덕을 실천하거나 실천하지 않은 것으로 간주하시겠다고 언명하셨다.

물질을 이용하여 애덕을 베푸는 데는 주는 사람과 받는 사람의 형편에 상응하는 몇 가지 기준을 전제로 하고 실천 방법을 논할 것이다.

1) 본인의 생존을 유지하는데 꼭 필요한 것을 가지고 타인에게 시사 할 의무는 없다. 아무도 자기 생존을 희생하여 타인을 도와 줄 의무는 없기 때문이다. 따라서 2차 세계대전에서 막시밀리안 꼴베 성인이 다른 포로들 대신에 처형을 자원한 것은 영웅적인 애덕행위로 경탄하는 바이지만, 이것을 모든 사람에게 의무로 요구할 수는 없는 것이다.

2) 평균적인 생활을 유지할 수 있는 재산을 가진 사람은 타인의 생존에 필요한 것을 도와 줄 의무가 있고, 타인의 보통 생활을 도와준다면 좋은 애덕행위를 한 것이다.

3) 평균적인 생활을 유지하고도 남을 만한 재산을 가진 사람은 타인의 생존에 요구되는 것을 시사 할 중대한 의무가 있고 사회나 타인의 보통 필요에 기여할 보통 정도의 의무가 있다. "이 세상에서 부자로 사는 사람들에게 명령하시오 … 있는 것을 남에게 아낌없이 베풀고 기꺼이 나누어 주라고 하시오."(1디모 6, 17-18)

4) 그러나 거리에서 만나는 구걸하는 사람에 대해서는 그가 병자이거나 일하기 어려운 장애인이 아닌 경우 우리는 그가 무엇이 얼마나 필요한지 그 정도를 알 수 없기 때문에 만날 때마다 애긍시사를 할 의무는 없다. 그것보다는

전문적으로 불우한 이웃을 돕는 기관이나 단체를 돕는 것이 더 현명한 애덕 실천이 된다.

　근본적으로 세상의 재화財貨는 조물주께서 인류의 필요를 위하여 인류에게 맡기신 것이므로 비록 재화의 효과적 관리를 위하여 국법이 사유재산권을 인정하고 있을지라도, 하느님 앞에서 인간은 재물의 절대적 소유권자가 아니고 관리권자에 불과하니 소유권자인 하느님의 뜻에 맞도록 관리하여야 한다.

▌그리스도의 사랑(4) 보답을 바라면 선행 아닌 "사업"이다

애덕은 현세적 보상을 바라지 않는다

　"자선을 베풀 때는 위선자들이 칭찬을 받으려고 회당과 거리에서 하듯이 스스로 나팔을 불지 말라 … 자선을 베풀 때에는 오른 손이 하는 일을 왼손이 모르게 하여 그 자선을 숨겨 두어라. 그러면 숨은 일도 보시는 네 아버지께서 갚아 주실 것이다." (마태 6, 2-4)

　우리는 가끔 애긍시사를 하면서도 그것을 자랑하여 공로를 잃어버린다. "그들은 이미 받을 상을 다 받았다" (마태 6, 2) 하신 주님의 말씀을 상기하자.

　어떤 때에는 우리가 실제로 행한 것보다 더 크게 과장하여 선전한다. 그렇게 되면 이웃이나 하느님을 사랑한 것이 아니고 자신의 자존심이나 명예를 사랑한 것이 되고 만다.

　또 어떤 때에는 '내가 그에게 베푼 만큼 그가 내게 갚지는 못할망정 적어도 감사할 줄은 알아야 하지 않겠는가' 라고 생각하면서 섭섭해 한다. 그러나 참된 애덕은 보상뿐만 아니라 감사도 바라지 않는다. 우리가 누구에게 베풀 때 하느님께 드리는 마음으로 했다면 그 인간의 무례한 태도에 대하여 그다지 상심하지 않을 것이다. 하느님께 드렸다고 생각하면 나의 사소한 선행에 대하여 하느님께서 내게 감사하셔야 된다고 감히 생각할 수 있겠는가?

이에 대하여, 즉 애긍시사에 대한 보상이나 감사를 기대하지 말라는 교훈을 루가 복음의 일화가 전해 준다. "예수께서 당신을 초대한 사람에게 말씀하셨다. 너는 점심이나 저녁을 차려놓고 사람들을 초대할 때 친구나 친척이나 잘 사는 이웃 사람들을 부르지 말라. 그러면 너도 그들의 초대를 받아서 네가 베풀어 준 것을 도로 받게 될 것이다." (루가 14, 12)

"그러므로 너는 잔치를 베풀 때에 오히려 가난한 사람, 불구자, 절름발이, 소경 같은 사람들을 불러라. 그러면 너는 행복하다. 그들은 갚지 못할 터이지만, 의인들이 부활할 때에 하느님께서 대신 갚아주실 것이다." (루가 14, 13-14)

이 일화는 무조건 친지 사이의 초대를 금하는 것이 아니고 애덕을 베풀려면 현세적 보상이나 답례를 기대하지 말고 오직 하느님의 보상을 기대하라는 말씀이다.

위에 인용한 성경 말씀들은 한결같이 진정한 애덕의 동기는 사람이나 현세적 사물에 있지 않고 하느님을 동기로 해야 된다는 것을 가르치고 있다. 또 이것을 강조하여 사도 바울로는 "내가 비록 모든 재산을 남에게 나누어 준다 하더라도 또 내가 남을 위하여 불속에 뛰어든다 하더라도 사랑이 없으면 모두 아무 소용이 없습니다"(1고린 13, 3)라고 하였는데, 바울로가 말하는 사랑은 타인에 대한 동정심이나 박애 정신이 아니고 하느님 때문에 인간을 사랑하는 애덕을 말하고 있는 것이다.

이제 성숙한 신앙인에게 요구되는 사랑은 인간적인 동기에 의한 이러저러한 사랑이 아니고 하느님을 동기動機로 하는 그리스도교적 애덕이라는 것을 다시 한번 강조한다.

하느님께 대한 인간의 이러한 총체적 응답은 인간의 본성에도 속하는 것인 다른 사람들과의 함께함 없이는 생겨날 수 없는 것이다. 이미 앞에서 언급한 대로 하느님 사랑과 이웃사랑이 함께 일치하는 것이라는 사실은 신약성서의 복음 선포에 있어서 하나의 본질적인 요소이다. 이러한 하느님 사랑과 이웃 사랑의 일치에 대하여 칼 라너가 1965년 그의 한 논문에서 상당히 주목할 만하게 서술하였다. 그의 생각들은 오늘날과 같이 세속화된 사회 안에서 어떤 한 사람이 오직 진정한 마음으로부터 우러나오는 사랑으로 이웃 사람에게 다가갈 때에만 그 자신도 하느님을 발견할 수 있고 그 이웃 사람도 그 사랑의 주체이신 하느님이 계심을 느끼게 된다는 관점에서 전개되고 있다. 신약성서 저자들의 표현들을 근거로 하여 — 특히 마태오 25, 40. 45— 라너는 다음과 같이 끝맺고 있다: "나는 다음과 같이 말하고 싶다. 어떤 한 사람이 참으로 자기 자신으로부터 벗어나서 이웃을 자신을 완전히 내주면서 헌신적으로 사랑할 때 그는 이미 침묵 중에 계시고 말로 다 표현할 수 없는 하느님의 신비에 참으로 도달해 있는 것이며, 이러한 행위는 우리가 은총이라고 말하는 하느님의 자기 계시 사건 안에서 이미 이루어졌고, 이러한 헌신적인 사랑의 행위 안에 구원의 의미와 영원한 의미가 주어져 있는 것이다."

칼 라너가 말하고자 하는 내용은 결국 진정한 이웃 사랑이 실천 되고 있는 곳에 하느님 사랑도 이미 함께하고 있다는 것이다. 이것으로 그리스도인의 삶은 이웃 사랑 안에서만 의미를 찾을 수 있고, 이웃 사랑 안에서 그리고 이웃 사랑을 통해서만 하느님을 사랑하기 위해 기도와 전례 안에서 가지게 되는 하느님과의 관계를 소홀히 해도 좋다는 의미로 그 범위를 좁히고자 하는 것은 결코 아니다. "계시종교에 있어서 하느님과 함께 있으면서 가지게 되는 고요는 그 자체로 하나의 가치를 지니고 있다. 고요는 단순히 이웃과 함께 살아가는 데 있어서 요청되는 여러 가지 필수불가결의 요소 중의 하나이기만 한 것이 아니다. 사랑하는 하느님과의 다른 아무런 행동도 하지 않고 단순히 함께 고요히 있는 것의 가치를 간과한다면 그것은 그리스도교의 핵심을 놓치는 것과 같다." 토마스 머튼은 사랑은 비현실적인 것이 아니라 "오히려 사랑만이 유일한 실재"라고 말한다.

예수 그리스도를 따르는 생활

▎제2차 바티칸 공의회 정신으로 살기

1. 신앙인의 일과

우리의 가톨릭 신앙은 우리에게 예수님을 본받고 거룩한 전승과 교회의 가르침에 합치되는 생활방식을 살아갈 것을 요구한다. 우리는 우리의 마음이 받아들이는 진리들에 대하여 신앙으로 동의하고, 일정한 계명들을 지키며 산다. 그러나 신앙을 산다는 것은 이런 것들을 훨씬 능가한다. 이 제4편에는 가톨릭 신앙인들이 자기들의 일상생활 안에서 교회가 그들에게 위탁한 소명을 수행하는 실천적 방법들이 담겨 있다.

2. 우리는 성서 말씀 안에서 하느님을 만나다

제2차 바티칸 공의회는 구약성서와 신약성서가 지니고 있는 하느님의 계시로서 중요성을 강조하면서, 모든 가톨릭 신자들로 하여금 성서를 자신들의 신앙과 영성의 매우 중요한 일부로 삼도록 권고하고 있다.

오늘날의 가톨릭 신자들은 여러 이유로 성서와 더욱 '친숙' 해져야 한다. 오늘날 성서는 어떤 인종, 어떤 국적에 속하는 사람이든지 모국어로 읽을 수 있고, 더욱 편리하게 읽힐 수 있도록 여러 가지 다양한 판형으로 인쇄되고 있다. 성서학자들이 상당량의 모호한 구절들을 밝혀 주었기 때문에 성서는 더욱 무리 없이 이해될 수 있게 되었다. 그리고 고대 수사본手寫本들이 발견됨으로써 성서가 기록된 현장의 민족들, 문화, 풍습, 지리 등에 대하여 훨씬 더 정확하게 알 수 있게 되었다.

전례는 다양한 성서 독서들을 해당 지역 백성들의 언어로 제시하고 있다. 오늘날 종교교육은 '독서집에 입각한 교리교육', 즉 전례적 독서들에 기초를 두고 있는 교육에 초점을 맞추고 있다. 전국에 걸친 본당들에서 수많은 연구 모임과 성인 교육 프로그램들이 활성화되고 있다는 사실은 현대 가톨릭 신자들의 성서에 대한 관심을 단적으로 드러내 보여 준다.

성서의 본성

비록 성서가 인쇄된 책의 모습으로 우리에게 다가오는 것이 사실이기는 하지만, 좀더 정확하게 말하자면 그것은 하느님께서 당신 백성과 맺으시는 관계와 백성들의 응답에 관한 기록이다. 성령의 영감 아래 그 사건들을 기록한 특정 개인들의 눈을 통해서 이 생생한 경험들이 나타나고 있다. 성서는 그 어떠한 형태의 관계에서도 요구되는 것들, 즉 상호 발견, 어려움의 발생, 대화, 태도 개선, 사랑을 취급하고 있다.

성서 속에서 우리는 우리와 똑같이 사랑하고 미워하고 배반하고 죄짓고 꿈꾸고 절망하는 백성을 만나게 된다. 그들은 하느님께서 어떤 상황에서 어떻게 인간을 사랑하시는지, 그리고 인간이 다양한 길 가운데서 어떻게 하느님과 관계를 꾸려 나가는지에 대한 전형들이다. 시대와 문화는 달라도, 우리는 성서의 드라마를 충분히 이해하고 거기서 만나는 사람들과 우리 자신을 동일시할 수 있게 된다.

성서는 어떤 핏기 없는 과거 이야기들의 수집이 아니다. 오히려 그것은 오늘날 우리에게 들려주시는 생생한 하느님의 메시지이다. 성서는 우리가 주님과 맺는 사랑의 관계를 강화하는 데 매우 유익한 통로이다.

가톨릭 신자들은 성서가 인간 저자들의 말로 씌어진 영감 받은 하느님의 말씀이라고 믿는다. 이 성서작가들은 성령의 영감을 받아 그들이 겪은 주님께 대한 경험을 효과적으로 전달해 줄 문학적 형식과 유형들을 선택하여 그것을 집필하였다. 이 고대의 작가들은 사건들의 정확한 세부 사항들(사실)보다는 그 의미(원인)에 더욱 관심을 기울였다.

근본주의자들의 도전

가톨릭교회에서는 성서를 살아 있는 전승의 일부로 간주하고 있지만, 일부 그리스도교 종파에서는 성서를 신앙의 유일한 원천이라고 간주하고 있다. 그들은 모든 근본적인 진리들이 성서 안에 남김없이 포함되어 있다고 강조하고 있기 때문에, '근본주의자(fundamentalists)' 라고 불리게 되었다. 근본주의자들은 자기들과는 다른 신앙을 믿고 있는 사람들에게 도전장을 내고 열성을 다해 그들의 신앙을 바꾸려 든다.

근본주의자들은 성서의 글자 하나하나가 하느님에 의해서 직접 구술口述되었고, 성서가 하느님께서 당신 자신을 계시하신 유일한 길이며, 모든 교리가 성서 안에서 발견되고 거기서 증명될 수 있다고 믿고 있다. 근본주의자들은 성서 저작들에 의해서 사용된 문학 형식들을 고려하지 않은 채, 성서를 축자적逐字的으로 받아들여 성서 편찬에서의 인간의 역할을 고려하기를 거부한다.

당신은 열성적인 근본주의자들을 어떻게 대할 수 있겠는가?

첫째, 당신 자신의 신앙을 신뢰하고 거기에 친숙해진다면, 그것과는 다른 해석들에 의해서 위협을 받는다고 느끼지 않을 수 있을 것이다. 둘째, 방어적인 자세를 취하지 말고 근본주의자들이 말하는 바를 정중하게 듣는다. 셋째, 그들에게 자신들의 신앙 투신에 충실하도록 청한다. 이렇게 해서 당신은 그들의 관심을 재조정하여 그들이 당신의 신앙에 관심을 기울이기보다는 그들 자신의 신앙에 초점을 맞추도록 만들 수 있을 것이다.

가령 "나는 당신이 말하고 있는 것을 충분히 이해한다. 하지만 나는 그렇게 생각하지 않는다."라는 식으로 대답하는 것은 우호적인 주장으로서, 당신 자신의 고유한 관점을 가질 권리를 아직 보존하고 있는 것이다. 만일 그 사람이 자신의 의견을 고집한다면, 친절한 자세를 유지하면서도 단호해야 한다. 근본주의자들의 성서 인용을 당신 자신의 구절들과 직접 대조하려 들지 말아라. 가톨릭 신자들은 근본주의자 친구들의 열정을 얼마든지 본받고 경탄할 수 있다. 그러나 그들의 방법론과 견해들을 본받아서는 안 된다.

이상적인 영적 성숙으로서 성서

성서 독서는 당신의 삶 속에 현존하시는 주님을 경험하는 매우 강력한 방법이다. 성서는 하느님의 말씀이고 하느님은 오늘날도 계속하여 성서를 통하여 당신 자신을 계시하신다. 아래 제시하는 지침들은 가톨릭 신자들이 성서를 좀더 의미 있는 방법으로 활용 하는 것을 도와 줄 수 있을 것이다.

(1) 말씀의 전례 동안에 성서의 말씀들을 능동적이고 주의 깊게 들으려고 애써 노력하라. 이것은 당신의 성서 이해를 심화시켜 줄 뿐 아니라 당신을 좀더 깊은 영성과 좀더 의미 있는 전례에로 이끌어 줄 것이다.

(2) 매일 얼마간의 시간을 성서의 성찰적 독서를 위해 할애하라. 그리고 그것을 필수적인 영적 성장과 심화 수단으로 간주하라. 당신이 마음대로 표시를 하거나 밑줄을 칠 수 있는 성서를 사용하라. 성서 독서를 짧은 기도로 시

작하고 마감하라. 애매한 구절들을 좀더 잘 이해할 수 있기 위하여 시간을 내어 성서 입문서를 읽어라. 누가 그 성서를 썼는가? 왜 그 성서가 씌어졌는가? 그 책이 씌어지던 당시의 문화적이고 종교적인 관습들은 어떤 것이었던가?

(3) 당신의 실생활과 연관된 구절들을 선택하고 하느님께서 당신에게 말씀하시는 바를 들어라.

거기에 나오는 장면, 배경, 사람들을 상상하라. 당신의 모든 감각기관들, 눈, 코, 입, 귀, 촉각을 활용하라. 당신을 그 장면 속에 밀어 넣어라. 자신에게 다음과 같은 질문들을 던져라. 이 구절은 지금 나의 상황에 어떤 의미가 있는 것일까? 이 구절은 나에게 무엇을 믿도록 가르치고 있는가? 그것은 내가 무엇이 되는데 도움을 주는가? 그것은 나와 하느님, 나와 이웃 사이의 관계를 어떻게 증진시키고 있는가? 주님과 친밀하게 대화를 나누거나, 그저 그분의 말씀을 들으면서 그분의 보살피시는 현존에 내 맡기고 휴식하라. 아마도 하나의 문장이 당신에게 '튀어 나올' 것이다. 만일 그렇다면, 그 영감과 함께 머물러라. 그것으로 충분할 것이다.

(4) 성서 말씀들을 이웃과 함께 나눠라. 성서의 배경에 밝고 불명료한 구절들을 전문적으로 설명할 수 있는 사람에 의해 주도 되는 성서 연구 모임에 가담하라. 성서가 사람에 따라 다르게 말씀하시고, 그 실천적 적용들도 경우에 따라 다르다는 것을 명심하라.

성서는 역동적이다. 성서의 어떤 장면에서도 하느님께서는 신비스러운 방식으로 우리의 생활 속에 꿰뚫고 들어오신다. 여기 이 대화가 쌍방통행일 수 있도록 보장해 주는 두 개의 기도가 있다. 하나는 성서 독서 이전에 바치고, 다른 하나는 독서 후에 바친다.

성서 봉독 전 기도

하늘에 계신 우리 아버지,

아버지의 말씀은 거룩하시나이다.

아버지의 나라가 오시며,

하늘에서와 같이 땅에서도 모든 피조물들이 당신의 말씀을 듣게 하소서.

오늘 저희에게 당신의 거룩한 말씀을 들려주소서.

저희를 소홀히 대한 사람들을 저희가 용서하오니

저희가 당신 말씀을 소홀히 한 것을 용서해 주소서.

저희로 하여금 성서를 연구할 때마다 당신을 만날 수 있게 하소서.

당신의 권능과 영광이 이제와 향상 영원히 저희 가운데 계시나이다.

아멘.

성서 봉독 후 기도

주님,

이 시간 동안 내내 저와 함께하여 주심에 감사드리나이다.

그리고 당신과 당신의 길을 더 잘 알 수 있는 기회를 허락해 주심에 감사드리나이다.

이제 제 마음을 열어

당신께서 깨우쳐 주신 것들을 실천할 수 있게 도와주소서.

주님, 당신 거룩한 말씀의 선물과 사랑에 감사드리나이다.

아멘.

3. 우리는 전례 거행을 통해서 주님을 경배한다

미사라고 알려진 전례적 공동체 모임은 가톨릭 경배의 '영혼'이다. 우리는 여기서 미사를 의미 있는 거행으로 만드는 외적인 변화, 태도, 실천적 방법들을 숙고한다.

우리가 한 백성, 한 공동체로서 경배에 모이는 것을 '미사' (Missa)라고 부르는데, 그것은 우리가 기쁜 소식을 전파하기 위하여 '파견' 되기 때문이다. 또 미사는 '백성의 경배' 또는 '감사'를 의미하는 '성찬례' 라고도 불린다. 시대를 거쳐 오면서 미사는 단순한 공동체 모임으로부터 사제에 의해서 인도되는 예식화된 경배로 변화되었다. 사제와 백성 사이의 간격을 메우고 평신도들을 좀더 능동적으로 참여시키기 위하여 제2차 바티칸 공의회는 성찬례에 변화, 다양성, 폭넓은 선택 가능성 등을 도입했다.

경배의 초점인 희생제사의 제대는 사제가 백성을 마주 볼 수 있도록 위치가 바뀌었다. 경배에서 사용되는 언어도 라틴어에서 각 나라의 언어로 바뀌었다. 그리고 평신도들이 여러 가지 전례적 역할을 맡게 되었다. 독서자들이 성서를 봉독하고, 해설자들이 안내와 청원기도를 바치며, 성가대원들이 회중의 성가 합창을 지도하게 되었다. 다른 사람들은 행렬 중에 예물들을 운반한다. 그리고 회중은 응답과 성가에 참여한다. 주례자와 복사들이 예식을 주도하는 것은 사실이지만, 참석자 모두가 합당한 경배에 책임이 있다.

아래에 제시되는 몇 가지 관찰들은 전례를 개인적이고 공동체 적인 차원에서 풍부한 신앙의 표현으로 만드는 데 도움이 될 것 이다.

전례에 참여하기 위한 실천적 지침들

미사는 하느님을 경배하고 찬미하는 기회가 된다. 사제와 함께 우리는 우리가 바칠 수 있는 가장 값진 선물, 즉 주님 자신을 봉헌한다. 미사가 시작되기를 기다리면서 우리는 우리와 함께 경배하는 모든 이들의 관심사를 주님께 봉헌할 수 있다. 이렇게 해서 우리는 미사를 진정한 공동체의 거행으로 만드는 것이다. 우리는 함께 기도하고 노래하며, 공통적으로 침묵을 지킨다(사적인 신심들은 그 이름이 가리키고 있듯이 미사라고 불리는 공적 예식 안에서는 부적당하다).

우리는 성서 말씀들을 주의 깊게 들어야 한다. 주님께서 우리에게 말씀하고 계시기 때문이다. 우리는 세례서약을 갱신하는 한 형식으로서 신경信經을 외운다. 우리는 우리 자신과 우리의 선물을 주님께 바치고, 그리스도와 성부의 성사적 현존을 환호하는 데 동참한다. 우리는 평화의 인사를 통해서 우리 주변에 있는 사람들과 진정한 화해를 확산시킨다. 우리는 온 마음으로 주님께서 참으로 치유하신다는 것을 믿는다. "오직 한 말씀만 하소서. 제 영혼이 곧 나으리이다." 우리가 영성체를 받을 때 온 마음으로 응답하는 "아멘"은 "예, 주님, 저는 당신을 믿나이다. 저를 좀더 착한 사람으로 만들어 주십시오."라고 말하는 것이다. 전례는 그리스도의 성사적 현존을 우리 가운데로 가져온다. "평안히 돌아가서, 주님을 사랑하고 주님께 봉사하십시오."라는 마지막 축복은 우리로 하여금 그리스도의 사업을 계속하도록 촉구한다.

우리가 미사에 능동적이고 주의 깊게 참여하면 할수록 그리스도께서 이 세상에 현존하시는 강도는 더 커질 것이다. 성찬례가 장엄하든 아니면 단순하든 상관없이, 그것은 하느님께서 우리에게 주시는 완전한 선물이다. 그것은 '나(예수님)를 기념하여 이를 행하' 고 그리스도의 성사적 현존의 신비를 예식으로 거행하고 상징화하려는 불완전하고 연약한 인간의 시도이다.

4. 우리는 거룩한 성사를 통해서 주님을 경배한다

7성사에서 우리는 예식과 상징을 통하여 개개인의 삶 속에 특별히 현존하시는 주님을 경축한다. 교회의 성사 생활은 우리 가톨릭 신앙의 본질적 일부이다.

성사들은 하느님께서 특별한 방식으로 우리의 삶을 접촉하시는 순간들이고, 우리와 하느님의 관계를 성장시키는 기회들이다. 입문성사들(세례성사, 견진성사' 성체성사)은 새로운 힘찬 재투신, 계속적인 영적 강화의 순간들이다. 치유의 순간들은 고해성사 또는 화해의 성사와 병자성사에서 경험된다. 성소적聖召的 투신들은 혼인성사와 성품성사를 통하여 성사적으로 경축된다.

성사 생활은 우리의 계속적인 회개를 촉구한다. 우리는 언제나 하느님과의 좀더 깊은 일치를 향하여 나아가는 도상에 있다. 우리는 언제나, 그리고 특별히 우리 신앙 여정의 중요한 순간들에 우리와 함께 계시고자 하시는 주님께 성사들을 통하여 응답한다.

성사들은 고립된 행위들도 아니고 마술적인 계기들도 아니다. 그것들은 그리스도께서 이 세상에 계속적으로 현존하심이다. 우리의 성사생활이 좀더 강렬해질수록 우리의 그리스도교 증언도 그만큼 더 효과적이 된다. 전례와 삶은 밀접히 연결되어 있는 것이다.

한때 얼마간 몇몇 성사들의 진정한 본성이 보충적 예식들이나 균형을 잃은 신학을 부당하게 강조함으로써 흐려진 적이 있었다. 제2차 바티칸 공의회는 성사 예식의 쇄신을 요구했고, 그 결과 그 본래적인 목적과 의미와 본질이 좀더 명백해질 수 있었다.

입문성사들 : 초대교회에서 세례성사, 견진성사, 성체성사는 새로운 구성원들이 교회에 들어오는 예식으로 간주되었다. 유아세례가 서양 교회에 보편화되었을 때, 입문성사는 세 개의 독립된 예식들로 분리되었지만, 동방교회 전례에서는 아직도 하나의 예식으로 남아 있다. 제2차 바티칸 공의회는 입문성사 예식을 개정했고, 세례 - 견진 - 성체 사이의 끈이 재확립되었다. 이 변화는 어른들이 성인 입교예식을 통해 가톨릭 신자가 되고 부활성야에 입문성사들을 받게 될 때 명백하다.

세례성사 : 교회가 여러 세기에 걸쳐서 유아세례를 실천해 왔지만, 제2차 바티칸 공의회는 그 성사에 대한 신학적 입장을 바꾸었다. 오늘날 사용되고 있는 어린이 세례 예식에서는 부모의 역할이 강조되고 있다. 어린이가 세례를

받을 때, 그 부모들은 자신들이 가치 있다고 여기는 전통과 유산을 전수하는 것이다. 어린이가 세례를 받기 전에 교회는 그 부모들이 이미 적절하게 교리 교육을 받은 사람들로서 신앙생활을 열심히 실천하며 세례의 의미와 자기 자녀들에 대한 일차적 종교 교육자로서 책임 등에 대해서 교육받아야 한다고 요구하고 있다.

견진성사 : 견진성사가 하나의 독립된 성사로 분리된 이후에, 그것은 통상적으로 성숙을 위한 성사라고 이해되고 있다. 그것은 차츰 나이가 들어, 일반적으로는 10대 초반에 받게 되었다. 오늘날 견진성사를 받는 나이에 대해서는 나라나 교구에 따라 다르다. 견진성사에 관한 모든 사항들은 각 교구의 규정에 따르도록 되어 있다.

고해성사 : 새 고해성사 예식서에서는 치유하시는 그리스도의 현존이 강조되고 있다. 더 이상 단순히 몇몇 죄들을 고백하는 것으로 그치지 않고 진정으로 통회하는 죄인에게 연민어린 용서가 허락되는 것이다. 고해자는 고백실에서 익명으로 성사를 받을 수도 있고, 아니면 화해의 방에서 얼굴을 대면하고 상담식으로 성사를 받을 수도 있다.

병자성사 : 병자성사는 노약자나 환자에게 영적인 힘과 치유의 은총을 전해 준다. 그것은 더 이상 죽을 위험에 처한 사람에게만 주어지는 '종부성사'(Extrema Unctio)가 아니다. 그것은 병환 중에 있을 때 언제라도 받을 수 있다. 통상적으로 본당들에서는 환자와의 공감적 연대성을 보여 주고 치유하시는 그리스도의 현존을 육체적으로 경험하고 경축하기 위해서 병자성사를 공동체적으로 집전한다.

성품성사 : 「사제의 직무와 생활에 관한 교령」에서는 "사제의 사목적이고 인간적인 처지가 전체적으로 변했다."는 것을 인정하고 있다. 신앙 공동체의 지도자로서 사제는 제2차 바티칸 공의회의 개혁을 지역교회 차원에서 이행할 책임을 지고 있다. 이것은 지도자 유형의 변화, 평신도와의 협력, 새로운

생활양식들에 적응할 것 등을 요구한다. 사제는 그리스도의 사업을 수행하는 것이며, 자신의 직무 수행을 통해서 그리스도의 연민의 정신과 치유하시는 보살핌을 반영해야 한다.

5. 우리는 주님의 사목직에 참여한다

어느 시대에든지 자신들의 세례 서약에 충실한 사람들이 "각자가 받은 은총의 선물이 무엇이든지, 그것을 가지고 서로 남을 위해서 봉사하십시오."(1베드 4, 10)라는 부르심을 실천하고 있기 때문에, 가톨릭 신앙은 살아 있다. 그리스도의 직무가 수행되어 왔고, 교회는 성장했다.

제2차 바티칸 공의회는 가톨릭 신자들이 교회 내의 여러 가지 봉사직을 수행하도록 방향을 제시했고 새로운 통로들을 열어 놓았다.

직무에 대하여 생각할 때 우리는 보통 무엇을 어떻게 봉사할 것인지를 생각하게 된다. 그러나 다른 일이나 직업과는 달리 '교회에 봉사하는 직무는 특별한 부르심에 대한 응답이다. 거기에는 어떤 더 깊은 실재, 즉 삼위일체이신 하느님을 닮은 성사적 차원이 있다. 그래서 직무는 창조적創造的이고, 구속적救贖的이며, 성화적聖化的이다.

창조성 : 아버지 하느님께서는 창조를 통해서 대단히 관대하게 그분 자신을 확장하고 당신의 현존과 무한하신 사랑을 확산시키셨다. 그렇게 함으로써 그분은 모든 피조물에게 그분의 무한히 선하심을 나눠 주셨다. 우리는 그 선물을 누리도록 초대되었고, 사랑으로 다른 사람들에게 우리 자신을 확장하여 우리가 받은 보화들을 다른 사람들의 선익과 하느님 나라의 성장을 위하여 사용하도록 부름을 받았다.

구속성 : 하느님이며 동시에 인간이신 예수님께는 그분의 인격 안에 신성과 인성이 완전히 결합되어 있다. 그분은 인간의 모든 필요, 그리고 궁극적으로

는 구원될 필요에 응답하셨다. 그분은 자신의 직무의 틀을 다른 사람들에 의지해서 그들과 함께 일하는 집단 접근법(team approach) 위에서 짰다.

구원사업은 모든 사람의 필요에 응답한다. 그것은 남자와 여자, 사제와 평신도, 노인과 젊은이, 부자와 가난한 사람들이 모두 함께 일하고 기도하며 공동으로 전례를 거행하고 공동 목표를 나누며 그리스도의 몸을 건설해 나가는 것이다.

성화성 : 성령께서는 교회에 생명력과 에너지를 넘치게 하시고 영적인 자극으로써 성장을 도모하신다. 성령의 협력적 현존을 통하여 직무들은 좀더 깊은 현실성을 부여받고 그것을 활성화시키는 태도를 지니게 된다. 성령의 역할은, 그분의 보살피시는 현존과 연민이 모든 직무에 본질적이기 때문에, 교회와 그 구성원들의 활동에 활력을 불어넣는 것이다. 아래에 제시하는 것들은 이 특성들이 본당 차원에서 좀더 효과적인 직무를 위하여 적용될 수 있는 몇 가지 실천적인 방법들이다.

제2차 바티칸 공의회 이전에는 사제들이 홀로 본당을 책임졌다. 오늘날은 교회의 생존이 동시에 백성들의 책임이기도 하다. 지역과 본당에 따라 여건과 필요가 다르다. 평신도의 참여 정도도 사제들이 얼마나 평신도의 참여를 허용하려는 용의를 가지고 있고 얼마만한 창의력과 협력 자세를 갖추고 있느냐에 따라 달라진다. 본당사목회의와 각종 위원회 등이 사목자의 본당 행정 업무를 자문하고 있다.

본당은 평신도 지도자들을 격려하고 후원해야 한다. 모든 본당에서는 본당의 사정과 필요를 엄밀히 조사해서 그에 알맞게 효과적인 직무들을 조직해야 한다. 직무의 다양성은 인간 필요의 다양성에서 오는 것이기 때문이다. 위로와 후원 그리고 치유가 필요한 곳이면 어디에서나, 직무가 필요하다 본당 차원의 직무들은 대체로 성사, 교육, 행정, 사목 등의 분야로 분류될 수 있을 것이다.

직무의 목적이 바뀌는 법은 없지만, 그리스도의 사명이 채워지는 방식들은 시대에 따라 달라지고 있다. 오늘날 교회의 직무가 좀더 생산적이고 효과적이기 위해서는 새로운 기술, 태도, 도구, 자질 등이 필요하다.

종신부제직

가톨릭 남성이 더 직접적으로 교회의 직무에 참여할 수 있는 중요한 방법들 가운데 하나가 바로 부제직이다. 부제들은 초대교회에서 중요한 역할을 맡고 있었다. 그렇지만 시간이 지나면서 부제에 대한 필요가 감소되었고, 부제직은 최근 수세기 동안 거의 소멸 되다시피 했다. 그러다가 제2차 바티칸 공의회에서 오늘날의 교회에 부제들의 역할이 다시 요구된다고 보고 종신부제직을 활성화시켰다.

일정한 양성 기간을 거치면, 결혼한 남성이든 미혼 남성이든 부제품이라는 성품을 받고 성직자가 될 수 있다. 그렇지만 종신부제직終身副祭職은 전통적인 부제직처럼 사제직을 위한 예비단계가 아니라 그 고유의 권리를 가지고 있는 직분이다. 종신부제는 본당이나 특별한 교구 조직 안에서 전례와 봉사의 역할을 맡기기 위해서 임명하는 남성들을 가리킨다. 그들은 전일제全日制 근무를 통해서든, 아니면 시간제時間制 근무를 통해서든 교회 공동체의 전례를 도울 수 있고, 세례를 베풀고 강론을 하며 다른 몇몇 성사들을 집전할 수 있다. 또 그는 혼인준비와 상담을 하는데 특별히 중요한 역할을 하게 된다.

부제들은 그들의 전례, 행정, 교육, 사목적 역할들을 통해서 특별히 성직자의 부족이나 평신도 지도자들을 필요로 하는 지역에서는 참으로 효과적이고 생생한 역할을 담당하게 된다. 미래 교회에서는 부제들의 역할이 좀더 두드러지고 주도적이 될 것으로 전망된다.

여성들의 역할

교회사 전체를 통하여 언제나 여성들이 봉사하고 일정한 직무를 떠맡아 왔다. 복음서들과 사도행전은 여성들의 현존과 그 영향력을 알려 주는 기록들을 전해 주고 있다. 제2차 바티칸 공의회 이전까지 여성들은, 특히 수녀들은 학교, 병원, 본당, 고아원, 그리고 교회에서 운영하는 다른 기관들의 사목에 직접적으로 봉사했다.

교회 안에서 여성의 역할에 대해서는 제2차 바티칸 공의회의 「평신도 사도직에 관한 교령」에서 직접적으로 강조되고 있다.

"사회생활 전반에 걸쳐서 여성들이 점차로 능동적 역할을 맡게 되는 오늘, 교회의 여러 사도직 분야에 있어서도 보다 광범한 여성들의 참여가 대단히 중요하다."

일부 영역에서는 여성들의 참여가 좀더 충만하게 인정되고 있지만, 지난 25년 동안 여성들은 직무와 사목적 봉사에 좀더 능동적으로 투신하게 되었다. 여성들은 전례 거행들에서 독서자, 미사 해설자, 예물 봉헌자, 성가 지휘자 등 활발히 참여하고 있다.

여성들은 언제나 교회 내에서 교육의 최전선에 있어 왔다. 여성들이 신학과 사목 직무의 프로그램에 좀더 깊이 참여하면 할수록, 그들 중 더욱 많은 숫자가 지도자 역할을 담당하게 될 것이다. 더 많은 평신도 여성들이 대학과 신학교에서 종교교육 담당자이자 교리교사로서 강의를 하고 있다. 그들은 교구 행정부서의 책임자, 수도자들을 위한 대리, 주교 비서로서, 그리고 교회법 법관, 법원의 요직, 교구의 다른 행정직 등에서 봉사하고 있다.

사제들이 절대적으로 부족하거나, 사제들이 정기적으로만 전례를 거행할 수밖에 없는 지역들에서는, 교회의 안정된 현존이 가능하도록 여성들이 본당 행정을 맡고 있다.

여성들은 사목자, 상담자, 병원 원목실 책임자, 영성지도자로서, 그리고 제

2차 바티칸 공의회 이전에는 일반적으로 평신도들에게 개방되어 있지 않던 다른 영역들에서도 봉사하고 있다.

직무가 갈수록 확장되고 여성들이 점점 더 그들의 고유한 선물들을 나눌 수 있는 다양한 기회들을 자각할수록, 우리는 교회 직무 안에서 여성 지도자들의 역할이 앞으로 더욱 증대되리라고 기대할 수 있다.

6. 우리는 삶의 투신을 통해서 신앙을 증거한다

우리가 경배를 통해 고백하는 신앙이 일상생활과 활동 속으로 옮겨질 때, 가톨릭 신앙은 충만히 살아 있을 수 있다. 하느님께서 우리에게 베풀어 주시는 선물들 가운데에는 우리의 생명, 우리의 가정들, 세례를 통한 우리의 신앙 등이 들어 있다. 더욱이 하느님께서는 우리에게 자유의지를 주셔서, 우리는 스스로 선택하고 결단을 내릴 수 있다.

삶의 투신과 소명들

우리가 내리는 가장 책임 있는 선택들 가운데 하나는 우리의 생애 진로를 결정하는 것이다. 우리의 생애 투신은 우리의 하느님과의 계약 관계를 반영한다. 왜냐하면 우리는 우리의 개인적 생활과 소명을 통해서 주님께 봉사하는 것이기 때문이다. 바오로 사도는 다음과 같이 권고하고 있다.

"하느님께서 여러분을 불러 주셨으니 그 불러 주신 목적에 합당하게 살아가십시오. 겸손과 온유와 인내를 다하여…." (에페 4, 1)

어떤 특수한 삶의 유형으로 살아가겠다는 우리의 결정은 신앙으로 충만한 삶을 살아야 하는 우리의 책임을 조금도 경감시키지 않는다. 그것은 단지 우리의 선물들과 기회들을 활용할 수 있는 영역으로 우리의 행동들을 정위定位시키는 것뿐이다. 우리가 선택한 생애 투신과는 상관없이 우리는 세계의 선익에 봉사해야 할 책임을 지고 있다. 제2차 바티칸 공의회는 우리가 모두 공통적으로 성덕으로 불렸음을 상기시키고 있다.

"신분과 계급 여하를 막론하고 모든 그리스도인들이 그리스도교적 생활의 완성과 사랑의 완덕을 실현하도록 불린다는 것은 누구에게나 자명한 일이며, 이 성덕은 현세 사회에 있어서도 보다 인간다운 생활양식의 촉진제가 되는 것이다."(「교회헌장」 40항)

우리는 모두 우리의 세례 서약 덕분에 생활을 충실하게 살고 우리의 빛을 모든 사람에게 비추도록 부름 받았다. 우리는 빛을 지니고 있다. 그러나 그것을 가지고 우리는 무엇을 하고 있는가?

직장에서 평신도의 역할

성덕으로의 소명은 우리의 사적인 생애 투신과 교회에 대한 충실을 넘어 일상 활동의 모든 영역으로 확장된다. 생활 속에 충실히 뿌리를 내리는 종교는 모든 시간을 포괄하는 열정이며 직장 내에서 실현시켜야 하는 과제이다).

그들의 증대된 직무 참여 때문에 평신도의 기본 사명이 간과되어서는 안 된다.

"그들(평신도들)은 세속에 살고 있다. 세속의 온갖 직무와 일, 가정과 사회의 일상생활 조건들로써 그들의 존재 자체가 짜여 진 것처럼 그 속에 살고 있다. 그 속에서 그들은 하느님의 부르심을 받아 복음의 정신으로 스스로의 임무를 수행하며, 마치 누룩과도 같이 내부로부터 세계 성화에 이바지하는 것이며, 특히 믿음과 희망과 사랑에 빛나는 실생활의 증거로써 이웃에게 그리스도를 보여 주는 것이다."(「교회헌장」 31항)

그러므로 평신도의 과제는 기본적인 선익을 촉진시키고, 그리스도교적 가치라는 소금과 성덕이라는 효소로 세계를 변화시키는 것이다.

우리 가톨릭 신앙인들은 주일 예배에 함께 모여 우리의 신앙을 활성화시키고 재충전하고는, 월요일에는 우리의 직장으로 뿔뿔이 흩어져 간다. 전례가 결실이 풍부한 완성에 이르게 되는 것은 바로 이 '내부로부터 세속 일들을 성화시킴' 안에서이다.

복음적 가치들은 그 한가운데서 일하고 있는 평신도들을 통해서 죄로 얼룩지고 악이 만연한 세상 속으로 조금씩 스며들어 갈수 있다. 가정, 사무실, 학교, 상점, 회사, 병원 등을 통해서 하느님 나라는 이 지상에 자리 잡을 수 있다. 사람들이 있는 곳이면 어디에서나, 일을 하게 된다. 그리고 일이 있는 곳에는 교회가 있다. 가톨릭 신앙인들은 작업 현장 속으로 가치 우선순위를 끌어 들일 필요가 있다. 즉 일상의 작업 세계 내의 모든 활동을 영감 받은 선성善性과 진리로 채색시킬 수 있어야 한다.

결혼생활

어느 시대, 어느 민족에서도 남자와 여자 사이의 사랑은 거룩한 것으로 격찬되어 왔으며, 결혼식을 언제나 성대한 의식으로 치렀다. 혼인을 치르는 당사자들은 서로에게 서약할 뿐 아니라 하느님께도 서약하고, 교회는 혼인을 성사의 품위로 들어 높였다. 혼인한 부부는 상호 사랑의 생활을 통해서 성덕을 얻게 되고, 그리스도의 교회를 향한 사랑을 증언하게 된다.

혼인한 부부의 중요한 책임 가운데 하나는 집안에 선성의 분위기를 마련하는 것이다. 또한 그들은 자녀들을 그리스도교적 가치로 양육해야 한다. 과거에는 부모들이 자녀들에게 종교교육을 시키겠다는 서약만 했다. 그러나 오늘날에는 부모들은 일차적 종교 교육자이고 자녀들의 성사 준비에서도 능동적인 역할을 담당하고 있다.

자녀들의 외적인 교육을 아무리 많이 시키더라도 그 가치들이 가정 속에서 모범적으로 생활화되지 않는다면 아무런 효과도 없다는 것은 입증된 사실이다. 자녀들을 신앙 안에서 양육하는 것은 부모들이 지고 있는 가장 중대한 책임 가운데 하나이다. 부모들은 자신들의 서약을 책임 있게, 즉 잘 형성된 양심에 따라서 살아야 한다.

혼인한 부부들이 얼마나 많은 자녀를 낳을 것인지는 개인적인 결단에 달린 문제이다. 그렇지만 그들의 가족계획 방법은 그리스도교의 가르침에 합치되어야 한다. 교회는 생명이 그 발달의 어느 단계에 있든지 간에 거룩하다는 것을 굳게 견지해 왔다.

과거에는 교회의 직무가 어머니, 아버지, 자녀들로 이루어진 전통적 가정을 지향하고 있었다. 그러나 이제는 다른 비전통적인 상황들도 인정하고 받아들여야 한다. 교회는 여하한 이유에서든 자녀들이 없는 채로 남아 있는 부부들에게도 사목적 관심을 확대해야 한다. 많은 홀로 남게 된 부모들(즉 편모 혹은 편부들)이 홀로 자기 자녀들을 키우려고 노력하고 있다. '이상적'인 가정을 이루지 못하고 자녀 없이 지내는 부부나 편모 또는 편부들이 어딘가 불편함을 느끼게 될 때, 세심한 사목적 관심을 기울여야 한다. 그들의 처지가 어떠하든지 간에, 결혼 상태에 있는 사람들과 부모의 역할은 그들이 그리스도 중심적이고 가치 지향적인 가정을 꾸미려고 노력해야 하는 자신들의 서약을 지키며 살아야 한다.

혼인 서약은 최근 많은 도전을 겪어야 했다. 서로 맞지 않거나 미숙함 때문에 생겨나는 혼인 실패의 사례들을 경감시키기 위한 한 시도로서 제2차 바티칸 공의회는 포괄적인 혼인 준비 프로그램을 법제화했다.

별거와 이혼

어떤 부부가 갈라서게 된 다음에는, 가끔은 법적 목적들 때문에 민법상의 이혼이 요구되기도 한다. 이러한 민법상의 이혼은 그 자체로 가톨릭 측에서 성사들을 받는데 장애요인이 되지는 않는다. 그러나 어떤 사람이 기존의 혼인 유대가 아직 살아 있는 동안 또 다른 혼인을 하게 될 때 그는 성사들을 받을 수 없다.

만일 충분한 조사와 논의를 거쳐 그 혼인 당사자들이 성숙도에서나 도덕적으로 책임을 질 수 없었고 진정한 결혼 유대가 결코 성립되지 않았다고 판단된다면, 혼인 무효화가 허용될 수 있다. 혼인 무효화는 이혼이 아니다.

빠르게 이동할 수 있는 유동적인 사회구조, 이완된 가족간의 결속력, 현대 살림의 압박 등 많은 요인들이 오늘날 이혼율을 증가시키는 데 한 몫을 하고 있다 교회는 많은 가톨릭 신앙인들 사이에서도 이혼 사례가 늘고 있다는 것을 깨닫고, 이혼을 하고 별거하고 있는 사람들을 위한 사목적 배려를 증대시키고 있다. 최근의 한 조사에 따르면, (미국의) 많은 교구들이 이런 사람들을 위한 전담 부서를 설치하고 있다.

이혼에 대한 사회의 태도가 변했다고는 하지만, 이혼의 상처는 대단히 깊은 것이다. 그것은 그들의 존재 깊은 곳에서 그들에게 영향을 미치는 뿌리 깊은 인격적 위기이다. 교회는 이 사람들을 보살피고 위로하도록 부름 받았다. 이혼한 봉사자가 다른 이혼한 사람들을 위해 봉사할 때 대단히 커다란 권한 부여와 가장 효과적인 치유가 일어난다. 같은 어려움을 겪은 사람들이 훨씬 더 깊은 공감을 자아낼 수 있는 것이다. 많은 지역에서는 이혼한 사람들이 서로 어려움을 도와주는 모임들이 증가하고 있다.

교회는 이혼한 사람들에 대한 사목적 배려를 증대시키고 그들을 신앙 공동체에 받아들일 필요가 있다. 이혼하여 별거 중에 있는 사람들은, 그들의 상처와 고통을 통해서, 고통당하는 교회가 그리스도의 연민, 치유, 이해를 경험할 필요가 있다는 하나의 강력한 표지로 남아 있다.

독신생활

대다수의 사람들이 결혼을 하지만, 적지 않은 사람들은 선택에 의해서든, 아니면 상황 때문에 그러하든 평생 독신으로 살아간다. 비록 가톨릭교회가 독신자들에 대한 사목적 책임감을 좀더 강하게 느끼게 됐다지만, 독신자들이 교회에 완전히 받아들여졌다고 느끼게 만들기 위해서는 아직도 좀더 많은 노력이 필요하다. 교회는 혼인생활이나 성직생활 또는 수도생활의 부르심 못지 않은 하나의 거룩한 부르심으로서 이 세상에서 독신생활의 타당성을 좀더 분명하게 인정할 필요가 있다. 교회는 또한 그들을 위한 종합적 계획을 세우고 본당 생활에서도 충분히 배려할 필요가 있다. 그들은 교회 생활 속에 완전히 편입되어 신앙 공동체의 구성원들이 그들의 신분이 어떠하든지 간에 당황하거나 부적절하다는 느낌을 받지 아니하고 경배에 참여할 수 있어야 한다.

홀로 남게 된 사람들

초대교회 공동체의 첫 번째 직무들 가운데 하나는 과부들을 돌보는 것이었다. 오늘날도 그 필요는 결코 그때 못지않다. 사실상, 평균수명이 길어지고 그 밖의 다른 사회 조건들 때문에 과부나 홀아비들의 수는 점차 늘어나고 있다.

각 본당과 이웃에는 짝을 잃은 사람들의 공간을 가지고 있다. 교회는 그들의 존재를 깨닫고 그들에게 삶의 의미를 느끼도록 해줄 방도를 모색할 필요가 있다. 본당 차원에서 형식적인 프로그램을 가지고 있을 수도 있으나, 무엇보다도 함께 하는 연민과 홀로 남게 된 사람들의 쓸쓸함에 인간적으로 동참하는 것이 교회가 모든 구성원들을 돌보아야 하는 사명을 좀더 효과적으로 수행하는 방법이다.

7. 우리는 사회의 요구에 신앙으로 응답한다

우리의 필생의 과제는 더 훌륭한 사람들이 되는 것만은 아니다. 존 던(John Donne)이 쓰고 있는 것처럼 '세상의 어느 누구도 외딴섬이 아니다.' 하느님 나라는 정의, 사랑, 평화의 나라이기 때문에, 교회의 사명에는 그 충만한 의미에서 세상을 인간화할 책임이 포함되어 있다. 우리는 가톨릭 신앙인으로서 세계 속에 그리스도의 정의와 평화를 실현시키고자 능동적으로 노력하는 데 관심을 기울일 필요가 있다. 우리의 그리스도교 투신은 우리가 세상을 '그리스도화' 시키고 그리스도의 사랑이 좀더 가시화되고 좀더 충만히 경험될 수 있도록 만들 것을 요구하고 있다. 도덕적 책임에 진실할 수 있기 위해서 우리는 진지한 사회의식을 발전시켜야 한다. 도덕성은 단지 죄를 피하는 것 이상이다. 우리는 우리 자신과 주변 세계 속에서 '죄스러움' 을 뿌리째 뽑아 버리고자 노력해야 한다.

우리 가운데 악이 현존하고 있음을 깨닫는 것만으로는 모자란다. 야고보 사도는 다음과 같이 경고하고 있다.

"어떤 형제나 자매가 헐벗고 그날 먹을 양식조차 떨어졌는데 여러분 가운데 누가 그들의 몸에 필요한 것은 아무것도 주지 않으면서 '평안히 가서 몸을 따뜻하게 녹이고 배부르게 먹어라.' 고 말만 한다면 무슨 소용이 있겠습니까? 믿음도 이와 같습니다. 믿음에 행동이 따르지 않으면 그런 믿음은 죽은 것입니다." (야고 2, 15-17)

살아 있는 신앙은, 억압받고 집 없고 억눌린 사람들을 위해 능동적인 관심을 기울일 것을 요구한다.

사회적 관심은 기아, 질병, 각종 차별, 가난, 전쟁 등을 그 모든 차원에서 제거하는 데 지칠 줄 모르는 노력을 기울여야 한다. 우리는 고통당하는 사람들, 치유를 필요로 하는 사람들, 우리의 풍요로움을 함께 나눌 수 있는 사람들과 좀더 능동적으로 연대하고자 노력하도록 부름 받았다. 우리는 자신을 가난한 사람들과 직접적으로 연결시켜야 한다.

일상생활의 활동들은 하느님의 창조사업을 반영하고 있고 세상 구원사업에 동참한다. 물질적 자선행위는 경건한 조직들의 찬조하에 내는 단순한 자선행위들이 아니다. 오히려 그것은 우리 생활의 일과이다. 농부들, 정육점 주인, 구멍가게 주인들은 가난한 사람들을 돕는다. 정수장 직원과 식당 종업원들은 목마른 사람들에게 마실 물을 제공한다. 장의사와 검시관들은 죽은 사람들을 매장한다. 간수, 상담원, 수감원 등은 감옥에 갇힌 사람들을 보살핀다. 건축업 종사자, 목수, 수도공, 전기공 등은 집 없는 사람들의 안식처를 마련하는 데 가담한다. 직물공, 양복점, 의류점원들은 헐벗은 사람들을 입힌다. 그러나 우리는 그 이상을 하도록 도전받는다. 즉 우리 자신의 관심사 이상으로 우리의 관심을 확장하도록 도전받고 있는 것이다.

우리 모두는 사회구조 속에 선을 스며들게 하여 그것이 새어나와 악을 대적할 수 있도록 만들라는 도전을 받고 있다. 하나의 썩은 사과가 싱싱한 것들에게 영향을 미치는 것이라면, 왜 그리스도인이자 가톨릭인인 우리는 그 과정을 거꾸로 돌려 선한 것들이 악한 것들에 영향을 미치도록 할 수 없단 말인가?

세속 사회 속으로 복음적 가치들을 침투시키는 책임은 일차적으로 그리스도교적 생활 감각을 가지고 법과 사회구조, 그리고 시민 공동체에 영향을 미칠 수 있는 평신도들에게 있다. 그것은 물질주의와 성공제일주의가 기본적인 그리스도교 가치들에 도전하고 있는 그런 세계 속에서 하나의 도전이다.

그리스도인들의 도전은 시대의 유행과는 반대되는 것으로서, 세상의 거짓 약속을 거슬러 거룩함과 선성을 가지고 악과 죄를 거슬러 싸우는 것이어야 한다. 사회질서의 이런 쇄신과 완성 없이는 그리스도의 몸의 건설은 효과적일 수 없다. 왜냐하면 그것은 공동선에 대한 진지한 관심에 의해서 이 세상에서 이루어지기 때문이다.

오늘날 우리는 전대미문의 사회적 관심사들에 직면하고 있다. 현대 약품은 기적을 이룰 수도 있다. 그러나 우리는 유전자 조작, 생명권, 그리고 자연법을 거슬러 개입하는 생명 유지 체계 등에 대하여 일정한 거리를 취한다.

낙태 문제는 생명의 모든 측면들과 연관된다. 그 심각한 도덕적 함축들은 국가의 입법자들, 의학, 교육체계, 그리고 사회구조의 바로 그 토대인 가정을 전염시킨다. 교회는 생명이 그 발달의 모든 단계에서 한결같이 거룩하다는 것을 거듭 확인하고 주창한다. 가톨릭 신자들은 하느님께서 주신 자연법에 따라 살아야 할 뿐 아니라, 생명의 신성함에 관련된 모든 도덕적인 문제들에 대하여 능동적인 입장을 취해야 한다. 우리의 사회의식은 또한 지구를 보존하는 데까지 확장되어야 한다.

"자식을 낳고 번성하여 땅을 보존하여라."

이것이 창세기의 명령이다. 오늘날 이것은 오염과 쓰레기를 줄이고 우리의 자연 자원들을 낭비 없이 지혜롭게 사용함으로써 좀더 건강하고 안전한 환경을 만드는 것을 포함하고 있다. 생태학적 관심은 그리스도인의 사회정의 비망록의 본질적인 부분이다.

선에 대한 관심은 우리 자선의 나라를 넘어 모든 사람을 위해 정의와 지속적인 평화를 신봉하는 세계 공동체에까지 이른다. 정의에 대한 우리의 관심은 폭력적인 방식으로 과시되어서는 안 된다. 행복선언들에 따라 우리는 그리스도의 길에서 본질적인 비폭력적인 방식으로 정의에 주리고 목말라야 한다. 우리의 사회구조와 생활방식은 비폭력의 정신으로 활성화되어야 한다.

비폭력은, 모든 사람이 평화롭게 살며 지상의 재화들을 향유할 수 있는, 진정한 자유가 보장되는 환경을 창조해 낼 수 있다. 우리의 형제자매들이 하느님께서 의도하신 대로 그 충만한 잠재력을 발휘할 수 있도록 그리스도교적 방식으로 돕는 것은 우리 자신 안에, 그리고 우리의 관계들 속에 평화를 위해 노력하는 것을 포함하고 있다. 세상의 평화와 정의는 우리가 고통을 대적하는 것이 아니라 그것을 완화시킬 때에만 이룩할 수 있을 것이다. 깊은 그리스도교 관심사는 인간성을 그 이기심으로부터 구하려는 것을 목표로 삼고 있는 정의의 체계를 격려한다.

이처럼 잘 형성된 사회의식은 인간 조건을 향상시키려고 노력하는 조직들을 후원하는 데 온 힘을 다한다. 그것은 지역사회, 국가, 지구적 차원에서 공동선에 영향을 미치는 사회적이고 정치적인 문제들에 깊은 관심을 기울이고 참여한다.

떼이야르 드 샤르댕은 그의 책 「지구 건설」(Building the Earth)에서 이렇게 도전적인 질문을 던지고 있다. "우리가 필요로 하는 것은 성장과 존재에 대한 열정적인 사랑이다. 생명은 통일을 향해 움직이고 있다. 우리의 희망은, 그것이 좀더 커다란 응집력과 인간적 연대성 안에서 표현될 수 있을 때에야 비로소 현실이 될 수 있을 것이다. 미래는 우리의 손 안에 있다. 우리는 과연 어떤 결정을 내릴 것인가?"

제2차 바티칸 공의회의 폐막 연설에서 바오로 6세 교황은 "착한 사마리아인의 이야기가 오늘날 교회 영성의 모델" 이라고 지적하고 있다. 교회가 상처받은 인간성에 봉사하고 삶의 상처들을 치유하는 것을 목표로 삼지 않는다면, 쇄신은 아무런 의미도 없다. 정통 가톨릭의 궁극적 규범은 '나는 얼마나 다른 사람들, 특히 보잘 것 없는 사람들을 보살피고 연민하고 있는가?' 라는 질문에 대한 대답에 달려 있다.

8. 우리는 선교활동에 기꺼이 동참한다

복음을 전파하는 방법에는 여러 가지가 있다. 복음화의 실천과 '성인 입교 예식' 의 사용이 대표적인 예가 될 것이다.

우리의 기본적 세례 서약은 하느님 나라를 좀더 가시적으로 지상에 건설할 것을 요구하고 있다. 복음화는 그리스도의 사업을 계속하라는 부르심이다.

"그러므로 너희는 가서 이 세상 모든 사람들을 내 제자로 삼아 아버지와 아들과 성령의 이름으로 그들에게 세례를 베풀어라." (마태 28, 19)

비록 복음화가 복음서들의 주요 주제들 가운데 하나이지만, 이 용어는 오늘날 가톨릭교회에게는 비교적 새로운 의미를 지니게 되었다. 혼동을 피하기 위해서는 복음화가 무엇이 아닌지를 지적하는 것으로 시작하는 것이 도움이 될 것이다. 이것은 새로운 구성원들에게 믿음을 슬그머니 주입하는 것과 같은 부당한 개종 전략을 사용한다는 것을 의미하는 것이 아니다. 또 이것은 가톨릭 신앙을 받아들이는 종교적 결단을 이미 내린 사람들을 설득하려는 시도를 의미하는 것도 아니다. 복음화의 전망은 단순히 다른 사람들을 신앙으로 인도하는 노력 이상의 것이다.

바오로 6세 교황은 복음화에 관한 회칙에서 다음과 같이 지적하고 있다.

'교회는 사람들을 개종시키고자 노력하는 가운데 오직 자신이 선포하는 메시지의 능력에만 의존할 때에 복음화 시키는 것이 복음화는 그 본질에 있어서 기쁜 소식을 선포하는 것이며, 세상에 현존하시는 하느님의 좀더 가시적인 표지가 되는 것이다. 복음화의 심장부에는 내적인 변화가 있고, 이것은 인생의 가치들 전체에 영향을 미친다. 외부적 활동들은 내면적인 태도로부터 흘러나온다.

복음화의 과제들은 기쁜 소식을 들어 본 적이 없는 사람들에게 그것을 전하는 것이고, 세례 받은 사람들이 영적으로 쇄신되는 것이며, 그리스도인들 사이의 일치를 증진시키는 것이다.

세례 받은 사람들은, 이웃의 복음화를 위해서 뿐 아니라, 기쁜 소식을 능동적으로 선포하고 그것을 일상생활 속에서 충실하게 사는 가운데 자선이 복음화 되도록 부르심을 받고 있다.

가톨릭 신자들은 어떻게 복음화 하는가? 그들이 하고 있는 일이 무엇이든지, 어디에 있든지, 또 누구를 만나게 되든지, 선성을 세상 속으로 끌어들이는 방식으로 삶으로써 그들은 복음화를 실천한다. 가톨릭 신앙인들이 하느님의 사랑을 증언하고 인간적 조건을 개선할 적마다 그들은 복음화를 실천하고 있는 중이다. 가톨릭 신앙인들은 그리스도의 메시지를 삶 속에 구현시키고,

그들의 생활을 통해 기쁜 소식을 선포한다. 복음화는 교회 내에서 교리교육, 봉사 등의 형식적 직무들로 한정되지 않는다.

당신의 표양과 현존을 통해서 단순하게 복음화를 실현시키지 않고도 당신은 효과적으로 복음화 사업을 펼칠 수 있다. 이것은 특히 자신들의 곤경을 고상하게 참아 받음으로써 고통당하시는 그리스도를 증언하는 환자와 노약자들이 그러하다. 복음화는 직접적인 설득보다는 주로 표양과 동기 부여를 통해서 성공적으로 수행된다. 어떤 사람들은 가톨릭적 생활방식이 매력적임을 발견하고 그것을 탐구하는 데로 이끌리기도 한다.

때로는 능동적으로 주도권을 쥠으로써 복음화 하는 것이 효과적일 때도 있다. 냉담한 가톨릭 신자들을 방문하여 교회로 돌아올 것을 권유하는 것이다. 그리고 당신의 신앙을, 참 진리를 찾고 묻고 있다고 느껴지는 사람들과 나누는 것이다.

이렇게 하기 위해서는 당신 자신이 먼저 자신의 신앙을 만족스럽게 느끼고 있어야 하며, 당신의 신앙에 대해서 기꺼이 이야기 할 필요가 있다. (미국의 경우) 오늘날 상당수의 가톨릭 신자들은 고등학교와 더불어 끝난 종교교육으로는 공의회 이후 시대를 살아가기에 충분하지 못하다는 것을 깨닫고 있다. 지속적인 교육 프로그램과 가톨릭 서적들의 독서를 통해, 가톨릭교회가 기쁜 소식을 좀더 효과적으로 이해하고 선포하는 방식들에 대한 풍부한 정보들을 얻을 수 있을 것이다.

복음화는 적극적인 방식으로 '그리스도의 몸을 건설하는 것' 이다. 그것은 타고난 접착적 매력에 의해서 그리스도를 따르며 복음을 증언하도록 다른 사람들을 초대하는 것이다.

9. 우리는 성인 입교예식을 통해서 복음전파에 참여한다

　오늘날 가톨릭 신자들이 복음을 전파할 수 있는 가장 중요한 방법들 가운데 하나는 '성인 입교예식'에 가담하는 것이다. 1976년 이래로 성인 입교예식은 어른들이 다른 그리스도교 종파로부터이든, 아니면 세례를 통해서든, 가톨릭 신앙에 완전히 일치하게 되는 통상적인 방식으로 활용되었다. 성인 입교예식은 신앙의 점진적인 여정으로서, 진리를 찾고 있는 사람들을 위해서뿐 아니라 가톨릭 공동체 전체를 위해서도, 회개를 생생하게 경험할 수 있도록 꾸며져 있다.

　새로운 구성원 교육은 공동체 전체의 책임이다. 그것은 증언, 함께 기도함, 성서 연구, 전례 참석, 친교 등 본당 생활의 각 국면들을 포괄하고 있다. 성인 입교예식은 본당 차원의 프로그램도 아니고 연구할 어떤 것도 아니다. 그것은 본당 구성원 전체로 하여금 회개하라는 호소이다. 그것은 지역 차원에서 복음화 실천이다.

　성인 입교예식의 일차적 목적이 새로운 가톨릭 신자들의 교육이긴 하지만, 성인 입교예식이 커다란 효과를 거두고 있는 본당들에서는 많은 부수적인 효과들도 거두고 있다. 이것은 전례 활성화, 공동체 정신 및 본당에 대한 자긍심의 함양, 본당 활동들과 전례의 좀더 능동적인 가담과 참여 등을 포함하고 있다. 또 성인 교육과 지도에 대한 관심도 점증할 것이다.

　가톨릭 신자들은 본당 내에서 대부모가 된다든지, 성인 입교예식 진행 팀에 가담하든가, 개인적인 신앙 역정을 나눈다든지, 신앙 공동체를 가지고 있지 않은 사람들을 적극적으로 찾아 나선다든가 함으로써 성인 입교예식에 가담하게 된다.

　성인 입교예식은 자라나는 관계의 구성요소들을 구현시키고 있는 점진적인 과정이다. 4개의 주요 단계들을 통해서 탐구자는 우연한 교리 습득에서부터 완전한 투신으로 움직여 간다.

  복음화 준비시기 : 이 시기는 예비신자가 가톨릭교회에 친숙해 지는 시기이다. 가톨릭 신앙을 탐구하는 사람들, 즉 예비신자들은 가톨릭 신자들과 한 자리에 모여 자유롭게 토론을 벌이고 질문을 던지며, 이제까지 가지고 있던 고정관념이나 두려움 또는 걱정 등을 떨쳐 버리고, 자신들의 개인적인 신앙 이야기를 함께 나눈다.

  교리교육시기 : 탐구자가 가톨릭 신자가 되기로 결심하게 되면, 그 예비신자들을 받아들이는 예식을 거행하게 된다. 이 시기 동 안 예비신자는 보다 깊은 신앙교육을 받게 된다. 이 시기는 여러 달에서 심지어는 여러 해 동안 지속되기도 한다(통상적으로는 1년 정도 지속된다). 예비신자는 말씀의 전례는 물론 교회의 전례 생활에 보다 완전하게 참여하게 된다. 그들은, 그들의 신앙의 여정에 일대일 관계로 그들을 동반하며 그들의 궁금한 질문들을 받아주고 친절히 신앙생활로 안내할 대부모를 배정받게 된다.

  정화와 조명의 시기 : 이 깊은 투신의 단계는 (미국의 경우) 통상적으로 사순 제1주일에 시작되어 교구의 주교좌성당에서 장엄 예식으로 거행된다. 예비신자들은 선발 명부에 자신의 이름을 적는다. 사순시기 전례들은 용서에 초점을 맞추고 있고, 선발된 사람들은 자신들이 신앙을 받아들일 용의를 갖추고 있음을 표명한다. 예비신자들의 예는 우리 기성 신앙인들의 정화와 영적 쇄신의 항구한 필요를 일깨워 주는 역할을 한다.

  교리교육의 절정이며 교회력 가운데 가장 성대한 전례 거행은 성토요일 저녁의 부활성야에 벌어진다. 입문성사들(세례, 견진, 성체)이 베풀어지고, 이제 완전해진 새로운 가톨릭 신자들은 새 세례자라고 불린다.

  신비교육시기 : 계속적으로 교육하고 양성하는 부활 이후 시기는 새 세례자들을 좀더 충만하게 신앙 공동체 안에 통합시킨다. '신비교육' (mystagogia)

이라는 말은 그리스어에서 온 것으로 '신비에 입문함'이라는 뜻이다. 새 가톨릭 신자들은 신앙과 본당 내의 여러 직무들에 대한 더 상세한 설명으로 안내한다.

새 세례자들의 활력과 신앙을 향한 열정은 기존의 가톨릭 신자들이 더 깊이 투신하는 데 촉매가 될 수 있다. 성인 입교예식 과정은 점차적으로 펼쳐지면서 모든 가톨릭 신자들의 도전과 책임을 마음에 떠올리게 한다. 본당 공동체의 영적 성장과 성숙은 부분적으로는 기본적인 성인 입교예식을 합리적으로 이해함으로써 측정될 수 있을 것이다.

성인 입교예식은 본당 신자들에게 회개가 무엇인지를 좀더 깊이 느끼게 해주고 신앙 공동체이며 하느님 백성으로서 교회의 정체성을 강조한다. 의도한대로 이상적으로 수행될 때, 성인 입교 예식은 살아 있는 교회와 (그리스도의 왕국을 좀더 강도 높게 이 세상에 건설해야 하는 자신의 사명을 이해하고 있는) 신앙 공동체의 가장 강력한 표지가 된다. 그때 성인 입교예식은 지역 차원에서 복음화를 위한 가장 효과적인 수단이 될 수 있다.

10. 우리는 타종교를 존중한다

지구촌 의식, 문화적 혼합, 세계적 정보망 등이 점증하고 있는 우리 시대에, 종교적 다원주의는 하나의 명백한 사실이다. 제2차 바티칸 공의회는 다양한 종교적 표현들이 세계에 광범위하게 퍼져 있다는 사실을 인정하고「비그리스도교에 대한 선언」을 반포했다.

'사람들은 어제도 오늘도 인간의 마음을 번민케 하는 인생의 숨은 수수께끼들의 해답을 여러 가지 종교에서 찾고 있다.(…) 가톨릭교회는 이들 종교에서 발견되는 옳고 성스러운 것은 아무것도 배척하지 않는다."

가톨릭 신자들은 모든 종교들에서 발견되는 영적이고 도덕적인 선들은 물론 그들의 사회와 문화가 지니고 있는 가치들을 존경하고 보존하고 증진시켜야 한다.

우리가 유다교 신앙에 크게 빚지고 있다는 사실을 특별히 언급 할 필요가 있다. 구약성서는 그리스도교의 기초이고 뿌리이다. 예수님은 실천적인 유다인이었고, 많은 그리스도교 예절들은 유다교 전통과 관습으로부터 나온 것들이다.

다른 종교들이 인간의 하느님 탐구로부터 생겨난 것이지만, 그리스도교는 인간이 되신 하느님께 기원을 두고 있다. 공의회는 하느님의 신비로서 교회라는 역동적인 개념을 제시했다. 그러나 동시에 예수님을 통한 하느님의 충만한 계시는 교황의 지도하에 있는 가톨릭교회의 가르침과 전승 안에 구현되어 있다는 확신을 천명했다. 그리고 다른 그리스도교 종파들이 '그리스도의 교회' 로서 신앙의 특정 측면들을 포함하고 있다는 것도 인정하고 있다.

"이 조직 (가톨릭교회) 밖에서도 성화와 진리의 요소가 많이 발견된다." (「교회헌장」8항)

11. 교회일치를 위한 실천적 지침

제2차 바티칸 공의회의 「일치운동에 관한 교령」에서는 종교들 사이의 간격을 극복하려는 다리橋를 놓았고, 결실 풍부한 대화를 위해 유용한 지침을 제시하고 있다.

(1) 자기 자신의 신앙을 좀더 분명하게 이해하고 정통해야 한다. 우리와는 다른 방법으로 경배하는 자들은 그들이 파악하고 믿는 방법으로 신神과 통교하려는 시도에서 매우 진지하다.

(2) 다른 사람의 신앙을 그들의 시각으로 최선을 다해 해석하려는 용의를 갖춰야 한다. 다른 신앙 체계들에 대하여 개방성을 유지하고 그 동기에 대한

판단을 유보한다. 다른 사람들의 믿음 안에서, 차이보다는 공통점에 초점을 맞추면서 그 가치를 이해하고자 노력해야 한다.

(3) 사람들의 기본적인 종교적 관점은 문화와 유산으로부터 결과 된다는 것을 염두에 두고, 다른 사람들이 그들의 삶 속에서 신神을 경험하는 방법의 다양성에 대해 늘 깊은 존중심을 가져야 한다.

가톨릭 신자들은 오늘날 종교간의 상호 이해와 대화를 위한 기회를 어렵지 않게 얻을 수 있다. 이러한 개방적 분위기는 과거 가톨릭 신자들이 다른 사람들과 종교적 신념들에 대하여 논하고 다른 사람들이 어떻게 하느님께 접근하는지를 배우던 것보다는 훨씬 더 큰 자유를 허용하고 있다.

마하트마 간디(MahaTma Gandhi)의 다음과 같은 조언을 염두에 두는 것이 좋을 것이다.

"나는 문과 창들을 활짝 열고 모든 문화와 종교들이 자유롭게 불어오도록 허용한다. 그러나 그 어느 것이 나의 발足들을 쓸어 가 버리는 것은 단호히 거부한다."

우리가 모든 사람과 평화롭게 조화를 이루며 살고자 한다면, 종교에 대한 개방적인 태도는 기본적인 요구가 된다. 예수회의 에브리 델레스(Avery Dulles, SJ) 신부는 강연에서 일치운동의 정신을 다음과 요약하고 있다.

"단어의 본래적 의미에서 참으로 가톨릭이 되기 위해서는 그 출원이 어디든지 간에 모든 진리와 선에 대해서 보편적이고 개방적 이 되어야 한다."

12. 현대 가톨릭 신앙인의 활동을 위한 제언

오늘날의 가톨릭은 제2차 바티칸 공의회의 기본 정신을 유지하면서;

(1) 예수님이 인류 운명의 열쇠이며 초점이고, 우리의 소명은 그분의 사업을 계속하는 것임을 깨닫는다.

(2) 자신의 개인 생활과 직장생활에서, 그리고 하느님 및 이웃과의 관계에서 도덕적 선을 위해 일함으로써 온전히 통합적인 존재가 되도록 노력한다.

(3) 신앙의 공동체 안에서 능동적이 되고 규칙적으로 성사들에 참여하며, 신경信經에 포함되어 있는 신앙 신조들을 인정함으로써 자신의 세례 서약에 충실하게 산다.

(4) 열심한 기도생활과 성서에 대한 사랑으로 예수님을 통한 하느님과의 인격적인 관계를 더 강렬하게 발전시킨다.

(5) 예수님께서 교황, 주교, 사제, 하느님 백성 등으로 인격화 되어 현존하신다는 것을 인정한다.

(6) '나는 무엇을 해야 하는가?'라는 소극적인 태도가 아니라 '나는 얼마나 많은 선을 행할 수 있는가?'라는 적극적인 정신으로 충실하게 산다.

(7) 자신의 처지에 따라 모든 사람의 필요에 깊은 관심을 기울이며 삶으로써 더 나은 세상을 위하여 기여한다.

(8) 활기찬 신앙심을 유지하며 충만한 사랑으로 삶으로써 기쁜 소식의 메시지를 실천하고, 하느님으로부터 받은 자신의 선물과 재능들을 하느님 나라의 선익을 위하여 기꺼이 나눈다.

(9) 영적인 삶을 살고자 애쓰고 있는 모든 종교의 모든 사람을 향하여 개방적인 사랑의 태도를 취한다.

(10) 모든 생활 조건들 속에서 정의와 사랑을 위하여 일함으로써 모든 사람과 평화롭게 지내려고 노력한다.

제 35 과

예수께서 가르치신 참된 행복(I) · (II)

공생활을 시작하시는 예수님께서 회당에서 가르침과 치유로써 하늘나라를 선포하셨다는 것과 이미 예수님을 따르고 예수님의 가르침대로 사는 사람들에게 하느님나라 사는 생활규범을 선포하신 것이다. 참된 행복 8단 중의 처음 4개는 그러한 미천한 사람들에 대한 것이고 다음 4개는 그러한 사람에게 어떻게 해야 하는가를 가르쳐 주고 있다. 가난한 자, 슬퍼하는 자, 힘이 없는 사람들, 옳은 일에 목마른 자, 이러한 사람이 모두 행복하다고 이야기 한다. 이것은 우리가 얼른 듣기에 이해하기 힘든 paradox 역설 같은 것이지만 이것은 이해하기 위한 행복에 관한 설명이 아니고 예수께서 우리에게 전달하려고 하는 하느님이 바로 이러한 모습을 가진 하느님이란 것을 알리기 위한 것이다.

여기서 우리는 고통을 받으니까 행복한 게 아니고 우리가 받고 있는 고통이 끝나가고 있으니까 행복하다는 방식으로 읽어 나가지 않으면 안 된다. 아무것도 없는 사람들에게 하느님의 나라가 주어지고 슬퍼하는 사람들에게 위로, 온유한 사람들에게 땅이 주어진다는 형태로 설명되고 있다. 예수의 복음은 괴로움의 복음이 아니고 괴로움이 끝나가니까 이 끝남에 대한 희망, 기쁨, 즐거움의 메시지이다. 예수님이 거기서 그들을 해방시키러 오셨기 때문이다.

진복팔단 안에는 마리아의 찬가 안에 있는 내용과 같은 내용이 깃들여 있습니다. 바로 작은 사람들을 하느님이 높이 올려주셨다는 내용이다. 첫 번째 나오는 마음이 가난한 자란 것은 철저하게 하느님에게 의지하고 있는 사람들인 것이다. 그러나 이것은 단순히 물건이 많더라도 그에 대해 초연하다는 것만을 의미하는 것은 아니다. 여기에 나오는 마음이 가난한 자들이란 것은 구약성서의 묵시문학에서부터 신약에 이르기까지 아무것도 가지지 못한 이스라엘의 작은 사람들이 바랄 수 있었던 유일한 하느님께 부르짖음이었다. 물론 경제적인 카테고리에서만 이야기하는 것은 아니다. 그러나 동시에 경제적인 가난함도 같이 포함하고 있는 것이다. 경제적인 풍부함이나 나라나 모든 것도 우리에게 진실한 의존의 대상이 되지는 못하고 있고 유일하게 의지할 것은 하느님뿐이라는 마음의 표현인 것이다. 바로 그 가난한 자의 의미를 우리는 그리스도의 생애에서 바라보아야 한다고 생각한다. 즉 자신에게 힘과 지혜가 있더라도 거기에 의지하지 않고 그 모든 것을 탈피해서 오직 하느님에게 의지하는 삶의 태도라 하겠다.

행복은 그대를 속이나 불행은 그대를 속이지 않는다는 말을 곱씹어 보십시오. 불행 속에도 주님은 계시기 때문에 참된 행복이라는 것이다. 가난한 자들이란 물질적으로 궁핍하거나 영적으로 궁핍한 것이 하느님의 도우심으로 해소된다. 요컨대 가난은 하느님께 의지해서 살 수밖에 없는 "하느님의 의존성"을 가르킨다. 하느님은 아무것도 소유하시지 않는다. 그분의 존재 방식은 사랑이다.

에카르트 영성학자는 영적인 가난에 대하여 이렇게 지적하고 있다.

그는 "모든 것을 받고자 하는 사람은 모든 것을 주어버려야 한다."고 말하면서 자기 부정을 강조한다. 우리 자신의 것은 아무것도 소유하지 말아야 하며, 우리의 몸과 영혼, 감각기관이나 재물이나 명예나 친구나 친척 등 모든 것은 하느님이 우리에게 주신 것이 아니라 단지 빌려 준 것임을 기억하여 소유권Eigenbesitz을 포기해야 한다고 젊은 수사들에게 가르치고 있다. 하느님은 그만이 우리의 소유가 되기를 원하신다고 한다.

어떤 통도 두 가지 음료를 담을 수는 없다. 술을 담으려면 통이 완전히 빌 때까지 물을 부어내야만 한다. 그러므로 그대가 하느님과 신적 기쁨으로 충만하고자 할진대, 그대 자신으로부터 피조물들을 부어내야 한다. …대가들은 말하기를, 눈이 지각 활동을 할 때 만약 그 자체의 색깔을 지녔다면 눈은 자기 색깔뿐 아니라 다른 어떤 색도 보지 못할 것이다. 그러나 눈은 그 자체의 특정한 색깔을 지녔다면 눈은 자기 색깔뿐 아니라 다른 어떤 색도 보지 못할 것이다. 그러나 눈은 그 자체의 특정한 색깔이 없으므로 모든 색들을 지각할 수 있는 것이다. …영혼의 기능들이 완전하고 순수하면 순수할수록 지각 대상들을 더 완전하고 폭넓게 받아들일 수 있으며, 더 큰 희열을 보듬고 느낄 수 있으며, 지각되는 것과 하나가 되고, 마침내는 모든 사물들을 여의고 그 어느 사물과도 공통성이 없는 영혼의 최고 기능이 하느님 자신을 그 존재의 넓이와 충만 속에서 지각한다. …그러므로 우리 주님이 하신 말씀은 실로 주목할 만하다: "영이 가난한 자는 복이 있다"(마태5, 3). 가난한 자는 아무것도 소유하지 않은 자이다. "영이 가난하다"는 것은, 눈이 색에 가난하고 색을 여읨으로써 모든 색깔들을 받아들이듯, 영이 가난한 자는 모든 영을 받아들인다는 뜻이다. 靈 중의 靈은 하느님이다. 영의 열매는 사랑과 기쁨과 평화이다. 〔피조물을〕 여의고 가난하여 아무것도 소유하지 않고 비면〔우리의〕 본성을 변화시킨다. 비雨면 물도 산 위로 올라가게 만들며, 여기서 지금은 말할 수 없는 다른 많은 이적들도 가능하게 한다.

우리는 하느님을 멀리서 부를 필요가 없다고 엑카르트는 말한다. 하느님은 우리 가슴의 문에 서 계시다가 우리가 문을 열자마자 곧 들어오신다. 우리가 하느님을 갈망하는 것보다 수천 배나 그는 우리를 갈망한다. "여는 것과 들어오는 것은 동시적이다."

초탈로 인해 우리 영혼이 텅 비어서 하느님을 감지할verspüren 수 없다고 생각하는 것은 잘못이라고 엑카르트는 말한다. "하느님은 본성상 어떤 것이 채워지지 않고 비어 있는 것을 견딜 수 없기 때문이다." 그런 즉 "빈 상태에서 꼼짝 말고 흔들리지 말아야 한다. 그대는 실로 이 순간에 거기서 떠날 수 있지만, 결코 거기로 되돌아올 수 없기 때문이다." 마치 불교의 공空이 단순한 무無가 아니라 순수한 존재의 충만이듯, 엑카르트에게도 빔Leersein이란 하느님으로 꽉 참을 뜻한다.

다음에 슬퍼하는 자들이란 자기 자신의 지은 죄, 연약함 등을 뉘우칠 줄 알고 통회의 눈물과 남들을 사랑하기 때문에 남몰래 흘리는 눈물인 것이다. 하느님의 전능하신 힘에는 인간의 약함이 필요하다.

성공하여 기쁠 때에도 눈물이 난다. 애통하는 예레미아 예언자 위대한 비극은 위대한 희극과 일맥이 상통한다는 섹시피어의 말이다. 막달레나 죄녀는 회개의 눈물의 세례로 예수님의 연인으로 다시 태어났다. 프란치코, 모니카 성녀 어머니의 눈물로 위대한 성인들의 탄생이 있었다. 슬퍼하는 사람이 행복한 이유는 하느님의 위로에 있다. 하느님의 위로는 참된 행복이다.

다음에 온유한 사람들의 의미는 당하고 받아들일 수밖에 없는 순종의 힘 없는 사람들, 그저 모든 사람에게 '예, 예' 하고 충실한 믿음으로 순종하는 사람들 보잘것없는 사람들, 들어 높이신다는 것이다.

온유의 영성의 핵심은 순종을 뜻한다. 온유는 하느님 나라 사는 여유다. 모세는 보이지 않는 하느님을 보기나 하는 것 같은 믿음으로 온유한 아버지 사랑으로 자기 백성을 안고 사막을 탈출하여 약속의 땅으로 인도하는 하느님의 역사를 이루었다. 하느님의 명령을 은유로 받아 순종했기 때문에 이루어 진 것이다.

한편 옳은 일에 주리고 목마른 자들과 평화를 위하여 일하는 사람들과 나 때문에 모욕을 당하고 박해를 받고 터무니없는 말로 비난을 다 받게 되면 주님께서 함께 해결하여 주시고, 새 하늘 새 땅, 하느님 나라 사는 자리바꿈으로 너희가 받을 큰상이 마련되어 있다고 약속이 되고 있는 행복을 말씀하신 것이다.

구약의 마음이 깨끗한 자들이란 것은 계명에 저촉되는 것이 아니고 마음을 당하여 하느님을 향하는 사람들을 이야기하고 있는 것이다. 그러한 사람은 하느님의 진실한 평화를 추구하는 사람들이다.

옳은 일義에 주리고 목마른 사람은 행복하다. 그들은 만족할 것이다. 義에 주리고 목마른 것, 이것이 의로울 수 있는 유일한 방식이다. 사회적 정의는 여기서 이차적인 문제다. 여기서 문제시되고 있는 것은 우선 성실성이다. 자기 자신에 대한 성실이란, 끊임없이 자기 성실을 추구하는 바로 그것이다. '추구하다(chercher)'라는 단어는 성서의 핵심어 중의 하나다. 예수님은 이렇게 말씀하신다. "구하라. 받을 것이다"(마태 7, 7). "너희는 먼저 하느님의 나라와 하느님께서 의롭게 여기시는 것을 구하여라. 그러면 이 모든 것도 곁들여 받게 될 것이다"(마태 6, 33).

반면, 세상과 자기 자신에게 만족하는 것은 우리가 의인이란 악한 것을 피하고 선을 행하여 하느님의 뜻에 따라 사는, 덕망이 있는 사람이다. 의인의 하늘나라를 차지할 수 있는 사람들이다. 의인 - 성서에서 말하는 의인은 곧 성인聖人을 뜻한다.

"의인들은 영원한 생명의 나라로 들어 갈 것이다."(마태 25, 46)

우리가 세상에 사는 목적은 의인이 되는데에 있다. 의인은 덕망을 갖춘 사람이며, 덕망은 좋은 것을 되풀이해서 얻은 좋은 습관을 말한다. 우리 신앙인은 모름지기 덕德을 닦는 데에 노력해야 한다. 신앙인이 갖추어야 할 덕은 크게 두 가지가 있다. 향주삼덕向主三德과 윤리덕이다.

토마스 아퀴나스는 이를 종합하여 정의 또는 의를 "각자의 몫을 각자에게 돌려주는 데 있어서 완전하고 항구한 의지"라고 명쾌하게 정의하였다. 의는 서로 유익과 사회적 질서를 위해 각자에게 배분된 요청이다. 곧 각자에게 배당된 권리와 책임이 다 성취된 상태가 사회정의고 '의' 라는 것이다.

자비를 베푸는 사람은 행복하다. 그들은 자비를 입을 것이다. 어원에 따르면, '자비' 란 아픈 마음이라는 뜻이다. 자비를 베푸는 자는 남의 고통으로 괴로워하는 사람이다. '더불어 괴로워할' 줄 모르는 사람은 하느님의 베푸심을 받을 수 없는데, 하느님 자신이 먼저 인간과 더불어 괴로워하시는 분이기 때문이다. 예수님의 고통, 십자가의 수난과 죽음은 하느님에게 있는 사랑의 깊이를 드러내는 표징이다. 아마도 고통이라고 불러도 좋을, 무엇인가 아주 신비로운 것, 그것 없이는 사랑이 사실일 수 없을, 예수님의 고통만이 우리에게 계시해 줄 수 있는 그 사랑의 깊이를 말이다.

가엾이 여김 즉 자비란 작은 자, 약한 자, 가난한 자, 아픈 자, 고독한 - 고독은 가장 큰 인간적 고통 중의 하나다! - 자, 모욕을 당하는 자, 폭력을 당하는 자, 불의에 희생되는 자, 괴로워하는 자, 불안한 자들을 더 사랑함을 뜻한다. 그게 바로 예수님의 실존 방식이다. 그것은 어떤 방식으로건, 무엇에 의해서건, 노예 상태에 놓인 사람들을 해방하기 위해 일하는 것이요, 사랑으로 건너가야만 자유로 건너갈 수 있기에, 자기 형제들을 해방시키려 애씀으로써만 자유로운 인간으로 존재할 수 있음을 증명해 보이는 것이다. 사랑을 벗어나서는 자유란 없다. 자유와 사랑은 똑같은 것이다.

토라는 자비를 뜻한다. 하느님 사랑과 이웃 사랑은 자비에서 하나의 사랑이 된다. 자비는 차고 흘러넘치는 잉여가치 나머지 사랑이다. 분명한 것은 자비로운 사람은 행복하다. 왜냐하면 자비를 베푸는 사람은 자비를 입기 때문입니다. 우리 인간은 하느님의 자비로 구원되기 때문인 것이다. 우리 인간은 하느님의 자비로 구원되기 때문인 것이다. 자비의 영성 하느님 아버지 완전하심 같이 완전해지는 길이다.

마음이 깨끗한 사람은 행복하다. 그들은 하느님을 뵙게 될 것이다.

본 회퍼는 이렇게 말하였다. "누가 마음이 깨끗한가? 자기가 저지른 잘못으로도, 자기가 행한 선한 일로도 마음을 더럽히지 않는 사람이다." 자기가 행한 선한 일로 자기 마음을 더럽히지 않는 것이 바로 신적인 것이요, 오직 하느님만이 주실 수 있는 것이다. 하느님과 같은 마음을 가진 자들이야말로 마음이 깨끗한 자들이다. 구약의 마음이 깨끗한 자들이란 것은 계명에 저촉되는 것이 아니고 마음을 다하여 하느님을 향하는 사람들을 이야기하고 있는 것이다. 그러한 사람은 하느님의 진실한 평화를 추구하는 사람들이다.

평화를 위하여 일하는 사람은 행복하다. 그들은 하느님의 아들이 될 것이다.

루카는 평화란 무엇보다 하느님이 인간에게 내리시는 구원의 선물이라는 구약의 사상을 견지하며 예수께서 인간을 "평화의 길로 인도할 분"(루카 1, 79)이라고 선포한다. "하느님은 예수 그리스도를 통하여 평화의 복음을 전하시면서 이스라엘 후손들에게 말씀을 보내셨는데, 바로 이분이 만민의 주님이십니다"(10, 36). 여기서 평화는 일부 학자들이 생각하는 것처럼 유대인들과 이방인들의 인종적 화해를 뜻하는 것이 아니라 루카의 일방적 평화 개념인 하느님께 뿌리를 둔 '인간의 전체적인 안녕과 구원'을 뜻한다. 왜냐하면 루카는 이 베드로의 설교에서 인종문제를 넘어서 자신의 폭넓은 구세사관을 피력하고 있기 때문이다.

성서에서 말하는 평화는 현실에 굳건하게 뿌리를 내리면서 인간의 전인적 구원을 지향한다. 따라서 성서의 평화개념은 내세적이거나 초세적인 것이 아니며 정적주의와도 거리가 멀다. 그 개념은 무엇보다 하느님과의 관계 및 동료 인간들과의 관계 안에서 풀이되어야 한다.

예수의 평화가 부정적으로 불의와 폭력에 바탕을 둔 거짓 평화가 아닌 동시에, 긍정적으로는 하느님이 주시는 구원의 선물이라는 사실은 그리스도인의 현실참여에 당위성과 한계성을 제시해 준다. 한편으로 그리스도인은 어떠한 명분과 형태로든지 억압과 불의에 질식되어 가고 있는 사회 안에서 로마의 평화와 같은 거짓 평화를 거부하고 정의에 바탕을 둔 예수의 평화를 추구할 책임이 있다. 다른 한편으로 그리스도인은 평화가 그리스도를 통하여 주어지는 하느님의 선물임을 인정하는 한, 평화를 추구하는 과정에서 자신의 역부족과 미약함을 겸허하게 받아들이면서 언제나 그리스도께서 택하신 방법인 비폭력 저항을 존중해야 할 것이다.

주님은 다윗에게 다음과 같이 약속했다. "나는 그가[솔로몬이] 살아 있는 동안 이스라엘에 평화와 안정을 베풀겠다. (…) 그는 나의 나들이 되고 나는 그의 아버지가 될 것이다."(역대기 상권 22, 9-10) 여기에서 우리는 하느님의 아들과 평화의 왕국 사이의 관계를 볼 수 있다. 예수는 아들이다. 정말로 그러하다. 따라서 그야말로 진정한 '솔로몬', 평화를 가져오는 자다. 평화를 이루는 것, 그것은 아들의 본질에 속한다. 이런 의미에서 참 행복의 이 구절은 우리에게 아들이 되라고, 아들의 일을 함으로써 스스로 '하느님의 자녀가 되라고 요청하고 있다.

이것은 우선 우리 각자가 처한 삶의 처지에서 시작 된다. 이것의 시작은 바오로가 하느님의 이름으로 간절히 빌었던 근본적인 결단에 있다. "우리는 그리스도를 대신하여 여러분에게 빕니다. 하느님과 화해하십시오."(코린토 신자들에게 보낸 둘째 서간 5,20) 하느님과 분리되는 것은 인간의 모든 해악의 출발점이다. 그리고 그것을 극복하는 것은 이 세계에 평화를 이루기 위한 근본 조건이다. 오직 하느님과 화해한 사람만이 자기 자신과도 화해하고 조화를 이룰 수 있다. 그리고 오직 하느님과 또 자기 자신과 화해한 사람만이 자기 주변과 나아가 광활한 세계에 평화를 가져올 수 있다. 그러나 〈루카 복음서〉에 나오는 예수의 어린 시절 이야기와 〈마태오 복음서〉의 이 참 행복 구절에 공동으로 깔린 정치적 맥락을 고려할 때 이 구절의 의미는 한층 깊어진다. 땅 위에 평화가 있으라는 것은(루카 복음서 2,14) 하느님의 뜻이자 인간에게 부여된 사명이다. 그리스도는 인간이 하느님의 '좋은 평가Eudokia'를 받아야 하느님 '보기에 좋은' 모습을 하고 있어야 평화가 있다는 것을 안다. 하느님과 평화로운 관계 속에 있으려는 노력은 '땅 위에 평화'를 이루려는 노력의 본질적인 부분이다. 하느님과 맺는 관계로부터 땅 위의 평화를 위한 척도와 힘이 생긴다.

예수님께서는 당신이 선포하신 하느님 나라 사는 것을 지상의 평화라고 하신 것이다. 바로 예수의 탄생은 땅위에서 이 하느님 나라 사는 평화를 주시기 위하여서 인간으로 오신 것이다.

지상의 평화는 근본적으로 모든 인간이 서로 존중하고 사랑하는 상태입니다. 빈부격차와 남녀차별 지역감정 없이 모두가 사랑하고 화해할 줄 아는 공동체를 이룰 때 즉 공동체 하느님 백성으로서 하느님 나라를 살아가는 우리는 그 상태를 가리켜 평화라고 말할 수 있습니다.

그리스도를 위하여 박해 받는 사람은 행복하다.

장차 이 아기는 많은 사람들의 생각을 거스려 일으키기도 할 것이고, 넘어뜨리기도 할 것이다. 반대 받는 표적으로 주의 봉헌 때에 시메온 예언자가 예언하신 예언자로서 박해 받아 돌아가신 운명을 예고합니다.

엠마누엘 레비나스는 이 점에 대하여 결정적인 말을 하였다. "겸손의 모습으로 자신을 표명하는 진리, 박해받는 진리라는 기념만이 초월성이 드러날 수 있는 방식에 합당하다(이 말은 박해받지 않은 예수가 있었음을 가정한다면, 그는 초월적 신의 증인일 수가 없다. 그런 일은 있을 수 없다는 뜻이다. … 겸손한 존재로 자기를 드러내는 것, 패배자, 가난한 자, 추방된 자의 벗으로 자기를 드러내는 것 자체가 질서 속으로 들어가지 않음을 의미한다. …겸손은 결정적으로 불편하게 한다. 그것은 세상에 속하는 것이 아니다. …겸손이 직면하게 되는 박해와 모욕은 그것의 진정성을 가늠케 하는 양상들이다.

만일 당신이 그 어떤 형태로도 박해받지 않았다면 매우 조심해야 한다. 당신은 그리스도교인인 체 완전히 가장하고 있거나, 피상적으로 살고 있는 것일지도 모른다. 수백만의 사람들이 두 건반, 곧 예수님 지혜의 건반과 세상 지혜의 건반을 동시에 연주하려 한다. 그것은 불가능한 일이다. 당신이 만일 예수님 지혜의 건반을 연주하려 한다면, 당신은 내쫓길 것이다. 사람들이 원무를 추며 돌아가는 것을 방해하게 될 것이기 때문이다.

그리스도교 정신이란 행복과 십자가의 굳은 결합이기 때문이다. 가장 높은 행복에 진실로 도달하기 위해서는 너무 쉬운 행복과 가벼운 행복을 포기해야만 한다.

우리가 하늘의 행복이라고 부르는 것은 사랑하는 행복이다. 즉 자기에게서 나와, 더 이상 자기를 생각하지 않으며, 일체 자기를 향해 기울어지지 않는 것이다. 이승에서 이 행복을 배워 가는 데 어찌 희생이 없기를 바라겠는가? 우리는 자연히 자신만을 생각지 않을 수 없으니 말이다. 왜냐하면 누군가를 사랑할 때조차, 타인은 항상 우리가 우리 자신에게 쏟는 사랑의 특별한 수단이기 때문이다. 십자가는 헐값의 행복을 초월하여 결국 하느님의 자녀들에게 합당한 행복, 곧 사랑하는 행복인 그 위대한 행복에 도달하는 길이다. 이 행복에 이르는 길은 희생을 거쳐야 한다. 우리 모두는 적게건 많게건 매일매일의 삶에서 이것을 체험한다.

새로운 율법 - '주어라, 하느님이 주시듯이' 기예 신부는 산상 말씀의 후렴이며 참 행복에 대한 말씀 뒤에는 새로운 율법의 명령 후렴으로 이어진다. 그것은 '받았으니 주어야 한다.' 는 것으로 귀결된다. 받은 것은 주기 위한 것이라는 말이다. 주기 위해 받는다. 그러나 무엇을 받는다는 말인가? 하느님은 무엇을 주시는가? 하느님은 완제품이 아니라 완수해야 할 사명들을 주신다.

거절하지 마라. 요구하지 마라. 아무것도 기대하지 말고 빌려 주어라. 주어라, 그러면 받을 것이다. 그러나 조심해야 한다. 주는 것은 또한 얻는 방법이요, 스스로의 가치를 높이는 방법이기도 하다(관대한 행위를 함으로써 우리는 스스로를 매우 높인다.) 주는 것의 순ㅓ수한 기쁨은 받는 사람과 하나가 되는 것이다. 가난한 자만이, 다시 말하여 참 행복을 체험하여 하느님이 어떻게 주시는가를 아는 자만이 그것을 알 수 있다.

하느님이 주시는 것처럼 주는 것, - 하느님은 주실 때 요란스레 떠벌리시지 않는다. - 그것이 바로 세상의 소금이요 빛이 되는 방식이다. 복음이 빛인 이유는, 그것이 인간적 삶을 통하여 알게 되는 변화시키는 하느님의 힘, 곧 하느님의 현존이기 때문이다.

소금이 그 짠맛을 잃으면, 즉 사제가 진정한 사제가 아니고, 수도자가 진정한 수도자가 아니며, 그리스도교인이 진정으로 복음적이지 않고 제자가 더 좋은 제자가 되기를 멈추고 더 나쁘게 되어 버리면, 바닥에 내버릴 수밖에 도리가 없는 것이다. 그는 누구의 흥미도 끌지 못한다. 사실 그는 아무것도 아니기 때문이다. 그는 무엇인가가, 혹은 차라리 누군가가 되려는 영원한 망설임일 뿐이다. 새로운 율법은 자유로의 부름이다.

여러분이 보면 아시겠지만 이 참된 행복에는 하나의 통일된 기준이 뚜렷하게 나타나 있다. 그것은 자신을 완전히 부여하려는 하느님의 모습이다. 그러한 뜻으로부터 제외되고 소외되는 자는 아무도 없고 오히려 이 사회에서 소외되는 자들이 먼저 하느님의 안에서 축복을 받고 행복하게 된다는 메시지이다.

마태오 복음 5장의 참된 행복 여덟 가지 산상설교를 전부 정리해서 말하자면 당신들은 이제까지 요정도 까지 하면 된다고 생각하지만 나는 당신들에게 부탁하기를 그 정도를 넘어서 더 많은 것을 하라는 권고 말씀이다. 지금까지 당신들은 어떤 특정한 사람을 대상으로 어떤 일을 해왔던 것은 모든 사람에게 하도록 하라는 가르침이다. 당신들이 '가끔, 때때로' 라는 조건을 내세워 하던 것을 '항상 하라' 고 하는 내용의 가르침이다. 친구, 아는 사람뿐 아니라 원수까지도 사랑하라고 하는 내용의 말씀이다. 바로 새로운 정의란 것은 바리사이파 사람들의 좁은 정의라든지 어떤 사회적인 정의라든지, 우리 자신의 개인적인 정의를 떠나 보다 큰 정의를 향해 우리 자신을 인도해 나가지 않으면 안 된다는 말씀이다. 왜냐하면 마지막 48절이 그 이유로서 전달되고 있다. 하늘에 계신 아버지가 완전하신 것 같이 여러분도 완전하게 되도록 하라는 말씀이다.

행복해지는 비결이 바로 하느님 아버지 완전하심 같이 우리 인간도 완전하게 되려는데 있는데 이는 불완전한 인간을 놓아 버리는 것이 인간 완전함의 왕도이며 행복의 비결인 것이다.

예수님의 삶 안에 행복 선언이 살아 있다. 그리고 예수님을 통해 행복 선언은 또한 우리를 위한 길잡이가 된다. 이 과정에서 겉으로 드러나는 개개의 증거들은 각기 다를 것이다. 이런 사람에게는 이런 것이, 저런 사람에게는 저런 것이 우선 하게 되는 것이죠. 하지만 중요한 사실은 행복 선언이 그리스도라는 인물 속에 구체화되고 실현되었음을, 그리고 성인들 그 후예들에게 살아 있음을 우리가 알 수 있다는 것이다.

행복의 비결을 주제로 한 어른 동화 행복한 한스란 이야기를 우리함께 묵상합시다.

한스는 일한 대가로 금 덩어리 하나를 받았을 때 행복했습니다. 그러나 그는 그 금을 말 한 마리와 바꾸었고, 그 다음에는 소, 돼지, 거위 등으로 바꾸었으며, 마침내 돌덩이 하나와 바꾸었습니다. 바꿀 때마다 새로운 것을 받은 그는 행복했습니다. 그러나 그것이 그에게는 점점 더 힘들기만 했습니다. 마침내 그 돌을 물에 빠뜨리고 말았을 때, 그는 이 세상에서 가장 행복한 사람으로 느꼈습니다. 모든 것을 다 내려놓고 난 다음 그는 자유로움을 느꼈고, 그래서 그는 행복했습니다. 그는 내려놓은 것에 대해 그 다음에 슬퍼하지 않았고, 언제나 그 순간순간을 즐겼습니다.

결국 한스는 행복을 배웠다. 배움의 과정 초기에 그는 재산, 힘, 즐거움, 성공 속에 행복이 있으리라고 생각했다. 그러나 그는 많이 놓아 줄수록 그만큼 더 행복해진다는 사실을 서서히 배우게 되었다. 오직 그 자신만 이었을 때, 자신의 길을 자유롭게 걸어갈 수 있을 때, 이 세상의 아름다움을 즐길 수 있을 때 그는 참으로 행복했다.

소유한 재산의 양과 행복의 크기에 비례하지 않는다는 것이 최근 일본 내각부가 자국민을 대상으로 조사한 결과에서도 마음의 풍요를 물질적 풍요를 57%이상 더 두고 행복 지수는 물질에 반비례해서 지금 이 세상에서 가장 행복한 사람들, 이 세상에서 가장 가난한 방글라데시 사람들인 것이다. 하느님 나라는 네 마음에 와 있다. 그 하느님 나라를 사는 것이 행복의 비결인 것이다. 하느님 나라는 보이지 않는 하느님과 보이지 않는 춤을 함께 추며 신명나게 행복하게 살아 나아가는 것이다.

불행과 애통은 우리를 초라하게 한다. 우리가 얼마나 작은 사람인지 냉정하게 일깨워 준다. 그러나 바로 그곳이 춤추시는 하느님이 우리를 부르셔서 일어나 첫 스텝을 내딛게 하시는 곳이다. 고통과 가난과 불편함 속이다. 예수님은 우리의 고통을 떠나서가 아니라 바로 그 고통 속에서 우리의 슬픔으로 들어와 우리 손을 부드럽게 잡아 일으켜 세우며 자유로운 춤을 청하신다. "나의 슬픔을 변하여 춤이 되게 하시며"(시편 30:11)라 고백한 시편 기자처럼 우리도 기도하는 법을 알게 된다. 슬픔의 한복판에서 하느님의 은혜를 발견하기 때문이다.

춤출 때 우리는 자신의 좁은 자리에 머물러 있을 필요 없이 춤동작으로 그 자리를 뛰어넘을 수 있다는 사실을 깨닫는다. 삶의 중심을 자기에게 두지 않는 것이다. 게다가 우리는 다른 사람들의 손을 잡고 더 큰 춤의 자리로 들어간다. 다른 사람들과 함께 있을 때, 은혜를 베푸시는 하느님을 위한 자리를 내 한복판에 확보하는 법을 배운다. 이렇게 하느님과 하느님의 백성들과 함께 있을 때 우리 삶은 한결 부요해진다. 온 세상이 우리의 춤판임을 알게 된다. 우리의 스텝은 한결 흥겨워진다. 하느님이 다른 사람들도 함께 춤추도록 부르셨기 때문이다.

샤를르 드 푸코의 신비 사상의 중심 개념은 인생의 길 위에서 두 주인공, 즉 끝없이 서로를 찾고 파트너로 삼아 가는 인간과 하느님 사이에서 이루어지는 보이지 않는 춤이라 하셨다.

물론 우리 각자와 하느님의 관계는 결국 놀라운 관계지만 샤를르 드 푸코와 같은 사람에게서는 특별했다. 왜냐하면 그는 변화되어야 할 것이 많은 사람이었고, 그런 그에게 하느님께서는 언제나 파트너인 그의 성향과는 반대되는 움직임의 춤을 가르치셔야 했기 때문이다. 부유한 귀족인 그는 자리를 바꾸어 사람들 가운데에 꼴찌가 되기를 배우게 하셨다.

그렇다. 샤를르 드 푸코는 결코 단순한 춤꾼이 아니었다. 그는 예수님의 파트너로서 자신을 통해 이처럼 놀라운 삶을 실현시킴으로써 우리에게 인간 성성의 무한한 가치와 인간의 나약함 위에 펼쳐지는 은총의 능력을 강조한다.

때로는 이 세상이 생지옥 같을지라도 우리들에게 공동체 생활로 하느님 나라 사는 자리 바꾸기를 하라고 주님의 전능하신 손을 내밀어 파트너를 바꾸라고 하신다. 이같이 나의 보증인을 바꾸는 것을 자리 바꾸기를 회개생활이라고 한다. 우리 일상생활에서 자리 바꾸기는 또한 나의 삶의 동반자 파트너 바꾸기는 우리들의 불행에서 행복한 하느님 나라 살기로 옮겨가는 삶은 부활 파스카 축제인 것이다.

우리에게 들리는 공동체로 오라는 주님의 부르심은 늘 있었던 자리, 자기만의 자리에서 떠나라는 부르심이다. 그러면 더불어 함께 사는 하느님 나라의 참된 행복을 얻어 누리게 된다는 것이다.

참된 행복은 행복 자체이신 하느님과 함께 사는데 있다는 것이다. 그러므로 눈에 보이지 않는 하느님께서 눈에 보이는 예수 그리스도는 하느님의 긍휼이 그 안에서 육체가 된, 자리를 바꾸신 주님이다. 우리는 예수님에게서 자리바꿈이 철저히 이루어진 삶을 보게 된다. 우리가 주님을 자리를 바꾸신 분으로 알고 따를 때에야 비로소 기독교 공동체가 형성된다. 우리 삶에서 이미 자리 바꾸기가 일어나고 있음을 인정하는 일부터 시작해야 할 것이다.

우리 이웃들 안에서 우리와 자리 바꾸기 위한 사랑의 대인 관계로 계시는 주님의 영으로 우리 자신이 인복이 최고인 참된 행복을 얻어 누리게 될 것이다. 우리 인간의 삶이 하느님을 지속적으로 찬미하기 위한 축제라고 클레멘스는 말했다.

자! 이제 우리는 어느 누구의 손을 잡고 어느 장단에 춤을 추며 살아 나아가겠는가? 악령의 손을 잡고 악령의 장단에 맞추어 이미 이 세상에서부터 생지옥을 사는 영원한 불행을 살아 나아가려는가?

우리가 하늘의 행복이라고 부르는 것은 사랑하는 행복이다. 즉 자기에게서 나와, 더 이상 자기를 생각하지 않으며, 일체 자기를 향해 기울어지지 않는 것이다. 이승에서 이 행복을 배워 가는 데 어찌 희생이 없기를 바라겠는가? 우리는 자연히 자신만을 생각지 않을 수 없으니 말이다. 왜냐하면 누군가를 사랑할 때조차, 타인은 항상 우리가 우리 자신에게 쏟는 사랑의 특별한 수단이기 때문이다. 십자가는 헐값의 행복을 초월하여 결국 하느님의 자녀들에게 합당한 행복, 곧 사랑하는 행복인 그 위대한 행복에 도달하는 길이다. 이 행복에 이르는 길은 희생을 거쳐야 한다. 우리 모두는 적게건 많게건 매일 매일의 삶에서 이것을 체험한다.

새로운 율법 - '주어라, 하느님이 주시듯이'

참 행복에 대한 말씀 뒤에는 새로운 율법의 명령이 이어진다. 그것은 '받았으니 주어야 한다.'는 것으로 귀결된다. 받은 것은 주기 위한 것이라는 말이다. 주기 위해 받는다. 그러나 무엇을 받는다는 말인가? 하느님은 무엇을 주시는가? 하느님은 완제품이 아니라, 완수해야 할 사명들을 주신다.

기에 신부는 다음과 같이 말한다. "'주어라.' 이것은 산상 말씀의 위대한 후렴들 중의 하나다. '거절하지 마라. 요구하지 마라. 아무것도 기대하지 말고 빌려 주어라. 주어라, 그러면 받을 것이다.' 그러나 조심해야 한다. 주는 것은 또한 얻는 방법이요, 스스로의 가치를 높이는 방법이기도 하다.(관대한 행위를 함으로써 우리는 스스로를 매우 높인다.) 주는 것의 순수한 기쁨은 받는 사람과 하나가 되는 것이다. 가난한 자만이, 다시 말하여 참 행복을 체험하여 하느님이 어떻게 주시는가를 아는 자만이 그것을 알 수 있다."

하느님이 주시는 것처럼 주는 것, - 하느님은 주실 때 요란스레 떠벌리시지 않는다. - 그것이 바로 세상의 소금이요 빛이 되는 방식이다. 복음이 구원이요 빛인 이유는, 그것이 인간적 삶을 통하여 알게 되는 변화시키는 하느님의 힘, 곧 하느님의 현존이기 때문이다. 소금이 그 짠맛을 잃으면, 즉 사제가 진정한 사제가 아니고, 수도자가 진정한 수도자가 아니며, 그리스도교인이 진정으로 복음적이지 않고, 제자가 더 좋은 제자가 되기를 멈추고 더 나쁘게 되어 버리면, 바닥에 내버릴 수밖에 도리가 없는 것이다. 그는 누구의 흥미도 끌지 못한다. 사실 그는 아무것도 아니기 때문이다. 그는 무엇인가가, 혹은 차라리 누군가가 되려는 영원한 망설임일 뿐이다.

사실 하느님의 성령께서 여러분 안에 계시다면 여러분은 육체를 따라 사는 사람이 아니라 성령을 따라 사는 사람입니다.(로마서 8장 9절)

바로 그 성령께서 우리가 하느님의 자녀라는 것을 증명해 주신다. 자녀가 되면 또한 상속자도 되는 것이다. 우리가 그리스도와 함께 고난을 받고 있으니 영광도 그와 함께 받을 것이 아닙니까? 사도 바오로는 반문하신다. 어찌 기뻐하고 즐거워하며 행복하지 않을 수 있습니까?

우리가 받을 큰상이 하늘에 마련되어 있다는 것이다.

행복하여라. 마음이 가난한 사람들 하늘나라가 그들의 것이니.

참된 행복한 자는 이 세상에서부터 하느님 나라를 살기 시작하고 진행시켜서 완성시켜나아가는 자들이다.

제 36 과

현대 세계에서 교회의 사명

전 인류 가족과 교회의 깊은 결합

기쁨과 희망(Gaudium et epes), 슬픔과 번뇌煩惱, 특히 현대의 가난한 사람과 고통에 신음하는 모든 사람들의 그것은 바로 그리스도를 따르는 신도들의 기쁨과 희망이며 슬픔과 번뇌인 것이다. 진실로 인간적인 것이라면 신도들의 심금心琴을 울리지 않는 것은 있을 수 없다. 신도들의 단체가 인간들로 구성되었기 때문이다. 신도들은 그리스도 안에 모여 성부의 나라를 향한 여정旅程에 있어서 성령의 인도를 받으며 모든 사람들에게 전해야 할 구원의 소식을 들었다. 따라서 신도들의 단체는 사실 인류와 인류 역사에 깊이 결합되어 있음을 체험한다. 제 2차 바티칸 공의회「현대 세계에 있어서의 교회에 관한 사목 헌장 머리말」에서 천명한 것이다.

▌세계안의 교회의 사명

교회와 세계의 상호 관계相互關係

위에서 인간의 존엄성, 인간의 공동체, 인간 활동의 깊은 뜻에 대하여 말한 모든 것은 교회와 세계의 상호관계의 기초를 이루며 상호 대화의 바탕이 되는 것이다. 그러므로 여기서는, 공의회가 교회의 신비에 대하여 이미 발표한 모든 것을 전제로 하고, 동일한 교회를 이 세계에 존재하고 세계와 함께 살며 활동한다는 점에서 고찰하려는 것이다.

교회는 영원하신 성부의 사랑에서 좇아나고, 구세주 그리스도에 의하여 시간 속에 세워졌으며 성령 안에서 모여, 구원과 종말을 목적으로 가진다. 이 목적은 후세에 가서야 비로소 완성될 것이다. 그러나 교회는 이미 이 지상에 현존하고 있으며 현세 국가의 멤버들인 사람들로 구성되어 있다. 이 사람들은 인류 역사 속에서 하느님의 자녀들의 가족을 '형성하고 주님이 오실 때까지 끊임없이 증가시키도록 불린 것이다. 천상보화寶貨를 위하여 서로 결합되고 천상보화로 부요하게 된 이 가족은 그리스도에 의하여 "사회로서 이 세계 안에 설립되고 조직되었으며", "볼 수 있는 사회적 일치의 수단手段도 갖추고 있다." 이렇게 교회는 동시에 "볼 수 있는 단체요 영적靈的 공동체로서" 전 인류와 함께 길을 걸으며 세계와 같은 운명을 겪고 있다. 교회는 또한 그리스도 안에서 쇄신되고 하느님의 가족으로 변형되어야 할 인류 사회의 누룩이나 영혼과 같은 존재이기도 하다.

지상 국가와 천장 국가의 이 같은 융합融合은 신앙으로써만 이해 할 수 있고 인류 역사의 신비로 남아 있을 것이다. 인류 역사는 하느님의 자녀들의 영광이 완전히 드러나기까지는 죄로 혼란을 면치 못하겠기 때문이다. 교회는 구원을 고유의 목적으로 추구하며 인간에게 하느님의 생명을 나누어 줄 뿐 아니라 어떤 의미에서는 이 생명이 반사反射하는 광명을 전 세계에 비추고 있다. 특히 인간의 존엄성을 고쳐 주며 향상시키고, 인류 사회의 결속結束을 강화하며, 인간의 일상 활동에 보다 깊은 의의를 부역함으로써 세계에 빛을 던져 준다. 이렇게 교회는 각 지체와 그 전 공동체를 통해서 인류 가족과 그 역사를 날로 더욱 인간답게 만드는 데에 크게 이바지할 수 있음을 확신한다.

그뿐 아니라, 이 같은 사명을 다하기 위하여 다른 그리스도 교회나 교회 공동체들이 협동하여 이바지하였고 아직도 이바지하고 있음을 가톨릭교회는 기꺼이 인정하고 높이 평가하는 바이다. 동시에 교회는 복음의 길을 닦기 위하여 세계로부터 개인이나 인간 사회의 재능과 노력에 의한 큰 도움을 여러 가지 모양으로 받을 수 있음을 확신 한다. 교회와 세계에 어느 정도 공통된 영역에서 이 같은 상호 교류交流와 원조援助를 올바로 촉진시키기 위한 몇 가지 일반원칙一般原則을 이제 논하려 한다.

교회가 개인에게 추고자 하는 원조

현대인은 자신의 인격을 보다 완전히 발전시키고 자신의 권리를 보다 많이 발견하여 주장하려고 노력한다. 인간의 최후 목적인 하느님의 신비神秘를 밝혀 주는 것이 교회에 맡겨진 사명이므로 교회는 동시에 인간 존재의 의의意義, 즉 인간에 대한 깊은 진리를 인간에게 밝혀 준다. 교회가 섬기고 있는 하느님만이 인간 마음의 가장 깊은 소망을 충족시켜 주실 수 있고 지상 양식으로는 결코 충족시킬 수 없다는 것을 교회는 잘 알고 있다. 또한 인간은 끊임없이 성령의 권고를 듣고 있으므로 결코 종교문제에 전혀 무관심할 수 없음을 교회는 알고 있다. 이 사실은 세기를 통한 지난날의 경험뿐 아니라, 오늘의 여러 가지 증거로도 입증되는 바이다. 인간은 언제나 적어도 어렴풋이나마 자기 생명과 자기 활동과 자기 죽음의 뜻을 알려고 갈망하겠기 때문이다. 교회의 현존 자체가 이런 문제들을 인간에게 상기시켜 준다. 하느님이 인간을 당신 모상대로 창조하셨고 인간을 죄에서 구해 주셨으므로 그분만이 이런 문제에 완전한 해답을 주실 수 있다. 하느님은 인간이 되신 당신 아들 그리스도의 계시를 통하여 완전한 해답을 주셨다. 그러므로 완전한 인간이신 그리스도를 따르는 사람은 스스로 더 완전한 인간이 되는 것이다.

그러므로 교회는 맡겨진 복음에서 힘을 얻어 인간의 권리를 선언하고 이 권리를 도처에서 발전시키고 있는 현대의 강력한 움직임을 그대로 인정하며 높이 평가하는 바이다. 그러나 이런 운동은 복음의 정신으로 무장되어야 하겠고, 온갖 그릇된 자율관自律觀에서 방위 되어야 하겠다. 우리는 신법神法의 온갖 규범에서 해방되어야만 비로소 인간의 권리가 완전히 보장된다는 생각에 유혹을 받고 있다. 그렇게 되면 인간의 존엄성이 구원되기는커녕 오히려 소멸되고 말 것이다.

교회가 인류 사회에 주고자 하는 원조

인류 가족의 일치는 그리스도 안에 기반을 둔 하느님의 자녀들의 가족적 일치로써 더욱 튼튼해지고 완성된다.

그리스도께서 교회에 맡기신 고유의 사명은 정치, 경제, 사회에 관한 것이 아니고 교회에 정해 주신 목적은 종교적 질서에 관한 것이다. 그러나 바로 이 종교적 사명에서 신법神法을 따라 건설하고 견고케 해야 할 인간 공동체에 이바지할 수 있는 직무와 빛과 힘이 나오는 것이다. 때와 장소의 환경에 따라서 필요하다면 자선사업慈善事業이나 이와 비슷하게 모든 사람, 특히 빈곤한 사람들에게 봉사할 수 있는 사업을 교회 자체가 일으킬 수 있고 또 반드시 일으켜야 한다.

그뿐 아니라 교회는 오늘의 강력한 사회 운동에 있어서 좋은 것이라면 무엇이나 다, 특히 일치의 진보 ,건전한 사회화社會化, 사회적 내지 경제적 연대의식連帶意識의 진전 등을 안정하는 바이다. 일치의 촉진은 바로 교회의 본질적 사명과 일치한다. 교회는 "그리스도 안의 성사聖事와 같은 것으로서, 하느님과의 깊은 일치와 전 인류 일치의 표지標識요 연장" 이기 때문이다. 이렇게 교회는 사회의 진실한 외적外的 일치가 정신과 마음의 일치에 기인하고 있음을 세계에 보여 준다. 즉 성령 안에서 교회의 일치를 확고부동하게 만들어 주는 신앙과 사랑에서 사회적 일치가 기인됨을 알려 준다. 교회가 현대 인류 사회에 영향을 미칠 수 있는 힘도 실생활에 실천되고 없는 이 신앙과 사랑에서 발견되는 것이지, 순 인간적 방법으로 외적外的 지배권支配權을 행사하는 데에 있는 것이 아니다.

그뿐 아니라, 교회는 그 사명과 본질에 따라 인류 문화의 어떤 특수 형태特殊形態 어떤 특정 정치, 경제, 사회 체제에 얽매이지 않는다. 바로 이 보편성普遍性 때문에 여러 인간 공동체와 국가들이 교회를 신뢰하고 교회의 사명 달성을 위한 완전한 자유를 실제로 인정하기만 한다면 교회는 그들의 유대紐帶를 맺어 주는 끈이 될 수 있다. 이 때문에 교회는 그 자녀들과 나아가서 모든 사람들에게, 하느님의 자녀들로서의 가족적 정신으로 국가와 민족들 사이의 온갖 불화不和를 극복克服하고 정망한 인간 단체들을 내적內的으로 강화하도록 충고한다.

그러므로 인류가 이미 만들었고, 또 아직도 끊임없이 만들고 있는 각양각색의 제도들 가운데서 발견되는 참된 것, 좋은 것, 옳은 것은 무엇이나 다 큰 존경심을 가지고 공의회가 주목하는 바이다. 그뿐 아니라, 교회의 영역에 속하고 교회의 사명과 합치되는 한, 교회는 이 같은 온갖 제도들을 도와주고 촉진促進하기 바란다는 것을 선언하는 바이다. 교회는 모든 사람에게 봉사하기 위하여, 개인과 가정의 기본권리基本權利와 공동선의 요구要求를 인정하는 모든 정치 체제 밑에서 스스로 자유로이 발전하는 것 외에 더 바라는 것은 아무것도 없다.

신자들을 통해서 인간 활동에 기여하려는 교회의 도움

공의회는 신자들이 천상국가와 지상국가의 시민으로서 복음의 정신을 따라 현세의 직무를 충실히 이행하도록 권장한다. 우리는 이 땅 위에 영원한 도시를 가지지 못했고 장차 올 도시를 찾고 있음을 알고 있지만 그 때문에 자기의 현세 임무를 등한시해도 좋다고 생각한다면 잘못이다. 왜냐하면 신앙 자체가 각자의 사명대로 지상임무를 이행하도록 그들에게 더욱 강력히 요구하고 있다는 사실을 잊어버리고 있지 때문이다. 또한 이와는 정반대로, 종교생활이란 단지 경신 행위敬神行爲와 약간의 윤리 의무倫理義務를 수행하는 것뿐이라 생각하며 현세 활동은 종교생활과 전혀 무관한 것처럼 현세 활동에 온전히 몰두해도 좋다고 생각하는 사람도 전자前者만 못지않게 잘못이다. 많은 사람들이 고백하는 신앙과 그들의 일상생활 사이의 모순矛盾은 현대의 중대한 오류誤謬 중의 하나라 하겠다. 구약에 있어서 이미 이런 스캔들을 예언자들이 강력히 규탄하였고, 더욱이 신약에 있어서는 예수 그리스도께서 중한 벌로 경고하셨다. 그러므로 한편의 직업적 내지 사회적 활동과 다른 종교생활을 부당하게 서로 대립시켜서는 안 된다. 자기의 현세적 임무를 등한시하는 그리스도 신자는 이웃과 더욱이 하느님께 대한 자기 업무를 등한시하게 되므로 자기의 영원한 구원도 위태롭게 만든다. 모름지기 그리스도 신자들은 목수木手일을 하신 그리스도의 모범을 따라, 인간적, 가정적, 직업적, 학문적 내지 기술적 노력을 종교적 가치價値와 결부시켜 하나의 생생한 종합綜合을 이룸으로써 자기의 온갖 현세 활동을 기꺼이 수행할 수 있을 것이다. 이 같은 종교적 가치의 고상한 질서 밑에서 모든 것은 함께 하느님의 영광을 지향하게 된다.

세속적 임무와 노력은 비록 독점적은 아닐지라도 평신도들의 영역이다. 따라서 평신도들은 개인으로나 단체로 시민으로서 행동할 때에 각 분야에 고유한 법칙을 지킬 뿐 아니라 그 분야의 전문가가 되도록 노력해야 할 것이며 같은 목적을 추구하는 사람들과 기꺼이 협력해야 한다. 신앙의 요구를 깨닫고 신앙에서 힘을 얻어 필요하다면 주저 없이 새로운 일을 창안創案하고 실천해야 한다. 현세적 시민생활市民生活 속에 신법神法을 새겨 주는 일은 올바로 형성된 양심을 가진 신자들의 책임이다. 신도들이 영적靈的 빛과 힘을 사제司祭들에게 기대해야 하겠지만, 그렇다고 해서 사목자司牧者들이 모든 일에 정통

精通하여 무슨 문제가 생기든지 아무리 중대한 문제가 생기든지 언제나 즉석에서 구체적인 해답을 줄 수 있다거나 또 그것이 그들의 사명이라고 생각하지는 말아야 한다. 오히려 신도들은 그리스도교적 지혜의 빛을 받아 교권敎權이 가르치는 바를 깊이 염두에 새겨 두고 그 고유와 책임을 나누어져야 하겠다. 사물에 배한 그리스도교적 사고방식思考方式대로 어떤 환경에 처해서 일정한 해결책을 강구해야 할 경우가 가끔 있을 것이다. 다른 신도들은 그들대로 역시 진지한 태도로 임하면서도 같은 문제에 대하여 달리 판단할 수도 있다. 이것은 가끔 있을 수 있는 일이며 또 당연한 일이다. 이런 경우에 많은 이들은 상대방의 본의를 떠나서까지 자기의 해결책만이 복음의 메시지에 부합한다고 주장하기 쉽다. 그러나 이런 경우에 명심해야 할 것은 아무도 교회의 권위를 빙자하여 배타적으로 자기주장을 고집해서도 안 된다는 것이다. 언제나 진지한 대화를 통하여 서로 깊이 이해하고 - 서로의 사랑을 실천하며 공동선을 첫째 관심사로 삼아야 하겠다.

교회 생활 전반에 걸쳐서 행동적行動的 역할을 맡은 평신도들은 세상에 그리스도의 정신을 침투시켜야 할 뿐 아니라, 인간사회 한가운데서 범사凡事에 그리스도의 증인이 되도록 불린 것이다.

하느님의 교회를 지도할 책임이 맡겨진 주교들은 자기 사제들과 함께 그리스도의 메시지를 설교함으로써 신도들의 현세적 모든 활동을 복음의 빛으로 밝혀 주어야 한다. 또한 모든 사목자司牧者들은 자신의 일상생활과 배려配慮로써 교회의 모습을 세상에 보여 주고 있다는 것과 그로써 사람들은 그리스도의 메시지의 힘과 진리를 판단하고 있다는 사실을 잊지 말아야 한다. 그러므로 교회가 가지고 있는 모든 은혜와 그 현존 자체만으로도 현대 세계가 가장 필요로 하는 힘의 마르지 않는 원천임을, 사목자들은 수도자와 신도들과 함께 생활과 말로써 증명해야 한다. 부단한 연구로 현대 세계의 어떤 견해의 사람들과도 대화할 수 있도록 자격을 갖추어야 할 것이다. 특히 다음과 같은 공의회의 말씀을 마음에 새겨 두어야 한다. "인류가 날로 더욱 정치, 경제, 사회의 각 분야에서 하나로 뭉치고 있는 오늘, 더욱이 사제들은 주교와 교황의 지도하에 서로 힘을 같이하여 일하며 전 인류를 하느님의 가족적 일치에로 이끌기 위하여 온갖 분열의 원인을 제거해야 할 것이다."

교회가 성령의 힘으로 주의 충실한 정배로 머물렀고 또한 끊임없이 세상 안에서 구원의 표지標識 구실을 하였지만, 오랜 세월이 흐르는 동안 성직자이건 평신도이건 그 멤버들 가운데는 천주 성령께 불충실한 사람도 없지 않았음을 모르는 바 아니다. 오늘도 교회에서 선포하는 메시지와 복음을 위탁받은 사람들의 인간적 나약성 사이에 상당한 거리가 상존하고 있음을 부정하지 않는다. 이런 결함缺陷에 대한 역사歷史의 판단이 어떻든 간에, 우리는 이런 잘못을 자인自認하며 이를 극복하기 위하여 전력을 다함으로써 복음 선포에 지장이 되지 않도록 힘써야 하겠다. 교회는 또한 세계와의 관계를 발전시키기 위해서는 세기를 통한 경험에서 얼마나 많은 것을 끊임없이 배워야 할 것인지도 알고 있다. 그러므로 성령의 인도를 받는 자모이신 교회는 "교회의 모습에 그리스도의 표지가 더욱 빛날 수 있도록 그 자녀들에게 정화淨化와 쇄신刷新을 끊임없이 권고하는 바이다."

현대 세계로부터 교회가 받는 도움

세계가 교회를 역사적 사회현실로 보고 그 누룩임을 안정할 필요가 있듯이 교회도 인류 역사와 그 발전에서 얼마나 많은 도움을 받았는지 모르지 않는다.

지난 여러 세기의 경험, 학문의 진보, 여러 문화형태文化形態 속에 숨에 있는 보화寶貨 등은 인간 자신의 본성을 더욱 풍부히 밝혀 주고 진리를 찾는 새로운 길을 열어 주며 교회에도 유익한 것이다. 교회는 그 역사의 시초부터 여러 민족들의 언어와 개념槪念으로 그리스도의 메시지를 표현하려고 노력했으며 또한 철학자哲學者들의 예지叡智로 그것을 설명하려고 애써왔다. 이것은 결국 가능한 한, 복음을 만인에게 이해시키고 지성인들의 요구도 충족시키기 위해서였다. 계시된 말씀을 이같이 환경에 적응시켜 설교한다는 것은 언제나 복음 선포의 원칙原則으로 지속되어야 한다. 이로써 모든 나라에 있어서 그리스도의 메시지를 그 나라에 알맞는 방법으로 표현할 수 있는 능력을 길러 주고 여러 민족들의 문화와 교회와의 교류交流를 촉진시킬 수 있다. 교회는 이런 교류를 증진시키기 위해서, 그 어느 때보다도 사물이 급격히 변동하고 사고방식이 실로 십인십색十人十色인 현대에 있어서는, 특히 신자 비신자를 막론하고 세상에 살며 여러 가지 제도와 학문에 정통精通하고 그 깊은 뜻을 이해하는 모든 사람들의 도움을 받아야 한다. 성령의 도우심을 받아 현대 세계의 말소리에 귀를 기울이고 그것을 분별하며 해석하고 복음의 빛으로 판단함으로써 계시된 진리가 항상 더욱 깊이 알려지고 더 잘 이해되고 더욱 적절히 표현되도록 노력하는 것은 하느님의 백성 전체의 의무이며 특히 사목자들과 신학자들의 의무이다.

　교회는 그리스도 안에서의 일치의 표현으로 가견적可見的 사회구조社會構造를 가지고 있으므로 인간적 사회생활의 발전으로 교회도 역시 부요해질 수 있고 또 사실 부요해지고 있다. 그것은 그리스도께서 마련하신 교회 구조에 무슨 결함이 있어서가 아니라, 그것을 더 깊이 깨닫고 더 잘 표현하고 현대에 더 잘 적응시킨다는 뜻이다. 교회는 그 공동체 전체를 위해서나 그 자녀들 개인을 위해서나 모든 계층階層과 조건條件의 사람들로부터 여러 가지 도움을 받고 있으므로 감사로이 느낀다. 가정, 문화, 경제, 사회, 정치 각 분야分野에 있어서 국내적國內的으로나 국제적國際的으로 인간 공동체의 발전을 도모하는 사람은 누구나 하느님의 계획을 따라 외적外的 요소에 있어서는 교회 공동체教會共同體에 적지 않은 도움을 주고 있는 것이다. 그뿐 아니라, 교회는 교회를 반대하거나 박해하는 사람들의 반대에서도 많은 이익을 얻었고 또 얻을 수 있다고 인정하는 바이다.

시작이요 끝이신 그리스도

교회가 스스로 세상을 도와주고 세상의 많은 도움을 받음으로써 목적하는 것은, 하느님의 나라가 임하고 전 인류의 구원이 성취되기 위한다는 한 가지 뿐이다. 교회가 지상地上을 여행하는 동안, 인류 가족에게 제공할 수 있는 선善 전부가, 교회는 인간에게 대한 하느님의 사랑의 신비를 보여 주며 실천하는 "구원의 보편적 성사"라는 거기서 흘러나온다.

만물을 창조하신 하느님의 말씀이 혈육을 취하신 것은, 완전한 인간이 되시어 만인을 구원하시고 만물을 새롭게 하시기 위해서였다. 주님은 인류 역사의 종말이요 역사와 문명이 열망하는 초점焦點이며 인류의 중심이시고, 모든 마음의 기쁨이며 그 욕망의 충족이시다. 성부께서는 그분을 죽은 이들 가운데서 부활시키시고 들어 높이시어 당신 오른편에 앉히시고 산 이와 죽은 이의 심판관으로 세우셨다. 우리는 그분의 성령으로 말미암아 생명을 얻고 하나로 모여 인류 역사의 종말을 향해 여행하고 있으며 그것은 "하늘과 땅에 있는 모든 것을 그리스도 안에서 하나가 되게 하시려는" (에페 1, 10) 그분의 사랑의 계획과 완전히 일치하는 것이다.

주 친히 말씀하신다. "보라, 내 곧 오리라. 내 줄 상급이 내게 있으니 각 사람에게 그 행실대로 갚아 주러 오리라. 나는 알파요, 오메가며, 최초요 최종이며, 시작이요 끝이로다" (묵시 22, 12-13).

한국 천주교회사

"이것은 참으로 훌륭한 도리이고 참된 길이오. 위대하신 천주께서는 우리 나라의 무수한 불쌍한 사람들을 불쌍히 여기셔서, 우리가 그들에게 구속의 은혜에 참여케 하기를 원함이오. 이것은 천주의 명령이오. 우리는 천주의 부르심에 귀를 막고 있을 수 없소 천주교를 전파하고 모든 사람에게 복음을 전해야 하오"(이 벽).

한국 천주교회는 평신도들이 학문 연구를 통해 얻은 신앙을 바탕으로 자발적으로 창립된 교회로서 수많은 순교 성인들의 피를 밑거름으로 오늘날까지 성장해 왔다. 순교자의 후예인 우리는 교회 창설이 하느님의 특별한 은총의 배려라는 점을 깨닫고 복음 선교를 '천주의 명'으로 알았던 선열들을 본받아 이 겨레의 구원을 위해 지속적인 선교에 온갖 노력을 다해야 할 것이다.

I. 천주교가 전래되기 전의 조선

천주교가 이 땅에 전래되기 이전의 조선 후기는 극심한 당파 싸움으로 불안이 그치지 않던 시기였다. 임진·병자 양란 이후 신분제가 흔들리고 상업과 수공업의 발달로 많은 인구가 도시로 이동하면서 서민 사회가 성장하기 시작했다. 이러한 배경에서 전통적 학문과 사회 윤리를 다시 인식하게 되었으며, 외래문화에 대한 관심이 커지고, 서민층도 문화 창조에 참여하는 등 새로운 기운이 후기 조선 사회에 변화를 촉구하였다. 이와 같은 변화 속에서 남인 학자들은, 비록 조선 왕조의 지도 이념이기는 하지만 점점 사변 철학으로 변해 실생활과 동떨어진 성리학을 비판하고, 현실 생활에 도움이 되는 실학을 추구하였다.

2. 천주교의 전래

한국 천주교회는 선교사들이 복음을 전한 다른 나라와는 달리 우리나라 평신도들이 직접 진리의 말씀을 도입해 왔다는 데 특정이 있다. 17세기 초부터 중국에서 서양의 학술 서적과 문명의 이기들이 들어오게 되었는데, 이 가운데는 마태오 리치의 『천주실의』天主實義와 같은 천주교 서적들도 있었다. 실학을 연구하던 남인 학자들이었던 이벽 같은 이들은 처음에 천주교를 하나의 학문으로 연구했으나, 나중에는 신앙으로 받아들였다.

소수의 서학西學 서적만으로 진리의 갈증을 채울 수 없었던 이들은 이승훈을 북경으로 파견하여 서양 선교사들에게서 교리를 직접 배워 오게 하였는데, 이승훈은 베드로라는 이름으로 세례를 받고(1784년) 돌아와 이벽, 권일신 등에게 세례를 베풀었다. 이로써 조선에 학문이 아닌 종교로서 천주교가 자리 잡았다.

이벽을 비롯한 남인 학자들은 1786년부터 북경 교회를 본떠 소위 가성직假聖職 제도를 만들어 2년 동안 주일 미사를 거행하고 세례, 견진, 고해성사 등을 집행하였다. 그러나 이들은 이에 대한 타당성에 의문을 갖고 북경 주교에게 문의하였는데, 북경 주교가 이의 부당성을 지적하고 금지시키자 모든 성사 집행을 중단하고 성직자의 파견을 요청하였다.

조정의 천주교 탄압이 거세지는 가운데 1794년, 중국인 주문모周文謨 신부가 입국하여 활동했으나 1801년 체포되어 순교하였다. 그러나 조선의 신자들은 이에 굴하지 않고 더욱 선교에 열성을 기울이는 한편 성직자의 파견을 간청하였다. 마침내 1831년 조선이 교구로 설정되고 브뤼기에르(Bruguière) 소蘇 주교가 초대 주교로 임명됨으로써 조선의 천주교도 교회의 꼴을 제대로 갖추게 되었다. 소 주교가 조선에 입국하지도 못하고 만주에서 사망하였으나, 중국인 유방제劉方濟 신부와 프랑스인 모방(Maubant), 샤스탕(Chastan) 신부와 앵베르(Imbert) 범范 주교가 입국하여 조선 교회는 활기를 띠었다.

3. 박해

천주교가 이 땅에서 박해를 받게 된 것은 사상적으로 유교의 신분 사상과 천주교의 평등사상이 갈등을 빚었고, 사회적으로는 조상 제사를 미신으로 간주하여 이를 거부함으로써 전통 질서와 가치관을 파괴한다는 우려를 낳았으며, 정치적으로는 당파 싸움에 천주교가 이용당했기 때문이다.

1784년에 시작된 한국 교회는 이듬해 명례방(지금의 명동)에 있던 김범우의 집에서 집회를 하다가 관헌에게 발각되어 일행이 잡혀 가고 교회 서적, 성물, 성화 등을 압수당했다. 이때 김범우가 유배지에서 사망했으며(최초의 순교), 다른 사람들도 신앙생활에 심한 타격을 받았다(을사추조 적발 사건).

이후 교회 재건에 힘을 쏟던 조선 교우들에게 북경의 구베아 주교는 가성직 제도의 부당성과 아울러 조상 제사는 미신이므로 금지하라는 의견을 보냈다. 1791년 전라도 진산에 살던 윤지충과 그의 외사촌인 권상연이 조상의 신주를 불사르고 어머니의 제사를 거행하지 않은 사실이 문제가 되어 순교하였다. 홍낙안이 이 사건을 정치적으로 이용하여 사건을 확대하자 이의 여파로 이승훈이 파직되어 귀양살이를 하게 되었으며 권일신, 원시장 등이 순교하였다(신해박해).

이러한 탄압에도 불구하고 권철신, 정약종, 최창현 동에 의해 교세가 확장되었으며, 1795년 주문모 신부가 입국한 후 신자들이 1만 명으로 급격히 늘어났다. 그러나 순조 즉위 후인 1801년, 당파 싸움의 와중에 남인 시파와 가까웠던 권철신, 정약종, 이승훈을 비롯한 천주교 신자 300여 명과 주문모 신부가 순교하였다(신유박해).

1834년, 중국인 유방제 신부가 입국할 때까지 성직자가 없는 가운데서도 정하상 등이 교회를 재건하기 위해 노력함으로써 1831년, 조선 교구가 설정되었다. 1836년 모방 신부가 입국하고 김대건 등의 신학생이 마카오로 유학을 떠났다. 샤스탕 신부와 앵베르 주교의 입국으로 모처럼 활기를 찾게 된 교회는 외국인 성직자가 입국했다는 소문이 퍼져 다시 모진 박해를 받았다. 1839년 정부는 「척사윤음」斥邪綸音을 반포하고 세 명의 성직자와 정하상을 비롯한 신자 200여 명을 처형하였다(기해박해).

1845년 페레올(Ferreol) 주교로부터 사제 서품을 받은 김대건 신부는 페레올 주교, 다블뤼(Daveluy) 신부와 함께 입국하여 성무 집행에 전념하다가 1846년 메스트르(Maistre) 신부와 최양업 부제를 입국시키기 위해 배를 타고 가던 중 순위도에서 체포되어 10여 명의 신자들과 함께 순교하였다(병오박해).

철종 즉위 후 십여 년 동안 박해가 뜸하게 되고 최양업 신부와 열두 명의 프랑스 선교사의 노력으로 신자 수가 2만 3천 명에 이르렀다. 그러나 고종이 즉위하자 흥선대원군이 자신의 집권을 확고히 하기 위해 대대적인 박해를 가했다. 1866년 아홉 명의 성직자와 만여 명의 신자들이 순교하였다(병인박해).

4. 종교 자유와 일제 시대

1876년, 병자수호조약으로 문호를 개방하기 시작한 조선은 1886년, 한불수호조약을 체결함으로써 조선 안에서 신앙의 자유를 보장하였다. 이로써 한국 교회는 100여 년 동안의 모진 박해에서 벗어나 자유롭게 선교 활동을 할 수 있게 되었다. 하느님과 한국 교회를 위해 고귀한 목숨을 바친 79위의 순교자가 1925년 복자위에 오르게 되어 그들의 피가 결코 헛되지 않았음을 입증하였다.

일제 치하의 한국 교회는 적극적인 선교 활동으로 신자들이 크게 늘어나고 성전 건축과 출판, 의료, 사회 복지 사업 등을 통해 이 땅의 문화 창달과 생활 향상에 크게 기여했다. 그러나 프랑스 선교사들의 소극적인 태도로 교회가 적극적으로 독립 운동에 가담하지 못하였고 다만 안중근을 비롯한 개인들이 독립 운동에 참가한 것으로 그쳤다. 일제 말기에는 신사참배에 굴복하고 교회 지도자들이 징병·징용 참가를 권유하는 부끄러운 과거를 남기기도 하였다.

5. 현재의 한국 천주교회

해방을 맞아 남한 교회는 자유 민주주의 체제 아래에서 자유로이 선교 활동에 열중하면서 교육·문화·빈민 구제사업 등을 활발히 전개하였다. 그러나 북한 교회는 공산당의 종교 말살 정책으로 많은 성직자, 수도자, 신자들이 순교하고 교회 재산을 몰수당하는 비극을 겪었다.

1968년에는 1925년에 이어 24위의 순교자들이 복자위에 올랐다. 앞서 복자위에 올랐던 79위와 이들 24위의 순교자는 1984년 한국 천주교회 창립 200주년 행사에서 성인품에 오르게 되어 이들을 비롯한 모든 순교자들의 피가 한

국 교회의 밑거름이었다는 것을 만천하에 알렸다. 1989년 제44차 세계 성체
대회를 거행함으로써 한국 천주교회의 외적 성장을 확인하고 내실을 기하는
계기가 되었다.

일제 치하에서 사회정의 실현에 소극적이었던 한국 천주교회는 1970년대
이래 인권 회복 운동에 적극적인 활동을 전개하고, 경제 정의 실천 운동을 통
해 실질적인 민족 복음화에 앞장서 교회의 참 모습을 구현하고 있다. 이제 한
국 천주교회는 다른 종교들과 대화를 나누고, 갈라진 형제들과 일치하기 위
한 노력에 앞장서고 있으며, 해외에 선교사를 파견하고 가난한 외국 교회를
물질적으로도 돕는 등 받는 교회에서 주는 교회로 탈바꿈하고 있으며, 온 겨
레가 참된 구원을 받을 수 있도록 노력하고 있다.

참고 문헌

단원 I _ 제2과 23p~25p
가톨릭 신앙입문 화란교리서   김종수 외 공편 : 예비자 교리안내서 가톨릭대
부제반 1981년 첫부분

단원 I _ 제3과 26p~35p
하나인 믿음 새로운 공동 신앙고백서   서강대 신학연구소 펴냄 : 1979년 분도출판사
흔들리지 않는 신앙   프랑수아 비리용 지음 : 생활성서사 펴냄
2000년 (믿는 기쁨, 사는 기쁨)

우리가 예수를 찾는 이유   이제민 지음 : 바오로의 딸 펴냄, 2001년 (그리
스도교 신앙안내서)

가톨릭교회 교리서 제1편   한국천주교 중앙협의회 1994년

단원 III _ 제6과 48p~59p
초대교회에 예수, 그리스도, 주님(주석학적
   그리스도론)   샤를르페로 지음 : 가톨릭대 출판부 2001년
가톨릭교회에 가르침   한국천주교중앙협의회 1996년
그리스도교 신학의 근본규범인 예수 그리스도
   (한스킹에 나타난)   손희송 지음 : 가톨릭대출판부 1996년

단원 III _ 제7과 60p~71p
하나인 믿음 (새로운 공동 신앙고백서)   서강대신학연구소 한국신학연구소
: 분도출판사 펴냄 1979년

흔들리지 않는 신앙   프랑수아 바리옹 지음 : 생활성서 펴냄 2000년
가톨릭교리서 제1편   한국중앙협의회
그리스도교 신학의 근본 규범인 예수 그리스도
   (한스킹에 나타난)   손희송 지음
하느님-과학 시대를 위한 신론입문   G하센휫틀 저 / 심상태역
: 성바오로 출판사 신학선서6 1983년

단원IV _ 제8과 74p~89p

가톨릭교회 가르침 성서와 그리스도론 1996
　　창간호　　　　　　　　　　　　　　　한국천주교중앙협의회
그리스도교 신학의 근본인 예수그리스도　　한스 큉 / 손희송 지음
　　　　　　　　　　　　　　　　　　　: 가톨릭대학 출판부 1996년

50가지 예수 모습　　　　　　　　　　안셀름 그륀 지음 / 신동환 옮김 : 분도출판사
해방자 예수그리스도　　　　　　　　　레오나르도 보프 지음 / 황종렬 옮김
　　　　　　　　　　　　　　　　　　　: 분도출판사 1993년

초대교회의 예수 그리스도　　　　　　샤를르페르 지음 / 백운철 옮김
　　　　　　　　　　　　　　　　　　　: 가톨릭대학 출판부 2001년

어제와 오늘 그리고 항상 계실 예수그리스도　마리오 세렌타지음 / 곽승룡 옮김
　　　　　　　　　　　　　　　　　　　: 대전 가톨릭대학교 출판부 1998년

비움과 영성　　　　　　　　　　　　곽승룡 지음 : 가톨릭 출판사 2004년

단원IV _ 제9과 90p~98p

하느님 나라　　　　　　　　　　　　조규만 지음 : 가톨릭 대학 출판부 2005년
교회와 하느님 나라　　　　　　　　　롬바르디 지음 / 성염 번역
　　　　　　　　　　　　　　　　　　　: 성 바오로 출판사 1982년

우리 곁에 있는 하느님 나라　　　　　베네딕트 J. 그뢰센 지음 / 김은 옮김
　　　　　　　　　　　　　　　　　　　: 성바오로 딸 1999년

단원IV _ 제10과 99p~114p

그리스도교 신앙의 근본규범인 예수 그리스도　한스 킹 / 손희송 지음 : 가톨릭대 출판부
하나인 믿음 새로운 공동신앙 고백서　서강대 신학연구소, 한국 신학연구소
　　　　　　　　　　　　　　　　　　　: 분도출판사

해방자 예수그리스도　　　　　　　　레오나르드 보프 / 황종렬 옮김
　　　　　　　　　　　　　　　　　　　: 분도출판사 1993년

그리스도와 하나 됨(믿는 기쁨1, 사는 기쁨2)　프랑수아 바리용 지음 / 심민화 옮김
　　　　　　　　　　　　　　　　　　　: 생활성서사 2001년

단원IV _ 제11과 115p~157p

예수부활과 역사적 비판   G 로핀크

그리스도교 신학의 근본 규범인 예수 그리스도

   (한스킹에 나타난)   손희송 지음 : 가톨릭대 출판부

해방자 예수그리스도   레오나르드 보프 지음 / 황종렬 옮김

                                    : 분도출판사

나자렛 예수   교황 베네딕토16세 지음 : 김영사 발행 2010년

하나인 믿음   서강대 신학 연구소 한국 신학연구소

                                    : 분도출판사 1979년

우리가 예수를 찾는 이유   이제민 지음 : 바오로 딸 2001년

복음서의 예수 그리스도   루돌프 슈낙켄브르코 지음 / 김병학 옮김

                                    : 분도출판사 2009년

그리스도와 하나 됨(믿는 기쁨, 사는 기쁨3)   프랑수아 바리용 지음 / 심민화 옮김

                                    : 생활성서사 2001년

단원V _ 제13과 169p~175p

하나인 믿음   서강대 신학연구소 한국신학연구소

                                    : 분도출판사

복음서의 예수그리스도   루돌프 슈낙켄부르크 지음 / 김병학 옮김

                                    : 분도출판사

그리스도인의 신앙과 삶   김양선 지음 : 바오로 딸 2001년

단원VII _ 제18과 223p~244p

그리스도 신앙 어제와 오늘   요셉 라찡거 / 장익 역

                                    : 분도출판사, 1974년. 32쪽 참조.

예수 그리스도의 기쁜소식   장 클로드 바로 / 유재국 역

                                    : 가톨릭 출판사, 1980년 94쪽 참조.

해방신학   구스타보 구티에레즈 / 성염 역

                                    : 분도출판사, 1977년, 333쪽 참조.

신학대전 III	성 토마스 아퀴나스, 성사 정의에서
전게서	장 클로드 바로, 99쪽 참조.
가톨릭 신앙입문 해설	요셉 드라이선 / 최창무 역
	: 분도 출판사, 1973년, 104-105쪽 참조
떼이야르 드 샤르댕의 신학 사상	로버터 패리시 / 이홍근 역 123-125쪽 참조
전게서	구스타보 구티에레즈, 328-336쪽 참조
하나인 믿음	서강대학교 신학 연구소 및 한국 신학연구소
	편, 이경우, 정한교 공역
	: 분도출판사, 1979년 36. 101-105쪽 참조
상게서	106-107쪽 참조
전게서	구스타보 구티에레즈, 252-260쪽 참조
교회와 성사	에드와르드 실레벡스 / 김영환 편역
	: 성신출판사, 137-155쪽 참조
가톨릭교리서	한국천주교주교회의 편
	: 한국천주교 중앙협의회, 1983년 수정판, 130-174쪽
가톨릭 신앙 입문	화란 신학자들 / 대건신학대학 전망 편집부 역
	편 : 한국 천주교 중앙협의회, 1971년, 309-312쪽
그리스도의 가르침	로날드 로울러 외 공편 / 오경환 역
	: 성 바오로출판사, 1977년, 430-437쪽
성사와 은총, 신학전망 43호	김영환
	: 1978년, 대건신학대학 전망편집부, 60-73쪽
교회와 성사	에드와르드 실레벡스 / 김영환 편역
	: 성신출판사, 1981년 171-178쪽

단원VII _ 제19과 245p~259p

가톨릭 신앙입문 해설	요셉 드라이선 / 최창무 역
	: 분도출판사, 1973년 25쪽 참조
세례 신앙과 교회 구성원, 신학전망 41호	요셉 라정거
	: 1978년. 대건신학대학 전망편집부 54쪽 참조

상게서	58쪽 참조
교회와 성사	에드와르드 실레벡스 / 김영환 편역
	: 성신출판사 185쪽 참조
가톨릭 신앙 입문	화란 신학자들 / 대건신학대학 전망 편집부 역
	편 : 한국천주교중앙협의회, 1971년 305-307쪽
	참조
그리스도의 가르침	로날드 로울러 외 공편 / 오경환 역
	: 성바오로 출판사, 1977년, 475-489쪽
가톨릭 교리서	한국천주교주교회의 편 : 한국천주교중앙협의
	회. 1983년 수정판. 132-136쪽
신학전망 41호	1978년. 세례 특집
전례헌장	6. 10. 14항
하나인 믿음	서강대학교 신학연구소 외 공편 / 이경우 · 정
	한교 공역
	: 분도출판사. 1979년. 369-374. 552-553쪽
화란 신학자들. 가톨릭 신앙 입문	대건신학대학 전망편집부 역편
	: 한국천주교중앙협의회. 1971. 296-308쪽
사목 39호	: 한국천주교중앙협의회 1975년 5월.
	성세성사 특집

단원VII _ 제19과 260p~265p

교회와 성사	에드와르드 실레벡스 / 김영환 편역
	: 성신출판사. 191-200쪽 참조
경신성성. 견진성사 예식서	주교회의 전례위원회 역
	: 한국천주교중앙협의회. 1971년
그리스도의 가르침	로날드 로울러 외 공편 / 오경환 역
	: 성바오로 출판사 1977년. 490-49쪽
가톨릭 신앙 입문	화란 신학자들/대건신학대학 전망편집부 역편
	: 한국천주교중앙협의회. 1971년. 313-315쪽
하나인 믿음	서강대학교 신학 연구소 외 공편 / 이경우 · 정

견진교리서
교리 전례용어 해설 사목 25호

한교 공역 : 분도출판사. 1979년. 558쪽
서울대교구 교육국 편 : 가톨릭 출판사. 1981년
이기정 편
: 1973년 1월, 한국천주교중앙협의회 93-100쪽

단원Ⅶ _ 제20과 266p~305p
인간의 식사와 그리스도교의 성찬 사목 65호

필립루이야르 : 1979년 9월호 한국천주교중앙
협의회, 4-12쪽 참조

마르코 복음서, 신약학 강의
그리스도 신앙 어제와 오늘

박상래 : 서울 가톨릭대학, 206-208쪽 참조
요셉 라찡거 / 장익 역
: 분도출판사, 1974년, 226-227쪽 참조

예수 그리스도

발터 카스퍼 / 박상래 역,
: 분도출판사, 1977년 401쪽

가톨릭 신앙 입문

화란 신학자들, 전망 편집부 역편
: 한국천주교중앙협의회, 1971년, 649쪽

전게서
전게서
그리스도의 가르침

필립 루이야르, 8-12쪽 참조
화란 신학자들, 410쪽
로날드 로울러 외 공편 / 오경환 역
: 성 바오로 출판사, 1977년, 452쪽

상징과 실재, 전망 9호

빅토르 바르나하 : 1970년 6월호, 대건신학대
학 전망편집부 27-39쪽 참조

예비자 교리 안내서

김종수 외 공편 : 가톨릭대학 신학부 부제반,
1981년. 142-143쪽 참조

전게서
전게서
해방신학

빅토르 바르나하, 38-39쪽 참조
화란 신학자들, 650-652쪽 참조
구스타보 구티에레즈 / 성염 역
: 분도출판사, 1977년 337쪽 참조

성체를 어떻게 설명해야 할 것인가, 신학전망
  44호

모니카 헬비히, 1979년 대건신학대학 전망편
집부, 122-131쪽 참조

성사란 무엇인가	레오나르도 보프 / 정한교 역
	: 분도출판사, 1981년, 41-48쪽 참조.
삶과 죽음의 성사 성체	실라우스
	: 경향잡지 1978년 7월호, 한국천주교중앙협
	의회, 26-28쪽 참조.
전게서	화란 신학자들, 412-414. 649-651쪽 참조
전망 9호	대건신학대학 전망편집부, 1970년 6월호 성체
	성사 특집.
그리스도의 가르침	로날드 로울러 외 공편 / 오경환 역
	: 성바오로 출판사, 1977년, 439-457쪽
하나인 믿음	서강대학교 신학연구소 외 공편 / 이경우 · 정
	한교 공역 : 분도출판사, 1979년, 552-557쪽
가톨릭 신앙 입문	화란 신학자들 / 대건신학대학 전망편집부 역편
	: 한국천주교중앙협의회, 1971년 403-420쪽
성체와 하느님의 백성, 사목 8호	곳프리 디크만 : 1969년 2월호, 한국천주교중
	앙협의회, 54-63쪽
사목 65호	한국천주교중앙협의회, 1979년 9월호, 성체성
	사 특집
성서신학사전	레옹-뒤푸르 편 / 광주 가톨릭대학 전망 편집
	부 역 : 광주 가톨릭대학 1984년, 빵, 성찬, 술,
	식사

단원Ⅶ _ 제21과 306p~316p

그리스도의 가르침	로날드 로울러 외 공편 / 오경환 역
	: 성바오로 출판사, 1977년. 518쪽 참조
예비자 교리 안내서	김종수 외 공편 : 가톨릭대학 신학부 부제반,
	1981년, 155쪽 참조
전게서	로날드 로울러, 519쪽 참조
경신성성, 병자성사 예식서	주교회의 전례위원회 역
	: 한국천주교 중앙협의회, 1975년

가톨릭 교리서	한국천주교주교회의 : 한국천주교중앙협의회, 1983년 수정판, 169-171쪽
그리스도의 가르침	로날드 로울러 외 공편 / 오경환 역 : 성바오로출판사 1977년, 512-520쪽
화란 신학자들, 가톨릭신앙입문	대건신학대학 전망편집부 역편 : 한국천주교중앙협의회. 1971년, 557-581쪽
하나인 믿음	서강대학교 신학연구소 외 공편 / 이경우·정한교 공역 : 분도출판사, 1979년. 561-562쪽
전망 9호	대건신학대학 전망편집부 : 1970년. 84-92쪽; 전망 31호, 1975년, 그리스도인의 죽음 특집
사목 39호	한국천주교중앙협의회, 1975년 5월, 90-94쪽
강의록 성사론 II	대건신학대학, 100-109쪽.
교리전례용어 해설	이기정 편 : 가톨릭출판사, 1975년, 265-275쪽
죽는 이와 남는 이를 위하여	릴리 펑커스 / 이인복 역 : 고향서원, 1979년

단원VII _ 제21과 317p~340p

하느님 오 하느님	존 포웰 / 이동진 역 : 자유문학사, 1980년, 248-250쪽
사제피정 강론집	아돌프 니꼴라스 : 서울대교구, 1977년. 96-98쪽
신의 무덤	아돌프스 / 박갑성 역 : 삼성문화문고 83, 1976년, 104-105쪽
죄와 회개	요셉 푹스, 전망 창간호, 1968년 12월, 대건신학대학 신학전망부, 70-75쪽
성서신학사전	레올-뒤푸르 편, 광주 가톨릭대학 전망편집부 역, 광주 가톨릭대학, 1984년, 빵, 성찬, 술, 식사, 678-689쪽
예비자 교리서 안내서	김종수 외 공편 : 가톨릭대학 신학부 부제반, 1981년, 144-145쪽
천주교 교리	박도식 : 가톨릭출판사, 1984년, 77-78쪽

전게서   김종수 외 공편, 148-149쪽

경신성성, 고백성사 예식서   주교회의 전례위원회 역

: 한국천주교중앙협의회, 1977년

악의 본질과 악의 구원   장익, 사목 59호, 1978년 9월, 한국천주교중앙

협의회, 70-88쪽

사목 78호   한국천주교 중앙협의회, 1981년 11월, 죄 특집

고백을 위한 성찰   사목편집부, 사목 10호, 1969년 8월 한국천주

교중앙협의회, 57-63쪽

오늘의 고백성사   까를로 커란, 사목 13-15호. 1970년, 한국천주

교중앙협의회

화란 신학자들, 가톨릭 신앙입문   대건신학대학 전망편집부 역편 : 한국천주교

중앙협의회 1971년. 316-327쪽

가톨릭 교리   최명화 : 가톨릭출판사 1963년, 195-202쪽

간추린 생활교리   에브리 델레스 외 공편 / 정승현 역

: 성바오로출판사, 1980년, 175-186쪽

속죄 규범의 변천과 고백성사 예식의 중추

  개념인 화해   최윤환, 논문집 14, 가톨릭대 1978. 5-34쪽

구도의 길   성염 : 성 바오로 출판사, 1982년, 103-112쪽

사회 현상으로서의 죄와 성성   버나드 헤링, 전망 6호, 1969년, 대건신학대학,

79-88쪽

신학전망 34호   대건신학대학 전망편집부, 1976년, 죄신학 특

집

성서신학사전   레옹-귀푸르 편 / 광주 가톨릭대학 전망 편집

부 역 : 광주 가톨릭대학, 1984년, 빵, 성찬, 술,

식사, 678-689쪽

교회와 성사   에드와르드 실레벡스 / 김영환 편역

: 성신출판사, 1981년, 171-178쪽

단원VII _ 제22과 341p~348p

예비자 교리서 안내서   김종수 외 공편 : 가톨릭대학 신학부 부제반,

	1981년, 150-152쪽
가톨릭 신앙 입문	화란 신학자들 / 대건신학대학 전망 편집부 역
	편 : 한국천주교중앙협의회, 1971년, 445-446쪽
가톨릭 교리서	한국천주교주교회의 편 : 한국천주교중앙협의
	회, 1983년 수정판, 154-156쪽
하나인 믿음	서강대학교 신학연구소 및 한국신학연구소 편
	/ 이경우, 정한교 공역 : 분도출판사, 1979년.
	558-559쪽
그리스도의 가르침	로날드 로울러 외 공편 / 오경환 역
	: 성바오로 출판사, 1977년, 458-474쪽
신앙과 생활	최석우
	한국천주교중앙협의회, 1972년, 204-207쪽
종신 부제직 설정 문제	두 봉, 사목 24호, 1972년 11월 : 한국천주교중
	앙협의회, 66-71쪽
신도 사제직과 서품 사제직	김경환, 사목 25호, 1973년, 1월
	: 한국천주교중앙협의회, 24-31쪽
여성 사제론	요셉 봄머, 사목 50호, 1977년 3월
	: 한국천주교중앙협의회, 78-90쪽
성세성사와 신품성사와의 관계; 정진석, 주교	
단과 수위권	김영환, 신학전망 46호, 1979년
	: 대건신학대학 34-63쪽
강의록 성사론 II	대건신학대학, 100-109쪽
교리전례용어 해설	이기정 편 : 가톨릭출판사, 1975년, 254-259

단원VII _ 제22과 348p~361p

화란 신학자들, 가톨릭신앙입문	대건신학대학 전망편집부 역편
	: 한국천주교중앙협의회, 1971년, 462-463쪽
예수 그리스도	발터 카스퍼 / 박상래 역
	: 분도출판사, 1977년, 328쪽. 토비트서 참조
성령은 나의 희망	레오 수에넨스 / 김마리로사 역

	: 분도출판사, 1976년, 181-182쪽
은총	기스벨트 그레사케 / 심상태 역
	: 성바오로출판사, 1979년, 135쪽
그리스도 신앙 어제와 오늘	요셉라찡거 / 장익 역
	: 분도출판사, 1974년, 208쪽
전게서	기스벨트 그레사케, 33-34쪽
역만인의 신앙	존 오브라이언 / 정진석 역
	: 경향잡지사, 1960년, 367-368쪽
예비자 교리 안내서	김종수 외 공편
	: 가톨릭대학 신학부, 부제반, 1981년, 158쪽
가톨릭 교리서	한국천주교주교회의 : 한국천주교중앙협의회, 1983년 수정판, 157-160쪽
가톨릭신앙입문	화란 신학자들 / 대건신학대학 전망편집부 역편 : 한국천주교중앙협의회, 1971년, 459-490쪽
하나인 믿음	서강대학교 신학연구소 외 공편 / 이경우, 정한교 공역 : 분도출판사, 1979년, 567-584쪽
한국천주교중앙협의회, **사목 23호**	1972년 9월, 결혼과 사목 특집
한국천주교중앙협의회, **사목 40호**	1975년 7월, 현대와 성 특집
한국천주교중앙협의회, **사목 66호**	1979년 11월, 결혼과 가정 특집
한국천주교중앙협의회, **사목 77호**	1981년, 9월, 가정 사목 특집
결혼 생활에 대한 현대 사목	요셉러이쓰, 사목 3호, 1976년, 11월, 16-20쪽
결혼 준비를 위한 지침	리카르도 하르, 사목 14호, 1970년 8월, 10-15쪽
혼인 생활과 인간 성숙의 관계	오경환, 사목 28호, 1973년 7월, 64-74쪽
혼전 성관계와 윤리 규범	빠올로 사르디, 사목 47호, 1976년 9월, 118-125쪽
혼인법 통론	방영구 : 대건신학대학, 15-31쪽.
그리스도 우리에게 주신 기쁜 소식	요안네스 호핑거 / 김종균 역 : 청주교구, 1965년, 110-117쪽
혼인의 불가해소성	세머스 라이안, 신학전망 52-54호 1981년, 대건신학대학 전망편집부

교리전례용어해설   이기정 편 : 가톨릭출판사, 1975년, 260-265쪽

믿음의 길   서울대교구 교리사목위원회 편, 79-80호

예비자 교리 안내서   김종수 외 공편

                                     : 가톨릭 신학부 부제반, 1981년, 157-159쪽

▌참고 문헌 ▌

가톨릭교회 교리서 1, 2, 3, 4편   주교회의 교리주교 위원회

가톨릭 교리서 그리스도의 길   발행소 한국천주교중앙협의회

가톨릭 예비신자 교리서   가톨릭대학교 교리사목 연구소 엮음

         : 가톨릭대학 출판부

하나인 믿음   서강대학교 신학 연구소

         한국 신학 연구소 분도출판사

화란 교리서

앎과 삶   이순성 지음 : 가톨릭출판사

믿나이다   한스 큉 : 분도출판사

왜 그리스도인인가   한스 큉 : 분도출판사

그리스도교 신학의 근본 규범인 예수 그리스도 손희송 지음

한스 큉 신학에 나타난 그리스도 중심주의   가톨릭대학 출판부

그리스도교의 상식   S. 피날텔리 신부지음 / 오기선 신부옮김

         : 又新社

해방자 예수 그리스도   레오나르드 보프지음 / 황종렬 옮김

         : 분도출판사

현대 그리스도인의 신앙과 삶   이순성 역　독일 가톨릭교리 교육 협의회 편

         : 광주 가톨릭대학 전망부 발행

하느님과 세상 우리시대의 신앙과 삶   요셉 라칭거 추기경 인터뷰

그리스도인의 신앙과 삶   김양진 지음 : 성 바오로 출판부

소비사회에서 그리스도를 따르기   존 프란시스 카바나 신부著 / 오장균 역

         : 지평사 출판

그리스도란 어떤 분이신가   조셉시 피즈마이어 著

신약성서에 나타난 그리스도에 관한 문답서 이봉우 역 : 분도출판사

신앙에 대한 사색   타데우쉬 다이체르 신부 / 이미현 옮김

         : 기쁜소식

예수와 역사   샤를르 뻬로 지음 / 박상래 옮김

우리가 예수를 찾는 이유 1, 2   이제민 著 : 성바오로딸 펴냄

생활 그리스도론	이순성 著
신학전망 제 93호 57p-83p	광주 가톨릭대학 전망 편집부
신학전망 제 18호 113p-130p	
예수의 부활과 역사적 비판	G. 로핑크 : 광주 가톨릭대학 전망 편집부
50가지 예수의 모습	안셀름 그륀著 / 신동환 옮김 : 분도출판사
그리스도의 신앙 - 어제와 오늘	장익 역 : 분도출판사
예수 그리스도	발터 카스터 / 박상래 역 : 분도출판사
십자가에 처형된 하느님	허혁 역 : 한국신학연구소
예수의 비유 비유의 재발견	요아킴 예레미아스 / 황종렬 옮김 : 분도출판사
초대교회의 예수 그리스도 주님	사를로 페로 지음 / 백은철 역
	: 가톨릭대학 출판부
정말 변화는 가능한가	존 퓔렌바흐 지음 / 정명조 역 : 가톨릭 출판사
제 삼천년기의 한국 교회와 신학 새 천년대를 위한 신앙 이해	심상태 著 : 성바오로딸 펴냄
내가 믿지 않는 하느님	후안아리아스 / 최영철 : 성 바오로 출판사
교회란 무엇인가	한스 큉 / 이홍근 역 : 분도출판사
교회는 누구인가	이제민 著 : 분도출판사
순결한 창녀	이제민 著 : 분도출판사
한국교회 2000	민경성 지음 : 분도출판사
정 그리고 힘	레오나르드 보프 지음 / 박정미 옮김
	: 분도출판사
예수는 어떤 공동체를 원했나?	G. 로핑크 / 한교 옮김 : 분도출판사
새롭게 탄생하는 교회	레오나르드 보프 / 김쾌상 : 성 요셉출판사
마태오 복음서 강의	니꼴라스 신부
루가 복음서 -이 복음에 나타난 그리스도교 사회정의-	니꼴라스 신부 / 서울대교구사목국번역
현대 가톨릭 수첩	미국 구속주회편 / 이재룡 신부역
	: 성 바오로출판사
신앙교리성성 '강생의 신비와 삼위일체 신비'	사목 21(1972) 104p-
교회의 쇄신	정하권 著 : 분도출판사

그리스도 신앙의 진리 그리스도교 입문	성심여자대학 출판부
예수 그리스도와 함께 걷는 길 그리스도 입문	성심여자대학 출판부
그리스도교 신앙입문	칼라너 著 / 이봉우 역 : 분도출판사
「제 삼천년기」와 한국 교회의 '새 복음화'	심상태 著 : 한국그리스도사상 연구소
죽음 - 오늘의 그리스도교적 죽음이해 신학	
선서 5	H. 포그리뮬러 著 / 심상태 역 : 성 바오로출판사
예수를 따르는 길	
그리스도인 실존의 요체	마인락 림백 著 / 정한교 역 : 분도출판사
아이스터 엑카르트의 영성사상	길희성 著 : 분도출판사
성 아오스딩에 의한 인간 및 하느님	샬트르 성바오로 수녀회 조정옥著
	: 효성여자대학교펴냄
넉넉함 가운데서 삶	바이스 마이어著 / 권헌호 옮김 : 분도출판사
성사란 무엇인가	레오나르드 보프 著 / 정한교 옮김
	: 분도출판사
그리스도인의 비전	J. 존포웰 著 / 김홍규 : 성 바오로출판사
마리아, 은총의 어머니 - 마리아 교의와 공경의	
역사 -	조규만 著 : 가톨릭대학교출판부
마리아는 우리에게 누구이신가 공의회의 대답	게르하르트 칼 발너 著 / 정하돈 역
	: 분도출판사
이분이 네 어머니시다 - 성서와 교회의 마리아 -	안나 마리아 카노피 지음 / 박영식 신부옮김
	: 가톨릭출판사
마리아론	베어슬레이 크로위 著 / 마리아회 역
	: 도서출판 계성
하느님의 계획	C. 메르 테레스 / 정승현 : 성 바오로출판사
주의 기도문	요아킴 에레미아스 著 / 박상래 옮김
	: 분도출판사
십계명 어제와 오늘	오한네스 그륜델 / 김윤주 / 분도출판사
성사생활	안충석 신부 편저
그리스도와 하나 됨	한국천주교중앙협의회
믿는 기쁨, 사는 기쁨	프랑수아 바리용 著 / 심민하 옮김

	: 생활성서사
Gabriel Marecel의 희망의 철학	홍승식 지음 : 가톨릭출판사
성사안에 드러난 신앙	레이-메르메 / 김인영 옮김 : 분도출판사
주님과 똑같이	샤를르 드 후꼬 지음 / 이동진 옮김 : 해누리